Hans-Jürgen Wirth
Narzissmus und Macht

Dieses Buch ist meinem Vater gewidmet, der mir nicht in allen Punkten zustimmen wird, der aber das Motto, das ich diesem Buch voranstelle, vor 38 Jahren als Konfirmationsspruch für mich ausgewählt hat:

»Was hülfe es dem Menschen, wenn er die ganze Welt gewönne
und nähme doch Schaden an seiner Seele?«
Matthäus 16, 26 a

Danksagung

An dieser Stelle möchte ich meinen Mitarbeitern im Psychosozial-Verlag, Annika Feick, Traute Hensch, Katharina Hohmann, Mirjam Juli, Katja Kochalski, Elke Maywald, Christof Röhl, Jens Schmidt, Jan Schneider, Volker Tuchan und meinem Sohn Till Wirth für ihre Geduld und Hilfsbereitschaft danken, mit der Sie die langwierige Entstehung dieses Buches begleitet und unterstützt haben.

Reihe »Psyche und Gesellschaft«
Herausgegeben von Johann August Schülein
und Hans-Jürgen Wirth

Hans-Jürgen Wirth

Narzissmus und Macht

Zur Psychoanalyse seelischer Störungen in der Politik

Psychosozial-Verlag

Bibliografische Information der Deutschen Nationalbibliothek
Die Deutsche Nationalbibliothek verzeichnet diese Publikation
in der Deutschen Nationalbibliografie; detaillierte bibliografische Daten
sind im Internet über http://dnb.d-nb.de abrufbar.

6. Auflage 2025

Gesetzlich vertreten durch die persönlich haftende Gesellschaft Wirth GmbH,
Geschäftsführer: Johann Wirth
Walltorstraße 10, 35390 Gießen, Deutschland
06 41 96 99 78 0
info@psychosozial-verlag.de
www.psychosozial-verlag.de

Umschlagabbildung: Jean-Auguste-Dominique Ingres:
Napoleon als thronender Jupiter, 1806
Umschlaggestaltung: Hanspeter Ludwig, Wetzlar; www.imaginary-world.de
Satz: Peter Großhaus, Wetzlar
Druck und Bindung: Druckhaus Bechstein GmbH
Willy-Bechstein-Straße 4, 35576 Wetzlar, Deutschland
Printed in Germany

ISBN 978-3-8379-2152-6

Inhaltsverzeichnis

Einleitung

»Der Dämon der Macht. – Nicht die Notdurft, nicht die Begierde – nein, die Liebe zur Macht ist der Dämon der Menschen. Man gebe ihnen alles: Gesundheit, Nahrung, Wohnung, Unterhaltung – sie sind und bleiben unglücklich und grillig: Denn der Dämon wartet und wartet und will befriedigt sein. Man nehme ihnen alles und befriedige diesen: So sind sie beinahe glücklich – so glücklich, als eben Menschen und Dämonen sein können. Aber warum sage ich dies noch? Luther hat es schon gesagt, und besser als ich, in den Versen: ›Nehmen sie uns den Leib, Gut, Ehr, Kind und Weib: Laß fahren dahin – das Reich muß uns doch bleiben!‹ Ja! Ja! das Reich!«

Friedrich Nietzsche (1881): Morgenröte, § 262

Mit seinem 1806 vollendeten Gemälde *Napoleon I. auf dem Kaiserthron* hat Jean-Auguste-Dominique Ingres eine beeindruckende Studie über den Zusammenhang von Narzissmus und Macht geschaffen. Das Bildnis porträtiert den »Kaiser der Franzosen« im Krönungsornat in der Gestalt des römischen Göttervaters Jupiter. Es ist durchaus nichts Ungewöhnliches,

Dominique Ingres: Napoleon als thronender Jupiter, 1806

Anne-Claude-Philippe Comte de Caylus (1752 – 1776): Gemme mit der Darstellung des thronenden Jupiters

dass sich Herrscher in Gestalt antiker Gottheiten darstellen ließen, um deren besondere Eigenschaften auf sich zu übertragen. Apollon, Herkules oder Mars wurden bevorzugt ausgewählt, doch diente Jupiter nur selten als Sujet idealisierender Herrscherporträts, da er nicht als Repräsentant einzelner hervorragender Eigenschaften angesehen wurde, sondern den Anspruch auf allmächtige Herrschaft schlechthin verkörperte.

Napoleon kann als ein Typus des Herrschers betrachtet werden, der die Macht um der Macht willen erobert. Die Französische Revolution sagte ihm zu, da sie ihm die Möglichkeit bot, die Macht im Staat zu ergreifen, ansonsten aber war sie ihm gleichgültig. Und obwohl er den französischen Nationalismus unterstützte und von ihm abhängig war, bedeutet Frankreich für ihn genauso viel wie die Revolution – nämlich eine günstige Gelegenheit, sich selbst an die Spitze des Staates zu stellen. In seiner Jugend hatte er »sogar mit der Idee gespielt, für Korsika gegen Frankreich zu kämpfen« (Russell 1947, S. 19).

Die Französische Revolution und die Bewegung der Aufklärung wollten der politischen und geistigen Unmündigkeit des mittelalterlichen Menschen, der politisch unterjocht und geistig dumm und unmündig gehalten wurde, ein Ende setzen. Mit dem Prozess der Aufklärung, dem Kant'schen »Austritt des Menschen aus seiner selbst verschuldeten Unmündigkeit«, gewinnt der Mensch jedoch nicht nur Autonomie und Freiheit, sondern er verliert auch den Schutz Gottes und das Gefühl der Geborgenheit, das ihm selbst noch die irdischen Stellvertreter Gottes, die absoluten Herrscher, vermittelt hatten. Wie Horst-Eberhard Richter (1979) in seinem Buch *Der Gotteskomplex* ausgeführt hat, floh der Mensch nach »dem Verlust des mittelalterlichen Gotteskindschaftsverhältnisses« (ebd., S. 26f) in die Identifizierung mit göttlicher Allmacht und Allwissenheit. Der Mensch versuchte, ein neues Gleichgewicht zu finden, indem er das absolute Wissen und die Kraft des Allmächtigen sich selbst aneignen wollte. Der Glaube an Gott wurde durch den Glauben an die Allmacht des Menschen ersetzt.

> »Nach Wegfall des göttlichen Schutzes wird das Selbstbewußtsein des individuellen Ich zum Garanten eines modernen Sicherheitsgefühls. In psychoanalytischer Betrachtungsweise kann man von einer narzißtischen Identifizierung sprechen. Die grandiose Selbstgewißheit des Ich ist an die Stelle der Geborgenheit in der großen idealisierten Elternfigur getreten. Deren gewaltige Macht taucht nun als maßlose Überschätzung der eigenen Bedeutung und Möglichkeiten auf. Das individuelle Ich wird zum Abbild Gottes« (ebd., S. 27).

Richters Ausführungen beziehen sich auf die Mentalität des neuzeitlichen Menschen und die entsprechenden Entwicklungen in den geistesgeschichtlichen Vorstellungen und Theorien. Sie sind aber auch eine treffende Interpretation von Napoleons geistiger Haltung: Als Kind und Erbe der Französischen Revolution wäre es eigentlich seine Aufgabe gewesen, ein politisches System zu entwickeln, in dem plebiszitäre und demokratische Elemente eine stärkere Verankerung erfahren hätten als in den vorangegangenen Gesellschaftsformen. Doch das Gegenteil trat ein. Unter Napoleons Herrschaft kam es zu einem Rückfall in absolutistische Herrschaftsformen, die sogar noch eine Steigerung erfuhren, insofern als sich Napoleon nicht mehr nur als Stellvertreter Gottes ansah, sondern sich – da Gott mit der Aufklärung obsolet geworden war – als gottgleichen Herrscher verstand. Napoleon ließ sich mit einer schier unbegrenzten Macht ausstatten und von Ingres als Göttervater Jupiter abbilden. Napoleons individuelles Ich wird zum Abbild Gottes. Die gewaltige Macht des von der Aufklärung entmachteten Gottes taucht nun als maßlose Überschätzung der eigenen Bedeutung und Möglichkeiten in Napoleons Selbstbild auf. Das Volk beteiligte sich daran und jubelte seinem »Kaiser der Franzosen« zu, weil es sich von den Irrungen und Wirrungen der Revolutionszeit und vor allem von der Auflösung der alten Ordnung und dem Verlust der Gotteskindschaft seelisch überfordert fühlte.

Das dynamische Wechselspiel zwischen Narzissmus und Macht, das sich am Beispiel Napoleons so trefflich beobachten lässt, ist das Thema dieses Buches. Dazu gehören auf der einen Seite die Machtgelüste des Herrschers, die auf der anderen Seite durch die Unterwerfungs- und Schutzbedürfnisse der Beherrschten ergänzt werden und dessen Macht überhaupt erst ermöglichen. Dazu gehört aber auch die Verzahnung der individuellen Psychopathologie des einzelnen Politikers mit den politischen Strukturen, die er vorfindet. »Macht korrumpiert, absolute Macht korrumpiert absolut«, formulierte der englische Politiker Lord Acton (zit. n. Leinemann 2001, S. 108) im ausgehenden neunzehnten Jahrhundert die Quintessenz seiner Erfahrungen im Geschäft der Politik und betrachtete damit das Verhältnis von Narzissmus und Macht aus einer eher soziologischen Perspektive. Die Übermacht der deformierenden Verhältnisse ist danach so groß, dass sich der einzelne Politiker den korrumpierenden Einflüssen der Macht nicht entziehen kann. Aus einer eher psychologischen Perspektive könnte man ergänzend sagen, dass gesellschaftliche Macht gesucht wird, um innere Gefühle von Ohnmacht, Hilflosigkeit und Minderwertigkeit zu kompensieren. Macht übt deshalb gerade auf solche Personen eine unwiderstehliche Anziehungskraft aus, die an einer narzisstischen Persönlichkeitsstörung leiden. Ungezügelte Selbstbezogenheit, Sieger-Mentalität, Karriere-Besessenheit und Größenphantasien sind Eigenschaften, die der narzisstisch gestörten Persönlichkeit den Weg in die Schaltzentralen der Macht ebnen. Indem sich der narzisstisch gestörte Führer vorzugsweise mit Ja-Sagern, Bewunderern und gewitzten Manipulatoren (vgl. Kernberg 1998, S. 104) umgibt, verschafft er sich eine Bestätigung seines Selbstbildes, untergräbt jedoch zugleich seine realistische Selbstwahrnehmung und verfestigt seinen illusionären und von Feindbildern geprägten Weltbezug. Fremdenhass und Gewalt gegen Sündenböcke zu schüren, gehört zu den bevorzugten Herrschaftstechniken narzisstisch gestörter Führerpersönlichkeiten. Sie lenken auf diese Weise die gegen sie selbst gerichteten Aggressionen ihrer Untertanen auf außenstehende Feinde um und entlasten sich zugleich von ihrem eigenen inneren Konfliktdruck. Geblendet von seinen eigenen Größen- und Allmachtsphantasien und von der Bewunderung, die ihm seine Anhänger entgegenbringen, verliert der Narzisst den Kontakt zur gesellschaftlichen Realität und muss letztlich scheitern, auch wenn er zeitweise noch so grandiose Erfolge feiern kann. Häufig folgt nach glänzenden Siegen ein jäher und unerwarteter Absturz, weil der narzisstische Herrscher im Vollgefühl seiner Omnipotenz den Bogen überspannt hat.

Eng verknüpft mit dem Realitätsverlust ist die Abkehr von den Normen, Werten und Idealen, denen die Führungsperson sich ursprünglich verpflichtet fühlte. Machtbesessenheit, Skrupellosigkeit und Zynismus führen beim narzisstischen Despoten häufig bis zur brutalen Menschenverachtung. Bei Diktatoren wie Napoleon, Hitler und Stalin treten die narzisstischen Selbstüberschätzungen mehr oder weniger offen zu Tage. Doch geht es mir nicht nur um die hohe Politik, sondern auch um den Einfluss psychischer Konflikte im alltäglichen politischen Geschäft. Zudem existieren Narzissmus und Macht nicht nur in den oberen Etagen von Politik und Wirtschaft, sondern spielen auch im alltäglichen Leben jedes Einzelnen eine Rolle. Beispielsweise hat die Art und Weise, wie Eltern über ihre Kinder Macht ausüben und sie für ihre narzisstischen Bedürfnisse missbrauchen, Modellcharakter für deren späteres politisches Handeln, so wie sich umgekehrt die Maßstäbe der politischen Kultur auch auf den Umgangsstil in Familien auswirken.

»Die spinnen, die Römer!« – heißt es bei Asterix und Obelix. Tatsächlich »spinnen« die Mächtigen häufig, aber ihre Verrücktheit und ihre psychischen Störungen sind nicht prinzipiell von denen der Durchschnittsmenschen unterschieden. Grundsätzlich kann der »Wahnsinn« in der Politik mit den gleichen psychologischen Mitteln und Kategorien untersucht werden wie die psychopathologischen Symptome eines einzelnen Kranken. Die zweifellos vorhandene Irrationalität in der Politik, die so oft beklagt, aber nur selten mit wissenschaftlichen Methoden konsequent analysiert wird, ist ein weiteres Thema dieses Buches. Es soll durch ein tieferes Verständnis der unbewussten Motive, die in der Politik wirksam sind,

Asterix als Legionär, S. 20

dazu beitragen, der Politik etwas von ihrem ängstigenden und ohnmächtig machenden Charakter zu nehmen. Eine offenere Auseinandersetzung mit den persönlichkeitsdeformierenden Bedingungen des politischen Betriebs könnte zudem manchem Politiker dabei helfen, sich vor den korrumpierenden Einflüssen der Macht zu schützen.

»Es stimmt ja nicht, dass sich in der Politik von Hause aus ein besonders windiger Menschenschlag tummele«, sagte laut *Spiegel* (2001/11, S. 76) der SPD-Veteran Erhard Eppler: »Aber es stimmt, dass Menschen in der Politik noch rascher und gründlicher deformiert werden als anderswo, und zwar um so heilloser, je weniger sie dessen gewahr werden.«

Jedenfalls ist das weit verbreitete Pauschalurteil, alle Politiker seien entweder korrupt oder wahnsinnig, Ausdruck einer zynischen und zugleich selbstgerechten Haltung, die Fehler nur bei den anderen wahrzunehmen bereit ist. Die generelle Entwertung der Politik als »schmutziges Geschäft« dient dazu, die eigene politische Passivität und Ignoranz zu rechtfertigen. Insofern will dieses Buch – indem es die Bedeutung seelischer Störungen in der Politik analysiert – der grassierenden Politikverdrossenheit ein neues Interesse an der Politik entgegensetzen. Erst wenn wir ein tieferes Verständnis dafür gewinnen, welchen Einfluss unbewusste psychische Konflikte auch auf politische Entscheidungen von höchster Tragweite haben, werden die Politiker ihres grandiosen Glanzes, der sie umgibt, beraubt. Sie rücken uns auf diese Weise ein Stück näher. Der Satz »Jedes Land hat die Politiker, die es verdient« hat zumindest einen wahren Kern, der die Mitverantwortung des Einzelnen für die politischen Geschicke seines Landes thematisiert.

In vier detaillierten Fallstudien – über Ministerpräsident Uwe Barschel, Bundeskanzler Helmut Kohl, die RAF als Zerfallsprodukt der 68er-Bewegung und Serbenführer Slobodan Milosevic – versuche ich die Verflechtungen zwischen individueller Psychopathologie, den sozialstrukturellen Bedingungen der Macht und den Identitätskonflikten der jeweiligen Bezugsgruppe zu analysieren. Ideologische, kulturelle, ethnische und religiöse Konflikte spielen dabei ebenso eine Rolle wie gruppendynamische Konflikte, die Beziehungsdynamik zwischen den führenden Politikern und ihren engsten Vertrauten – seien es nun Ehepartner oder Mitarbeiter –, Generationskonflikte und die Auseinandersetzung mit der gemeinsamen traumatischen Vergangenheit.

Wir haben uns so sehr daran gewöhnt, Politiker ausschließlich als Funktionsträger der Parteien, der Institutionen und des Staates sowie als bloße Vollstrecker der viel beschworenen Sachzwänge anzusehen, dass wir häufig den engen Zusammenhang zwischen der Politik und den Menschen, die diese Politik machen, verkennen (vgl. Richter 1979). Die Flick-Affäre in den siebziger Jahren, die Barschel-Affäre von 1987 und die Parteispenden-Affäre Helmut Kohls in den Jahren 2000/2001 stellen herausragende Höhepunkte in der Geschichte der bundesrepublikanischen Skandale dar, die uns die Augen dafür geöffnet haben, dass auch das Handeln sich würdevoll gebender Amtsträger nicht nur von den Erfordernissen ihrer Aufgabe bestimmt wird, sondern auch einer psychischen Logik folgt, die sie zu der Politik drängt, die ihrem Charakter entspricht. Hatte schon die Flick-Affäre offenbart, dass auch Politiker in der parlamentarischen Demokratie nicht gegen materielle Korruption gefeit sind, so offenbarte die Barschel-Affäre – diese »dramatischste persönliche Machtentgleisung der letzten Jahre« (Leinemann 2001, S. 113) – ein Ausmaß an psychischer Korruption, die nur mit Begriffen der Psychopathologie beschreibbar scheint. Während es bei der Parteispenden-Affäre allein der politischen und juristischen Aufklärung bedurfte, da die Motive und Interessen aller Beteiligten auf der Hand lagen, stellen uns sowohl die Barschel- als auch die Kohl-Affäre vor psychologische Rätsel.

Wie kommt ein »Landesvater« – im Privatleben promovierter Rechtsanwalt, Ehemann, Vater von vier Kindern, im politischen Leben Repräsentant einer sich christlich nennenden Partei – dazu, zum eigenen Vorteil und zum Erhalt seiner politischen Macht zu lügen, zu betrügen, Meineide zu schwören, andere zu Meineiden anzustiften, zu intrigieren, zu heucheln, zu diffamieren, zu verhetzen und ein ganzes Arsenal »schmutziger Tricks« (*Der Spiegel*) zu benutzen? Klebte er an Erfolg und Macht, weil dies die Bedingungen seiner psychischen Stabilität waren, welche zerbrach, als sich Misserfolge einstellten? War er vielleicht psychisch krank, wie das Hauptopfer seiner Attacken, Björn Engholm, spontan vermutete, als er von den gegen ihn gerichteten Machenschaften erfuhr? War Uwe Barschel tatsächlich krank im psychopathologischen Sinne? Und wenn ja, wie konnte das vor der Öffentlichkeit, wie vor seinen Mitarbeitern, seiner Partei, seinen Wählern jahrelang verborgen bleiben? Ist vielleicht nicht nur die Politik der Umweltzerstörung und der Hochrüstung »objektiv«, d. h. von den langfristigen Folgen her selbstmörderisch, wie dies die Umwelt- und die Friedensbewegung postuliert, sondern sind gar die Akteure dieser Politik als Subjekte potentielle Selbstmörder? Werden wir von psychisch Kranken, von Suizidgefährdeten regiert? Oder sind es die Mechanismen des politischen Geschäfts, die den Charakter des Politikers auf eine jahrelange Zerreißprobe stellen, seine Persönlichkeit zermürben, verbiegen und umformen, bis er sich dem bürokratischen, entmenschlichten Betrieb in den Zentralen der Macht angepasst hat?

Im Fall Kohl stellen sich entsprechende Fragen: Warum musste er seine »kriminellen Machenschaften« (Schäuble über Kohl) und die Lügengeschichte mit den anonymen Großspendern so weit treiben, bis er sein Ansehen in der Öffentlichkeit und bei seinen eigenen Parteifreunden schwer beschädigte, es zum menschlich und politisch folgenreichen Bruch mit seinem jahrzehntelang loyalsten Vertrauten und designierten Nachfolger Wolfgang Schäuble kam, zur Aberkennung des Ehrenvorsitzes der CDU, zur Zerreißprobe und zur tiefen Krise seiner Partei? Wie ist dieses Maß an Destruktivität, Selbstdestruktivität und Rücksichtslosigkeit gegenüber sich selbst, der eigenen Sache, den eigenen Gesinnungsfreunden zu erklären? Und welche symptomatische Bedeutung hat der Selbstmord von Hannelore Kohl für die Art und Weise, wie ihr Ehemann mit Erfolg und Niederlage, mit öffentlicher Macht und familiärer Intimität umging? Musste sie die Depression, Verzweiflung und Einsamkeit im selbstzerstörerischen Akt ausagieren, gegen die sich Kohl mit dem Panzer seiner Leibesfülle absicherte, um sie nicht selbst fühlen zu müssen?

Solche und weitere Fragen drängen sich angesichts dieser Affären auf und nötigen beim Versuch ihrer Beantwortung dazu, auch auf die Erkenntnisse der Psychologie, der Psychoanalyse, der Psychosomatischen Medizin und der Paar-, Familien- und Gruppentherapie zurückzugreifen.

Fragen ganz anderer Art stellen sich bei der so genannten »Fischer-Debatte«, die sich an der linksradikalen und gewalttätigen Sponti-Vergangenheit von Außenminister Joschka Fischer entzündete. So fragte die CDU: Darf ein ehemaliger Sponti, der Polizisten verprügelt hat, heute die Außenpolitik der Bundesrepublik vertreten? Kann er glaubwürdig sein im Kampf gegen die Gewalt, die rechtsradikale Jugendliche ausüben? Aus einer sozialpsychologischen Perspektive kann man fragen: Wie ist Joschka Fischers Wandlung zu verstehen und wie hängt sie zusammen mit den Veränderungsprozessen, die sich in der 68er-Generation von den sechziger Jahren bis heute abgespielt haben? Was ist überhaupt eine Generation? Wie ist das Verhältnis der 68er zur Macht? Warum war ein Teil der 68er-Bewegung von der Gewalt so stark fasziniert, dass die RAF entstehen konnte? Sind die Terroristen der RAF in einem psychologischen Sinn als »Hitler's children« zu verstehen, wie dies ein in England publiziertes und in Deutschland häufig zitiertes Buch behauptet, das eine unmittelbare ideologisch-psychologische Kontinuität des Terrors von den Nazi-Großvätern zu den RAF-Enkeln nachzuweisen versuchte? Und wie hängt der moralische Rigorismus und die übersteigerte Ideologisierung der 68er-Bewegung mit der Verleugnung der nationalsozialistischen Vergangenheit zusammen?

Die vierte Fallstudie widmet sich dem serbischen Politiker Slobodan Milosevic, der als Beispiel für die Verknüpfung von Narzissmus und Macht besonders aufschlussreich ist. Welche Rolle spielt die traumatische Kindheit von Milosevic für seine spätere menschenverachtende Politik der »ethnischen Säuberung«? Hat Slobodan Milosevic eine Borderline-Persönlichkeits-Störung? Welchen Einfluss hatte seine Ehefrau Mira auf seine politischen Entscheidungen? Wie hängt die rücksichtslose Machtpolitik von Milosevic mit der Großgruppen-Identität der Serben zusammen? Können sich militärische Niederlagen eines Volkes noch 600 Jahre später auf die kollektive Identität eines Staates auswirken und die praktische Politik beeinflussen? Wie wirken sich kollektive Traumata, die ein ganzes Volk erleidet, auf die einzelnen Individuen und wie auf die Politik aus?

Dieses Buch stellt den Versuch dar, an vier ausgewählten Beispielen die Brauchbarkeit psychoanalytischer, sozialpsychologischer und soziologischer Theorien zu erproben, um Interpretationen für das Irrationale in der Politik zu entwickeln. Mit den Mitteln der Psychoanalyse werden die psychischen, psychosozialen und durchaus auch die psychopathologischen Merkmale der jeweiligen Politikerpersönlichkeit untersucht. Die Diagnose neurotischer, narzisstischer oder sonstiger psychopathologischer Symptome und Charaktermerkmale betrachte ich dabei keineswegs als Diffamierung, muss man doch davon ausgehen, dass jeder Mensch unter mehr oder weniger gravierenden psychopathologischen Symptomen leidet, so, wie auch kein Mensch frei von körperlichen Krankheiten ist. Auch Politiker stellen hierbei keine Ausnahme dar. Neben der individualpsychologischen Betrachtung werden auch familiendynamische und paardynamische Gesichtspunkte berücksichtigt, die mit sozialpsychologischen Betrachtungen auf der kollektiven Ebene der jeweiligen Bezugsgruppe verknüpft werden. Am Ende des Buches wird schließlich diskutiert, welchen Nutzen die Politik aus einer solchen psychoanalytischen Betrachtungsweise ziehen könnte.

Doch zunächst seien noch einige methodische Vorüberlegungen angestellt. Bereits für Sigmund Freud bildete die psychoanalytische Behandlung neurotischer und psychosomatischer Störungen mit Sessel und Couch nur eine der möglichen Anwendungen der psychoanalytischen Wissenschaft. In seiner *Neuen Folge der Vorlesungen zur Einführung in die Psychoanalyse* schreibt Freud (1933, S. 169):

> »Ich sagte Ihnen, die Psychoanalyse begann als eine Therapie, aber nicht als Therapie wollte ich sie Ihrem Interesse empfehlen, sondern wegen ihres Wahrheitsgehalts, wegen der Aufschlüsse, die sie uns gibt über das, was dem Menschen am nächsten geht, sein eigenes Wesen, und wegen der Zusammenhänge, die diese zwischen den verschiedensten seiner Betätigungen aufdeckt.«

Ganz gezielt hat sich Freud sowohl in seinem Gesamtwerk als auch im Rahmen einzelner Arbeiten mit scheinbar weit auseinander liegenden Gegenständen beschäftigt, um zu zeigen, wie weit die Erklärungskraft seiner Theorien reicht und um seine Theorien auf vielfältige Weise zu belegen. Wie Helmut König in seiner Arbeit über *Alexander Mitscherlichs Ideen zur Sozialpsychologie* (1985, S. 217) ausführt, kennzeichnet es geradezu den

> »psychoanalytischen Blick auf die Welt, daß er Zusammenhänge aufdeckt, wo es sich nach dem ersten Eindruck um ganz Heterogenes handelt. Darin besteht sozusagen die Kunst der psychoanalytischen Deutung, dass sie räumlich, zeitlich, logisch scheinbar Auseinanderliegendes als Kontinuum eines zusammenhängenden Feldes zu sehen lehrt.«

Das Themenspektrum, dem sich die angewandte Psychoanalyse widmet, zeichnet sich durch eine große Mannigfaltigkeit aus.

Die Einfühlung des Psychoanalytikers, seine Empathie, sein Verständnis, seine Selbstreflexion und seine Introspektion stellen die Instrumente der Erkenntnisgewinnung dar. Um es in einem Gleichnis zu sagen: Die Persönlichkeit des Psychoanalytikers ist das Mikroskop zur Beobachtung der seelischen Prozesse im Patienten und zugleich das Medikament, das die Selbstheilungskräfte des Patienten aktiviert und unterstützt. Wie Freud in seinem *Nachwort zur »Frage der Laienanalyse«* (1927, S. 293f) ausführt, bestand in der Psychoanalyse

> »von Anfang ein Junktim zwischen Heilen und Forschen, die Erkenntnis brachte den Erfolg, man konnte nicht behandeln, ohne etwas Neues zu erfahren, man gewann keine Aufklärung, ohne ihre wohltätige Wirkung zu erleben. Unser analytisches Verfahren ist das einzige, bei dem dies kostbare Zusammentreffen gewahrt bleibt.«

Die Psychoanalyse hat ein ausgefeiltes System der Schulung und Ausbildung entwickelt, um die Persönlichkeit des Psychoanalytikers durch Lehranalyse, Supervision und weitere Formen der Selbsterfahrung so zu schulen, dass er seine »Gegenübertragung«, d. h. all seine eigenen psychischen und psychosomatischen Reaktionen auf die Äußerungen des Patienten, in einer Weise bewusst wahrzunehmen, zu reflektieren und auszuwerten lernt, dass er daraus Rückschlüsse auf die seelischen Prozesse ziehen kann, die sich im Unbewussten des Patienten abspielen.

Der Psychoanalytiker als wissenschaftlicher Angler Illustration von Tullio Pericoli

Psychoanalytiker gelten als Spezialisten in der Diagnose und im helfenden Umgang mit psychisch gestörten Menschen. Um sein diffiziles therapeutisches Instrumentarium zur Anwendung bringen zu können, benötigt der Psychoanalytiker in aller Regel sehr viel Zeit. Zudem bedarf er der spezifischen »psychoanalytischen Situation«, die sich u. a. dadurch auszeichnet, dass sich zwischen Analytiker und Patient eine exklusive, höchst persönliche Beziehung entwickelt und der Patient bereit ist, seine intimsten Geheimnisse preiszugeben. Die psychoanalytische Untersuchung von Personen der Historie und Zeitgeschichte, aus Literatur, Film und Kunst, die psychoanalytische Deutung von Märchen und Mythen, von gesellschaftlichen Ideologien, kollektiven Träumen und (Wahn-)Vorstellungen ist von der psychoanalytischen Forschungsmethode im engeren klinischen Sinne insofern zu unterscheiden, als sie allein auf Analogieschlüssen beruht. Fehlt der direkte Kontakt zwischen Analytiker und Analysand, kann der Analytiker zwar begründete Hypothesen aufstellen, diese aber nicht durch weiteres Material erhärten, das der Analysand als Reaktion auf die Deutungen des Analytikers produziert. Gleichwohl hat schon Sigmund Freud die klinischen Erkenntnisse auf Gegenstände außerhalb seines psychotherapeutischen Erfahrungsraumes angewandt: Er hat Leonardo da Vincis (Freud 1910) und Goethes (Freud 1917) Kindheitserinnerungen analysiert, Jensens »Gradiva« gedeutet (Freud 1907) und den Moses des Michelangelo einer psychoanalytischen Interpretation unterzogen (Freud 1914). Selbst vor einer psychoanalytischen Studie über den amerikanischen Präsidenten Thomas Woodrow Wilson (Freud, Bullitt 1967)* hat er sich nicht gescheut.

Und seine Interpretationen der Mythen und Sagen vergangener Kulturen, insbesondere der der Griechen, dienten ihm gar als wichtige Bestätigung seiner eigenen, in der therapeutischen Arbeit gefundenen Erkenntnisse über die Universalität des Ödipuskomplexes und des Inzest-Tabus.

Gleichwohl ist die psychoanalytische Kulturpsychologie bis heute ein ungeliebtes Kind der Psychoanalyse geblieben, denn ihr haftet nicht nur ein spekulatives Element an, sondern sie kommt auch kaum umhin, zu den gesellschaftspolitischen Problemen, die sie untersucht, eine wertende Stellungnahme abzugeben, und eben dies bringt sie in den Ruch, unwissenschaftlich zu sein. Zwar hat die psychoanalytische Kulturtheorie zahlreiche Nachbardisziplinen inspiriert, doch hat sich speziell die Politikwissenschaft psychoanalytischen Anregungen noch immer weitgehend verschlossen. Von einigen Ausnahmen abgesehen, existieren psychoanalytische Studien über einzelne Politiker-Persönlichkeiten ebenso selten (vgl. Volkan 1997; Wirth 1988) wie solche über Konflikte zwischen Staaten (Mentzos 1993; Richter 1981; 1982; 1990; Volkan 1999; Wirth 1991; 1995; Wirth, Schürhoff 1991). Nach wie vor ist der Klage Paul Parins zuzustimmen, dass Psychoanalytiker nur »ungern zu zeitpolitischen Fragen Stellung nehmen« (Parin 1978) und dass eine »psychoanalytische Politologie« und eine »Psychoanalyse der Machtverhältnisse« (Parin 2000) allenfalls in Ansätzen existiert (vgl. Strotzka 1985). Ein Grund mag darin zu suchen sein, dass ein möglicher Missbrauch psychoanalytischer Argumente gefürchtet wird. Der Vorwurf einer Pathologisierung des politischen Gegners wiegt in der Tat schwer und könnte das Ansehen sowohl der Psychoanalyse als auch das des Autors in Verruf bringen.

Auch bei den hier vorgelegten psychoanalytischen Fallstudien über die Persönlichkeit so unterschiedlicher Politiker wie Uwe Barschel, Helmut Kohl, Joschka Fischer und Slobodan Milosevic besteht die Gefahr, dass sie zur Abwertung oder gar Dämonisierung dieser Politiker oder der Politiker schlechthin missbraucht werden könnten. Ich will deshalb ausdrücklich betonen, dass es mir in diesem Buch nicht darum geht, die dargestellten Politiker als »krankhafte Psychopathen« zu denunzieren, auch wenn durch das psychoanalytische Vokabular beim Leser, der damit nicht so vertraut ist, dieser Eindruck eventuell entstehen könnte. Die Untermauerung eines

* Allerdings ist diese Studie, die aus einer Kooperation zwischen Freud und dem amerikanischen Diplomaten William C. Bullitt hervorgegangen ist, von fragwürdiger Qualität, wie Erik Erikson (1975, S. 82 – 99) in seiner Kritik dargelegt hat.

generellen Politiker-Feindbildes ist genauso wenig Absicht dieser Untersuchung wie die Entschuldigung, die Politiker seien im Grunde selbst bedauernswerte Opfer. Gegen einen möglichen Missbrauch ist diese Analyse – wie im Übrigen jede Theorie – allerdings nicht gefeit.

Was manchem als übertriebene Schärfe der Analyse, als unlauteres Eindringen in die private Sphäre des Politikers, als Sensationslust oder als haltlose Spekulation erscheinen mag, stellt nach meiner Absicht den Versuch dar, auf der Basis allgemein zugänglicher Informationen durch »dichte Beschreibungen« (Geertz 1973), vor dem Hintergrund psychoanalytischer und sozialwissenschaftlicher Theorien und meiner klinischen Erfahrungen als Psychoanalytiker und Familientherapeut – und durchaus auch mit einem Schuss Spekulation – Zugang zum psychischen Erleben der Politiker und zu ihrem persönlichen Empfinden zu gewinnen, um damit ein besseres Verständnis ihrer subjektiven Beweggründe zu ermöglichen. Da das alltägliche Verhalten eines jeden Menschen so vieldeutig ist, gewinnt man ein tieferes Verständnis seiner Persönlichkeit in der Regel nur, wenn man ein längeres Gespräch mit ihm führt, bei dem er sich öffnet und beispielsweise über seine Kindheit, seine persönlichen Konflikte, seine Hoffnungen, Sehnsüchte und Bedürfnisse spricht. Solche Gespräche waren mir nicht möglich. Eine andere Möglichkeit, etwas über die unbewussten Konflikte eines anderen Menschen zu erfahren, besteht dann, wenn er in eine persönliche Krise gerät: sein Partner ihn verlässt, stirbt oder sich das Leben nimmt, er eine berufliche Niederlage einstecken muss, einen schmerzhaften Verlust erleidet, krank wird, seine Macht verliert oder mit einer anderen existenziellen Krise konfrontiert wird. Unter der emotionalen Erschütterung öffnet er sich vielleicht einen Augenblick und gewährt einen kurzen Einblick in sein Seelenleben. Dies ist der Grund, warum auch die private Sphäre der Politiker, beispielsweise ihre Ehebeziehung und ihre privaten Krisen (z. B. der Selbstmord von Hannelore Kohl), in die Betrachtungen miteinbezogen wurde.

Mario Erdheim (1982) hat darauf aufmerksam gemacht, dass das Thema Herrschaft und Macht die Menschen von jeher »zutiefst fasziniert« (ebd., S. 371) und ihre Phantasie anregt. Er spricht von den »Phantasmen der Herrschaft« und meint damit »die Größen- und Allmachtsphantasien, die sich im Phänomen der Herrschaft kristallisieren« (ebd., S. 373) und die Aufgabe haben, die Faszination am Leben der Mächtigen zu stimulieren und zu befriedigen, während sie gleichzeitig die Voraussetzungen, auf denen die Macht beruht, unbewusst machen. Auch die wissenschaftliche Auseinandersetzung mit dem Thema Narzissmus und Macht verläuft »im Kraftfeld der Faszination« (ebd., S. 374), die diese Phänomene ausüben:

> »Entweder man identifiziert sich mit den Herrschenden oder mit den Beherrschten. Im ersteren Fall werden die Größen- und Allmachtsphantasien, im letzteren die Geschichte der Kränkungen, Erniedrigungen und Beleidigungen angesprochen und reaktiviert« (ebd.).

Die Situation wird aber noch weiter kompliziert durch die Möglichkeit, eine heimliche Identifikation mit den Mächtigen dadurch abzuwehren, dass man sie dämonisiert, so wie umgekehrt eine Idealisierung der Mächtigen ein Hinweis auf versteckte Verachtung, Neid und Aggression sein kann. Im wissenschaftlich-distanzierten Nachvollzug politischer Ereignisse, politischer Biographien und persönlicher Tragödien von Politikern »können wir mit einem behaglichen Schaudern das hemmungslose Ausleben von narzisstischen und destruktiven Trieben studieren, das wir uns selbst versagen müssen« (Lohmann 1990, S. 160f).

Psychoanalytiker haben keine Röntgenaugen, mit denen sie in die Seele eines anderen Menschen blicken könnten. Auch steht ihnen kein Sensorium zur Wahrnehmung unbewusster Prozesse zu Gebote, über das nicht jeder Mensch verfügen würde. Allerdings: Psychoanalytiker haben sich in einem langen und intensiven Ausbildungsprozess darin geschult, unbewusste Prozesse, Phantasien, Wünsche, Bedürfnisse, Konflikte und Ängste in sich selbst, bei anderen Menschen und auch in »Texten« (Traumprotokollen, Märchen, Gedichten, Romanen, Erzählungen, Mythen, Ideologien, Religionen, Kunstwerken usw.) und beobachtbaren »Szenen« (im Theater, im Film, im kindlichen Spiel, im Ritual, in jedweder Handlungssequenz) wahrzunehmen und zu deuten.

Die Psychoanalyse verfügt auf der einen Seite über einen sehr originären interpretativen Zugang zur Welt, der in dieser systematischen Weise von anderen psychologischen oder sozialwissenschaftlichen Ansätzen nicht geleistet wird. Auf der anderen Seite können auch Nicht-Psychoanalytiker zu den gleichen Interpretationen gelangen, zum einen weil psychoanalytisches Denken partiell Eingang gefunden hat in den Zeitgeist und den öffentlichen Diskurs, zum anderen weil die intuitive Erkenntnis des Unbewussten im Prinzip jedem Menschen zur Verfügung steht. Schon Freud hat ausdrücklich darauf hingewiesen, dass er im Grunde nur die Erkenntnisse systematisiert und wissenschaftlich fundiert habe, die von den Dichtern, Schriftstellern, Traumdeutern und anderen für das Unbewusste sensibilisierten Menschen aus vorangegangenen Epochen bereits fragmentarisch vorformuliert waren. Es kann also nicht verwundern, dass auch meine Interpretationen politischer Prozesse in mancherlei Hinsicht mit den Interpretationen von anderen Kommentatoren übereinstimmen oder sich auch auf solche berufen. So zeichnen sich beispielsweise die Portraits und Studien des *Spiegel*-Korrespondenten Jürgen Leinemann (1995) durch bewundernswerte Sensibilität und »psychoanalytischen« Scharfblick aus, obwohl der Autor – nach eigener Aussage (Leinemann 1995, S. 15) – nicht über fundierte psychoanalytische Kenntnisse verfügt. Allerdings sollte sich eine explizit psychoanalytische Studie von einem Kommentar, der psychoanalytisches Denken nur intuitiv benutzt, u. a. durch die Stringenz, mit der eine psychoanalytische Deutung zu Ende gedacht wird und durch den Reichtum an klinischem Material, aus dem der Psychoanalytiker seine Vergleichsfälle heranziehen kann, unterscheiden.

Über einen erhöhten Geltungsanspruch gegenüber anderen Interpretationen – dies sei hier ausdrücklich betont – verfügen psychoanalytische Interpretationen nicht. Sie können genauso »daneben liegen« wie jede Interpretation. Auch psychoanalytische Deutungen müssen sich sowohl im wissenschaftlichen Diskurs zur Diskussion stellen als auch auf dem »Markt der konkurrierenden Interpretationen« in der Öffentlichkeit behaupten.

Das Material für diese Studie habe ich der Presse, der zitierten Literatur, Fernsehberichten und anderen allgemein zugänglichen Quellen entnommen. Eigene Datenerhebungen, Interviews oder die Auswertung von historischen Primär-Quellen waren mir nicht möglich. Auch habe ich keine kritische Bewertung der von mir benutzten Berichte vorgenommen. Sollten diese Berichte in systematischer Weise verzerrt sein, wäre auch meine Interpretation entsprechend zu relativieren.

Slobodan Milosevic auf der Analysen-Couch bei Richard Holbrooke

Hier auszuführen, was in dieser Studie alles fehlt, würde zu weit führen. Nur zwei Themen will ich ausdrücklich erwähnen: Das Verhältnis der Frauen zu Narzissmus und Macht kommt zu kurz und wird fast ausschließlich unter dem eingeschränkten Blickwinkel betrachtet, welche Rolle Frauen als Politiker-Gattinnen einnehmen. Dabei wäre es sehr interessant zu untersuchen, welche Chance Frauen in der Politik haben und welche Möglichkeiten die spezifisch »weibliche« Lebensperspektive für die von Männern dominierte Poltitik eröffnet. Ebenso unterbelichtet bleibt die Frage der »Gegen-Macht«: Wie gestaltet sich das Verhältnis von Narzissmus und Macht in den Neuen Sozialen Bewegungen, die »von unten« kommen, somit noch nicht etabliert sind und über keinen Machtapparat verfügen. Welche »alternativen« Machtmittel stehen ihnen zur Verfügung und wie lassen sie ihre narzisstischen Bedürfnisse in ihre politische Arbeit einfließen?

Die Entscheidung, ausgerechnet diese vier Politiker zum Gegenstand meiner Studie zu machen, ist nicht theoretisch begründet, und dies soll auch nicht nachträglich getan werden. Vielmehr habe ich mich im Laufe der Jahre wiederholt mit politischen Konflikten, Skandalen und Affären und ihren Hauptakteuren beschäftigt, von denen ich mich – auf die eine oder andere Weise – emotional angesprochen fühlte. Dieses Buch geht auf verschiedene Einzelarbeiten zurück, in denen ich mich mit der Barschel-Affäre (Wirth 1990; 1991 a), mit dem Kosovo-Krieg (Wirth 1999; Haland-Wirth, Wirth 1999), mit der Fischer-Debatte (Wirth 2001 c) und mit Helmut Kohl (Wirth 2001 e, 2001 f) auseinandergesetzt habe. Diese Arbeiten bildeten den Ausgangspunkt für dieses Buch, wurden aber überarbeitet, ergänzt und unter dem übergreifenden Gesichtspunkt, der durch das Verhältnis von Narzissmus und Macht gestiftet wird, neu strukturiert. Natürlich hätte ich auch andere Politiker als Beispiele auswählen können.

Mein Zugang zu den vier Politikern ist teilweise ganz unterschiedlich. Dies hängt *erstens* mit der Quellenlage zusammen. Beispielsweise habe ich mich bei Milosevic fast nur auf Berichte deutscher Medien gestützt, die im unmittelbaren Zusammenhang mit dem Kosovo-Krieg über Milosevic berichteten, zu einem Zeitpunkt, als dieser schon zum Aggressor gestempelt war, bzw. als solcher erkannt wurde. Leider kann ich nicht mehr überprüfen, wie meine Analyse von Milosevic ausgefallen wäre, hätte ich sie 1995 durchgeführt, als Milosevic nach dem Friedensabkommen von Dayton vom Westen als Garant des Friedens gefeiert wurde. Eine Überprüfung oder auch nur eine kritische Bewertung der Informationen über Milosevic war mir in diesem Falle noch weniger möglich als in den anderen drei Fällen. Ein *zweiter* Unterschied ergibt sich aus der jeweils spezifischen Situation in der die Politiker beschrieben werden. Zwar befinden sich alle vier in einer schweren Krise, jedoch an unterschiedlichen Punkten ihrer politischen Laufbahn. Barschel, Kohl und Milosevic sind am Ende ihres politischen Lebens angelangt. Im Falle von Barschel und Milosevic kann man ein vollständiges Desaster ihres politischen und auch ihres persönlichen Lebens konstatieren. Im Fall von Kohl dürfte es für ein abschließendes Resümee seiner politischen Lebensleistung zum einen noch zu früh sein und zum anderen wird dieses sicherlich sehr viel differenzierter ausfallen als bei Barschel und Milosevic. Im Fall von Fischer ist die Situation eine gänzlich andere, da die »Fischer-Debatte« zwar eine erhebliche Belastung und Herausforderung für Fischer darstellte, er diese Krise jedoch meistern und überstehen konnte, ohne eine nennenswerte Beschädigung davonzutragen. Zudem befindet sich Fischer zum Zeitpunkt, an dem ich dieses Buch abgeschlossen habe, auf dem bisherigen Höhepunkt seiner politischen Karriere. Und da wir nicht wissen, was die Zukunft bringt, fällt es sehr viel schwerer ihn einzuordnen, als die drei anderen Politiker. Ein *dritter* Grund für meinen unterschiedlichen Zugang zu den vier Politikern ist in meiner eigenen Person zu suchen: Die Menschen Barschel, Kohl, Fischer und Milosevic stehen mir unterschiedlich nahe bzw. fern. Sie sind mir unterschiedlich sympathisch bzw. unsympathisch. Ich kann mich in den einen besser einfühlen als in den anderen. Milosevic beispielsweise gehört einer anderen Gesellschaft und Kultur an als ich. Er ist unter familiären, sozialen, kulturellen und politischen Bedingungen aufgewachsen, die sich von den meinen sehr stark unterscheiden. Barschel und Kohl sind zwar in der gleichen Gesellschaft aufgewachsen wie ich, gehören aber einer Generation an, die für mich die Eltern-Generation darstellt. Ich könnte versucht sein, die ungelöst gebliebenen unbewussten Konflikte mit meinen eigenen Eltern auf die »Vater-Figur« Kohl zu übertragen. Im Falle von Fischer könnte die Versuchung eher darin bestehen, sich mit dem fast gleichaltrigen »Joschka« zu identifizieren und ihn deshalb zu schonen. Offenbar kann sowohl eine große psychokulturelle Distanz als auch eine große Nähe zum Untersuchungsobjekt ein Hindernis für die psychologische Analyse darstellen. Mit solchen Gegenübertragungs-Verzerrungen ist jedenfalls in dieser Studie zu rechnen.

Gleichwohl gibt es letztlich keine Alternative zu der von mir gewählten subjektiven Untersuchungsstrategie: Zu den unbewussten Phantasien der Politiker, ihren narzisstischen Kränkungen, ihren irrationalen Ängsten und ihren grandiosen Machtgelüsten kann man keine Umfrage machen. Politiker landen auch nur selten auf der Couch des Psychoanalytikers. Die innere Welt des Politikers erschließt sich nur indirekt – im Nachfühlen dessen, was uns alle mit den Phänomenen von Macht und Narzissmus verbindet.

Macht und Narzissmus – die siamesischen Zwillinge

> *»... die Machtposition [ist] nicht Selbstzweck – sie dient der Befriedigung der Eitelkeit [...]. Worum es geht, ist die Wahrnehmung des Glanzes der eigenen Stellung in den Reaktionen der anderen.«*
>
> **Vittorio Hösle (1997): Moral und Politik. Grundlagen einer politischen Ethik für das 21. Jahrhundert. München (Beck), S. 461**

> *»Nach der seelischen Ablösung von der Mutter braucht das Kind den Glanz im Auge der Mutter, um sich die für die leib-seelische Entwicklung notwendige Lust, die aus dem narzisstischen Überströmtwerden mit Libido entsteht, zu erhalten.«*
>
> **Heinz Kohut (1965): Formen und Umformungen des Narzissmus. In: Heinz Kohut (1975): Die Zukunft der Psychoanalyse. Frankfurt a.M. (Suhrkamp), S. 149**

Das schlechte Image von Narzissmus und Macht

> *»Eure Nächstenliebe ist eure schlechte Liebe zu euch selber. Ihr flüchtet zum Nächsten vor euch selber und möchtet euch daraus eine Tugend machen: aber ich durchschaue euer ›Selbstloses‹.«*
>
> **Friedrich Nietzsche (1911): Der Wille zur Macht. In: Nietzsches Werke, 2. Abteilung, Bd. XV und XVI, Leipzig (Kröner)**

Es ist üblich, Macht negativ zu bewerten. Dies gilt für die landläufige Meinung ebenso wie für viele sozialwissenschaftliche Machttheorien, die in der Macht tendenziell etwas Negatives sehen, das man zum Wohle der individuellen Freiheit möglichst eindämmen sollte. »Keine Macht für niemand«, lautete einer der Slogans der 68er-Bewegung. Und Jacob Burckhardt schrieb schon exakt 100 Jahre früher in seinen *Weltgeschichtliche[n] Betrachtungen:*

> »Und nun ist die Macht an sich böse, gleichviel wer sie ausübe. Sie ist kein Beharren, sondern eine Gier und eo ipso unerfüllbar, daher in sich unglücklich und muß also andere unglücklich machen. Unfehlbar gerät man dabei in die Hände sowohl ehrgeiziger und erhaltungsbedürftiger Dynastien als einzelner ›großer Männer‹ usw., das heißt solcher Kräfte, welchen gerade an dem Weiterblühen der Kultur am wenigsten gelegen ist« (S. 73).

»Droge Macht« überschrieb *Der Spiegel* (2001/11) seine Titel-Story über »die Psychologie von Herrschaft und Unterwerfung« und zitierte dabei den amerikanischen Sozialpsychologen Philip Zimbardo, dessen Stanford-

Der Spiegel, Nr. 11 vom 12.03.2001

Gefängnis-Experiment von 1971 das Drehbuch für den Kinofilm *Das Experiment* (2001) lieferte: »Wenn man ganz normalen Menschen eine Machtposition gibt, wird sich ihr Verhalten dramatisch ändern. Die Studie zeigt, wie leicht es ist, aus guten Menschen Teufel zu machen« (Zimbardo zitiert nach *Der Spiegel* 2001/11, S. 97). In seiner sozialpsychologischen Studie hatte Zimbardo ausgewählte Studenten in die Rolle von Gefangenen und Wärtern schlüpfen lassen und sie in einen Keller der Universität gesperrt. Es dauerte nur wenige Tage, bis sich ein Terrorsystem etabliert hatte, in dem die Wärter die Gefangenen quälten und folterten. Allerdings sieht Zimbardo in der Macht nicht nur Teufelswerk, sondern auch ein Mittel sexueller Stimulans: »Macht ist ein Aphrodisiakum« (ebd.). Auch die Studenten im Pariser Mai 68 forderten nicht nur die Abschaffung der Macht, sondern formulierten auch: »Die Phantasie an die Macht!«

Macht ist offenbar ein schillerndes Phänomen, das höchst ambivalente Gefühle, Phantasien und Wertungen auslöst. Macht wird einerseits entwertet, verdammt, gar verteufelt und andererseits gilt ihr unsere Faszination. Wir bewundern und beneiden diejenigen, die sie ausüben und erschaudern vor den »Inkarnation[en] des Macht-Dämons« (ebd., S. 103). Wir träumen heimlich davon, selbst über unendlich viel Macht zu verfügen und beschwichtigen die Schuldgefühle, die dieser Wunsch auslöst, mit der Vorstellung, diese unendliche Macht natürlich zum Wohle der Menschheit einzusetzen. Alle würden von unserer Macht und Großzügigkeit profitieren – vielleicht ausgenommen diejenigen, die es wirklich nicht besser verdient haben.

Interessanterweise ergeht es dem Begriff des Narzissmus ähnlich wie dem der Macht: auch ihm haftet eine negative, teils auch ambivalente Tönung an. Sigmund Freud stellt dem Narzissmus die Objektliebe diametral gegenüber. Er entwickelt ein streng ökonomisches Modell, wonach die Objekt-Libido zunehme, wenn die auf das eigene Ich gerichtete libidinöse Besetzung abnehme – und umgekehrt. Je mehr man seine begrenzte libidinöse Energie an andere Menschen als Liebe und Zuneigung verschenke, umso weniger bleibe sozusagen dafür übrig, sich selbst zu lieben. Wer umgekehrt in erster Linie an sich selbst denke, dem stünden für den Mitmenschen keine Liebes-Reserven mehr zur Verfügung.

Der Narzissmus erscheint mit dem Egoismus assoziiert und demnach als eine antisoziale Eigenschaft. Wenn wir einen Menschen als narzisstisch bezeichnen, werten wir ihn ab und charakterisieren ihn als egoistisch, ichbezogen, regressiv, konfliktvermeidend und in seinen sozialen Beziehungen beeinträchtigt. Genießerische Selbstgenügsamkeit gehören ebenso zu den Charakteristika des Narzissten wie die Neigung zur sprichwörtlichen »narzisstischen Selbstbespiegelung«.

Michelangelo da Caravaggio (1573–1610): Narciso

Narzisstisch gestörte Persönlichkeiten gelten als psychotherapeutisch schwer behandelbar, und die von manchen Autoren postulierte Zunahme narzisstischer Störungen in der modernen Gesellschaft wird als Zeichen eines tiefgreifenden sozialen Verfalls gedeutet. Der amerikanische Sozialpsychologe Christopher Lasch (1979) spricht von der Gegenwart als einem *Zeitalter des Narzissmus,* und diese Diagnose drückt zweifellos eine negative Bewertung aus. Der amerikanische Soziologe Richard Sennet (1977) erklärt den Narzissmus gar zur »protestantischen Ethik von heute«, und er lässt keinen Zweifel daran, dass er den *Terror der Intimität* für ein Grundübel der an narzisstischen Zielen und Werten orientierten Gesellschaft hält. Thomas Ziehe (1975) löste mit seinem Buch *Pubertät und Narzißmus* in den siebziger Jahren eine heftige und kontroverse Diskussion über den »Neuen Sozialisationstyp« aus, wobei die Meinungen darüber auseinander gingen, ob die Ablösung des »analen Scheißers« – mit seiner zwanghaften und autoritären Charakterstruktur – durch den »Gesellschafts-Charakter« (Fromm 1998) des »oralen Flippers« – mit seiner narzisstischen Konsumorientierung – eher als Fortschritt oder eher als Regression aufzufassen sei. Einerseits wird der Narzissmus als antisoziale Orientierung gesellschaftlich gegeißelt, andererseits frönen wir im Zeitalter des entfesselten Marktes den narzisstischen Idealen der Selbstverwirklichung, der Ellbogen-Mentalität und des Egoismus als den Prinzipien, auf denen die Wettbewerbsgesellschaft aufgebaut ist.

Offenbar haben die Phänomene Macht und Narzissmus einen komplexen Charakter, der ambivalente Gefühle verursacht und die Neigung zu stark wertenden und widersprüchlichen Stellungnahmen begünstigt. Vorschnelle Werturteile trüben jedoch den Blick auf die tieferen psychologischen und sozialen Zusammenhänge und Bedeutungen von Macht und Narzissmus. Auch wenn der Missbrauch von Macht und die Auswirkungen eines pathologischen Narzissmus die Hauptthemen dieses Buches darstellen, gilt es zunächst, die Phänomene Narzissmus und Macht mit einem distanzierten, unvoreingenommenen Blick zu analysieren, um zu allererst ihre Funktionsweisen besser zu verstehen.

Macht an sich ist weder gut noch böse, sondern unvermeidbar. Auch in einer demokratischen Gesellschaft, in der auf Gewalt bei der Austragung politischer Meinungs-, Werte- und Interessensunterschiede verzichtet wird, ist Konkurrenz als »eine sanftere, weil rechtlich gebundene Form von Machtkampf« (Hösle 1997, S. 509) unumgänglich. Um die existenzielle Relevanz der Macht in den Worten von Nicklas Luhmanns Systemtheorie zu formulieren: »Macht ist ein lebensweltliches Universale gesellschaftlicher Existenz« (Luhmann). Oder um es mit Anthony Giddens (1984, S. 136) etwas einfacher zu sagen: Macht ist »ein Grundzug jeder Form menschlicher Interaktion«.

Die gleiche Unvermeidbarkeit gilt auch für den Narzissmus: Er gehört zur anthropologischen Grundausstattung des Menschen und ist insofern weder gut noch böse. Sowenig wie soziales Leben möglich ist, ohne dass Prozesse der Machtausübung stattfinden, sowenig kann das Individuum existieren, ohne dass es ein Mindestmaß an Selbstliebe – um den Begriff des Narzissmus zunächst so vereinfacht zu fassen – aufbringt. Macht und Ohnmacht sind ebenso allgegenwärtig wie narzisstische Eigenliebe und soziale Bezogenheit.

Eine genauere soziologische Begriffsbestimmung von Macht werde ich erst später vornehmen; da der Machtbegriff jedoch auch schon in der Diskussion über den Narzissmus eine Rolle spielen wird, sei hier eine kurze pragmatische Definition von Macht vorangestellt: Macht soll hier als die gestaltende Fähigkeit des menschlichen Handelns verstanden werden, durch Verfügung über bestimmte Ressourcen (Geld, Einfluss, Wissen, Informationen, Beziehungen, Schönheit, Infrastruktur etc.) in den Ablauf von Ereignissen mit dem Ziel einzugreifen, bestimmte Ergebnisse zu erzielen, die dem eigenen Interesse entsprechen (vgl. Giddens 1984, S. 133ff; 1988, S. 65ff; Neckel 1991, S. 152).

Narzissmus, Liebe, Macht

> *»Du sollst deinen Nächsten lieben wie dich selbst.«*
>
> **3. Mose 19,18**

> *»Macht ist das stärkste Aphrodisiakum.«*
>
> **Henry Kissinger**

> *»Die Menschen kompensieren sogar jene Zeitknappheit, die – endlichkeits-, d.h. sterblichkeitsbedingt – dadurch entsteht, dass wir nur ein einziges Leben haben, durch Lebenspluralisierung: indem wir Mitmenschen haben und durch Kommunikation mit ihnen ein wenig auch ihre Leben leben.«*
>
> **Odo Marquard (2000): Philosophie des Stattdessen. Stuttgart (Reclam), S. 43**

Auch im allgemeinen Sprachgebrauch spiegeln sich die gegensätzlichen Bewertungen der Phänomene, die mit dem Narzissmus verbunden sind. Eigenschaften wie Eitelkeit, Stolz, Egoismus, Selbstgefälligkeit, Selbstsucht, Gefallsucht, Überheblichkeit, Eigendünkel, Schamlosigkeit, Ich-Sucht, Selbstbeweihräucherung, Selbstüberschätzung, Selbstvergötterung aber auch Unsicherheit, Minderwertigkeitsgefühle, Selbstanklage, Scham und Gehemmtheit bezeichnen Aspekte des Narzissmus, die gewöhnlich negativ bewertet werden. Hingegen werden Eigenschaften wie Selbstvertrauen, Selbstbewusstsein, Selbstsicherheit, Selbstachtung, Selbstwertgefühl, Charakterfestigkeit, Selbständigkeit, Glaubwürdigkeit, Selbstbeherrschung, Selbsterkenntnis, Aufrichtigkeit, Selbstbeschränkung, Selbstbestimmung, Selbstdisziplin, Selbsterhaltung und Selbsthilfe im Allgemeinen als Eigenschaften eingeschätzt, die einen positiven Selbstbezug anzeigen. Andere Begriffe changieren in ihrer Bedeutung je nach den Umständen, unter denen sie gebraucht werden. So kann ein Auftreten, das man als selbstbewusst bezeichnet, leicht den Charakter der Hochnäsigkeit, Arroganz oder Dünkelhaftigkeit annehmen, ebenso wie eine Person, die durch ihre Durchsetzungsfähigkeit oder Selbstbestimmtheit imponiert, eine negative Bewertung erfährt, wenn dies mit Rücksichtslosigkeit assoziiert wird.

Freud versteht unter Narzissmus den Umstand, dass man das eigene Ich, das eigene Selbst, die eigene Person, den eigenen Körper, genauso zum Objekt libidinöser (und aggressiver) Wünsche und Impulse machen kann, wie eine andere Person, wie ein äußeres Objekt. Auch kann sich die narzisstische Besetzung auf bestimmte Aspekte der eigenen Person oder des eigenen Körpers beschränken. Man ist dann beispielsweise besonders stolz auf seine musikalischen Fähigkeiten, seinen scharfen Verstand, seinen durchtrainierten Körper oder sein gutes Aussehen. Dementsprechend kann der libidinöse (und aggressive) Selbstbezug all jene Variationen und Pathologien annehmen, wie sie aus den Objektbeziehungen bekannt sind. Man kann sich selbst, den eigenen Körper, die eigenen Merkmale genauso lieben, idealisieren, umsorgen aber auch hassen, verachten und beschädigen, wie man dies alles einer anderen Person antun kann.

Was die Herkunft des Narzissmus angeht, geht Freud von der Vorstellung aus, dass der ursprüngliche psychische Zustand des Menschen in seiner frühesten Kindheit der des »primären Narzissmus« sei, in dem das Kind noch nicht zwischen sich und der Außenwelt unterscheiden und deshalb auch keine Objektbeziehungen zu Personen der Außenwelt aufnehmen könne. Eigentlich – so nimmt Freud an – würde das Kind am liebsten im Zustand des primären Narzissmus verharren, doch im Laufe der Zeit werde es aufgrund fortgesetzter Frustrationen genötigt, »den Schritt vom absolut selbstgenügsamen Narzissmus zur Wahrnehmung einer veränderlichen Außenwelt und zum Beginn der Objektfindung« (Freud 1921, S. 146) zu machen. Der Not gehorchend, verwandele das Kind seinen ursprünglichen Narzissmus in Objektliebe. »Aber«, so warnt Freud an anderer Stelle (1913, S. 110), »der Mensch bleibt in gewissem Maße narzißtisch, auch nachdem er äußere Objekte für seine Libido gefunden hat«. Häufig komme es auch beim normalen Menschen vor, dass er seine libidinöse Besetzung wieder von den Objekten zurückziehe und dem eigenen Selbst zuwende – ein Vorgang, dessen Ergebnis Freud als »sekundären Narzißmus« bezeichnet.

Während Freud seine theoretischen Vorstellungen über das Gefühlsleben des Säuglings aus den Erinnerungen und Phantasien seiner erwachsenen Patienten zu rekonstruieren versuchte, geht die moderne Säuglingsforschung einen anderen methodischen Weg, indem sie die realen Interaktionen von Müttern mit ihren Babys mit Hilfe ausgeklügelter »Versuchsanordnungen« und unter Verwendung audio-visueller Dokumentationsverfahren direkt untersucht. Die Ergebnisse der modernen Säuglingsforschung (vgl. *Stern* 1995; Dornes 1993; 1997; 2000) haben einige psychoanalytische Annahmen über die frühe Kindheit infrage gestellt und relativiert. Dem »klassischen« psychoanalytischen Bild vom Säugling als einem autistischen, symbiotischen, ambivalenten, passiven und »primärnarzisstischen« Wesen wurde in den letzten Jahren von der Säuglingsforschung das Bild vom – wie Martin Dornes (1993) es formuliert hat – »kompetenten Säugling« entgegengesetzt, der von Anfang an in einem aktiven Austausch mit seiner Umwelt steht. Die Annahmen von John Bowlbys »Bindungstheorie«, nach der der Mensch von Geburt an ein beziehungsfähiges und zugleich ein auf Bindung, Kontakt und Nähe elementar angewiesenes Wesen ist, wurden damit bestätigt. Wie die Beobachtung der frühen Mutter-Kind-Interaktionen gezeigt hat, suchen bereits Babys direkt nach ihrer Geburt aktiv den Kontakt mit der Mutter. Bereits das Lächeln ist ein »Akt der Verführung«, mit dem das Kind die liebevolle Aufmerksamkeit seiner Mutter auf sich lenkt. Der von Freud postulierte »primäre Narzißmus«, als der normale und gesunde seelische Zustand des Neugeborenen, kann insofern als wissenschaftlich widerlegt gelten. Damit ist auch Freuds diametraler Gegenüberstellung von Narzissmus und Objektliebe die Grundlage entzogen. Dies entspricht im Übrigen auch allen klinischen Erfahrungen, die zeigen, dass Patienten, deren Selbstwertgefühl im Laufe der Therapie zunimmt, auch zunehmend fähiger werden, stabile und befriedigende (Liebes-)Beziehungen zu anderen Menschen einzugehen. Man muss geradezu umgekehrt annehmen, dass ein (gesunder) Narzissmus, eine (gesunde) Selbstliebe, – wie auch immer »gesund« im Einzelnen zu definieren wäre – einen elementaren Aspekt des menschlichen Seelenlebens darstellt. Nur wenn der Mensch im Laufe seiner Entwicklung ein relativ autonom reguliertes narzisstisches Gleichgewicht findet, das nicht ständig auf narzisstische Bestätigung durch äußere Objekte angewiesen ist, bestehen die inneren Voraussetzungen zur Aufnahme reifer Objektbeziehungen. So formuliert beispielsweise Béla Grunberger (1971, S. 17): »Je mehr ein Mensch auf bestimmte Art sein Ich zu besetzen vermag, um so mehr verfügt er über Libido für die Objektwelt.«

Allerdings sind Freuds Narzissmus-Theorien nicht gänzlich widerlegt, sondern nur dahingehend relativiert worden, dass die von der Psychoanalyse beschriebenen »primärnarzisstischen« Phänomene – Passivität, Autismus, symbiotische Verschmelzung mit der Mutter usw. – nicht beim normalen bzw. gesunden Säugling auftreten, sondern nur dort, wo es zu Störungen kommt. Freud beschreibt nicht die normale Entwicklung der inneren Welt des Kindes, sondern seine Beschreibungen treffen nur für die pathologischen Entwicklungsprozesse zu. Dabei folgt das Kind allerdings nicht einem »natürlichen« Bedürfnis nach Rückkehr in frühere »primärnarzisstische« Zustände, sondern die symbiotischen, ambivalenten und autistischen Tendenzen des Kindes sind als Antwort auf unbewusste Rollenerwartungen der Eltern an das Kind zu verstehen. Diese Überlegung, auf die ich später noch einmal zurückkommen werde, hat Richter in seinem Buch *Eltern, Kind und Neurose* (1963) zur Grundlage der psychoanalytischen Familientherapie gemacht. Interessanterweise bildet eine Überlegung Freuds zu zwei Typen der Objektwahl den Ausgangspunkt von Richters Theorie. Doch steht diese Freud'sche Theorie zu zwei Typen der Objektwahl in einem merkwürdigen

Widerspruch zu seiner eigenen These von der Unvereinbarkeit von Narzissmus und Objektliebe.

So wie der Narzisst sein gesamtes Selbstbild oder auch einen Teilaspekt desselben zum Objekt seiner narzisstischen Liebe machen kann, verfährt er auch gerne mit den Dingen und Personen, die er als die seinigen ansieht: »Sein Auto«, »sein Haus«, »seine Jacht« und »seine Frau« betrachtet er ebenso als eine Erweiterung seines grandiosen Selbst, wie er »sein Wissen«, »seine Meinung«, »seine Firma« und »seine Kinder« als Besitz und als narzisstische Objekte auffasst. Diese Neigung des Narzissten, auch die Beziehungen zu seinen Liebesobjekten unter das Diktat seiner narzisstischen Bedürfnisse zu stellen, hat Freud erkannt und mit seiner Theorie von den »zwei Typen der Objektwahl« konzeptualisiert. Nach Freud (1914 a, S. 154) hat der Mensch »zwei ursprüngliche Sexualobjekte: sich selbst und das pflegende Weib«. Manche Menschen wählen ihr späteres Liebesobjekt »nach dem Vorbild der Mutter«. Diesen Typus der Objektwahl nennt Freud »Anlehnungstypus«, weil die Objektwahl in Anlehnung an eine Elternfigur ausgesucht wird. Genau genommen hätte Freud auch vom »Übertragungstypus« der Objektwahl sprechen können, weil das Subjekt seine Elternbeziehung auf den Partner überträgt. Andere Menschen wählen ihre Liebesobjekte nach dem Vorbild ihrer eigenen Person. »Sie suchen offenkundigerweise sich selbst als Liebesobjekt, zeigen den narzißtisch zu nennenden Typus der Objektwahl« (ebd.). »Wir [...] setzen dabei den primären Narzißmus jedes Menschen voraus, der eventuell in seiner Objektwahl dominierend zum Ausdruck kommen kann« (ebd.). Der Narzisst ist also auch aus der Sicht Freuds durchaus fähig, eine Objektbeziehung aufzunehmen, ohne seinen Narzissmus zu reduzieren, allerdings ist seine Objektbeziehung in diesem Fall narzisstisch strukturiert, nämlich nach dem narzisstischen Typus der Objektwahl.

Guy Billout: Der Garten des Einsamen (1984)

Es ist bemerkenswert, dass Freud nur zwei Typen der Objektwahl darstellt – die beide ohne Zweifel pathologische Beziehungsformen implizieren – dabei aber die Frage undiskutiert lässt, ob denn außer diesen beiden noch andere, möglicherweise gesunde, zumindest gesündere oder nichtpathologische Typen der Objektwahl prinzipiell denkbar wären und durch welche Eigenschaften sie sich auszeichnen könnten.

Nun fällt es der Psychoanalyse bekanntlich überhaupt schwer, zu sagen, welcher psychische Zustand »gesund«, welche psychischen Prozesse wünschenswert und welche Lebensweisen »gut« sind. Die Psychoanalyse kann hingegen sehr genaue Angaben machen, welche psychischen Mechanismen Kompensationsfunktion und Abwehrcharakter haben oder als symptomatische Kompromissbildungen zu verstehen sind. Alle Versuche, die uralte philosophische Frage nach dem »guten Leben« mit positiven Empfehlungen aus psychoanalytischer Sicht zu beantworten, haben entweder zu konventionellen Plattheiten – wozu auch Freuds »Liebes- und Arbeitsfähigkeit« als Therapieziel gehört –, zu fragwürdigen narzisstischen Idealisierungen – wie Wilhelm Reichs (1933) »genitalem Charakter« – oder zu leblosen Abstraktionen – wie »reife Ödipalität« – geführt. Bei der Psychoanalyse handelt es sich offenbar um einen Typus von Theorie, den Odo Marquard (2000) in seiner *Philosophie des Stattdessen* als »Kompensationstheorie« bezeichnet hat. Diese zeichnet sich dadurch aus, dass sie den Menschen nicht als absolutes, sondern als immer und prinzipiell unvollendetes Wesen begreift. Dem Grundsatz Nietzsches folgend, nach dem der Mensch ein Wesen ist, das überwunden werden muss, kann die Psychoanalyse ihren Patienten zwar sagen, was sie überwinden müssen, aber nicht angeben, wohin sie das führt oder führen soll. Nach Marquard (2000, S. 41 f) ist dies

> »keine Schwäche der Kompensationstheorie, sondern gerade ihr Vorzug; denn es vermeidet Absolutheitsillusionen, indem es die menschliche Endlichkeit respektiert. Der Mensch ist mehr seine Widerfahrnisse als seine Leistungen. Er ist nicht nur das handelnde, sondern vor allem auch das leidende Wesen: darum ist er seine Geschichten; denn Geschichten sind Handlungs-Widerfahrnis-Gemische. Mehr als durch seine Ziele ist er bestimmt durch seine Hinfälligkeiten: seine Mortalität limitiert seine Finalität; er ist nicht zur Vollendung, sondern ›zum Tode‹. […]. Er eilt nicht von Sieg zu Sieg, sondern muss Niederlagen und Schwächen ausgleichen: der Mensch triumphiert nicht, sondern er kompensiert.«

»Man kann sich des Eindrucks nicht erwehren, daß die Menschen gemeinhin mit *falschen* Maßstäben messen, *Macht*, Erfolg, und Reichtum für sich anstreben und bei anderen bewundern, die *wahren* Werte des Lebens aber unterschätzen.« Mit diesen Worten beginnt Freud (1930, S. 421, Hervorhebung HJW) seinen berühmten Essay *Das Unbehagen in der Kultur*. Er ist offenbar der Ansicht, dass es sich bei den narzisstischen Idealen »Macht, Erfolg und Reichtum« nicht um »wahre Werte« handele und dass demzufolge ein auf diesen »falschen Maßstäben« gegründetes Leben nicht wirklich glücklich machen könne. Im weiteren Verlauf seines Essays, in dem sich Freud unter anderem mit der Frage auseinandersetzt, wie die Menschen das Glück, nach dem sie offenbar streben, erreichen können, wird deutlich, dass es Freud sehr schwer fällt, zu formulieren, wie denn ein »glückliches«, ein »gelungenes«, ein »gutes« Leben oder auch eine »glückliche«, eine »gelungene«, eine »gute« Liebesbeziehung auszusehen habe. Die Psychoanalyse kann zwar angeben und genau beschreiben, welche Beziehungsmuster und welche seelischen Mechanismen die Funktion der Abwehr – Marquard würde sagen: die Funktion der Kompensation – haben und deshalb auf dem Weg zu einem guten Leben, einer guten Beziehung überwunden werden müssen. Wie dieses gute Leben zu gestalten sei, muss der Patient aber selbst wissen und entscheiden. Genauso unmöglich ist es, psychoanalytisch zu definieren, was »gesunder« Narzissmus ist, auch wenn die psychoanalytische Therapie und auch die Theorie zumindest implizit davon ausgeht, dass es ihn gibt. Nur kann sie ihn gar nicht oder nur sehr ungenau »positiv« beschreiben, sondern nur »negativ« durch die Abwesenheit der pathologischen Mechanismen. Diese wiederum kann die Psychoanalyse sehr genau benennen. Entsprechendes gilt im Übrigen auch für den Begriff der »psychischen Gesundheit« oder auch für die Vorstellung eines »guten Führers«. Ich komme später noch auf Kernbergs – wie ich meine problematischen – Versuch zu sprechen, mithilfe psychoanalytischer Kriterien eine »gute« und »gesunde« Führerpersönlichkeit zu charakterisieren.

Auf dem Hintergrund der Freud'schen Unterscheidung zwischen den »wahren Werten« und den »falschen Maßstäben« – oder um es in den Worten von Winnicott (1965) auszudrücken: dem »wahren« und dem »falschen Selbst« – ist es nun auch möglich, den Widerspruch in Freuds Narzissmus-Theorie aufzulösen: Wenn Freud von der Unvereinbarkeit von Narzissmus und Objektliebe spricht, meint er genau genommen die Unvereinbarkeit des pathologischen Narzissmus mit der nicht-pathologischen, der uneigennützigen, der »wahren« Objektliebe. Nur in dem Maße, in dem es dem Subjekt gelingt, von seinem »selbstsüchtigen« Narzissmus Abstand zu gewinnen, wird es innerlich frei für die »wahre«, die »echte«, die »uneigennützige« Liebe. Solange es hingegen von seinem selbstsüchtigen Narzissmus beherrscht wird, gestaltet es auch seine Liebesbeziehungen nach narzisstischen Gesichtspunkten, das heißt, es funktionalisiert das Liebesobjekt für seine eigennützigen Interessen. Dies bedeutet allerdings auch, dass außer dem pathologischen auch ein »gesunder« Narzissmus angenommen werden muss. Bei diesem nicht-pathologischen Narzissmus könnte es sich um eine »wahre« Selbstliebe handeln, die nicht mit

Max Klinger (1857–1920): Narzissus und Echo

Selbstsucht und einer Entwertung der Objekte einhergeht. Sofern man diese Voraussetzungen annimmt, kann man Freuds zunächst widersprüchlich erscheinenden Behauptungen zustimmen, einerseits schlössen sich Narzissmus und Objektliebe gegenseitig aus und andererseits existiere ein narzisstischer Typus der Objektwahl. Im Grunde genommen geht es nicht um die Unvereinbarkeit zwischen Narzissmus und Objektliebe, sondern um den Antagonismus von Liebe und Macht.

Es gehört zum Charakteristikum von Liebe und Anerkennung, dass diese geschenkt, also prinzipiell freiwillig und zweckfrei gegeben werden. Unter den Bedingungen von Macht und Gewalt erzwungen, werden sie automatisch mit dem Gift der Lüge kontaminiert und durch ihre Funktionalisierung profanisiert und entwertet. Erkaufte, befohlene, erzwungene, gestohlene Liebe ist keine »wahrhaftige« und »echte« Liebe, sie kommt von einem »falschen Selbst« und erreicht darum auch im Liebesobjekt häufig nur das »falsche Selbst«. Liebe und Macht sind sich ausschließende Qualitäten, sie gehören unterschiedlichen Sphären des menschlichen Lebens an, und wenn sie doch zusammen gezwungen werden, kommt es unausweichlich zu dramatischen Verwicklungen, paradoxen Situationen, konflikthaften Spannungen und pathologischen Beziehungen, wie wir das aus Literatur und Theater, aus der Politik und natürlich auch aus unserem eigenen Leben kennen. Denn kein Mensch ist frei von pathologischem

Narzissmus, kein Mensch ist frei von dem unbewussten Verlangen, sein eigenes psychisches Gleichgewicht zu stabilisieren, indem er seine Partner, auch und gerade seine Liebespartner, für seine eigennützigen Interessen und Bedürfnisse benutzt. Kein Mensch ist frei von der Versuchung, auch in seinen Liebesbeziehungen seine Macht spielen zu lassen. Dies hat aber unweigerlich zur Folge, dass die Beziehungen zumindest partiell einen narzisstischen Charakter annehmen.

Auch das christliche Motto »Liebe deinen Nächsten wie dich selbst« bietet keine zufrieden stellende Antwort auf die Frage nach dem »richtigen« Leben, denn die Liebe zu sich selbst kann genauso von Macht und Funktionalisierung durch fremde Interessen geprägt und vergiftet sein wie die Beziehung zum Nächsten. Diese Einsicht formuliert zu haben, ist die großartige Entdeckung von Freuds Narzissmus-Theorie. Nietzsche (1883) hatte im Zarathustra im Übrigen die gleiche Problematik im Auge, als er formulierte: »Eure Nächstenliebe ist eure schlechte Liebe zu euch selber. Ihr flüchtet zum Nächsten vor euch selber und möchtet euch daraus eine Tugend machen: aber ich durchschaue euer ›Selbstloses‹.« Und ausdrücklich hält er fest: »Ihr haltet es mit euch selber nicht aus und liebet euch nicht genug.« Doch beide Theoretiker – sowohl der philosophische Psychologe Freud, als auch der psychologische Philosoph Nietzsche – blieben dem durch Kalvinismus, Reformation und Autoritarismus geprägten Zeitgeist verhaftet, indem sie die Doktrin, Selbstliebe sei ein Grundübel und die Liebe zu sich selbst schließe die Liebe zu anderen aus, die das Denken von Theologie, Philosophie, Psychologie und Ethik beherrschte, nicht durchschauten und kritisierten. Erich Fromm (1947, S. 83) hat nachdrücklich dargelegt, wie der Satz, »Du sollst nicht selbstsüchtig sein«,

> »Millionen von Kindern von Generation zu Generation eingehämmert wurde. [...] Von seinem offenkundigen Sinn abgesehen bedeutet er ›liebe dich nicht‹, ›sei nicht du selbst‹, sondern unterwirf dich einem Etwas, das wichtiger ist als du selbst, unterwirf dich einer außer dir liegenden Macht oder ihrem inneren Gegenstück, der ›Pflicht‹. Der Satz ›sei nicht selbstsüchtig‹ wird zu einem der mächtigsten ideologischen Werkzeuge, um die Spontaneität und die freie Entwicklung der Persönlichkeit zu unterdrücken. Man wird damit zu jedem Opfer und zur absoluten Unterwerfung aufgefordert: Nur jene Handlungen gelten als ›selbstlos‹, die nicht dem Handelnden nützen, sondern jemandem oder irgend etwas außerhalb seiner selbst.«

Das Motto, das diesem Buch vorangestellt ist, »Was hülfe es dem Menschen, wenn er die ganze Welt gewönne und nähme doch Schaden an seiner Seele?« (Matthäus 16, 26 a), gibt hingegen eine tragfähige Lebensmaxime ab, die einer ethischen, einer philosophischen und auch einer psychoanalytischen Kritik standhält. Das hängt zunächst damit zusammen, dass keine direkte, positiv formulierte Empfehlung nach dem Muster: »Du sollst ...« ausgesprochen wird, wie das bei dem Satz: »Liebe deinen Nächsten wie dich selbst« der Fall ist. Vielmehr kleidet sich die Maxime in die Form einer Frage, deren rhetorische Struktur die allgemeine Richtung der Antwort zwar vorgibt, es jedoch vermeidet, wirklich konkret zu werden. Genau genommen stellt die Frage implizit die folgende Behauptung auf: »Es besteht die Möglichkeit, dass im Zuge der Bemächtigung der Welt, die Seele des Menschen Schaden nimmt. Dies ist nicht zwangsläufig so, aber es stellt eine Option dar.« Und die Frage gibt indirekt die Empfehlung, man solle sich dieser Gefahr bewusst sein. Es ist auch bezeichnend, welche Aussage diese Maxime nicht trifft: Sie sagt nicht: »Meide die Macht, denn sie ist absolut böse und kann deiner Seele nur Schaden zufügen«, wie dies Jakob Burckhardt in seinem Eingangs-Zitat tut. Vielmehr macht sie den Menschen darauf aufmerksam, dass er folgender Entscheidungssituation nicht ausweichen kann: Er muss sich entweder dazu entscheiden, auf Macht zu verzichten, um sein Seelenheil zu bewahren, oder er kann sich dafür entscheiden, seinen Seelenfrieden zu opfern zugunsten der Macht, und schließlich kann er auch nach Mitteln und Wegen suchen, um Macht zu erringen und auszuüben ohne Schaden an seiner Seele zu nehmen. Auch diese letzte Möglichkeit ist nicht prinzipiell ausgeschlossen, auch wenn der geistige Autor der Frage wahrscheinlich eher dazu neigt, die Gefahr recht hoch einzuschätzen, dass es zu einer Unvereinbarkeit zwischen Macht und Seelenheil kommt – andernfalls hätte er diese Frage wohl erst gar nicht gestellt und sich noch so viel Mühe bei ihrer Formulierung gegeben.

Macht im Spiegel psychoanalytischer Narzissmus-Theorien

> *»Wer nach Macht strebt, kommt narzisstisch auf seine Rechnung.«*
>
> **Mario Erdheim (1982): Die gesellschaftliche Produktion von Unbewußtheit. Eine Einführung in den ethnopsychoanalytischen Prozess, Frankfurt a. M. (Suhrkamp), S. 405**

Freud hat zwar die Bedeutung des Narzissmus erkannt und ihn in die Psychoanalyse eingeführt (Freud 1914 a), doch letztlich hat er ihn doch dem Sexualtrieb untergeordnet und ihn nicht als eine der elementaren seelischen Kräfte angesehen, die den »himmlischen Mächten« (Freud 1930) – Eros und Todestrieb – gleichgesetzt werden müsste. Nach Fromm (1964, S. 199) gehört das Narzissmus-Konzept zu Freuds »fruchtbarsten und weitreichendsten Entdeckungen«. In der Nachfolge Freuds hat sich der Narzissmus zu einem – oder sogar zu *dem* – zentralen Thema innerhalb der psychoanalytischen Diskussion entwickelt. Diese hat eine fast unübersehbare Zahl psychoanalytischer Theorien zum Narzissmus hervorgebracht und in Form der »Selbstpsychologie« sogar zu einer Schulenbildung geführt. Schließlich ist die Behandlung narzisstischer Persönlichkeitsstörungen zum Motor von Neuerungen in der psychoanalytischen Behandlungstechnik geworden, so dass heute auch Patienten erfolgreich mit psychoanalytischen Methoden behandelt werden können, die zu Freuds Zeiten noch als nicht therapierbar galten. Auch in die intellektuelle Diskussion der Öffentlichkeit hat der Narzissmus-Begriff Eingang gefunden und hat auch hier einen schillernden und widersprüchlichen Gehalt, der ambivalente Gefühle und Wertungen auslöst.

Werkstatt des Jasper de Isaac (gest. 1654) : Narcisse

Ich werde darauf verzichten, die verschiedenen Theorien über den Narzissmus im Einzelnen zu referieren, sondern verweise auf einige der einschlägigen Übersichtsarbeiten (Altmeyer 2000 a; 2000 b; Gast 1992; Mertens, Waldvogel 2000; Köhler

1978; Pulver 1972; Volkan, Ast 1994; Zepf 1999). Stattdessen werde ich einige psychoanalytische Narzissmus-Konzepte insoweit vorstellen, als sie für den Zusammenhang mit dem Thema Macht relevant erscheinen oder explizit etwas zum Verhältnis zwischen Narzissmus und Macht beitragen können.

Karl Abraham (1877–1925) veröffentlichte im Jahr seines Todes eine kleine Arbeit mit dem Titel *Die Geschichte eines Hochstaplers im Lichte psychoanalytischer Erkenntnisse.* Abraham schildert darin die Lebensgeschichte eines jungen Mannes, der schon in der Kindheit durch seine »unbändige Großmannssucht« (Abraham 1925, S. 72), durch Betrügereien und durch sein Bestreben, von den Lehrern »besonders beachtet und bevorzugt« (ebd., S. 73) zu werden, auffiel. Auffallend war die »Leichtigkeit«, mit der es ihm gelang, »Menschen jeden Alters, Standes und Geschlechts für sich einzunehmen [...], um sie dann zu betrügen« (ebd., S. 70). Zu seiner Fähigkeit, sich die »allgemeinen Sympathien« (ebd.) zu erwerben, gehörten Intelligenz, ein gewandtes Auftreten, seine virtuose Begabung »auf dem Gebiet der phantastischen Erzählung« und sein Geschick, die Lügenmärchen durch Bescheidenheit glaubwürdig zu machen.

Abraham führt die Charakterstörung des jungen Hochstaplers auf die kränkenden und verletzenden Liebeserfahrungen »an den Personen seiner frühesten Umgebung« (ebd., S. 77) zurück, die zu einer narzisstischen Besetzung des eigenen Ichs und zu einer großen Hassbereitschaft gegen die Objekte geführt habe. Der Patient, »der sich in seiner Kindheit ungeliebt fühlte, mußte unter einer inneren Nötigung sich allen Menschen ›*liebenswürdig*‹, d. h. ihrer Liebe *würdig* zeigen, um bald danach sich und ihnen zu beweisen, daß er dieses Gefühls *unwürdig* sei« (ebd.). Sein Erfolg im Buhlen um die Gunst reicher und mächtiger Personen wurde »eine ständig fließende Quelle der Befriedigung für seinen Narzißmus« (ebd.) und für seine Sehnsucht, geliebt und anerkannt zu werden. Offenbar hat der Hochstapler eine besondere Affinität zu Personen, die eine gesellschaftliche Position inne haben, die mit Macht und Ansehen verknüpft ist. Doch in einem zweiten Schritt musste der Patient die Personen, welche ihn anerkannten und lieb gewonnen hatten, enttäuschen und zurückweisen, um auf diese Weise Rache an ihnen und unbewusst auch Rache an seinen Eltern zu nehmen, die ihn einst verschmäht hatten. Abraham ist mit der Beschreibung dieses Hochstaplers die Charakterisierung eines Typus der narzisstischen Persönlichkeitsstörung gelungen, die später von anderen Autoren fortgeführt wurde, beispielsweise von Helene Deutsch (1942) mit ihrem Begriff der »Als-ob-Persönlichkeit«. Auch Anita Eckstaedt (1989) bezieht sich in ihrer »Psychoanalyse von Hörigkeitsverhältnissen«

auf Abraham und stellt eine Verbindung zur Unterscheidung zwischen dem »wahren« und dem »falschen Selbst« bei Winnicott (1965) her.

Wenn man unter einem Hochstapler einen Klein-Kriminellen und Betrüger versteht, wie dies in Abrahams Beispiel der Fall war, stellt die Politik sicherlich kein geeignetes Betätigungsfeld für diesen Typus dar, da es sich hier um langfristige Prozesse und komplexe institutionelle Zusammenhänge handelt, in denen man sich bewähren und als verlässlich erweisen muss. Wenn man jedoch die Persönlichkeitseigenschaften des Hochstaplers im Auge hat, so scheint dieser gerade für das Feld der Politik besonders prädestiniert zu sein: Man muss nicht über eine spezifische Berufsausbildung verfügen, um Politiker werden zu können. Stattdessen kommt es vor allem darauf an, andere Menschen von den eigenen Fähigkeiten und guten Absichten überzeugen zu können. Wer mehr scheint, als er tatsächlich ist, hat in der Politik eher Aussichten auf Erfolg als derjenige, der sein Licht unter den Scheffel stellt. Was für manchen Politiker zur Qual wird, nämlich ständig unter den wachsamen Augen der Öffentlichkeit leben zu müssen, ist für den Typus des Hochstaplers eine günstige Bedingung, um seine »Als-ob-Persönlichkeit« voll zum Einsatz bringen zu können. Er fühlt sich erst richtig wohl, wenn er im Rampenlicht steht und gleichzeitig den heimlichen Triumph genießt, die Öffentlichkeit bezüglich seiner »wahren« Absichten und heimlichen Pläne hinters Licht geführt zu haben. Im Bereich der Wirtschaft wird von Zeit zu Zeit ein hochkarätiger Hochstapler entlarvt, wenn schließlich ein ganzes Imperium, dessen Basis ein »Als-ob« bildete, wie ein Kartenhaus in sich zusammenbricht, wie das im Fall des »Baulöwen« Jürgen Schneider Ende der neunziger Jahre passierte. Wir werden später noch am Beispiel von Uwe Barschel genauer verfolgen können, wie im Einzelnen die Mechanismen sind, mit denen der Hochstapler seine Umgebung dazu verführt, sich auf sein grandios erscheinendes aber windiges System einzulassen. Natürlich sind Schneider und Barschel nur besonders extreme Fälle von Hochstapelei, an denen man besonders gut studieren kann, was sonst im kleineren Format sich der Beobachtung nur zu leicht entzieht.

Freuds Mitarbeiter Hanns Sachs (1881–1947) veröffentlichte 1932 ein psychobiographisches Porträit des römischen Kaisers Caligula (12–41), in dem er die grausamen, sadistischen und in ihrer Willkürlichkeit und Sinnlosigkeit grotesken Handlungen und Charakterzüge des römischen Imperators schilderte. Er lieferte damit zugleich das psychosoziale Profil einer Charakterpathologie, der ausschließlich totalitäre Herrscher, die über schier unbegrenzte Machtbefugnisse verfügen, zum Opfer fallen: der »Cäsarenwahnsinn«. Wie der einfühlsamen Studie von Sachs zu entnehmen ist, handelt es sich dabei nicht um eine Geisteskrankheit im eigentlichen Sinne.

Vielmehr betont der Autor die »Normalität« des Kaisers, den er einen »Durchschnittsmenschen« (ebd., S. 46) nennt und hebt hervor, wie er schon in jungen Jahren lernte, in einer durch Intrigen, Verrat und Meuchelmord geprägten Umgebung zu überleben, indem er ein »Meister einer vollendeten Selbstbeherrschung« (ebd., S. 52) wurde, einer »Selbstbeherrschung, die weit über das Maß dessen hinausging, was man von einem jugendlichen verwöhnten und äußerst leidenschaftlichen Charakter hätte erwarten können« (ebd., S. 51). Sachs beschreibt hier die Charakterstörung eines Narzissten, ohne diesen Begriff ausdrücklich zu nennen.

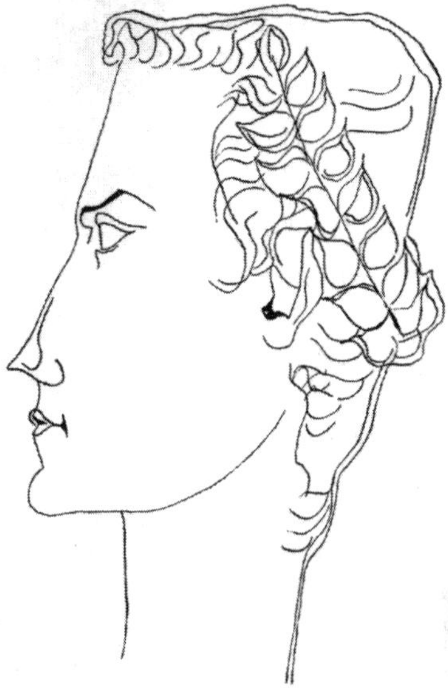

Kaiser Caligula (12–41)

Der Historiker Ludwig Quidde (1858–1941) veröffentlichte schon 1894 eine kleine Schrift, *Caligula. Eine Studie über römischen Cäsarenwahnsinn,* die im kaiserlichen Deutschland zu einer politischen Sensation wurde und in kurzer Zeit 30 Auflagen erlebte (vgl. Quidde 1977). Quidde zeichnete »im Gewande einer seriösen, durch Verweise auf die lateinischen Historiker gestützten Abhandlung über den römischen Kaiser« das Bild der Macht, das die Züge der Physiognomie Wilhelms II. trug, »der im Laufe seiner Regierungszeit gleichermaßen zum Gespött und zur Bedrohung ganz Europas wurde« (ebd., S. 3). Das Porträit, das Quidde von Caligula malte, hat durchaus psychologischen Tiefgang: »Größenwahn, gesteigert bis zur Selbstvergötterung, Missachtung jeder gesetzlichen Schranke und aller Rechte fremder Individualitäten, ziel- und sinnlose Grausamkeit« (ebd., S. 67) nennt er als die auffälligsten Symptome. Des weiteren registriert er die »unangemessene Prunk- und Verschwendungssucht, ein Charakterzug fast aller Fürsten, die das gesunde Urteil über die Grenzen ihrer eigenen Stellung verlieren« (ebd., S. 68), was sich »bei Festen, Mahlzeiten, und Geschenken, in Kleidung und Wohnung, [...] der Einrichtung seiner Paläste und Villen und der mit unsinnigem Luxus ausgestatteten Yachten, [...] in riesenhaften Bauten und Bauprojekten« (ebd., S. 69) zeige. Quidde sieht aber auch die Wechselwirkung zwischen der individuellen Pathologie des Herrschers, seiner »Ruhmessucht«, seiner »Zerstörungssucht«

(ebd.), seinem »Heißhunger nach militärischen Triumphen« (ebd., S. 71) einerseits und dem Entgegenkommen der sozialen Situation andererseits, die in der Position der Macht und der Unterwürfigkeit der Untertanen begründet sei. Das besondere des Cäsarenwahnsinns liege darin,

> »daß die Herrscherstellung den Keimen solcher Anlagen einen besonders fruchtbaren Boden bereitet und sie zu einer sonst kaum möglichen ungehinderten Entwicklung kommen läßt, die sich zugleich in einem Umfange, der sonst ganz ausgeschlossen ist, in grausige Taten umsetzen kann. [...] Der Eindruck einer scheinbar unbegrenzten Macht läßt den Monarchen alle Schranken der Rechtsordnung vergessen. [...] die unterwürfige Verehrung aller derer, die sich an den Herrscher herandrängen – bringen ihm vollends die Vorstellung bei, ein über alle Menschen durch die Natur selbst erhobenes Wesen zu sein.«

Albert Camus (1913–1960) hat in seinem Schauspiel *Caligula* (1942) diesen Machtrausch eindrucksvoll in Szene gesetzt. Durch den Tod seiner inzestuös geliebten Schwester Drusilla verzweifelt Caligula am Leben. »Aus Protest gegen den Haß und die Dummheit der Götter« (Jens 1996, S. 558) entwirft Caligula ein »ausgeklügeltes, gleichermaßen revolutionäres wie absolutistisches Programm«, das die »Ausrottung der Lüge, die Entlarvung der falschen Vernunft, heuchlerischer Konventionen und unverdienter Privilegien« (ebd.) fordert, tatsächlich aber im Allmachtswahn Caligulas einmündet, der sich als »Göttin Venus« anbeten lässt, verlangt, dass man ihm den Mond herbeischaffe, und sein willkürliches, furchtbares Vernichtungswerk mit dem der Pest vergleicht, bis er schließlich einem Tyrannenmord zum Opfer fällt.

Der Sadismus, der alle genannten Caligula-Darstellungen auszeichnet, entspringt nicht einer sexuellen Lust, sondern dem Bedürfnis, absolute Kontrolle über ein anderes lebendes Wesen zu erhalten (vgl. Fromm 1964, S, 202; 1983, S. 359-363). Im Grunde geht es um die Vorstellung, Gott gleich, Herrscher über Leben und Tod zu sein. Das Problem des mit aller irdischen Macht ausgestatteten Herrschers besteht jedoch darin, dass er nicht vermeiden kann, die Endlichkeit seiner Macht, nämlich die Endlichkeit, Hinfälligkeit und Verwundbarkeit seines eigenen Lebens, zu realisieren. Je stärker der Cäsaren-Herrscher seinem Wahn, Gott gleich zu sein, nachgeht, umso mehr isoliert er sich von den anderen und von der Realität. Dies wiederum löst paranoide Ängste und Verfolgungsideen aus, die mit einer weiteren Steigerung der narzisstischen Größenvorstellungen beantwortet wird. Da sich ein solch tyrannischer, skrupelloser und sadistischer Herrscher naturgemäß viele Feinde schafft, hat sein Verfolgungswahn eine gewisse Realität. Es ist aber auch nicht weiter verwunderlich, dass praktisch alle Herrscher, die dem Cäsarenwahnsinn verfallen waren, keines natürlichen Todes gestorben sind. Für den Größenwahn des Cäsaren-Herrschers gilt Entsprechendes wie für ihre Verfolgungsphantasien: Sie sind in der Realität verankert. Durch seine enorme Macht ist es dem Herrscher möglich, die Realität seinen wahnhaften Vorstellungen zu unterwerfen. Es ist ihm gelungen, seine narzisstische Abwehr in der Realität zu verankern. Es handelt sich um einen Vorgang, den Richter (1963) als »psychosoziale« und Mentzos (1976) als »institutionalisierte Abwehr« beschrieben haben.

Rudolf Schlichter: Blinde Macht (1938)

Ernest Jones (1879–1958), der Autor der berühmten dreibändigen Freud-Biographie (vgl. Jones 1957), hat in seinem Aufsatz *Der Gottmensch-Komplex* bereits 1913 Patienten beschrieben, die die unbewusste Phantasie [»natürlich ist sie bei Männern viel häufiger als bei Frauen« (ebd., S. 16)] haben, Gott zu sein und über »die daraus folgenden Charaktermerkmale« (ebd., S. 15) zu verfügen. Jones sieht »die Hauptgrundlage des Komplexes in einem kolossalen Narzißmus« (ebd., S. 17). Als typische Merkmale solcher Patienten nennt er Allmachtsphantasien, Tagträume, in denen Geld und Macht die zentrale Rolle spielen, Phantasien, die um die eigene Allwissenheit, Unsterblichkeit, Selbsterschaffung und Wiedergeburt kreisen, Rettungs- und Beschützerphantasien, der übertriebene Wunsch, geliebt zu werden, stark ausgeprägte Eitelkeit und auffallende Selbstzufriedenheit. Jones beschreibt prägnant den Typus des schizoiden Narzissten, bei dem die Größen- und Allmachtsphantasien im Bereich der Tagträume bleiben und sich nur selten in reales Handeln, das auf die Erringung von Macht aus wäre, umsetzen.

Wilhelm Reich (1897–1957), der sich als Psychoanalytiker und Kommunist besonders für die Anwendung psychoanalytischer Erkenntnisse auf gesellschaftspolitische Fragestellungen interessierte, entwickelte den schon von Freud benutzten Begriff der Charakterneurose weiter. In seinem Buch *Charakteranalyse* (Reich 1933) charakterisiert er den »phallisch-narzißtischen Charakter« als »im Auftreten selbstsicher, manchmal arrogant, elastisch, kräftig, oft imponierend« (ebd., S. 226).

> »In den Gesichtszügen treten häufiger Härte und scharfe männliche Linien, sehr oft aber trotz athletischen Habitus feminine, mädchenhafte hervor (sogenanntes ›Milchgesicht‹). Das alltägliche Benehmen ist [...] gewöhnlich überlegen, entweder kalt zurückhaltend oder höhnisch-aggressiv [...].« (ebd.)

Auch in der Liebe zeige sich das Narzisstische in »mehr oder minder verhüllten sadistischen Zügen« (ebd.).

> »Solche Menschen pflegen im gewöhnlichen Leben jedem erwarteten Angriff mit einem Angriff ihrerseits vorzubeugen. [...] Sie werden insbesondere von solchen Mitmenschen, die die eigene Aggression nicht zur Verfügung haben, als im ganzen aggressiv, provokant empfunden. Die ausgeprägten Typen neigen besonders zur Erringung führender Positionen im Leben und vertragen die Stellung als untergeordnetes Mitglied der Masse schlecht, es sei denn, dass sie, wie etwa beim Heer oder in ähnlichen hierarchischen Organisationen, die Notwendigkeit der Unterordnung nach der einen und durch Beherrschen nach der anderen Seite wettmachen können. Auf Verletzung ihrer Eitelkeit reagieren sie entweder mit kalter Absperrung, tiefer Verstimmung oder mit lebhafter Aggression« (ebd.).

Reich betont auch den gesellschaftlichen Zusammenhang dieser psychologischen Eigenschaften, wenn er feststellt, es sei »kein Zufall, dass man unter Sportlern, Flugzeugführern, Militärs, Ingenieuren diesen Typus relativ am häufigsten vertreten findet. Aggressiver Mut gehört zu ihren wichtigsten Charaktermerkmalen« (ebd., 227). Dieses aggressive Verhalten diene »der Abwehr gegenteiliger Regungen« (ebd.), insbesondere »passiv-femininer«, »analer« und »passiv-homosexueller Neigungen« (ebd., S. 230). Beim phallisch-narzisstischen Charakter bestünden vielfältige »Übergangsformen« (ebd., S. 232) zu schwereren Pathologien, wie »prägenitalen Formen der Süchte und chronischen Depressionen« (ebd.). Auch die »Sexualmörder der letzten Jahre, Haarmann etwa und Kürten«, litten unter dieser Charakterpathologie, die sie dazu führte,

> »auf Grund schwerster kindlicher Liebesenttäuschungen die phallisch-sadistische Rache am Sexualobjekt später [zu] verwirklichen. Zu den phallisch-narzisstischen Charakteren gehört Landru ebenso wie Napoleon und Mussolini. Man darf die Kombination von phallischem Narzissmus und phallischem Sadismus bei gleichzeitiger Kompensation passiver und anal-homosexueller Regungen zu den energiegeladensten psychischen Konstitutionen zählen« (ebd.).

Und ausdrücklich betont Reich, dass die sozialen Umstände dafür ausschlaggebend seien, ob sich diese Energie in sozial akzeptablen Bahnen verwirkliche oder ins Verbrechen führe.

Max Slevogt (1868 – 1932): Frau Aventuire, 1894

Typisch für die Charakterneurose ist der Umstand, dass der unbewusste neurotische Konflikt nicht durch einzelne neurotische Symptome ausgedrückt und abgewehrt wird, sondern der Charakter des Menschen selbst die Funktion des Symptoms übernimmt. Man könnte deshalb auch von einer Selbstinstrumentalisierung der eigenen Person zu Abwehrzwecken sprechen und dies als eine Form der Machtausübung sich selbst gegenüber verstehen.

Typisch für den phallisch-narzisstischen Charakter ist

> »eine Identifizierung des Gesamt-Ichs mit dem Phallus. [...] Mit dem Stolz auf den wirklichen bzw. phantasierten Phallus geht eine starke phallische Aggression einher. Der Penis steht unbewußt bei Männern dieses Typs weniger im Dienste der Liebe als in dem der Rache an der Frau als Instrument der Aggression. Das begründet die für ihn bezeichnende starke erektive Potenz, aber auch die relative orgastische Erlebnisunfähigkeit. In der Kindheitsgeschichte phallischer Narzißten findet man mit überraschender Regelmäßigkeit schwerste Liebesenttäuschungen« (ebd., S. 229).

> »Die Beziehungen zu Frauen sind durch die gewöhnlich vorhandene Geringschätzung des weiblichen Geschlechts gestört« (ebd., S. 228).

> »Solche Männer versuchen unbewußt den Frauen immer wieder zu beweisen, wie potent sie seien; gleichzeitig bedeutet der Akt aber auch ein Durchbohren oder Vernichten, oberflächlich ein Erniedrigen der Frau. Bei phallisch-narzißtischen Frauen ist in analoger Weise die genitale Rache am Manne (Kastration) während des Aktes und das Bemühen, ihn impotent zu machen oder erscheinen zu lassen, zur führenden Tendenz geworden« (ebd., S. 230).

Das Werk von Erik Homburger Erikson (1902–1994) ist für unseren Zusammenhang in zweifacher Hinsicht von Bedeutung: Zum einen ist es ihm gelungen, mit dem Identitätsbegriff das Gesellschaftliche zur Matrix des Charakters zu machen, »ohne den dynamischen Gesichtspunkt der Psychoanalyse aufzugeben« (Hoffmann 1984, S. 61). Zum anderen hat er mit seinen intensiven »psychohistorischen« Fallstudien über Martin Luther (Erikson 1958), Ghandi (Erikson 1978), und den amerikanischen Präsidenten Thomas Jefferson (Erikson 1974) und in etwas kürzeren Studien über Hitler (Erikson 1950, S. 320–352) und Maxim Gorki (ebd., S. 353–392) modellhaft demonstriert, dass es möglich ist, mit psychoanalytischen Methoden auch Figuren der Historie zu untersuchen. Erikson legte mit diesen großen biographischen Studien über historische Personen den Grundstein für das noch junge Spezialgebiet der Psychohistorie (vgl. deMause 1999), das inzwischen in den beiden wissenschaftlichen Zeitschriften *The Journal of Psychohistory* und *The Psychohistory Review* und im deutschsprachigen Raum im *Jahrbuch für psychohistorische Forschung* intensiv beforscht wird.

Erich Fromm (1900–1980) hat sich in seinem umfangreichen Werk so intensiv wie kaum ein anderer Psychoanalytiker mit den seelischen und den gesellschaftlichen Hintergründen von Narzissmus, Machtmissbrauch, Gewalt und Destruktivität auseinandergesetzt. Fromm (1964, S. 207) schreibt dem Narzissmus – ebenso wie dem Sexualtrieb – eine lebenserhaltende »biologische Funktion« zu: Vom Gesichtspunkt des Überlebens aus müsse »der Mensch sich selbst weit wichtiger nehmen als irgend jemand sonst. Täte er dies nicht, woher nähme er dann die Energie und den Willen, sich gegen andere zur Wehr zu setzen, für seinen Unterhalt zu arbeiten, um sein Leben zu kämpfen und sich gegen seine Umwelt durchzusetzen?« Dies gelte umso mehr, als die Natur den Menschen im Gegensatz zum Tier kaum mit Instinkten ausgestattet habe. Während beim Tier angeborene Instinkte dafür sorgen, dass sein Verhalten so gesteuert wird, dass es dem Überleben dient, ist der Mensch gezwungen, Entscheidungen zu treffen, wobei der Narzissmus die Funktion hat, dass dem Aspekt des Überlebens dabei genügend Aufmerksamkeit zu Teil wird.

Wie schon Hanns Sachs vor ihm, beschäftigt sich auch Fromm (1964) mit der besonderen narzisstischen Situation von Menschen, die über außergewöhnliche Macht verfügen, wie beispielsweise die ägyptischen Pharaonen, Caligula, die Borgias, Hitler und Stalin. Nach seiner Ansicht entwickeln sie eine »besondere Art des Narzißmus« (ebd., S. 201), der »auf der Grenze zwischen Normalität und Geisteskrankheit liegt« (ebd.). Diese besondere Form von Verrücktheit betrachtet Fromm (1983, S. 360) als den Versuch, die menschliche Ohnmacht zu verneinen, zu verleugnen: »Der Verrückte verneint die Ohnmacht, die dem Menschen innewohnt und die ihn quält, da er ja in seiner Phantasie keine Grenzen hat. Er verhält sich so, als existiere diese Ohnmacht nicht.« Während ein Mensch, der unter durchschnittlichen sozialen Bedingungen lebt, relativ schnell an die Grenzen der Realität stößt, wenn er sich so verhält, als sei er allmächtig, hat ein Mensch, der sich in einer mit viel Macht ausgestatteten sozialen Position befindet, sehr viel weitergehendere Möglichkeiten, die Illusion aufrecht zu erhalten, er könne über alles und jedes Kontrolle ausüben, er könne alles was er will veranlassen und bestimmen. Das Unmögliche zu wollen, so zu sein wie Gott, ist Ausdruck dieser Allmachtsphantasie, die Richter (1979) als »Gotteskomplex« beschrieben hat.

Die mit ungeheuren Machtmitteln ausgestatteten Despoten sind extreme Beispiele für die fast ungehinderte Ausübung von Macht im Dienste ganz privater narzisstischer Bedürfnisse. Im Alltag lassen sich andere Beispiele finden, die strukturell ganz ähnlich funktionieren. Immer dort, wo ein starkes Machtgefälle auftritt, also zwischen Eltern und Kindern, zwischen Arzt und Patient, zwischen Pfleger und Hilfsbedürftigem, zwischen Wärter und Gefangenem, zwischen Bürokrat und Antragsteller, existiert für denjenigen, der die Macht inne hat, die Versuchung, seine verdrängten und unbewältigten Erfahrungen von Ohnmacht und Hilflosigkeit, über die jeder Mensch verfügt, dadurch zu lindern und abzuwehren, dass er sie dem unterlegenen Partner zufügt. Fromm (1983, S. 361) hat diese Dynamik an einem simplen Beispiel anschaulich beschrieben:

> »Denken Sie mal an den Mann hinter dem Postschalter. Da haben schon fünfzehn Leute gewartet und um sechs Uhr, am Ende der Dienstzeit, warten noch zwei. Genau auf den Schlag sechs macht er den Schalter zu, die zwei Leute, die schon eine halbe Stunde gewartet haben, müssen gehen. Er genießt es, daß diese zwei Leute nun gehen müssen. Er könnte ja vielleicht noch eine Minute zugeben, aber nein. [...] Der Sadist macht nicht nur Schluß, weil Dienstschluß ist, sondern er genießt es. Und wenn er auch kein großes Gehalt bekommt, so ist dieser sadistische Genuß für ihn auch ein Stück Gehalt, das er nicht missen möchte.«

Fromm versteht hier den Sadismus nicht als eine primär sexuelle Störung, sondern als eine Störung des Narzissmus. Dem Sadisten ist es unerträglich, hilflos, ohnmächtig und einem Partner ausgeliefert zu sein. Seine Abwehr dieser Situation findet in zwei Schritten statt: erstens verwandelt er den narzisstischen Konflikt in einen sexuellen und macht ihn damit leichter handhabbar und manipulierbar. Zweitens sucht er soziale Situationen, in denen der Partner in der Rolle des Ohnmächtigen ist und er seine Überlegenheit ausspielen und genießen kann. Wann immer er auf Menschen trifft, die hilflos und abhängig sind, stimuliert dies nicht sein Mitgefühl, sondern seine sadistische Ader, weil er auf diese Weise vollständige Kontrolle über den anderen ausüben und damit gleichzeitig seine eigenen Ohnmachtsgefühle kontrollieren kann.

Es ist Heinz Kohuts (1913–1981) Verdienst, den Narzissmus-Begriff rehabilitiert und seiner pathologischen Konnotation entkleidet zu haben (vgl. Altmeyer 2000a, S. 65). Er nimmt eine von den Trieben unabhängige Entwicklungslinie an, die nicht vom »primären Narzissmus« zum Objekt verlaufe, sondern vom archaischen zum reifen Narzissmus. Diese Auffassung, der andere Autoren, z. B. Argelander und die Selbstpsychologen, gefolgt sind, befindet sich in Übereinstimmung mit den Ergebnissen der Säuglingsforschung, die nachweisen konnte, dass bereits Säuglinge aktiv Kontakt zum Objekt suchen, d. h. Objektbeziehungen aufnehmen. Ausdrücklich betont Kohut (1973, S. 14), irrtümlicherweise herrsche häufig die

> »Annahme, daß das Vorhandensein von Objektbeziehungen den Narzißmus ausschließe. Im Gegenteil [...] beziehen sich einige der intensivsten narzisstischen Erfahrungen auf Objekte; das heißt, Objekte, die entweder im Dienste des Selbst und der Aufrechterhaltung seiner Triebbesetzung benutzt werden, oder auf Objekte, die als Teil des Selbst erlebt werden. Ich werde die letzteren als *Selbst-Objekte* bezeichnen.«

Als Selbst-Objekte dienen zunächst die idealisierten Eltern-Imagines. »Unter optimalen Bedingungen erfährt das Kind eine schrittweise Enttäuschung durch das idealisierte Objekt« (ebd., S. 65), was ihm die Rücknahme der Idealisierung und einen realistischeren Selbst- und Realitätsbezug ermöglicht. Das Kind lernt nun, die Funktionen selbst zu übernehmen, die zuvor vom idealisierten Selbst-Objekt erfüllt wurden. Im Falle traumatischer Enttäuschungen durch das idealisierte Objekt erwirbt das Kind diese innere Struktur nicht und bleibt an die idealisierte Eltern-Imago fixiert. Auch als Erwachsener muss sich das Subjekt dann immer wieder an idealisierte Eltern-Figuren anschließen. Die Bereitschaft zur Unterwerfung unter mächtige Führer-Figuren lässt sich als ein Angewiesensein auf stabilisierende Selbst-Objekte verstehen.

Als eine zweite narzisstische Konfiguration hat Kohut den Aufbau eines »grandiosen und exhibitionistischen Bildes des Selbst« (ebd., S. 43) beschrieben, das er als »Größen-Selbst« bezeichnet. Im Größen-Selbst verdichten sich die Allmachts- und Größenphantasien, es wird zum Träger der Sehnsucht nach Vollkommenheit und Macht, die der faktischen Ohnmacht und Hilflosigkeit des Säuglings Paroli bieten soll. Im Idealfall verwandelt sich das Größen-Selbst in »realistische Selbstachtung und ein maßvolles, doch freudiges Selbstgefühl« (Kohut 1973, S. 518). Im pathologischen Fall bleibt ein archaisches, grandioses Selbstbild bestehen, dessen Realitätsferne durch chronische Feindseligkeit, Kälte, Anmaßung, Sarkasmus und eine allgemeine Menschenverachtung vor Desillusionierung

Salvador Dalí (1904–1982): Metamorphosis of Narcissus (1937)

geschützt werden muss. Zum Ausbruch narzisstischer Wut kommt es dann, wenn das grandiose Selbst auf seinem omnipotenten Anspruch, das Selbst-Objekt völlig zu beherrschen, beharrt. Verleugnet das Ich, dass »die Macht des Selbst ihre natürliche Begrenztheit hat, und schreibt dessen Unvollkommenheit und Schwächen der Böswilligkeit und Verderbtheit des archaischen Objekts zu« (Kohut 1973, S. 551), so kann die ganze Persönlichkeit von einer seelischen Haltung durchsetzt werden, die Kohut als »chronische narzißtische Wut« (ebd.) bezeichnet.

Diese chronische narzisstische Wut kann nicht nur das Seelenleben des Einzelnen vergiften, sondern auch in Gruppen und Großgruppen ihre Wirkung entfalten, beispielsweise wenn das grandiose Gruppen-Selbst durch eine Verletzung des Nationalstolzes, etwa in Folge einer militärischen Niederlage, eine Demütigung erfährt. Aber auch die schleichende Zerstörung und Zersetzung von kulturellen und religiösen Wertesystemen – beispielsweise als Folge der Globalisierung – kann als eine Erniedrigung der idealisierten Elternimago erlebt werden, die zur Regression, zur Verschmelzung mit einem archaischen omnipotenten Größen-Selbst und dann zu den verschiedenen Äußerungsformen einer chronischen narzisstischen Wut führen. Kohut betont ausdrücklich, dass diese Wut, die sich anfänglich als »kurzlebiger Wut-›Anfall‹« (ebd., S. 551) äußern mag, im fortgeschrittenen

Stadium in »wohlorganisierten Feldzügen« (ebd., S. 552) und in endloser Rachsucht gelebt werden kann. Die Psychopathologie und die kollektive Pathologie der Selbstmordattentäter und ihrer Hintermänner, die den Terrorangriff auf das World-Trade-Center und das Pentagon verübten, sind von einer solchen Dynamik der chronischen narzisstischen Wut bestimmt.

In einer Studie über *Die psychoanalytische Behandlung der Reichen und der Mächtigen* hat Johannes Cremerius (1979) eine Antwort auf die Frage gesucht, warum »Patienten in hohen politischen und wirtschaftlichen Machtpositionen sich nur ganz ausnahmsweise einer psychoanalytischen Behandlung unterziehen« (ebd., S. 12f). Er kommt zu dem Ergebnis, dass es den Reichen und Mächtigen aufgrund ihrer privilegierten Lage und ihres gesellschaftlichen Einflusses möglich ist, »ihre Neurosen derart in gesellschaftlich akzeptierten Formen unter[zu]bringen«, dass sie nicht als krankhafte Störungen bemerkt werden, so dass sie nicht an ihnen leiden müssen. Der Mächtige lebt seine neurotischen Bedürfnisse ungehindert und ungestraft in der Realität aus – anstatt Leidensdruck zu entwickeln agiert er.

Als Paradebeispiel für diese Patientengruppe gilt der von Herrmann Argelander (1972) publizierte *Flieger*. Der Patient stammt aus wohlhabenden Kreisen und ist auch beruflich sehr erfolgreich. Er sucht psychotherapeutische Hilfe, weil er unter Kontaktstörungen leidet. In der psychoanalytischen Behandlung, die Argelander durchführt, zeigt sich die narzisstische Persönlichkeitsstörung des Patienten, mit deren Hilfe er versucht, sich von menschlichen Beziehungen unabhängig zu machen. »Anstatt Liebe verschafft er sich Bewunderung und Erfolg bei anderen Menschen« (Cremerius 1979, S. 26). Symbolisch für seine narzisstische Form der Lebensbewältigung ist das Fliegen, das er als passionierter Sportflieger extensiv betreibt. Über den Wolken, fern vom direkten Kontakt mit anderen Menschen und als Alleinherrscher über seine Maschine muss das Gefühl der Freiheit für diesen Patienten wohl grenzenlos sein. Er phantasiert sich unabhängig und allen anderen überlegen. Trotz anfänglicher Fortschritte scheiterte die Analyse dieses Mannes schließlich, da – wie Argelander schreibt – der Patient eine kontraphobische Reak-

F.D.P.-Politiker Jürgen Möllemann (2001)

tionsbildung entwickelt, die es ihm erlaubt, mit seinen Mitmenschen direkter und angstfreier umzugehen, allerdings um den Preis, dass diese nun vor ihm Angst haben, weil er sie einschüchtert. Cremerius (1979, S. 29) kommentiert den Ausgang dieser Behandlung mit folgenden Worten:

> »Der ›Flieger‹ jedoch hat aufgrund der sozioökonomischen Sonderstellung die Möglichkeit, seine Neurose funktional so unterzubringen, daß sie ihm Gewinn bringt, ja, daß sie eine der wichtigen Voraussetzungen des Gewinns überhaupt wird – und zwar nicht im Sinne des sekundären Krankheitsgewinnes, der ja in der Regel nur noch ein Surrogat ist, sondern eines echten primären Gewinnes. Ihm kann die Analyse keine unmittelbaren Vorteile versprechen – für ihn ist sie zunächst einmal mit Verlusten verbunden, und zwar mit realen Verlusten an Geld, Besitz, Macht. Was sie ihm für die Zukunft in Aussicht stellt, nämlich ein Mehr an menschlichen Kontakten, Liebesfähigkeit und Vertrauen, kann deshalb nicht als verlockend erlebt werden. [...] Von diesen soziopolitischen Aspekten des Ausagierens privater Neurosen der Oberschicht erfährt der Analytiker außerhalb seines Sprechzimmers mehr als innerhalb desselben, wenn er als politisch interessierter Zeitgenosse versucht, die gesellschaftliche Wirklichkeit nicht mehr naiv, sondern ebenso kritisch analytisch zu studieren wie die Innenwelt seiner Patienten.«

Jessica Benjamin (1988) hat in ihrem Buch *Die Fesseln der Liebe* den Versuch unternommen, das Problem der Macht mit der existenziellen Abhängigkeit des Menschen einerseits und seinem ebenso existenziellen Bedürfnis nach Souveränität andererseits in Verbindung zu bringen. Sie geht davon aus, dass der Mensch nicht nur wenn er als völlig hilfloser Säugling auf die Welt kommt, sondern sein ganzes Leben lang auf die Anerkennung durch andere Menschen angewiesen ist. Schon der Säugling hat ein primäres Interesse am Kontakt mit anderen Menschen, vor allem der Mutter, das sich nicht auf das Bedürfnis nach Nahrungsaufnahme und orale Bedürfnisse beschränkt. Damit sich ein Gefühl der Identität entwickeln kann, bedarf es eines Gegenübers, das durch Liebe und Anerkennung das Selbst-Gefühl bestätigt – oder genauer: überhaupt erst konstituiert. »Niemand kann sich der Abhängigkeit von anderen oder dem Wunsch nach Anerkennung entziehen«, fasst Benjamin (ebd., S. 53) diesen Gedanken zusammen. Die Erfahrung, auf den anderen und sein Wohlwollen in fundamentaler Weise angewiesen zu sein, gehört zu den schmerzlichsten und zugleich beglückendsten Erfahrungen, denen jeder Mensch vom Beginn seines Lebens an immer wieder ausgesetzt ist.

Benjamins Ansatz befindet sich in Übereinstimmung mit der Säuglingsforschung und weist auch Ähnlichkeiten mit Kohuts Theorie und der Selbstpsychologie auf, die behaupten, dass der Mensch während seines ganzen Lebens auf andere Menschen als »Selbst-Objekte« angewiesen ist, um seine innere Kohärenz und sein Selbstwertgefühl zu bewahren.

Grundsätzlich stimmt sie auch mit Kohuts Kritik am Menschenbild der klassischen Psychoanalyse überein, das eine »irrige [...] Überbewertung der Unabhängigkeit als Ziel der Reifung« (ebd., S. 223) beinhalte. Allerdings unterscheidet sich ihre Denkrichtung von der Kohuts und der Selbstpsychologie insofern fundamental, als diese das Subjekt als Monade, als isoliertes Individuum betrachtet, das die anderen nur als Selbst-Objekte benutzt, während Benjamins »intersubjektive Betrachtungsweise« (ebd.) auf die »Anerkennung des anderen als äußeres Subjekt« (ebd.) abzielt. Dieser intersubjektive, beziehungsdynamische Ansatz – der im Übrigen auch noch weitreichender ist als die psychoanalytische Objektbeziehungspsychologie, die ebenso wie Kohut einem intrapsychischen Blick verhaftet bleibt – eröffnet eine neue Perspektive auf die wechselseitigen Abhängigkeits- und Anerkennungsprozesse, in denen die Menschen ihre Identität konstituieren.

Die Verleugnung der eigenen Ohnmacht und Hilflosigkeit in der Phantasie von der eigenen Allmacht stellt den ersten Versuch des Säuglings dar, mit der kränkenden und schmerzlichen Realität seiner Hilflosigkeit, Ohnmacht und seines totalen Ausgeliefertseins fertig zu werden. Doch muss jedes Kind »mit der Tatsache umgehen lernen, daß es die Mutter nicht magisch kontrollieren kann« (ebd., S. 54). So wie das Kind von der Mutter anerkannt werden will, so muss es umgekehrt auch die Mutter als eigenständiges Wesen anerkennen. Das Kind muss also lernen mit seiner eigenen Abhängigkeit von der unabhängig existierenden Mutter umzugehen.

In dieser Situation können zahlreiche Komplikationen entstehen: Wenn die Abhängigkeit von der Mutter als zu schmerzhaft erlebt wird, kann das Kind in die Versuchung geraten, an seinen omnipotenten Illusionen festzuhalten. Es entwickelt Techniken der Macht und Manipulation, um der Mutter seinen Willen aufzuzwingen. Macht beginnt also schon früh mit dem Versuch, Abhängigkeit zu verleugnen. Das Kind bildet ein grandioses Selbst, das den Glauben bestärkt, eigene Unabhängigkeit sei erreichbar, ohne den anderen in seiner Unabhängigkeit anzuerkennen.

Eine andere infantile Strategie besteht darin, an der Vorstellung festzuhalten, die Mutter sei nicht getrennt. Das Motto könnte lauten: »Ich bin zwar völlig abhängig von der Mutter, da ich aber eins bin mit ihr, kontrolliere und besitze ich sie genau so, wie sie mich kontrolliert und besitzt.« In der symbiotischen Verschmelzung scheinen auch die Gegensätze von Ohnmacht und Macht aufgehoben zu sein.

Eine weitere Form des Umgangs mit der eigenen Abhängigkeit besteht darin, die eigene Ohnmacht resignativ zu akzeptieren und sich der Macht des anderen zu unterwerfen. Ein solches Kind kann nicht glauben, dass es in seinem unabhängigen wahren Selbst anerkannt wird und beschließt deshalb im Gehorsam und der Entwicklung eines falschen Selbst sein Heil zu suchen. Die masochistische Unterwerfung bleibt aber ambivalent und ist mit der heimlichen Phantasie verbunden, durch die Über-Identifikation mit der als übermächtig erlebten Autorität an deren Macht zu partizipieren.

Félicien Rops (1833 – 1898): La Sphinx, um 1874

Ein nicht-pathologischer Ausweg aus dieser Situation besteht einerseits im Akzeptieren unseres fundamentalen Angewiesenseins auf die Existenz der anderen und andererseits im Prozess der wechselseitigen Anerkennung zwischen dem Selbst und den anderen. Um sich seiner Existenz zu vergewissern, ist das Selbst auf die Anerkennung durch andere angewiesen.

> »Um für sich selbst zu existieren, muß es für einen anderen existieren. Anscheinend gibt es keinen Ausweg aus dieser Abhängigkeit. Wenn ich den Anderen zerstöre, dann ist niemand mehr da, um mich anzuerkennen. Wenn ich dem anderen kein selbständiges Bewusstsein zugestehe, bleibe ich in einem nichtbewußten, einem toten Sein befangen. Und wenn der Andere mir die Anerkennung verweigert, dann hat mein Tun keinen Sinn. [...] In der wechselseitigen Anerkennung akzeptiert das Subjekt die Grundbedingung, dass der andere von ihm getrennt ist und doch die gleichen Gefühle und Intentionen mit ihm teilen kann. Für den Verlust an Souveränität wird das Subjekt durch die Lust der Gemeinsamkeit mit dem anderen entschädigt« (ebd., S. 54f).

Die Ausübung von Macht und der pathologische Narzissmus stellen Strategien dar, um die Abhängigkeit zu verleugnen. Wenn das Subjekt seine Abhängigkeit von einer anderen Person zu leugnen versucht, kann es danach trachten, diese Person mit Hilfe der Macht zu unterjochen, zu versklaven oder sich in anderer Form gefügig zu machen. Der andere soll gezwungen werden, seine Anerkennung auszudrücken, ohne selbst Anerkennung zu ernten. Die Anhäufung von noch so viel Macht kann das menschliche »Urbedürfnis« nach Liebe und Anerkennung jedoch nicht ersetzen, sondern nur umformen und ausnutzen. Wer Macht hat, kann sich Liebe und Anerkennung erzwingen und erkaufen. Er verschleiert damit seine fundamentale Abhängigkeit ohne sie jedoch wirklich aufheben zu können. »Damit beginnt ein *Circulus vitiosus*: Je mehr der andere versklavt wird, desto weniger wird er als menschliches Subjekt erfahren, und desto mehr Distanz oder Gewalt muß das Selbst gegen ihn einsetzen« (ebd., S. 213). Das daraus folgende Fehlen von Anerkennung führt beim Mächtigen jedoch zu einer narzisstischen Mangelerfahrung und zu narzisstischer Wut, die er mit einer weiteren Steigerung seiner Macht beantwortet. Aus dieser Dynamik leitet sich der suchtartige Charakter von Machtprozessen ab.

Martin Altmeyer (2000a, 2000b, 2000c) hat eine ambitionierte Neu-Konzeption des Narzissmus vorgestellt, die den Anspruch erhebt, die Widersprüchlichkeiten der bisherigen psychoanalytischen Theorien aufzulösen und auf eine neue theoretische Basis zu stellen. Kerngedanke ist seine These, dass der Narzissmus nicht als »einsame Beschäftigung des Subjekts mit sich selbst« (Altmeyer 2000a, S. 228) zu verstehen ist, die sich aus dem von Freud konzipierten beziehungslosen »primärnarzißtischen« Zustand entwickelt. Vielmehr hat Narzissmus »etwas mit dem Wunsch nach und dem Gefühl von Versorgtwerden, Gesehenwerden, Geliebtwerden, Anerkanntwerden zu tun« (ebd.). Altmeyer verweist auf den passiven Charakter der narzisstischen Liebesphantasie, die er auf die frühe Herkunft dieses Liebesbedürfnisses zurückführt und die bereits von zahlreichen Psychoanalytikern beschrieben wurde: Auf »die erste Wunschregung des Kindes« nach »der ungestörten Existenz im warmen, ruhigen Mutterleibe« (Ferenczi 1913, S. 69), auf den Wunsch nach »Wiederherstellung der intrauterinen Urlust« (Rank 1924, S. 20), auf die »primäre Liebe« (Balint 1937), auf die »immaterielle Gebärmutter« (Grunberger 1971), auf die »haltende Umweltmutter« (Winnicott 1965).

Einerseits sind wir bestrebt, uns als Individuen unserer Einzigartigkeit und Individualität zu vergewissern, andererseits sind wir dazu aber – paradoxerweise – auf die spiegelnde Anerkennung (und Liebe) der anderen angewiesen.

> »Der Narzissmus bildet keinen Gegensatz zur Objektbeziehung, er ist in einem Zwischenbereich angesiedelt, welcher das Selbst mit dem anderen verbindet. Der Narzissmus ist also mitnichten jene objektlose Selbstbezogenheit, als die er sich geriert, er entsteht geradezu im Medium des Sozialen. [...] Die Anderen sind der Spiegel, in dem wir unser Selbstbild reflexiv erwerben und unser Selbstwertgefühl regulieren, ihnen gilt der unbewusste Blick in der Erwartung von Echo oder Spiegelwirkung« (Altmeyer 2000, S. 22).

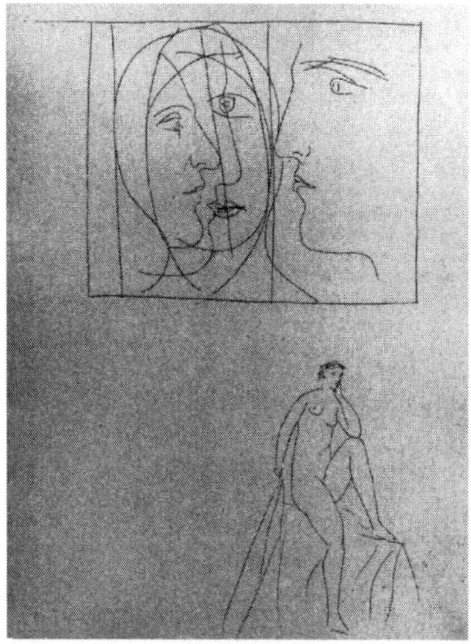

Pablo Picasso (1881–1973): Narcissus

Altmeyers Neukonzeptualisierung des Narzissmus schließt den anderen und die Beziehung zu ihm mit ein. Da Macht sich per definitionem auf Macht *über* andere Menschen bezieht, lässt sich Altmeyers Narzissmus-Begriff besonders gut mit dem Begriff der Macht verknüpfen. Wenn Altmeyer (2000 a, S. 16 f) schreibt: »Es ist geradezu die Abhängigkeit vom anderen, die im Narzissmus verborgen wird und sich gleichzeitig auf eigentümliche Weise enthüllt«, so könnte man entsprechendes auch von der aus narzisstischer Bedürftigkeit ausgeübten Macht sagen: Es ist geradezu die psychische Abhängigkeit vom anderen, das unstillbare Bedürfnis, anerkannt, beachtet und bewundert zu werden, die sich hinter der Machtausübung verbirgt und gleichzeitig auf eigentümliche Weise sichtbar wird. Dem Mächtigen geht es bei der Ausübung seiner Macht darum, Anerkennung, Aufmerksamkeit, Achtung, Bewunderung, Ehre, gar Ehrfurcht, zu bekommen, aber er will auf keinen Fall, dass seine Bedürftigkeit – metaphorisch gesprochen: nach »dem Bad in der Menge« als einer »Wiederherstellung der intrauterinen Urlust« (Rank 1924, S. 20) – allzu deutlich wird, und vor allem will er nicht das Gefühl haben müssen, dass die Anerkennung etwas sei, das ihm geschenkt werde. Die Anerkennung bekommt er nicht geschenkt, er hat sie sich durch harte Macht-Arbeit verdient. Sie ist ein geradezu notwendiges Resultat seiner eigenen Leistung und Macht. Deshalb sind auch bestellte Claqueure keine narzisstische Kränkung für den Herrscher, sondern eher ein Beweis, dass sein Machtapparat funktioniert. Auf die Verehrung der Massen kann sich selbst der mächtigste Herrscher nicht so sicher verlassen wie auf die Vasallen, die bei ihm in Lohn und Brot stehen. Die Macht und die Zeremonien der Macht sollen gerade verhindern und verschleiern, wie abhängig sich der Mächtige von den Gunstbezeugungen der Masse fühlt, indem er es ist, der mit pompöser Gebärde den Massen seine Gunst erweist. Wenn der *Spiegel*-Korrespondent Jürgen Leinemann (1992, S, 84) den nach der Vereinigung auf dem Höhepunkt seiner Macht und Herrlichkeit angelangten Helmut Kohl mit folgenden Worten charakterisiert, trifft er genau den Punkt, der hier gemeint ist:

»Sein Gefolge hält auf Abstand. Eine gravitätische Starre, die an François Mitterand erinnert, hebt den Kanzler ab von seiner Umwelt. Er geht nicht, er schreitet. Er winkt nicht, er verteilt Huld. Er spricht nicht, er lässt wissen.«

Für den Mächtigen, dem es gelingt, die Masse in seinen Bann zu schlagen, wirkt das Publikum wie ein Spiegel, in dem sich das grandiose Selbst des Mächtigen seiner selbst zu vergewissern sucht. In der Machtausübung schützt sich der Mächtige vor der kränkenden und schmerzlichen Erfahrung, von der Anerkennung durch andere abhängig zu sein, denen er im Hinblick auf die nächsten Wahlen so eifrig Tribut zollt.

Es ist offenbar nicht das Geld, das Spitzen-Politiker in die Politik treibt. Wie der fliegende Wechsel zahlreicher Politiker in die Wirtschaft zeigt, könnten viele Spitzen-Politiker auch Spitzen-Positionen in der Wirtschaft einnehmen und dort ein Vielfaches verdienen. Auch wird in beiden Feldern Macht ausgeübt. Der entscheidende Unterschied liegt darin, dass die Macht, die in der Politik ausgeübt wird, »reine« Macht ist. In der Wirtschaft geht es in erster Linie um den wirtschaftlichen Erfolg. Um diesen zu erreichen, muss Macht ausgeübt werden. Auch wenn sie reichlich vorhanden ist, hat sie doch nur dienenden Charakter. Der Politiker hingegen kann sich ausschließlich auf die Macht konzentrieren. Ihre Ausübung verknüpft sich ganz mit seiner Person und damit auch mit seinen narzisstischen Problemen. Hinzu kommt der Umstand, dass im Unterschied zu Machtpositionen in Wirtschaft oder Wissenschaft der Politiker in hohem Maße nicht nur von der eigenen »objektiven« Leistung, sondern von der wankelmütigen Stimmung des Wählers und dessen Anerkennung abhängig ist. Dies mag auch einen besonderen narzisstischen Reiz ausmachen. Politik beinhaltet ein besonders hohes persönliches Risiko, dem eine besonders hohe, persönlich zurechenbare narzisstische Gratifikation gegenüber steht, die beispielsweise in seiner Bekanntheit in der Öffentlichkeit zum Ausdruck kommt. Der Spitzen-Politiker, der Erfolg hat, kann diesen zum großen Teil sich persönlich verbuchen, und er wird ihm in der Öffentlichkeit auch persönlich zugerechnet, während selbst weltweit operierende Manager in der Öffentlichkeit in aller Regel namenlos bleiben. An der Politik reizt also nicht die Machtfülle an sich, sondern das Zusammenspiel von »reiner«, persönlich ausgeübter Macht und narzisstischer Gratifikation.

Masse, Macht und Narzissmus

> *»Von diesen soziopolitischen Aspekten des Ausagierens privater Neurosen der Oberschicht erfährt der Analytiker außerhalb seines Sprechzimmers mehr als innerhalb desselben, wenn er als politisch interessierter Zeitgenosse versucht, die gesellschaftliche Wirklichkeit nicht mehr naiv, sondern ebenso kritisch analytisch zu studieren wie die Innenwelt seiner Patienten.«*
>
> **J. Cremerius (1979): Die psychoanalytische Behandlung der Reichen und Mächtigen. In: Cremerius, J., Hoffmann, S. O., Trimborn, W. (1979): Psychoanalyse, Über-Ich und soziale Schicht. München (Kindler), S. 25**

Weit über die Psychoanalyse im engeren Sinne hinaus hat Freuds Arbeit *Massenpsychologie und Ich-Analyse* (1921) einen tief greifenden Einfluss auf Philosophen, Sozialwissenschaftler und Intellektuelle ausgeübt, beispielsweise auf die Frankfurter Schule, Alexander Mitscherlich, David Riesman und sein Buch *Die einsame Masse* (1950) sowie auf Elias Canetti und sein Buch *Masse und Macht* (1960), für das jener 1980 den Literaturnobelpreis erhielt (vgl. Kernberg 1999, S. 95). Freud (1921) erwähnt zwar den Begriff der Macht nur ganz am Rande, doch implizit spielt er in seinen Ausführungen eine zentrale Rolle. Auch zur Persönlichkeit des Führers, als dem Repräsentanten der Macht, äußert sich Freud nur in einigen kurzen Bemerkungen. Die Grundgedanken seiner Arbeit lassen sich wie folgt zusammenfassen: In einer psychologischen Masse findet eine gemeinsame Identifizierung aller ihrer Mitglieder untereinander und mit ihrem Anführer statt, auf den sie kollektiv ihr eigenes Über-Ich und ihr Ich-Ideal projizieren. Sie sind deshalb bereit, dem Anführer zu folgen – wohin auch immer er sie führen mag. Die Projektion ihres Ich-Ideals und ihres Über-Ichs auf den Anführer befreit die Mitglieder der Masse von einschränkenden Normen, Werten und Schuldgefühlen, so dass sie unbelastet von Selbstvorwürfen ihre triebhaften Impulse, ihre aus unbewussten Konflikten stammenden Ressentiments und ihre aggressiven Bedürfnisse ausleben können. Im Namen des Führers lassen sich die Masse und auch die einzelnen Individuen, insofern sie Bestandteil der Massenbewegung geworden sind und damit ihren psychischen Status als autonome Individuen aufgegeben haben, bereitwillig zu impulsgesteuerten Handlungen, beispielsweise zu Übergriffen, Zerstörungen und Gewalttaten hinreißen, denen sie sich unter normalen Umständen verweigert hätten.

Freud hat seine Massenpsychologie nach dem Muster des Ödipuskomplexes konzipiert: Der Führer repräsentiert symbolisch den ödipalen Vater. Unter den Bedingungen einer Massenbewegung findet eine Regression statt,

Massenidol Hitler beim Erntedankfest 1937

in deren Verlauf bei den Mitgliedern der Masse der Ödipuskomplex reaktiviert und gleichsam wieder rückgängig gemacht wird. Das Über-Ich – als »Erbe des Ödipuskomplexes« –, das in der Kindheit durch Identifikation mit den väterlichen Geboten entstanden war, wird auf den Führer (zurück-)projiziert. Indem die Masse ihr Über-Ich (und ihr Ich-Ideal) auf den Führer projiziert, idealisiert sie ihn und unterwirft sich gleichzeitig seinen Geboten. Hatte einst das Individuum durch die Verinnerlichung der väterlichen Gebote eine gewisse Autonomie erreicht, da die Inhalte und Strukturen seines Über-Ichs zwar von den Eltern und ihren gesellschaftlichen Vertretern geprägt wurden, als verinnerlichte Strukturen aber vom Subjekt selbst gesteuert und auch verändert werden konnten, so wird diese Autonomie unter den Bedingungen der Massenpsychologie wieder rückgängig gemacht. Nun bestimmt wieder allein der Führer-Vater, was »gut« und was »böse« ist, und die Mitglieder der Masse befinden sich in der Position von Kindern, die zwar den Schutz der Autorität genießen, jedoch gezwungen sind, ihren Führer zu lieben, auch wenn er sie beschimpft, unterdrückt, demütigt und quält und unter rationalen Gesichtspunkten gar nicht liebenswert ist. Die mörderischen Impulse gegenüber diesem Führer-Vater werden von der Masse nach außen projiziert und gegenüber Außenfeinden, die der Führer vorgibt, ausagiert. Der Gehorsam gegenüber dem Führer, der das Gesetz repräsentiert, erlaubt der Masse, ihre Aggressionen frei auszuleben, ohne sich mit den Schuldgefühlen auseinandersetzen zu müssen.

Kernberg (1998; 1999; 2002) hat einige wichtige Ergänzungen zu Freuds massenpsychologischer Theorie durch die Einbeziehung von Erkenntnissen aus der psychoanalytischen Gruppenforschung vorgenommen. Er verweist insbesondere auf die große Bedeutung, die »der Aggression in allen Gruppen zukommt, sofern diese unstrukturiert sind, das heißt ihnen vor allem eine gemeinsame Aufgabe fehlt« (Kernberg 2002, S. 141). Dies führe regelmäßig zu einem Ausufern von Aggressionen, die begleitet seien »von der Furcht vor den Konsequenzen dieser Aggression, die ihrerseits die charakteristischen narzisstischen oder paranoiden Abwehrmuster in Gang setzt« (ebd., S.141 f.).

Gustave Moreau (1826 – 1898): Ödipus der Wanderer oder die Gleicheit vor dem Tod, um 1888

»Es ist in der Tat eindrucksvoll, wie heftig Aggression in Kleingruppen, in Großgruppen ebenso wie in Massenbewegungen (sowohl kurzzeitig als auch dauerhaft) aktiviert werden kann, so dass sich Individuen unter den entsprechenden Bedingungen in einer Weise gewalttätig verhalten, die für sie unter gewöhnlichen, von normalen Status- und Rollenbeziehungen geprägten Lebensumständen völlig undenkbar wäre. Anders gesagt, scheint der normale Entwicklungsprozess der Sozialisation in der Familie, der sich zusammensetzt aus der Entwicklung, Sublimierung, Verdrängung und Reaktionsbildung im Umgang mit primitiver Aggression, die normale Toleranz gegenüber Ambivalenz, bei der die Liebe den Hass überwiegt, und das normale Eingeständnis von Aggression, die damit rationaler und bewusster Kontrolle unterliegt, unter bestimmten Gruppenbedingungen augenblicklich verloren zu gehen. Im Falle einer Gruppenregression werden alle normalen Funktionsweisen und Abwehroperationen ersetzt durch eine breite Skala primitiver Abwehrmechanismen, die jenen ursprünglich von Melanie Klein beschriebenen Abwehrmechanismen der paranoid-schizoiden Position entsprechen, welche der Phase vollständiger Objektbeziehungen beziehungsweise der Objektkonstanz vorausgeht« (ebd.).

Die Regression in der unstrukturierten Gruppe, in der Großgruppe oder auch in der psychologischen Masse kommt nach Kernberg dadurch zustande, dass es »aufgrund der Unstrukturiertheit zu einem Zusammenbruch der üblichen Status- und Rollenbeziehungsmuster kommt« (Kernberg 2002, S. 142). Dieser Zusammenbruch kann allerdings auch in stark strukturierten Situationen, in denen es planmäßig zu Gewalt kommen soll, bewusst herbeigeführt werden, z. B. beim Militär, in terroristischen Gruppierungen oder auch in totalitären Staaten. Die im normalen Leben eingenommenen Rollen, z. B. als Akademiker, als Familienvater, als Ehemann als Sohn usw., sind unter den neuen Bedingungen der »totalen Institution« (Goffmann 1977) nicht nur funktionslos – dies ist auch in anderen Institutionen der Fall –, sondern sie werden zusätzlich einer systematischen Entwertung ausgesetzt. Beispielsweise wird dem Rekruten, von dem bekannt ist, dass er eine akademische Ausbildung hat, durch besondere Demütigungen demonstrativ klargemacht, dass er sich darauf nichts einzubilden brauche, dass hier ganz andere Fähigkeiten gefragt, ganz andere Wertmaßstäbe gültig seien, aber vor allem ganz andere Macht- und Befehlsverhältnisse herrschten, denen er sich bedingungslos unterzuordnen habe. Das planmäßige Schikanieren der »Neuen« in den ersten Monaten ihrer militärischen Grundausbildung dient dazu, deren Willen zu brechen, ihre Identität zu zerstören und sie zu einer Identifikation mit denen, die die Befehlsgewalt ausüben, also die Macht haben, zu zwingen. Die Identifikationen, die in diesem Fall stattfinden, folgen dem Muster einer »Identifikation mit dem Aggressor«, wie es Anna Freud (1936) beschrieben hat.

Die Einbeziehung der »totalen Institution« in unsere Betrachtung macht deutlich, dass sich nicht nur in der Masse und der unstrukturierten Gruppe regressive und daran anschließend die weiteren massenpsychologischen Prozesse abspielen, sondern auch in Institutionen und Organisationen, wobei dem Ausmaß, in dem diese hierarchisch, autoritär, »total« oder gar totalitär strukturiert sind, differenzierende Bedeutung zukommt. Weil die Prozesse der Regression und der Delegation des Über-Ichs an den Führer bzw. an die Vorgesetzten und an die Institution als soziales Gebilde, den massenpsychologischen Prozessen so ähnlich sind, hat Erdheim (1982, S. 189f) sogar die Auffassung vertreten, Freuds Massenpsychologie beziehe sich eigentlich nicht auf Massen, sondern stelle eine psychoanalytische Theorie der Institution dar, zumal sich Freud explizit auf die Beispiele »Kirche« und »Heer« als »künstliche Massen« (Freud 1921, S. 101–108) bezieht. Tatsächlich behandelt Freud in seiner Massenpsychologie »den einzelnen Menschen als Mitglied eines Stammes, eines Volkes, einer Kaste, eines Standes, einer Institution oder eines Menschenhaufens, der sich zu einer gewissen Zeit für einen bestimmten Zweck zu einer Masse organisiert« (ebd., S. 74). Freud fasst seine massenpsychologische Theorie so weit, dass sie sowohl zur Erklärung von Prozessen in der unstrukturierten Kleingruppe, in der Großgruppe, in Institutionen als auch in Massenbewegungen anwendbar ist. Konsequenterweise interpretiert Kernberg (2002, S. 144f) die Wirkungsweise der Massenmedien massenpsychologisch und Michael Lukas Moeller (1979) hat auf der anderen Seite des Spektrums gezeigt, wie man Freuds Massenpsychologie [Freud (1921, S. 142) bezeichnet die Hypnose als »eine Masse zu zweit«] zum Verständnis von sektenartigen Zweierbeziehungen anwenden kann. *

Bei Freud – und noch ausgeprägter bei Kernberg – haben massenpsychologische Prozesse eine ausschließlich negative und pathologische Qualität. Freud (1921, S. 88) stellt zwar im Rahmen einer allgemeinen Kritik an Le Bon fest, dass dieser in seiner Psychologie der Masse hauptsächlich »Abträgliches und Herabsetzendes über die Äußerungen der Massenseele« zusammengetragen habe, und er hält dem entgegen, dass »sich auch andere, geradezu entgegengesetzt wirkende Äußerungen der Massenbildung erkennen« ließen, »aus denen man dann eine weit höhere Einschätzung der Massenseele ableiten« müsse, aber letztlich konzentriert er sich selbst ebenfalls fast ausschließlich darauf, die pathologischen Prozesse der Massenbildung zu analysieren. Nur am Rande erwähnt er einige positive Qualitäten der Masse: So ermögliche das kollektive »Phänomen der Begeisterung [...] die großartigsten Massenleistungen« (ebd., S. 89). Auch sei die Massenseele »genialer geistiger Schöpfungen fähig, wie vor allem die Sprache selbst beweist, sodann das Volkslied, Folklore und anderes« (ebd.). Zwar betont Freud, dass die »intellektuellen Leistungen [...] die großen Entscheidungen der Denkarbeit, die folgenschweren Entdeckungen und Problemlösungen nur dem Einzelnen, der in der Einsamkeit arbeitet, möglich sind«, doch stellt er auch die Überlegung an, »wie viel der einzelne Denker oder Dichter den Anregungen der Masse, in welcher er lebt, verdankt, ob er mehr als der Vollender einer seelischen Arbeit ist, an der gleichzeitig die anderen mitgetan haben« (ebd.). Der einsame in seiner Studierstube brütende Genius kann demnach bloßes Sprachrohr kultureller Strömungen, sozialer Bewegungen, politischer Massenbewegungen und des Zeitgeistes sein. Er formuliert nur die Gedanken, die in der Luft liegen und die andere durch ihr gesellschaftliches Handeln entwickelt und vorbereitet haben.

Leider verfolgt Freud diesen Gedankengang nicht weiter, sondern betont fast ausschließlich die pathologischen Aspekte der Massenbildung, insbesondere die regressiven Prozesse und die Außerkraftsetzung des Über-Ichs durch

---

* Eine solche »Sekte zu zweit« im Sinne von Moeller bilden Slobodan Milosevic und seine Frau Mira, wie im Kapitel über Milosevic ausgeführt wird.

die Masse. In dieser Tendenz, die pathologischen Aspekte der Masse hervorzuheben, übertrifft Kernberg die Ausführungen Freuds sogar noch, wenn er ausschließlich die Primitivität, Destruktivität und den paranoiden Charakter der Masse beschreibt. Nun kann man sich allerdings fragen, ob beispielsweise der Abbau von »üblichen moralischen Begrenzungen« zwangsläufig ein negativ zu bewertender Prozess sein muss, oder ob nicht die Infragestellung der konventionalistischen Moral und der Abbau von rigiden Über-Ich-Diktaten, von unbewussten Schuldgefühlen oder gar der »gefährlichen Krankheit Über-Ich«, wie Harald Lincke (1970) formuliert, nicht sogar ein Ziel der psychoanalytischen Therapie ist. Und so wie der Bedeutungsgehalt der Regression durch die Einführung des Begriffs der »Regression im Dienste des Ich« (Kris 1952) eine andere Nuance bekommen hat, die in den letzten Jahren vor allem im Zusammenhang mit der Diskussion der Kreativität (vgl. Schlösser, Gerlach 2001) zunehmend an Bedeutung gewonnen hat (vgl. Geißler 2001), so müsste die psychoanalytische Theorie ihre Aufmerksamkeit auch dafür erweitern, dass massenpsychologische Prozesse nicht immer und nicht zwangsläufig zum Ausufern von Aggressionen und zu pathologischen Ergebnissen führen müssen. Betrachten wir dazu die folgenden Beispiele für psychologische Massen:

Bei einer Anti-Atomkraft-Demonstration kommt es zu einer brenzligen Konfrontation mit der Polizei. Eine kleine Gruppe vermummter und gewalttätiger Demonstranten hat sich bereits einen heftigen Schlagabtausch mit den Polizisten geliefert. Steine sind geflogen, Gummiknüppel und Wasserwerfer kamen zum Einsatz, einzelne Demonstranten wurden verhaftet. Beim Einsatz von Gummiknüppeln, Wasserwerfern und Tränengas ist die Polizei nicht zimperlich und auch mancher friedliche Demonstrant ist in Mitleidenschaft gezogen worden. Nachdem es auf beiden Seiten Verletzte gegeben hat, kochen die Emotionen sowohl bei der Polizei als auch seitens der Demonstranten hoch. Die Situation droht zu eskalieren. Es steht auf des Messers Schneide, ob die große Masse der bislang friedlichen Demonstranten dem animierenden Beispiel der kleinen gewalttätigen Grüppchen folgt und auch zur Gewalt greift. Wenn die vielen Tausend Demonstranten wirklich losstürmen würden, könnte die Polizei diesem Massenansturm sicher nicht standhalten. Doch es kommt anders: Irgendwo in der Masse stimmen einige ein Lied an und recken ihre Arme in die Luft mit den Handflächen nach außen als Zeichen ihrer friedlichen Gesinnung. Immer mehr fallen in den Gesang ein und halten auch ihre Hände in die Luft bis schließlich tausende Hände in der Luft sind. Die aggressiv-paranoide Stimmung verfliegt und die Masse setzt ihren Demonstrationszug fort. Die Gewalt ist gebannt.

In diesem Beispiel bestand zunächst durchaus die Gefahr, dass die Masse der Demonstrationsteilnehmer in einen regressiven Prozess hineinrutschen würde, der zu einem Ausagieren von Aggressionen geführt hätte, wie sie Kernberg als typisch für unstrukturierte und führerlose Großgruppen beschreibt: »Im Falle einer Gruppenregression werden alle normalen Funktionsweisen und Abwehroperationen ersetzt durch eine breite Skala primitiver Abwehrmechanismen, die [...] der paranoid-schizoiden Position entsprechen« (ebd.). Tatsächlich fand eine Regression statt: Erwachsene Menschen begannen in einer sehr ernsten und bedrohlichen Situation, sich wie Kinder zu benehmen. Sie sangen auf eine alberne Kindermelodie einige selbst gereimte Verse und wedelten dazu mit ihren Händen in der Luft. Sie verhielten sich in einer Weise albern und infantil, »die für sie unter gewöhnlichen, von normalen Status- und Rollenbeziehungen geprägten Lebensumständen völlig undenkbar wäre« (Kernberg 2002, S. 142). Doch gerade diese partielle Regression, diese »Regression im Dienste des Ich« (Kris) dieses Aussteigen aus »normalen Status- und Rollenbeziehungen« ermöglichte ihnen, auch von der aktuellen Gewalt-Situation mit den ihr eigenen eingefahrenen Status-, Rollen-, und Beziehungsmustern Abstand zu nehmen. Indem sich die Demonstranten wie Kinder aufführten, machten sie der Polizei und sich selbst deutlich, dass sie gewillt waren, den Circulus vitiosus von Gewalt und Gegen-Gewalt zu durchbrechen, indem sie aus diesem Interaktionsmuster einfach ausstiegen. Sich wie Kinder aufzuführen signalisierte auch: »Wir sind so harmlos, so naiv, so gutgläubig, aber auch so eigenwillig wie Kinder und fordern euch, die Polizisten, auf, dass ihr euch auf die komplementäre Rolle, nämlich die von Elternfiguren besinnt, die eurer eigentlichen Berufsrolle als Hüter von Recht und Ordnung, als Freund und Helfer, eher nahe kommt als wenn ihr eine Orgie der Gewalt mit uns als Opfer veranstaltet.« Die partielle Regression der Demonstranten half der anderen Seite, den Polizisten, von ihrer eigenen drohenden Regression, die mit einem Ausagieren von polizeilicher Gewalt verbunden gewesen wäre, Abstand zu nehmen.

Auch ein weiteres typisches Phänomen der Massenpsychologie ist bei diesem Beispiel zu beobachten: Es kommt – zumindest partiell – zu einer »bei jedem Einzelnen hervorgerufene[n] Steigerung der Affektivität« und zu dem Gefühl, die »individuelle Abgrenzung zu verlieren« (Freud 1921, S. 91). Dieses »Mitfortgerissenwerden der Individuen« erklärt sich aus der »Gefühlsansteckung« und dem Wunsch, »im Einklang mit den Vielen zu bleiben« (ebd.). Freud erklärt diesen »Mechanismus der Affektsteigerung« damit, dass die Masse

> »dem Einzelnen den Eindruck einer unbeschränkten Macht und einer unbesiegbaren Gefahr [gibt]. Sie hat sich für den Augenblick an die Stelle der gesamten Gesellschaft gesetzt welche die Trägerin der Autorität ist, deren Strafen man gefürchtet, der zuliebe man sich so viele Hemmungen auferlegt hat« (ebd., S. 91f).

Tatsächlich fühlte sich jeder Einzelne in der Masse der Demonstranten sehr mächtig und – in einem moralischen Sinne – auch unbesiegbar, obwohl, oder gerade weil man sich nicht zum physischen Kampf rüstete, sondern sich auf die Autorität der »gesamten Gesellschaft« berief. Indem sich die Demonstranten auf den allgemein menschlichen Status des Kindes beriefen, reklamierten sie die allgemeinen Menschenrechte für sich und appellierten an die Polizei, sie nicht als Demonstranten oder Rechtsbrecher anzusehen, sondern zuerst in ihrer Eigenschaft als Menschen, die ein Recht auf körperliche Unversehrtheit haben.

Freud fährt fort, es sei »offenbar gefährlich«, sich mit der Autorität der Masse »in Widerspruch zu setzen«, aber man könne sich sicher fühlen,

> »wenn man dem ringsherum sich zeigenden Beispiel folgt, also eventuell sogar ›mit den Wölfen heult‹. Im Gehorsam gegen die neue Autorität darf man sein früheres ›Gewissen‹ außer Tätigkeit setzen und dabei der Lockung des Lustgewinns nachgeben, den man sicherlich durch die Aufhebung seiner Hemmungen erzielt. Es ist also im ganzen nicht so merkwürdig, wenn wir den Einzelnen in der Masse Dinge tun oder gutheißen sehen, von denen er sich unter seinen gewohnten Lebensbedingungen abgewendet hätte« (ebd., S. 92).

Die Beschreibung, mit den »Wölfen zu heulen«, hätte auf die Demonstranten zugetroffen, wenn sie sich, Parolen schreiend, in den Kampf mit der Polizei gestürzt hätten. Dies war aber nicht der Fall. Ist das gemeinsame Singen des Kinderliedes auch als ein »Heulen mit den Wölfen« zu verstehen? Zweifellos fand auch eine Regression statt, die jedoch nicht den aggressiv-paranoiden Kern, sondern die freundlich-vertrauensvolle Seite der verbliebenen Kindlichkeit der Demonstrationsteilnehmer reaktivierte. Die »Lockerung« des früheren Gewissens, das den »Lustgewinn« des gemeinsamen Singens und Alberns erlaubte, ist nicht einem Über-Bord-Werfen grundlegender moralischer Prinzipien zu verdanken, sondern einem in der Masse möglich gewordenen Aufgeben konventioneller Benimm-Regeln. Die Scham davor, sich als erwachsener Mensch in der Öffentlichkeit albern aufzuführen, ein Lied zu singen und mit den Händen in der Luft herumzufuchteln, konnte unter den Bedingungen einer partiellen Massenregression aufgegeben werden.

Kernbergs Beobachtung, dass »der normale Entwicklungsprozess der Sozialisation in der Familie, der sich zusammensetzt aus der Entwicklung,

Sublimierung, Verdrängung und Reaktionsbildung im Umgang mit primitiver Aggression, [...] unter bestimmten Gruppenbedingungen augenblicklich verloren zu gehen« scheint, trifft für dieses Beispiel jedenfalls nicht zu, obwohl es sich offenbar um eine typische und zudem noch sehr prekäre massenpsychologische Situation handelte, bei der all die von Freud und Kernberg beschriebenen Phänomene der Gruppenregression hätten auftreten müssen.

Ein anderes Beispiel: Bei Konzerten kann man oft beobachten, dass vor Konzertbeginn jeder Einzelne die Masse der anderen Besucher als Konkurrenten um die besten Plätze, die freie Sicht etc. auffasst. Sobald der Künstler die Bühne betreten hat, ändert sich aber das Klima in der Masse. Das aggressiv-feindliche Klima lässt nach und weicht einem harmonischen Klima, das von der Stimmung des Konzerts getragen ist.

Die vielen Einzelnen geben zumindest partiell ihre starren Ich-Grenzen auf, beginnen gemeinsam zu klatschen, klatschen vielleicht sogar im Rhythmus, singen und summen oder schwingen zumindest emotional mit und lassen sich von einem »berauschende[n] und aufregende[n] Gefühl der Befreiung von den üblichen [...] Begrenzungen« – um Kernbergs Formulierung nochmals aufzugreifen – mitreißen und emporheben. Der Künstler oder die Künstler-Gruppe auf der Bühne fungieren hier als Führer-Figur, die entweder durch direkte Anweisungen (»jetzt klatschen wir mal alle mit«) – was die Lust, in der Masse mitzuschwingen wieder erheblich mindern kann, weil sich der Einzelne zum Befehlsempfänger degradiert fühlt – oder auch nur durch die künstlerische und emotionale Qualität ihrer Darbietung die Menschen dazu bringt, sich in tieferen Schichten ihrer Persönlichkeit, die sonst kaum zugänglich sind, berühren zu lassen und deshalb die üblicherweise fest etablierten Ich-Grenzen, Abwehrstrukturen und Empfindungsmuster aufzulockern. In letzterem Fall induziert der Führer in der Masse der Zuhörer eine Stimmung, auf die das Publikum seinerseits spontan reagiert. Auch in diesen Fällen, in denen es nicht zu einer pathologischen Regression

Rockkonzert

kommt, muss man von massenpsychologischen Prozessen sprechen, die allerdings einen spielerischen, kreativen und nicht-pathologischen Charakter aufweisen.

So wenig, wie Freuds Religionskritik in ihrer Pauschalität heute noch haltbar ist (vgl. Henseler 2001) – auch wenn Freud einen Ausschnitt der neurotischen Religiosität treffend analysiert hat –, so wenig lässt sich die generelle Verdammung und Pathologisierung der psychologischen Masse – speziell nach der erfolgreichen und friedlichen Revolution im Osten – noch aufrecht erhalten. Freuds radikale Kritik der Religion ebenso wie seine vernichtende Kritik der Masse – und der psychischen Funktionsweise beider – wird auf dem Hintergrund der historisch-politischen Situation Europas zwischen den beiden Weltkriegen verständlich, als es noch keine funktionierenden Demokratien gab und die religiöse und quasi-religiöse Ideologisierung großer Volks-Massen zur Bedrohung von Individualität und kritischem Denken wurde. Nicht, dass solche Gefahren heute nicht mehr bestünden. Doch die Offenheit der Gesellschaft, religiöse Erfahrungen als eine grundlegende Modalität menschlicher Erlebensweisen zu verstehen und zu akzeptieren, ist heute aus verschiedenen Gründen größer als früher: Zum einen verfügt die institutionalisierte Religion, die Kirche, heute nicht mehr über die autoritative Macht wie noch zu Beginn des letzten Jahrhunderts. Zum anderen haben nicht nur die großen Religionen, sondern auch die großen weltlichen Ideologien einen Glaubwürdigkeits- und Bedeutungsverlust erlitten, so dass bereits die Rede vom »Ende der Ideologien« und vom »Ende des ideologischen Zeitalters« die Runde macht. *

Die Macht der großen ideologischen Systeme – Marxismus und Christentum – hat sich deutlich reduziert und somit die Notwendigkeit, sie vernichtend zu kritisieren. Und schließlich hat der erhebliche Bedeutungsverlust der etablierten Religionsgemeinschaften erst den Blick dafür freigemacht, dass spirituelle und religiöse Fragen auch jene Menschen beschäftigen, die kein Bedürfnis nach vorgefertigten, autoritativ vorgetragenen Antworten haben.

Aus diesen Entwicklungen lässt sich auch unmittelbar die Begründung für eine neue Einschätzung der Masse und ihrer psychologischen Funktions-

* Ich meine im Übrigen nicht, dass die Rede vom »Ende der Ideologien« diesen Sachverhalt treffend erfasst, da mit dem Bedeutungsverlust der großen traditionellen ideologischen Systeme der westlichen Welt – Christentum und Marxismus – andere westliche Ideologien, etwa die des »freien Marktes« und die der wissenschaftlich-technischen Fortschrittsgläubigkeit reüssieren, ganz zu schweigen vom Erstarken östlicher Religionen wie dem Islam.

weise ableiten. Wenn die Religion »Opium für das Volk« und »kollektive Neurose« war, so musste auch der Adressat und Träger dieser kollektiven Verirrungen, nämlich die Masse, eine Gesellungsform der Menschen sein, die sich per se durch einen pathologischen Charakter auszeichnete. Wir können heute eher sehen, dass Massenversammlungen von Menschen, beispielsweise im Zusammenhang mit (basis-)politischen Veranstaltungen der »Neuen Sozialen Bewegungen« – man denke an Demonstrationen der Ökologie- und der Friedensbewegung –, revolutionären Massen – man denke an die Leipziger Montags-Demonstrationen oder an die dreitägige Massendemonstration in Belgrad, die zum Sturz von Milosevic führte –, sportlichen Großveranstaltungen – man denke an die Olympiade in Sydney –, religiösen Treffen – man denke an den deutschen Kirchentag –, kulturellen Veranstaltungen – man denke an Diskussionsveranstaltungen – und Rockkonzerte durchaus nicht immer den Charakter einer »folgsamen Herde, die nie ohne Herrn zu leben vermag« (Freud 1921, S. 86) annehmen muss, sondern unter Umständen sogar die Masse selbst einen »starken, imponierenden Willen« (ebd.) entwickeln kann, den Freud allein dem Führer zubilligt. In vielen Fällen muss man sogar anerkennen, dass die Massenversammlung einen höheren Grad an politischer Weitsicht, an gekonntem Umgang mit Aggression und an Konfliktfähigkeit aufweist als beispielsweise die politischen Führer oder die Führer der Polizei. Demonstranten oder Teilnehmer eines Rockkonzertes regredieren jedenfalls nicht automatisch zu aggressiven und dumpf-triebgesteuerten Monstern, und zwar selbst dann nicht, wenn sich leichte regressive Prozesse (im Dienste des Ich), eine gewisse Auflösung von starren Ich-Grenzen und leichte »ozeanische Gefühle« einstellen mögen.

Es wäre zu untersuchen, ob Menschenansammlungen, die sich ohne Befehl von »oben«, ohne institutionelle Verbindung untereinander, mehr oder weniger spontan, jedenfalls aus eigenem Antrieb, zusammenfinden, als eine relativ neue Erfindung – oder auch Errungenschaft – demokratisch verfasster Gesellschaften anzusehen sind, die möglicherweise anderen Funktionsprinzipien folgen als die Massen, die Le Bon oder Freud vor Augen hatten. Im Sinne dieser Interpretation könnte man auch die revolutionären Massen der französischen Revolution – zu deren Diskreditierung Le Bon übrigens seine *Psychologie der Massen* schrieb – als Beispiel für das emanzipatorische und befreiende Potential von Massenbewegungen auffassen. Noch im Schoße der alten Gesellschaft aber bereits im Zeichen des revolutionären Umbruchs hätten die revolutionären Massen etwas von den Freiheiten realisiert, die sie im Namen von Freiheit, Brüderlichkeit und Gerechtigkeit anstrebten.

Jedenfalls gehört zu Umbruchszeiten und zu neuen Gesellschaftsformen im Großen auch die Entstehung neuer sozialer Konfigurationen und Gebilde im Kleinen. So stellt die *Gruppe* eine soziale Konfiguration dar, die erst Ende der sechziger, Anfang der siebziger Jahre im Zusammenhang mit der Aufbruchs-Bewegung der Jugend in den westlichen Industrienationen entstanden (vgl. Richter 1972; Wirth 1979; 1995). Die Gruppe war Ausdruck des geistig-kulturellen Klimas dieser Jahre und von der Suche nach neuen Formen des Zusammenlebens und des sozialen und gesellschaftlichen Engagements geprägt. Man experimentierte mit Wohngemeinschaften und Eltern-Kind-Gruppen als Alternativen zur traditionellen Kleinfamilie, gründete Initiativgruppen, die sich der sozialen Probleme der Gesellschaft annahmen, und organisierte sich in Arbeitskollektiven, die es sich zur Aufgabe machten, neue Formen der hierarchiefreien, selbstbestimmten und gleichberechtigten Arbeitsorganisation zu entwickeln. Die Gruppe, die man als soziale Konfiguration neu entdeckte – in gewisser Weise sogar neu erfand – wurde als Alternative sowohl zur traditionellen Kleinfamilie als auch zu den etablierten gesellschaftlichen Institutionen und Organisationen verstanden. Von der traditionellen Kleinfamilie unterscheidet sich die Gruppe vor allem durch ihre Öffnung zur Gesellschaft, durch den Versuch, die soziale Isolation zu überwinden und die wechselseitige neurotische Verklammerung ihrer Mitglieder aufzubrechen. Von den etablierten gesellschaftlichen Institutionen hebt sich die Gruppe vor allem dadurch ab, dass sie den Versuch unternimmt, auf Formalisierung, Ritualisierung und Hierarchisierung weitgehend zu verzichten und statt dessen darauf vertraut, dass sich Konflikte und Probleme durch Diskussion und offene Auseinandersetzungen zwischen den Gruppenmitgliedern lösen lassen. In der Gruppe soll zwischen dem intimen und dem öffentlichen Bereich vermittelt werden. Die Gruppe schafft aber nicht nur einen Übergang zwischen der Familie und den gesellschaftlichen Institutionen, sondern bietet auch eine organisatorische Alternative zu beidem an. Nicht zufällig wurde das therapeutische Potential der Gruppe in den siebziger Jahren entdeckt und die Methoden der Gruppentherapie und Gruppendynamik nahmen von da an einen enormen Aufschwung.

Man kann die Offenheit der Gruppe für regressive Prozesse sowohl in ihrem destruktiven Potential als auch in ihren kreativen Möglichkeiten betrachten. Wenn es beispielsweise in psychoanalytischen Fallseminaren darum geht, möglichst viele unterschiedliche Aspekte eines Falles zu beleuchten, erweist sich die Gruppe in ihrem Einfallsreichtum und ihrer Kreativität immer wieder der Einzelsupervision, bei der nur zwei Personen zusammensitzen, als überlegen.

Einen wesentlichen Gesichtspunkt in Freuds Massenpsychologie stellt die Projektion des Ich-Ideals auf den Anführer dar. Kernberg (2002) versteht unter dem Begriff des *Über-Ich*

> »die Integration bewusster und unbewusster internalisierter Gebote und Verbote, Wertmaßstäbe und ethischer Grundprinzipien [...]. Als Teil dieser Struktur beinhaltet dieses Über-Ich das ›Ich-Ideal‹, nämlich das integrierte Muster von Idealen, Zielen und Ansprüchen gegenüber dem ethischen Verhalten dieses Individuums«.

Aufbauend auf Edith Jacobsons (1964) Vorstellung von schrittweise übereinander gelagerten Ebenen der Über-Ich-Integration differenziert Kernberg (2001)

> »zwischen einer frühesten und primitivsten Ebene der Über-Ich-Integration, die den von Melanie Klein (1940; 1946) beschriebenen archaischen Verboten und internalisierten ›negativen‹ Über-Ich-Vorläufern entspricht, einer zweiten Ebene mit idealisierten Über-Ich-Vorläufern, die dem Ich-Ideal im eigentlichen Sinne entspricht, und drittens einer Ebene mit einer Über-Ich-Integration, die den moralischen Forderungen und Verboten der klassischen oder auch späten ödipalen Phase entspricht und zu deren Ausbildung es einer zuvor erfolgten Integration zwischen der ersten (verfolgenden) und der zweiten (idealisierten) Über-Ich-Ebene bedarf. Eine vierte Ebene der Über-Ich-Integration erfolgt schließlich in Pubertät und Adoleszenz, wenn die kindlichen Verbote im Hinblick auf die Sexualität reorganisiert werden müssen und somit eine sublimierte Umsetzung ödipaler Phantasien und Bedürfnisse in die normalen Formen adoleszenter und erwachsener Liebe und Sexualität möglich wird« (Kernberg 2002, S. 144).

Kernberg meint, dass die von Freud (1921) beschriebene Projektion des Ich-Ideals auf den Anführer »sich letztlich im weitesten Sinne« auf das beziehe, was er,

> »aufbauend auf Jacobson, als Gesamtstruktur des Über-Ich bezeichnet hat. Diese von Freud beschriebene Projektion wird offensichtlich dadurch unterstützt, dass der Anführer sein eigenes moralisches System verkündet, das mit seinem Verständnis von sich selbst in seiner Führungsrolle in Verbindung steht« (Kernberg 2002, S. 144).

Kernbergs hierarchisch gestufte »Gesamtstruktur des Über-Ich« besticht als strukturtheoretische Konzeption durch ihre Klarheit, Stringenz und innere Logik. Allerdings droht auf diese Weise der fundamentale Unterschied zwischen Über-Ich und Ich-Ideal verloren zu gehen. Freud hat immer wieder geschwankt, ob er die beiden offenbar so nahe verwandten Begriffe in eins setzen oder an ihrer Unterschiedlichkeit festhalten sollte. Wenn man nur ihre semantische Bedeutung nimmt – und auf die zielte ja auch Kernberg –, dann scheinen die »bewussten und unbewussten internalisierten

A. Paul Weber: An den Rockschößen des Genies, 1949

Gebote und Verbote, Wertmaßstäbe und ethischen Grundprinzipien« von den »Idealen, Zielen und Ansprüchen gegenüber dem ethischen Verhalten« nicht allzu weit entfernt zu sein. Wenn man allerdings die psychogenetische Herkunft von Über-Ich und Ich-Ideal, so wie es von Freud entwickelt wurde, miteinander vergleicht, so wird eine grundlegende Differenz deutlich. Freud definiert das Über-Ich als »Erbe des Ödipuskomplexes«, das entstanden ist als Lösung der ambivalenten Situation des ödipalen Kindes, das die Mutter besitzen und den Vater umbringen möchte, das sich aber zu beidem zu schwach fühlt und außerdem beide Eltern liebt und von beiden geliebt werden möchte. In dieser schier ausweglos erscheinenden Situation findet das (männliche) Kind die Lösung, auf den sexuellen Besitz der Mutter zu verzichten, seine Sexualität vorübergehend zu verdrängen (Latenzphase) und sich mit dem Vater und dessen Geboten und Verboten zu identifizieren. Es verinnerlicht die Gebote, Verbote, Wertmaßstäbe und ethischen Grundprinzipien des Vaters und richtet sie als Über-Ich in sich auf. Das Über-Ich entsteht als Erbe des Ödipuskomplexes. Diese »Lösung« der vertrackten ödipalen Situation ist nicht so schlecht, wie sie auf den ersten Blick erscheinen mag. Es handelt sich nämlich nicht um eine totale Kapitulation und Unterwerfung des Kindes unter den Vater, denn indem es sich mit ihm identifiziert, nimmt es sich etwas von ihm und bekommt auch etwas von ihm, d. h. es geht nicht nur als Unterlegener und Verlierer, sondern auch bereichert aus der ödipalen Auseinandersetzung hervor. Zudem verschafft ihm die Etablierung eines verinnerlichten Gewissens eine eigene innere Instanz der Verhaltenssteuerung, die ihm eine gewisse Unabhängigkeit von der äußeren Verhaltenssteuerung durch väterliche und andere Autoritäten verleiht. Mit der Aufrichtung eines eigenen Über-Ichs unternimmt das Kind einen wesentlichen Schritt der Loslösung von den Eltern, weil es ein eigenes Wertesystem in sich etabliert und weil es seine sexuellen Interessen von der Mutter ablöst, um sie nach einer Latenzzeit auf außerfamiliäre Objekte zu richten.

Hingegen hat nach Freud die Psychogenese des Ich-Ideals ihren Beginn bereits in der primärnarzisstischen Phase und der Beziehung zur Mutter. Freud erklärt das Ich-Ideal zum »Erbe des verlorenen Narzißmus der Kindheit« (Freud 1914a). Wie beim Über-Ich bildet sich eine innere Struktur des psychischen Apparates als Ergebnis eines zunächst ausweglos erscheinenden Konfliktes. In diesem Fall ist es der Konflikt zwischen dem ursprünglichen Gefühl narzisstischer Vollkommenheit, der einst von der Mutter gestützt wurde und an dem das Kind verzweifelt festhalten will einerseits und der ernüchternden Erfahrung der einschränkenden und frustrierenden Realität andererseits. Das Ich-Ideal wird zum Träger der Liebe, Bewunderung und der grandiosen Vollkommenheit, die das Ich des Kindes in der frühen Kindheit erhalten hatte. Der infantile Narzissmus ist auf die innere Struktur des Ich-Ideals verschoben, die nun zum »Verwalter« der Vorstellungen, wie wir gerne sein möchten, wird. Janine Chasseguet-Smirgel hat im Anschluss an Freud das Ich-Ideal als das Erbe des primären Narzissmus und als Ersatz der primär-narzisstischen Vollkommenheit aufgefasst und die menschliche Kreativität mit dem Ich-Ideal in Verbindung gebracht. Nach Chasseguet-Smirgel (1981, S. 98) wird der schöpferische Akt »durch den (narzisstischen) Wunsch hervorgerufen, die verlorene Vollkommenheit wiederzufinden«. Die schöpferische Leistung hat hauptsächlich die Funktion, »das Selbstwertgefühl zu stärken, indem sie die Kluft zwischen dem Ich und dem Ideal verringert« (ebd.). Wird diese Differenz unüberbrückbar, kommt es zur Krankheit. Besteht noch Hoffnung auf eine Überbrückung, entfaltet der Mensch Kreativität. Das schöpferische Werk entspringt dem narzisstischen Bedürfnis, die verlorene Vollkommenheit, die zerrissene Einheit mit der Mutter Natur (Schelling) wiederherzustellen (vgl. Wirth 2001a; 2001b). Das Werk repräsentiert »das Bild des idealisierten Ich des Künstlers, das auf einem gewissen Niveau mit einem die Vollkommenheit symbolisierenden Phallus verschmilzt. ›Jedes Kunstwerk ist

Tresckow: Kreativität und Scheitern (2001)

ein Portrait des Künstlers‹, sagte Oscar Wilde« (Chasseguet-Smirgel 1981, S. 144) und Bazaine betrachtete künstlerische Produktionen als »wundersame Doppelgänger des Menschen« (ebd.).

Auch in diesem Fall wird durch die innere Struktur-Bildung vermieden, dass eine totale Kapitulation vor der Realität hingenommen werden muss. Vielmehr kommt es zu einer Kompromissbildung dergestalt, dass die Übermacht der Realität zwar akzeptiert und die Allmacht des kindlichen Narzissmus aufgegeben wird, doch wird diesem zugleich ein Reservat zugewiesen, in dem er noch ein Existenzrecht hat und mit Hilfe der Kreativität daran arbeiten kann, die Realität ein wenig zu verändern.

Kernbergs Integration des Ich-Ideals in die Gesamtstruktur des Über-Ich kann sich durchaus auf Freud berufen, denn dieser hatte mit seiner zweiten Struktur-Theorie den Gedanken an eine neutrale Ich-Energie des Lebenstriebes, die dem Ich zur Verfügung steht, aufgegeben zugunsten der Modell-Vorstellung, dass alle Energie im Es konzentriert sei und das Ich sich der Libido bediene, indem es diese von den Objekten abzieht und als desexualisierte Energie für seine eigene Bildung verwendet. Narzisstische

Libido ist demnach desexualisierte oder sublimierte Sexualität. Das Ich-Ideal wird von Freud nun mit dem Begriff des Über-Ich identifiziert und in der Folge durch ihn ersetzt (vgl. Altmeyer 2001).

Auffallend ist sowohl bei Freud als auch bei Kernberg, dass dem Aspekt des Narzissmus bei der Massenpsychologie nur wenig Bedeutung beigemessen wird, obwohl er sich bei einigen Formulierungen geradezu aufdrängt. Die Unterwerfung des Einzelnen unter die »väterliche« Führerfigur wird ergänzt durch die Verschmelzung des Einzelnen mit der als »mütterlich« phantasierten Masse. Indem Freud seine Konzeption ausschließlich mit dem Über-Ich verbindet und das Ich-Ideal außer Acht lässt, findet eine unnötige Selbstbeschränkung seiner Überlegungen auf das ödipale Beziehungsmuster statt. Freuds Konzeption der Massenpsychologie, die ganz nach dem Muster des Ödipuskomplexes konzipiert ist, muss ergänzt werden durch eine Betrachtungsweise, die den Narzissmus als wesentliches Element berücksichtigt. Dies gilt für alle Aspekte der Freud'schen Massenpsychologie, also beispielsweise für das Verhältnis zwischen Führer und Masse, für das Verhältnis der Massenmitglieder untereinander, für das Verhältnis des Einzelnen zur Masse usw.

Diese Kritik gilt auch für Kernbergs Ausführungen. Wenn Kernberg (2001) beispielsweise schreibt, »die gemeinsamen Identifizierungen aller Mitglieder der Masse verleihte ihnen ein Gefühl von Zusammengehörigkeit und Stärke, und die Projektion ihrer Verantwortung auf den Anführer gibt ihnen ein berauschendes und aufregendes Gefühl der Befreiung von den üblichen moralischen Begrenzungen«, so spricht er damit die narzisstischen Aspekte zwar indirekt an, führt ihre spezifische Bedeutung aber nicht explizit aus. Das »berauschende und aufregende Gefühl von [...] Befreiung« lässt sich unschwer als ein narzisstisches Entgrenzungserlebnis verstehen, bei dem die Aufhebung oder Lockerung der individuellen Ich-Grenzen zu einer Identifikation und Verschmelzung des Ichs mit den »Nachbar-Ichen« in der Masse führt. Der Einzelne verliert beispielsweise in der Institution seine Identität, wenn er sich nur noch als ein unbedeutendes Rädchen im Getriebe der großen Organisation empfinden kann.

Narzissmus als Persönlichkeitsstörung

»Dieser Mister McConnor gehörte zu jener Sorte selbstbesessener Erfolgsmenschen, die auch im belanglosesten Spiel eine Niederlage schon als Herabsetzung ihres Persönlichkeitsbewußtseins empfinden. Gewöhnt, sich im Leben rücksichtslos durchzusetzen, und verwöhnt vom faktischen Erfolg, war dieser massive Selfmademan derart unerschütterlich von seiner Überlegenheit durchdrungen, daß jeder Widerstand ihn als ungebührliche Auflehnung und beinahe Beleidigung erregte.«

Stefan Zweig (1942): Schachnovelle. Frankfurt a. M. 1981 (Fischer).

Wenn in diesem Kapitel den narzisstischen Persönlichkeitsstörungen besondere Aufmerksamkeit gewidmet wird, so hat dies seine Bewandtnis darin, dass diese sehr häufig mit dem Thema Macht in Verbindung stehen. Auch wenn sich schon andere Autoren mit den narzisstischen Störungen des Charakters bzw. der Persönlichkeit, wie wir heute sagen, beschäftigt haben – und einige davon haben wir ja bereits kennen gelernt –, so kommt doch Otto Kernberg der Verdienst zu, die narzisstischen Persönlichkeitsstörungen in umfassender Weise beschrieben, diagnostisch klassifiziert und theoretisch konzeptualisiert zu haben.

Unter narzisstisch gestörten Persönlichkeiten versteht Kernberg solche Personen, deren soziale Beziehungen durch übertriebene Selbstbezogenheit charakterisiert sind und bei denen Grandiosität und Überbewertung ihres eigenen Selbst mit Minderwertigkeitsgefühlen einhergehen. Sie sind in erheblichem Maße von der Bewunderung anderer abhängig und zudem »emotional oberflächlich«, überdurchschnittlich neidisch und ihre Beziehungen zu anderen Menschen sind durch Verächtlichkeit und ausbeuterischem Verhalten gekennzeichnet. Die Leitsymptome der narzisstisch gestörten Persönlichkeit bestehen in dem Schwanken zwischen maßloser Selbstlosigkeit und Selbstaufopferung auf der einen und dem ebenso maßlosen Wunsch, geliebt und bewundert zu werden auf der anderen Seite. Der Betreffende fühlt sich in seinem Selbsterleben hin und her gerissen zwischen dem Gefühl abgrundtiefer Wertlosigkeit und grenzenloser Allmacht. Ausdrücklich sei darauf hingewiesen, dass im Falle einer narzisstischen *Störung* immer beide Seiten der narzisstischen Medaille – die Selbstverachtung ebenso wie die Selbstüberschätzung – nachweisbar sind, auch wenn sich auf den ersten Blick nur der eine Pol in den Vordergrund drängen mag. So wie die demonstrativ zur Schau getragene Selbsterniedrigung des »Versagers« seine heimlichen Größenideen verbergen soll, so verstecken sich hinter der Selbstüberhöhung des »Triumphators« dessen unbewusste Kleinheitsgefühle.

Paul Klee: Zwei Männer, einander in höherer Stellung vermutend, begegnen sich, 1903

Der *gesunde* Narzissmus kennt zwar auch Schwankungen des Selbstwertgefühls, doch kann die Person zwischen den Polen Selbstkritik und Selbstzufriedenheit je nach Situation oszillieren, ohne dabei in das Extrem der Selbsterniedrigung oder das der Selbstüberhöhung zu verfallen. Und vor allem findet sich bei Menschen mit einem gesunden Narzissmus keine Spaltung in einen total entwerteten und einen total idealisierten Persönlichkeitsanteil. Vielmehr ist das Bedürfnis nach Selbstidealisierung und die Fähigkeit zur Selbstkritik so in die Persönlichkeit integriert, dass das eine praktiziert werden kann, ohne das andere verleugnen zu müssen. Die narzisstisch gesunde Persönlichkeit kann sich selbst kritisieren (und auch die Kritik anderer ertragen), ohne ihr Selbstwertgefühl gleich grundsätzlich infrage stellen zu müssen. Und umgekehrt führt auch eine außergewöhnliche Steigerung ihres Selbstwertgefühls, z. B. durch gesellschaftliche Erfolge oder die Erringung von politischer Macht, nicht dazu, dass ihre Fähigkeit zur Selbstkritik außer Kraft gesetzt wird.

Nach Kernberg (2002, S. 132 f.) ist die narzisstische Persönlichkeit

> »charakterisiert durch eine abnorme extreme Idealisierung des Selbst, die so weit geht, dass ideale Anteile anderer inkorporiert werden. Mit Hilfe dieser Selbstidealisierung kann jede Abhängigkeit von anderen vermieden werden. Gleichzeitig schützt diese abnorme Selbstidealisierung den Patienten vor einer Wahrnehmung der verfolgenden Anteile seines Erlebens, vor Frustration und Aggression. Klinisch fallen diese Personen durch ein übertriebenes Maß an Grandiosität und Selbstzentriertheit auf, das nur gelegentlich von plötzlichen heftigen Minderwertigkeitsgefühlen durchbrochen wird, wenn das pathologische grandiose Selbst bedroht wird. Das patho-

> logische grandiose Selbst dieser Patienten – Ausdruck einer abnormen Selbstidealisierung – zeigt sich in Exhibitionismus, Anspruchsdenken, Rücksichtslosigkeit, der Inkorporation idealisierter Anteile anderer, der chronischen Neigung zur Entwertung anderer, ausbeuterischem und parasitärem Verhalten sowie in dem chronischen Bedürfnis danach, von anderen bewundert zu werden und im Zentrum des Interesses aller zu stehen, um eben ihre Selbstidealisierung aufrechtzuerhalten.«

Narzisstisch gestörte Persönlichkeiten finden sich unter sozial unangepassten und verwahrlosten Menschen ebenso wie unter gesellschaftlich höchst erfolgreichen Personen, die es verstehen, ihren Hunger nach Anerkennung und Bewunderung durch außergewöhnliche berufliche Leistungen und das daraus resultierende gesellschaftliche Ansehen zu stillen. Gesellschaftliche Machtpositionen bieten eine geradezu ideale Voraussetzung dafür, *beide* Seiten dieser Medaille auszuleben: Vordergründig fallen zunächst die narzisstischen Gratifikationen ins Auge, die mit Positionen der Macht verknüpft sind. Allerdings ist die Position des Mächtigen auch dadurch gekennzeichnet, dass es eine rückwärtige Seite der Ohnmacht gibt. Im Zeitalter der Medien ist der Mächtige einer geradezu totalen öffentlichen Kontrolle selbst bis in die privatesten Bereiche seines Lebens ausgesetzt. So musste Bill Clinton, der mächtigste Mann der Welt, eine verletzende und erniedrigende Kampagne wegen seiner Affäre mit der Praktikantin Monika Lewinsky über sich ergehen lassen. Aber auch in historischen Zeiten waren Positionen der Macht mit einengenden gesellschaftlichen Zwängen, insbesondere solchen der Etikette und der sozialen Rollenvorschriften verbunden. Sowohl die soziale als auch die innerpsychische Bewegungsfreiheit der mit Macht ausgestatteten Persönlichkeit ist in spezifischer Weise eingeschränkt. Diese Einschränkung der eigenen Bewegungs- und Entscheidungsfreiheit, die mit der Übernahme einer mit Macht ausgestatteten gesellschaftlichen Rolle einher geht, kann als Entmündigung und Entwertung erlebt werden, falls es zu einem Konflikt zwischen persönlichen, individuellen Wünschen und Bedürfnissen und den vorgegebenen Rollenerwartungen kommt.

Narzisstische Persönlichkeiten fühlen sich häufig zur Übernahme von Machtpositionen und Führungsaufgaben getrieben, da sie sich davon Prestige und Bewunderung versprechen. Deshalb findet man in Führungspositionen gehäuft narzisstisch gestörte Menschen. Problematisch ist, dass die narzisstisch gestörte Persönlichkeit in der Machtposition weniger das Erreichen bestimmter sachlicher Ziele, die Bewältigung von inhaltlichen Aufgaben oder die Verwirklichung von Idealen anstrebt, sondern sie sucht in der Macht über andere die Befriedigung ihres Bedürfnisses nach Bewunderung oder Ehrfurcht.

Auch Kernberg nimmt an, dass es nicht nur einen pathologischen, sondern auch einen gesunden Narzissmus gibt. Die persönliche Qualität eines gesunden Narzissmus stellt eine günstige psychische Voraussetzung dar, seinen eigenen Willen auch gegen den Widerstand des Beziehungspartners durchzusetzen, ohne dass es zu größeren Konflikten kommt. Wer in sich selbst ruht und von seiner fachlichen Kompetenz und seinen Argumenten überzeugt ist, wird es leichter haben, seinen Willen durchzusetzen, als derjenige, der selbstunsicher ist und seine Argumente ohne Überzeugungskraft oder ambivalent vertritt. Wie aber verhält es sich bei einem Menschen, der – aus welchen Gründen auch immer, z. B. weil er im Grunde seines Herzens tiefe Selbstzweifel hegt, – mit einem übersteigerten Selbstbewusstsein seinen Willen durchzusetzen versucht? Wie die Lebenserfahrung zeigt, können solche narzisstisch gestörten Menschen durchaus äußerst erfolgreich in der Ausübung von Macht sein. Dies hängt mit zwei Gründen zusammen:

1. Der Narzissmus ist nicht nur eine der zentralen psychischen Voraussetzungen zur Ausübung von Macht, sondern die Ausübung von Macht ist auch eine wirkungsvolle Stimulans für das narzisstische Selbsterleben. Wer erfolgreich seinen Willen durchzusetzen vermag, fühlt sich narzisstisch gestärkt. Menschen, die unter einem gestörten Selbstwertgefühl leiden, entwickeln häufig als Bewältigungsstrategie ein übersteigertes Selbstbild, das durch die Ausübung von Macht eine Stärkung erfährt. Beispielsweise kommt es in Paarbeziehungen häufig vor, dass der eine Partner – von untergründigen Selbstwertzweifeln geplagt – ständig versucht, den anderen zu dominieren. Er zwingt ihm seinen Willen auf, um sich selbst zu beweisen, dass er der Wertvollere, Klügere, Überlegene ist. Bei solchen paardynamischen Machtkämpfen tritt der inhaltliche Aspekt – welche Entscheidungen und Handlungen nun im Einzelnen durchgesetzt werden sollen – mehr und mehr in den Hintergrund zugunsten der bloßen Tatsache, den eigenen Willen wieder einmal durchgesetzt zu haben. Die Machtausübung dient der narzisstischen Gratifikation. Ein Mensch, der stark darauf angewiesen ist, sein labiles Selbstwertgefühl laufend durch demonstrative Beweise seiner Großartigkeit zu stabilisieren, wird sich an die einmal erreichten Positionen klammern, die ihm die Ausübung von Macht gestatten.

2. Konstellationen, die die Ausübung von Macht begünstigen, können u. a. darin bestehen, dass die Partner besonders bereitwillig sind, sich auf die Bedürfnisse eines pathologischen Narzissten einzulassen, weil dies ihren eigenen pathologischen Wünschen nach Anpassung und Unterwerfung entgegenkommt. Schon Reich (1922) hat in einer kleinen Arbeit über *Zwei narzißtische Typen* folgende Unterscheidung getroffen: Der Typus des phallischen Narzissten zeichnet sich durch eine übersteigerte und demonstrativ zur Schau getragene Selbstsicherheit aus, um damit sein

latentes Minderwertigkeitsgefühl zu kompensieren. Beim zweiten Typus des Narzissten ist es genau umgekehrt: Er leidet unter einem manifesten Minderwertigkeitsgefühl, hinter dem sich latente Größenphantasien verbergen. Auf ihn trifft das Motto zu: »Mach dich nicht so klein, so groß bist du doch gar nicht.« In der Terminologie von Willi (1975) würde man vom phallischen Narzissten und vom Komplementär-Narzissten sprechen, die sich in einer Kollusion ergänzen können. Das Modell der Kollusion, also des unbewussten Zusammenspiels zweier sich unbewusst ergänzender Partner, trifft auch für die Interaktion zwischen Führer und Gruppe (Masse) zu. Beispielsweise ist der geltungsbedürftige Fanatiker nur dann als Führer erfolgreich, wenn er auf ein Publikum trifft, das bereits regrediert oder zur Regression bereit ist. Oder anders formuliert: Der pathologische Narzissmus des Führers verzahnt sich mit der wie auch immer gearteten Pathologie seiner Interaktionspartner.

Die Frage, warum pathologische Narzissten oft besonders erfolgreich bei der Durchsetzung ihres eigenen Willens sind, lässt sich dahingehend beantworten, dass sie zum einen stark zur Ausübung von Macht motiviert sind, weil ihnen dies innere Stabilität verleiht. Es kommt hinzu, dass die soziale Pathologie, die die narzisstisch gestörte Führerpersönlichkeit im sozialen Feld induziert, von den Spaltungen profitiert, »die innerhalb dieses Feldes bereits vorhanden sind und die Konflikte in der administrativen Struktur der sozialen Organisation widerspiegeln. Intrapsychischer Konflikt und sozialer Konflikt verstärken einander auf diese Weise gegenseitig« (Kernberg 1998, S. 27f). Nicht nur dominiert und unterdrückt der Mächtige die Gruppe, über die er Macht ausübt, sondern umgekehrt befindet sich auch der Mächtige in einer psychischen Abhängigkeit von den Untergebenen. Wenn er auf die narzisstische Zufuhr, auf die Liebe und Anerkennung durch die Beherrschten angewiesen ist, haben diese eine ganze Menge Möglichkeiten, ihn zu manipulieren und auszunutzen. Das starke Bedürfnis des Mächtigen, geliebt und bewundert zu werden, zwingt ihn, den Wünschen der Gruppe nachzukommen und ihre Erwartungen zu erfüllen. Dies gilt sowohl für den Kontakt des Mächtigen mit seinen engsten Mitarbeitern, als auch für den mit den Mitgliedern seiner Partei, mit den verschiedensten Lobbyisten bis hin zum Kontakt mit den »verehrten Wählerinnen und Wählern«. Eigentlich müsste er überall die Ich-Stärke haben, sich abzugrenzen und seine Entscheidungen unter sachlichen Gesichtspunkten zu treffen, die das Wohl des Ganzen im Auge haben, aber seine narzisstische Bedürftigkeit hindert ihn häufig daran.

Dem Zusammenspiel zwischen der Persönlichkeitsstruktur des narzisstischen Führers und dem Partner, der Gruppe, der Institution oder der

Masse, auf die sich der Führer bezieht und mit der er interagiert, kommt besondere Bedeutung zu. Kernberg beschreibt den narzisstischen Führer wie folgt:

Die narzisstisch gestörte Führungspersönlichkeit braucht Bewunderung und Liebe und umgibt sich deshalb gerne »mit ›Ja-Sagern‹ und gewitzten Manipulatoren, die bei ihren narzißtischen Bedürfnissen mitspielen« (Kernberg 1985a, S. 301). »Ehrlichere, mithin auch kritische Mitarbeiter [werden] an den Rand gedrängt« (ebd.), da der narzisstische Chef nur die Bestätigung seines grandiosen Selbstbildes sucht und findet. Damit kommt es auf der Führungsebene zu einer Spaltung,

> »bei der eine ›innere‹ unterwürfige und schmeichlerische Gruppe den Anführer vor der Kritik und Ablehnung der zurückgewiesenen ›äußeren‹ Gruppe schützt und auf diese Weise sein narzisstisches Gleichgewicht aufrechterhält – um den Preis eines Verlustes von realistischer Kritik und notwendiger Rückmeldungen. Die Bevorzugung der inneren Gruppe führt zu einer massiven, die gesamte Führungsstruktur durchziehenden Korruption. Das ganze unter solchen Bedingungen funktionierende System ist statisch, neigt der Beibehaltung eines konventionellen Status quo zu und hegt ein extremes Misstrauen gegenüber jeder Art von Opposition. Die Korruption ist hierbei eine unvermeidbare Konsequenz aus der rücksichtslosen Verdrängung der äußeren Gruppe an den Rand des Systems« (Kernberg 2002, S. 152).

»Die abhängige Gruppe der Bewunderer untergräbt die Selbstwahrnehmung der Führungsperson« (Kernberg 1985a, S. 301) und verfestigt damit ihr illusionäres dogmatisches Weltbild mehr und mehr. Schließlich verliert der Führer jeden Kontakt zu dem, was die ihm untergebenen Menschen denken und fühlen. Insbesondere wird er blind für die Prozesse gesellschaftlichen Wandels, die sich ohne sein Zutun abspielen und schließlich steht er überrascht, fassungslos und einsam vor einem Scherbenhaufen, wenn sich die Menschen plötzlich gegen ihn wenden und sich die politischen Machtverhältnisse zu seinen Ungunsten verändern. Solche Prozesse lassen sich sowohl in wirtschaftlichen Organisationen als auch in religiösen und weltanschaulichen Gruppierungen, in politischen Parteien und selbst in staatlichen Institutionen beobachten. In welchem Ausmaß die herrschende Kaste der Politiker durch ihre narzisstischen Illusionen, d. h. ihre Größen- und Allmachtsphantasien mit Blindheit geschlagen werden kann, ließ sich beispielsweise bei den revolutionären Veränderungen in Ost-Europa studieren. Geblendet von ihren eigenen narzisstischen Wunschphantasien, die sie für gesellschaftliche Realität hielten, und entrückt von der sozialen Wirklichkeit ihres Landes in die Scheinwelten der Bürokratie und der Luxusvillen, wurden Ceausescu, Honecker und Co. von einem Stimmungs- und Sinneswandel in ihren Völkern überrascht

Die narzisstische Selbstbespiegelung des Schreibtischtäters Nicolae Ceausescu

und hinweggefegt, den sie hartnäckig verleugnet hatten. Und auch Helmut Kohl war von seiner eigenen Großartigkeit und von seiner Bedeutung für die Geschichte so geblendet, dass er das richtige Maß für Recht und Unrecht aus den Augen verlor.

Eng verknüpft mit dem Realitätsverlust der narzisstisch gestörten Führungspersönlichkeit ist ihre Abkehr von den Normen, Werten und Idealen, denen sie selbst und ihre Institution eigentlich verpflichtet ist. Skrupellosigkeit, Zynismus und Menschenverachtung können sich beim narzisstischen Despoten zu Auswüchsen steigern, die selbst ihre erklärten Gegner nicht erahnen. Der Verrat der kommunistischen Ideale durch die inzwischen gestürzten Despoten des real existierenden Sozialismus ist ein ebenso eindrucksvolles Beispiel für diese Tatsache wie der christlich-demokratische Politiker Uwe Barschel, der u. a. seinen politischen Konkurrenten um das Amt des Ministerpräsidenten observieren ließ, um den Verdacht zu erhärten, der Oppositionsführer sei homosexuell und führe zudem ein »ausschweifendes Leben mit dem anderen Geschlecht« (vgl. Wessels 1988, S. 37). »Ohne Rücksicht auf menschliche und familiäre Zusammenhänge« – so das Opfer Björn Engholm – hatte Barschel, der sich so gerne auf den »lieben Gott« berief und seine Verbundenheit mit der christlichen Moral und seine besondere Fürsorgepflicht für den Schutz der Familie ständig im Munde führte, eine Verleumdungs- und »Schmutzkampagne« gegen Engholm initiiert, die in der Geschichte der Bundesrepublik Deutschland nicht ihresgleichen hat.

Wie wir noch sehen werden, entsprechen Uwe Barschel und Helmut Kohl dem Typus des narzisstischen Führers, während Milosevic dem im Folgenden beschriebenen *Typus des paranoiden Führers* entspricht: Dem paranoiden Führer geht es im Gegensatz zum narzisstischen Führer nicht darum, geliebt zu werden,

»sondern er ist vielmehr sehr misstrauisch gegenüber denjenigen, die ihn zu mögen vorgeben, und er fühlt sich nur dann sicher, wenn er mit Hilfe von Angst die anderen omnipotent kontrollieren und unterwerfen kann. Unter extremen Bedingungen kann sich die autoritäre Atmosphäre, die sich unter einem paranoiden Anführer ausbildet, zu einem regelrechten Terrorregime ausweiten. Aber auch schon unter weniger krassen Bedingungen stehen die Forderung, sich dem Anführer zu unterwerfen, die Angst vor der Unterdrückung von Kritik und Protest durch den Anführer sowie das Gefühl, dass letztlich jeder auf sich allein gestellt ist, weil niemandem zu trauen ist, in einem ausgeprägten Gegensatz zu der scheinbar reibungslosen Zusammenarbeit zwischen einem narzisstischen Anführer und einer sich mit diesem identifizierenden Massenorganisation. Die paranoide Organisation oder Bewegung ist notwendigerweise dynamisch; eine konstante kriegerische Atmosphäre schützt die Massenbewegung gegen reale oder vermeintliche Feinde, und die massive Projektion von Aggression nach außen bewahrt den Zusammenhalt der Gruppe. Wenn eine große gesellschaftliche, politische oder nationale Gruppierung von einem paranoiden Anführer geleitet wird, werden die natürlichen Gegner – also andere gesellschaftliche, religiöse oder nationale Gruppen – letztlich irgendwann den Beweis dafür liefern, dass ein drohender und daher bedrohlicher Feind real existiert« (Kernberg 2002, S. 153).

Die Psychoanalyse und das Problem der Macht

> *»Sicherlich ist der Machtwille ein ebenso großer Dämon wie der Eros und ebenso alt und ursprünglich wie dieser.«*
>
> **Carl Gustav Jung (1943): Über die Psychologie des Unbewussten. Zürich 1974 (Rascher), S. 36**

> *»Die psychoanalytische Literatur über das Macht-Problem ist überraschend spärlich.«*
>
> **Hans Strotzka (1985): Macht. Ein psychoanalytischer Essay. Wien-Hamburg (Zsolnay), S. 49**

Obwohl kein Zweifel bestehen kann, dass Macht eine ganz zentrale Rolle im sozialen Leben und im seelischen Erleben spielt, ist sie »doch kein relevantes Konzept in der Theorie der Psychoanalyse« (Person 2000, S. 73). Auch in der psychoanalytischen Therapie spielt das Streben nach Dominanz, Kontrolle, Selbstbestimmung, Autonomie oder auch das Gegenteil, unerträgliche Gefühle von Ohnmacht, fehlender Willenskraft, Depression, Schwäche und Hilflosigkeit und der Verlust der Selbstkontrolle eine große Rolle. Umso erstaunlicher ist es, dass die Psychoanalyse – zumindest die Freudscher Provenienz – dem Phänomen der Macht nur untergeordnete Bedeutung beimisst. Zu Recht fragt die amerikanische Psychoanalytikerin Ethel Spector Person (2000, S. 76): »Weshalb ist das Machtkonzept [...] in der Psychoanalyse theoretisch so stiefmütterlich behandelt worden, wo es doch in der Politologie und Philosophie so ausgiebig diskutiert worden ist?«

In der Philosophie werden Macht und Wille häufig zusammen diskutiert oder fast synonym gesetzt. Nietzsche spricht bekanntlich vom »Willen zur Macht«. Alfred Adler (1920) hat den Begriff des »Willens zur Macht« von Nietzsche übernommen und zum zentralen Thema seiner Theorie gemacht. Adler versteht das Streben nach Macht als Versuch der Kompensation von Gefühlen der Minderwertigkeit, Ohnmacht, Schwäche und Wertlosigkeit, die beispielsweise durch einen körperlichen Defekt oder Mangel in der Kindheit – Adler spricht von »Organminderwertigkeit« – bedingt sein können. Auf diese Weise können Defekte und Mängel im Leben eines Menschen – beispielsweise die geringe Körpergröße Napoleons – sogar zum Ausgangspunkt großartiger kompensatorischer Leistungen – in unserem Beispiel: Napoleons militärische Erfolge – werden. Das Streben nach Macht entsteht nach Adler aber auch als Reaktion auf die Erfahrung der Machtlosigkeit und Unterlegenheit des Kindes in seiner ursprünglichen Familie. Zur Kompensation dieses Zustandes streben sowohl Kinder als auch Erwachsene nach Sicherung ihrer Position, nach Kontrolle über andere, kurz: nach Macht.

> »Wenn dem Kinde durch die Umgebung die Erfahrung eigener Machtlosigkeit und Unterlegenheit gemildert werden kann, geht das Machtstreben in einem sozialen und Gemeinschaftsinteresse auf. Wenn die Erfahrung der eigenen Machtlosigkeit und Unterlegenheit besonders stark ist, kann das Machtstreben durch Überkompensation pathologische Grade erreichen« (vgl. Arnold u.a. 1980, S. 1300f).

Nach Person (2000) hat eine ganze Reihe von Gründen dazu geführt, dass dem Thema Macht von der Psychoanalyse so wenig Aufmerksamkeit geschenkt wurde. Eine Ursache sieht sie in der Persönlichkeit Freuds begründet. Freuds Abneigung, sich mit dem Thema Macht zu beschäftigen, könne damit zusammenhängen, so vermutet Person, dass er als Kind die schmerzliche und kränkende Erfahrung der Machtlosigkeit seines Vaters in Bezug auf eine gegen ihn gerichtete antisemitische Attacke machen musste (vgl. Freud 1900, S. 203). Der Vater hatte dem zehn- oder zwölfjährigen Sigmund bei einem gemeinsamen Spaziergang von einem Vorfall aus seiner eigenen Jugendzeit erzählt. Er sei, so Freuds Vater, mit einer neuen Pelzmütze auf dem Kopf spazieren gegangen, als ein Christ daher gekommen sei, ihm die Pelzmütze vom Kopf geschlagen habe und ihm befohlen habe: »Jud, herunter vom Troittoir!« Auf Freuds Frage an seinen Vater, wie er denn reagiert habe, antwortete dieser gelassen: »Ich bin auf den Fahrweg gegangen und habe die Mütze aufgehoben.« Freud war zutiefst enttäuscht und beschämt über die Reaktion seines Vaters, die er als »nicht heldenhaft« (ebd.) einschätzte und schwor sich, dass es ihm niemals so ergehen sollte. Wie stark dieser Vorfall die Phantasie des jungen Sigmund beschäftigte, wird daran deutlich, das er das Verhalten des Vaters mit dem von Hannibal verglich, der seinen Sohn vor dem Hausaltar schwören ließ, an den Römern Rache zu nehmen. »Seitdem hatte Hannibal einen festen Platz in meinen Phantasien« notierte Freud (1900, S. 203) dazu in der *Traumdeutung*.

Tatsächlich war Freud sein Leben lang um Autonomie bemüht und sorgte sich um seine äußere und vor allem innere Unabhängigkeit. Teilweise praktizierte er allerdings ein Verhalten, das man als Pseudoautonomie bezeichnen muss, etwa wenn er sich darin gefiel, in eine selbst gewählte »splendid isolation« zu flüchten. Freud hat seine Situation als Jude im antisemitischen Wien und die wissenschaftliche Skepsis seiner Mediziner-Kollegen – Freud (1914c, S. 81) spricht von der »feindseligen Indifferenz der gelehrten und gebildeten Kreise« – teils schmerzvoll erlitten, teils aber auch als »splendid isolation« pathetisch gefeiert. In seinem Aufsatz *Zur Geschichte der psychoanalytischen Bewegung* schreibt er (1914c, S. 59f):

> »Ich verstand, daß ich von jetzt ab zu denen gehörte, die ›am Schlaf der Welt gerührt haben‹, […] und dass ich auf Objektivität und Nachsicht nicht zählen durfte. […] Ich […] fand mich bereit, das Schicksal auf mich zu nehmen. […] Unterdes richtete ich's mir als Robinson auf meiner einsamen Insel möglichst behaglich ein. Wenn ich […] auf jene einsamen Jahre zurückblicke, will es mir scheinen, es war eine schöne heroische Zeit; die splendid isolation entbehrte nicht ihrer Vorzüge und Reize.«

Ein weiterer Hintergrund für die Vernachlässigung der Macht in der psychoanalytischen Theorie findet sich in der Frühgeschichte der psychoanalytischen Bewegung. Bei Freuds engsten Mitarbeitern in der Geburtsstunde der Psychoanalyse handelte es sich um originelle, unkonventionelle, aber auch eigenwillige und ehrgeizige Persönlichkeiten, die sich von den revolutionären Ideen Freuds angezogen fühlten und die bereit waren, dem etablierten Wissenschafts- und Medizin-Betrieb den Rücken zu kehren. Sie nahmen eine gesellschaftliche Außenseiterstellung auf sich, um Entdeckungen zu machen, die mit ihrem Namen verbunden sein würden. Dem entsprechend war das Klima im engsten Kreis um Freud von einer wissenschaftlichen Aufbruchs- und Entdecker-Euphorie, aber auch von Konkurrenzdenken, Eifersucht, narzisstischen Bedürfnissen und Machtdenken geprägt. Die Geltungsbedürfnisse und Machtgelüste von Freuds Mitarbeitern wurden in der Regel ebenso wenig thematisiert, wie die Machtansprüche des Meisters selbst (vgl. den Buchtitel von Hanns Sachs (1932): *Freud – Meister und Freund*). Freud selbst wachte eifersüchtig über

Sigmund Freud und seine engsten Mitstreiter:
Otto Rank, Karl Abraham, Max Eitingon,Sandor Ferenczi, Ernest Jones, Hanns Sachs

seinen Führungs- und Eigentumsanspruch auf seine psychoanalytischen Entdeckungen (Freud 1914c, S. 79). Ganz gezielt baute Freud seinen Machtapparat zur Steuerung der immer größer werdenden psychoanalytischen Bewegung aus und sorgte auch in seinen kommentierenden Publikationen – etwa *Zur Geschichte der psychoanalytischen Bewegung (1914)* oder in seinen Kommentaren zu missliebigen Publikationen seiner Mitstreiter – dafür, dass die Definitionsmacht, was Psychoanalyse sei, weiter in seinen Händen blieb. So war etwa seine Publikation *Hemmung, Symptom und Angst* (Freud 1926) eine prompte Reaktion auf Otto Ranks Buch *Das Trauma der Geburt und seine Bedeutung für die Psychoanalyse* (1924).

Allerdings spielte das Thema Macht in den Diskussionen der »Mittwochgesellschaft«, die sich regelmäßig in Freuds Wohnung traf, um über die psychoanalytische Theorie und Klinik zu diskutieren, auch explizit eine Rolle, und zwar als Alfred Adler dort seine Theorie vorstellte. Adlers Konzept enthält einige sehr wertvolle Gedanken über das Verhältnis von frühkindlicher Ohnmacht, Narzissmus und Macht, deren enorme Bedeutung für die psychoanalytische Theorie weder von Adler selbst, noch von den Diskussionen, die nach ihm stattfanden, in ihrem vollen Umfang gewürdigt worden ist. Er fasst die Grundgedanken seiner Theorie wie folgt zusammen:

> »Wir haben als leitende Kraft und Endzweck der aus dem Minderwertigkeitsgefühl erwachsenen Neurose die Erhöhung des Persönlichkeitsgefühls betrachtet, die sich immer mit besonderer Macht durchzusetzen sucht. Dabei ist uns nicht entgangen, dass diese bloß die Ausdrucksform eines Strebens und Begehrens ist, deren Anfänge tief in der menschlichen Natur begründet sind. Die Ausdrucksform selbst und die Vertiefung dieses Leitgedankens, den man auch als Wille zur Macht (Nietzsche) bezeichnen könnte, belehrt uns, dass sich eine besondere Kraft kompensatorisch im Spiel befindet, die der allgemeinen Unsicherheit ein Ende machen will« (Adler 1912, zit. nach Person 2000, S. 72).

Mit seiner Formulierung von der »Erhöhung des Persönlichkeitsgefühls«, die das neurotische »Minderwertigkeitsgefühl« kompensieren soll, beschreibt Adler eine Konfliktsituation, die wir heute als narzisstische bezeichnen. Adler sieht den Willen zur Macht in der »allgemeinen Unsicherheit«, der existenziellen Hilflosigkeit des Menschen begründet, die durch narzisstische Selbstüberhöhung überwunden werden soll.

Freud hingegen betrachtete den Willen zur Macht »lediglich als ein Derivat des Aggressionstriebes« (Person 2000, S. 86) und warf Adler vor, er konzentriere sich zu sehr auf das Ich und die bewussten Vorgänge, die Psychoanalyse aber habe es mit dem Unbewussten zu tun. Freud fürchtete, das Konzept der Macht und das des Willens, der Willenskraft oder auch des Willens zur Macht könnte das Primat des Unbewussten infrage stellen. Für Freud lag die Antriebskraft des Menschen nicht in seinem Willen, sondern in seinen Trieben. Das Menschenbild, das Freud entwarf, war »das eines Menschen, der nicht *trieb*, sondern *getrieben wurde*« (Wheels zit. n. Person 2000, S. 86). Vom freien Willen des Menschen zu sprechen, klang in den Ohren psychoanalytisch aufgeklärter Intellektueller als geradezu naiv. »Das Unbewusste ist nun das, was (früher) als Wille angesehen wurde. War früher das Schicksal des Menschen durch den Willen bestimmt, so wird es jetzt bestimmt durch das verdrängte Seelenleben« (ebd.). Die »Marginalisierung des Machtkonzepts« (Person 2000, S. 73) führte dazu, dass die unbewußten Wechselwirkungen zwischen Narzissmus und Macht in der psychoanalytischen Theorie weitgehend ausgeblendet blieben.

Der zweite Aspekt von Adlers Theorie bezog sich auf den Glauben an die Überlegenheit des Männlichen. Dies führe dazu, dass sowohl Frauen als auch Männer sich bemühten, weibliche Eigenschaften wie Passivität durch das Ringen um Männlichkeit zu vermeiden. Adler nannte dies den »männlichen Protest«. Natürlich würden wir heute stärker die gesellschaftliche Bedingtheit der Geschlechterrollen betonen und die Begriffe »männlich« und »weiblich« nur in Anführungszeichen verwenden, aber Adlers

Argumentation war seiner Zeit durchaus voraus und seine Gedanken können, so Person (2000, S. 81), »gewissermaßen [als] eine Vorwegnahme der eigentlichen theoretischen Basis der Frauenbewegung« betrachtet werden.

Ein anderer Psychoanalytiker der ersten Generation, Otto Rank, hat den *Willen* zum zentralen Bezugspunkt seiner Theorie und seines Therapie-Konzeptes gemacht (vgl. Rank 1928; 1929). Er wendet gegen Freud ein, dass die Betonung des Wiederholungszwanges und die strikte Determiniertheit aller psychischen Prozesse zwar für die Neurose zutreffe, dass es aber doch gerade das erklärte Ziel der psychoanalytischen Therapie sei, den Wiederholungszwang aufzulösen und dem Individuum die freie Entscheidungsgewalt über sein Verhalten wieder zurückzugeben. Die unablässige Wiederholung des immer gleichen neurotischen Verhaltensmusters solle durch die Bewusstmachung der unbewussten Zusammenhänge und der unbewussten Bedeutungen des symptomatischen Verhaltens gerade aufgehoben werden. Nach erfolgreicher Deutung wäre der Analysand wieder frei, unter verschiedenen Handlungsalternativen auszuwählen, sich also so zu entscheiden, wie es seinem freien Willen entspräche, und er wäre nicht mehr den unbewusst determinierten, neurotischen Handlungszwängen, die seinem bewussten Wollen widersprechen, ausgeliefert.

Das Konzept des Willens hängt eng mit dem Verständnis des Narzissmus zusammen. Man kann eigentlich nur auf eine Leistung stolz sein – das heißt narzisstischen Gewinn daraus erzielen – die durch eigenes absichtsvolles Handeln erreicht wurde. Was sich gänzlich ohne unser Zutun ereignet, kann im Grunde nicht Quelle einer narzisstischen Erhöhung sein. Deshalb werden

> »Erfolge bei der Durchsetzung des eigenen Willens [...] von einem Wesen mit Selbstbewusstsein nicht nur wegen ihrer Konsequenzen, sondern auch als Selbstzweck genossen. So erfährt der Mensch das Ausmaß seiner Leistung, und damit seines eigentlichen Selbst, an der Größe der Widerstände, die er überwunden hat – im Fall der Jagd etwa an der Gefährlichkeit des erlegten Tieres« (Hösle 1997, S. 402).

Wie Otto Rank postuliert hat, ist der »Wille« eine anthropologische Eigenschaft des Menschen, die sein Bedürfnis nach Macht konstituiert. Hinzuzufügen ist, dass sich auch der Narzissmus aus der Willens-, Entscheidungs- und Handlungsfreiheit des Menschen ergibt:

> »Das Wollen des Menschen dient keineswegs nur äußeren Zwecken wie der Befriedigung von Bedürfnissen. Die *formale* Struktur des Wollens hat vielmehr in sich selbst ihre eigene Würde, auch unabhängig von den *Inhalten* des Wollens. Dass die äußere Wirklichkeit sich nach den Vorstellungen des Menschen umzuwandeln hat, ist Ausdruck seiner Hoheit über die Natur. [...] In der Überwindung dessen, was ihm gegenüber etwas anderes ist, scheint der Mensch erst richtig *frei* zu werden« (ebd., S. 401).

Bruder-Bezzel und Bruder (2001, S. 27) haben darauf hingewiesen, dass »Selbstbeherrschung« und »Selbstkontrolle« keineswegs mit »Selbstbestimmung« identisch sind,

> »im Gegenteil, sie wird uns gerade im Angesicht des Fehlens von Selbstbestimmung abverlangt, als Unterwerfung unter gesellschaftliche Normen, Forderungen und gesellschaftliche ›Macht‹. Deshalb kann man ›Selbstbeherrschung‹ nicht primär als Herrschaft des Selbst, sondern als Herrschaft über das Selbst, als dessen Beherrschung, als ›Übernahme der Herrschaft – anderer über mich – in eigene Regie‹ (Brückner) bezeichnen.«

Indem der Mensch Hoheit über die Natur, über andere Menschen und über sich selbst erlangt, das heißt Macht ausübt, schafft er eine der Bedingungen der Möglichkeit seiner Freiheit. Zur menschlichen Freiheit gehört allerdings auch die Möglichkeit, sich wieder von seiner Macht über die Natur, den anderen und das eigene Selbst zu distanzieren. Der freie Wille manifestiert sich gerade auch in der Reflexion über die eigene Verwicklung in Prozesse der Macht, was auch die Entscheidungsfreiheit mit einschließt, sich von Positionen der Macht, die man einmal eingenommen hat, wieder zu verabschieden. Die Freiheit des Menschen ist also nicht primär in der Macht begründet, sondern in der Freiheit des Willens, Macht im konkreten Fall auszuüben oder auch darauf zu verzichten.

In der psychoanalytischen Auseinandersetzung über die psychologische Bedeutung des Willens im seelischen Haushalt des Menschen stießen zwei diametral entgegengesetzte Menschenbilder aufeinander. Freuds Konzepte waren durch mechanistische Vorstellungen geprägt, die sich am Vorbild der mechanischen Physik und der Physiologie orientierten. In Freuds Weltbild werden nicht nur die Neurosen der Menschen, sondern ihr gesamtes Seelenleben, die Kultur und letztlich auch die Geschichte regiert vom Ensemble der biologischen Triebe. Als Herr der menschlichen Verhältnisse, als Täter der Geschichte erscheint bei Freud die Triebnatur. Freud versteht im Anschluss an Schopenhauer unter dem Willen des Menschen den blinden Willen, die unbewussten Triebkräfte des Es. Letztlich sieht Freud den Menschen eher als einen Spielball dunkler Triebnatur, denn als einen Schöpfer seines eigenen Lebens (vgl. Wirth 2001 a). Rank hat hingegen in Fortführung von Nietzsche den Willen als einen freien und bewussten Willen konzipiert, der sich als Erleben der eigenen ursprünglichen Vitalität im eigenen Ich realisiert und eine »Idealbildung aus dem eigenen Selbst« (Rank 1932) ermöglicht. Der Mensch konstituiert sich selbst aus sich selbst in einem schöpferischen Willensakt. Deshalb wird bei Rank der Künstler zu einem Grundtypus des schöpferisch-kreativen Menschen.

Ranks Willenspsychologie rehabilitiert den freien Willen, die bewusste Willensentscheidung, den selbstbewussten Willensakt, das Wollen des Subjekts. »Wichtig ist, daß der Neurotiker überhaupt Wollen lernt, d. h. wollen kann, ohne Schuldgefühle wegen des Wollens zu empfinden«, schrieb Rank (1929, S. 18) und formulierte damit einen grundlegenden Gedanken, den die Selbstpsychologie später wieder aufgreifen sollte. In der klassischen Psychoanalyse soll der Patient letztlich dazu gebracht werden, das zu tun, was er nicht tun will, nämlich auf die Befriedigung seiner infantilen Wünsche, die sich im Symptom ausdrücken, zu verzichten. Der Patient soll lernen, die einschränkende Realität zu akzeptieren. Selbstpsychologisch oder willenspsychologisch orientierte Therapien zielen hingegen darauf ab, dass der Analytiker den Patienten darin unterstützt, das zu tun, was er unbewusst tun will und bislang nur nicht tun konnte, weil er durch unbewusste Ängste und Schuldgefühle daran gehindert wurde (vgl. Eagle 1988, S. 126). Rank hat dieses Konzept schon sehr klar gesehen und damit auch für Winnicotts Theorie vom »wahren« und vom »falschen Selbst« frühe Formulierungen gefunden (vgl. Janus, Wirth 2000).

Es gibt außer dem Machtthema noch zwei weitere Themen, die von Freud immer wieder angeschnitten wurden, die er aber gleichwohl stiefmütterlich bzw. nicht adäquat behandelt hat und bei denen eine Abwehr Freuds unverkennbar ist. Neben der Macht trifft dies auch für die frühe Mutterbeziehung (vgl. Wirth 2000) und für den Tod (vgl. Wirth 2001b) zu. Freud hat zwar wiederholt auf die Kränkungen unseres Narzissmus hingewiesen, die der Menschheit durch die Entdeckungen des Kopernikus, durch Darwin und schließlich auch durch die Psychoanalyse zugefügt worden sind, er hat jedoch vergessen, die wohl größte Kränkung unseres Narzissmus zu erwähnen, mit der jeder Mensch konfrontiert wird, die unausweichliche Tatsache nämlich, dass wir alle sterben müssen. Das Bewusstsein von der Unumgänglichkeit des eigenen Todes ist eine der grundlegenden anthropologischen Gegebenheiten des menschlichen Lebens. Die Tatsache des Todes und die daraus resultierende Todesangst hat Freud in seinem Werk zwar sehr häufig umkreist, aber ähnlich ambivalent, inkonsequent und unlogisch abgehandelt wie das Machtthema.

Die Verbindung zwischen den Themen Macht, Tod und frühe Mutterbeziehung besteht darin, dass die psychischen Verletzungen, die aus dem Trauma der Geburt und den Traumatisierungen in der frühen Mutterbeziehung stammen, die ubiquitären Todesängste ins Unerträgliche steigern. Diese Ängste können abgewehrt werden durch die Aufrichtung eines mächtigen Über-Ichs oder auch durch die Ausübung von Macht. »Todesangst ist der Antrieb zu vielen Machtspielen und manchmal sogar zu dem

Versuch, die Position Gottes einzunehmen«, schreibt Person (2000, S. 94) und Richter (1979) sieht in der Verleugnung unserer Sterblichkeit eine der wesentlichen Ursachen für den »Gotteskomplex« des neuzeitlichen Menschen.

Freud hat das Thema Macht für irrelevant und den Tod für psychisch nicht existent erklärt. Die Todesangst hat er in den Todestrieb umgedeutet und damit die Problematik entschärft. Er verleugnete den Tod, seine Todesängste und seine Todeswünsche und spekulierte stattdessen über die »himmlische Macht« (Freud 1930, S. 506) des Todestriebes. Die Macht über Leben und Tod, die Verantwortung für die eigenen Todesängste vor allem aber die eigenen Todeswünsche – soweit sie die Mutter betrafen – projizierte Freud in den Himmel. Wenn er selbst auf die frühe Mutterbeziehung zu sprechen kam, hat er diese idealisiert und sich selbst in der Rolle als Lieblingskind seiner Mutter gesehen – freilich ohne die problematischen Seiten einer solchen Rolle zu erkennen. Wenn es um die »böse Mutter« ging, wich er umstandslos auf die Vaterbeziehung aus, so als sei die Mutterbeziehung nicht relevant. Freud selbst war von massiven Todesängsten geplagt. Er rechnete magisch mit seinem eigenen Tod zu einem bestimmten Datum und war erstaunt, als er noch lebte, als dieser Tag kam. Freud litt unter neurotischen Todesängsten, einer Reisephobie und dem magischen Glauben an seinen frühen Tod – allesamt neurotische Symptome, die zur Diagnose Herzneurose berechtigen (vgl. Richter, Beckmann 1969). An anderer Stelle (vgl. Wirth 2000 c) habe ich ausführlicher dargelegt, welche Folgen die von verschiedenen Autoren (vgl. Gay 1989; Krüll 1979; Möhring 1985) bemerkte Tatsache hatte, dass Freud von Todeswünschen gegen seine Mutter bedrängt war, die er nur mühsam verdrängen konnte. Allerdings hat sich Freud in seinen Theorien auf indirekte Weise durchgehend mit der gesamten Thematik und speziell auch mit dem Problem der Macht beschäftigt und *en passant* eine implizite Theorie der Macht entwickelt.

Die psychosoziale Genese der Macht

»Der Neubeginn, der mit jeder Geburt in die Welt kommt, kann sich in der Welt nur darum zur Geltung bringen, weil dem Neuankömmling die Fähigkeit zukommt, selbst einen neuen Anfang zu machen, d. h. zu handeln. [...] Da Handeln ferner die politische Tätigkeit par excellence ist, könnte es wohl sein, daß Natalität für politisches Denken ein so entscheidendes, Kategorien-bildendes Faktum darstellt, wie Sterblichkeit seit eh und je [...] der Tatbestand war, an dem metaphysisch-philosophisches Denken sich entzündete.«

Hannah Arendt (1958): Vita activa oder Vom tätigen Leben. München 1999 (Piper), S. 18

Folgt man der biblischen Schöpfungsgeschichte, ist der Mensch nur zu einem Teil ein Geschöpf des allmächtigen Gottes – zum anderen Teil hat er sich selbst erschaffen, indem er vom Baum der Erkenntnis aß. Mit der Erkenntnis und dem Wissen erwarb er auch die Macht und die Verfügungsgewalt über sein eigenes Schicksal – wie begrenzt diese Macht auch immer sein mag. Als Adam und Eva noch im Garten Eden in vollständiger Harmonie mit der Natur lebten, befanden sie sich – so schreibt Erich Fromm (1963, S. 367) – »in der Natur wie der Embryo im Mutterleib. Sie waren Menschen und gleichzeitig waren sie es nicht«. Erst indem sie Gottes Verbot, Früchte vom Baum der Erkenntnis zu essen, missachteten, durchtrennten sie die Nabelschnur, die sie an die Mutter Natur gebunden hatte. Die Menschen lösten sich aus ihrer vollständigen instinkthaften Naturhaftigkeit teilweise heraus, entledigten sich damit – zumindest teilweise – den Naturgesetzen und wurden allererst Menschen, d. h. Wesen, die sich von anderen Lebewesen vor allem dadurch auszeichnen, dass sie über einen eigenen Entscheidungsspielraum, über Selbstbewußtsein und über die Freiheit des Willens und die »gestaltende Fähigkeit des menschlichen Handelns« (Giddens 1984, S. 133ff) – d. h. über Macht – verfügen. Zugleich bewirkte aber ihr »In-die-Welt-Geworfensein« (Heidegger) das Wissen um ihre eigene Endlichkeit und die Erfahrung der Ohnmacht. Mit dem Verlust des Paradieses trat auch das Bewusstsein des Todes, des Ausgeliefert-Seins und der Ohnmacht in das Leben der Menschen.

Der Schöpfungs-Mythos beschreibt gleichnishaft die Frühgeburtlichkeit des Menschen, seine Unfertigkeit, seine Mängelhaftigkeit, seine Ohnmacht und die traumatischen Umstände seiner Menschwerdung. Mit dem *Trauma der Geburt* (Rank 1924) zerbricht die »Harmonie mit dem Grenzenlosen« (Balint 1968, S. 83), das Individuum erleidet einen »Urverlust« (Caruso 1968), eine »Urverunsicherung« (Henseler 1974). Die »Urverschmelzung«

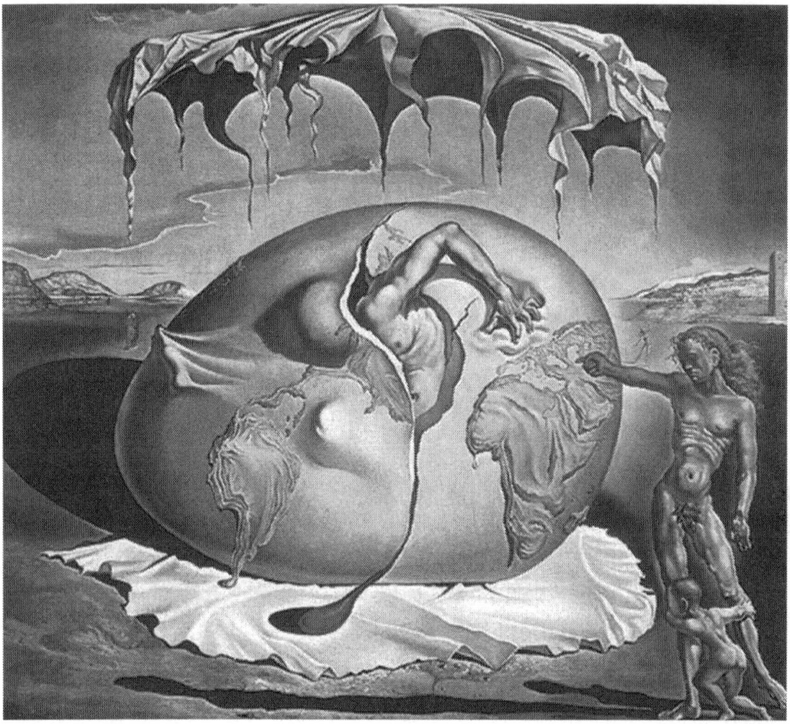

Salvador Dalí (1904–1982): Geopolitisches Kind beobachtet die Geburt des neuen Menschen

(Chasseguet-Smirgel 1975, S. 52) mit dem Mutterleib wird zerstört, »die narzisstische Vollkommenheit [...] unheilbar verwundet« (Auchter 1978, S. 55). Die frühzeitige Vertreibung aus dem paradiesischen Aufgehobensein im Mutterleib ist ein Prozess der »Entzweiung« – um mit Schelling zu sprechen –, bei dem das Eins-Sein mit der Mutter Natur zerrissen wird. Das »Losreißen« (Schelling) von der Natur, vom »Absolutflüssigen« – so Schelling – und die dabei erlebte »leibliche Angst« (Böhme und Böhme 1996, S. 155) bilden die Wurzeln des menschlichen Selbstbewusstseins.

Die Existenz des Menschen zeichnet sich durch ihr Gespalten-Sein aus: Der Mensch ist Teil der Natur und hat diese doch transzendiert, er steht mitten im Leben und hat doch ein Bewusstsein seines eigenen Todes, er fühlt seine Ohnmacht und ist doch aufgerufen, sein Leben durch wirkmächtiges Handeln zu gestalten. Helmuth Plessner (1928) spricht von der »exzentrischen Position« und der »Weltoffenheit« des Menschen. Max Scheler (1926, S. 115) betont den »ungeheuren Phantasieüberschuß des Menschen über das Umgebungsgebundene«. Da der Mensch ein »Mängelwesen« (Gehlen 1963) und »in keine spezielle Umwelt instinktsicher eingepasst« (Safranski 1994, S. 185) ist, muss er sich seine Lebensziele selbst stecken und seine Lebenswege selbst suchen. Was ihm von Natur aus fehlt, muss er auf gesellschaftlicher Ebene als Kultur kreieren und auf individueller Ebene durch mitmenschliche Fürsorge und Kreativität ausgleichen. Er muss »durch ›Intelligenz‹ ersetzen, was ihm an spezifischer Anpassung« gebricht (Scheler 1926, S. 114). Der Preis für seine »exzentrische Position« besteht darin, dass der Mensch an sich selbst zerbrechen (vgl. Schlösser, Gerlach 2001), dass er an seinen selbst gesteckten Zielen scheitern, dass er sich von seinem eigenen Selbst und von seinem eigenen Körper entfremden kann. Der Mensch nimmt eine exzentrische Position sowohl gegenüber der Welt, als auch gegenüber sich selbst und seinem Körper (vgl. Hirsch 1989) ein. Der Lohn für seine »Weltoffenheit« besteht in der Möglichkeit, sein Leben selbst schöpferisch zu gestalten. Um sein Leben zu meistern, muss der Mensch die ihm eigene gestaltende Fähigkeit des menschlichen Handelns einsetzen. Er greift in den Ablauf von Ereignissen mit dem Ziel ein, durch Verfügung über bestimmte Ressourcen (Geld, Einfluss, Wissen, Informationen, Beziehungen, Schönheit, Infrastruktur etc.), bestimmte Ergebnisse zu erzielen, die dem eigenen Interesse entsprechen. Dies entspricht der oben bereits zitierten Macht-Definition von Giddens.

Biologisch betrachtet kommt der Mensch im Vergleich zu anderen Primaten zu früh zur Welt (vgl. Portmann 1969). Er wird im Zustand extremer Hilflosigkeit und Ohnmacht geboren. Er ist ohnmächtig, hilflos, ausgeliefert, verletzlich, und diese emotionale Ausgangslage bei seiner Geburt wird den Menschen auch für den Rest seines Leben in mehr oder minder starker Ausprägung begleiten (vgl. Janus 1998). Der Mensch kommt hilfloser zur Welt als alle anderen Tiere und er ist sich zudem seiner Hilflosigkeit bewusst, die exemplarisch in seinem Wissen um die Unausweichlichkeit des eigenen Todes zum Ausdruck kommt. Die Tatsache, dass der Mensch keine Allmacht hat, gehört zu den grundlegenden Bedingungen der menschlichen Existenz, die nur schwer zu akzeptieren sind.

Im Idealfall lernt der Mensch, seine Hilflosigkeit zu akzeptieren und in sein Selbstbild zu integrieren, indem er sich in der Beziehung zu anderen Menschen anerkannt und aufgehoben fühlt und damit seine Ohnmacht und Hilflosigkeit relativieren und kompensieren wird. Sein narzisstisches Gleichgewicht wird in der realen oder auch phantasierten Beziehung mit anderen Menschen stabilisiert. Macht und Kontrolle über andere Menschen auszuüben, bedeutet, die eigene Hilflosigkeit und Ohnmacht zu reduzieren. Der Wunsch, andere Menschen und soziale Situationen zu kontrollieren und beeinflussen zu können, ist noch nichts Pathologisches, sondern gehört zu den gesunden Fähigkeiten des Ichs, die notwendig sind, um die Realität zu meistern. Allerdings kann die Ausübung von Macht auch dazu dienen, den pathologischen Narzissmus zu befriedigen.

Der Narzissmus des Menschen und die enorme Bedeutung, die er im menschlichen Leben hat, entspringt seiner extremen Abhängigkeit, Ohnmacht und Hilflosigkeit speziell am Beginn seines Lebens. Versteht man den Begriff des Narzissmus im herkömmlichen Sinne als eine pathologische Einstellung, nämlich sich selbst zu lieben anstatt die Objekte, dann könnte man sagen, dass sich der hilflose Säugling selbst lieben muss, um seine Ohnmacht ertragen zu können. Das entspricht dem Bild vom autistischen Säugling. Versteht man den Narzissmus-Begriff nach moderner Auffassung als das Medium, in dem sich der passive Liebeswunsch mit der Hoffnung auf Anerkennung durch den anderen verbindet (vgl. Altmeyer 2001 a), so erscheint der hilflose und ohnmächtige Säugling von Anfang an mit »kommunikativer Kompetenz« ausgestattet (vgl. Dornes 1993), die ihm erlaubt, auf seine Umwelt aktiv Einfluss zu nehmen, um auf diese Weise seine existenzielle narzisstische Kränkung, seine »Organminderwertigkeit« (Adler), sein »Geburtstrauma« (Rank) zu überwinden.

Aufgrund seiner Frühgeburtlichkeit und der damit zusammenhängenden besonderen psychischen Verletzbarkeit (vgl. Janus 1998; 2000) – man könnte auch sagen narzisstischen Kränkbarkeit – ergreift der Mensch kompensatorische Maßnahmen, indem er seinen Willen zur Macht aktiviert, um sein unerträgliches Gefühl der narzisstischen Minderwertigkeit in ein »kohärentes Selbst« (Kohut) – mit Adler könnte man auch sagen: in die »Erhöhung des Persönlichkeitsgefühls« – zu verwandeln.

Der berühmte »Glanz im Auge der Mutter« ist der Resonanzboden, der dem Säugling erlaubt, ein erstes Gefühl dafür zu entwickeln, wer er ist. Der Mensch bleibt sein ganzes Leben lang angewiesen auf die narzisstische Zufuhr, die ihm andere durch ihre Anerkennung, Liebe, Zuwendung, Spiegelung, Resonanz zukommen lassen. Da jeder Mensch in ganz existenzieller Weise ständig von dieser Zufuhr abhängig ist, um sich wohl zu fühlen, um überhaupt zu spüren, wer er ist, haben die Menschen unterschiedliche Techniken entwickelt, sich der Aufmerksamkeit ihrer Mitmenschen zu versichern.

■ Der Versuch, eine gesellschaftlich hervorgehobene Stellung zu erlangen, ist eine Erfolg versprechende Strategie, um soziale Anerkennung und damit eine Steigerung des Selbstwertgefühls zu erlangen. Wer Ehre und Ruhm erwirbt oder eine gesellschaftliche Stellung bekleidet, die mit Ansehen verknüpft ist, verschafft sich Anerkennung und eine Bestätigung seines Selbstwertgefühls und seiner Identität.

- Eine weitere weit verbreitete Strategie besteht darin, sich für die anderen aufzuopfern, um so ihre Liebe und Dankbarkeit zu bekommen. Es handelt sich dabei um eine versteckte Machtstrategie, die den anderen zur Dankbarkeit und Anerkennung zu zwingen versucht.
- Eine Technik zur Steigerung und Festigung des narzisstischen Selbsterlebens, die nicht jedem Menschen zu Gebote steht, stellt die Kreativität dar. Der Kreative zieht sich ein Stück weit von der Welt und den Mitmenschen zurück. Er produziert ein Objekt, das vor allem ihm selbst gefallen muss. Wenn er ein Kunstwerk vollendet hat, erhält er von sich selbst die Anerkennung, die er als narzisstische Zufuhr für seine Selbstwertregulation benötigt. Das Kunstwerk stellt ein Selbstobjekt im Sinne Kohuts und zugleich ein Liebesobjekt dar. Der Künstler hat sich dank seiner Kreativität partiell unabhängig gemacht von der Liebe und Anerkennung durch andere. Allerdings spielen auch beim Künstler die Reaktionen des Publikums eine große Rolle. Der Künstler schafft etwas Unverwechselbares und Einzigartiges und erhofft sich deshalb, vom Publikum als einzigartiges Individuum anerkannt zu werden. Wenn das Publikum jedoch sein Werk mit Missachtung straft, kann er sich noch in die Rolle des verkannten Genies retten und die Hoffnung pflegen, in ferner Zukunft von einem kompetenteren Publikum die Anerkennung zu bekommen, die ihm seiner Meinung nach jetzt schon zustünde. Gleichwohl bleibt auch der Künstler mit seinem Werk auf Antworten angewiesen. »Im kreativen Prozess spielt, entgegen dem asketischen Klischee, die Phantasie des Betrachtet-, Gehört-, und Gelesenwerdens eine entscheidende Rolle« (Altmeyer 2000 a, S. 22). Aber der Künstler will den anderen nicht zwingen, sich ihm direkt zuzuwenden, sondern der andere soll sich primär für sein Werk interessieren – und damit indirekt seinem Schöpfer Anerkennung zuteil werden lassen. Der Künstler versucht, den anderen zur Kontaktaufnahme zu verführen. Man kann hier von einer Verführungsstrategie im Unterschied zu einer Machtstrategie zur Erlangung narzisstischer Zufuhr sprechen.

Nach Winnicott befindet sich der Säugling in einem Zustand »absoluter Abhängigkeit« von der Mutter, hat aber den subjektiven Eindruck, die Mutter unterliege seiner omnipotenten Macht und Kontrolle. In der frühesten Kindheit, in der eine Verschmelzung von Mutter und Baby stattfindet, »erfährt der Säugling die Befriedigung seiner Bedürfnisse durch die einfühlsame Mutter als eigene Macht. Er hat die Illusion von magischer Kontrolle und Omnipotenz« (Altmeyer 2000 a, S. 197). Dieses Stadium hat Freud als »primären Narzißmus« bezeichnet.

Die Erfahrung der Differenz zwischen den eigenen Bedürfnissen und Wünschen und denen der nächsten Bezugspersonen, insbesondere der

Daumier, Honoré (1808 – 1879): Le Beau Narcisse

Mutter, stellt eine der einschneidensten Erfahrungen in der menschlichen Entwicklung dar, die jeder Mensch durchleben muss. Die Mutter, die unangemessen lange eine optimale Anpassung an die Bedürfnisse des Kindes gewährleisten würde, »wird irgendwann zum Entwicklungshindernis für das Kind« (Winnicott 1965, S. 73). Sie bindet das Kind zu lange an sich, verschont es vor den unangenehmen Seiten der Realität, macht es damit aber realitätsuntüchtig. In Bezug auf Machtphantasien tritt eine paradoxe Wirkung ein: Einerseits erhalten die Allmachtsphantasien enorme Nahrung, da sich die Mutter allen Bedürfnissen des Kindes fügt und stets zu Diensten ist. Andererseits wird das Kind feststellen müssen, dass es in der Realität, die außerhalb seiner Beziehung zur Mutter existiert und die für das Kind durchaus attraktiv ist, extrem hilflos und ohnmächtig ist. Vermutlich wird es auf seine bei der Mutter gut funktionierenden Mechanismen zurückgreifen und versuchen, durch Verstärkung seiner Allmachtsphantasien und Omnipotenzansprüche sich die Realität gefügig zu machen. Erst wenn der Säugling eine Ahnung von der eigenen »relativen Abhängigkeit« (Winnicott) vom Objekt und zugleich die Ahnung von dessen relativer Unabhängigkeit von seinen eigenen Wünschen bekommt, löst sich die primärnarzisstische Illusion allmählich auf. Indem der Säugling die Unabhängigkeit des Objekts anerkennt und zugleich sein eigenes Angewiesensein auf die Anerkennung und die Liebe des Objektes akzeptieren lernt, gewinnt das Subjekt ein realistisches Verhältnis zur eigenen Macht bzw. Ohnmacht.

Wir sehen hier einen Zusammenhang, der für die Funktionsweise von Allmachts- und Ohnmachtsphantasien von grundlegender Bedeutung ist: Einerseits wird das Individuum nur aufgrund der schmerzlichen Trennungserfahrungen ein selbständiges, von anderen getrenntes Individuum, das die frustrierende Zurückweisung seiner Bedürfnisse durch andere erfährt und überleben lernt. Andererseits lernt das Kind schon früh, dass es selbst auch in der Lage ist, sich den Wünschen der anderen zu verweigern. Das »Nein«-Sagen ist der erste Schritt auf dem Wege, ein erwachsenes Individuum zu werden, das über einen eigenen Willen und auch über eigene, wenn auch begrenzte Machtmittel verfügt. Das Schreien des Kindes ist zwar ein angeborener Reflex, mit dem das Kind sein Unwohlsein kundtut, doch sehr bald setzt das Kind sein Schreien ganz gezielt ein, um das Verhalten der Mutter in seinem Sinne zu beeinflussen, das heißt, es übt Macht – ganz im Sinne von Anthony Giddens Definition – über die Mutter aus. Schon in der Dualunion zwischen Mutter und Kind und natürlich auch im komplexen Interaktionsgefüge der Familie spielt Macht eine zentrale Rolle. In einer ersten Annäherung lassen sich drei idealtypische Umgangsweisen mit Macht in der Eltern-Kind-Interaktion unterscheiden:

1. Wenn die Eltern einen Erziehungsstil pflegen, bei dem der Wille des Kindes gebrochen werden soll, ihm also keinerlei Macht zugebilligt wird, dann bleibt die Selbstachtung des Kindes in pathologischer Weise an das Phänomen der Macht fixiert. Ein solcher Mensch wird vermutlich Zeit seines Lebens der Macht als solcher eine übergroße Bedeutung beimessen, was entweder zur Folge hat, dass er in Identifikation mit dem Aggressor später selbst ein Despot wird, der den Willen anderer bricht oder aber er sucht im Wiederholungszwang immer wieder Situationen auf, in denen seine Interaktionspartner über ihn die demütigende Macht ausüben, der er einst als Kind ausgesetzt war.

2. Im zweiten Fall sind die Machtverhältnisse zwischen Eltern und Kind genau umgekehrt. Das Kind hat seine Eltern unter Kontrolle. Wir haben hier den paradigmatischen Fall der verschleierten Machtausübung, der »Macht des Ohnmächtigen«. So kann die Macht des Kindes über die Mutter sehr weitgehend und subtil sein und im Extremfall dazu führen, dass die Mutter ganz der Macht und dem Willen des Kindes unterworfen ist und über keinen eigenen autonomen Willen mehr verfügt. Die Mutter als Sklave des Kindes stellt eine totale Umkehrung der (von Natur aus) asymmetrischen Eltern-Kind-Beziehung dar und enthält insofern eine Realitätsverleugnung, die sich folgenreich auf das Verhältnis des Kindes zum Problem der Macht auswirken muss. Kinder, die solcher Art zum Despoten erzogen werden, trainieren frühzeitig, wie sie über andere Menschen durch Manipulation, Bluffs, Lügen, List und Tücke und blanke Drohungen Macht ausüben können. Je nach dem, wie geschickt sie dabei sind, wie elaboriert ihre Machtmittel entwickelt werden, scheitern sie später vollständig an der gesellschaftlichen Realität, die ihnen demonstriert, dass sich die Gesellschaft nicht in gleicher Weise manipulieren lässt wie einst die Mutter, oder sie sind in der Ausübung von Macht so gut geschult, dass sie gerade auf dem Gebiet der manipulativen Machtausübung wahre Virtuosen werden.

3. Schließlich ist auch ein konstruktiver, »gesunder« Umgang mit Macht idealtypisch denkbar, bei dem das Kind sowohl die Erfahrung machen kann, dass es Objekt von Macht ist, der es sich mehr oder weniger zu fügen hat, als auch, dass es Subjekt sein kann, das selbst effektive Macht ausübt. Stehen beide Erfahrungsmodalitäten in einem ausgewogenen Verhältnis zueinander, bildet sich beim Kind ein gesundes Selbstbewusstsein und ein angemessener und kompetenter Umgang mit Macht heraus. Einerseits kann das Kind zulassen, Prozessen der Macht passiv unterworfen zu sein, ohne dabei die Selbstachtung zu verlieren. Ja, es kann das Eingebettet-Sein in Machtstrukturen sogar als Schutz, Entlastung und Aufgehoben-Sein empfinden und für die eigenen Interessen und Bedürfnisse nutzen. Andererseits erlebt sich das Kind auch als handelndes Subjekt, das einen eigenen autonomen Willen besitzt und diesen auch in der sozialen Realität zur Geltung zu bringen weiß, indem es geeignete Machtmittel zur Anwendung bringt. Bereits im Streit unter Geschwistern um ein Spielzeug kommt das gesamte Arsenal an Machtmitteln – körperliche Kraft, physische Gewalt, Drohungen, Überredung, Überzeugung, Versprechungen, List, Lüge, Suche nach Bundesgenossen, Schmeicheleien, Bluffen, Geiselnahme (»Wenn du mir nicht dein Auto gibst, haue ich deinen Teddy«), Imponiergehabe usw. – zum Einsatz.

Winnicott (1976, S. 301) zieht eine Verbindung zwischen der Fähigkeit des Säuglings, »ein Objekt zu schaffen, sich auszudenken, hervorzubringen« und seinen Omnipotenzphantasien. Dazu ist der Säugling auf die Unterstützung der Mutter angewiesen, die seine Allmachtsphantasien in gewisser Weise aufnehmen, akzeptieren und unterstützen muss, damit sich bei ihm das befriedigende Erlebnis der Omnipotenz einstellt und er so das Gefühl ausbilden kann, die Welt sei nicht festgefügt, übermächtig, starr und unveränderbar, sondern durch kreative Handlungen zu beeinflussen. Winnicott (1965, S. 235) schreibt: »In diesem frühen Stadium verschafft die fördernde Umwelt dem Säugling das Erlebnis der Omnipotenz; damit meine ich mehr als magische Steuerung; für mich schließt der Ausdruck den kreativen Aspekt der Steuerung mit ein.« Erdheim und Blaser (1998, S. 108), die diese Stelle zitieren, kommentieren:

> »Wesentlich an Winnicotts Ausführungen ist hier der Blick auf eine *veränderbare* Welt. Dass die Welt durch Kreativität veränderbar ist, ist nämlich keine selbstverständliche Annahme, und Winnicott macht einsehbar, dass eine Voraussetzung für diese Annahme das positive Erlebnis der Omnipotenz ist.«

Erdheim und Blaser betonen zu Recht, dass die Annahme, die Welt sei veränderbar (für die Psychoanalyse) keine selbstverständliche ist, denn

Freuds pessimistisches und fatalistisches Menschenbild sah eine wirkliche Veränderung der Welt nicht vor. Sie gehen aber in ihrer Interpretation von Winnicott letztlich nicht weit genug, wenn sie in der Kreativität die einzige Möglichkeit zur Veränderung sehen, denn die Welt wird nicht primär durch Kreativität an sich verändert, sondern durch Handlungen, die mehr oder weniger kreativen Charakter haben können. Die äußere Welt wird sowohl vom Erwachsenen als auch vom Kind als veränderbar wahrgenommen, wenn sie als durch Handlungen beeinflussbar erlebt worden ist, das heißt, wenn über sie partiell Macht ausgeübt werden kann. Kreativität (zumindest im engeren Sinne) ist hingegen auf der Grenze zwischen Innenwelt und Außenwelt angesiedelt. Sie zielt nicht unbedingt auf die Veränderung der äußeren Welt, sondern begnügt sich zumindest zum Teil mit der Gestaltung der inneren Welt. Neben der Kreativität stellt die willentlich gesteuerte politische und gesellschaftliche Handlung einen Weg dar, die Welt zu verändern. Vielleicht bildet auch nicht so sehr das »positive Erlebnis der Omnipotenz« als vielmehr das positive Erlebnis der real wirksamen Macht die Basis für das Selbstvertrauen, das nötig ist, um die Welt als vom eigenen Willen beeinflussbar zu erleben, ohne sich in Größen- und Allmachtsphantasien zu verlieren.

Erdheim betont zu stark die Alternative, dass das Kind entweder an den Allmachtsphantasien der Eltern partizipiert oder dass es in die Ohnmacht getrieben wird. Die Möglichkeit, dass sich ein realistisches Machtgefühl einstellt, indem das Kind sowohl die Erfahrung macht, dass die Welt seinen Omnipotenzphantasien nicht gehorcht, sondern diesen Widerstand entgegensetzt, als auch, dass es seine Eltern und die Welt beeinflussen kann, auch und gerade indem es seine Kreativität entfaltet, ist von Erdheim nicht vorgesehen. Insofern bleibt er Freuds pessimistischem Menschen- und Weltbild teilweise verhaftet.

Entwicklungspsychologisch kommt es in der analen Phase erstmalig zu einer besonderen Betonung des Kampfes um Anerkennung. Der sprichwörtliche *anale Trotz* dient dazu, auszutesten, wie weit der eigene Wille den anderen aufzuzwingen ist. Das noch ganz unfertige und ungefestigte Identitätsgefühl des Kindes, der »innere Konflikt widerstreitender Selbsteinschätzungen« (ebd.) – »bin ich noch ein kleiner ohnmächtiger Hosenscheißer oder bin ich ein omnipotenter Zwerg?« – kann dazu führen, dass nahezu jede Auseinandersetzung um unterschiedliche Interessen – »Darf ich jetzt die Schokolade essen?« – unter der Hand zu einem Machtkampf wird, bei dem es allein darum geht, die eigene Machtposition gegenüber der des anderen zu behaupten. Nicht nur verwandelt sich sehr häufig der Kampf um Interessen in einen Kampf um Anerkennung; häufig ist der

Kampf um Macht und Anerkennung derjenige, der von Anfang an intendiert war,

> »weil allein er einen Menschen über sich selbst aufzuklären vermag. Der Gegenstand, den man haben wollte, war einem in Wahrheit gleichgültig; er war nur Vorwand für diese höhere Auseinandersetzung, die durchaus Selbstzweckcharakter haben kann und in der Spiel und tödlicher Ernst je nach Umständen ineinander umschlagen können« (Hösle 1997, S. 403).

Das Kind sucht den Machtkonflikt mit Geschwistern und Eltern, um seine eigenen Kräfte und seinen eigenen Willen zu messen und somit zu einer realistischen Selbst- und Welteinschätzung zu kommen.

Bereits im Kindesalter wird deutlich, dass dem Kampf um den Besitz von Gütern und um die Verteidigung von Interessen gleichzeitig immer auch die Dimension innewohnt, ein Kampf um Anerkennung, um Selbstbehauptung, um die Durchsetzung des eigenen Willens, um die Eroberung von Macht zu sein. Die menschliche Identität konstituiert sich in der sozialen Kommunikation. Das Bild, das ich von mir entwerfe, wird bestätigt, relativiert oder verworfen durch das Bild, das sich der andere von mir macht. Und da Selbstreflexivität zu den anthropologischen Grundeigenschaften des Menschen gehört, hat auch meine Vorstellung davon, welches Bild sich der andere von mir macht, identitätsstiftende Wirkung. Bereits die bloße Existenz des anderen »und erst recht das Bild, das er sich von mir macht, [kann] meine Identität ebenso gefährden wie konstituieren. Ihm ein Bild von mir zu gestatten, nach dem er mir seinen Willen aufzwingen kann, ist für mich identitätsrelevant« (ebd.) und kann als narzisstische Kränkung erlebt werden.

Die soziologische Theorie der Scham (vgl. Neckel 1991; Landweer 1999) geht davon aus, dass die Scham beim Beherrschten auftritt. Tatsächlich kann eine Anfälligkeit oder Bereitschaft für Scham bei dem der Macht Unterworfenen dazu führen, dass er sich noch bereitwilliger der Macht unterwirft. Um Scham zu vermeiden fügt er sich den drohenden Sanktionen bzw. er fügt sich der Norm. Aus Angst vor der Scham unterwirft er sich der Macht. Doch andererseits ist auch der Mächtige nicht frei von Scham. Im Gegenteil: Da Mächtige häufig an einer narzisstischen Störung – oder vorsichtiger formuliert an einer narzisstischen Kränkung – leiden und insofern besonders anfällig für Schamgefühle sind, dient ihnen häufig die machtvolle Position dazu, ebendiese Scham zu vermeiden. Sie benutzen die Macht, um keine Scham empfinden zu müssen. Deshalb erscheint der Mächtige oft schamlos, bzw. er ist es tatsächlich auch häufig, weil er aufgrund seiner überlegenen Position nicht mehr so häufig in die unterlegene Situation kommt, die das Schamgefühl auslöst (vgl. Neckel 1991).

Scham kann dann auftreten, wenn das Subjekt unbewusst die Legitimität von Herrschaft anerkennt, die es bewusst ablehnt. Es fühlt sich beispielsweise beschämt, wenn es plötzlich in eine Situation gerät, in der es seine vorher behauptete Autorität und seinen sozialen Status durch eine neu hinzukommende Person vor einem Publikum, das seinen Status vorher fraglos anerkannt hat, in Frage gestellt sieht. Wenn z. B. in einer beruflichen Situation Familienmitglieder unverhofft auftauchen, zu denen natürlicherweise ganz andere Hierarchie-Verhältnisse bestehen, kann Scham auftreten. Die Macht des Firmen-Chefs, die von seinen Mitarbeitern kritiklos anerkannt wird und die durchaus Quelle seines Selbstbewusstseins sein kann, wird durch das unverhoffte Auf-den-Plan-Treten seiner Ehefrau, die offenbar oder zumindest im Erleben des Chefs zuhause das Zepter in der Hand hat, mit einer anderen, alternativen Realität konfrontiert und infrage gestellt. Vielleicht ist es auch nur so, dass sein Selbstbild oder auch das Fremdbild oder die Vorstellung, die sich der Chef vom Fremdbild der anderen macht, mit seiner Autorität als Firmen-Chef kontrastiert.

Scham kann nicht nur auftreten, wenn das Subjekt einen Statusverlust erleidet, oder wenn es soziale Normen verletzt. Die Verletzung sozialer Regeln und Normen macht manchmal Angst vor Sanktionen, ruft aber nicht notwendigerweise Scham hervor, da das Bewusstsein, nonkonformistisch zu sein, das Selbstwertgefühl eher stärkt. Es ist vielmehr beschämend, wenn man sich dem Konformitätsdruck gebeugt und seine eigentliche Meinung, das heißt sich selbst, verleugnet hat. Das Versagen vor dem eigenen Ich-Ideal wird als Scham erlebt. Vor anderen in einem niedrigeren Status gesehen zu werden, ist beschämend. Das heißt, Statusverlust als solcher ist beschämend. Nicht die Leistung zu bringen, die man von sich erwartet oder von der man annimmt, dass sie die anderen von einem erwarten, ist beschämend.

Die zunehmenden Schamgrenzen und Schamkonflikte, die Innensteuerung über Schuldgefühle und Schamgefühle (vgl. Elias 1939) funktioniert über den Leistungs- und Perfektionsanspruch in der modernen Gesellschaft. Man schämt sich, keine Maschine zu sein, wie es Günter Anders (1956) prägnant formuliert und als »prometheische Scham« (ebd., S. 21–95) bezeichnet hat.

Im ödipalen Konflikt ist das Kind gezwungen, die Übermacht der Eltern zu akzeptieren. Es delegiert deshalb seine Omnipotenzphantasien an die Eltern und idealisiert diese. Dies kann dazu führen, dass die latenten Größenphantasien der Eltern angesprochen werden, die

»als Erben der kindlichen Allmacht [...] dem Kind das Gefühl der Teilhabe an ihrer eigenen Omnipotenz (geben). Oft vermischen sich diese gemeinsamen Phantasien mit dem Familienmythos, der von der Größe und Einzigartigkeit der jeweiligen Familie kündet« (Erdheim 2001, S. 17).

Eine gänzlich neue Ebene der Auseinandersetzung mit Narzissmus und Macht wird in der Adoleszenz erreicht. Mit der biologisch bedingten krisenhaften Veränderung seiner Persönlichkeit, der Ablösung von seinen Eltern und der in Aussicht stehenden Teilhabe an der Erwachsenenwelt geht für den Adoleszenten eine Verflüssigung seiner Persönlichkeitsstrukturen einher. Mario Erdheim (1982) hat den spezifischen Unterschied zwischen Kindheit und Adoleszenz herausgearbeitet:

»Der erste Triebschub, der von der ödipalen Phase aufgefangen wird, führt zur Anpassung an die stabile, konservative Familienstruktur, der zweite, der in der Pubertät anfängt, zur Anpassung an die dynamische, expansive Kulturstruktur. Die beiden Anpassungsvorgänge sind grundsätzlich voneinander verschieden. Beim ersten geht es vor allem um die Aneignung vorgegebener Verhältnisse: Dem Kind sind z. B. die Liebesobjekte vorgegeben. Beim zweiten Anpassungsprozeß jedoch steht das innovative Moment im Vordergrund. [...] Anpassung bedeutet hier Mitarbeit des Individuums an den sich verändernden Strukturen der Gesellschaft« (Erdheim 1982, S. 277f).

Während das Kind im Ödipuskomplex – außer durch Rückzug in Krankheit – keine Möglichkeit hat, sich der Übermacht der elterlichen und in deren Gefolge der gesellschaftlichen Normen zu entziehen, und diese introjizieren *muss*, liegen die Dinge beim Adoleszenten gänzlich anders. Durch das zwischenzeitlich gestärkte adoleszente Ich, durch veränderte Beziehungspersonen, andere Lebenskonstellationen, die über die Familie hinausreichen, verfügt der Adoleszente über andere, im Prinzip günstigere Voraussetzungen, um mit den ungelöst gebliebenen infantilen Konflikten in einem erneuten Anlauf besser fertig zu werden. Der Identifikation mit den Eltern kann er jetzt auch ausweichen und seine aggressiven Impulse und narzisstischen Wünsche als Kritik an Familie und Gesellschaft nach außen richten und in der Entwicklung eigener, jugendspezifischer Ausdrucksformen und Lebensstile oder auch in kultureller und politischer Arbeit, d.h. als innovative Kraft, binden. Dabei spielen Omnipotenzphantasien eine zentrale Rolle. Der Jugendliche wehrt sich mit ihrer Hilfe gegen schwere Insuffizienzgefühle, die daher rühren, dass er die elterlichen Wertsysteme und sein bisheriges von den Eltern übernommenes Ich-Ideal hinterfragt und teilweise aufgibt, jedoch noch um eine eigene persönliche Welt- und Selbst-Interpretation ringen muss. Er erlebt sich in dieser Phase des Übergangs als labil, geschwächt und unsicher. Hier helfen ihm die

Größenphantasien, in denen er sich als der Größte, der Klügste und als Retter der Menschheit phantasiert. Für den adoleszenten Entwicklungsprozess sind diese Tagträume wichtig, geben sie ihm doch den Elan und den Mut, alles bisherige infrage zu stellen. Bedeutsam ist, dass es zu einem spielerisch-kreativen Umgang mit solchen Omnipotenzphantasien kommt. So können sie als eine Art Probehandeln, in dem der Adoleszente neue Rollen und Identitäten ausprobiert, genutzt werden. Die »zweite Chance der Adoleszenz« (Eissler 1958) eröffnet somit neue Erfahrungs-, Handlungs- und sonstige Spielräume. Geronnene Strukturen gewinnen eine neue Beweglichkeit und im spielerischen Probehandeln können seelische Umwandlungen und neue Verbindungen seelischer Inhalte und Neuschöpfungen ermöglicht werden (vgl. Bohleber 1993). Bei diesem Prozess bildet das Gefühl der Omnipotenz die seelische Voraussetzung dafür, »dass die Welt als durch den Menschen veränderbar erscheint. Im Geiste erschafft sich der Mensch eine Welt des Möglichen, an der er die Wirklichkeit messen kann, und es ist letztlich das Omnipotenzgefühl, das ihm erlaubt, seinen ›Möglichkeitssinn‹ (Robert Musil) so ernst zu nehmen, dass er sich an einen Umbau der Wirklichkeit wagen kann« (Erdheim 2001, S. 11f). Besteht wenig innerer oder äußerer Spielraum zum Entwickeln solcher Omnipotenzphantasien oder erfolgt eine zu schnelle Desillusionierung, so dominieren Enttäuschungsreaktionen und narzisstische Wut. Dies kann dazu führen, dass die Omnipotenzphantasien wieder an äußere, machtvolle Autoritäten delegiert werden. Auch wenn es zu einer äußerlichen Ablösung von den Eltern kommt, gewinnt der Adoleszente die autonome Verfügung über seine Omnipotenz nicht, da er sie auf gesellschaftliche Mächte, die Anpassung und Unterwerfung verlangen, verschiebt. Zu diesen gesellschaftlichen Mächten,

»Der Reiz des Kindes beruht [...] auf dessen Narzißmus, seiner Genügsamkeit und Unzulänglichkeit, ebenso der Reiz gewisser Tiere, die sich um uns nicht zu kümmern scheinen, wie der Katzen und großen Raubtiere« (Freud 1914, S. 155), ja auch der jugendliche Held erzwingt unser Interesse durch die narzißtische Konsequenz, mit welcher er alles sein Ich Verkleinernde von sich fernzuhalten weiß.

Foto von Peter Hebler, geschossen während einer der Hausbesetzer-Demos in Berlin Anfang der achtziger Jahre die die Omnipotenz aufsaugen, gehören die Organisationen des Arbeitslebens, Parteien, religiöse Gemeinschaften, das Militär, Sportvereine aber auch medial vermittelte Institutionen wie Idole, Ideologien und der Gedanke der Nation. Diese gesellschaftlichen Institutionen fungieren als Familienersatz. Um den Preis der Anpassung an ihre Vorgaben erhält das Individuum soziale Anerkennung und somit eine Steigerung seines Selbstwertgefühls. Wenn es schon nicht Ehre, Ruhm und soziale Anerkennung aus eigener Kraft erreichen kann, sichert ihm die Zugehörigkeit zur Institution eine gesellschaftliche Stellung, die mit Ansehen verknüpft ist.

Während Erdheim die Delegation von Omnipotenz an gesellschaftliche Institutionen grundsätzlich kritisch sieht, betrachtet Kernberg das Verhältnis zwischen dem (narzisstisch gestörten) Individuum und der sozialen Gruppe oder der Institution, zu der es sich hingezogen fühlt, unter dem Aspekt, dass die Institution einen Schutz für das Individuum bedeutet und in gewisser Weise zu seiner psychischen Stabilisierung sogar dann beiträgt, wenn die Institution selbst nach Prinzipien organisiert ist, die man als pathologisch bezeichnen kann. Kernberg nennt als Beispiel religiöse Sekten, die »für viele Adoleszente mit schwerer Identitätsdiffusion oder Borderline-Persönlichkeitsorganisation sowie für Heranwachsende, die nicht fähig sind, Beziehungen zu einer großen sozialen Gruppe oder auch nur zu einer einzigen anderen Person aufrecht zu erhalten« (Kernberg 1998, S. 47) als Zufluchtsstätten dienen.

> »Die Sekte kontrolliert das tägliche Leben des Individuums, und diese Situation verbessert die Ich-Funktionen und gratifiziert Bedürfnisse nach Abhängigkeit und Nähe, nach Macht und Bedeutung. Die durch eine religiöse Sekte vermittelte Sicherheit – Schutz vor der schmerzvollen Entfremdung, die mit der Identitätsdiffusion und Verleugnung oder Restriktion von Aggression verbunden ist – entschädigt Borderline-Jugendliche für den Verzicht, den sie leisten, indem sie ihr gesamtes Privatleben, ihre Gedankenfreiheit und die Möglichkeit, eine bedeutsame Liebesbeziehung einzugehen, der Gruppe unterordnen« (ebd.).

Man kann sich allerdings fragen, ob Kernberg hier nicht die stabilisierende Funktion der Sekte zu positiv bewertet und ihren ursächlichen oder sekundär verstärkenden Einfluss auf die Entstehung und Aufrechterhaltung der Persönlichkeits-Pathologie unterschätzt. Wenn er schreibt, dass »relativ normale Adoleszente [...] die verschwommene und simplizistische Sektenideologie rasch als Beleidigung ihrer Intelligenz« empfänden und »gegen die Restriktionen« rebellierten, so sieht er die Verantwortung für die Pathologie der Sektenmitglieder allein in deren persönlicher Biographie begründet. Auch wenn Kernberg mit seiner folgenden Behauptung recht hat, »praktisch alle Patienten, die über längere Zeiträume religiösen Sekten anhingen und von mir untersucht wurden, wiesen schwere Charakterpathologien auf« (ebd.), ist damit noch nichts darüber ausgesagt, welchen Beitrag die Sekte selbst zur Entstehung, zur Manifestation und zur Aufrechterhaltung der Charakterpathologien beigesteuert hat .

Während Kernbergs Position in der Gefahr steht, die Problematik funktionalistisch zu verkürzen – nach dem Motto: »gut ist, was das Subjekt stabilisiert, auch wenn es pathologische Gruppenstrukturen sind« –, setzt sich Erdheims Argumentation der Kritik aus, individualistisch und idealistisch zu sein, indem sie die Tatsache vernachlässigt, dass es kein Leben außerhalb der Gesellschaft, d. h. ohne die mehr oder minder intensive Teilhabe und auch Anpassung an gesellschaftliche Institutionen gibt.

Erdheim vertritt die These, »dass es die Krise der Adoleszenz ist, die das Individuum befähigt, die Krisenhaftigkeit der Kultur nicht nur auszuhalten, sondern sie auch für seine Entwicklung zu nutzen. Das bedeutet, dass die Adoleszenzkrise mit der kulturellen Krise verknüpft werden muss« (ebd., S. 20). Wenn das Individuum über seine Omnipotenz selbst verfügen will, sie nicht an die Institutionen delegieren oder die Delegation rückgängig machen will, muss es eine Adoleszenzkrise in Kauf nehmen. Das Individuum kann seine Adoleszenzkrise mit der Krise der Kultur verknüpfen, indem es sich beispielsweise einer sozialen Bewegung anschließt. Damit nimmt es aber automatisch Teil an einer sozialen Gruppierung, die ebenfalls mehr oder minder autoritär Anpassung an vorgegebene Werte und Ziele – und seien es solche alternativer Art – verlangt. Auch die alternative oder die revolutionäre Bewegung erwartet, dass das Individuum seine Omnipotenz delegiert. Zudem führt die von Erdheim als wünschenswert vorgeschlagene Verknüpfung der individuellen Krise mit der Krise der Kultur unweigerlich zu einer Verknüpfung und Verwicklung mit den kulturellen Institutionen der Gesellschaft, die sich vielleicht als stückweise veränderbar erweisen, die aber mit Sicherheit auch das autonome und omnipotente Subjekt verändern und integrieren. In diesem Prozess werden die Omnipotenzphantasien des Individuums abgeschliffen und machen einer realistischen Wahrnehmung der eigenen Möglichkeiten und der Welt Platz. Diese Dialektik von adoleszenten Omnipotenzphantasien, Wunsch nach revolutionärer Veränderung der Kultur und der Gesellschaft, Integration in die Gesellschaft und partieller Veränderung der Gesellschaft ist bei der 68er-Bewegung und den sich anschließenden »Neuen Sozialen Bewegungen« beispielhaft nachzuvollziehen. Erdheims Intention ist eine Verteidigung der Omnipotenzphantasien, weil das Individuum die Vorstellung der eigenen Allmacht braucht, um der Übermacht der gesellschaftlichen Verhältnisse – ja den Widrigkeiten der Welt überhaupt – trotzen zu können.

Macht im Spiegel soziologischer Theorien

»Immer wenn ich mit Felipe Gonzalez sprach, bemerkte ich geradezu königliche Bewunderung für Kohl; daher rührt meine Folgerung, dass Staatsmänner Mitglieder eines privaten Clubs sind, mit einer internen Logik, die von eigenen Standesregeln geleitet wird. Sie beanspruchen den Zugang zu höheren Ebenen der Wahrheit, und sie haben Entscheidungen für das Wohl von Millionen Menschen getroffen: Welche Legitimation also besitzen ›die anderen‹, um sie zur Rechenschaft zu ziehen.«

Manuel Montalban, spanischer Schriftsteller, zitiert nach: Hans Leyendecker, Heribert Prantl und Michael Stiller (2000): Helmut Kohl, die Macht und das Geld. Göttingen (Steidl), S. 176

»Überall, wo sich Adelsherrschaft, Monarchie und Staatlichkeit etablierten, begann in den Herrschaftsfamilien ein intensives Arroganztraining. Nur damit ließ sich das Bewußtsein, an der Spitze zu stehen, bei den Mächtigen seelisch festigen. Dabei wurde Grandiosität zum politisch-psychischen Stil. Es vollzog sich der Sprung von der Gewaltüberlegenheit zur souveränen Glorie. Die Urkönige, Pharaonen, Despoten, Cäsaren und Principes sicherten ihr Symbolik. In den Monarchien wirkte eine funktional sinnvolle Megalomanie – d.h. Grandiosität als Strukturfaktor der Herrschaft. Durch ihren Ruhm steckten die Fürsten ihre symbolischen Herrschaften ab, und nur durch diesen Ruhm – das Medium der Medien – wissen wir bis heute vom Dasein mancher Reiche und von den Namen ihrer Herrscher. Insofern hat die Strahlung altertümlicher Königsarroganzen bis heute nicht ganz aufgehört. Alexander der Große hat seinen Namen nicht nur bis nach Indien getragen, sondern ihn im Medium der Überlieferungen expandiert bis in die Tiefe der Zeit. Um manche Mächte und Herrscher bildet sich ein Strahlenkranz, der jahrtausendelang Energie aussendet.«

Peter Sloterdijk (1983): Kritik der zynischen Vernunft. Frankfurt (Suhrkamp), S. 423

In den Sozialwissenschaften stehen sich zwei Typen von Machttheorien gegenüber: die einen – beispielhaft seinen Jacob Burkhardt und Mario Erdheim genannt – sehen in der Macht das »Böse« an sich. Erdheim (1982) sieht die Unvereinbarkeit von Herrschaft und Kultur darin begründet, dass durch die Macht, die »an sich böse ist« (S. 394), alle menschlichen Beziehungen narzisstisch werden und die Größen- und Allmachtsphantasien in die unerfüllbare Gier nach einer alles umfassenden Herrschaft umgeleitet werden. »Die Verknüpfung von Herrschaft und Narzissmus fördert die Anpassung des Individuums an jene Mächte, denen ›an dem Weiterblühen der Kultur am wenigsten gelegen ist‹« (S. 394). Erdheim und Blaser (1998) schreiben:

> »Macht ist destruktiv [...], gleichviel, wer sie ausübt. Und zwar deshalb, weil am Ort der Macht Aggression, Narzissmus und Ambivalenz eine außerordentlich zerstörerische Mischung eingehen. Die Destruktivität der Macht steht aber auch in enger Verbindung mit dem Phänomen der Verschwörungstheorien. Die Verschwörungstheorien sind ein unbewußter Reflex der Destruktivität der Macht« (ebd., S. 107).

»Macht zeigt nämlich die reale Seite der Paranoia; Macht ist sozusagen real gewordene Paranoia« (ebd., S. 105).

Der andere Typ der Machttheorie wird am besten von Talcott Parsons und Niklas Luhmann repräsentiert. Luhmann (1994) definiert Macht als eine soziale Beziehung, an der mindestens zwei Partner beteiligt sind, die beide anders handeln könnten und die beide um diesen Tatbestand wissen. Er bezeichnet diesen Sachverhalt als »doppelte Kontingenz«. Wenn man davon spricht, dass sich der Machtunterworfene der Macht fügt, bedeutet dies, dass er prinzipiell andere Handlungsmöglichkeiten hätte, die er sogar bevorzugen würde, sich aber dazu entscheidet, sich so zu verhalten, wie es der Machthaber wünscht. Entsprechendes gilt für den Machthaber. Auch dieser muss sich entscheiden, ein bestimmtes Verhalten zu wollen und durchzusetzen. Etwas anders formuliert, versteht Luhmann (1975) unter Macht ein »Kommunikationsmedium«, das dazu dient, »auf einen Partner, der in seinen Selektionen dirigiert werden soll« (ebd., S. 8), Einfluss zu nehmen. Macht erbringt ihre Leistungen dadurch,

> »daß sie die *Selektion* von Handlungen (oder Unterlassungen) angesichts anderer Möglichkeiten zu beeinflussen vermag. Sie ist größere Macht, wenn sie sich auch gegenüber attraktiven Alternativen des Handelns oder Unterlassens durchzusetzen vermag. Und sie ist steigerbar nur zusammen mit einer Steigerung der Freiheiten auf Seiten Machtunterworfener« (ebd., S. 8f).

Als Beispiel denke man an einen Vater, dem es gelingt, allein kraft seines Blickes oder seiner Worte das Kind davon abzuhalten, vor dem Abendessen Schokolade zu essen. Dieser Vater hat offenbar größere Macht über das Kind, als derjenige, der sich nur durchzusetzen vermag, indem er dem Kind die Schokolade wegnimmt. Und die Macht und Autorität des Vaters, der sich nur mit Worten durchsetzt, ist umso höher einzuschätzen, je mehr Möglichkeiten (Freiheitsgrade) das Kind hat, sich dem Willen des Vaters zu entziehen.

Luhmann grenzt den Begriff der Macht ausdrücklich von dem des Zwanges und dem der physischen Gewalt ab:

»Macht ist daher zu unterscheiden von dem *Zwang*, etwas konkret genau Bestimmtes zu tun. Die Wahlmöglichkeiten des Gezwungenen werden auf Null reduziert. Im Grenzfall läuft Zwang auf Anwendung physischer Gewalt hinaus und damit auf Substitution eigenen Handelns für unerreichbares Handeln anderer. Macht verliert ihre Funktion, doppelte Kontingenz [also die Handlungsfreiheit beider Partner] zu überbrücken, in dem Maße, als sie sich dem Charakter von Zwang annähert. Zwang bedeutet Verzicht auf die Vorteile symbolischer Generalisierung und Verzicht darauf, die *Selektivität* des Partners zu steuern« (ebd., S. 9).

Auf unser Beispiel angewandt, bedeutet dies, dass der Vater, der dem Kind die Schokolade mit Gewalt wegnimmt – wir können für viele Fälle auch sagen: mangels Macht mit Gewalt wegnehmen muss, wenn er sich durchsetzen will –, auf den Vorteil verzichtet, dass das Kind die Maxime des väterlichen Verbotes (»achte auf eine ausgewogene und gesunde Ernährung«) internalisiert und auf vergleichbare Situationen generalisiert. Die väterliche Macht im Sinne von Einfluss auf das Verhalten *und Denken* des Kindes ist unterdessen viel größer, wenn er dem Kind ohne Gewalt, ohne Zwang deutlich machen kann, dass es nicht den eigenen vordergründigen Bedürfnissen, sondern dem väterlichen Willen und den väterlichen Maximen folgen soll.

Allerdings tritt auch im Falle der gewaltsamen Durchsetzung von Machtansprüchen bei dem der Macht Unterworfenen eine »Generalisierung« ein, die jedoch nicht auf einer mehr oder weniger freiwilligen, auf Liebe, Zuneigung oder Einsicht beruhenden Internalisierung fußt, sondern nach dem Muster der Konditionierung oder dem der »Identifikation mit dem Aggressor« (A. Freud 1936) abläuft. Das Kind, dessen Wille gebrochen wird, handelt zukünftig aus ohnmächtiger Angst. Es entwickelt eine paranoide Verfolgungsphantasie und eine masochistische Lust an der Unterwerfung in der Hoffnung, auf diese Weise seine reale Ohnmacht zu überwinden und an der Macht der Erwachsenen in der Phantasie teilhaben zu können. Eine »schwarze Pädagogik« (Rutschky 1977), die das Ziel hat, den Trotz des Kindes auszumerzen und seinen Willen zu brechen, erzeugt einen masochistischen Untertanen-Charakter, wie ihn Heinrich Mann (1916) in *Der Untertan* prägnant beschrieben hat. Dessen einziges Streben geht dahin, selbst in die Position zu kommen, über andere Macht um der Macht willen auszuüben. Die Ausübung von Macht dient nur dazu, die narzisstische Kränkung von einst – selbst der ohnmächtig Unterworfene gewesen zu sein, dessen Wille gebrochen wurde, dessen Selbstachtung mit Füßen getreten wurde – dadurch wett zu machen, indem Anderen die gleiche Schmach zugefügt wird, die man selbst erleiden musste – und wenn es der Schäferhund ist, der sich der Macht seines Herrchens unterwerfen muss.

Der Unterschied zwischen Luhmann und Erdheim besteht darin, dass Luhmann die zweckrationale, sachgerechte Machtausübung im Blick hat und die despotische Gewalt und den Zwang als Sonderfall (bzw. Entgleisung) rationaler Machtausübung ansieht, während Erdheim und Burkhardt hauptsächlich den Fall vor Augen haben, in dem die Macht um der Macht willen erstrebt wird. Tatsächlich zitiert Erdheim (1982) Max Webers Definition von Herrschaft, lässt aber dessen Macht-Definition unberücksichtigt. Nach Weber (1921, S. 28) ist unter »Herrschaft« jede Chance zu verstehen, »für einen Befehl bestimmten Inhalts bei angebbaren Personen Gehorsam zu finden, während er »Macht« als »jede Chance« definiert, »innerhalb einer sozialen Beziehung den eigenen Willen auch gegen Widerstand durchzusetzen, gleichviel, worauf diese Chance beruht.« Während es bei Herrschaft um »Befehl« und »Gehorsam« geht, d.h. um explizite Weisungsstrukturen (»Befehle bestimmten Inhalts«), deren Befolgung notfalls mit physischer Gewalt durchgesetzt wird, handelt es sich bei Macht um einen Prozess, in dem der Wille des Mächtigen mit dem Gegenwillen des Untergebenen rechnen und sich gegen dessen »Widerstand« erst durchsetzen muss. Im Extremfall kann allerdings der Mächtige zur Drohung mit gewaltsamen Mitteln greifen oder diese auch einsetzen. In diesem Fall ginge Macht in Herrschaft über. So gesehen ist »Herrschaft ein Spezialfall von Macht« (Landweer 1999, S. 174).

Man kann das Verhältnis von Herrschaft und Macht aber auch von der anderen Seite aus betrachten und an Luhmanns Theorie der Macht kritisieren, dass sie zynisch wird, wenn sie die Tatsache ausblendet, dass hinter jeder Macht immer latent die Drohung mit physischer Gewalt steht. Alle sozialen Beziehungen sind von der latenten Aggressions- und Gewaltbereitschaft des Menschen durchwirkt. Das gilt nicht nur für politische Zusammenhänge. Der Umgang mit Macht bzw. Ohnmacht wird bereits in frühester Kindheit erfahren. Schon das Neugeborene erlebt die existenzielle Bedeutung von Machtbeziehungen gerade aufgrund seiner extremen Hilflosigkeit und Ohnmacht. Das vollständige Ausgeliefertsein des Kleinkindes an die mit Macht ausgestattete Mutter bewirkt, dass auch diese Beziehung von latenter Gewalt und Herrschaft bedroht ist, deren Manifest-Werden durch die Mutterliebe verhindert werden soll. So gesehen könnte man also auch sagen: Macht ist ein Spezialfall von Herrschaft.

Die Begriffe Macht und Herrschaft lassen sich sowohl zur Beschreibung direkter Interaktionen zwischen Personen, beispielsweise zwischen Eltern und Kindern, als auch zur Analyse von Verhältnissen auf der Makro-Ebene, beispielsweise in Institutionen oder im politischen System, anwenden (vgl. Landweer 1999, S. 174).

In der Sozialpsychologie versteht man unter sozialer Macht (social power) »das Ausmaß, in dem ein Individuum dank seiner Position oder seinem Status innerhalb einer Gruppe die Fähigkeit oder Autorität besitzt, andere Individuen zu kontrollieren, ihnen bestimmte Verhaltensweisen vorzuschreiben und Gehorsam abzuverlangen« (Arnold u.a. 1972, Bd. 2, S. 1300f) Das Ausmaß sozialer Macht

> »wird weniger durch besondere Persönlichkeitsmerkmale als durch die Art der sozialen Beziehungen innerhalb der Gruppe bestimmt. Sie gilt so als entscheidender Aspekt für die Erklärung der Wege sozialer Interaktion und der Verteilung von Belohnungen und Kosten (costs und rewards) unter den Gruppenmitgliedern [...]. Gegenwärtig werden meist drei Variablen genannt, die das Ausmaß sozialer Macht determinieren: 1) Die *Mittel* (resources), die ein Individuum in die Lage versetzen, die subjektiven Belohnungen und Kosten der anderen zu beeinflussen. Der Wert dieser Mittel wird seinerseits mitbestimmt durch 2) die Größe der *Abhängigkeit* (dependency) der anderen von diesem Individuum. Jene ist wiederum Funktion 3) der Zahl der als Belohnungsquellen dienenden möglichen *Alternativen* für die anderen Individuen« (ebd.).

Den Beteiligten muss nicht immer klar sein, dass sie Prozessen der Macht unterliegen. Insbesondere Michel Foucault (1977) hat den Aspekt der Anonymität von Machtprozessen immer wieder hervorgehoben. Im Unterschied zu vielen anderen Machttheorien insistiert Foucault darauf, den Machtbegriff von der Vorstellung abzulösen, dass er an den Willen, die Intention, die Entscheidung eines handelnden Subjekts gebunden sein müsste. »Macht ist damit nicht in allen Fällen personell zurechenbar« (Landweer 1999, S. 180). Foucault sieht in den gesellschaftlichen Rahmenbedingungen, in der Art und Weise wie beispielsweise über Sexualität, Gefühle oder Vorstellungen vom gesunden Leben in einer Gesellschaft gedacht und diskutiert wird, Produkte von Macht. Der Einzelne findet diese »Diskurse« vor, die niemand willentlich intendiert hat, und die doch einen tief greifenden, machtvollen Einfluss ausüben, gerade auch auf Bereiche, von denen der Einzelne meint, sie seien etwas ganz Intimes, Eigenes, Individuelles, das der Beeinflussung von Außen entzogen sei, wie etwa die Sexualität und die Gefühle.

Was die Betonung der gesellschaftlichen Rahmenbedingungen und der sozialen Ordnung als Machtfaktor anbelangt, hat Foucaults Macht-Begriff Ähnlichkeit mit Galtungs Begriff der »strukturellen Gewalt«. Galtung (1987) versteht darunter die einschränkende, unterdrückende, manipulative und Alternativen ausschließende Wirkung von Institutionen, gesellschaftlichen Konventionen und Normen, die – ohne dass es einer intendierten Handlung bedürfte, Macht ausüben, indem sie alternative

Handlungsmöglichkeiten der betroffenen Subjekte erst gar nicht ins Blickfeld kommen lassen. Durch ihre bloße Existenz üben gesellschaftliche Institutionen Macht oder gar Gewalt aus, weil die Vielzahl prinzipiell denkbarer Handlungsalternativen durch die institutionell vorgegebenen oder auch vorgeschriebenen Lösungswege erst gar nicht erwogen werden können.

In anderer Hinsicht unterscheiden sich Foucaults und Galtungs Macht- bzw. Gewalt-Begriff erheblich, insofern nämlich als Foucault eher die »positiven« und Galtung ausschließlich die negativen Aspekte der Macht betrachtet. »Positiv« ist bei Foucault jedoch nicht moralisch im Sinne von wünschenswert gemeint, sondern im Sinne von effektiv, faktisch bedeutsam und wirkungsvoll, während Galtungs Theorie von vornherein eine institutionskritische Intention hat, es ihm also darum geht, die strukturelle Gewalt gesellschaftlicher Institutionen als moralisch verwerflich zu kritisieren. So sympathisch Galtungs Ansatz auch sein mag, er bleibt einer ideologisch voreingenommenen Betrachtungsweise verhaftet, die nicht wahrhaben will, dass Macht zu den elementaren Bestandteilen einer jeden Gesellschaft gehört. Allerdings hat Galtungs Analyse auch insofern eine hilfreiche Funktion, als er den Finger auf die Wunde legt und auf die moralisch negativen Auswirkungen und Formen von Macht verweist.

Auch Hannah Arendt (1970) hat an unseren alltäglichen Vorstellungen von Macht, die sich am Modell von Befehl und Gehorsam orientieren, Kritik geübt. Arendt geht davon aus, dass alle denkbaren menschlichen Gesellschaften darauf angewiesen sind, das Zusammenleben mit Hilfe von Normen und von Institutionen zu organisieren. Dies bedeutet, dass Macht ein notwendiger Bestandteil eines jeden menschlichen Gemeinwesens ist. Macht ist eine »genuin menschliche Möglichkeit« (Landweer 1999, S. 174), die in sich weder gut noch schlecht ist. Arendt betont die positiven Aspekte von Macht, die Möglichkeit, menschliches Zusammenleben zu organisieren und zu strukturieren, stärker als die negativen Aspekte, die sich beispielsweise im Konformitätsdruck oder im Umschlag von Macht in Herrschaft, Unterdrückung und Gewalt manifestieren können. Arendt hat den Anspruch, genau wie Max Weber, keinen normativen, sondern einen rein deskriptiven Macht- und auch Gewalt-Begriff zu entwickeln. Sie verdammt weder die Macht noch die Gewalt und betont beispielsweise, dass auch die Anwendung von Gewalt eine legitime menschliche Reaktion auf eine unerträgliche Situation sein kann (vgl. Arendt 1970, S. 63ff, 78f).

Welchen Machtbegriff man bevorzugt, hängt vor allem davon ab, welche Einstellung man zu der Gesellschaft hat, die untersucht werden soll bzw. wie herrschaftskritisch die politische Einstellung grundsätzlich ist. Je kritischer der Theoretiker gegenüber den Phänomenen der Macht, der Kontrolle und der Herrschaft über Menschen eingestellt ist, umso eher wird er einen Machtbegriff wählen, der wenig zwischen Macht, Herrschaft und Gewalt differenziert, wie dies beispielsweise bei Erdheim der Fall ist. Gewalt und Herrschaft werden einer moralischen Kritik unterzogen und implizit werden Prozesse der Macht dabei subsumiert. »Die nichtgewählten Handlungsmöglichkeiten der Machtunterworfenen werden dann implizit mit Vorstellungen über ein menschenwürdiges Leben identifiziert und alles, was deren Verwirklichung behindert und die Verhältnisse so erhält, wie sie sind, als Herrschaft, Gewalt oder Macht bezeichnet« (Landweer 1999, S. 185). Auf der anderen Seite des machttheoretischen Spektrums stehen die Theorien, die von der bestehenden Gesellschaft ausgehen und sich darauf beschränken, zu untersuchen, wie ein möglichst effizienter Gebrauch von Macht organisiert werden kann, wie dies tendenziell bei Parsons und Luhmann der Fall ist.

Wie der Philosoph Vittorio Hösle (1997) ausführt, hat Macht grundsätzlich einen relationalen Charakter, das heißt sie existiert nicht schlechthin, sondern man übt sie *über etwas* oder *über jemanden* aus. Macht ist also durch die Existenz von etwas anderem begrenzt. Wenn wir unsere Betrachtungen über Macht beschränken auf die Prozesse in der sozialen Welt und den Bereich der menschlichen Verfügungsgewalt über die Natur außer Acht lassen, dann können wir sagen, dass der Machtausübende auf einen der Macht Unterworfenen angewiesen ist, der das Machtspiel mitspielen oder Widerstand leisten muss. Nur einem omnipotenten Schöpfergott kann absolute Macht zugesprochen werden. Alle irdischen Herrscher haben nur eine zeitlich, räumlich und substanziell begrenzte Macht. Wenn man, wie Luhmann, Macht als Kommunikationsmedium begreift, ist es nur konsequent zu sagen, dass Macht nicht eine »Eigenschaft oder Fähigkeit« (ebd., S. 15) ist, die dem Machthaber allein zugeschrieben werden kann. Vielmehr kann die soziologische Theorie der Macht nicht davon ausgehen, »dass der Machthaber für das Zustandekommen von Macht wichtiger oder in irgendeinem Sinne ›ursächlicher‹ ist als der Machtunterworfene« (ebd., S. 16).

Der Machtbegriff impliziert einen intentionalen Akt des Machthabers, der eine Veränderung der sozialen Realität *will.* Der Machtbegriff steht in unmittelbarem Zusammenhang zum Handlungsbegriff: »Nur von einem handlungsfähigen Wesen kann ›Macht‹ prädiziert werden, und handlungsfähig im umfassenden Sinne ist nur der Mächtige, der seinen Willen in eine Veränderung der Wirklichkeit umzusetzen weiß« (Hösle 1997,

S. 395). Hannah Arendt (1958) stellt ebenfalls das Arbeiten, Herstellen und Handeln als die drei Grundtätigkeiten des menschlichen Lebens in den Mittelpunkt ihrer Philosophie des »aktiven Lebens«, der »vita aktiva«.

Der Soziologe Max Weber versteht unter Macht »jede Chance, innerhalb einer sozialen Beziehung den eigenen Willen auch gegen Widerstand durchzusetzen, gleichviel, worauf diese Chance beruht« (Weber 1921, S. 28). Webers Machtbegriff ist sowohl auf soziale Beziehungen der Mikro-Ebene, z.B. familiäre Beziehungen, als auch auf der Makro-Ebene institutioneller Prozesse anwendbar. Alle möglichen Eigenschaften eines Menschen und alle denkbaren sozialen Gegebenheiten können die Chance erhöhen, dass er seinen Willen innerhalb einer sozialen Beziehung durchsetzt.

In Bezug auf staatliche Macht geht Max Weber sogar noch weiter, wenn er – Trotzki zitierend – postuliert: »Jeder Staat wird auf Gewalt gegründet« (Weber 1919, S. 36). In seiner Definition des Staates nimmt die Gewalt – genauer gesagt das Gewaltmonopol – die entscheidende Stellung ein: »Staat ist diejenige menschliche Gemeinschaft, welche innerhalb eines bestimmten Gebietes [...] das Monopol legitimer physischer Gewaltsamkeit für sich [...] beansprucht« (S. 36). Entsprechend gilt dann, dass Politiker Menschen sind, die anstreben, Macht zu besitzen und auszuüben. »Wer Politik treibt, erstrebt Macht, – Macht entweder als Mittel im Dienst anderer Ziele – idealer oder egoistischer – oder Macht, um ihrer selbst willen: um das Prestigegefühl, das sie gibt, zu genießen« (S. 36). Allerdings sind Macht und Gewalt nicht gleichzusetzen. Soziologische Theoretiker der Macht, wie Max Weber, Norbert Elias, Michel Foucault, Hannah Arendt und Niklas Luhmann sehen in der Ausübung von Gewalt eher ein Scheitern von Macht, da Macht – zumindest tendenziell – auf die Zustimmung derjenigen abzielt – und auch auf diese Zustimmung angewiesen ist –, über die Macht ausgeübt werden soll. Soll Macht erweitert und über einen komplexen sozialen Zusammenhang ausgeübt werden, kann sie sich nicht allein auf Gewalt gründen, sondern muss sich differenzierter und vielfältiger Machtmittel bedienen, wozu auch die Teilung der Macht mit Andern (»teile und herrsche«) gehört.

Allerdings – darauf verweist Hösle nachdrücklich – besteht eine unauflösliche Beziehung zwischen Macht und Gewalt: »Gewalt, oder zumindest die Drohung mit Gewalt, bleibt die ultima ratio von Macht (im engeren Sinne)« (Hösle 1997, S. 431). Elias Canetti (1960, S. II, 7) hat das Verhältnis von Macht und Gewalt treffend charakterisiert:

> »Der Unterschied zwischen Gewalt und Macht läßt sich auf sehr einfache Weise darstellen, nämlich im Verhältnis zwischen *Katze* und *Maus*. Die Maus, einmal gefangen, ist in der Gewalt der Katze. [...] Aber sobald sie mit ihr zu *spielen* beginnt, kommt etwas Neues dazu. Sie läßt sie los und erlaubt ihr, ein Stück weiterzulaufen. Kaum hat die Maus ihr den Rücken gekehrt und läuft, ist sie nicht mehr in ihrer Gewalt. Wohl aber steht es in der *Macht* der Katze, sie sich zurückzuholen.«

Max Weber hat in seinem berühmten Vortrag von 1919 *Politik als Beruf* die Frage nach der psychologischen und ethischen Eignung für den Beruf des Politikers gestellt. Er wählt eine geradezu pathetische Formulierung, wenn er fragt, »was für ein Mensch man sein muß, um seine Hand in die Speichen des Rades der Geschichte legen zu dürfen« (ebd., S. 73). *

Max Weber kommt zu dem Ergebnis, dass vornehmlich drei Qualitäten entscheidend für einen Politiker sind: *Leidenschaft, Verantwortungsgefühl* und *Augenmaß*. Leidenschaft versteht er im Sinn von »leidenschaftliche[r] Hingabe an eine ›Sache‹« (ebd., S. 74). Die reine Leidenschaft allein reiche nicht aus, um einen guten Politiker abzugeben, denn sie müsse ergänzt werden durch die »Verantwortlichkeit gegenüber ebendieser Sache« (ebd., S. 74) und eben dazu bedürfe es des Augenmaßes. Die psychologisch schwierige Aufgabe für den Politiker bestehe darin,

> »wie heiße Leidenschaft und kühles Augenmaß miteinander in derselben Seele zusammengezwungen werden können. Politik wird mit dem Kopfe gemacht, nicht mit anderen Teilen des Körpers oder der Seele. Und doch kann die Hingabe an sie, wenn sie nicht ein frivoles intellektuelles Spiel, sondern menschlich echtes Handeln sein soll, nur aus Leidenschaft geboren und gespeist werden. Jene starke Bändigung der Seele aber, die den leidenschaftlichen Politiker auszeichnet [...] ist nur durch die Gewöhnung an Distanz – in jedem Sinne des Wortes – möglich. Die ›Stärke‹ einer politischen ›Persönlichkeit‹ bedeutet in allererster Linie den Besitz dieser Qualitäten« (ebd., S. 74).

Interessanterweise richtet auch Max Weber (1919) im Zusammenhang mit den negativen Wirkungen der Macht seinen soziologischen Blick auf »einen ganz trivialen, allzu menschlichen Feind [...]: die ganz gemeine Eitelkeit« (ebd., S. 74). Weber vermutet, die Eitelkeit sei eine Eigenschaft, von der sich niemand so ganz frei wähnen könne. In »akademischen und Gelehrtenkreisen« sei sie sogar »eine Art Berufskrankheit«, doch richte sie dort wenig Schaden an, da sie »in aller Regel den wissenschaftlichen Be-

* Vielleicht hat Helmut Kohl diese Formulierung von Max Weber entliehen und leicht modifiziert. Bekanntlich war Helmut Kohl immer sehr erpicht darauf, den »Mantel der Ge[s]chichte« ergriffen zu haben.

trieb nicht« störe (ebd., S. 74f). Ganz anders verhalte es sich hingegen beim Politiker: »Er arbeitet mit dem Streben nach *Macht* als unvermeidlichem Mittel. ›Machtinstinkt‹ [...] gehört daher in der Tat zu seinen normalen Qualitäten. – Die Sünde gegen den heiligen Geist seines Berufs aber beginnt da, wo dieses Machtstreben *unsachlich* und ein Gegenstand rein persönlicher Selbstberauschung wird, anstatt ausschließlich in den Dienst der ›Sache‹ zu treten« (ebd., S. 75).

Für Max Weber gibt es für einen Politiker »nur zwei Arten von Todsünden«: Unsachlichkeit und Verantwortungslosigkeit. »Die Eitelkeit: das Bedürfnis selbst möglichst sichtbar in den Vordergrund zu treten, führt den Politiker am stärksten in die Versuchung, eine von beiden, oder beide zu begehen« (ebd., S. 75).

Die Ausübung von Macht wird dann problematisch, wenn die Führungsperson die pathologischen Aspekte ihres Narzissmus in die Leitungsfunktion einmischt. Wenn der Führer seine Macht dazu benutzt, seine unbewussten narzisstischen Konflikte auszuagieren oder abzuwehren. Es ist einer Führungsperson durchaus erlaubt, ihre gesunden narzisstischen und auch ihre aggressiven Strebungen in ihre Arbeit einfließen zu lassen. »Die Machtausübung ist ein wesentlicher, unvermeidbarer Teil der Führung und verlangt von der Führungskraft, dass sie sich die aggressiven Aspekte ihrer eigenen Persönlichkeit problemlos zunutze machen kann« (Kernberg 1998, S. 139). Auch die gesunden narzisstischen Wünsche und Bedürfnisse sind ein wichtiges Stimulans für die Führungsaufgabe. Beispielsweise ist es unproblematisch, wenn ein Führer stolz auf die Arbeit und die Erfolge ist, die er selbst und die von ihm geleitete Gemeinschaft erbracht hat. Sein Selbstwertgefühl sollte sich durch solche Erfolge steigern, er sollte sich auch gerne mit seiner Arbeit in der Öffentlichkeit zeigen und sich dafür anerkennen, feiern und ggf. auch wählen lassen. Das alles sind Ausdrucksformen eines gesunden Narzissmus, die der sachlichen Arbeit und auch der Entwicklung der Persönlichkeit des Führers und der Weiterentwicklung der Gruppen-Identität förderlich sind.

Wenn Max Weber die »Verantwortlichkeit« des Politikers gegenüber der sachlichen Aufgabe, der er sich verpflichtet weiß, als wesentliches Kriterium für die Eignung eines Menschen für die Ausfüllung einer machtvollen Position ansieht, dann hat er damit implizit eine Definition für Machtmissbrauch geliefert. Wir können dann von Machtmissbrauch sprechen, wenn der Inhaber von Macht seine Stellung dazu benutzt, um Interessen und Bedürfnisse zu befriedigen, die mit der sachlichen Aufgabe, mit der die Machtstellung verknüpft ist, nichts zu tun haben, wenn sie also narzisstischer Natur sind. Es ist zwar nichts dagegen einzuwenden, dass der erfolgreiche Politiker seine Erfolge genießt und narzisstische Bestätigung daraus zieht, doch sollte der narzisstische oder gar eigennützige Gewinn nicht im Vordergrund stehen und die sachliche Aufgabe in den Hintergrund drängen. Der Grenzposten, der Reisende nur passieren lässt, wenn sie ihm einen persönlichen Obolus entrichten, betreibt Machtmissbrauch. Der Lehrherr, der seine Lehrlinge dazu anhält, Bier zu holen, missbraucht seine Machtstellung als Vorgesetzter. Der Vater, der seine Tochter sexuell missbraucht, missbraucht seine elterliche Macht- und Autoritätsstellung. Bei den genannten Beispielen handelt es sich um das Erreichen egoistischer materieller oder sexueller Vorteile unter Ausnutzung einer Machtposition. Der Machtmissbrauch ist leicht zu erkennen, denn es liegt auf der Hand, dass es nicht zu den sachlichen Aufgaben eines Grenzpolizisten gehört, sich persönlich zu bereichern, dass ein Lehrherr seine Fürsorgepflicht verletzt, wenn er seine Auszubildenden als Dienstboten missbraucht und dass die väterliche Autorität missbraucht wird, wenn das Inzesttabu gebrochen wird.

Sehr viel schwieriger ist eine missbräuchliche Anwendung von Macht jedoch zu erkennen, wenn sie sich auf die narzisstischen Bedürfnisse des Mächtigen beziehen. Ein Politiker, der sein Amt dazu benutzt, um seine narzisstischen Defizite zu kompensieren, betreibt eben auch einen Machtmissbrauch. Nach Max Weber (1919, S. 75) begeht er sogar eine »Sünde gegen den heiligen Geist seines Berufs», wenn er sich in seinem politischen Handeln von dem Bedürfnis der »Eitelkeit« – wir würden heute allgemeiner von seinem mehr oder minder pathologischen Narzissmus sprechen – leiten lässt. Wird Macht nicht ausgeübt, um ein sachliches Ziel zu erreichen, sondern um eines narzisstischen Gewinns willen, so spreche ich von missbräuchlicher Machtausübung (vgl. Mentzos 1993, S. 169).

Aufgrund der Machtstellung, der öffentlichen Beachtung und des gesellschaftlichen Ansehens, welche mit der Stellung eines wichtigen politischen Amtes verbunden sind, ist es politischen Amtsträgern häufig möglich, ihr übersteigertes Geltungsbedürfnis, ihre Großmannssucht und ihren Ehrgeiz funktional so einzusetzen, dass diese narzisstischen Eigenschaften ihnen Gewinn bringen, ja ihre ungezügelte Selbstbezogenheit wird für sie zur wichtigsten Voraussetzung des Gewinnens überhaupt. Das Siegen wird zu einem Merkmal ihres Charakters. Solche Sieger-Typen phantasierten sich nicht nur als großartig, überdurchschnittlich, erfolgreich und herausragend, sie sind es häufig auch tatsächlich in speziellen Sparten. Die Faktizität ihrer politischen Machtstellung und ihres gesellschaftlichen Erfolges nährt ihre Größenphantasien so wie umgekehrt ihre Karriere-Besessenheit und ihre Rücksichtslosigkeit sich selbst und anderen gegenüber ihnen den Weg

Carl Spitzweg:
Zollbeamter bei der Visitation, um 1860

bahnt, oft bereits in jungen Jahren ein hohes Amt zu erringen. Selbstzweifel, Sensibilität, Empathie, Introspektionsfähigkeit, Zögerlichkeit, Nachdenklichkeit, gar Depressivität und Ängstlichkeit können diese Menschen nur als Unterhöhlung ihrer Siegermentalität und damit als drohenden Verlust von Geld, Macht und Einfluss erleben.

Wie Mario Erdheim ausgeführt hat, lässt die Verflechtung einer narzisstischen Störung mit einer sozioökonomischen oder politischen Machtposition eine »qualitative Veränderung menschlicher Beziehungen gar nicht als erstrebenswert erscheinen« (1982, S. 393) und macht zudem den Herrscher blind für die Interessen und Bedürfnisse anderer Menschen. Der Despot braucht keine Empathie, kein Einfühlungsvermögen im Umgang mit seinen Untergebenen, da er damit rechnen kann, dass seinen Befehlen in jedem Falle kritiklos – d. h. ohne Rücksicht auf die Ansichten des Befehlsempfängers über Wert oder Unwert der Anweisung – Folge geleistet wird. Dementsprechend bedeutet Herrschaft – wie Max Weber (1921, S. 28) schreibt – die Chance zu besitzen »für einen Befehl bestimmten Inhalts bei angebbaren Menschen, Gehorsam zu finden« .

Es gehört zu den Merkmalen von Machtbeziehungen, dass die Macht so weit wie möglich verleugnet wird, häufig von beiden Seiten. Die Mächtigen verleugnen sie, weil die Herausstellung und Bewusstwerdung der Tatsache, dass es sich um eine von Macht bestimmte Beziehung handelt, die Frage der Legitimität aufwirft: Ist es beispielsweise in einer Ehe legitim, dass der Mann Macht über die Frau ausübt? Der Mächtige hat also häufig ein Interesse daran, das ganze Ausmaß seiner Macht im Verborgenen zu halten und seine Machtposition nicht zu thematisieren. Die Machtfrage zu stellen heißt also, dass sie gefährdet und in Frage gestellt ist. Aber auch derjenige, der sich der Macht unterwirft oder unterwerfen muss, neigt häufig dazu, diese Tatsache zu verleugnen, da sie seinen Narzissmus kränkt. Wer hingegen in den eigenen Reihen »auf Machtstrukturen [...] hinweist, wird in aller Regel diffamiert, er projiziere seinen eigenen Machthunger [...], sei paranoid« oder wolle das friedliche Einvernehmen in der Gruppe stören (Bruder-Bezzel, Bruder 2001, S. 25).

Besonders problematisch wird es dann, wenn sich die Gemeinschaft in einer existenziellen Krise befindet, ein narzisstisch gestörter Führer die Macht erringen kann und ein großer Teil der Gemeinschaft sich subjektiv bedroht und ungerecht behandelt fühlt und ein gemeinsames Trauma –im Sinne von Vamik Volkan (1999) – ausgewählt hat, um die emotionale Krise, in der sich die Gemeinschaft befindet, zu bewältigen. In diesen Fällen werden durch die massenpsychologische Dynamik gerade solche Personen in Führungspositionen katapultiert, deren narzisstische Charakterpathologie den paranoiden Fantasien der fanatisierten Massen am meisten entsprechen. Diesen Fall werde ich am Beispiel von Slobodan Milosevic in einem späteren Kapitel ausführlicher behandeln.

Der Narzisst an der Macht: Aufstieg und Fall des Uwe Barschel

Die Barschel-Affäre

> *»Und ich sehe immer wieder, daß Lügen sich wie Krankheiten ausbreiten. Sie liegen auf der Lauer. Sie wirken wie Gifte, sie stören die vitalen Funktionen. Je häßlicher die Lüge, desto schlimmer die Verwüstung, die sie in den Menschen anrichtet. Es gibt Lebenslügen, die sich gegen das Denken richten und Schwachsinn verursachen, Lügen, die andere Lügen säen, die den ganzen Körper befallen und langsam alle Wahrheit verdrängen, und der Patient wird von den furchtbarsten Schmerzen zerfressen, je weiter er sich vom Stand der Gnade entfernt. Die Lebenslüge bildet Metastasen, macht die Seele des Opfers nekrotisch und zur Liebe unfähig.«*
>
> **Irene Dische (1989): Fromme Lügen. Frankfurt (Eichborn), S. 249f**

Die Enthüllungen des Reiner Pfeiffer im *Spiegel* entfachten 1987 einen politischen Skandal, der seinesgleichen in der Geschichte der Bundesrepublik sucht. Im Unterschied zu anderen Skandalen, die kurzfristig die Öffentlichkeit erregen, aber schnell wieder in Vergessenheit geraten, wenn sich die erste Empörung gelegt hat, ist die Affäre Barschel bislang nicht aus dem öffentlichen Bewusstsein getilgt. Noch zehn Jahre nach der Affäre stießen Gerüchte auf das Interesse eines breiten Publikums, die behaupteten, Barschel sei einem Mord zum Opfer gefallen und die Frage, ob der Tod in Genf ein als Selbstmord getarnter Mord oder ein als Mord inszenierter Selbstmord war, gab lange Zeit zu immer neuen und alten Spekulationen Anlass (vgl. Mergen 1988).

An der Affäre Barschel fesselt die enge Verstrickung von politischem Skandalon und persönlichem Schicksal. Wie in einem Shakespeare'schen Drama spitzte sich die Dramaturgie der Ereignisse immer mehr zu, um schließlich im tragischen und mysteriösen Tod der Hauptfigur ihren Höhepunkt zu finden.

Angesichts der enormen öffentlichen Anteilnahme muss es umso erstaunlicher erscheinen, dass die Politik- und Sozialwissenschaften und auch die Psychologie sich bislang fast vollständig abstinent gegenüber dem Thema gezeigt haben. Bis auf die Arbeiten von Berking (1989), Bude (1989), Westernhagen (1989) und Neckel (1991) fehlen originiäre politologische, soziologische, psychoanalytische oder sozialpsychologische Analysen der Barschel-Affäre.

Uwe Barschel

Persönliche Daten:

Name:	Barschel
Vorname:	Uwe
Geburtsdatum:	13.05.1944
Geburtsort:	Glienicke/Berlin
Familienstand:	verh., 4 Kinder
Beruf:	Ministerpräsident, Rechtsanwalt und Notar
Akademische Grade:	Dr. jur., Dr. phil.
Konfession:	ev.-luth.
Verstorben am:	11.10.1987

Studium:

1964–1967 und 1969–1971:	Studium der Rechtswissenschaft, Volkswirtschaftslehre, Politologie und Pädagogik in Kiel
1970:	Doktor der Rechte
1971:	Große juristische Staatsprüfung und Doktor der Philosophie
1971:	Gerichtsassessor, danach Rechtsanwalt und Notar

Politische Laufbahn:

1960:	Eintritt in die Junge Union
1962:	Eintritt in die CDU
1964–1965:	Abgeordneter im Kieler Studentenparlament und Landesvorsitzender des Ringes Politischer Studentenverbände
1967–1971:	Landesvorsitzender der Jungen Union
1969:	stellvertretender CDU-Landesvorsitzender
1970–1974:	Kreistagsabgeordneter im Herzogtum Lauenburg (bis 1972 zugleich Kreisrat)
1971–1973:	Parlamentarischer Vertreter des Kultusministers und Regierungsbeauftragter für Jugend und Sport
1973-1979:	Vorsitzender der CDU-Landtagsfraktion
1973-1981:	CDU-Kreisvorsitzender im Herzogtum Lauenburg
1979:	Vom 1.1.–30.5. Finanzminister
1980:	Mitglied der Nordatlantischen Versammlung
1981–1982:	Vorsitzender der Innenministerkonferenz
1979–1982:	Innenminister
14.10.1982:	Ministerpräsident
1982/83:	Vorsitzender der Ministerpräsidentenkonferenz; Mitglied des Vorstandes der Hermann-Ehlers-Stiftung; Präsident der Stiftung Herzogtum Lauenburg; Landesvorsitzender des Deutschen Paritätischen Wohlfahrtsverbandes
25.9.1987:	Rücktritt von allen Ämtern
11.10.1987:	Barschel nimmt sich in einem Genfer Hotel das Leben

Allerdings ist die Affäre Barschel, Pfeiffer und Co. journalistisch umfassend dargestellt sowie juristisch und politisch weitgehend aufgeklärt. Im Unterschied zu fast allen anderen parlamentarischen Untersuchungsausschüssen, die von bundesrepublikanischen Parlamenten zur Aufklärung von Skandalen eingesetzt wurden, leistete der Kieler »Erste Parlamentarische Untersuchungsausschuss«, der sich mit der Barschel-Affäre befasste, eine sorgfältige Arbeit (vgl. Der Kieler Untersuchungsausschuss 1988a;

1988b). Diese blieb von Partei-Interessen weitgehend unbehelligt, auch wenn dem einstigen CDU-Obmann im Untersuchungsausschuss, Trutz Graf Kerssenbrock, sein Engagement für die schonungslose Aufklärung des Skandals bitter heimgezahlt wurde, als seine innerparteilichen Gegner ihm eine neuerliche Kandidatur für das Parlament verwehrten und ihn obendrein im April 1989 als Nestbeschmutzer aus dem Landesvorstand warfen (vgl. Skierka 1989, S. 342). Verschiedene Journalisten (Wessels 1988; Skierka 1989; Bölsche 1987; Pötzl 1988; Schnibben, Skierka 1988; Schmidt-Ospach 1989) haben den Gang der Ereignisse minutiös dargestellt und die Hintergründe aufgedeckt. Ihre Arbeiten haben aber weitgehend dokumentarischen Charakter und können nicht den Anspruch sozialwissenschaftlicher Analysen erheben. Allein Skierka (1989) und Schnibben, Skierka (1988) deuten einen psychoanalytisch inspirierten Gedanken an, indem sie zwei Abschnitte aus Otto Kernbergs *Borderline-Störungen und pathologischer Narzißmus* (1975) zitieren, mit deren Hilfe Barschel als »narzisstiche Persönlichkeit« eingeordnet wird. Ich komme darauf noch zurück. Bemerkenswert ist noch Horst-Eberhard Richters »Realsatire« *Die hohe Kunst der Korruption. Erkenntnisse eines Politikberaters* (1989), die auch als Reaktion auf die Barschel-Affäre verstanden werden kann. In einigen Passagen geht Richter direkt auf die Barschel-Affäre ein und präsentiert eine Reihe psychoanalytische Einsichten in die psychodynamischen Hintergründe der Korruption, die auch für das Verständnis der Affäre Barschel, Pfeiffer und Co. hilfreich sind. Nur der Vollständigkeit halber sei auch das Buch von Siegerist (1988) erwähnt, ein rechtsradikales Pamphlet eines mit Barschel befreundeten Journalisten, der Barschel glorifiziert und ihn zum Opfer eines Mordkomplotts stilisiert.

Hier soll nun der Versuch unternommen werden, die Affäre Barschel im Lichte psychoanalytischer Erkenntnisse zu betrachten. Meine Kenntnisse von Barschels Kindheit und seiner psychosozialen Entwicklung sind allerdings sehr beschränkt. Auch verfüge ich nicht über Eindrücke aus persönlichen Kontakten mit Barschel, seinen Angehörigen oder Kollegen. Alle meine Informationen beruhen allein auf den hier zitierten Publikationen und verschiedenen Fernsehberichten. Für eine psychoanalytische Untersuchung ist der Mangel an Erfahrungen aus einer direkten Beziehung mit dem »Analysanden« natürlich ein gravierender Nachteil, der allerdings teilweise durch den Vorteil aufgewogen werden mag, dass die Informationen, auf denen meine Analyse fußt, keinerlei Exklusivität für sich beanspruchen können, so dass der Leser alle meine Deutungsversuche nachvollziehen und auf ihre Stichhaltigkeit hin überprüfen kann.

Eine Karriere wie im Bilderbuch

»›Bist du eigentlich gläubig?‹
›Nicht so recht.‹
›Warum gehst du dann in die Kirche?‹
›Der Kinder wegen.‹
›Du meinst, sie haben etwas davon?‹
›Sie bekommen ein bißchen Moral mit.‹«

Irene Dische (1989): Fromme Lügen. Frankfurt (Eichborn), S. 222

Barschel war ein typisches Nachkriegskind. Im Mai 1944 wurde er in Glienicke bei Berlin zwischen zwei Luftangriffen geboren. Sein Vater, Heinrich Barschel, fiel noch im selben Jahr. Uwe lernte ihn nicht mehr kennen, doch in den Erinnerungen und Schilderungen seiner Mutter lebte er »als leuchtendes Vorbild für die Kinder« weiter (Wessels 1988, S. 15). Im Mai 1945 floh die hochschwangere Mutter, Marie-Elisabeth Barschel, mit Uwe und dem fünf Jahre älteren Bruder Eike nach Börnsen bei Hamburg. Man kroch zunächst bei ihren Eltern unter, und nach der Geburt von Uwes Schwester Folke zog die Familie in eine Baracken-Siedlung in Börnsen, in der Uwe bis zu seinem 18. Lebensjahr wohnte. Die Mutter hielt sich und ihre drei Kinder als Näherin und mithilfe einer kleinen staatlichen Unterstützung über Wasser und ermöglichte allen dreien ein Studium. Entsprechend der Philosophie der Wiederaufbau-Jahre sollten es ihre Kinder später einmal besser haben als sie. Das aber hieß: die Zähne zusammenbeißen, Leistung zeigen und sich mit Ehrgeiz und Ausdauer den Weg zum sozialen Aufstieg bahnen. Die Mutter erzog Uwe »zum Aufsteiger, zum ehrgeizigen Einzelkämpfer, der sich mal mit Ellenbogen, mal mit geschmeidiger Anpassung durchsetzt« (Pötzl 1988, S. 8). »Sein Klassenlehrer stöhnte häufig über Uwes Mutter, die ihm zusetzte, den Jungen stärker zu fordern« (Westernhagen 1989, S. 15). »Geben Sie ihm Druck!« soll Frau Barschel Uwes Klassenlehrer aufgefordert haben. Wie der Sohn des Klassenlehrers sich erinnert, war Frau Barschel dahinter her, »daß die beiden Söhne etwas lernten und nicht hängenblieben in der Schule, denn sie mußten vieles mit Fleiß kompensieren [...]« (zit. nach Breloer 1989a, S. 113). »Uwe war ein stilles, ernsthaftes Kind, das sich gewissenhaft seinen Schulaufgaben widmete und sich wunderte, wenn Nachbarskinder das nicht ebenfalls taten« (Westernhagen 1989, S. 10). Unter seinen Mitschülern war Uwe »selbst in der Clique der Börnsener Fahrschüler immer etwas isoliert« und er galt als »unauffällig, brav, sehr schüchtern«, war aber

Aufwachsen ohne Vater: Marie-Elisabeth, die Mutter Uwe Barschels , mit den drei Kindern Eike (rechts) – Industriemanager, Uwe (links) – ehemaliger Ministerpräsident, und Schwester Folke (Mitte) – Lehrerin.

bei den Lehrern wegen seines »angestrengten Fleißes« beliebt (ebd., S. 15). »Uwe Barschel und die große Anstrengung« – dieses Leitmotiv zieht sich durch viele Gespräche, die der Filmemacher Heinrich Breloer für seinen Fernsehfilm *Die Staatskanzlei* mit ehemaligen Klassenkameraden von Barschel geführt hat. Er wird als »Anzugkind«, »immer ordentlich, niemals ein Bier oder eine verbotene Zigarette nach der Schule«, charakterisiert. »Er musste immer um Anerkennung ringen, weil sie ihm nicht von selbst zufiel« (zit. nach Breloer 1989a, S. 113). Auch später im Studium wurde Barschel von seinen Kommilitonen als Student geschildert, »der stets in der ersten Reihe saß, begierig danach, zu lernen, aber auch danach, von seinen Professoren als eifriger Teilnehmer erkannt zu werden« (Wessels 1988, S. 15).

Noch während der Schulzeit nahm er an einem Rhetorik-Kurs teil, den der Deutschlehrer in Zusammenarbeit mit der Volkshochschule und der CDU durchführte. Daraufhin verbesserten sich seine Leistungen vor allem im Mündlichen. Als in seinem Wesen und seinem Auftreten völlig verändert erlebten ihn seine Mitschüler, nachdem er einen Lehrgang in einer professionellen Rednerschule in Hamburg besucht hatte. »Seinen Mitschülern erschien er von nun an offen ehrgeizig und in seinen politischen Äußerungen ungleich aggressiver als früher« (Westernhagen 1989, S. 15).

Barschels Ehrgeiz, eine politische Karriereleiter zu erklimmen, entwickelte sich schon in früher Jugend. Schon als Primaner gab er als Berufswunsch »Bundeskanzler« an. Mit 16 Jahren trat er der Jungen Union bei und verdiente sich dort sein Taschengeld, indem er CDU-Wahlplakate klebte. Mit 18 kandidierte er als Schulsprecher und setzte sich gegen seinen Konkurrenten, der ebenfalls der Jungen Union angehörte, durch, indem er diesen als homosexuell denunzierte. Uwes Mitbewerber brach weinend zusammen und zog seine Kandidatur zurück. Barschel wurde zum Schulsprecher gewählt. Offenbar bildete sich nicht nur Barschels Ehrgeiz, sondern auch seine perfide Rücksichtslosigkeit und seine Vorliebe für sexuelle Denunziationen schon frühzeitig heraus.

Im Eiltempo studierte er Rechtswissenschaften, Politologie, Volkswirtschaftslehre und Pädagogik. Bereits mit 26 Jahren promovierte er zum

Dr. jur., ein Jahr später zum Dr. phil. (Politologie). Seine zweite Dissertation befasste sich mit der »Stellung des Ministerpräsidenten von Schleswig-Holstein unter besonderer Berücksichtigung der Lehre von der Gewaltenteilung«. Nach dem Zeugnis aller, die ihn kennenlernten, galt er als »hochbegabter Kopf«, als »streitbarer Geist«, als »Senkrechtstarter« (Wessels 1988, S. 60), aber auch spöttisch als »Babyface« (Breloer 1989 a, S. 116), als »Baby Doc Doc« oder als »Django des Nordens« (Pötzll 1988, S. 9 f). Schon als 25-jähriger Student hatte er es zum stellvertretenden Landesvorsitzenden der CDU gebracht. Mit 27 Jahren zog er in den Kieler Landtag ein, führte mit 29 die CDU-Fraktion und wurde mit 35 Finanzminister im Kabinett Stoltenberg. Als Gerhard Stoltenberg 1982 als Finanzminister nach Bonn ging, betrachtete es der gerade 38-jährige Barschel denn auch als »pure Selbstverständlichkeit«, seinen Ziehvater zu beerben. »Stoltenberg konnte gar nicht umhin, seinen forschen und talentierten Zögling für die Nachfolge im Amt des Regierungschefs vorzuschlagen und keiner aus dem Partei-Establishment erhob Widerspruch« (ebd., S. 9). Ein halbes Jahr später ging Barschel als strahlender Sieger aus der Landtagswahl hervor, in der er mit 49 % der Stimmen die absolute Mehrheit der Landtagsmandate für die CDU errang. Eine unübersehbare Warnung erhielt er allerdings mit den Kommunalwahlen vom 2. März 1986, in denen die CDU 5,9% der Stimmen abgeben musste und die SPD mit Björn Engholm an ihrer Spitze 5,7% zulegte. Die bevorstehenden Landtagswahlen im September 1987 begannen Barschel zu beunruhigen. Sollte seine steile politische Karriere an dem Widersacher Engholm einen Knick bekommen, wo er doch noch so viel vorhatte? »1973, gerade zum Fraktionschef aufgerückt, antwortete er in einem Fernseh-Interview auf die Frage nach seinen weiteren Ambitionen: ›Vielleicht werde ich mal Präsident der Vereinigten Staaten von Europa‹.« (ebd., S. 10).

Im Übrigen hatte Barschel – ganz nebenbei – mit 29 Jahren die drei Jahre jüngere Fremdsprachen-Korrespondentin Freya Barschel, geb. von Bismarck, geheiratet und im Laufe der Jahre vier Kinder mit ihr gezeugt. Sie stammte aus einer verarmten Seitenlinie des Fürstengeschlechts. Immer wieder wurde darüber spekuliert, »welchen Anteil der Name Bismarck, der zumindest im südlichen Schleswig-Holstein alle Türen öffnet« (Wessels 1988, S. 15), an der Heiratsentscheidung Barschels hatte.

Das Drama des begabten Uwe Barschel und die Suche nach dem wahren Selbst

»Viele begabte Menschen leben völlig ahnungslos über ihr wahres Selbst, vielleicht verliebt in ihr idealisiertes, angepaßtes, falsches Selbst – es sei denn, die Depression signalisiert ihnen den Verlust.«

Alice Miller (1979): Das Drama des begabten Kindes und die Suche nach dem wahren Selbst. Frankfurt a. M. (Suhrkamp), S. 11

In den verschiedenen Stellungnahmen zur Persönlichkeit Uwe Barschels, die vor und nach seinem Tod von Journalisten, seinen Mitarbeitern und von Politikern abgegeben wurden, wird er übereinstimmend als ein Mann mit außergewöhnlichem Ehrgeiz, mit Selbstsicherheit im Auftreten und taktischem Geschick in der Durchsetzung seiner Interessen geschildert. Er erscheint als der Prototyp des strahlenden Siegers, des erfolgsverwöhnten Karriere-Menschen. Doch dieses Bild des Siegers kontrastiert merkwürdig mit der materiellen Ärmlichkeit, in der sein Leben begann und mit der psychischen, sozialen und moralischen Ärmlichkeit, in der sein Leben endete. In der Spannung dieser polaren Seiten seiner Persönlichkeit hat sich Barschels Leben bewegt. Wie Dörte von Westernhagen (1989, S. 11 f) vermutet, hängt sein außerordentliches Begehren nach gesellschaftlichem Aufstieg u. a. mit der Tatsache zusammen, dass er sehr unter dem Makel gelitten hat, in den ärmlichen Verhältnissen einer Baracken-Siedlung aufwachsen zu müssen. »Mit Beginn des Wirtschaftswunders haftete denen, die noch in der Baracke oder im Lager wohnten, ein Makel an, eine Mischung aus Untüchtigkeit und Assozialität. Sicherlich haben auch die Barschel-Kinder diese Art von Verachtung zu spüren bekommen« (ebd., S. 11).

Mit seiner unbändigen Großmannssucht versuchte Barschel, seine Unsicherheit und seine Schamgefühle zu übertünchen. »Zu Zeiten, als er schon in der Jungen Union war, nörgelte er an einem Eintopf, den es während einer Schulveranstaltung gab, mit der Bemerkung herum, bei ihnen in der Jungen Union gebe es zu solchen Gelegenheiten ein Schnitzel« (ebd., S. 12). Seine Sehnsucht, Zutritt zu den besseren gesellschaftlichen Kreisen zu erlangen, zeigte sich früh und sollte Erfüllung finden, u. a. indem er eine »von Bismarck« heiratete, im Hause von Karl Josef Ballhaus, Geschäftsführer des Shampoo-Herstellers Schwarzkopf, ein- und ausging und ihm seine politischen Ämter die Tore und Türen zur »besseren Gesellschaft« Schleswig-Holsteins öffneten. Doch verlangt seine Sehnsucht, von Lehrern, Vorgesetzten und anderen hochgestellten Persönlichkeiten besonders beachtet und bevorzugt zu werden, noch eine tiefergehende Erklärung als den Hinweis auf seine Scham über die Ärmlichkeit seiner sozialen Verhältnisse, denen er entstammte.

Barschel wuchs ohne Vater auf. Seine Mutter verzichtete darauf, sich einen neuen Partner zu suchen. Stattdessen brachte sie, ganz auf sich gestellt, ihre Kinder alleine durch. Sie zeigte sich zu jedem Opfer bereit, damit es ihre Kinder einmal besser haben würden als sie. Die teilnehmende Identifikation mit den schulischen, beruflichen und familiären Erfolgen ihrer Kinder entschädigten sie teilweise dafür, dass sie darauf verzichtet hatte, ihr eigenes Leben befriedigender zu gestalten. Insbesondere Uwe kam die Rolle zu, die Mutter über die materiellen und emotionalen Verluste, welche die Flucht mit sich brachte, den Tod ihres Mannes, den Verzicht auf eine neue Partnerschaft und ihre aufopferungsvolle Hingabe als Mutter hinwegzutrösten. Wie psychoanalytische und familientherapeutische Erfahrungen zeigen, benutzen Mütter, die ihren Partner verloren haben, sehr häufig eines ihrer Kinder, um sich über den erlittenen Verlust hinwegzutrösten. Und nicht selten entwickelt sich daraus eine symbiotische Beziehung, bei der dem Kind die dauerhafte Rolle des Gatten-Substituts zuwächst (vgl. Richter 1963). Doch stellt sich hier die Frage, warum nicht Uwes fünf Jahre älterer Bruder Eike die Aufgabe übernahm, die Mutter psychisch zu stabilisieren. In diesem Zusammenhang ist die Beziehung zwischen den beiden Brüdern interessant:

> »Das Verhältnis zu Bruder Eike soll seit jeher eher ambivalent als herzlich gewesen sein. Schon als Kind und als Jugendlicher behauptete sich der jüngere Uwe gegenüber dem älteren Eike als der ›Starke‹, der seinen Willen aufzuzwingen verstand. Im Glanze des bewunderten Uwe soll Eike meist im Schatten gestanden haben. Der junge Streber und Karrieremensch Uwe übertrumpfte den älteren Bruder auf den meisten Gebieten, so auch auf der akademischen Ebene. Er erwarb gleich zwei Doktortitel. Eike soll dies zwar nicht direkt zu spüren, wohl aber mehr oder weniger diskret zu fühlen bekommen haben. Im Laufe der Zeit, nachdem beide Brüder in beruflicher und sozialer Position waren, soll sich die Rivalensituation abgeschwächt haben. Ein herzliches Verhältnis soll aber nicht bestanden haben« (Mergen 1988, S. 51).

Uwes schon in der Kindheit entwickeltes Überlegenheitsgefühl gegenüber seinem Bruder lässt darauf schließen, dass sein Selbstbild, der Überlegene, der Stärkere, der Dominantere, der Bessere zu sein, von der Mutter stimuliert und tatkräftig unterstützt wurde. Vielleicht besetzte sie den kleinen Uwe in besonderer Weise emotional, weil er der letztgeborene Sohn war, bevor ihr Mann im Krieg starb. Ihre Tochter Folke, die erst nach dem Tod des Vaters zur Welt kam, zählte wahrscheinlich als Mädchen in den Augen der Mutter nicht so viel. So wurde Uwe im Gefühlsleben der Mutter zum

Stellvertreter des Vaters. Sie projizierte all ihre Bedürfnisse, Erwartungen und Hoffnungen auf diesen Sohn. Sie suchte sich keinen neuen erwachsenen Partner, sondern organisierte sich Uwe als Partner-Substitut. Die folgende Szene symbolisiert das Verhältnis zwischen Uwe und seiner Mutter:

> »Während seiner Regierungszeit hat er sich häufig vor der Springer-Presse in dem Gutsherren-Ambiente seiner Möllner Villa präsentiert oder auf dem Herrenhaus Steinhorst. Darunter sind auch Bild-Reportagen, die ihn in der Halle des herrschaftlichen Anwesens zusammen mit seiner Mutter zeigen. Er hält sie im Arm, ganz der beschützende Sohn. Das Bild sagt: ›Wir haben es geschafft‹« (Westernhagen 1989, S. 12).

Uwe wurde mehr und mehr zum Ersatz des Vaters bei der Mutter. Dass er dabei Bruder Eike und Schwester Folke ausstechen musste, kümmerte ihn wenig. Die Mutter wünschte es ja so. Also entwickelte er keine Schuldgefühle. Sein eigenes Rechtsempfinden blieb unterentwickelt und sollte ihm auch im späteren Leben nicht als Richtschnur zur Verfügung stehen. Die Protegierung durch die Mutter, ihre Vergünstigungen und Verherrlichungen korrumpierten Uwes kindliches Ich und Über-Ich. Bald glaubte er selbst, dass er wirklich so grandios sei, wie er den Äußerungen der Mutter zu entnehmen glaubte. Er phantasierte sich aus, dass er wirklich ein vollwertiger Ersatz für den Vater sei, ihn gar übertreffe – schließlich lebte er ja, während der Vater tot war. Doch all diese grandiosen Illusionen konnten seine tiefen Selbstzweifel letztlich nie ganz übertönen, weil er doch immer nur der »hochgepriesene Lückenbüßer« (Eckstaedt 1989, S. 283) blieb. Indem die Mutter ihn verwöhnte, bewunderte und überschätzte, überforderte sie ihn gleichzeitig und untergrub damit sein natürliches Selbstbewusstsein, das seinem Entwicklungsstand angemessen gewesen wäre. Wie von einer Droge wurde er abhängig von der Bewunderung seiner Mutter und seiner Mitmenschen. Diese Spannung zwischen abgewehrten tiefen Selbstzweifeln und den manifesten Größenphantasien machen den Kern der narzisstischen Persönlichkeitsstörung aus, wie sie von Kernberg (1975) beschrieben wird:

> »Narzißtische Persönlichkeiten fallen auf durch ein ungewöhnliches Maß an Selbstbezogenheit im Umgang mit anderen Menschen, durch ihr starkes Bedürfnis, von anderen geliebt und bewundert zu werden, und durch den eigenartigen (wenn auch nur scheinbaren) Widerspruch zwischen einem aufgeblähten Selbstkonzept und gleichzeitig einem maßlosen Bedürfnis nach Bestätigung durch andere. Ihr Gefühlsleben ist seicht; sie empfinden wenig Empathie für die Gefühle anderer und haben – mit Ausnahme von Selbstbestätigungen durch andere Menschen oder eigenen Größenphantasien – im Grunde sehr wenig Freude am Leben; sie werden rastlos und leiden unter Langeweile, sobald die äußere Fassade ihren Glanz verliert und momentan keine neuen Quellen der Selbstbestätigung mehr zur Verfügung stehen. [...]

> Narzißtische Persönlichkeiten passen sich typischerweise an die moralischen Maßstäbe ihrer Umwelt konformistisch an, und zwar hauptsächlich aus Angst vor den Angriffen, denen sie sich sonst aussetzen müßten, aber auch weil sie dieses Maß an Unterwerfung gerne leisten, wenn ihnen dafür Ruhm und Anerkennung winkt. Dennoch fühlen sich solche Menschen – auch wenn sie sich in Wirklichkeit nie manifest antisozial verhalten haben – häufig als Schwindler und halten es für möglich, dass sie durchaus auch ein Verbrechen begehen könnten, ›wenn sie nur sicher wären, damit durchzukommen‹« (ebd., S. 267).

Barschel machte von Beginn seines Lebens an die Erfahrung, dass er »durchkam« mit seiner Prahlerei und Hochstapelei. Er stach den toten Vater, den älteren Bruder und die Schwester in der Gunst der Mutter aus. Als angepasster Streber versuchte er sich bei den Lehrern einzuschmeicheln. Und als er seine Hochstapelei schließlich auf das Fundament einer professionellen Rhetorik-Schulung stellen konnte, begann er, alle noch vorhandenen Selbstzweifel konsequent zu unterdrücken, um nur noch seinem grandiosen Selbstkonzept zu huldigen. Wie sehr er gleichzeitig das missbrauchte Kind blieb, das die Mutter für ihre narzisstischen Bedürfnisse ausbeutete, dem jede Möglichkeit verweigert wurde, ein eigenes »wahres« Selbst zu entwickeln, gerät dabei leicht aus dem Blickfeld. Barschel war zeitlebens

> »mit Leib und Seele damit beschäftigt, die Bewunderung zu bekommen [zu verdienen]. Darin äußert sich seine quälende Abhängigkeit. Das Trauma der Kindheit wird wiederholt: Er ist immer das von der Mutter bewunderte Kind, aber zugleich spürt er, daß, solange seine Eigenschaften bewundert werden, er doch nicht als der, der er jeweils ist, geliebt wird. [...] Im Wiederholungszwang sucht er unersättlich die Bewunderung, die ihm doch nie genügt, weil Bewunderung mit Liebe nicht identisch ist. Sie ist eine Ersatzbefriedigung für das unbewußt gebliebene primäre Bedürfnis nach Achtung, Verständnis, Ernstgenommenwerden« (Miller 1979, S. 69f).

Den Verherrlichungen und Vergünstigungen, die er erfuhr, haftete etwas Schales an. Er blieb eben ewig der Ersatzmann. Von Anfang an steckte er gleichsam in den für ihn zu groß geratenen Stiefeln des Vaters. Seine Rolle gestattete ihm nicht, seine kindlichen Bedürfnisse nach Liebe, Zuwendung und Anlehnung auszuleben, sondern förderte einseitig seinen kindlichen Narzissmus und seine Größenphantasien, ja diese Rolle zwang ihn geradezu, sein Selbstgefühl gigantisch aufzublähen, um in die Stiefel hineinzuwachsen, die ihm emotional doch immer zu groß bleiben sollten. Um die Rolle einzunehmen, die ihm seine Mutter unbewusst zugedacht hatte, nämlich den Vater zu ersetzen und die Familienehre zu retten, musste der kleine Uwe zum Gernegroß, zum Streber, zum Aufschneider und Hochstapler werden. So verwundert es nicht, dass Barschels Biographie erstaunliche Parallelen aufweist zu den Lebensgeschichten von Hochstaplern, wie sie in der psychoanalytischen Literatur u.a. von Abraham (1925), Eckstaedt (1989) und Richter (1989) geschildert wurden.

Wenn Uwe den Impuls verspürte, sich von der Mutter abzusetzen, um wirklich selbständig zu werden, regten sich bei ihm sofort Trennungsängste und Schuldgefühle, hatte ihm seine Mutter doch oft genug vermittelt, wie wichtig er für sie war. Seine Verantwortlichkeit lastete schwer auf ihm und zwang ihn immer wieder zurück in die enge Beziehung zur Mutter. Wenn er sich ihr jedoch unterworfen hatte, fühlte er sich schwächlich, kontaktarm, frustriert und überbehütet und eine tiefe Scham zerfraß sein Selbstbewusstsein. Aus diesem »Dilemma zwischen Trennungsschuld und Abhängigkeitsscham« (vgl. Wurmser 1981, S. 315) suchte er zu entkommen, indem er sich in grandiose Phantasien flüchtete und die Kränkungen und Erniedrigungen, die er selbst erleiden musste, anderen aktiv zufügte. Indem er andere verachtete, demütigte, denunzierte, verletzte und erniedrigte, konnte er verleugnen, wie sehr er sich selbst schämte ob seiner Schwäche, Abhängigkeit und Kleinheit.

Der Absturz

Eine psychologisch aufschlussreiche Episode in Barschels Leben ist der Absturz mit einem kleinen Privatflugzeug am 31. Mai 1987, 19 Wochen vor seinem Suizid. Wie durch ein Wunder konnte er sich als einziger der vier Insassen aus dem brennenden Wrack retten.

> »Er löst den Gurt, stolpert hinaus, läßt sich fallen, kriecht weg, soweit es geht durch das feuchte Gras. [...] Etwa 40 m vor dem brennenden Wrack [wird er] entdeckt. Als erstes verlangt er eine Decke, weil es kalt ist im Gras. Später streitet er ab, unter Schock gestanden zu haben« (Wessels 1988, S. 11).

Es drängt sich die Frage auf, wie Barschel die Konfrontation mit dem Tod verarbeitet und welche Rolle der Flugzeugabsturz in seiner Biographie gespielt hat. Unter psychoanalytischen Gesichtspunkten ist der Umstand bedeutsam, dass das Fliegen von jeher als Inbegriff narzisstischer Grandiosität gilt. Man denke nur an den von Michael Balint (1959) beschriebenen Typ des »Philobaten«, dessen Welt sich aus »sicherer Distanz und Fernsicht« aufbaut und der den »thrill« genießt, sich in luftigen Höhen und »freundlichen Weiten« zu bewegen. Heinz Kohut (1977, S. 105) versteht Flugphantasien und Flugträume als Ausdruck der Strebungen des Größen-Selbst, das Träger und Antrieb der Ambitionen ist. Bereits kennengelernt haben wir die charakteranalytische Fallstudie *Der Flieger* in der Hermann Argelander (1972) die Geschichte eines narzisstisch gestörten Patienten schildert, dessen Analyse an seinem narzisstischen Charakterpanzer und an der Verquickung zwischen den narzisstischen Größenphantasien und den sozialen Gratifikationen, die diese Größenphantasien bestätigten, scheiterte.

Doch betrachten wir zunächst Barschels Verhalten in der Phase der Genesung nach dem Absturz. Der Journalist Herbert Wessels (1988, S. 84), der Barschel drei Wochen nach dem Absturz im Krankenhaus besuchte, schreibt:

> »Meinen Fragen nach den seelischen Folgen der Todesnähe ist er ausgewichen. Öffentlich beteuerte er, in Zukunft werde er mehr Menschlichkeit walten lassen. Doch innerlich brannte er auf den Wahlkampf; und als er endlich wieder in der Arena stand, zeigte sich, daß er in der Seele – leider – unverletzt geblieben war.
> Zwölf Wochen nach dem Absturz – ein ›normaler‹ Patient wäre gerade auf dem Weg von der Klinik in ein Sanatorium gewesen – saß ich mit ihm in einer Maschine des Typs, in der neben ihm drei Menschen gestorben waren. ›Was soll schon sein?‹ hatte er gesagt, als ich ihn zwei Tage vorher gebeten hatte, mitfliegen zu dürfen. ›Ich steig' ein und flieg' los. Das ist alles.‹ Ich meine, zu Beginn des Fluges bei ihm so etwas wie Angst bemerkt zu haben. Darauf angesprochen, winkte er ab. Erinnerungen an die letzten Sekunden vor dem Absturz wollte er allenfalls gelten lassen, aber Angst? Iwo!« (Wessels 1988, S. 84).

Bei genauer Betrachtung entpuppen sich Barschels Schocklosigkeit nach dem Absturz und seine Angstlosigkeit beim nächsten Flug jedoch als Schutzbehauptungen, als pure Verleugnungen. Wie die Ermittlungen der Staatsanwaltschaft nach seinem Tod ergaben, betrieb der Ministerpräsident bereits seit Anfang der achtziger Jahre chronischen Medikamentenmissbrauch mit dem Tranquilizer Tavor, unter anderem, um seine Flugängste zu handhaben.

> »Der früheste Hinweis findet sich auf einer Krankenkarteikarte eines Nervenarztes in Mölln. Unter dem Datum 4.2.80 steht die Eintragung ›Angstsymptomatik beim Fliegen‹. Vom 3. April 1980 an verschrieb der Arzt dem prominenten, einflußreichen Patienten fast regelmäßig jeden Monat einmal 50 Tabletten Tavor à 2,5 mg. Bis zum 1. Oktober 1987 kamen allein aus dieser Praxis 74 solcher Rezepte mit insgesamt 3.670 Tavor-Pillen« (Wessels 1988, S. 90).

Und in einem Brief an seine Chef-Sekretärin Brigitte Eichler vom 6. Oktober 1987 schreibt Barschel:

> »Ich hatte Angst vor dem Flug. Aber zusammen mit meiner Frau geht es besser als ich dachte. Der liebe Gott bestimmt ja doch alles. Was er wohl noch alles mit uns vor hat?« (zit. nach Wessels 1988, S. 71).

Das Eingeständnis der Flugangst fünf Tage vor seinem Tod ist schwer zu beurteilen: Ist Barschel wirklich für einen Moment weich geworden und hat sich seiner Sekretärin geöffnet und anvertraut oder ist auch dieses Eingeständnis von Schwäche nur Taktik und hohle Phrase, wie die Berufung auf seine Frau und den »lieben Gott«, der ja doch alles bestimme, vermuten lässt? Wie dem auch sei, sicher ist, dass Barschel unter Ängsten litt, diese aber nicht zulassen konnte, sondern mit Medikamenten, Forschheit und rücksichtsloser Selbstdisziplin (vgl. ebd., S. 25) bekämpfte. Wie viele narzisstisch gestörte Persönlichkeiten weist auch Barschel

> »in angsterregenden Situationen oft ein erstaunliches Maß an Selbstbeherrschung auf, so daß auf den ersten Blick leicht der Eindruck einer sehr gut entwickelten Angsttoleranz entsteht; bei genauerer analytischer Untersuchung zeigt sich jedoch, daß diese Angsttoleranz nur um den Preis gesteigerter narzißtischer Größenphantasien und eines Rückzugs in eine Art von ›splendid isolation‹ aufrechterhalten werden kann und jedenfalls nicht als Ausdruck einer authentischen Fähigkeit zur Meisterung realer Gefahrensituationen anzusehen ist« (Kernberg 1975, S. 264).

Barschel erinnert mich an eine psychotische Patientin, die einen selbstmörderischen Sprung von einem Hochhaus überlebte, weil sie in einem Baum landete. Die anschließende stationäre psychotherapeutische Behandlung gestaltete sich deshalb ausgesprochen schwierig, weil der Größenwahn der Patientin, ihre Vorstellungen, unsterblich, einzigartig und grandios zu sein, durch dieses ganz und gar unglaubliche Erlebnis des Überlebens eine Stütze in der Realität gefunden hatte. Vielleicht erging es Barschel so ähnlich und der Absturz stimulierte seine Unsterblichkeitsphantasien, so dass er sich fragte: »Was kann mir, der ich als Einziger dem Tod von der Schippe gesprungen bin, eigentlich noch Schlimmes im Leben passieren?«

Doch mit seinem suchthaften Verlangen nach Erfolg und Bewunderung verdeckte Barschel nur seine ängstliche Seite. Der Überflieger Barschel musste immer wieder zu neuen Höhenflügen durchstarten, um sich seiner Großartigkeit zu vergewissern, weil er sonst unerträglichen Ängsten ausgesetzt gewesen wäre, nämlich fallengelassen zu werden und abzustürzen. Ich vermute bei Barschel eine durch frühe Traumatisierungen hervorgerufene Urangst vor dem Fallengelassen-Werden und dem Abstürzen, die er durch die Aufrichtung eines »grandiosen Selbst« (Kohut 1971) abwehrt und über eine Identifikation mit dem Aggressor in eine aktive Handlung, andere fallenzulassen, verwandelt.

Aufschlussreich ist in diesem Zusammenhang auch die weitere Symptomatik, die ein anderer behandelnder Arzt im Juli 1983 in seiner Akte notierte:

»Schlafstörungen, morgendliche Antriebstörungen, starker Wechsel der Symptome, hat gastrointestinale Symptome, Leeregefühl im Kopf, insbesondere nach längerem Lesen. [...] Vitalitätsstörung temporär. Ehefrau hatte an larvierte Depression gedacht. Zunächst Versuch mit Tavor 2 x 1 mg, Tavor war bereits früher von ihm getestet worden« (zit. nach Wessels 1988, S. 91).

Tatsächlich erhellen diese Hinweise einen wesentlichen Zug in Barschels Persönlichkeitsstörung, die sich auch unter dem Bild einer larvierten oder latenten Depression beschreiben lässt. Zwar kommt die verschleierte depressive Symptomatik in Barschels Erleben nie voll zur Geltung, doch weisen die Flugängste, die Schlafstörungen, der chronische Tranquilizer-Missbrauch, der nach einem psychiatrischen Gutachten 1987 »besonders ausgeprägt war« (ebd., S. 94) und schließlich sein Suizid auf die latente depressive Seite hin. Mit Hilfe einer hypomanischen Abwehr gelingt es Barschel, seine ängstlich-depressiven Seiten in der Latenz zu halten. So liest sich denn auch der Bericht über eine ausführliche analytische Feldstudie an Depressiven, die 1954 von Cohen, Fromm-Reichmann und Mitarbeitern in Amerika durchgeführt wurde, geradezu als Steckbrief der Barschel-Familie:

»Alle Patienten stammten aus Familien, die sich sozial isoliert und in ihrer Umgebung wenig geachtet vorkamen. Sie setzten daher alles ein, um durch Konformität und besondere Leistungen ihr Prestige bei den Nachbarn zu erhöhen. In diesem Streben wurde dem später erkrankten Kind eine besondere Rolle zugedacht. Es hatte die Familienehre zu garantieren und wurde nur insoweit geliebt, als es, kraft besonderer Fähigkeiten, Begabungen, seiner Schönheit etc., in der Lage war, die familiären Idealforderungen zu erfüllen. Wenn es dabei versagte, wurde es mit totaler Kaltstellung, Verbannung aus dem Familienverband und der Gewissheit bestraft, tiefe Schande über seine Leute gebracht zu haben. [...] Den Autoren fiel auf, dass ihre Patienten die komplexen Charakter der Menschen verleugnen mußten, daß sie in ihren Beziehungen alles schwarz-weiß erlebten. Dies führten sie darauf zurück, daß die Patienten als Kinder ganz besondere Mühe gehabt hatten, die stark auseinanderweisenden Aspekte ihrer Mütter zu integrieren. [...] Diese Patienten wuchsen extrem vereinsamt auf, sie erlebten ihre Eltern als machtvolle Wesen, die andauernd durch gutes Betragen besänftigt werden mußten. Sie standen ständig unter dem Druck der Verantwortung für den guten Ruf ihrer Familie« (Eicke-Spengler 1977, S. 1104f).

Barschel zeigte sein ganzes Leben die »so gut bekannte tüchtige, verantwortungsbewusste und freundliche Fassade der Anpassung« (ebd., S. 1105), hinter der er seine tiefe Einsamkeit, Depression, Angst und Verzweiflung zu verbergen trachtete.

Seine psychische Krankheit besteht geradezu in der Unfähigkeit, krank zu sein, der Unfähigkeit zu leiden, zu trauern, Angst zu empfinden und eigene Schwächen zuzulassen. Er leidet – einer Formulierung von Horst-

Eberhardt Richter (1974) folgend – an der »Krankheit, nicht leiden zu können«. Kaum, dass es seine physischen Kräfte wieder zuließen, stürzte er sich in den Wahlkampf. Er war nicht fähig, aus eigener Kraft der »Droge Politik« zu entkommen, »weil auch er offenbar zu jenen Technikern der Macht gehörte, denen es, wenn sie Amt und Einfluß einbüßen, so ergeht wie dem Mann, der seinen Schatten verloren hat« (Bölling 1987, S. 21). Noch im Krankenhaus

> »läßt er sich mit Akten bedienen, wird einer Sekretärin ein Arbeitszimmer in der Klinik eingerichtet, hat der Regierungschef klargemacht, daß er jetzt nur ein Ziel verfolgt: so schnell wie möglich wieder auf die Beine zu kommen. Am 13. September geht es bei der Landtagswahl um die absolute Mehrheit seiner Partei« (Wessels 1988, S. 13).

Medienträchtig zeigte sich der noch bettlägerige Regierungschef im Kreise seiner Familie den Pressefotografen. Nach seiner Genesung empfing Barschel viele Reporter und Fotografen.

> »Er spricht oft von Gott, beantwortet sich selbst die Frage ›warum habe gerade ich überlebt?‹ damit, daß es in Gottes Plan einen Sinn gebe, den ein Mensch nicht notwendig verstehen müsse. Geduldiger, dankbarer, bescheidener, gelassener sei er in dem Bewußtsein geworden, daß ihm das Leben ein zweites Mal geschenkt worden sei, sagt Barschel allen, die es nur zu gerne hören wollen. Gleichzeitig aber läßt er keinen Zweifel daran, daß seine Kampfeslust ungebrochen ist. Diesen einschneidenden Moment der Todesnähe zu nutzen, um dem Leben einen anderen Sinn zu geben, gehört nicht zu seinen ernsthaften Überlegungen« (Wessels 1988, S. 19f).

Und sein Parteifreund Henning Schwarz sagte in einem Fernsehinterview (allerdings erst im Nachhinein), er habe Barschel diese neue Nachdenklichkeit nicht als wirkliche Veränderung abgenommen, sondern an der professionellen Art, mit der er diesen Schicksalsschlag in seine Image-Pflege eingebaut habe, erkannt, dass er im Grunde der Alte geblieben sei. Er habe Barschel in der »vorgeschobenen Larve wiedererkannt«. Henning Schwarz: »Ich habe für mich subjektiv gesagt, der Barschel macht da eine ganz eindrucksvolle Attitüde, aber seinen Kern hat das nicht erreicht« (zit. nach Breloer 1989b, S. 206).

Diese glatte Funktionstüchtigkeit, die charakterliche Rigidität, die Unbeirrbarkeit bei der Verfolgung ehrgeiziger Ziele, die Unberührbarkeit selbst durch Ereignisse, die andere Menschen zutiefst erschüttern, gehört auch zu den Haupthindernissen für eine erfolgreiche psychotherapeutische Behandlung narzisstisch gestörter Persönlichkeiten. So betont Kernberg (1975), dass es narzisstischen Persönlichkeiten häufig gelingt, sich

»vor den schmerzlichen Erfahrungen, wie tiefere Gefühlsbeziehungen sie mit sich bringen, zu schützen« (S. 285f), indem sie sich innerlich

> »aus allen Beziehungen heraushalten. [...] Und was den Krankheitsgewinn anbelangt, so bringt die komplette charakterliche ›Isolierung‹, mit der sie sich vor jeder bedeutungsvollen zwischenmenschlichen Beziehung schützen, Vorteile mit sich, die sie nur schwer aufzugeben bereit sind« (ebd., S. 285).

Dies gilt insbesondere dann, wenn sich der Narzisst in »Lebensumständen von außergewöhnlichem narzisstischen Befriedigungswert« (ebd., S. 293) – wie es die Position eines Ministerpräsidenten zweifellos darstellt – befindet.

> »Verfügt ein Patient zum Beispiel über reichlich Gelegenheit, Macht- und Geltungsbedürfnisse auszuagieren, so beeinträchtigt das die Prognose erheblich, denn er hat womöglich in seinem Beruf und seinen sozialen Beziehungen bereits eine derartige Machtposition erreicht, dass ihm seine Haltung als ›völlig normal‹ erscheint und es von daher außerordentlich schwierig wird, diese Form ›chronischen Agierens‹ analytisch überhaupt noch in Frage zu stellen« (S. 293).

Für Barschel gilt das gleiche wie für Argelanders *Flieger*, der

> »aufgrund der sozio-ökonomischen Sonderstellung die Möglichkeit [hat], seine Neurose funktional so unterzubringen, daß sie ihm Gewinn bringt, [...] ein Mehr an menschlichen Kontakten, Liebesfähigkeit und Vertrauen, kann deshalb nicht als verlockend erlebt werden« (Cremerius 1979, S. 29).

Biedermann und die Brandstifter

Zu den perfidesten Unternehmungen, die Barschel plante, gehörten die Aids-Anrufe.

> »Die ›schmutzigste Aktion, die wir je gefahren haben‹, wollte Reiner Pfeiffer eigentlich für sich behalten. Doch auf Umwegen kam auch diese Geschichte im Untersuchungsausschuß ans Licht. [...]
>
> Denn Engholm erzählte, es müsse Mitte Februar gewesen sein, daß bei ihm ein ›Dr. Wagner‹ angerufen und ihm mitgeteilt habe, er leide an einer ›tödlichen Krankheit‹.
>
> Pfeiffer bestätigte gegenüber der Deutschen Presse-Agentur, daß er jener ›Dr. Wagner‹ gewesen sei. Im Februar habe Barschel ihn beauftragt, dem SPD-Politiker als der SPD ›sehr nahe‹ stehender Arzt mitzuteilen, ein todgeweihter Aids-Patient habe ausgesagt, er sei auch mit Engholm zusammengewesen. Mehr zu sagen, verbiete die ärztliche Schweigepflicht. Pfeiffer: ›Das Geschlecht des Patienten sollte ich dabei teuflischerweise offenlassen.‹

Pfeiffer vor dem Untersuchungsausschuß: »Unsere schmutzigste Aktion«

Nach Pfeiffers Darstellung ist Barschel auf die Aids-Anrufe gekommen, nachdem er in einer Illustrierten eine Reportage über Aids gelesen hatte. Um ›Engholm unter Nerventerror zu setzen‹, sollte der Aids-Verdacht auch in die SPD und in die Presse lanciert werden. Dazu habe Barschel Briefpapier und -umschläge der SPD-Fraktion beschaffen lassen und ein Schreiben an den SPD-Landesvorsitzenden Günther Jansen entworfen, in dem ein ›besorgter Genosse‹ das Gerücht verbreitete, Engholm sei ›möglicherweise mit Aids infiziert‹.

Daß Barschel an dieser Aktion wirklich beteiligt war, ist außer durch Pfeiffers Aussagen nicht belegbar. Nur eine Merkwürdigkeit gibt zu dem Verdacht Anlaß, daß Barschel eine bestimmte, auch zeitliche Strategie im Sinn gehabt haben könnte: [...] Am 18. Februar [...] formulierte der Regierungschef eigenhändig eine Presseerklärung, die noch am selben Tag unter der Überschrift ›Uwe Barschel – bester Schutz gegen Aids ist Vertrauen in der Partnerschaft‹ veröffentlicht wurde. Darin heißt es unter anderem: Es ist wichtig, daß öffentliche Information und unverkrampfte Aufklärung bis in die Familie hinein stattfindet. Ich warne jedoch davor, daß das Aids-Problem rein mechanisch behandelt wird, indem überwiegend Informationen darüber verbreitet werden, wie sich jeder einzelne gegen Aids schützen kann. Diese wichtigen Informationen sind aber nur die eine Seite des Problems. Jetzt kommt es darauf an, die Diskussion stärker auf den Gesichtspunkt einer Besinnung auf verhaltens-ethische Grundsätze in der Partnerschaft abzustellen. Der beste Schutz gegen Aids ist Vertrauen in der Partnerschaft« (Wessels 1988, S. 134ff).

In dieser Aktion wird Barschels charakterliche Deformation besonders deutlich: diese merkwürdige Liason zwischen abgrundtiefem Hass, engherzigem Neid, Rachsucht und Eifersucht einerseits sowie Moralität und Gottesfurcht andererseits. Worauf gründet jener Zusammenhang von Ressentiment und Moral, der das gesamte Verhalten Barschels durchzieht, mag es sich um einen seiner »schmutzigen Tricks«, seinen als Mord inszenierten Suizid oder um eine seiner salbungsvollen Reden handeln? Seine »verhaltens-ethischen Grundsätze« und die ihnen zugrunde liegenden Wertvorstellungen sind vom Geist des Ressentiments durchtränkt, so wie er umgekehrt seine Gefühlswelt, die vorwiegend von narzisstischen Bedürfnissen wie Geltungssucht, Neid, Rachgier und Eifersucht bestimmt ist, immer hinter einer Maske der Unschuld und der biedermännischen Moralität zu verbergen sucht. Betrachten wir uns diese Verbindung aus Gottesfurcht, Moralität und tief verwurzelten Vorurteilen, Feindbildern und Ressentiments, die offenbar sowohl in Barschels seelischem Haushalt als auch im psychosozialen Gefüge des ihn umgebenden politischen Milieus der Schleswig-Holsteiner CDU und der Kieler Staatskanzlei eine wichtige Rolle spielten, im Folgenden einmal genauer:

Unter Ressentiment wird hier eine ganz spezifische Form des Feindbildes verstanden. Im Unterschied zu Begriffen wie Vorurteil, vorgefasste Meinung, Feindbild, Groll usw. ist das französische Wort *Ressentiment* ausdrucksvoller. Es deutet an, dass sich hinter der vorgefassten Meinung tief sitzende Affekte verbergen, die dem Vorurteil immer wieder neue Nahrung geben. Der Philosoph Max Scheler hat das Ressentiment als eine »seelische Selbstvergiftung« beschrieben, »die durch die systematisch geübte Zurückdrängung von Entladungen gewisser Gemütsbewegungen und Affekte entsteht«. Ihm liegen »Rachegefühle, Neid, Scheelsucht, Hämischkeit, Schadenfreude und Bosheit« zugrunde, doch führen diese nur dann zur Ressentimentbildung, wenn »ein noch ausgeprägteres Bewusstsein der Ohnmacht ein solches Handeln oder einen solchen Ausdruck hemmt« (Scheler 1915, S. 38–41). Sich auf Scheler beziehend, betont der Psychoanalytiker Léon Wurmser, der sich in seinen beiden Büchern *Flucht vor dem Gewissen* (1987) und *Die zerbrochene Wirklichkeit* (1989) intensiv mit dem Affekt und der Haltung des Ressentiments beschäftigt hat, dass das Ressentiment »immer auch die Überzeugung [beinhaltet], daß einem Unrecht geschehen ist«.

Die Demoskopen sagten für die am 13. September 1987 anstehende Landtagswahl in Schleswig-Holstein ein Kopf-an-Kopf-Rennen zwischen Barschel und dem SPD-Spitzenkandidaten Engholm voraus. Der mögliche Verlust von Amt und Würde, von Macht und Ansehen, bedrohte Barschel mit unerträglichen Gefühlen von Angst und Leere. Würden ihn seine Wählerinnen und Wähler fallenlassen oder würde er nochmals ihre Gunst erringen können? So wie er – nach meiner Konstruktion – als Kind der Liebe seiner Mutter nie ganz sicher sein konnte, war er sich später der Gunst seiner Wählerschaft zutiefst unsicher und fühlte sich doch ganz und gar existenziell auf sie angewiesen. Um sein aufgeblähtes Größen-Selbst unter Dampf zu halten, benötigte er ständig die unmittelbare Resonanz eines applaudierenden Publikums, so wie er früher die Aufmerksamkeit, die Vergünstigungen und die Bewunderung seiner Mutter nur für glänzende Leistungen erlangen konnte, für die er eigentlich noch zu klein war. Die seinem Alter und seiner Rolle als Sohn unangemessenen Erwartungen seiner Mutter, die dem kleinen Uwe unbewusst die Rolle als Partnersubstitut aufoktroyierte, zwangen diesen, seine Leistungen hochstaplerisch aufzublähen, um der Mutter zu gefallen und ihren Rollenerwartungen gerecht zu werden. Ewig blieb er der selbstunsichere Möchte-Gerne-Groß, der

Hochstapler, der Ehrgeizling, der Streber, den seine Kommilitonen in ihm sahen (vgl. Wessels 1988, S. 15), der seine Minderwertigkeitsgefühle durch Gefallsucht und Großmannsgehabe übertünchte, der aber beständig fürchtete, die Mutter würde ihm letztlich doch einen erwachsenen Partner, nämlich den Vater, vorziehen.

> »Will man den seit Jahren umlaufenden Gerüchten glauben, hat Barschel Engholm gehaßt, weil er ganz einfach und ganz allgemein eifersüchtig war. [...] Engholm konnte überzeugend und norddeutsch bedächtig von politischer Kultur reden, die dem Lande fehle. Vor allem aber: Engholm sah gut aus. Engholm konfrontierte Barschel mit der Gefahr, daß die weiblichen Wähler ihre Sympathien von ihm und seiner Partei ab- und Engholm zuwandten« (Wessels 1988, S. 17).

Auf die Herausforderung seines Konkurrenten Engholm reagierte Barschel mit einer dramatischen Re-Inszenierung des ödipalen Konfliktes, die zugleich merkwürdig skurril und realitätsunangemessen wirkte. Er schüttete Gift und Galle über seinem Rivalen Engholm aus, bezichtigte ihn, homosexuell, sexuell ausschweifend und aids-infiziert zu sein und den sexuellen Missbrauch von Kindern nicht mehr juristisch bestrafen zu wollen. Doch einer wirklichen und direkten Auseinandersetzung mit Engholm wich er ängstlich aus. Barschel ist der Typ des ödipalen Siegers, der am schwachen oder nicht vorhandenen Vater vorbei die Mutter erobert, sich dieses Sieges aber nicht wirklich erfreuen kann, da zum einen die ödipale Rivalität mit dem Vater umgangen wurde und deshalb im Konkurrieren mit männlichen Rivalen keine Kompetenz erworben werden konnte und da zum anderen das Misstrauen zeitlebens bleibt, ob der geschenkte Sieg nur auf einer zweiten Wahl der Mutter beruhte. Wie Anita Eckstaedt in ihrer Arbeit über die *Psychoanalyse von Hörigkeitsverhältnissen* schreibt, ist ganz deutlich,

> »daß Hochstapelei die Anmaßung der Identität des Vaters oder eines älteren Bruders ist, einer distinguierten, berühmten Person, die symbolisch getötet oder ihres größten Schatzes, des Rufes, ihrer Wohlhabenheit und ihres Erreichten beraubt wird. Beim weiteren Forschen wird sichtbar, wie sehr dieser Kampf im Dienste der Vermeidung einer echten libidinösen Besetzung steht und damit endet, daß ein Königsmantel wie eine illusorische Anmaßung von Macht umgeworfen wird. Es bedarf wirklich keiner besonderen Anstrengung im Hinsehen um das Ziel zu erkennen, die Aufmerksamkeit oder die Vergünstigungen der Mutter zu erwirken« (1989, S. 271).

Dieser Widerspruch zwischen Sein und Schein, zwischen Wirklichkeit und Fälschung, zwischen hochstaplerischer Behauptung eines Verfügen-Könnens über wunderbare Macht und der tatsächlich erlebten Ohnmacht, kennzeichnet auch den Selbstwertkonflikt des Hochstaplers Barschel. Äußerlich die Selbstsicherheit in Person war er innerlich von tiefen Selbstzweifeln geplagt. Er hatte kein Vertrauen in die Überzeugungskraft seiner eigenen Leistungen als Ministerpräsident, mochte er auch noch so ausgiebig das Wort Vertrauen im Munde führen. Zutiefst misstrauisch gegen Gunsterweisungen aller Art blieb er auch misstrauisch gegen die Gunst der Wählerinnen und Wähler.

Trotz seiner beispielslosen politischen »Blitzkarriere« nagten an ihm die Selbstzweifel und der beißende Neid auf alle Menschen, die mehr innere Freiheit, mehr Gefühle und tragfähigere Beziehungen zu anderen Menschen entwickeln konnten, als das Barschel je vergönnt war. Unbewusst spürte er seine innere Leere, die Hohlheit seiner Phrasen und er beneidete speziell Engholm um dessen innere Ruhe und Ausgeglichenheit.

> »Björn Engholms Wahlkampf dagegen zeigt selbst in der Schlußphase nicht die Spur von Hektik. Verschmitzt lächelnd, immer aufs Neue mit einer seiner Pfeifen hantierend, zieht er durchs Land, sagt hier ein paar nette Worte und diskutiert dort etwas intensiver mit Leuten, von denen er vorher und nachher weiß, daß sie ihn nicht wählen werden.
> Er will sich nicht kaputtjagen lassen. Selbst als Uwe Barschel wieder in der Arena steht, als Engholms Mitarbeiter zu drängen beginnen, daß von einem, der auszieht, Regierungschef zu werden, ein wenig mehr Kampfgeist erwartet werde, bleibt der SPD-Spitzenkandidat nach außen hin gelassen. Lautsprecherbatterien auf Marktplätzen meidet er zugunsten von Sommerfesten und kleinen Sälen. Wenn er dann noch neben Günther Grass sitzen und in aller Beschaulichkeit über sein Lieblingsthema, die politische Kultur, fabulieren kann, ist er's offenbar zufrieden« (Wessels 1988, S. 28).

Während Barschel einen so hohen persönlichen Preis für den Erfolg bezahlen musste, schien Engholm die Anerkennung in den Schoß zu fallen. Trotz einer politischen Karriere mit ihren Höhen und Tiefen konnte Engholm offenbar seine Menschlichkeit und Selbstzufriedenheit bewahren. Darum beneidete und hasste ihn Barschel. Indem er Engholm die tödliche Immunschwächekrankheit Aids andichtete, externalisierte er die tödliche Krankheit, an der er selbst litt: die »seelische Selbstvergiftung des Ressentiments« (Max Scheler). Das Ziel seiner Attacken bestand in der psychischen Vernichtung des Rivalen, dem er das rauben wollte, was er selbst nie erfahren durfte: Liebe und erfüllte Sexualität. In Barschels Phantasie, Engholm sei aidskrank, offenbaren sich seine Mordphantasien und sein Rachebedürfnis für die narzisstischen Kränkungen, das Unrecht, das er selbst als Kind erleiden musste. In einer perversen Verkehrung aller menschlichen Beziehungen und Werte versucht Barschel das ihm zugefügte Unrecht auszugleichen.

> »So steht hinter dem Ressentiment das Gefühl der Erniedrigung und des einem zugefügten Unrechts. Von seinen Gründen abgelöst, wird dieses Gefühl der Scham zu einem zerfressenden, zersetzenden Gift. Wer von ihm erfüllt ist, schreit nach Rache

und Wiedergutmachung. Sein Neid will es so, dass die Beschämung nur dadurch wieder auszulöschen ist, daß jeder, der mehr hat und mehr ist und mehr darf, herabgesetzt und beseitigt wird, ›als könnte jeder nur am Platz des anderen Befriedigung verworrener Wünsche finden‹« (Wurmser 1989, S. 163).

Im Grunde muss sich Barschel als ein armes Würstchen gefühlt haben, das glaubte, gegen den in sich ruhenden Engholm nicht ankommen zu können. Doch um dieses tiefe Minderwertigkeitsgefühl in sich zu bekämpfen, projizierte er alle seine negativen Seiten, aber auch alle die Seiten, die er für Schwäche hielt und die doch seine Menschlichkeit hätten begründen können, auf seinen Rivalen. Indem er Engholm als homosexuell denunzierte, verleugnete er seine eigene Vatersehnsucht; indem er Engholm ein »ausschweifendes Liebesleben mit dem anderen Geschlecht« andichtete, tötete er alle eigenen Bedürfnisse nach einer intensiven Liebesbeziehung in sich ab. »Der Mann hatte sich selbst in ein Gefäß gestopft, das Politik heißt. Der Mann hatte Komplexe gegenüber allem, was unverkrampft ›menschlich‹ war. Der Mann war dermaßen bemüht, erfolgreich zu sein, daß er einem leid tun konnte« (Wessels 1988, S. 85). Der brennende Eifer, mit dem Barschel seinen Konkurrenten verfolgte und ihn psychisch vernichten wollte, lässt ahnen, wie verzweifelt und einsam er sich in Wahrheit selbst fühlte und wie stark seine Sehnsucht gewesen sein muss, ein Quäntchen von der inneren Ruhe zu spüren, die Engholm ausstrahlte. Die Diskrepanz zwischen seiner zur Schau gestellten Korrektheit, Kälte, Härte, Konsequenz, seinem Ehrgeiz und Machtstreben und der schüchtern verborgenen Sehnsucht nach Zärtlichkeit und Geborgenheit, d.h. seine narzisstische Zerbrechlichkeit, müssen auf viele seiner Mitmenschen sogar einen besonderen Reiz ausgeübt haben, und sie mitbewogen haben, ihm so lange ihren Glauben zu schenken. Ein solch sensibler, zerbrechlicher und verletzlicher Mensch wie Barschel konnte doch unmöglich all die schamlosen und ehrlosen Aktionen initiiert haben, die Pfeiffer ihm vorwarf.

Das Barschel-Pfeiffer-Syndrom Phase 1: Die glückselige Phase einer narzisstischen Kollusion

Durch die Art seiner Einstellung in der Kieler Staatskanzlei war Pfeiffer von vornherein definiert als »Mann fürs Grobe«, als Mann ohne eigene Ansprüche, als einer, der sich einspannen ließ für Barschels skrupellose Pläne. Der Springer-Konzern hatte sich Pfeiffer gekauft und verschenkte bzw. verlieh ihn für begrenzte Zeit an die Kieler Staatskanzlei. Insofern musste sich Barschel auf seinen Medienberater gar nicht als eigenständige Person, als gleichberechtigten Vertragspartner einstellen, sondern konnte sich berechtigt fühlen, sich seiner in rein funktionaler Form zu bedienen. Dessen finanzielle Ansprüche hatte Springer bereits abgegolten. Ansonsten war Pfeiffer als prinzipienloser und damit vielseitig verwendbarer Mann anzusehen. Er hatte sich durch Springers Vermittlung und dank seiner Bereitschaft, sich für schmutzige Dinge herzugeben, prostituiert und Barschel setzte ihn dementsprechend skrupellos ein. Der Ehrgeiz Pfeiffers, seine Rücksichts- und Gewissenlosigkeit schienen Barschel ein Garant dafür zu sein, dass Pfeiffer ihm in blinder Ergebenheit folgen würde, wie auch immer die Aufträge lauten sollten.

In ihrer psychischen Struktur sind sich Barschel und Pfeiffer sehr ähnlich. Beide sind narzisstische Persönlichkeiten, die sich in ihren Beziehungen zu anderen Menschen parasitär und ausnutzend verhalten. Wie bei narzisstischen Persönlichkeiten charakteristisch, nahm Barschel »gewissermaßen für sich das Recht in Anspruch, über andere Menschen ohne jegliche Schuldgefühle zu verfügen, sie zu beherrschen und auszunutzen« (Kernberg 1975, S. 262), um Pfeiffer in dem Moment, in dem er ihn nicht mehr brauchte, fallenzulassen »wie man eine Zitrone ausquetscht und den Rest wegwirft« (ebd., S. 268).

> »Der anpassungsfähige, gern zu Autoritäten aufblickende und bisweilen servile Pfeiffer, der den ›MP‹, wie Barschel sich nennen ließ, mit viel Achtung und Bewunderung umschmeichelte und gleichzeitig ein Stück rauhe Wirklichkeit und Abenteuer in das sterile Leben Barschels trug« (Skierka 1989, S. 339),

nahm sich Barschel zum bewunderten Idol. Zunächst behagte es Pfeiffer offenbar, mit Barschel zusammenzuarbeiten. Da war zum einen die satte Abfindung des Springer-Verlages, zudem vergrößerte sich Pfeiffers Selbstwertgefühl unter dem Eindruck, von dem großen und mächtigen Barschel gebraucht und sogar gemocht zu werden. Bereits als er noch auf Honorarbasis bei der Landesregierung in Kiel für »die Medienbeobachtung mit dem Aspekt der publizistisch-psychologischen Beratung« eingestellt war, »habe er ›ein paar persönliche Kontakte‹ mit Barschel gehabt, ›der mich offensichtlich sehr gern leiden mochte‹« (Wessels 1988, S. 143). Pfeiffer fühlte sich durch Barschel aufgewertet. Die Beziehung zwischen beiden wurde durchaus eng. Beide hatten sich als Folge ihres wechselseitigen funktionalistischen Ausbeutungsverhältnisses in größte Abhängigkeit voneinander begeben. Mit der Zeit wusste man ja auch viel voneinander. Barschel gebrauchte Pfeiffer als Werkzeug für seine Machenschaften; Pfeiffer gebrauchte Barschel, um sein mangelhaftes Selbstwertgefühl aufzupolieren.

Beziehungsdynamisch lässt sich das Verhältnis zwischen Barschel und Pfeiffer als narzisstische Kollusion beschreiben, wie sie aus der Psychotherapie von Paarkonflikten bekannt ist (vgl. Willi 1975). Barschel nimmt in dieser Beziehung die Rolle des Narzissten, Pfeiffer die Rolle des Komplementärnarzissten ein.

> »Der Komplementärnarzißt ist im Grunde auch narzißtisch strukturiert, aber mit umgekehrten Vorzeichen. Da, wo der Narzißt nur sich selbst bewundern lassen will, will der Komplementärnarzißt sich ganz für den anderen aufgeben. Da, wo der Narzißt sein Selbstgefühl erhöhen will, will sein Partner auf sein eigenes Selbst verzichten, um das Selbst eines anderen zu erhöhen, mit dem er sich identifiziert. Da, wo der Narzißt voller Angst vor der Verschmelzung mit einer Beziehungsperson ist, hat sein Partner den Wunsch, ganz im anderen aufzugehen. Beide weisen die gleichen Grundstörungen auf, nämlich ein schlecht konfiguriertes, in seiner Abgrenzung gefährdetes und als minderwertig empfundenes Selbst. Nur die Abwehrform oder die Art, zu versuchen, mit diesem schlechten Selbst zurechtzukommen, ist verschieden. Der Narzißt versucht sein schlechtes Selbst durch den Partner aufzuwerten, der Komplementärnarzißt dagegen sucht sich ein idealisiertes Selbst bei einem anderen zu entlehnen« (ebd. S. 77).

Barschel sprach auf den komplementär-narzisstischen Pfeiffer an, weil er von diesem bewundert wurde und weil ihm vor allem wichtig war, »dass er seinerseits auf Ansprüche und autonome Initiative des Partners keine Rücksicht nehmen musste« (ebd. S. 78). Und umgekehrt suchte sich Pfeiffer in dem »MP« ein Objekt, das er idealisieren und auf das er sein eigenes Ich-Ideal projizieren konnte, um sich dann mit diesem zu identifizieren und sich auf diesem Wege der »projektiven Identifikation« ein akzeptables Selbst zu entlehnen. Pfeiffer erlebte sich vorübergehend als Teil des bewunderten Barschel, wie sich in seiner phantastischen Selbstüberschätzung, nach der gewonnenen Wahl Innenminister zu werden, deutlich zeigt.

Zunächst gestaltete sich die Beziehung Barschel-Pfeiffer für beide Seiten also höchst befriedigend. Die Radikalität, Kompromisslosigkeit, Unerschrockenheit und Gewissenlosigkeit, mit der Barschel seine Feinde, insbesondere Engholm, bekämpfen wollte, imponierten Pfeiffer als Festigkeit, Führungsstärke und Siegesgewissheit. Er sah in dem »MP« eine väterliche Führerfigur, in deren Dienst er sich ohne jeden Vorbehalt stellte. Er ließ sich faszinieren von dem messianischen Eifer und der zynischen Rücksichtslosigkeit, mit der Barschel in einen »heiligen Krieg« gegen Engholm ziehen wollte. Dass Barschel tatsächlich die Heiligkeit auf seiner Seite wähnte, wird in einem Gespräch mit seiner Sekretärin Brigitte Eichler deutlich, in dem er sie zu einer Falschaussage verleitete. Frau Eichler schilderte diese Situation vor dem Untersuchungsausschuss später so: »Im Zusammenhang mit meiner Weigerung fragte er mich, ob ich religiös sei. Daraufhin entgegnete ich: ›Religiös wohl nicht, aber ich glaube an Gott.‹ Daraufhin sagte er: ›Ja, wollen Sie denn, dass die SPD an die Macht kommt?‹« (Wessels 1988, S. 169). Daraufhin unterschrieb Frau Eichler die von Barschel vorbereitete eidesstattliche Erklärung, in der sie versicherte, sie, nicht der Ministerpräsident, habe den Zeitpunkt für die Überprüfung des Diensttelefons festgelegt, bei der eine Wanze entdeckt werden sollte, die Barschel als Opfer einer von der SPD inszenierten Observation erscheinen lassen sollte.

»Der im Auftreten gehemmte, in seinen Zielen unbändig ehrgeizige und – von irgendwelchen inneren Überzeugungen unabhängig – geltungssüchtige Reiner Pfeiffer« (ebd. S. 43) folgte als blind ergebener Jünger seinem ihm omnipotent erscheinenden Führer. Pfeiffer fand in Barschel ein idealisiertes Ersatz-Selbst. Er fühlte sich glücklich, dem idealisierten Narzissten Barschel dienen zu dürfen.

Auf der anderen Seite fand Barschel in Pfeiffer einen kompromisslosen Bewunderer, den er nicht als eigenständiges Individuum, sondern als willenloses Werkzeug, als »narzisstisches Objekt«, als eine Erweiterung seines eigenen Selbst, als jemanden, der sein Selbst auffüllte, ergänzte, schmückte und erhöhte, wahrnahm (vgl. Willi 1975, S. 67). Barschel erfuhr in der Idealisierung und der Ergebenheit Pfeiffers eine willkommende Steigerung seiner Grandiositätsphantasien.

Die »Seilschaft« Barschel-Pfeiffer schien sich in idealer Weise zu ergänzen. Obwohl sich die beiden gerade erst kennen gelernt hatten, entwickelte sich schnell ein kumpelhafter Umgangston miteinander:

> »Seinen Medienreferenten [...] ruft der Ministerpräsident oft zu sich in sein Amtszimmer ›dreimal in der Woche‹, schätzen seine Vorzimmerdamen Brigitte Eichler und Ilona Oberstein, ›manchmal sogar mehrmals täglich‹, sagt Pfeiffers Sekretärin Jutta Schröder. Dabei werden nicht nur Fragen der Öffentlichkeitsarbeit besprochen. Barschel hat Pfeiffer von seinem Bandscheibenleiden berichtet, und auch in solchen

Dingen weiß der neue Gehilfe Rat: Sie machen miteinander Bodengymnastik [...] angeblich beinahe jeden Morgen zehn Minuten lang. ›Wir ziehen uns die Jacken aus‹, erzählt Pfeiffer, ›legen uns auf den Boden und machen Rolle, den Rücken fest andrücken und sowas. Und morgens, wenn ich ihn sehe, frage ich ihn: Haben Sie schon Ihre Rückenübungen gemacht? Und er sagt: Jawohl, Herr General. Wenn er die Übungen vergessen hat, drohe ich ihm im Spaß: Wenn Sie das jetzt nicht machen, muß ich Ihre Frau anrufen. Das ist schon ein kameradschaftliches Verhältnis.‹ Einmal liegen sie nebeneinander auf dem Boden des Dienstzimmers, als unvermittelt die Chefsekretärin Brigitte Eichler eintritt. Beim Anblick der beiden Männer macht sie erschrocken auf dem Absatz kehrt« (Pötzl 1988, S. 47f).

Barschel-Sekräterin Brigitte Eichler vor dem Untersuchungsausschuss.

Frappierend ist die große körperliche und emotionale Nähe zwischen den beiden, ist uns Barschel doch bislang als ein Mann begegnet, der zu anderen Menschen eine große Distanz aufrechterhielt. Er galt als kalt, distanziert und berechnend und sein Bemühen, ein »Politiker zum Anfassen« – wie er sich gerne nannte – zu sein, wirkte unecht, seine Demonstration von Volksverbundenheit und »Normalität« aufgesetzt.

»Normal ist, daß er auf einer Fete ›so 'ne Dicke‹ betanzt und sich begeistert, er habe ›diesen Schweißgeruch gern‹, obwohl mitreisende Journalisten (›spröde und scheu übte er Hautkontakt‹) es ganz anders beobachtet haben. ›So unter Kameraden zu sein‹, schwärmte er bei einem Feuerwehrball, gehöre für ihn seit jeher ›zum schönsten‹, und jeder der Umstehenden spürt, daß seine Geselligkeit Ausdruck eines kühl kalkulierten ›human touch‹ ist« (ebd. S. 7).

Übereinstimmend wird in beiden Szenen die nur leicht kaschierte Frauenverachtung Barschels deutlich. Frauen erscheinen in Barschels Phantasie entweder als unappetitliche »Dicke«, die nach Schweiß stinkt, oder als strenge Mutterfigur, bei der er angeschwärzt werden könnte; bestenfalls konnte er die Frauen erschrecken und in die Flucht schlagen – wie seine Sekretärin. Die Vertraulichkeit, in der die beiden Männer miteinander verkehrten, wirkt aufgesetzt und unangemessen. Sie erinnert an einen Ausspruch Nietzsches, wonach derjenige, der »die Vertraulichkeit mit einer anderen Person geflissentlich zu erzwingen sucht, gewöhnlich nicht sicher darüber [ist], ob er ihr Vertrauen besitzt. Wer des Vertrauens sicher ist, legt auf Vertraulichkeit wenig Wert« (Nietzsche 1878, S. 302). Die beiden Männer verwechselten Vertrauen mit plumper Vertraulichkeit, weil keiner von ihnen wusste, was eine vertrauensvolle Beziehung ausmacht. Es war ihnen klar, dass sie etwas voneinander wollten, aber da keiner von ihnen fähig war, Vertrauen zu empfangen oder auch Vertrauen zu schenken, suchten sie in der Vertraulichkeit Zuflucht. Auch in seinem Bestreben, das Vertrauen der Wähler zu erringen, machte Barschel einen verkrampften und beflissenen Eindruck. So sehr er sich auch anstrengte, seine Volksverbundenheit wirkte immer gekünstelt.

Die Gymnastik-Szene beleuchtet noch einen Aspekt von Barschels Persönlichkeit, der bislang völlig verborgen geblieben ist: Mit dem männlichen Kumpel Pfeiffer konnte er – zumindest in der Anfangsphase ihrer Beziehung – relativ unverkrampft umgehen. Sie scherzten, machten »Lockerungsübungen« und kamen sich auch körperlich nahe. Barschel hat hier tatsächlich etwas Jungenhaftes, Kindlich-Naives, auch Unbekümmertes und Spontanes, was man bei ihm sonst gänzlich vermisst. Seinem Fahrer scheint er sich von dieser Seite leichter gezeigt zu haben, wie aus dessen Bemerkungen vor dem Untersuchungsausschuss hervorgeht (vgl. Breloer 1989b, S. 167). Und auch Wessels (1988, S. 84) meint, gelegentlich sei ihm Uwe Barschel so vorgekommen »wie ein Junge, der seine Mutproben bestehen zu müssen glaubt, um beim Indianerspielen als Häuptling anerkannt zu werden«. Im Kontakt mit Pfeiffer jedenfalls verzichtete Barschel auf Etikette und Jackett und legte sich auf den Boden seines sonst zu Höherem geweihten Dienstzimmers: »Hier, empfange ich Besucher, verleihe Orden, arbeite weg« (Barschel zit. nach Pötzl 1988, S. 47). Die Gymnastik-Szene vermittelt den Eindruck einer euphorischen Stimmung zwischen den beiden, eines narzisstischen Zustandes von Gleichklang mit Auflösung von Ich-Grenzen und Über-Ich-Strukturen, eines kollektiven Hochgefühls, eines ozeanischen Festes, kurz: einer emotionalen Gestimmtheit, die dem Zustand der Verliebtheit eigen ist. Die beiden wirken wie ein verliebtes Paar, das sich selbst genügt. Pfeiffer erfüllt die entscheidende Bedingung, die es Barschel ermöglicht, eine so nahe, ja intime, Beziehung einzugehen und ihn seine übliche kühle Distanziertheit vergessen lässt. Pfeiffer ist ihm hörig und ergeben, zu totaler Hingabe – bis zur Selbstverleugnung – bereit. Pfeiffers rückhaltlose Anpassungsbereitschaft nimmt Barschel für kurze Zeit seine Beziehungs- und Berührungsängste und euphorisiert ihn. Normalerweise steht Barschel nämlich – wie alle narzisstisch gestörten Persönlichkeiten – in allen seinen engen Beziehungen zu Frauen und auch zu Männern vor einem schier unlösbaren Dilemma:

> »Seiner Meinung nach gibt es in der Liebe nur zwei Möglichkeiten: Entweder man gibt sich für den Partner auf oder der Partner gibt sich für einen auf. Es ist ihm unvorstellbar, jemanden lieben zu können, ohne daß einer von beiden auf seinen Standpunkt, seine Meinung und seine Ansprüche zugunsten des anderen verzichten muß. Es ist ihm unvorstellbar, daß man sich hart auseinandersetzen und Meinungsverschiedenheiten aufrechterhalten kann, ohne daß deswegen die Liebe in die Brüche geht. Für den Narzißten kann eine intensive Liebesbeziehung nur das totale Einswerden, die Verschmelzung, die völlige Konkordanz sein. Eine solche Verschmelzung muß aber für ein derart ungesichertes Selbst eine schwere Bedrohung sein« (Willi 1975, S. 72f).

Dies sollte sich später noch erweisen, als die Beziehung zwischen beiden zerbrach. Zunächst aber bildeten sie eine narzisstische Union, die ihnen ein »ozeanisches Glücksgefühl, einen Urzustand, der durch keine Subjekt-Objekt-Spaltung getrübt wird« (ebd. S. 69), bescherte.

Die Exklusivität seiner Beziehung zu Barschel schmeichelte Pfeiffers Selbstbewusstsein. Stolz berichtete er im Januar 1987 seiner Tochter, »dass er ›als Außenstehender schon bald näher an dem Ministerpräsidenten dran‹ sei ›als dessen offizieller Regierungssprecher‹« (Pötzl 1988, S. 48). Wie Georg Simmel in seinem Essay *Psychologie der Diskretion* (1906) schreibt, bildet die Ehre – auf die Barschel so großen Wert legte – eine »ideelle Sphäre« um jeden Menschen, »in die einzudringen den Persönlichkeitswert des Individuums zerstört« (S. 151).

> »Dem ›bedeutenden‹ Menschen gegenüber besteht ein innerer Zwang zum Distanzhalten, der selbst im intimen Verhältnis mit ihm nicht ohne weiteres verschwindet und der nur für denjenigen nicht vorhanden ist, der kein Organ zur Wahrnehmung der Bedeutung hat. [...] Darum ist alle Zudringlichkeit mit einem auffallenden Mangel an Gefühl für die Bedeutungsunterschiede der Menschen verbunden« (S. 152).

Pfeiffer hat weder ein Empfinden für Diskretion, d.h. für das »seelische Privateigentum, in das einzudringen eine Lädierung des Ich in seinem Zentrum bedeutet« (S. 152), noch hat er ein sicheres Gefühl für seine eigene und für Barschels gesellschaftliche Bedeutung und Position. Eben deshalb ist er nicht nur schamlos, indiskret und distanzlos bei der Ausführung seiner »Aufträge«, sondern auch im Umgang mit seinem Auftraggeber.

Dessen Persönlichkeit ist jedoch ebenfalls durch eine Nähe-Distanz-Problematik gekennzeichnet. Aufgrund seiner narzisstischen Kontaktstörung fühlt sich Barschel nie spontan anderen Menschen nahe. Er neigt deshalb zur Distanzlosigkeit, wenn er auf einen Menschen triff, der sich ihm anbiedert und ihm menschliche Nähe verspricht, ohne Verpflichtungen eingehen zu müssen. Wie Max Weber in *Politik als Beruf* (1919) ausführt, stellt Distanzlosigkeit »eine der Todsünden jedes Politikers« (ebd., S. 74) dar. Weber hält die Fähigkeit zum »*Augenmaß*«, das heißt die Fähigkeit, »die Realitäten mit innerer Sammlung und Ruhe auf sich wirken zu lassen, also: der *Distanz* zu den Dingen und Menschen« für »die entscheidende psychologische Qualität des Politikers« (S. 74). Wer für Diskretion und Distanzhalten kein Gefühl hat, dürfte nicht nur Probleme haben, sich vor schlechter Gesellschaft zu hüten, sondern er wird nur allzu leicht Opfer seiner *Eitelkeit,* die Weber als »die Todfeindin aller sachlichen Hingabe und aller Distanz, in diesem Fall: der Distanz sich selbst gegenüber« (S. 74) bezeichnet. Max Webers drastische Formulierungen, sein zweifacher Gebrauch der Todesmetapher in diesem thematischen Zusammenhang, zeigt an, wie ernst es ihm mit dieser »entscheidenden psychologischen Qualität des Politikers« ist. Und das Schicksal des Politikers Uwe Barschel bestätigt Max Webers These, dass ein Politiker, der nicht über Augenmaß und Distanz zu den Dingen, den Menschen und nicht zuletzt zu sich selbst verfügt, bei Strafe des Todes scheitern muss – im buchstäblichen Sinn.

An der Gymnastik-Szene wird noch eine weitere Dimension der Beziehung zwischen Barschel und Pfeiffer deutlich: die latente homosexuelle und sadomasochistische Komponente. Die beiden scherzen miteinander, sie kommen sich körperlich nahe, sie wälzen sich auf dem Boden, sie machen sich über die Frauen lustig, sie schließen die Frauen aus, sie erschrecken die Frauen, und in einer sadomasochistischen Umkehr ihrer realen Positionen macht der »MP« seinen Medienberater zum General, vor dem er strammsteht.

Barschels Verlangen nach Standfestigkeit ist Ausdruck seines Wunsches nach einem strukturierenden väterlichen Phallus, der vor Regression, Depression und Angst schützen soll. Indem er mit Pfeiffer die Rückenübungen auf dem harten Boden macht, gibt er seinem Rückgrat, das er um seiner Karriere willen ständig verbiegen musste, und das ihn deshalb schmerzt, Halt und Struktur (vgl. Canzler 1990). Unbewusst erhoffte sich Barschel von seinem Medienreferenten eine »Rückenstärkung«. Barschel war sicherlich nicht manifest homosexuell, jedenfalls gibt es darauf keinerlei Hinweise, aber er hat einen passiv-femininen-masochistischen Charakter (vgl. Eckstaedt 1989, S. 269). Er kämpfte gegen seine latente, massiv abgewehrte Homosexualität an und projizierte diese auf Engholm, so wie er es schon früher mit einem Rivalen in seiner Schulzeit getan hatte.

Barschel und Pfeiffer hingen gemeinsamen Tagträumen nach, deren Inhalte von pubertären Lausbubenstreichen über Vorstellungen eigener Grandiosität bis hin zu perversen Phatasien reichte. Beispielsweise sponnen sie sich aus, Barschels Popularität zu erhöhen, indem sie ihn als wagemutigen und aufopferungsvollen Lebensretter präsentieren wollten. Der Plan sah Folgendes vor: »Der Referent soll angeblich ›ein Kind ins Wasser stoßen‹, wenn Barschel an der Förde spazierengeht. Als geübter Wettkampfschwimmer will der Ministerpräsident ins Wasser springen und das Kind rausholen« (Pötzl 1988, S. 86). Einen anderen Plan hecken die beiden auf einem Spaziergang am Schmalsee nahe Mölln aus. Laut Pfeiffer habe Barschel »laut überlegt, ob es sinnvoll sei, wenige Wochen vor der Wahl eine Scheinentführung zu inszenieren. Pfeiffer könne ihn ja bei einem seiner Spaziergänge an einen Baum binden, mit Äther betäuben und ein ›RAF‹-Schild um den Hals hängen« (Wessels 1988, S. 145).

Beide Pläne wurden nicht realisiert. Sie charakterisieren aber die gemeinsame Phantasiewelt, in die sich das Duo hineinsteigerte und in der sich beide wechselseitig maximale narzisstische Bestätigung spendeten. In beiden Tagträumen ist symptomatisch, dass der Narzisst Barschel die Rolle des strahlenden Helden, der alle Gefahren meistert, innehat, während die Aktivität des Komplementärnarzissten Pfeiffer dienender Art ist und im Dunkeln bleiben muss.

Das Barschel-Pfeiffer-Syndrom Phase 2: Die Beziehungskrise

Zur Krise zwischen Barschel und Pfeiffer kam es – musste es kommen – weil die Eintracht zwischen den beiden zu überstürzt, zu distanzlos und mit zu überspannten Erwartungen zustande gekommen war. Nach der Phase schwärmerischer Harmonie, gemeinsamer Bodengymnastik und der Begeisterung über die teuflischen Pläne, die man gemeinsam ersonnen und die Pfeiffer umzusetzen hatte, begann sich erste Ernüchterung breit zu machen. Wie in vielen Liebesbeziehungen, die durch eine zu rasche Verschmelzung der Partner und die Ausklammerung all der Aspekte, »die das Eins-Werden mit dem Liebesobjekt beeinträchtigen und trüben könnten« (Willi 1975, S. 75), gekennzeichnet sind, reduzierte sich auch in der Beziehung zwischen Barschel und Pfeiffer der narzisstische Auftrieb. Die belebende Spannung verflog. Der Mangel an wirklicher Wärme und Zuneigung ließ Öde und Langeweile in der Gefühlsatmosphäre zwischen den beiden aufkommen. Zudem erwiesen sich die Aktionen gegen Engholm allesamt als Fehlschläge: Die Steuer-Denunziation entpuppte sich als haltlos. Das auf Engholms Privatleben angesetzte Detektivbüro brachte keine ausschlachtbaren Hinweise über Engholms Sexualleben. Barschel habe darauf mit Enttäuschung reagiert: »Das ist ja sehr traurig. Aber unter diesen Umständen blasen Sie die Observation ab« (Barschel zit. nach Wessels 1988, S. 115). Und auch die weitere Steigerung der Infamie, nämlich die Aids-Anrufe Pfeiffers und die anonymen Briefe auf gestohlenem SPD-Briefpapier brachten nicht die erhoffte Resonanz: »Als weder aus der SPD noch aus der *Bild*-Zeitung eine Reaktion erfolgt sei, habe der Ministerpräsident, so Pfeiffer, wütend zu ihm gesagt: ›Warum wird das nichts? Sie sind doch von Springer!‹« (ebd. S. 136).

Barschel begann mehr und mehr von Pfeiffer abzurücken und die bisher ausgeklammerten belastenden und nachteiligen Seiten seines Partners wahrzunehmen.

Natürlich blieb auch dem feinfühligen Pfeiffer nicht verborgen, dass sich die Beziehung des Ministerpräsidenten zu ihm abzukühlen begann. In einem »glühenden Bekenntnis zu Uwe Barschel« (Pötzl 1988, S. 86f) versuchte er, das Steuer herumzureißen und die Beziehung zu retten. Sein Brief vom 24. April 1987 beginnt mit den Worten: »Sehr geehrter Herr Ministerpräsident, da ich persönlich – politisch und menschlich – daran interessiert bin, daß Sie nach dem 13. September dieses Jahres Ministerpräsident bleiben, möchte ich Ihnen einige Verbesserungsvorschläge unterbreiten« (zit. nach Wessels 1988, S. 154). Nachdem sich Pfeiffer durch die Eingangsfloskeln bei Barschel eingeschmeichelt hat, geht er forsch auf das altbewährte Muster über, die Einheit mit Barschel wiederherzustellen, indem er alle inneren Spannungen und Aggressionen auf Dritte – Außenstehende – ablenkt. Ohne Rücksicht auf Verluste denunziert er Minister und Staatssekretäre Barschels und beschwört das Prinzip unnachsichtiger Härte:

> »Die Ihnen unterstellten Minister agieren zu autonom und nicht selten gegen die von Ihnen vertretenen Interessen. Sie müssen deshalb schärfer an die Kandarre genommen werden. Es geht nicht an, daß sich beispielsweise der Innenminister vorschnell und ohne psychologische Analyse […]« (Pfeiffer zit. nach Wessels 1988, S. 154).

Pfeiffers Brief stellt ein bemerkenswertes Gemisch aus »Anbiederung«, »ungeschminkter Offenheit und verletzender Überheblichkeit« (Pötzl 1988, S. 87ff) dar, das als symptomatisch für die sadomasochistische Struktur in seiner Beziehung zu Barschel angesehen werden muss. Man kann seinen Brief als einen »glühenden Liebesbrief auf sadomasochistisch« bezeichnen, denn er ist ganz darauf angelegt, Barschel wieder in die sadomasochistische Beziehung mit ihm zu locken. Indem er die Barschel unterstellten Minister und Staatssekretäre herabsetzt, greift er auf kaum verhüllte Weise auch den Ministerpräsidenten selbst an. Er maßt sich an, den Ministerpräsidenten zu belehren, beschwört das sadistische Instrument der Kandarre, um sich dann selbst als omnipotenter Alleskönner anzudienen, der »Vorbeugungstherapie« und »Prophylaxe« ebenso beherrscht wie die »geschickt dosierte« Veröffentlichung von »Negativ-Meldungen nach dem Flucht-nach-vorn-Prinzip«. Auf unterwürfig-anbiedernde Art bietet er seine Dienste bei der Erledigung von »vertraulichen Recherchen-Aufträgen«, bei denen »der normale Dienstweg absolut unzureichend ist« (Pfeiffer zit. nach Wessels 1988, S. 55), an. Pfeiffer schließt seinen Brief mit den Worten: »Sehr geehrter Herr Ministerpräsident, ich bin bereit, für Sie und Ihren Wahlsieg bis zum Umfallen zu kämpfen. Um dies optimal zu erreichen, wünsche ich mir allerdings, nicht – wie bisher – unter Wert eingesetzt zu werden« (ebd. S. 156).

Tatsächlich ging Barschel noch einmal kurzfristig auf Pfeiffers Beziehungsangebot ein. Sie trafen sich zu zwei langen Gesprächen am 28. April in der Dienstwohnung und am 1. Mai 1987 im Möllner Privathaus des Ministerpräsidenten.

> »Barschel will angeblich wissen, wie Pfeiffer über ihn denkt. Er halte ihn für ›machtbesessen, skrupellos, egozentrisch‹, so die Worte Pfeiffers, der Barschel zugleich ›etwas Zuckerbrot‹ gibt: Er sei auch ›führungsstark und politisch vielseitig kompetent‹. Allerdings habe der Ministerpräsident ›ein Kabinett von Marionetten‹, ›nur Idioten um sich gesammelt, die Ihnen nicht gefährlich werden können‹« (Pötzl 1988, S. 89).

Doch es scheint so, als habe sich Barschel nicht mehr auf eine allzu enge Beziehung zu Pfeiffer einlassen wollen. Vielleicht wurde ihm Pfeiffer zu anmaßend, zu aufdringlich, zu anhänglich.

> »Vor allem aber kommt jetzt eine Bindung auf, die für den Narzißten gleichbedeutend mit Verpflichtung und Festlegung ist, wozu er sich nicht in der Lage fühlt. Vorübergehend gelang es ihm, sich ganz in der Beziehung zu engagieren, den Partner bis zur Verschmelzung an sich rankommen zu lassen. Nun wird diese Nähe bedrohlich. Er bricht die Beziehung abrupt ab und zerstört sie. Der Partner interessiert ihn nicht mehr, ist für ihn plötzlich inexistent« (Willi 1975, S. 75).

Barschel bereitete sich darauf vor, den eben noch symbiotisch mit ihm verbundenen Partner zu verstoßen und bei der nächsten sich bietenden Gelegenheit gegen einen neuen, mit der selben plastischen Anpassungsbereitschaft und Identifizierungsfähigkeit ausgestatteten Partner, der beispielsweise Ahrendsen heißen könnte, auszutauschen. Barschel glaubte, Pfeiffer nicht mehr zu benötigen, und er schob ihn auf ein Abstellgleis. Er war überzeugt, dies tun zu können, denn so verfuhr er prinzipiell mit allen Menschen. Er benutzte sie, solange er sie brauchte, und warf sie nach Gebrauch weg. Gerade bei Pfeiffer fühlte er sich zu einer solchen Haltung besonders berechtigt, denn den hatte er ja als Geschenk, als eine Art »Sklave« von Springer bekommen.

Inwieweit der Flugzeugabsturz Barschels das Zerwürfnis mit Pfeiffer beschleunigte, kann nur vermutet werden. Jedenfalls hatte Pfeiffer in den Wochen, die Barschel im Krankenzimmer verbrachte, keinen Zutritt zu ihm. Nun war der Rat von Herwig Ahrendsen gefragt, beispielsweise zu der Frage, »ob man«, so Pfeiffer, »Barschel besser im Rollstuhl oder am Stock fotografieren läßt« (zit. nach Wessels 1989, S. 159).

Für Pfeiffer war es unverständlich, warum ihn Barschel scheinbar grundlos in dem Moment fallenließ, in dem er sich ihm so nahe fühlte.

> »Der Grund liegt ja gerade darin, daß man sich zu nahegekommen ist. Der Narzißt muß seinen Partner ›exkorporieren‹, aus sich ausstoßen. Oftmals will der Narzißt mit diesem unerwarteten Abbruch der Beziehung aber auch der Gefahr zuvorkommen, vom Partner fallengelassen zu werden. Narzißten fühlten sich in der Kindheit so oft verlassen und betrogen, daß es ihnen eine Genugtuung bereitet, andere verlassen zu können und sich für die früher erlittenen Frustrationen zu rächen« (Willi 1975, S. 75).

Vielleicht hatte der Flugzeugabsturz Barschels Ängste vor dem Fallengelassen-Werden so stark aktiviert, dass er schnell einen anderen fallen lassen musste.

Aber Barschel sollte Pfeiffers narzisstische Kränkbarkeit unterschätzt haben. Pfeiffer fühlte sich schon lange hin- und hergeschoben, von einer schmutzigen Aufgabe zur nächsten. Zwar war Pfeiffer gut besoldet, aber er fühlte sich doch verraten und verkauft und im letzten Grunde von den Mächtigen verachtet für das, was er an schmutzigen Geschäften in ihrem Auftrag ausführte. Dass sich der von ihm verehrte Barschel von ihm abwandte, muss ihn tief verletzt haben. Aber wie alle narzisstisch gestörten Persönlichkeiten war auch Pfeiffer unfähig, auf die Abwendung Barschels mit Gefühlen von Traurigkeit, Bedauern, Sehnsucht und echter Depression zu reagieren. Vielmehr geriet er in einen inneren Zustand, bei dem Enttäuschung, Gekränktheit, Wut, Empörung und schließlich Rachebedürfnisse die Oberhand gewannen. Pfeiffer hatte in Barschels Auftrag alle diese Schandtaten begangen, doch die sehnsuchtsvoll erhoffte Anerkennung durch den Chef blieb aus. Pfeiffer hatte sich selbst erniedrigt, indem er die schmutzigsten Aufträge seines Chefs prompt erledigt hatte. Als sein Lohn Kritik und Missachtung waren, fühlte er sich zutiefst gedemütigt.

Zur Psychopathologie des Verräters

Dies ist eine psychosoziale Konstellation, die den »Typus des Verräters« hervorbringt. Wie in den meisten Fällen, in denen es zur Aufdeckung von korrupten Machenschaften kommt, führte auch hier der Verrat eines Insiders zur Skandalisierung (vgl. Hacker 1981, S. 143). Pfeiffer wurde zum Verräter Barschels, um ein Mindestmaß an Selbstachtung wiederherzustellen. Seine bedingungslose Treue und Gefolgschaft, die standhielt, solange er sich von seinem Herrn und Meister narzisstisch aufgewertet fühlte, schlug um in Treuelosigkeit und Verrat, als er sich verlassen und verstoßen sah.

Horst-Eberhard Richter hat sich in seiner Studie *Zur Psychopathologie des Verrräters* (1962) mit den Biographien von Jugendlichen beschäftigt, die hinter einer »vasallenhaften Gefügigkeit eine extreme Unzuverlässigkeit verbargen« (Richter 1987, S. 125). Diese Jugendlichen konnten sich aufgrund ihrer Erfahrungen in den völlig zerstrittenen Familien nur vorstellen, »für einen Partner als Instrument gegen einen Außenfeind wichtig zu sein«. Sie hatten die »Rolle als blindopportunistischer Kampfgenosse« so verinnerlicht, dass sie »am Ende nicht mehr wussten, was sie denn selbst noch anderes wären als hörige Gehilfen von Mächtigen in irgendeinem Feindschaftsverhältnis« (ebd., S. 125).

Nach diesem Muster stellt sich auch das Schicksal Reiner Pfeiffers dar. Aus einem unbewussten Wiederholungszwang heraus suchte er »überall nur streitende Parteien, mit denen [er] das stereotype Auf und Ab des opportunistischen Taktierens heute und des Verrats morgen spielen« konnte (ebd., S. 532). Seine Verbindung mit Barschel stand von vornherein unter dem Signum des Verrats.

> »Im ursprünglichen Wortsinn meint verraten: Jemanden durch (falschen) Rat irreführen. Inzwischen hat sich die Wortbedeutung erweitert. Von Verrat – im weiteren Sinne – sprechen wir dann, wenn jemand die Interessen eines Partners, deren Wahrung ihm eigentlich obliegt, durch Konspiration mit einem Kontrahenten des Partners gefährdet oder schädigt. Zum Wesen des Verrats gehört die Heimtücke, das heimliche Hintergehen des Partners, dessen Vertrauen getäuscht wird« (ebd. S. 532).

Alle Aktionen, die er im Auftrage Barschels ausführte, sind solche, bei denen die Themen der Heimtücke, des heimlichen Hintergehens und des Verratens eine Rolle spielen. Und Pfeiffer ist ständig angefüllt mit der Angst, im Stich gelassen, fallen gelassen und verraten zu werden, und er ist deshalb selbst immer auf dem Sprung, sich zu rächen und seinerseits zum Verräter zu werden. Dazu sucht er sich immer wieder neue Bundesgenossen, an die er sich anlehnen kann. Als er von Barschel fallengelassen wurde, suchte er sich den *Spiegel*, um dort zum Verräter zu werden.

> »Sein schablonenhaft gleichförmiges Verhalten läßt erkennen, daß er offenbar jede neue soziale Situation nach dem Vorbild seiner Kindheitserfahrungen so einschätzt: Bestätigung erfahre ich nur, wenn ich mich einem Menschen zum Schein ganz unterwerfe und mit ihm gegen seinen Feind taktiere, denn Zwietracht ist überall. Aber niemand bestätigt mich, ohne mich wieder zu verraten. Dem beuge ich vor, dafür räche ich mich zugleich, indem ich selbst zum Verräter werde« (ebd., S. 534f).

Nachdem es zwischen Pfeiffer und Barschel zu Zerwürfnissen und Spannungen kam, hätte sich Pfeiffer auch wieder wegloben lassen können, und es wäre ihm sicher gelungen, erneut eine satte Abfindung dabei einzustreichen. Aber dies ließ sein gekränkter Stolz nicht zu. Er verlangte Genugtuung, sein gekränktes Selbst schrie nach Rache. Sogar um den Preis der Selbstanklage wollte er den verhassten Chef bloßstellen. Dass Pfeiffer schließlich, indem er zum Verräter wurde, sich erhoffte, sein erniedrigtes Selbstwertgefühl wieder aufbessern zu können, indem er sich als reuiger Sünder, als Mann der Wahrheit präsentierte, ist im Grunde tragisch zu nennen, denn ein Verräter wie er kann machen, was er will, er bleibt doch immer der Verachtete, der nun seinerseits der korrupten Profit- und Profilierungssucht geziehen wird. In der Öffentlichkeit erweckte er nur Antipathie. Wahrscheinlich war er zur Zeit der Affäre der am meisten gehasste Mensch in der Bundesrepublik. Jedenfalls erhielt er mehr Verachtung und Hass als Barschel selbst. Dies hängt mit seiner Rolle als Verräter zusammen. Man kann ihn gut gebrauchen für bestimmte Aufgaben, aber verachtet ihn doch dafür. Auch im Hause Springer wollte man ihn nicht unbedingt zum Kollegen, sondern schickte ihn in die Kieler Staatskanzlei. Er bleibt verachtet, ob als Handlanger Barschels oder als Verräter am früheren Herrn und Meister. Obwohl die Ergebnisse des Untersuchungsausschusses Pfeiffers Aussagen in allen wesentlichen Punkten gestützt haben, blieb er in den Augen der Öffentlichkeit der Lügner, Betrüger und Verräter, dem man die späten Schuldgefühle ebensowenig abnahm wie seine Reuebekenntnisse. So hat also auch das aktive Verraten bei Pfeiffer einen erheblichen masochistischen Einschlag bewahrt: »So geschickt auch der Verräter operiert – er straft sich persönlich am härtesten, indem er sich alle Bindungen prompt zerstört, nach denen er eigentlich sucht. Er betrügt seine sämtlichen Partner, aber mehr als diese alle sich selbst« (ebd. S. 533). Wie so häufig galt das Aussprechen und Aufdecken für skandalöser als die skandalösen Taten selbst.

Beide Männer, Reiner Pfeiffer und Uwe Barschel, vereinigen in ihrer Person zugleich Täter und Opfer, Verräter und Verratener. Die ursprüngliche infantile Erfahrung in ihrem Leben muss die einer passiv erlittenen Enttäuschung, einer narzisstischen Kränkung und Zurücksetzung, des Verschmäht- und Verachtet-Werdens und des Verraten-worden-Seins gewesen sein. Der ständige Kampf mit dieser narzisstischen Wunde zwang sie in einem fort, der Mittelpunkt eines großen Kreises von Menschen zu sein, um so ihre brennenden Selbstzweifel zu übertönen, während der Wiederholungszwang sie nötigte, sich immer wieder zum Ausgestoßenen und Verratenen zu machen. Beide waren suchthaft auf Erfolg und Beachtung angewiesen, um ihren gekränkten Narzissmus zu besänftigen. Sie wählten die Bühne der Politik, um ihren grandiosen Phantasien über sich selbst zu huldigen. Die institutionellen Strukturen der Politik geboten ihrem Treiben keinen Einhalt. Nicht die politischen Formen der demokratischen Kontrolle und auch nicht in erster Linie die Presse brachten die Machenschaften ans Licht der Öffentlichkeit – auch wenn die Aufdeckung des Skandals ohne die konsequenten Recherchen des *Spiegel* kaum möglich gewesen wären. Vielmehr scheiterte die Notgemeinschaft Barschel-Pfeiffer an ihren inneren psychopathologischen Widersprüchen.

Der schamhafte Barschel

> *»Er hatte so oft, so lange der Meinung der Umwelt über sich selber zugestimmt, daß ihm sein wahres Selbstgefühl nur noch wie etwas Vergangenes einfiel. Es war ihm fast schon fremd. Aber unvermindert übriggeblieben war, wie wichtig ihm sein Selbstgefühl war, gegenüber allem, was sonst jemand über ihn sagen konnte. So schwach es war, nichts würde er zäher verteidigen, als dieses schwache, kaum mehr wahrnehmbare Selbstgefühl. Diese nicht mehr mitteilbare, nicht mehr begründbare, gar nicht mehr faßbare Gewißheit, dass er anders sei als die alle glaubten.«*
>
> **Martin Walser (1979): Seelenarbeit. Frankfurt (Suhrkamp), S. 170**

Die schmutzigen Tricks des Uwe Barschel lassen ihn als einen gewissen- und schamlosen Menschen erscheinen. Hatte der scheinheilige Barschel tatsächlich keine Gewissensbisse und keine Schamgefühle angesichts seiner Taten? Ich glaube, die Bejahung dieser Frage wäre eine zu einfache

Antwort. Die Verhältnisse liegen komplizierter. Barschel sah sich gefangen in einem Schuld-Scham-Dilemma. Aus seiner Sicht stellte sich die drohende Wahlschlappe als Gefahr dar, bei der er sich eine Blöße geben, eine Schwäche zeigen, ein verachteter und beschämter Verlierer werden konnte. Oder aber er ergriff unlautere Mittel, verging sich gegen die Rechte seines politischen Gegners und lud damit Schuld auf sich. Entweder riskierte er die Beschämung einer Wahlschlappe oder er machte sich schuldig, unmoralisch und unfair zu handeln. Barschel entschied sich dafür, Schuld auf sich zu laden. Seine außerordentliche Empfindlichkeit für Kränkungen und Beschämungen bestimmten Barschels Entscheidung dafür, moralisch und juristisch schuldig zu werden, um eine Beschämung zu vermeiden, getreu dem Muster, nach dem sich viele griechische Tragödien abspielen, in denen »die Hauptfigur und oft auch mehrere Nebenfiguren sich von einer Position drohender Beschämung und Erniedrigung entfernen und Handlungen der Hybris, der unrechtmäßigen Anmaßung und Grenzüberschreitung begehen, um zuletzt dann nur umso schwererer Erniedrigung zu verfallen« (Wurmser 1981, S. 16).

Ist Barschel tatsächlich schamhaft, ist er zur Scham überhaupt fähig?

Ich denke ja, auch wenn es auf den ersten Blick so scheint, als seien alle seine Aktionen von großer Schamlosigkeit gekennzeichnet. Das eine ist so richtig wie das andere. Man kann sogar Barschels gesamte Biographie unter dem Gesichtspunkt verstehen, dass sein Leben von dem Verlangen bestimmt war, Situationen der Beschämung zu vermeiden.

Ein Angeber, ein Gerne-Groß, ein Aufschneider, ein Streber, ein Hochstapler, wie Barschel es von Kindesbeinen an war, fürchtet immer die Gefahr der Entlarvung und Beschämung. Seine Bemühung, groß, angesehen, mächtig und erfolgreich zu sein, bezieht sich auf die eine Grundgefahr, auf seine Urangst, als schwach angesehen und mit Verachtung, Hohn und Spott überzogen zu werden. Für das Verständnis von Barschels Persönlichkeit ist es zentral, »die verhüllte, die abgewehrte Form der Scham zu sehen, Scham maskiert durch Verachtung, durch Spott und Spöttischkeit, durch Entfremdung und Gefühlskälte, durch Trotz und Hochmut« (ebd., S. 12).

Seine Arroganz, sein Hochmut, sein Stolz und die Herabsetzung, mit der er Engholm bedachte, sind als Maskierung seiner verborgenen tiefen Schamgefühle und Schamängste zu verstehen. Da Scham eine Form der Selbstverachtung ist, leuchtet es unmittelbar ein, dass die Verächtlichmachung eines anderen eine wirkungsvolle Abwehr dieser narzisstischen Kränkung darstellt, und zwar durch die Umkehr von der Passivität in die Aktivität (vgl. ebd., S. 24). Anstatt sich selbst zu verachten, unternahm

Barschel mit zynischer Kälte jede Anstrengung, um seinen politischen Rivalen zur Zielscheibe öffentlicher Verachtung zu machen.

Als Pendant zur Verächtlichmachung des Gegners zielte Barschels expressives, exhibitionistisches Bedürfnis, das sich über seine Ausdrucksorgane, das Gesicht, besonders das Auge und den Mund, die Hände, die Stimme und die Körperhaltung darstellt, darauf, andere zu faszinieren, zu beherrschen, zu manipulieren und für sein grandioses Selbst Bewunderung zu erzwingen. Schon während seiner Rhetorik-Kurse als Schüler hatte Barschel gelernt, seine Körpersprache, seine Gestik und Mimik gezielt einzusetzen, um seine Zuhörer zu beeindrucken. Letztlich betrachtete Barschel die anderen lediglich als Marionetten, als Schachfiguren in seinem machtpolitischen Spiel. Der Affekt, der dieses Spiel begleitet, ist der Stolz, der, wenn er befriedigt wurde, sein grandioses Selbsterleben bestätigte, und wenn er gehemmt wurde, zu Scham, Selbstverachtung und Selbsthass führte und schließlich in der Selbsttötung endete.

Das Wort *Stolz* bedeutete laut Duden ursprünglich »steif aufgerichtet« und gehört zur Wortgruppe *Stelze*. Wer stolz ist, geht wie auf Stelzen. Er stolziert einher. Seine erhöhte Position erlaubt ihm, sich stattlich, selbstbewusst und erhaben zu fühlen und auf die übrige Gesellschaft hinabzusehen, die ihn ihrerseits hochmütig, anmaßend, vornehm, herablassend und steif empfindet. Wer auf Stelzen geht, hat eine gehobene Stellung inne, verliert aber leicht die Bodenhaftung. »Hochmut kommt vor dem Fall« weiß der Volksmund.

Tatsächlich wirkt Barschels betont korrekte, aufrechte Körperhaltung steif und verkrampft. Bezeichnend sind die Posen, in denen Barschel sich selbst gerne sah und mit Vorliebe fotografieren ließ. Ein Foto zeigt ihn in der Positur des Unterzeichners von wichtigen Dokumenten am barocken Schreibtisch – einer Sonderanfertigung – in seiner Staatskanzlei. Walter Menningen, ehemaliger Fernsehchef im Funkhaus Kiel des NDR, kommentierte dieses Foto mit den Worten:

Uwe Barschel in der Pose des Unterzeichnens von wichtigen Dokumenten am Schreibtisch seiner Staatskanzlei.

Des Kaisers neue Kleider: Uwe Barschel ließ sich nur positive Pressestimmen über Uwe Barschel vorlegen

»Ja, so habe ich ihn öfter erlebt. Natürlich, wenn man ihn in seinem Büro besuchte, er machte immer ein sehr bedeutendes Gesicht, man merkt das schon an der Körperhaltung, er legte Wert darauf, seriös zu wirken, er war versammelt, konzentriert, auch im Gespräch. Ich habe das Gefühl, das ist ein sehr typisches Bild, was wir hier von ihm haben [...] Es war eingeübt, aber es war ihm zur Natur geworden« (zit. nach Breloer 1989b, S. 155).

Charakteristisch ist auch die Art und Weise, in der Barschel von seinem Schreibtischstuhl aufsteht, das Jackett zuknöpft, es glatt streicht und sich wohlgefällig, mit Stolz geschwellter Brust die neusten positiven Zeitungsartikel über sich durchsieht. Im Übrigen ließ Uwe Barschel »sich nur positive Pressestimmen über Uwe Barschel vorlegen« (ebd. S. 156). »Des Kaisers neue Kleider« witzelte man in seiner Umgebung über diese Marotte.

Barschel kompensiert seinen Mangel an Rückgrat, seine Charakterlosigkeit mit einer steifen Körperhaltung, die innere Festigkeit, seelischen Halt und Charakter vortäuschen soll. Indem er sich in die Rolle und das Kostüm des Ministerpräsidenten zwängte, schuf er sich ein äußeres Stützkorsett – seinem mangelnden Rückgrat zum Ausgleich.

Schon in der Rhetorik-Schulung hatte man ihm die Techniken der Selbstdarstellung und der Machtausübung beigebracht. So beherrschte er – nach Auskunft eines früheren Klassenkameraden (vgl. ebd., S.154) – den Trick, mit Blicken sein Gegenüber zu fixieren und auf diese Weise Selbstsicherheit auszustrahlen und das Publikum in seinen Bann zu ziehen. Man denke auch an seine theatralische Unschuldsgeste beim Ehrenwort, als er seine Hand aufs Herz legte. Auf der anderen Seite steht dann das Bild des gescheiterten Barschel bei seinem Rücktritt vom Amt des Ministerpräsidenten, als »sein Stolz und seine Souveränität gleichermaßen gebrochen waren« durch den »abrupten Verlust der Macht und die damit einhergehende Zurückstufung in den Chor der Namenlosen« (Wessels 1989, S. 69).

Auch Barschels Physiognomie ist geprägt von dem Behühen, all seine Gefühle hinter einer starren, unbewegten, ungerührten Maske zu verber-

Hand auf's Herz

Uwe Barschel wenige Tage vor seinem Rücktritt als Ministerpräsident im September 1987

gen, um mit seiner verborgenen Scham fertig zu werden. Barschels faltenloses »glattes Antlitz« (Brelor 1989a S. 116), das ihm den Spitznamen »Baby-Face« einbrachte, verrät nichts von den Niederlagen, Kränkungen und Schmerzen, nichts von den Siegen und Erfolgen in seinem Leben. Das Leben hat ihn nicht sichtbar gezeichnet, alles scheint spurlos an ihm vorübergegangen zu sein. Die Glätte seines Gesichtes ebenso wie seine Glattzüngigkeit machen ihn nur schwer fassbar. Alles an Barschel ist Maske, ist Kompensation, ist Vorspiegelung falscher Tatsachen. Hinter der Gottesfurcht versteckt sich der Rufmörder, hinter dem Baby-Face der eiskalte Machtmensch, hinter der Seriosität der Lügner und Betrüger, hinter der selbstbewussten Körperhaltung der Mensch ohne Rückgrat, hinter der Familienverbundenheit der Selbstmörder.

Barschel entspricht damit genau einem »Typus der Pseudo-Affektivität«, den Helene Deutsch (zitiert nach Eckstaed 1989, S. 286) unter dem Stichwort »Als-ob-Persönlichkeit« beschrieben hat. Diese Menschen zeichnen sich dadurch aus, dass sie äußerlich »vollkommen normal« und »geordnet« funktionieren, »formal ein gutes Stück Arbeit leisten« (ebd., S. 323f), dass sich aber im Kontakt mit ihnen ein unabweisbares Gefühl eines »als-ob« einstellt und sich die Frage aufdrängt: Was ist da eigentlich los? Ihrer durchaus erfolgreichen und korrekten Arbeit fehlt jede Originalität, es ist

A. Paul Weber: Rückgrat raus! (1960)

immer eine krampfhafte, wenn auch geschickte Wiederholung eines Vorbildes ohne die geringste Spur des Persönlichen (ebd.). So wie in ihren Beziehungen »jede Spur der Wärme fehlt«, obwohl sie Freundschaften und familiäre Bindungen zur Schau tragen, so benehmen sie sich formal im Leben so, als würden sie »ein voll empfundenes Gefühlsleben besitzen«, obwohl ihr »inneres Erleben vollkommen ausgeschaltet ist« (ebd.).

> »Dieselbe Leere und derselbe Mangel an Persönlichkeit wie im Gefühlsleben drückt sich auch in der Charakterbildung aus. Meine ›als-ob‹-Individuen sind der Inbegriff der Charakterlosigkeit. Auch ihre Moral, ihre Ideale, ihre Überzeugungen sind immer nur Schattenerscheinungen eines Vorbildes. Sie sind zu jeder guten und schlechten Tat bereit, wenn sie ihnen vorgemacht wird, ja sie schließen sich mit besonderer Leichtigkeit an soziale, ethische oder religiöse Gruppen an, um durch die Anlehnung an eine Masse ihrem Scheindasein durch Identifizierung einen Inhalt zu geben. Ich habe selbst Wandlungen beobachtet, bei denen eine weltanschauliche Bewegung nach jahrelanger Zugehörigkeit vollkommen *ohne innere* Wandlungen zugunsten einer anderen – beinahe entgegengesetzten – aufgegeben wurde« (ebd. S. 325).

Zwar verfügt auch die Als-Ob-Persönlichkeit über eine feine Sensibilität – zumindest solange sie von anderen abhängig ist – doch ist diese beschränkt auf die Wahrnehmung der Affekte, um die ihr eigenes Phantasieleben ständig kreist: Missgunst, Verrat, Fallenlassen, narzisstische Kränkungen. Überall wittern sie Misstrauen, Missgunst und Verrat.

Seine äußere Korrektheit, seine Glattheit, sein Wunsch nach Normalität (vgl. Pötzl 1988, S. 7), die Inszenierung seiner »Bilderbuch-Biographie« (ebd. S. 7) benutzte der feinfühlige und sensible Barschel als Maske und Schutz. Seine übergroße Bereitschaft zu reibungsloser Anpassung, sein blinder Gehorsam gegen die Normen der Allgemeinheit und die Anforderungen der Karriere in allem Äußerlichen stellten für ihn ein Mittel dar, sein Innerstes, sein persönlichstes Empfinden, seine ganz individuelle Identität, den Kern seines Selbstes zu reservieren und zu schützen. Durch die äußere Anpassung wollte er wenigstens sein allerinnerstes Selbst wirklich ganz für sich haben, so für sich, dass er es nicht in eine Erscheinung treten lassen wollte, die anderen zugänglich gewesen wäre. Es war gerade die ihm eigene feine Scham und Scheu, die ihn in die verhüllende Nivellierung der Normalität flüchten ließ. Er war peinlich darauf bedacht, zu vermeiden, dass eine Besonderheit seines äußeren Auftretens vielleicht eine Besonderheit des innersten Wesens verraten könnte. Er begegnete den ehrgeizigen Rollenerwartungen aus seiner Kindheit, indem er sich mit diesen identifizierte. Er ergriff gerade dasjenige, was seine Persönlichkeit zu vergewaltigen schien, freiwillig. Er griff zum »Anpassungsmechanismus der Identifikation mit der Rolle« (Parin 1977), weil er hoffte, auf diese Weise die vergewaltigenden Rollenerwartungen der Mutter auf die äußeren Schichten des Lebens zu schieben, auf dass sie einen Schleier und Schutz für alles Innere und nun umso mehr Befreitere abgeben mochten. Er zollte den Rollenerwartungen, erfolgreich zu sein, Tribut, um sein Innerstes zu bewahren.

Bei genauerer Betrachtung erweist sich der scheinbar skrupel- und schamlose Barschel als ausgesprochen schamhaft, jedenfalls was bestimmte Aspekte seiner Persönlichkeit und bestimmte Situationen anbelangt. Wie Georg Simmel (1923) ausgeführt hat, beruht

> »alles Schamgefühl auf dem Sich-Abheben des einzelnen. Es entsteht, wenn eine Betonung des Ich stattfindet, eine Zuspitzung des Bewußtseins eines Kreises auf diese Persönlichkeit, die doch zugleich als irgendwie unangemessen empfunden wird; darum neigen bescheidene und schwache Persönlichkeiten besonders stark zu Schamgefühlen, bei ihnen tritt, sobald sie irgendwie in das Zentrum einer allgemeinen Aufmerksamkeit, zu einer plötzlichen Akzentuiertheit gelangen, ein peinliches Oszillieren zwischen Betonung und Zurücktreten des Ich-Gefühls ein« (ebd. S. 43).

Barschel entwickelte verschiedene Abwehrstrategien, um sein tiefes Schamgefühl abzuwehren, das er vor anderen, aber auch vor sich selbst versteckte. Indem er die Fassade der Normalität und der Anpassung betonte, vermied er es, sich von anderen abzuheben. Deshalb war es ihm so wichtig, immer wieder zu betonen, »daß sein atemloser Aufstieg ›ganz normal verlief‹, ungeachtet seiner Bilderbuch-Biographie« (Pötzl 1988, S. 7). Als Ministerpräsident stand Barschel zwar ständig im Rampenlicht der Öffentlichkeit und er hob sich vom Durchschnittsmenschen ab, doch zugleich bot ihm diese Position eine äußere Struktur, eine institutionalisierte Rolle, die es ihm ermöglichte, sich abzuheben, ohne das als unangemessen zu empfinden, weil es nur ein äußerer, seinem innersten Selbst äußerlich bleibender Teil seiner Persönlichkeit war, der in diese Identifikation mit der Rolle einging. Das Schamgefühl setzt aber nur dann ein, wenn »das Ich in seiner Ganzheit und Unversehrtheit« (Simmel 1901, S. 142) eine gleichzeitige Aufmerksamkeitszentrierung und eine Herabsetzung erfährt. Wird nicht das Ich in seiner Ganzheit angesprochen, sondern nur ein Teilbereich der Persönlichkeit, der vom Individuum als äußerlich betrachtet wird, tritt kein Schamgefühl ein. Ähnlich wie Prostituierte, die ihre Tätigkeit ohne Schamgefühl ausüben, aber »sobald sie eine wirkliche Neigung zu einem Mann erfassen, ihm gegenüber, wie man sagt, das volle Schamgefühl wiedergewinnen« (ebd. S. 143), war es auch Barschel möglich, in seiner Rolle als Politiker ohne Scham und Skrupel zu agieren, weil er nur scheinbar mit seiner ganzen Persönlichkeit in der Politik aufging, in Wahrheit aber den ihm wertvollsten Teil seiner Persönlichkeit, jene Sphäre, die sozusagen sein absolutes Privateigentum darstellte, von der Politik vollständig abkapselte. In der existentiellen Situation, in der er beschloss, seinem Leben ein Ende zu setzen, wurde sein Schamgefühl aktiviert und er legte sich in voller Bekleidung und mit Schlips in die Badewanne.

Barschel ist ein Mensch, dessen Persönlichkeitsentwicklung schon früh durch Übergriffe (der Mutter) beeinträchtigt wurde. So ergriff er selbst verschiedene Maßnahmen, um einen Rest an Selbstwertgefühl, an Intimität und wahrem Selbst zu bewahren. Dazu gehört zunächst seine Distanziertheit anderen Menschen gegenüber. Er hat zwar viele Bekannte, aber keine Freunde. Er ist eine bekannte Persönlichkeit, aber gerade sein großer Bekanntheitsgrad signalisiert »den Mangel eigentlich intimer Beziehungen« (Simmel 1906, S. 151). Barschel will bekannt sein und er will – insbesondere mit wichtigen Persönlichkeiten – gut bekannt sein, doch dieses Bekanntsein bezieht sich nicht auf das, was Barschel in sich ist, sondern nur darauf, »was er in der dem anderen und der Welt zugewandten Schicht ist« (ebd. S. 151).

Ein anderer Schutzwall, den Barschel um sich aufrichtet, besteht in der öffentlichen »Bedeutung«, die ihm durch seine Ämter zuwächst. Der »Kammerdiener« Pfeiffer besaß sehr wohl ein Gefühl für die Bedeutungsunterschiede zwischen ihm und seinem Chef, aber er missachtete jene Distanzpläne geflissentlich. Seine Seelenverwandtschaft mit Barschel ermöglichte es ihm, dessen stilisierte Selbstdarstellung zu durchschauen, um Barschels verwundbare Stelle bei passender Gelegenheit für seinen Zweck auszunutzen.

»Pfeiffer: ›Ja, ich komme also rein, in sein doch sehr bombastisch angelegtes Büro. Er hat also einen Riesenschreibtisch, der also auch Distanz zum Besucher wahrte. Es war also, ich würde sagen, zwei Meter zwischen ihm und dem jeweiligen Besucher, das müßte schon sein. Er stand also auf, als ich reinkam, knöpfte sich die Jacke des Anzuges zu, das machte er immer, sehr korrekt, sehr gerade, kam um den Schreibtisch herum, gab mir die Hand‹« (Pfeiffer zit. nach Breleor 1989 a, S. 157 f).

Die verlorene Ehre des Uwe Barschel

»Die bürgerliche Ehre hat zwar ihren Namen vom Bürgerstande; allein ihre Geltung erstreckt sich über alle Stände, ohne Unterschied, sogar die allerhöchsten nicht ausgenommen: kein Mensch kann ihrer entrathen, und ist es mit ihr eine gar ernsthafte Sache, die Jeder sich hüten soll leicht zu nehmen. Wer Treu und Glauben bricht hat Treu und Glauben verloren, auf immer, was er auch thun und wer er auch seyn mag, und die bittern Früchte, welche dieser Verlust mit sich bringt, werden nicht ausbleiben.«

Arthur Schopenhauer (1852): Parerga und Paralipomena: kleine philosophische Schriften. Aphorismen zur Lebensweisheit. München (Haffmanns), S. 397

Am 18. September 1987 gab Uwe Barschel eine fast vier Stunden dauernde Pressekonferenz, die vom Dritten Fernsehprogramm direkt und in voller Länge übertragen wurde. Er trat allen Anschuldigungen Pfeiffers vehement entgegen und bekräftigte seine Darstellung mit einer eigenen und acht weiteren eidesstattlichen Versicherungen. Mit einer erstaunlichen Konzentrationsfähigkeit am Ende einer strapaziösen Woche gab Barschel

»eine streckenweise beeindruckende Vorstellung, indem er scheinbar Punkt für Punkt die Pfeifferschen Anschuldigungen zerpflückt. [...] Er scheint über eine eiserne und unerschöpfliche Energie zu verfügen. Bei genauerem Hinhören wird jedoch deutlich, daß er sich häufig verspricht, Sätze unvollendet abbricht oder merkwürdige Satz-Ungetüme produziert« (Pötzl 1988, S. 166 f).

Wie so häufig, wenn er eigentlich ganz auf sich gestellt ist und sich selbst den Rücken stärken will, beruft er sich auf »mein Gottvertrauen und die Geborgenheit meiner Familie und den Rückhalt meiner Freunde«, die ihm die Kraft gäben, »dieser Kampagne zu widerstehen« (ebd., S. 167). Am

Titelbild: Der Spiegel Nr. 42 vom 12. Oktober 1987

Schluss seiner effektvollen Inszenierung setzte er einen Höhepunkt, der dafür sorgte, dass diese Versammlung als »Ehrenwort-Pressekonferenz« in die Geschichte eingehen sollte:

> »Über diese Ihnen gleich vorzulegenden eidesstattlichen Versicherungen hinaus gebe ich Ihnen, gebe ich den Bürgerinnen und Bürgern des Landes Schleswig-Holsteins und der gesamten deutschen Öffentlichkeit mein Ehrenwort, ich wiederhole, ich gebe Ihnen mein Ehrenwort, daß die gegen mich erhobenen Vorwürfe haltlos sind.«

Barschel zieht alle Register, die ihm zur Verfügung stehen, um seine moralische Integrität darzustellen. Er zelebriert mit magischen Gesten den Mythos der »Ehre«. Buchstäblich legt er seine »Hand aufs Herz«, um seine Unschuld, seine Aufrichtigkeit und seine Ehrenhaftigkeit zu beteuern.

> »Die Inszenierung gelingt, jedenfalls für einen kurzen Augenblick. Die Medien übermitteln dem Publikum das Bild eines Politikers, der in der vielleicht schwierigsten Situation seines Lebens wahrlich seinen ›Mann‹ steht, der, ausgestattet mit allem, was die körperliche Rhetorik der Ehre verlangt, Haltung bewahrt, Mut und Kampfbereitschaft unter Beweis stellt. Kurz: wir erleben einen Menschen, der Charakter aufs Spiel setzt, dadurch Charakter gewinnt und auf diese Weise alle die untergründigen Motive unseres moralischen Vokabulars verkörpert, die offenbar aus einem eher heroischen Zeitalter zu stammen scheinen. Plötzlich stehen die Tugenden – Tapferkeit, Mut, Aufrichtigkeit, Selbstbeherrschung, Ehrenhaftigkeit –, die im Alltagsleben höchste soziale Prämien erzielen und doch so schwer zu haben sind, im grellen Licht der Öffentlichkeit« (Berking 1989, S. 357f).

Öffentliche Anschuldigungen und ihre öffentliche Dementierung gehören zum politischen Alltagsgeschäft. Das Dementi, das Sich-Ausschweigen, das Aussitzen, das Ignorieren der Vorwürfe, die Diffamierung des Anklägers, diese und andere Techniken der Schadensabwicklung gehören zum Erscheinungsbild aller Skandale. Von eidesstattlichen Erklärungen, gar von Ehrenworten, wird hingegen nur selten Gebrauch gemacht, um den eigenen Aussagen Nachdruck und Glaubwürdigkeit zu verleihen. Was hat es damit auf sich, dass Barschel auf ein kulturelles Ritual zurückgreift, das einer anderen geschichtlichen Epoche anzugehören scheint – so wie es Helmut Kohl 13 Jahre später auch tun wird? Betrachten wir zunächst das kulturelle Umfeld und die Geschichte der Begriffe Eid, Ehre und Ehrenwort:

> »Der Eid ist eine bedingte Selbstverfluchung des Schwörenden, indem er Gottes Strafe auf sich herabzieht, falls er nicht die Wahrheit sagt. [...] Somit bewirkt der Eid für denjenigen, dem gegenüber er ausgesprochen wird, eine Stärkung seines Vertrauens in den beeideten Inhalt. [...] Gott wird zum Zeugen der ausgesprochenen Wahrheit oder des abgelegten Versprechens angerufen, und für den Fall des Eidbruches werden Gottes Strafen angedroht. Ist das Wort an sich schon heilig, so gewinnt es durch die Anrufung Gottes noch an Heiligkeit; eine rein weltliche Sache wird durch diese Verbindung mit dem göttlichen Namen gefestigt. [...] Durch diese feierliche Beteuerung der Wahrheit, gleichsam auch Gott gegenüber, vor dem die Unwahrheit keinen Bestand hat, und dessen Siegel [...] die Wahrheit ist, wird die Wahrheit der Aussage des Schwörenden als erwiesen betrachtet. Es wird hierbei angenommen, dass der Schwörende den Eid nicht leisten würde, wenn er hierzu nicht berechtigt wäre. Der Eid wird somit zu einer vor Gott feierlich abgegebenen Erklärung zur Bekräftigung der Wahrheit der Aussage. [...] Die Heiligkeit des Eides wird wiederholt in den biblischen Schriften eingeschärft, vor seiner Entweihung gewarnt und die Einhaltung eines gegebenen Versprechens zur Pflicht gemacht. [...] Das Verbot des falschen Eides (Meineid) – über dessen häufiges Vorkommen die Propheten klagen – schließt sich in den 10 Geboten unmittelbar an das Verbot des Götzendienstes und der Vielgötterei an: ›Du sollst den Namen des Ewigen, deines Gottes, nicht zum falschen aussprechen‹. Der Meineid wird als Entweihung des göttlichen Namens gebrandmarkt. Als Strafe wird der Fluch Gottes angedroht, der auch noch die Nachkommen des Meineidigen trifft« (Jüdisches Lexikon 1927, S. 286f).

Indem Uwe Barschel im Laufe der »Ehrenwort-Pressekonferenz« ingesamt neun eidesstattliche Erklärungen vorlegte, sich ausdrücklich auf sein Gottvertrauen, d.h. seine besondere Beziehung zu Gott, berief, zusätzlich die Geborgenheit seiner Familie und den Rückhalt seiner Freunde bemühte und schließlich mit theatralisch weit geöffneten Augen die Hand aufs Herz legte, forderte er die Öffentlichkeit auf, »zu glauben und endlich zu schweigen« (Berking 1989, S. 361). Mit neun »heiligen Schwüren« rief er Gott als seinen Zeugen an, um die Öffentlichkeit und die Journalisten kraft dieser geballten Ladung an Heiligkeit und Gotteszeugenschaft einzuschüchtern. Sie sollten endlich aufhören mit ihren zudringlichen Fragen und ihm gegenüber die Ehrerbietung, die Achtung und die Zurückhaltung aufbringen, die sie Barschel – seinem elitären Selbstverständnis zufolge – schuldeten.

Die Ehrenwort-Erklärung schließlich setzte dem ganzen Zauber eine Krone auf. Mit der persönlichen Ansprache der anwesenden Journalisten und Fernsehzuschauer (»Meine Damen und Herren«), der persönlichen

Der »echte« Uwe Barschel bei seiner »Ehrenwort-Pressekonferenz« am 18. September 1987

Ansprache der »Bürgerinnen und Bürger des Landes Schleswig-Holsteins und der gesamten deutschen Öffentlichkeit« sowie der zweifachen Wiederholung des Ehrenwortes (»Ich wiederhole, ich gebe Ihnen mein Ehrenwort«) versuchte Barschel mit großer Eindringlichkeit, das angesprochene Publikum in seinen Bann zu ziehen. Mit dem Ritual der Ehrenwort-Erklärung rückte er die ganze Angelegenheit in einen heroischen mythischen Kontext, der durch den »Mythos der Ehre« charakterisiert ist. Indem sich Barschel nicht nur auf eidesstattliche, d.h. juristisch relevante Erklärungen beschränkt, sondern sich darüber hinaus mit seinem Ehrenwort, das juristisch irrelevant ist, verbürgt, aktiviert er umso mehr archaische Bedeutungsgehalte und die damit verbundenen Emotionen.

Das Wort *Ehre* geht auf das althochdeutsche *era* zurück. Es bezeichnete zunächst eine Handlung (»Ehrerbietung«, »Ehrung«), die allein den Göttern entgegengebracht wurde. Gott die Ehre zu erweisen, bedeutete aber nichts anderes, als Gottesdienst zu tun, Gott zu feiern, ihm zu dienen, ihm Gaben und Opfer (»Ehrenwein«, »Ehrentrunk«, »Ehrengabe«) darzureichen. Die mit der Ehrung Gottes einhergehenden Gefühle und Motive sind solche der Ehrfurcht, der Scham und der Scheu. Alles, was durch eine besondere Beziehung zur Gottheit der Berührung mit dem Profanen entzogen war, wurde als heilig erlebt und erregte Ehrfurcht, Scheu, Scham und Zurückhaltung. Noch heute hat in der Redensart »einen Kuss in Ehren, kann niemand verwehren« das »in Ehren« die Bedeutung von sittsam, keusch, ehrbar, schamhaft, anständig, ehrlich und geziemend.

Die Säkularisierung der Ehre ließ Gottes Heiligkeit dann auch auf die Repräsentanten Gottes und schließlich auch auf die weltlichen Autoritäten ausstrahlen. Die Ehre ist der göttliche Abglanz, kraft dessen die Mitglieder der Gesellschaft demjenigen, dem Ehre gebührt, die ihm zukommende äußere und innere Achtung entgegenbringen, die ihn in seiner sozialen Stellung und seinem Selbstbild bestätigt.

Barschel beruft sich auf die Ehre, um damit seine Zugehörigkeit zur »guten Gesellschaft« zu betonen, die zu kritisieren, gar anzuschuldigen, in seinen Augen eine Ungehörigkeit darstellt. Die Proklamation seiner Ehre weist alle Angriffe gegen ihn als ein ungebührliches Zunahetreten zurück. Nicht er, sondern der Ankläger hat die Grenzen des Anstandes verletzt. Es ist eine »Herrschaftsgeste«, eine »implizite Drohung«, die unter Anrufung aristokratischer Ideale auf die Fügsamkeit, die Ehrfurcht des persönlich angesprochenen Publikums baut. Indem Barschel seine verletzte Ehre ins Spiel bringt, taucht er die ganze Affäre in ein mythologisches Dämmerlicht. Die Diskussion um die Anschuldigungen Pfeiffers soll »irrationalisiert« werden, d.h. es soll nicht sachlich untersucht werden, was daran wahr und was falsch ist, sondern das Ritual des Ehrenwortes soll die Öffentlichkeit emotional ansprechen, unbewusste Unterwerfungs-, Idealisierungs- und Identifizierungsprozesse in Bezug auf Barschel und Ressentiments in Bezug auf den unehrenhaften Verräter Pfeiffer auslösen. Das gelingt tatsächlich für einige Zeit. Barschel wird in der Presse als Ehrenmann dargestellt, während Pfeiffer als der feige Verräter gilt, der seinen »Treueeid« zu seinem früheren Herrn unehrenhaft aufgekündigt hat. Barschel setzt sich als Mann von Ehre, als Mann mit aristokratischem Stil in Szene, während Pfeiffer als unsympathischer Verräter »mit blassem Blick« (Michel 1988, S. 15) erscheint. Indem sich Barschel in den Mantel der Ehre hüllt, versucht er, sich sowohl gegenüber der von ihm angesprochenen Öffentlichkeit als auch Pfeiffer gegenüber in eine überlegene, unangreifbare Position des ritterlichen Ehrenmannes, des einsamen aber aufrechten Helden, des Aristokraten, des Adligen zu bringen, was allein schon als Beweis seiner Ehrenhaftigkeit angesehen werden soll. Adel verpflichtet bekanntlich. Historisch gelangte im Rittertum die Ehre zu höchster gesellschaftlicher Bedeutung, gehörte sie doch neben dem Waffendienst, der höfischen Zucht und dem Frauendienst zu den vier grundlegenden Richtlinien der ritterlichen Lebensführung. Für den Ritter ist die Ehre

> »der sittliche Inbegriff alles dessen, was ihn der Gesellschaft gegenüber zum Ritter macht. [...] Sie ist eine Kraft, eine Idee, die im Gemüte wurzelt und von da aus das ganze Leben durchdringen muß. *Weise*, d. h. erfahrene ältere Männer, sind es, welche der Jugend [...] zu sagen wissen, was *ere* sei; denn Ehre will Erfahrung« (Götzinger 1885, S. 866).

Mit seiner Ehrenwort-Erklärung demonstriert Barschel sein aristokratisches Elitebewusstsein. Er kommt gewissermaßen aus einer vergangenen und durch Heldensagen idealistisch verklärten Vergangenheit, um der bundesrepublikanischen Öffentlichkeit zu sagen, »was *ere* sei«. Er appelliert damit – ohne es auszusprechen, allein durch die symbolisch-rituelle Inszenierung – an das Pflichtgefühl, die Treue, die Dankbarkeit, die Opferbereitschaft, den Gehorsam, die Idealisierungsbereitschaft, die Disziplin und die

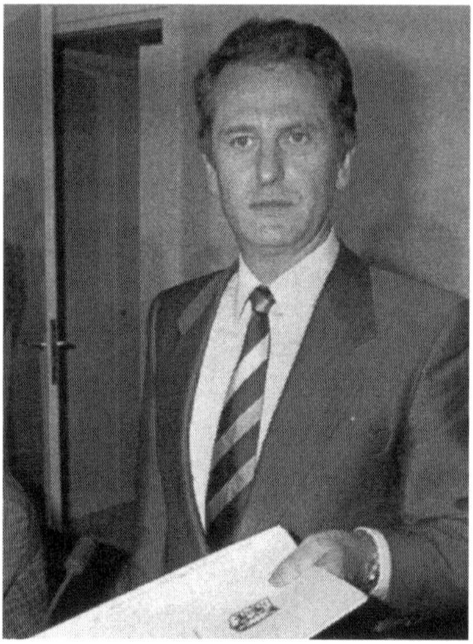

Der »falsche« Uwe Barschel bei seiner »Ehrenwort-Pressekonferenz« am 18. September 1987

Unterwerfungsbereitschaft der angesprochenen »Bürgerinnen und Bürger Schleswig-Holsteins«. Gleichzeitig bezichtigt er Pfeiffer der Undankbarkeit, des Verrats, der Selbstüberschätzung. Virtuos spielt er auf der Klaviatur der Machttechniken, der Einschüchterung und der Selbstinszenierung. Diejenigen, die ihn anschuldigen, verdächtigen oder ausfragen wollen, klagt er der Ehrverletzung an. Er versucht den Spieß umzudrehen, indem er den Anklägern Schuldgefühle zu machen versucht, dass sie überhaupt in Erwägung ziehen, ein Unschuldslamm und einen Ehrenmann wie ihn solch infamer Aktionen zu verdächtigen, wie sie ihm Pfeiffer vorwirft.

Ein erhellendes Licht auf die psychologische Situation Barschels wirft auch die Bedeutung der Ehre innerhalb der höfischen Gesellschaft. Wie Norbert Elias (1969, S. 145 f) ausführt,

> »bildete die ›Ehre‹ den Ausdruck der Zugehörigkeit zu einer Adelsgesellschaft. Man hatte seine Ehre, solange man nach der ›Meinung‹ der betreffenden Gesellschaft und damit auch für das eigene Bewußtsein als Zugehöriger galt. Die Ehre verlieren hieß, die Zugehörigkeit zu der ›guten Gesellschaft‹ verlieren. Man verlor sie durch den Richterspruch der gesellschaftlichen Meinung ... und manchmal durch den Spruch von speziell delegierten Repräsentanten dieser Zirkel in der Form von Ehrengerichten. [...] Verweigerte eine solche ›gute Gesellschaft‹ einem Mitglied die Anerkennung als Zugehörigem, verlor er seine ›Ehre‹, so verlor er ein konstituierendes Bestandstück seiner persönlichen Identität.«

Sich auf diese Ausführungen von Elias beziehend, schreibt Erdheim:

> »Wem die Ehre als höchster Wert gilt, bei dem dürfen wir annehmen, dass die ›Gesellschaft‹ – d. h. die für das Individuum relevante Bezugsgruppe – in dessen psychischer Struktur die Stelle der Mutterrepräsentanz eingenommen hat. Wie der Säugling nur durch die Zuwendung der Mutter lebensfähig ist, ebenso abhängig wird der Höfling von der narzißtischen Zufuhr des Hofes und insbesondere des Königs, der ja die Meinung des Hofes prägte« (Erdheim 1982, S. 404).

Diese Überlegungen verweisen auf die enorme psychische Abhängigkeit des ehre- und prestigesüchtigen Individuums von seiner Bezugsgruppe, deren Beachtung, Anerkennung, Ehrfurcht und Applaus es genauso lebensnotwendig braucht wie der Säugling den Glanz in den Augen der Mutter. Barschel ist nicht nur ein virituoser Techniker der Macht, sondern auch ein Gefangener der von ihm benutzten Mythen. Auch dieser Aspekt ist bereits in der ursprünglichen Bedeutung der »Ehre« enthalten. Ehre ist ein Wert, der sich – wie Georges Bataille formuliert – aufgrund des Primats von maßloser Verschwendung und zweckloser Verausgabung konstituiert. Eine solche Orientierung des Wertsystems und des Handelns bezeichnet Bataille als »Souveränität«.

> »Selbst-Losigkeit und Selbst-Überwindung im Kampf wie bei Festgelagen waren konstituiv für Ehre. Man kämpfte und schenkte nicht um irgendeines Nutzens, sondern allein um der Ehre willen. Und ein Sieg zählte nur dann als Triumpf, wenn er ehrenvoll erkämpft worden war. Ehre konstituiert sich aufgrund eines Tuns oder einer Haltung, die im Gegensatz zu einem Ausgerichtetsein auf Nutzen, an einer Sache um ihrer Selbst willen interessiert ist. [...] Ehre, Ruhm und Rang in der feudalen Ordnung hingen entscheidend von der jeweiligen Fähigkeit zur Verschwendung, zum Geschenkemachen ab. Und zweitens sei auch die Fähigkeit zum Siegen, die Heldenehre, jenem Prinzip der Verausgabung verpflichtet. Beim Kampf bringe sich der Mensch ganz ins Spiel. Entscheidend sei der Aspekt der Hingabe, der Aufopferung, die in einer maßlosen Verausgabung von Energien, die dem Kampf seine leidenschaftliche Form gebe, mündet. Der Kampf sei insofern ruhmvoll, als er ab einem bestimmten Moment jedes Kalkül überschreite. Zu dem Verzicht auf das Kalkül gehören die vielen Beispiele davon, daß Heerführer, die sich an dem ritterlichen Ehrenkodex orientierten, auf faktische Vorteile gegenüber ihrem Gegner verzichtet hatten und schließlich die Schlacht – in Ehren – verloren« (Guttandin 1989, S. 69ff).

Die Bereitschaft, um der Ehre willen sein Leben zu opfern, es herzugeben, wozu Barschel sich ja schließlich gezwungen sah, enthüllt den masochistischen Zug in Barschels Charakter, dem wir schon wiederholt begegnet sind. Er ist so sehr auf öffentliche Aufmerksamkeit und Anerkennung, auf Ehre und Prestige angewiesen, dass der Verlust von Macht für ihn gleichbedeutend ist mit dem »sozialen Tod«. Barschel hatte, so Rudolf Augstein (1987, S. 7), »ein zu enges Berufsbild«. »Ein Leben als Nicht-Ministerpräsident, als Nicht-mehr-Aufsteiger, ein Leben etwa als wohldotierter Rechtsanwalt, konnte er sich nicht vorstellen« (ebd.). (Demgegenüber stellt Oskar Lafontaine einen »alternativen« Politikertypus dar, insofern er geradezu demonstrativ nicht an seinem Amt klebte, sondern es leichten Herzens gegen sein Privatleben austauschte und sich den wartenden Journalisten mit seinem Sohn auf den Schultern präsentierte. In der Gegenüberstellung von Barschel und Lafontaine ließe sich der Unterschied zwischen einem pathologischen Narzissmus und einem gesunden Narzissmus herausarbeiten. Das narzisstische Selbstwertgefühl von Lafontaine

Oskar Lafontaine nach seinem überraschenden Abgang aus der Politik

bricht eben nicht zusammen, wenn er sein Amt und den Zugang zur Macht verliert – im Gegensatz zu Barschel.) Barschel hatte sich ganz und gar, mit Haut und Haaren, seinem ehre- und prestigeträchtigen Amt als Ministerpräsident verschrieben, so dass er im Konfliktfall, beispielsweise im Falle einer verlorenen Wahl, über keinerlei Ausweichmöglichkeiten gegenüber dem Druck der gesellschaftlichen Meinung und auch gegenüber dem Druck seiner eigenen grandiosen Meinung von sich selbst, mehr besaß. Er gleicht hierin ganz dem höfischen Menschen, wie ihn Norbert Elias (1969) beschrieben hat. So wie es »für den höfischen Menschen des ancien-régime nicht die Möglichkeit [gab] den Ort zu wechseln, Paris oder Versailles zu verlassen, und dennoch, durch den Übergang in eine andere annähernd gleichwertige Gesellschaft, sein Leben als Gleichrangierender ohne Prestigeverlust für das eigene Bewußtsein gleichwert- und sinnvoll fortzuführen« (ebd., S. 151f), so konnte auch Barschel ausschließlich in den höheren Gefilden der Macht und der besseren Gesellschaft eine soziale Existenz als geachteter und bewunderter Amtsinhaber finden, die seinem Leben in seinen eigenen Augen Sinn und Richtung gab, die ihn in Distanz zu allen Übrigen brachte, und die sein Prestige und damit das Zentrum seines Selbstbildes, seine persönliche Identität, aufrecht erhielt. Nur als Ministerpräsident konnte er diejenige Distanz zu allen anderen bewahren, an der das Heil seiner Seele, sein Prestige als geachtete Persönlichkeit, kurzum seine gesellschaftliche Existenz und seine persönliche

Identität hingen. Beispielsweise wird von Barschel berichtet, dass er sehr auf die Etikette achtete und von seinen Untergebenen erwartete, dass sie ihn, den »politisch gewählten Repräsentanten« stets mit seiner »Amtsbezeichnung, d. h. Herr Ministerpräsident bzw. Herr Minister, anzureden und zu grüßen« hätten. »Deshalb machte er auch das ehrverletzende ›Fehlverhalten‹ von Objektschützern, die sein Privathaus in Mölln und die Dienstvilla in Kiel bewachten, zum Gegenstand einer dienstlichen Besprechung mit leitenden Beamten von Polizei und Innenministerium« (Pötzl 1988, S. 37), bei der er die »Verhaltensmängel« der Sicherheitsbeamten sowie die »Mißachtung der gebotenen Höflichkeit« rügte. Hier zeigt sich recht deutlich, dass es Barschel mit der Betonung der Etikette und des Zeremoniells primär darum ging, seinen elitären Charakter und seinen hervorgehobenen Rang zu betonen. Es ging ihm um die Distanzierung von den niedriger Rangierenden. Es ging ihm um eine Selbstdarstellung und um die Bestätigung dieser Selbstdarstellung, indem formell sein Prestige und seine relative Machtstellung durch andere bezeugt wird. Der ungeheure Wert, den Barschel auf das Bezeugen des Prestiges, auf die Einhaltung der Etikette legte, ist nicht ein Wertlegen auf »Äußerlichkeiten«, sondern bedeutete für ihn die Bestätigung seiner ganz individuellen Identität und damit das für ihn Lebensnotwendigste (vgl. Elias 1969, S. 152ff). Wie sehr Barschel existentiell von seiner sozialen Position als Ministerpräsident abhängig war, zeigte er, als er am 2. Oktober 1987 seinen Rücktritt als Ministerpräsident erklärte. Als die Landtagspräsidentin seine Rücktrittserklärung verlesen hatte und ohne Umschweife zum nächsten Punkt der Tagesordnung überging,

> »sackte Uwe Barschel sichtbar in sich zusammen. Diese beklemmende Routine, mit der die wichtigsten fünf Jahre seines Lebens hier schlichtweg abgehakt wurden, trieb ihm die Röte ins Gesicht. Ungläubig, betreten, enttäuscht – so einsam wie in diesen Minuten ist Uwe Barschel wohl noch nie gewesen. Sein Blick verlor sich irgendwo hinter dem Präsidium, hinter der Regierungsbank, auf der – ihm direkt gegenüber – der Sessel des Ministerpräsidenten genauso leer und unnütz herumstand wie Barschel sich jetzt fühlte. [...] Wie hart ihn der abrupte Verlust der Macht und die damit einhergehende Zurückstufung in den Chor der Namenlosen getroffen hatte, wie gebrochen sein Stolz und seine Souveränität gleichermaßen waren, hatte sich schon gezeigt, als er den Plenarsaal betrat. [...] Uwe Barschel [schlich] förmlich um den Pulk der Fotografen herum zu seinem Platz« (Wessels 1988, S. 68f).

In einer einfühlenden Identifikation mit seinen ehemaligen Chef brach der Fahrer Heinrich Scheller vor dem Untersuchungsausschuss in Tränen aus, als er sich an diese Situation erinnerte: »Ich hatte ihm gesagt, wie leid es mir tut, ihn auf der Abgeordnetenbank zu sehen« (ebd., S. 165).

Eng verbunden mit der Ehre ist die Treue. Treuebruch, Meineid und Ehrverletzungen anderer Art galten in vielen Gesellschaften als ehrenrühriger Frevel, der nur durch Rache, das heißt in der Regel mit dem Tod des Frevlers gesühnt werden konnte. Gegenüber der blindwütigen Blutrache und dem Meuchelmord stellte das Duell, der »Ehrenkampf« bereits eine zivilisiertere, streng reglementierte Form dar, die verletzte Ehre wieder herzustellen. Das Duell ist eine Verabredung mit dem Schicksal, eine Art Gottesgericht, bei dem höhere Mächte darüber entscheiden, wer lebend und wer tot aus der Begegnung hervorgeht. Beleidiger und Beleidigter haben dabei die gleichen Chancen. Treffend und amüsant hat Michel (1988) in einem Kommentar zur Barschel-Affäre den Gedanken ausgesponnen, wie der Konflikt zwischen den beiden wohl ausgetragen worden wäre, hätte er sich hundert Jahre zuvor ereignet. Michel phantasiert aus, ob und unter welchen Bedingungen und mit welchen Komplikationen es zu einem Duell zwischen den beiden gekommen wäre. Tatsächlich fordert Barschel seinen Gegenspieler Pfeiffer zu einer Art Duell heraus. Zwar gibt es heute keine Duelle mehr, aber die Metapher von Tennisduellen, Rededuellen zwischen Politikern im Fernsehen, Duellen zwischen Rennfahrern usw. belegt, dass diese ritualisierte Form der Auseinandersetzung, die nach dem Muster von Herausforderung und Vergeltung verstanden werden, sich noch heute großer Beliebtheit erfreuen. Das Duell ist ein Zweikampf, ein Kampf Mann gegen Mann. Beide gehen von den gleichen Bedingungen aus. Das mag, wie Simmel (1892, S. 191) bemerkt, auf den ersten Blick ungerecht erscheinen, doch offenbar muss die Vorstellung die sein, dass man in Fragen der Ehrverletzung meist nicht objektiv entscheiden kann, wer der Schuldige ist und wer das Recht auf seiner Seite hat. Nicht die diskursive Ergründung der Tatsachen entscheidet über Schuld und Unschuld, sondern die blinde Macht des Zufalls. Das Schicksal spricht das Machtwort. Nicht ein unabhängiges Gericht, sondern die Waffen fällen das Urteil. Barschel wäre es sicher angenehmer gewesen, die Auseinandersetzung mit Pfeiffer auf einer solchen mythologischen Ebene des Duells zu führen, auf der die Inhalte der Pfeiffer'schen Anschuldigungen irrelevant gewesen wären und undiskutiert hätten bleiben können und nur in einem Zweikampf, z. B. einem Rededuell in den Medien, entschieden worden wäre, wer als Sieger aus dieser Auseinandersetzung hervorgeht. Seine »Ehrenwort-Pressekonferenz« war ja bereits ein erster Schlagabtausch im Medien-Duell Barschel-Pfeiffer mit ihren Sekundanten *Spiegel* und *Bild*. Das Duell kennt prinzipiell keine Schuldigen und keinen Unschuldigen, sondern nur den Sieger und den Besiegten. Und Sieger zu sein, darin war Barschel geübt.

Die Ehrenwort-Erklärung Barschels ist kein bewusst kalkuliertes, zweckrationales Handeln. Vielmehr greift Barschel hier auf ein ihm vertrautes Ritual zurück, an das er selbst glaubt. Er ist mit der mythischen Rolle identifiziert, die er spielt, und die seine Frau und sein Bruder auch nach seinem Tod glaubhaft fortsetzen. Barschel ist selbst Gefangener seiner eigenen neofaschistischen Mythologie. Er stilisiert sich selbst zum Helden, weil er glaubt, alle anderen psychologisch damit zu seinen Bewunderern, seiner Gefolgschaft, die ihm hörig ist, machen zu können. »Der Held ist [...] derjenige, der seinem Schicksal treu bleibt, auch wenn er klar sieht, daß es nur Tod und Vernichtung bringt« (Friedländer 1982, S. 39). Die Heldenehre verlangt die totale Verausgabung, die maßlose Hingabe, letztlich die Aufopferung. Die Heldenehre macht den Helden zum Masochisten, zum Gefangenen seiner Rolle. Die vollständige Identifikation Barschels mit der Rolle des »MP« bewirkte bei ihm ein Gefühl totalen Ausgeliefertseins, totaler Ohnmacht, die paradoxer Weise um so mehr anwuchs, je mehr Macht er bekam, denn der Zuwachs an Macht und Ansehen vergrößerte zugleich seine innere Abhängigkeit von den narzisstischen Gratifikationen seiner Rolle.

Mit der Ehrenwort-Erklärung redete sich Barschel um Kopf und Kragen. Er warf seine gesamte politische und persönliche Existenz in die Waagschale und manövrierte sich damit in eine ausweglose Situation, in der er schließlich nur noch den Ausweg sah, sich das Leben zu nehmen.

Der Begriff der Ehre, den Barschel beschwört, hat für ihn eine merkwürdig ambivalente Bedeutung. Einerseits beruft er sich auf den Ehrenkodex und fühlt sich wohl auch dazu berechtigt, dies zu tun. Die Anrufung der Ehre passt zu Barschel. Man nimmt ihm ab, auch wenn er lügt, dass Ehre für ihn ein bedeutsamer Wert ist. In gewisser Hinsicht hat Barschel ein authentisches Verhältnis zur Ehre. Man denke zum Vergleich an Franz Josef Strauß oder Otto Graf Lambsdorff, für die Ehre kein relevantes Wertsystem zu sein scheint. Sie stellen einen anderen Typus des Skandal-Politikers dar, nämlich einen, der ehrenrührige Anschuldigungen mit Kaltschnäuzigkeit übergeht. Strauß und Lambsdorff versuchen erst gar nicht, sich als Ehrenmänner darzustellen, sondern vermittelten direkt oder indirekt die Auffassung, dass Politik nun mal ein schmutziges Geschäft sei, und wer in der Politik erfolgreich sein wolle, müsse sich ab und zu die Hände schmutzig machen. Wo gehobelt wird, fallen Späne. Barschel verkörpert im Gegensatz dazu eine hohe, gleichsam »idealistische« Moral, die zudem einer anderen geschichtlichen Epoche entstammt und anachronistisch wirkt.

Doch unvermittelt neben diesem authentischen Verhältnis besteht bei Barschel ein zynisches, vollkommen funktionalistisches Verhältnis zur

Ehre. Indem er »falsch Zeugnis ablegt«, seinen politischen Gegner nicht im offenen Kampf, sondern durch Hinterlist zu besiegen trachtet usw., verhält er sich ganz unehrenhaft. Barschels Verhältnis zur Ehre hat also auch eine dunkle, verdeckte Seite, die ganz und gar zynisch ist. Indem er sich auf die Ehre beruft und im selben Augenblick wissentlich lügt, führt er seine eigenen Ideale ad absurdum, er zieht seine eigenen Ideale in den Dreck, verwandelt sie in Exkremente. Eben dies ist nach der französischen Psychoanalytikerin Janine Chasseguet-Smirgel (1975) das Ziel der Perversion: »Die Welt zu Fäkalien zu machen, oder besser, die Welt der Unterschiede [die genitale Welt] zu vernichten und an ihre Stelle die anale Welt zu setzen, in der alle Bestandteile gleich und austauschbar sind« (ebd., S. 12). »Die Auslöschung der Unterschiede verhindert psychisches Leiden auf allen Ebenen: Gefühle von Minderwertigkeit, Kastration, Verlorensein, Mangel und Tod existieren nicht mehr« (ebd., S. 15). Indem Barschel die von ihm selbst beschworenen Ideale verrät, wird er zum Verräter seiner selbst. Also wieder das Motiv des Verrats.

Der Bilanzselbstmord

> *»Es war seine erste aufopfernde Tat, leider war es ein Selbstmord.«*
>
> **Carl Gustav Jung in einem Brief an Sigmund Freud vom 19. April 1911**

Die Verurteilung Barschels erfolgte nicht nur durch die »linke Kampfpresse« und seine politischen Gegner, sondern auch durch seine Parteifreunde. Gerade dies hat den eigentlichen Verlust seines Selbstwertgefühls ausgelöst. Zugrunde liegt bei Barschel ein vermehrtes narzisstisches Bedürfnis, eine geheime Selbstüberschätzung, die ihm bislang seine rasante politische Karriere beschert hatte, deren abgewehrte Kehrseite, die Selbstzweifel, nicht wirklich als Person, sondern nur um seiner Leistung willen geliebt und geachtet worden zu sein, nun aber zum Vorschein kamen. Diese Selbstverachtung kommt auch in der Geringschätzung seines eigenen Lebens zum Ausdruck.

Sein Selbstmord ist eine pathologische Kompromissbildung zwischen seiner Selbstverachtung einerseits und seinen narzisstischen Größenphantasien andererseits. Er machte seinem Leben ein Ende, wahrscheinlich weniger, weil er Schuldgefühle hatte aufgrund der ihm vorgehaltenen Schandtaten, sondern eher, weil er sich dafür schämte, erfolglos und so ungeschickt gewesen zu sein, dass er sich erwischen ließ. Doch verhalf ihm sein Selbstmord auch dazu, sein grandioses Selbstbild aufrechtzuerhalten.

Titelbild: Stern Nr.44/ 22.Oktober 1987

Titelbild: Stern Nr.43/ 13. Oktober 1987

Er konnte sich sterbend in der Phantasie sonnen, der meistbeachtete, einzigartigste Mann der Bundesrepublik zu sein, dessen Schicksal Millionen gebannt, bestürzt und mit Gefühlsaufwallungen verfolgt hatte. Indem er einen Mord vortäuschte, hielt er an seiner Selbstdarstellung in der Öffentlichkeit, an dem unschuldigen, verleumdeten Barschel fest.

Barschel gab sich auf, als er sich von seinem eigenen Ich-Ideal, das Leistung, Erfolg und Macht beinhaltete, gehasst und verfolgt fühlte. Leben war für Barschel gleichbedeutend mit Erfolg, Macht und Bestätigung seiner Leistungsfähigkeit.

Barschels Suizid ist mit der »gleichen Präzision und Perfektion« (*Stern* 1987, S. 36) geplant und durchgeführt wie seine politische Karriere. Wie diese hat auch sein Freitod eine schillernde, auffallend zwiespältige Charakteristik: Einerseits sah er in dem fingierten Mord die letzte Chance der Rehabilitierung. »Um den Preis seines Lebens wollte er bewirken, daß das Bild des unschuldigen Uwe Barschel der Nachwelt überliefert wurde« (ebd. S. 30). Er opferte sein Leben, um seinen Ruf zu retten. Dies ist jedoch nur die eine Seite. Auf der anderen Seite schimmert in seinem Versuch, »seinen Freitod in den Ruch eines mysteriösen Mordes zu tauchen« (ebd.), unverkennbar das Motiv der Rache durch. Die Genfer Tageszeitung *La Suisse* formulierte das unmissverständlich: »Ein kalt berechnender Machtmensch hat seinen Selbstmord als Mord konstruiert, ›um Zwietracht in seinem Land zu säen«« (zit. nach *Der Spiegel* 1987, S. 29). Nachdem sein grandioses Bild in der Öffentlichkeit desavouiert war, wurde Barschel völlig beherrscht von dem grenzenlosen Wunsch nach Abrechnung mit seinen Beleidigern und mit denjenigen, von denen er sich verraten fühlte. Er ging seiner Rachsucht nach, entgegen aller Vernunft und unter Missachtung seiner familiären Bindungen, ja schließlich unter Aufgabe seiner selbst. Von der überragenden Bedeutung der eigenen Person überzeugt, vermeinte Barschel, denjenigen, von denen er sich verleumdet und in seinem Ehrgefühl herabgesetzt fühlte, etwas antun zu können, indem er sich selbst etwas antat. Er war überzeugt davon, indem er sich vernichtete, auch einen Wert zu vernichten, der für andere einzigartig und unersetzbar sei. Sein Handeln stand ganz und gar im Dienste seines überwertigen Dranges nach Rache und Vergeltung für die erlittene Schmach. Nun wurde seine grenzenlose Hassbereitschaft deutlich, die sich nicht nur gegen seine politischen Gegner, sondern gerade auch gegen ihm nahestehende Personen richtete und die all die Jahre nur mühsam auf Außenfeinde umgelenkt worden war. Sein Suizid war vor allem eine Rache an seinen »Freunden in der CDU«, aber auch eine an den viel berufenen Bürgerinnen und Bürgern Schleswig-Holsteins, um deren Sympathie und Wählerstimmen er jahrelang buhlen und sich verbiegen musste. Seine Parteifreunde, von denen er sich im Stich gelassen und verraten fühlte, strafte er, indem er ihnen diesen Skandal bescherte, der die CDU nach 40-jähriger Herrschaft die politische Macht kostete. Seine Wählerinnen und Wähler, die Öffentlichkeit insgesamt, strafte er mit Verachtung, indem er sich entzog und noch seinen Freitod als betrügerisches Täuschungsmanöver anlegte. Noch in seinem als mysteriösem Mord konstruierten Freitod mag er sich in grandioser Häme an seinem »genialen Plan« berauscht haben, die Öffentlichkeit hinters Licht zu führen. Barschel verschmähte die Welt, so wie sie ihn verschmäht hatte.

Barschel, der sich in seiner Kindheit ungeliebt und für die Bedürfnisse anderer, insbesondere seiner Mutter, benutzt und funktionalisiert fühlte,

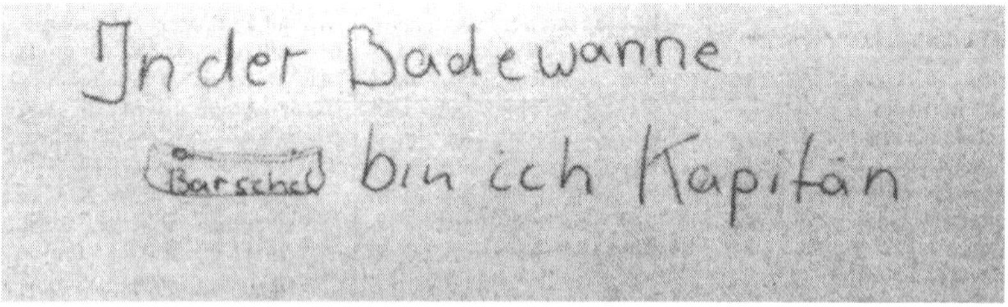

Gesehen in Hamburg (taz, Montag, 30. 11. 1987)

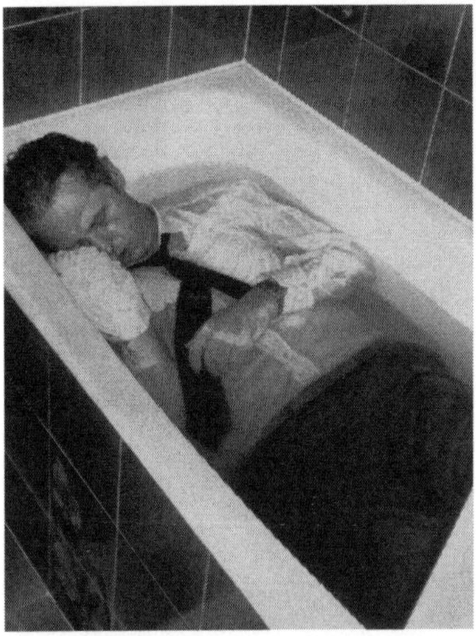

Uwe Barschel tot in der Badewanne

Max Klinger (1857 – 1919) : Untergang,1884

musste sich unter einer inneren Nötigung allen Menschen »liebenswürdig«, d. h. ihrer Liebe würdig zeigen, um bald danach sich und ihnen zu beweisen, dass er dieses Gefühls unwürdig sei (vgl. Abraham 1925, S. 77). Barschels Entwicklung ist geprägt von dem ständigen Kampf zwischen dem Wiederholungszwang, der ihn dazu trieb, sich in die Rolle des Verachteten, Ungeliebten und Verratenen zu begeben, und dem krampfhaften Versuch, durch Verkehrung ins Gegenteil, also indem er sich zum Mittelpunkt, Star und Liebling einer großen Gruppe von Menschen aufschwang, die narzisstische Wunde zu überdecken. In der Tiefe seines Herzens musste sich Barschel schon immer ungeliebt und ungewollt gefühlt haben. Dabei musste er um die Gunst geachteter Personen buhlen und angesehene Positionen erringen. Er benötigte suchthaft den immer währenden Erfolg und die Position der Macht als beständig fließende Quelle der Befriedigung seines gekränkten Narzissmus.

Allerding ist der Weg, den er in den Tod gewählt hat, ein vergleichsweise sanfter, der auf einen Wunsch nach Ruhe und Frieden schließen lässt. Auch kann man seinen Freitod als Versuch interpretieren, seine Familie und sich selbst vor der Schmach, der Schande und der Scham zu bewahren, die er notwendigerweise auf sich zukommen sah. Er flüchtete in die illusionäre Hoffnung, durch den vorgetäuschten Mord seine Ehre und die seiner Familie doch noch retten zu können, nachdem schon alles verloren war.

Barschel, dem das Wasser gleichsam bis zum Halse stand, dessen Ehre

Aimé-Gustave Blaise (1877–?) La mort de Narcisse

und dessen Selbstachtung nicht mehr zu retten war, suizidierte sich, indem er Schlaftabletten nahm und sich in eine warme Badewanne legte. Er fand damit einen Tod, den schon der griechische Mythos vom Jüngling Narziss vorgezeichnet hat: Verliebt in sein eigenes Spiegelbild das er im Wasser betrachtete, ertrank er in dem Element, aus dem alles Leben entsteht. Der Tod durch Ertrinken im warmen Wasser der Badewanne steht unbewusst für die Sehnsucht nach Rückkehr in die Fruchtblase, für den narzisstischen Verschmelzungswunsch mit der Mutter, für eine »Rückkehr in den Mutterleib« (Rank 1924, S. 29), dessen paradiesisches Milieu des pränatalen Zustandes als Ursprung aller Varianten des Narzissmus gelten kann (vgl. Grunberger 1971).

Helmut Kohl: Masse und Macht

»Er ist immer zugleich selbstzufrieden und beleidigt, der Dr. Kohl.«

Hans Magnus Enzensberger (1985): Politische Brosamen. Frankfurt a. M. (Suhrkamp), S. 129

»Manchmal kann man gar nicht klüger handeln, als indem man sich dumm stellt. Es ist kein Zufall, dass zwei erfolgreiche Politiker der 1980er Jahre, Reagan und Kohl, durch ihre Gegner unterschätzt wurden – was gegen diese, nicht jene spricht.«

Vittorio Hösle (1997): Moral und Politik. Grundlagen einer politischen Ethik für das 21. Jahrhundert. München (Beck), S. 480f

Der Koloss von Oggersheim

»Koloss von Rhodos, meist zu den sieben Weltwundern gerechnete Kolossalstatue des Helios beim Hafen von Rhodos, die Anfang des 3. Jh. v. Chr. von Chares von Lindos in Bronze gegossen wurde und wohl etwa 32 m hoch war. Sie stürzte um 225 v. Chr. infolge eines Erdbebens ein. Die Bruchstücke wurden im 7. Jh. eingeschmolzen.«

Brockhaus – Die Enzyklopädie in 24 Bänden. Leipzig, Mannheim (Brockhaus)

»Oh, ist der aber groß«, soll Hannelore Kohl gedacht haben, als sich ihr späterer Mann ihr das erste Mal näherte.

ARD-Spezial

Schon immer überragt Helmut Kohl alle anderen an Körpergröße. Auf dem Gymnasium nennen ihn seine Mitschüler »den Langen«, denn er misst 1,93 Meter (vgl. Leyendecker, Prantl, Stiller 2000, S. 25). »Dank seiner strotzenden Kraft«, heißt es in der Biographie von Werner Filmer und Heribert Schwan (1985), ließ er sich »auf dem Fußballfeld [...] im körperlichen Einsatz kaum überbieten«. »Kohl ist größer als die meisten anderen und sich dessen stolz bewusst. Seine Massigkeit setzt er ein, um die Widersacher einzuschüchtern und den Freunden Stärke und Zuversicht zu vermitteln« (Leyendecker, Prantl, Stiller 2000, S. 178). Daran ändert sich auch im Laufe seiner politischen Karriere nicht viel:

> »Der Politiker Kohl achtet darauf, daß seine Ausmaße stets einschüchternd sichtbar bleiben. Masse ist Macht. Sieht er – wie [...] nach einer europäischen Ratssitzung in Lissabon – die Gefahr, in einem weichen Sofa zu versacken, läßt er sich einen Stuhl bringen. Auf dem thront er dann massig über der Menge. Seine gereckte Figur signalisiert, daß er Größe auch als Bedeutung verstanden wissen will. ›Das trägt sich auch sonst‹, grient er zufrieden« (Leinemann 1992, S. 94).

Helmut Kohl:	**Ein Biographischer Überblick (1982–1998)**
Persönliche Daten:	
Name:	Kohl
Vorname:	Helmut Josef Michael
Geburtsdatum:	3.4.1930
Geburtsort:	Ludwigshafen am Rhein
Familienstand:	verwitwet, 2 Kinder
Beruf:	Bundeskanzler a. D.
Akademische Grade:	Dr. phil.
Konfession:	katholisch
Kindheit:	
1943–1944:	Kinderlandverschickung in Erbach im Odenwald
1944–1945:	Von Dezember bis Mai im Wehrertüchtigungslager bei Berchtesgaden
1945:	Von August bis November Landwirtschaftslehrling in Düllstadt Im Dezember kann Kohl an die Oberrealsschule, die er 1943 verlassen musste, zurückkehren
Studium:	
1950–56:	Studium der Rechtswissenschaft, Sozial- und Staatswissenschaften sowie der Geschichte an den Universitäten Frankfurt/Main und Heidelberg
1958:	Promotion zum Dr. phil.
Berufliche Entwicklung:	
1958/59:	Direktionsassistent bei einer Ludwigshafener Eisengießerei
1959–1969:	Referent des »Industrieverbandes Chemie« in Ludwigshafen
Politische Laufbahn:	
1946:	Eintritt in die CDU
1947:	Mitbegründer der Jungen Union in Ludwigshafen
1953:	Mitglied des geschäftsführenden Vorstandes der CDU Rheinland-Pfalz
1954–1961:	Stellvertretender Landesvorsitzender der Jungen Union Rheinland-Pfalz
1955–1966:	Mitglied des Landesvorstandes der CDU Rheinland-Pfalz
1956–1958:	Wissenschaftlicher Mitarbeiter des politischen Seminars im Alfred-Weber-Institut der Universität Heidelberg 1982
1959:	Vorsitzender des CDU-Kreisverbandes Ludwigshafen
1959–1976:	Mitglied des Landtages von Rheinland-Pfalz
1966–1973:	Landesvorsitzender der CDU Rheinland-Pfalz
1966:	Mitglied des Bundesvorstandes der CDU
1969–1973:	Stellvertretender Bundesvorsitzender der CDU
1969–1976:	Ministerpräsident von Rheinland-Pfalz
1973–1998:	Parteivorsitzender der CDU
1976:	Mitglied des Bundestages
1982:	Am 1. Oktober Wahl zum 6. Bundeskanzler der Bundesrepublik Deutschland durch konstruktives Misstrauensvotum
1983:	Wiederwahl zum Bundeskanzler
1987:	Erneute Wiederwahl zum Bundeskanzler
1991:	Erneute Wiederwahl, diesmal zum ersten Bundeskanzler des wieder vereinten Deutschlands
1994:	Erneute Wiederwahl zum Bundeskanzler

1998:	Nach der Niederlage der CDU bei der Bundestagswahl tritt Kohl als Bundeskanzler ab
16.12.1999:	Kohl gesteht während eines Fernsehinterviews im ZDF ein, zwischen 1993 und 1998 Spenden von 1,5 bis zwei Millionen Mark illegal angenommen zu haben. Die Namen der anonymen Spender will er nicht nennen
3.1.2000:	Die Bonner Staatsanwaltschaft eröffnet ein Ermittlungsverfahren gegen Kohl wegen des Verdachts der Untreue zum Nachteil seiner Partei
2.3.2001:	Das Ermittlungsverfahren der Bonner Staatsanwaltschaft in der CDU-Parteispendenaffäre wird eingestellt Dezember: Das Ermittlungsverfahren gegen Helmut Kohl wird eingestellt

»Nie hat er einen Hehl daraus gemacht, daß diese raumfüllende Statur für sein Ego eine wichtige Rolle spielt – ›gewaltick‹, wie er sagen würde. Ihr latentes Gewaltpotential entlädt sich vor aller Augen, wenn Kohl in Halle auf einen Eierwerfer losstürmt. Vorhanden ist es immer« (ebd., S. 94).

Zu Kohls beachtlicher Körpergröße kommt sein Körpergewicht, das mit den Jahren, die er an der Macht ist, mehr und mehr anwächst. Für Kohl gilt, was Elias Canetti (1960, S. 254) in seinem großen Buch *Masse und Macht* über den Zusammenhang von Essen und Macht gesagt hat:

»Der Essende nimmt zu an Gewicht, er fühlt sich schwerer. Es liegt darin eine Prahlerei; er kann nicht mehr wachsen, aber zunehmen kann er; an Ort und Stelle, vor den Augen der anderen. Auch darum ißt er gerne mit ihnen gemeinsam, es ist wie ein Wettbewerb im Vollerwerden. Das Behagen des Vollseins, wenn man nicht mehr kann, ist ein äußerster Punkt, den man gern erreicht. Ursprünglich hat sich niemand seiner geschämt: Eine große Beute mußte bald verzehrt sein, man aß soviel man konnte, und trug seinen Vorrat in sich.«

Kohls Leibesfülle nimmt im Laufe der Jahre wahrlich beeindruckende Ausmaße an und scheint die Autorität, die er ausstrahlt, körperlich zu untermauern.

»Ein erheblicher Anteil von Helmut Kohls Wirkung entsprang unmittelbar seinem organisatorischen Volumen, dem riesigen Körper. Die gewaltige Bugwelle von Luftbewegungen, die seinen Auftritten stets vorauslief, schob kleinwüchsige und leichtgewichtige Fremdkörper wie von selbst beiseite. Auf wen sein Schatten fiel, dem schien die Sonne nimmermehr. Wer sich hingegen an Kohls Körper und Wohlwollen wärmen durfte, für den war ausgesorgt« (Schneider 2000, S. 3).

Mit seinem körperlichen und seinem politischen Gewicht walzt Kohl alles nieder, was sich ihm in den Weg stellt, und seine »politischen Energien speisen sich nicht zuletzt aus seiner physischen Masse« (*Der Spiegel* 2000/38, S. 36). »Nur selten schlendert er, meist stürmt er voran – Walz aus der Pfalz« (Leyendecker, Prantl, Stiller 2000, S. 178). Dass dabei auch

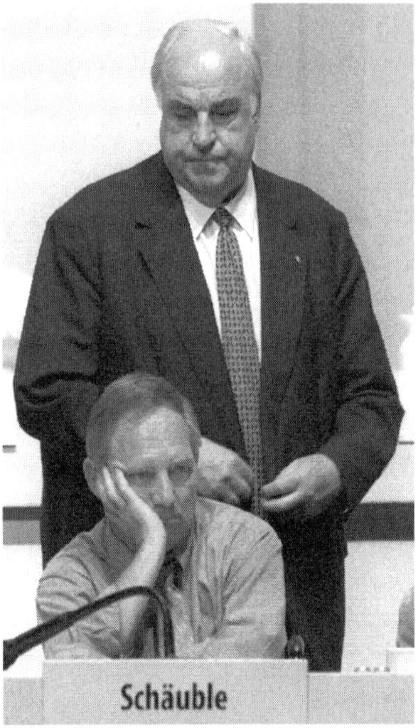

Wolfgang Schäuble und Helmut Kohl (1998)

mancher Weggefährte unter die Räder kommt oder zumindest unsanft an den Rand geschubst wird, liegt in der Natur der Dinge.

> »Es gehört zu den besonderen Charakteristika seiner Erfolgsgeschichte, daß es die Freunde des Kanzlers sind, die seine Macht zu spüren bekommen haben, erst im guten, dann im Konfliktfall. Und man kann sie von der Bosheit sprechen hören, die in Kohls Augen lag, als er sie seine Macht spüren ließ« (Busche 1998, S. 259).

Kurt Biedenkopf wird niedergemacht, Lothar Späth und Heiner Geissler werden abserviert, Rita Süssmuth aufs Abstellgleis verschoben; aber am rücksichtslosesten geht Kohl mit seinem engsten Vertrauten und designierten Nachfolger Wolfgang Schäuble um. So hätte man zumindest denken können – bis zu dem Zeitpunkt, an dem Hannelore Kohl sich das Leben nimmt. In diesem Moment wird schlagartig deutlich, dass auch in seiner ehelichen Beziehung sein rücksichtsloses Egomanentum ein Opfer gefordert hat. Erst mit dem Selbstmord seiner Ehefrau Hannelore zeigt sich endgültig, wie stark die Destruktivität ist, die Kohls Beziehungen zu seinen nahestehendsten Mitmenschen – zu seiner Ehefrau wie zu seinen Mitarbeitern – bestimmt.

Die Macht, so erklärt Canetti (1960), hat »gewaltige Eingeweide«. Der Mächtige ist nicht selten der Meistesser, der um sich die Mitesser schart, die bei ihm satt werden wollen.

> »Es gibt Gruppen, die in einem solchen Meistesser ihren Häuptling sehen. Sein nimmer gestillter Appetit erscheint ihnen als eine Gewähr dafür, dass sie selber nie lange Hunger leiden müssen. Sie verlassen sich auf seinen gut gefüllten Bauch, als hätte er ihn für sie alle mitgefüllt. […] Die Figur des meistessenden Königs ist nie ganz ausgestorben. Immer wieder ist es vorgekommen, daß einer sie seinen entzückten Untertanen vorgespielt hat« (ebd., S. 250).

Wie der Ethnologe Claude Levi-Strauß (1955, S. 277f) über das Häuptlingstum der Nambikwara-Indianer schreibt, ist

»das erste und wichtigste Instrument der Macht [des Häuptlings] seine Großzügigkeit. Großzügigkeit ist bei den meisten primitiven Völkern [...] ein wesentliches Attribut der Macht. [...] Obwohl der Häuptling in materieller Hinsicht keine privilegierte Stellung einzunehmen scheint, muß er immer über einen Überschuß an Nahrung, Werkzeugen, Waffen und Schmuck verfügen, der, so gering er auch sein mag, angesichts der allgemeinen Armut dennoch einen beträchtlichen Wert erlangt. So ist Großzügigkeit die wesentlichste Eigenschaft, die man von einem neuen Häuptling erwartet. Es läßt sich nicht daran zweifeln, daß die Fähigkeiten des Häuptlings in dieser Beziehung bis zum letzten ausgebeutet werden. [...] Selten habe ich erlebt, dass eines meiner Geschenke länger als ein paar Tage in ihren Händen blieb. [...] Alles was er erhalten hatte, [...] war ihm wieder entrissen worden. Diese kollektive Gier treibt den Häuptling oft an den Rand der Verzweiflung.«

Canetti (1960, S. 250) scheint Helmut Kohl vorausgeahnt zu haben, wenn er schreibt:

»Je voller er ist, um so besser ist ihm zumute. [...] Er ißt und zecht mit den ausgewählten Leuten seiner Umgebung, und was er ihnen vorsetzen läßt, gehört ihm. Wenn er schon nicht selbst der stärkste Esser ist, so müssen doch seine Vorräte die größten sein. [...] Er könnte, wenn er nur wollte, immer der Meistesser sein.«

Wenn Kohl also

»mit seinem Trupp unterwegs ist, lädt er die Begleiter gern zu einem deftigen Essen ein. [...] Beim Essen ist er ein Schlinger und Würger, der den Appetit gern als Beleg für seine Lebenskraft vorführt. Im Gegensatz zu den meisten Politikern hat Kohl stets Bargeld dabei und lädt selbst ein, geizig ist er nicht. Selbst bei Wahlkampfeinsätzen legt er schon mal eine Vesper ein« (Leyendecker, Prantl, Stiller 2000, S. 177).

»In Strickjacke und Schlappen sitzt er dann breitärschig in der Mitte seiner Helfer und säbelt dicke Scheiben Wurst vom Stück. Die reicht er eigenhändig ›seinen Leuten‹ auf der Messerspitze rüber – am liebsten mit dem Taschenmesser; wer keins hat, ist kein Mann« (Leinemann 1992, S. 95).

»Kohl wuchert zu jeder Tageszeit mit seinen Pfunden und langt kräftig zu. In vorgerückter Stunde kann es passieren, daß er einen Gegner fürs Armdrücken sucht« (ebd.).

Als Kohl nach zehnmonatiger Abwesenheit wieder im Bundestag auftaucht, wird er von seinen Fans freudig begrüßt.

»Sein Parteivolk folgt ihm überall hin, auch nach hinten, in die sechste Reihe. Wo er sitzt, ist gute Laune. Er kann mit allen, und alle können wieder mit ihm. Frohgemut konsumiert er mittags im Bundestagsrestaurant zur Wirsingroulade mit Specktunke einen halben Liter Roséwein« (*Der Spiegel* 2000/38, S. 35).

Die narzisstische Regression, die in der CDU – oder zumindest in einigen ihrer Teile – unter der Führerschaft Helmut Kohls stattfindet, nimmt jene Eigenschaften an, die Canetti (1960) als »Festtagsgruppe« beschrieben hat: Man weiß sich einig in der gemeinsamen Freude an der zufrieden stellenden Erwartung, satt, sicher und versorgt zu sein. »Die Inhalte der Gruppeninteraktion werden in Form geläufiger Konventionen und oberflächlicher kognitiver Denkweisen gestaltet« (Kernberg 2002, S. 139). Die Partei hat in Helmut Kohl eine Figur gefunden, die selbstsicher wirkt, gerne im Zentrum der Aufmerksamkeit steht und mit floskelhaften Bestätigungen und Klischees um sich wirft, die beruhigend auf die Gruppe wirken. Der Vorteil dieser narzisstischen Gruppen-Regression ist eine ruhige, satte Selbstzufriedenheit und der Abbau von Angst, der Preis besteht in dem Verlust intellektueller Brillanz und politischer Kreativität.

Auch wichtige Staatsgäste macht Kohl mit seiner Esskultur vertraut. Normalerweise werden hohe Gäste in den »Deidesheimer Hof« eingeladen, dessen Küche Helmut Kohl besonders schätzt. Er bevorzugt Knödel, Würste, Schweinebraten und natürlich den durch ihn berühmt gewordenen Saumagen – eine Mischung aus Kartoffeln und Schweinemett, die in einen Schweinemagen gefüllt wird (vgl. Leyendecker, Prantl, Stiller 2000, S. 177).

In der häufigen Verspöttelung von Kohls Vorliebe für deftiges Essen wird übersehen, welch hohe symbolische Bedeutung das gemeinsame »Gastmahl« im Allgemeinen und Kohls sehr individuelle Art, auch hohe Gäste mit der regionalen »Pfälzer« Küche vertraut zu machen, im Besonderen hat. Generell hat gemeinsames Essen die Funktion, soziale Verbindungen herzustellen und zu festigen. Wer isst, der kämpft nicht. Dessen Hunger gestillt und dessen Durst gelöscht ist, der fühlt sich befriedigt und damit auch ein Stück weit befriedet. Helmut Kohls Fähigkeit, mit einfachem aber deftigem Essen, seiner biederen Gemütlichkeit und seinem pfälzischen Frohsinn Kontakt zu anderen Menschen herzustellen, gereicht ihm nicht nur dazu, im Kreise seiner Parteifreunde, sondern auch in der Weltpolitik, Anerkennung zu finden.

Einmal im Jahr unterwirft sich Kohl einer Fastenkur, deren schönstes Ergebnis für ihn darin besteht, anschließend wieder sündigen zu dürfen (vgl. Leyendecker, Prantl, Stiller 2000, S. 178). Seine Gefräßigkeit beim Essen, die ihm einige gesundheitliche Belastungen bereiten dürfte, sein unstillbarer Hunger nach Macht und sein fast süchtiges Verlangen, im Mittelpunkt zu stehen, sind Ausdruck einer ungelösten Selbstwertproblematik, die auch in den aggressiven Impulsen zum Vorschein kommt, die er teils gegen andere, teils aber auch gegen sich selbst richtet. Wenn die *FAZ* in den Februartagen des Jahres 2000 (Leyendecker, Prantl, Stiller 2000, S. 16) titelte, »Kohl frisst seine Kinder«, so benutzt sie dabei ebenfalls eine metaphorische Beschreibung, in der das Essen sowohl in seiner selbstdestruktiven als auch in seiner fremdaggressiven Bedeutung angesprochen wird.

Canettis Häuptling ist nicht nur derjenige, der das meiste Essen zu verteilen hat, sondern auch derjenige, der selbst am meisten isst und in der Not sogar nicht lange zögert, seine gemästeten Kinder zu verspeisen.

Der Essayist Manfred Schneider hat die Metapher der Kohl'schen Fressorgien, denen sich auch die CDU hingab, zur Satire erhoben: Als sich die schwarzen Kassen der CDU als die »großen Futtertöpfe zu erkennen [gaben], aus denen der ›Meistesser‹ fütterte«, so schreibt Schneider (2000, S. 3), war plötzlich allen der Appetit vergangen. Dabei hatte es kurze Zeit zuvor noch vielen so gut geschmeckt:

> »Fünfundzwanzig Jahre lang saß die CDU zu Gast bei einem großen Darmfüllkünstler. Von den Kohlschen Saumägen wurde die Partei fünfundzwanzig Jahre lang köstlich gespeist. [...] Wo sich Widerstand oder Unbehagen in der Partei meldeten, wurde dies als Wursthunger erkannt, als Provinzfürstenmagenknurren, und eine ordentliche Portion Futter dorthin geschickt. [...] Jetzt auf einmal hat sich die behagliche Szene umgekehrt. Denn nun, da wieder einmal zu Tisch gebeten wird, da erweisen sich die Würste des Herrn tatsächlich als Gedärme. Unverdaulich kringeln sich vor den entsetzen Augen die natürlichen *Eingeweide der Macht*, wie sie Canetti nennt. An den Parteitellern klebt das unverwurstete, unbehandelte, nackte, übel riechende schweinische Machtinnenleben. Der Koch hat seine Schuldigkeit nicht getan, der Kohl kann gehen« (ebd.).

Die leichte Kränkbarkeit, die den Dicken nachgesagt wird, gilt auch für Kohl. Durch die Fettschicht, die ihn wie ein Schutzwall umgibt, lässt er Angriffe und Kritik nur gefiltert in sein Innerstes dringen. Das Image des mächtigen Elefanten, das sich Kohl aufbaut, verbirgt seine Dünnhäutigkeit. Freilich, die narzisstischen Kränkungen nimmt er schon als solche wahr, aber nur in gedämpfter Form. Sie werden gespeichert und irgendwann kommt die Retourkutsche. Vor allem wenn er sich hintergangen fühlt oder jemand sich seinem Einfluss zu entziehen versucht, ist er gekränkt und vergisst ihm das nie. Er hat »für Gefolgsleute ein feines Gespür und für Verrat ein Gedächtnis wie ein Elefant« (Leinemann 1992, S. 96).

> »Wer Kohl verläßt, kann sich des Grolls des Verlassenen sicher sein. Sofort läßt Kohl ihn spüren, daß die Zeit für Freundlichkeiten vorbei ist. Es ist, als verlasse ein angeheirateter Teilhaber Frau, Firma und Familie. ›Reisende soll man nicht aufhalten‹, lautet Kanzlers Formel dafür, und was sie besagt, hat Geltung bis ins Kabinett« (Busche 1998, S. 268).

Die Angriffe im tagespolitischen Geschäft können ihn hingegen nicht wirklich erreichen. So entsteht ein erstaunliches Missverhältnis zwischen seiner enormen Kränkbarkeit und seiner vielfach dokumentierten Neigung, nachtragend zu sein auf der einen und seiner Fähigkeit, die heftigsten Attacken an seinem Körperpanzer abprallen zu lassen, auf der anderen Seite. In der Parteispenden-Affäre sieht sich Kohl massivsten Angriffen nicht nur von Seiten der Öffentlichkeit – das war er ja lange gewohnt –, sondern auch von seinen eigenen Parteifreunden ausgesetzt, ohne dass ihn dies wahrnehmbar ins Wanken bringt. Wie wir heute ahnen können, hat sich seine Frau diese Dinge mehr zu Herzen genommen als er. Man könnte fast von einem partiellen Realitätsverlust sprechen, der in dieser Unempfindlichkeit gegen sozialen Druck deutlich wird, vergleichbar jenen Patienten, die sich selbst körperliche Verletzungen beibringen oder diese erdulden, ohne sichtbar darunter zu leiden. Das Ertragen körperlicher Schmerzen hilft diesen Patienten sogar, sich psychisch zu stabilisieren, weil sie die existenzielle seelische Desintegrationsdrohung auf den abgespaltenen Körper und damit subjektiv von sich weg nach außen lenken. Ist es denkbar, dass sich bei Kohl ein analoger Prozess abgespielt hat, als er die letzte Wahl verlor?

Helmut Kohl und das Drama der CDU

> *»Politik ist eine Leidenschaft. Sie kann zum Laster werden, wenn man sich ihr hingibt.«*
>
> **Kohl-Vorbild Konrad Adenauer, zitiert nach Jürgen Leinemann: Helmut Kohl. Die Inszenierung einer Karriere, Berlin 1998 (Aufbau), S. 108**

Wie alle Kommentatoren übereinstimmend vermerkten, präsentierte Kohl sich am Wahlabend und die Tage direkt nach seiner Niederlage als guter Verlierer; er war aufgeräumter, fast aufgekratzter Stimmung, was viele zu der Vermutung veranlasste, er sei im Grunde seines Herzens erleichtert, dass er die Bürde dieses Amtes nun nicht mehr zu tragen brauchte. In einer Pressekonferenz beliebte er gar zu scherzen und kündigte den versammelten Journalisten an, er werde ihnen mit seinem »unwiderstehlichen Charme« noch eine ganze Weile als Gesprächspartner erhalten bleiben – womit er mehr Recht behalten sollte, als man damals ahnen konnte. Dass es nicht nur darum ging, dass er als Person nicht mehr Bundeskanzler war, sondern dass zugleich *seine* Partei, die CDU, nach 16-jähriger Regierungsverantwortung nun auf die harten Oppositionsbänke verbannt sein würde, daran schien er keinen einzigen Gedanken zu verschwenden. Die Lockerheit, mit der Kohl die Wahlschlappe zu verkraften schien, muss auf seine Parteifreunde wie Hohn gewirkt haben. Gerade dieser Spaltungsvorgang, dass er mit der Niederlage der CDU innerlich nichts mehr zu tun hatte, dass er sich weder dafür verantwortlich fühlte noch unter dieser Niederlage seelisch zu leiden schien, ist Symptom seiner narzisstischen Charakter-Störung. Möglicherweise konnte er die Niederlage und den Niedergang der CDU sogar mit einem lachenden Auge genießen, denn je schlechter es seiner Partei nach ihm gehen würde, umso heller würde die Zeit unter seiner Führung erstrahlen. Möglicherweise hat Kohl auch »den unbewussten Drang verspürt, das Lebenswerk mit sich selbst untergehen zu lassen, damit es nicht in fremde Hände gerät« (Leyendecker, Prantl, Stiller 2000, S. 15).

Da narzisstische Führer nicht über die »Fähigkeit zur Besorgnis«, von der Winnicott (1965, S. 93–105) spricht, verfügen, sind sie auch nicht in der Lage, für eine geeignete Nachfolge Sorge zu treffen. Auch Kohl verfügt nicht über die »Fähigkeit zu Besorgnis«, d. h. uneigennützig für das Wohl anderer zu sorgen, noch nicht einmal für das Wohl seiner eigenen Partei. Der Neid auf einen Nachfolger, der es besser machen könnte als er, der es auch nur anders machen würde, der ihn einfach nur überleben würde, stellt eine so unerträgliche Kränkung dar, dass der Narzisst lieber sein gesamtes Lebenswerk aufs Spiel setzt, als einen Nachfolger, den er als Konkurrenten erleben würde, zu akzeptieren. Solche Nachfolge-Konflikte existieren beispielsweise häufig in kleineren und mittleren Familienbetrieben und führen nicht selten dazu, dass Firmen kaputt gehen. Es handelt sich dabei nicht nur um eine ödipale Auseinandersetzung zwischen zwei Generationen, sondern – wie der Fall Kohl zeigt – auch um Probleme des Narzissmus. Möglicherweise spielte eine Haltung bei Kohl eine Rolle, die man folgendermaßen umschreiben könnte: »Lieber schenke ich dem Schröder – von dem ich nicht erwarten kann, dass er mich liebt und dass er mein Werk in meinem Sinne fortführt – meine Macht und mein Amt, als dass einer meiner eigenen Leute, die mich so oft gekränkt haben und die mich nur enttäuschen würden (und nur die Kränkungen und Enttäuschungen durch die nahe Stehenden tun wirklich weh) mein Nachfolger wird. Die sollen ruhig sehen, wie sie ohne mich fertig werden und was sie an mir gehabt haben.«

Kohls Egozentrik, seine Selbstsucht, die Teil und Ausdruck seines pathologischen Narzissmus sind, haben in verschiedener Hinsicht großen Schaden angerichtet:

Zunächst und vor allem hat Kohl mit seinem unrechtmäßigen Finanzgebaren und seiner Weigerung, die Namen der Spender zu nennen, der Demokratie schweren Schaden zugefügt. Die Glaubwürdigkeit der Politiker nimmt durch solche Vorkommnisse weiter ab und der Meinung, dass Politik per se ein schmutziges Geschäft sei, hat er zusätzliche Nahrung gegeben. Dies unterstützt den gegenwärtigen Trend, dass sich immer mehr Menschen angewidert von der Politik abwenden, wie dies beispielsweise in der abnehmenden Wahlbeteiligung zum Ausdruck kommt. Dies verstärkt die Gefahr, dass aus der Parteienverdrossenheit eine Politik-, eine Staats- oder gar eine Demokratieverdrossenheit werden könnte.

Mit seiner Rücksichtslosigkeit stürzte der CDU-Vorsitzende Kohl seine Partei in die schwerste Krise ihrer Existenz. Dabei ist Kohls Umgang mit der eigenen Partei durchaus symptomatisch für sein Politikverständnis. Es geht ihm eigentlich nicht um die Sache, für die seine Partei steht, sondern im Zentrum seines Interesses steht einzig und allein eine Person: Helmut Kohl. *Seine* Erfolge, *sein* persönlicher Triumph, *sein* Bild in den Zeitungen, *sein* Interview im Fernsehen, *sein* Name in den Geschichtsbüchern ist das Einzige, was für ihn zählt. Im Konfliktfall stellte er immer den eigenen narzisstischen Vorteil über das Interesse der Partei. Viele Jahre fiel dies niemandem so recht auf, da sich Partei-Interesse und individuelles Interesse Kohls in weitgehender Übereinstimmung befanden. Zumindest zog die CDU aus den Erfolgen von Kohl so große Vorteile, dass sie die Blessuren, die sie unter Kohls Führungsstil davontrug, u. a. die Degradierung ihrer klügsten und engagiertesten Köpfe, wie Geissler, Späth, Süßmuth und Biedenkopf, billigend in Kauf nahm. Auch Wolfgang Schäuble, »seinen treuesten Gefährten, seinen besten Mann [hat er] verfolgt, demontiert und am Ende erledigt« (Leyendecker, Prantl, Stiller 2000, S. 15).

Aber erst als sich Partei-Interesse und Kohls Machtinteresse nicht mehr in Übereinstimmung befanden, wurde deutlich, mit welch feudalem, nur auf ihn und seinen persönlichen Machterhalt zugeschnittenen Führungsstil Kohl die ganzen Jahre über seine Partei geführt und sich zu Diensten gemacht hatte.

Auch unabhängig vom Partei-Spenden-Skandal hat Kohl seiner Partei schweren Schaden zugefügt, indem er sie um die Regierungsmacht gebracht hat. Vor allem fand er nicht den richtigen Zeitpunkt, um sich aus seinen Ämtern zu verabschieden. Auch dies wird erst jetzt im Lichte seiner durch den Partei-Spenden-Skandal entlarvten Egozentrik so richtig deutlich.*

»Nach mir die Sintflut«, könnte seine Parole gelautet haben, als er sich entgegen dem Rat Schäubles wieder zur Wahl als Bundeskanzler stellte. Er wollte einfach das Spiel noch einmal wagen – mehr als verlieren konnte er ja nicht. Und wenn er verlieren würde, dann wäre er eben genauso wenig Bundeskanzler, wie wenn er gleich darauf verzichten würde. Was lag für ihn näher, als es zu riskieren. Dass seine Partei mit einem anderen Kandidaten vielleicht eine bessere Chance gehabt hätte, kümmerte ihn einen feuchten Kehricht. Auch einen solchen Nachfolger aufzubauen und die Machtübergabe an ihn gründlich vorzubereiten, nahm er sich mit Schäuble nur halbherzig vor. Zu besessen war er von dem Gedanken, selbst noch einmal an die Macht zu kommen. Dass er die Partei nicht eigentlich um ihre Zustimmung fragen musste, stand für ihn außer Zweifel. Er ließ sich nicht wirklich von seiner Partei als Kandidat aufstellen, sondern stellte sich selber auf: Getreu seinem Motto: »Ich mache, was ich für richtig halte ...« (zit. nach *Stern* 2001/29, S. 32), fand die Frage, welcher Kandidat für das Wohl der Partei am besten sein würde, in seinen Überlegungen keinerlei Berücksichtigung.

---

* Allerdings fällt es den meisten Politikern schwer, von der Macht Abschied zu nehmen, auch wenn sie sich noch so sehr über die Belastungen ihres Berufes beklagt haben. »Im Grunde bemühen sie sich, diesen Schritt nicht erleben zu müssen« (Großkopff 1994, S. 98). Ihr heimliches Ideal ist es, im Vollbesitz ihrer Macht aus dem Leben zu gehen. Und in der Tat: Noch kein Kanzler in Deutschland hat bislang freiwillig seinen Platz geräumt, und nur wenige Abgeordnete sagen ihrer Partei rechtzeitig, sie solle sich um einen Nachfolger kümmern. Politiker können sich offenbar nur schwer vorstellen, dass die Politik auch ohne ihren Beitrag auskommt. Sie arbeiten, wie es der Zeit-Publizist Rolf Zundel ausdrückte, an »verkappten Unsterblichkeitsprojekten« (zit. nach Leinemann 1998, S. 108). »Von Konrad Adenauer wird berichtet, dass er bald nach seinem Rücktritt bei einem Empfang in der Godesberger Redoute dort allein gestanden habe, wo sich ein paar Wochen zuvor noch die Menschen um ihn gedrängt hatten, und als er, möglicherweise aus Enttäuschung, gehen wollte, hatte er Mühe, den Ausgang zu finden.

Viele haben von ähnlich abrupt zusammengebrochenen Beziehungen berichtet, [beispielsweise] Björn Engholm, der jäh zurückgetretene SPD-Vorsitzende. [...]

Am schlimmsten hat dieses Schicksal in Deutschland Ludwig Erhard am Ende seiner Kanzlerzeit getroffen. [...] Vor der formellen Bildung der dann folgenden Großen Koalition führte Erhard wochenlang das Dasein eines Geisterkanzlers, demontiert und verlassen. Kurt Georg Kiesinger, der neue Vormann der Union, soll einen Ratschlag Erhards sogar mit der Bemerkung abgewehrt haben, was denn dieser ›mumifizierte Kanzler‹ noch wolle« (ebd., S. 99).

Man könnte die Vermutung anstellen, dass es für Helmut Kohl in gewisser Hinsicht eine seelische Stabilisierung bedeutet, als Folge der Partei-Spenden-Affäre noch so im Brennpunkt des öffentlichen Interesses zu stehen, weil er auf diese Weise nach dem Verlust seiner Ämter nicht in ein depressives Loch fallen musste, frei nach dem Motto: »Lieber mit Negativ-Schlagzeilen in der Presse als depressiv in Oggersheim.«

Insofern ist es bemerkenswert, dass Gerhard Schröder schon in den ersten Monaten seiner Amtszeit ankündigte, er wolle nicht länger als acht Jahre regieren und sei überhaupt dafür, die Amtszeit des Bundeskanzlers auf zwei Legislaturperioden zu begrenzen. Der Wunsch, den eigenen Machtrausch zu zähmen, die Phantasie von der eigenen Unersetzlichkeit schon frühzeitig zu zügeln, ist auf jeden Fall positiv zu vermerken und entspringt vielleicht auch der negativen Erfahrung, die das Beispiel Kohl ihm gerade geliefert hat.

Helmut Kohl, das Geld und die Macht

»Macht finde ich attraktiv.«

Helmut Kohl, zitiert nach Hans Leyendecker, Heribert Prantl und Michael Stiller (2000): Helmut Kohl, die Macht und das Geld. Göttingen (Steidl), S. 16

»Die Feier seiner selbst war Kohl eine Menge wert. Er benutzte Geld, um sich selbst wuchtig in Szene zu setzen.«

Hans Leyendecker, Heribert Prantl und Michael Stiller (2000): Helmut Kohl, die Macht und das Geld. Göttingen (Steidl), S. 174

Kohls gesamter Führungsstil war kaum an der Diskussion von Sachfragen orientiert, sondern fast ausschließlich auf Personalfragen zentriert. Kohl sicherte seine innerparteiliche Macht nicht, indem er die besten Ideen formulierte oder die Ideen und Ziele der Partei am überzeugendsten vortragen konnte, sondern zum einen, indem er eine treue Gefolgschaft, die er sich mit Zuckerbrot und Peitsche gefügig gemacht hatte, um sich versammelte und zum anderen, indem er mit dem feinen Gespür des misstrauischen Narzissten mögliche Gegner, Widersacher und Konkurrenten frühzeitig ausmachte und dann konsequent und erbarmungslos ausschaltete.

> »Nicht in der Partei und nicht im Kabinett hat sich einer oben halten können, der ihn als Konkurrenten hätte gefährden können. Sein Mißtrauen und seine Anforderungen an Gesten der Unterwerfung sind Legende. Erst wer sich ihm preisgibt, gehört zu denen, die beim Kanzler ›wir‹ heißen« (Leinemann 1992, S. 96).

Kohl erwartete immer unbedingten Gehorsam, »und jeden, der sich ihm im eigenen Lager nicht beugte, hat er isoliert und in aller Regel ausgeschaltet. Weil Schäuble den Spendenfall unbedingt aufklären wollte, war er aus Kohls Sicht ein Versager und folglich sein Gegner« (Leyendecker, Prantl, Stiller 2000, S. 16). Der Psychoanalytiker und Paartherapeut Jürg Willi (1975, S. 68) charakerisiert den Typus des Narzissten in folgender Weise:

> »Die Radikalität, Kompromißlosigkeit und Unerschrockenheit, mit der Narzißten ihre Feinde bekämpfen und sich von ihnen absetzen, imponiert vielen Menschen als Festigkeit und Selbständigkeit. Viele sehen in ihnen starke Führer, oft auch Märtyrer, Opfer ihrer Feinde, was ihnen bedingungslose Anhängerschaft derjenigen verschafft, die aus ähnlicher Struktur heraus sich mit einem Narzißten zu identifizieren suchen. Sie nehmen den Narzißten zu ihrem Idol, stellen sich ganz in seinen Dienst, werden ihm hörig und sind zu totaler Hingabe bereit.«

Immer wieder zeigt sich, dass Helmut Kohl innerhalb und außerhalb seiner Partei über eine solche treue Gefolgschaft verfügt, die ihm blind ergeben ist, die seine Verfehlungen verleugnet und ihn statt dessen zum Märtyrer und Opfer seiner Feinde stilisiert. So beispielsweise die 1500 Gäste in der Lübecker Kongresshalle, die ihn am Abend des 30. November 1999, des gleichen Tages, als er mittags vor dem CDU-Präsidium und vor Journalisten zugibt, »möglicherweise gegen Bestimmungen des Parteiengesetzes« (Leyendecker, Prantl, Stiller 2000, S. 199) verstoßen zu haben, mit stehenden Ovationen, rhythmischem Klatschen und »Helmut, Helmut«-Rufen feiern. »Kohl bricht in Tränen der Rührung aus und bekennt sich, diesmal etwas trotzig, zu seinen Fehlern: ›Dazu stehe ich.‹« »Noch mehr Reue, signalisiert er, kann man wirklich nicht von ihm erwarten« (ebd., S. 200f). Ein anderes Beispiel: Monsignore Erich Ramstetter, der die Predigt bei der Trauerfeier für Hannelore Kohl hielt, konnte selbst diese Gelegenheit nicht verstreichen lassen, ohne Hannelore, in erster Linie aber wohl Helmut Kohl, als armes Opfer von »Unterstellungen, Verleumdungen und Hasserfahrungen« darzustellen. Dass er mit seiner These, die öffentlichen Angriffe auf Kohl hätten Hannelore Kohls Selbstmord mit verursacht, von der offiziellen Version, allein die Lichtallergie sei die Ursache, abwich, macht nur deutlich, mit welch messianischem Eifer, mit welch blinder Ergebenheit Kohls Jünger in einen quasi heiligen Krieg ziehen, um ihn zu verteidigen und alles Böse auf die Feindbilder zu projizieren.

»Eine der Tragödien narzißtischer Persönlichkeiten besteht darin, daß ihr Mangel an tieferen menschlichen Werten zur Zerstörung der Wertsysteme und Überzeugungen, die sie tatsächlich besitzen, beiträgt«, schreibt Kernberg (1998, S. 104) und charakterisiert damit treffend Kohls zentrales Problem. Kohl, der bei seinem Amtsantritt 1982 eine »geistig-moralische Wende« angekündigt hat, scheint sich als Großmeister der Intrige, der Lüge, des Betrugs, der Leoparden-Geschäfte und Leuna-Deals, der Geldwäsche und zynischer Manipulation zu erweisen, dem jedes Mittel recht ist, wenn es dem eigenen Machterhalt dient. Kohl, der immer die »Familije« in den Himmel gehoben hat, entpuppt sich als Ehemann, der gegenüber seiner Frau die gleiche Rücksichtslosigkeit walten lässt, die auch den Umgangsstil mit seinen Mitarbeitern kennzeichnete. Kohl, der immer damit hausieren ging, sein Leben in den Dienst seiner Partei gestellt zu haben, ließ diese Partei über die Klinge springen, als es für ihn zu heiß wurde. Da Kohl Führungspositionen nur deshalb anstrebte, weil er sich davon Macht, Anerkennung und narzisstische Gratifikationen erwartete, und nicht, weil er sich bestimmten Idealen, Werten oder Aufgaben verbunden fühlte, war es nur folgerichtig, dass er das christlich-bürgerliche Wertesystem, dem seine Partei programmatisch verpflichtet war, sehr schnell aus den Augen verlor. Kohls innerparteilicher Stil im Umgang mit seinen Mitarbeitern förderte Unterwürfigkeit und Zynismus. Ja-Sager, gewiefte Manipulatoren, zynische Machtmenschen und unkritische Bewunderer Kohls wurden auf diese Weise ermuntert, in der CDU Karriere zu machen, während ehrliche, kritische und kreative Mitarbeiter entmutigt und an den Rand gedrängt wurden. Zeitweise schien es so, als bliebe von den gestandenen Politikern überhaupt nur noch Kohl selbst übrig, als »letzter Dinosaurier einer anderen Politikergeneration«, mit seinem »massigen Schädel«, der »verwittert wirkt zwischen den Bubigesichtern seiner beflissenen Kanzleramts- und Parteihelfer Friedrich Bohl und Peter Hinze« (Leinemann 1992, S. 85). Im Endergebnis führte diese Entwicklung schließlich dazu, dass die CDU inhaltlich-programmatisch und menschlich-personell ausgeblutet war, als sie 1998 – noch vor dem Partei-Spenden-Skandal – die Wahl verlor. Im Laufe seiner 25-jährigen Herrschaft als Parteivorsitzender war es Kohl gelungen, die CDU in einen »Kanzler-Wahl-Verein« ohne inhaltliches Profil zu verwandeln, in der sich alles nur noch um Fragen der Macht und der Wahltaktik drehte. Kohls narzisstische Charakterpathologie übte einen zerstörerischen Einfluss auf die administrativen Strukturen, auf sämtliche Funktionen und auf die innere »Kultur« der Partei aus. Die narzisstisch gestörte Führungsperson Kohl induzierte »im menschlichen Netzwerk« der CDU-Organisation »ein Duplikat seiner inneren Objektwelt, die einzig von entwerteten, schattenhaften Bildern anderer und Bildern gefährlicher potentieller Feinde bevölkert ist« (ebd., S. 105).

Kohl leidet nicht nur an einem Mangel an »tieferen menschlichen Werten«, sondern auch an einem Mangel an tieferen menschlichen Gefühlen. Diesem Urteil würde Kohl selbst sicher heftig widersprechen und möglicherweise darauf verweisen, dass er sogar im öffentlichen Rahmen emotionale Regungen zeige, was für Politiker heutzutage eher ungewöhnlich sei. Doch handelt es sich bei Kohls öffentlich präsentierten Emotionen nicht um wahrhaftige und tiefe Gefühle, sondern um Sentimentalität und Kitsch. Er ist tief gerührt, wenn die Menschen ihm zujubeln, er vergießt Tränen der Rührung, wenn er theatralischen Inszenierungen beiwohnt, er ergeht sich in selbstgerechtem Selbstmitleid, wenn er kritisiert und angegriffen wird, er schwärmt an unpassender Stelle – nämlich vor dem Untersuchungsausschuss zur Parteienfinanzierung – von seiner Frau Hannelore (Leyendecker, Prantl, Stiller 2000, S. 240) und lässt sie zur gleichen Zeit allein im dunklen Oggersheimer Bunker sitzen. Thomas Schäuble, Innenminister von Baden-Württemberg und Bruder von Wolfgang Schäuble, stellt nach dem Rücktritt seines Bruders als Partei- und Fraktionschef rückblickend voll Bitterkeit sogar das Mitgefühl Kohls für das schwer verletzte

Attentatsopfer Schäuble in Frage: »Es ist ja inzwischen bekannt, dass der Altkanzler nahe am Wasser gebaut hat.« »Wir wissen, dass Kohl bei jeder Gelegenheit auf Abruf weinen kann.« Und schließlich lässt Thomas Schäuble seiner Verachtung für Kohl freien Lauf: »Ich verabscheue Herrn Kohl, und da kann ich für die ganze Familie sprechen« (zit. nach *Der Spiegel* 2000/38, S. 61).

Sentimentalität und Kitsch bestimmen auch das politische Weltbild von Helmut Kohl. Wie der *Spiegel*-Korrespondent Jürgen Leinemann (1992, S. 88) in einem seiner einfühlsamen und zugleich scharfsichtigen Portraits über Helmut Kohl schreibt, offenbaren sich in Kohls Vorliebe für gefühlsgeladene und symbolträchtige politische Veranstaltungen die wichtigsten Merkmale seines politischen Stils, die »Erfolgsgeheimnis und Hemmnis zugleich« sind:

> »Sein gefühlsgesteuertes Denken, seine Neigung zur symbolischen Überhöhung und die Instrumentalisierung der Historie zu persönlichen und politischen Zwecken. Nie nähert sich Helmut Kohl einem Problem oder einem Sachverhalt gedanklich analytisch. Immer reagiert er intensiv mit Gefühlen auf Menschen, Ereignisse, Stichworte, Themen und Daten. [...] Helmut Kohl denkt nicht in Kategorien abstrakter Logik, sondern analog in Bildern. Und die schwimmen auf einem Meer von Gefühlen, das klare Konturen überspült und vermischt. So entsteht die immer subjektive, aus Empfindungen gespeiste Welt des Kanzlers Kohl.«

Besonders deutlich wird dies auch in der Art und Weise, wie Kohl seine Ehe als Trivialroman inszeniert: am Wolfgangsee Rehe fütternd. Sein Hang zu Sentimentalität und Kitsch untermauert sein Streben nach Harmonie und sein Verlangen nach Verschmelzung. Es gelingt ihm durch das Vorspielen falscher Gefühle, andere Menschen zu verführen, ihm zu vertrauen, sich an ihn anzulehnen und an seiner Phantasiewelt teilzuhaben. Er spielt geschickt mit dem Illusionshunger seiner Anhänger und des Publikums. Wahrscheinlich glaubt er selbst an die Echtheit seiner aufgesetzten Gefühle und versucht so, seine eigene Illusion, ein einfühlsamer und mitfühlender Mitmensch und Ehepartner zu sein, zu bewahren, indem er diese Illusion beim Publikum erzeugt.

So wenig wie Kohl ein Feinschmecker ist – auch wenn er gern und viel isst –, so wenig ist er »wirklich ein Menschenkenner« (Leinemann 1992, S. 96) noch ein Menschenfreund – auch wenn

> »der direkte Zugang zu Menschen [...] die Methode [ist], mit der sich Helmut Kohl die Welt erschließt. [...] Er nähert sich anderen instinktgelenkt auf der Gefühlsebene, wittert Sympathie oder Abneigung. Für die Wünsche und Schwächen seiner Mitmenschen, für ihre Schläue, ihre Energie und ihre Sentimentalität hat er ein feines Gespür« (ebd.).

Kohl versucht den anderen zu vereinnahmen und auf einer »emotionalen Ebene ein Wechselspiel gegenseitiger Abhängigkeiten in Gang zu setzen« (ebd.). Ein ausgewogener Wechsel zwischen Nähe und Distanz ist ihm fremd. Seine Beziehungen beschreibt er gern in »Familienkategorien« (ebd.) und ist stolz darauf, wenn ihn die Russen »Papa Kohl« nennen. Das umschreibt nicht nur »in netter Form die Herrschaftslage« (ebd.), sondern entspricht auch seiner familialistischen Weltsicht, die davon ausgeht, dass es wirklich Fremdes, Unvertrautes, dass es echte Unterschiede zwischen Menschen, die sich vertraut sind, im Grunde nicht gibt. Die Verleugnung von Unterschieden zwischen den Menschen – es sei denn es handele sich um Feinde – ist eines der zentralen Merkmale der narzisstisch gestörten Persönlichkeit (vgl. Kernberg 1985b, S. 263). Kohl kennt nur Freund *oder* Feind, nur gut *oder* böse, nur nah *oder* fern, nur vertraut *oder* fremd. Und so sucht er innere Stabilität mit zwei Methoden: im Kampf gegen einen bösen Feind oder in der Harmonie mit denen, die zu »uns« gehören. Diese Harmoniesucht, diese Abscheu vor Differenzierung, diese Unfähigkeit, Unterschiede auszuhalten und zu akzeptieren, kommt auch in seiner Vorliebe für den Pluralis Majestatis zum Ausdruck:

> »Schon immer haben seine Reden irritiert durch ihren vereinnahmenden Sprachgebrauch. Mal spricht Helmut Kohl als CDU, mal als Bundesregierung, mal als Deutschland – und je öfter er von sich im Plural redet, desto majestätischer klingt diese Formel: ›Wir haben das Steuer übernommen‹, ›wir haben die Zukunft im Blick‹, ›wir sind nicht den bequemen Weg gegangen‹. Einst waren ›wir‹ der freie Westen, jetzt sind ›wir‹ der Weltgipfel in München oder die Menschheit in Rio. Helmut Kohl aber ist immer unser Besitzer« (Leinemann 1992, S. 97).

Mit der Strategie, andere auf diese Weise zu vereinnahmen, ist es Kohl gelungen, viele Menschen für sich einzunehmen, sie für sich zu gewinnen, weil sie das Gefühl haben, bei ihm gut aufgehoben zu sein, sich bei ihm anlehnen zu können. Auch Hannelore Kohl empfand ihn als »Mann zum Anlehnen« und so ähnlich dürfte es vielen seiner Wählerinnen und Wähler gegangen sein. Die Kohl-Gegner hingegen fühlten sich gerade von diesem Politik-Stil und von seiner vereinnahmenden Art abgestoßen, weil sie sich bevormundet, eingenebelt und geradezu unangenehm »berührt« fühlten, so als sei ihnen jemand körperlich ungebührlich nahe getreten.

Da Kohl an Sachfragen – bei denen man trotz großer Vertrautheit ganz unterschiedlicher Meinung sein kann – im Grunde nicht interessiert war, bezog er zu solchen häufig keine klare Stellung, sondern ließ Freunde und Gegner im Unklaren über seine Ansichten. Öfter wurde er deshalb mit dem berühmten Pudding verglichen, den man nicht an die Wand nageln kann. »So resolut Kohl in Personalangelegenheiten auftritt« (Leyendecker,

Prantl, Stiller 2000, S. 145), so wenig ist er bei inhaltlichen Fragen ein Ideologe oder Draufgänger. Er ist eher ein Meister des Lavierens, des Taktierens und des oft zitierten »Aussitzens«, d. h. er ist bemüht, sich nicht festlegen zu lassen. Er scheut jedes Risiko und versucht zunächst, eine Witterung für den Lauf der Dinge zu bekommen. Ihn interessiert, was durchsetzbar ist und wie er seinen Einfluss vergrößern kann. Wenn alle anderen sich mit ihrer Meinung exponiert haben, kommt er und fällt die Entscheidung, wo die Reise hingehen soll. Auch in dieser Hinsicht hat Kohl ein Problem, das zu den typischen Merkmalen des Narzissten gehört:

> »Wenn man an ihn den Anspruch stellt, sich klarer auszudrücken, und sich auf eine Stellungnahme festzulegen, so hat er den Eindruck, man wolle ihn in den Griff bekommen, ihn auf ein festes Bild verpflichten und festnageln. Er entflieht einem wie eine Taube, wenn man nach ihr greifen will. [...] Der Narzißt muß immer einen Fluchtweg offen halten. Er will auch deutlich spüren können, daß man ihm diesen Fluchtweg zugesteht« (Willi 1975, S. 70).

Wie Kurt Biedenkopf erkennt, ist dem »großen Vorsitzenden« strategisches Denken suspekt, denn Kohl lehnt Strategien ab, weil sie ihn festlegen könnten. »›Kohl denkt nur in Machtstrukturen, die er durch Personal absichert‹«, stellt Biedenkopf fest, »während der Kopfarbeiter Biedenkopf ordnungspolitische Zusammenhänge sucht und sich nach Widerspruch sehnt, wenn er die ›Macht des Arguments‹ vorführt« (Leyendecker, Prantl, Stiller 2000, S. 91).

Kohl galt als ein Parteivorsitzender, der die CDU »auf allen Ebenen über unzählige zumeist enge persönliche Bindungen« (ebd., S. 168) beherrschte.

> »Gern ruft er Mitarbeiter mit Titeln, die einen höheren Rang bezeichnen: Graf oder Baron: Er antizipiert damit spaßhaft oder spöttisch den Anspruch auf Überlegenheit, den er bei den meisten ihm gegenüber vermutet, und zeigt, wie wegwerfend er damit umgeht. Wer von Kohl in der Sprache des täglichen Umgangs größer gemacht wird, als er ist, wird kleiner gemacht, als er ist. Anders, scheint es, kann Kohl das Herr-und-Knecht-Verhältnis, in dem er und seine Mitarbeiter sich befinden, kaum gestalten. Seine Mitarbeiter sind immer fleißiger als er – sonst wären sie nicht seine Mitarbeiter. Sie sind oft intelligenter als er – sonst hätte er sie sich nicht ausgesucht. Sie verfügen über Vorzüge, die er nicht hat – sonst wären sie nicht wertvoll für ihn. Freundschaftlich geht es unter solchen Bedingungen wahrhaftig nicht zu. Das Wort Freunde findet bei Kohl deshalb gern Verwendung, weil es die Überprüfbarkeit der Struktur einer Arbeitsbeziehung erschwert. ›Die sind alle durch mich etwas geworden‹, lautet Kohls Lieblingswort, wenn er von Politikern spricht, die einmal zu seinem Kreis gehörten« (Busche 1998, S. 259f).

Kohl war schon immer ein Hans-Dampf-in-allen-Gassen: »›Tags arbeiten, abends feiern‹ sei Kohls ›lebenslange Devise‹ gewesen [...]. Schon als Ministerpräsident in Mainz zog es ihn nicht nach Hause; die Abende verbrachte er oft bis spät mit seiner Entourage – essend, trinkend, politisierend« (*Stern* 2001/29, S. 28).

> »Narzißten brauchen den geselligen Kontakt, denn sie sind darauf angewiesen, von anderen bewundert zu werden. Die Beziehungspersonen sind aber als Individuen bedeutungslos. Sie sind keine Personen mit einem Zentrum eigener Initiative und Aktivität. Sie existieren vielmehr nur funktionell, nämlich um entweder den Glanz des grandiosen Narzißten widerzuspiegeln oder um sich dem Narzißten als Schmuckstück anzubieten« (Willi 1975, S. 66).

Kohl brauchte den geselligen Kontakt, denn er war darauf angewiesen, von anderen bewundert zu werden, und er nutzte das gesellige Beisammensein, um seine Gefolgschaft um sich zu scharen. Als Schwadronierer und scharfzüngiger Spaßvogel, der seine Witze auf Kosten anderer machen konnte, gelingt es ihm oft, eine ganze Gesellschaft in Resonanzschwingungen zu versetzen,

> »wobei sich ein Zustand von Gleichklang mit Auflösung individueller Grenzen einstellen kann, ein kollektives Hochgefühl, ein ozeanisches Fest. Manch kreischendes Lachen der Zuhörer entspringt allerdings der Angst, das Wohlbefinden des Narzißten durch Versagung der Gefolgschaft zu stören und sein Wohlwollen zu verscherzen. Oft lauert der Narzißt darauf, einen Feind oder Gegenspieler aufzuspüren, den er durch Hohn und Kränkungen in erschreckender und gemeiner Art umzulegen versteht« (Willi 1975, S. 67).

Eines der Opfer von Kohls sadistischen Späßen ist der ostdeutsche CDU-Politiker De Maizière, der entgegen Kohls Plänen verhindern will, dass sich die West-CDU auf Kosten der Ost-CDU finanziell saniert.

> »Auf einer Konferenz mit den CDU-Ministerpräsidenten und den Parteichefs aus den neuen Ländern zitiert er den Nörgler zu sich. ›De Maizière, komm mal her‹, ruft er dem Christdemokraten zu. Der Kanzler der Einheit greift in die Tasche und drückt dem kleinen Mann aus dem Osten einen Scheck in die Hand. Alle Umstehenden werden Zeuge der Szene. Leutselig verkündet Kohl, auf dem Scheck stehe eine sechsstellige Zahl: genau 300 000 Mark für die Parteikasse in Brandenburg. ›Hoffentlich können Sie das tragen‹, witzelt Kohl, der gern Späße auf Kosten anderer macht« (Leyendecker, Prantl, Stiller 2000, S. 151 f).

Auch sein Parteifreund Bernhard Vogel muss sich den derben Späßen Kohls unterwerfen. Er lässt den damaligen Kultusminister von Rheinland-Pfalz »zu vorgerückter Stunde auf dem Tisch tanzen. Sträuben hilft nichts – barsch fordert Kohl ihn auf: ›Mach de Aff.‹« (ebd., S. 66).

In Personalfragen sicherte Kohl seinen Einfluss, wann immer und wo immer er ihn auszuüben wünschte und dabei setzte er auch – wie wir nach der

Partei-Spenden-Affäre wissen – viel Geld ein, das er bei bis heute unbekannten Spendern einsammelte. Die Praxis der Partei-Spenden-Abwicklung verstieß nicht nur gegen geltendes Recht, sondern Kohl hinterging auch seine eigene Partei, indem er große Summen, die für die Partei gespendet wurden, dieser vorenthielt und die Gelder nach eigenem Gutdünken an diejenigen Gliederungen der Partei ausstreute, die er sich gerade gefügig machen oder die er belohnen wollte. Björn Engholm hat einmal nach seinem Rückzug aus der Politik in einem Fernseh-Interview die Ansicht geäußert, was Kohl mit Barschel gemeinsam habe, sei die »Herren-Mentalität«. Kohl sei der Typus eines Fürsten nach Machiavelli, ein Herrenmensch, der glaube, sich alles herausnehmen zu können, der meine, über den Gesetzen zu stehen. Eine solche Herren-Mentalität habe auch Uwe Barschel ausgezeichnet. Die Unnachgiebigkeit und Sturheit, mit der Kohl riskiert, dass seine Partei sich spaltet und zugrunde gehen könnte, nur damit er seine narzisstische Vollkommenheit bewahrt, ist ebenfalls Ausdruck einer Herren-Mentalität und einer narzisstischen Grandiositätsvorstellung.

Kohls Charakter tritt deutlicher hervor, wenn man ihn mit seinem Nachfolger im Amt des Bundeskanzlers vergleicht. Während Gerhard Schröder versucht, in den Medien eine gute Figur zu machen, kam es für Kohl von vorneherein nicht infrage, bei der »Journaille«, wie er zu sagen pflegte, lieb Kind zu machen. Statt den Versuch zu unternehmen, bei den Medien gut anzukommen, trat Kohl aus Prinzip zum Angriff an. Wenn ihm die Journalisten Fragen stellten, die ihm nicht ins Konzept passten oder die er als zu kritisch und anmaßend empfand – und hier war seine Toleranzschwelle sehr niedrig –, ging er zum Gegenangriff über und beschimpfte die Medienvertreter. Im Grunde war er immer so überzeugt von sich – bar eines jeden Funkens von Selbstzweifeln –, dass er immer der tiefsten Überzeugung war, es stünde ihm dienstgradmäßig zu, unangenehme Fragen schlicht nicht beantworten zu müssen. Kohl empfand es als ungebührlich, mit kritischen Fragen behelligt zu werden. Man erinnere sich an das Fernseh-Interview, das Ulrich Deppendorf nach der CDU-Spenden-Affäre und nach Kohls wochenlangem Untertauchen mit ihm führte: Dieser erfahrene, gestandene Journalist ließ sich von Kohl abbügeln und über den Mund fahren, dass es eine wahre Pracht war. Kohl empfand all die kritischen Fragen, die ihm gestellt wurden als Majestätsbeleidigung (»Vergessen Sie nicht, ich war Bundeskanzler der Bundesrepublik Deutschland und hatte noch ein paar andere Dinge zu tun ...«), und sah sich auch nicht verpflichtet, die Fragen von Deppendorf zu beantworten, sondern er sprach einfach weiter über das, was er sich vorgenommen hatte zu verkünden. Dies ist einer der Auftritte, da

> »amtiert Helmut Kohl [noch einmal] im Dienste der Geschichte. Da geht es [um den ehemaligen] ›Kanzler der Einheit‹, um den [ehemaligen] Regierungschef von 80 Millionen Deutschen, um den [ehemaligen] Chef der größten Wirtschaftsmacht Europas, der dritten in der Welt. Den stellt er dar, wie er zu sagen pflegt. Und den will er respektiert wissen« (Leinemann 1992, S. 84).

Und ein ehemaliger Kanzler von solchem weltpolitischen Gewicht, der lässt sich doch von einem Fliegengewicht von Journalist nicht durch hochnotpeinliche Fragen in die Enge treiben! Der braucht gar keine Fragen, der weiß doch selber was er zu sagen hat! Satire ist nötig, um »das zur Schau getragene Selbstgefühl dieses massigen Mannes angemessen in Sprache zu fassen – eine pompöse Gebärde der Macht, lachhaft, [empörend] und einschüchternd zugleich« (ebd.).

Das für viele Beobachter unverständliche und rätselhafte Verhalten Helmut Kohls in dieser für ihn und seine Partei so existenziellen Krise hängt mit seinem »hochmütigen Überlebensgefühl« (Schneider 2000, S. 3) zusammen, das sich aus seiner Erfahrung speist, unzählige Krisen, Angriffe, Aufstände und Wahlprognosen tatsächlich »überlebt« zu haben. Wie viele haben Kohl – vor allem am Anfang seiner Karriere – nicht ernst genommen? Wie oft wurde sein politisches Ende vorausgesagt? Wie häufig haben seine Konkurrenten versucht, ihn zu beerben? »Helmut Kohl überlebte nicht nur den Spott der Karikaturisten bei seinem Amtsantritt 1982, die Birnenhäme, die ihn an seiner vermeintlich schwächsten Stelle treffen sollte« (ebd.), die jedoch, wie wir heute wissen, keine Schwachstelle war, da er im Gegenteil aus seiner körperlichen Masse sein narzisstisches Gleichgewicht und seine politische Durchsetzungskraft bezog. »Er überlebte Rainer Barzel, Franz Josef Strauß, er ließ jede Menge Meinungstiefs, üble Wahlprognosen, Rivalitäten und kleine Aufstände hinter sich, und dieses Überleben bildete die Quelle aller seiner instinktiven Handlungen, die wieder dem Machterhalt und dem Überleben galten« (ebd.). Mit jedem neuen Sieg

> »hatte Kohl einen neuen Machtring angelegt, und mit dem Volumen seines Leibes vermehrte er auch die Intensität seines Siegergefühls. Im Auge des Beobachters war es Glück, oder sagen wir lieber: *fortune*, weil durch unser deutsches Wörtchen Glück allzu vernehmlich die Lottokugeln rollen. *Fortune* ist eine vom Zufall gesponserte Vergünstigung. Wie, so hören wir das Unbewusste Helmut Kohls murmeln, soll man nicht alle zufälligen Vergünstigungen diesem Schicksalsvorteil zurechnen?« (ebd.)

Eine der zentralen Fähigkeiten Kohls war das so oft zitierte »Aussitzen«, das darin bestand, Probleme durch schiere Ausdauer, durch Zähigkeit, durch den Willen, sich nicht aus der Fassung bringen zu lassen und durch ein »enormes Sitzgewicht zu zermürben« (ebd.). Im Kampf mit seinem

Gegner bewies Kohl immer wieder, dass er das bessere Sitzfleisch besaß. Mit stoischem Gleichmut ließ er die Angriffe an sich abprallen und war sich gewiss, dass die öffentlichen Medien nur ein kurzes Gedächtnis haben würden. »Man machte sich lustig über die Spießigkeit dieses Helmut Kohl – und bemerkte nicht, wie dieser die Spießigkeit kultivierte, wie er seine stoische Selbstgefälligkeit mit seinem Machtinstinkt verband« (Leyendecker, Prantl, Stiller 2000, S. 484). Wie ein Fels in der Brandung demonstrierte Kohl seine Unerschütterlichkeit. Auch gegenüber seinem eigenen Leiden, das durch zu langes Sitzen ja zwangsläufig entsteht, nahm er eine stoische Haltung ein. Die Selbstüberwindung, die Leidensverachtung und eine todesverachtende Furchtlosigkeit kennzeichnen Kohls Einstellungen zum politischen Leben.

> »Er ist furchtlos wie kein anderer, und seine herzhafte Ungeniertheit sucht weit und breit ihresgleichen. [...] Viel lieber lässt er sich mit Tod und Teufel ein als mit dem Alltag. [...] Mit einer Tatkraft, die fast schon etwas Stumpfes hat, übersteht er jede Gefahr. Später, der Furchtlose ist älter geworden, nennt man seine stoische Unerschütterlichkeit ›Aussitzen‹« (ebd., S. 477).

Unter einer »stoischen« Haltung versteht man die Fähigkeit des Menschen, »Leiden durch aktive Anstrengung vom Ich fernzuhalten und zu einem äußerlichen objektiven Tatbestand zu machen« (Richter 1979, S. 181). Die klassische Lehre der Stoa propagierte die ruhige Unerschütterlichkeit als ideale Lebensweise, mit deren Hilfe die Affekte beherrscht sowie Leiden und Schmerzen mit Verachtung und Nichtbeachtung bewältigt werden sollten. Das höchste Ideal der stoischen Haltung ist die heroische Bezwingung der Todesangst. Dieses stoische Ideal spielt auch bei Kohl eine zentrale Rolle. Kohl hat unzählige drohende Niederlagen in grandiose Siege – oder auch knappe, was ihren Reiz erhöht – verwandelt und sich damit ein Image als Sieger-Typ geschaffen, dem es gelingt, sich wunderbarerweise aus den scheinbar hoffnungslosesten Situationen gewissermaßen am eigenen Schopf wieder herauszuziehen. Auch glaubt Kohl selbst so unerschütterlich an dieses Idealbild vom unbesiegbaren politischen Helden, dass er sich eine richtige Niederlage, gar seinen politischen Tod, nicht vorstellen kann. Er hängt der Phantasie seiner eigenen Unzerstörbarkeit, seiner Unbesiegbarkeit als Politiker, an. »Eine solche Vita, so mag Kohl denken, wirkt wie ein Bad im Drachenblut« (Leyendecker, Prantl, Stiller 2000, S. 476).

Kohls »scheinbare Wundertaten im Sinne einer selbst gemachten Wiederauferstehung gehören letztlich in eine Reihe mit den alltäglichen Kraft- und Mutproben« (ebd., S. 185) im Bonner Spenden-Sumpf, die Kohl zu bestehen hatte: seinen legalen und illegalen Trickserelen, seinen schwarzen Kassen, seinen Methoden der Geldbeschaffung und Geldverschiebung. Sie dienten Kohl unter anderem auch dazu, die Phantasie der Omnipotenz, seiner Unbesiegbarkeit und seiner politischen Unverletzlichkeit aufrecht zu halten. Es bedeutete für Kohl einen kindlich-kindischen Triumph, einen Nervenkitzel, eine grandiose narzisstische Befriedigung, im gleichen Augenblick, als der Bundestag das neue Gesetz zur Parteien-Finanzierung erließ, gegen eben dieses Gesetz zu verstoßen – frei nach dem Motto: »Was verboten ist, macht mich gerade scharf.« Es ist nicht nur die selbstgefällige Überheblichkeit der Herrenmentalität, die ihn über die Gesetze, die er selbst mitbeschlossen hat, erhebt, sondern die Missachtung der Gesetze stellt eine besonders intensive Form der narzisstischen Befriedigung dar, indem sie die vollständige Souveränität des allmächtigen Ichs beweist.

Die ganz anders gelagerte Normverletzung , die sich Bill Clinton nicht verkneifen konnte, hat im übrigen die gleiche psychologische Funktion wie Kohls schwarze Kassen: Beides entspringt einer narzisstischen Lust am Risiko. Der besondere *thrill* für denjenigen, der ununterbrochen die kontrollierenden Augen der Öffentlichkeit auf sich gerichtet weiß, der scheinbar keinen Schritt tun kann, ohne dass dieser von anderen kontrolliert und kommentiert wird, besteht gerade darin, der totalen Kontrolle zu entkommen und der ihm abverlangten *political correctness* ein Schnippchen zu schlagen. Die paradoxe Situation, dass der Mächtige so wenig Kontrolle und Macht über sein eigenes Leben hat, will er sich mit kleinen, aber gewagten und oft folgenreichen Normverletzungen – den »kleinen Freiheiten« – erträglicher machen. Der Mächtige, der sich in seiner Rolle oft so ohnmächtig und ausgeliefert fühlt, gewinnt sein gewohntes Omnipotenzgefühl zurück, indem er sein ganz individuelles Ich mit seinen sexuellen, pekuniären oder sonstigen infantilen, unbewussten und irrationalen Bedürfnissen zur Geltung bringt. Das sexuelle Vergnügen, das Bill Clinton empfand, als er sein Sperma auf das blaue Kleid seiner Praktikantin verteilte, mag so außerordentlich nicht gewesen sein. Die Grandiosität des narzisstischen Triumphes, dies im Herzen der Macht, im *oval office*, getan zu haben, kann hingegen kaum überschätzt werden.

Aber steht Clinton nicht selbst im Zentrum der Macht? Ist er nicht der mächtigste Mann der Welt? Warum hat er es nötig, sich einem solch enormen persönlichen Risiko auszusetzen, nur um sich autonom, grandios und als Herr im eigenen Haus fühlen zu können? Gibt ihm die reale Macht, die er täglich ausübt, die soziale Anerkennung, die ihm laufend entgegengebracht wird, nicht genug narzisstische Bestätigung? Die Kehrseite der Macht ist die Ohnmacht, mit der der Mächtige den Verpflichtungen, der Etikette, den Erwartungen und den Blicken der Untertanen oder

der Öffentlichkeit ausgesetzt ist. Schon Freud (1912) beschrieb, Frazer zitierend, die ambivalente Situation des Herrschers:

> »Ein solcher König lebt wie eingemauert hinter einem System von Zeremoniell und Etikette, eingesponnen in ein Netz von Gebräuchen und Verboten. [...] Diese Vorschriften, weit entfernt, seinem Behagen zu dienen, mengen sich in jede seiner Handlungen, heben seine Freiheit auf und machen ihm das Leben, das sie angeblich versichern wollen, zur Bürde und zur Qual« (ebd., S. 57).

Der bewussten »Verehrung, ja Vergötterung« der Mächtigen stehe »im Unbewussten eine intensive feindselige Strömung entgegen« (ebd., S. 63). »So ist auch das Tabuzeremoniell der Könige, angeblich die höchste Ehrung und Sicherung derselben, eigentlich die Strafe für ihre Erhöhung, die Rache, welche die Untertanen an ihnen nehmen« (ebd., S. 65).

Selbst der absolutistische Herrscher ist nicht die Macht selbst, sondern er übt sie als Amt aus, er repräsentiert sie nur. Das heißt, es besteht eine Differenz zwischen der Rolle, die der Mächtige ausübt und seiner ganz persönlichen Identität. Im sozialpsychologischen Modell von George Herbert Mead (1934) entspricht dies der Unterscheidung zwischen dem »me« und dem »I«. Das »me« »ist wesentlich das Mitglied einer gesellschaftlichen Gruppe« (ebd., S. 285) und konstituiert sich als Niederschlag der gesellschaftlich vermittelten Normen und Verhaltenserwartungen über die Verinnerlichung sozialer Rollen und Objektbeziehungen. Das »I« hingegen repräsentiert all das, was sich im Selbst von der Norm abhebt, was sich »nicht berechnen« (ebd.) lässt: die unbewussten Triebregungen, die spontanen Einfälle und Phantasien, das kreative und künstlerische Potential. Wenn diese persönliche Identität, das »I«, des Mächtigen von der sozialen Identität, seiner Rolle als Machthaber, dem »me«, erdrückt wird, fühlt sich auch der mächtigste Herrscher ohnmächtig, abhängig, fremdbestimmt, ausgelaugt, leer und nicht bei sich selbst. Daraus resultiert der unabweisbare Drang, außerhalb der Rolle, die er zu spielen gezwungen ist, seinem Allerpersönlichsten, seinen ganz individuellen Neigungen, höchst persönlichen Interessen, heimlichen Begierden und unbewussten Phantasien Ausdruck zu verleihen. Dieses Energie- und Phantasie-Reservoir, dessen Inhalte und Strukturen sich in der Kindheit und Adoleszenz entwickelt haben, bilden den Kern unserer Identität, die – koste es was es wolle – ausgelebt und ausgedrückt werden muss, die jedenfalls nicht auf Dauer unterdrückt werden kann. Im Idealfall gelingt es einem Menschen, mit diesen frühen Erfahrungen, die die emotionale Basis der individuellen Persönlichkeit bilden, so in Kontakt zu bleiben, dass er sie in sein Leben integrieren kann. Sie können dann zur Quelle seiner Kreativität und Schaffenskraft – in der Kunst, im Beruf und durchaus auch in der Politik – werden (vgl. Wirth 1984; 2001 a; 2001 b). Wenn der soziale Druck zu groß wird und die *political correctness* die Verleugnung und Tabuisierung dieser infantilen Persönlichkeitsanteile erzwingt, ohne dass ein privater Raum zugestanden wird, wo diese Phantasien ungestraft ausgelebt werden können, werden diese abgespalten und treten dann als Symptomhandlungen zu Tage. Unter dieser Betrachtungsweise handelt es sich bei Clintons sexuellen Eskapaden ebenso um Symptomhandlungen wie bei Kohls finanziellen Eskapaden. In beiden Fällen besteht – im Verhältnis zum unmittelbaren (Lust-)Gewinn – ein unverhältnismäßig hohes persönliches Risiko, das von den Protagonisten aber in Kauf genommen wird, weil die Bestätigung, nicht nur Träger einer mit Macht ausgestatteten Rollen (Marx würde sagen: Charaktermaske), sondern ein einzigartiges Individuum mit seinen heimlichen Wünschen und Phantasien zu sein, eine grundlegende Bedeutung für das Identitätsgefühl hat.

Von Helmut Kohl wird eine Episode aus seiner Frühzeit als Ministerpräsident in Mainz kolportiert, in der es auch um eine Demonstration seiner Unabhängigkeit als Individuum von den Rollenerwartungen, die man üblicherweise an einen solchen Repräsentanten stellt, geht:

> »Der junge Ministerpräsident Kohl, in Schlips und Kragen, balancierte über ein Flachdach, kletterte durch das Fenster ins Büro des Landtagsdirektors und gelangte von dort direkt in den Plenarsaal des Landtages von Rheinland-Pfalz. Kohl hatte des öfteren keine Zeit, den üblichen Weg von seiner Staatskanzlei über den Hof des alten Zeughauses ins Parlament zu gehen; er nahm gern die Direttissima über Fenster und Dach. Die Abgeordneten, die dem Ministerpräsidenten eben noch in der Staatskanzlei begegnet waren, fanden ihn auf seinem Platz in der Regierungsbank, wenn sie nach dem üblichen Weg über den Hof ins Parlament zurückkehrten. Kohl war schon da. Wer mag, kann darin ein Exempel für Kohls Regierungsstil sehen. Klaus Dreher [...] schildert die Klettertouren amüsiert in seiner Kohl-Biographie als Beispiel für die Omnipräsenz des jungen Regierungschefs – der damals in Mainz ein junger Wilder war« (Leyendecker, Prantl, Stiller 2000, S. 476).

Damals am Beginn seiner Karriere gelingt es Kohl noch, die kindliche Freude an der Unkonventionalität, am Brechen gesellschaftlicher Erwartungen, an der lausbubenhaften Konkurrenz mit den Kollegen in einer leichten und spielerischen Weise zu realisieren. Dies erlaubte ihm damals, seine kindlich-knabenhaften Omnipotenz-Phantasien: »Ich war aber schneller als Ihr, und Ihr wisst noch nicht einmal, wie ich das geschafft habe; und außerdem bin ich überhaupt der Schnellste und Größte«, in sein Leben zu integrieren und eben keine Symptomhandlung, die eine selbstdestruktive Tendenz, ein tödliches Risiko einschließt, daraus zu machen.

Strickjackenpolitik

»Bis heute ist der Pfälzer ein Mensch geblieben, der schlichte Ansprüche an das Leben stellt. Der Urlauber vom Wolfgangsee, der Brot backt und Kühe füttert für Fernsehschnulzen, ist sich selbst näher als der posierende Staatsmann.«

Jürgen Leinemann (1992): »Der letzte Dinosaurier«. Über Helmut Kohls zehnjährige Kanzlerschaft. 1992, S. 84–102

Jürgen Leinemann hat eine subtile Beobachtung mitgeteilt, in der deutlich wird, dass es auch im weiteren Verlauf von Helmut Kohls Karriere Momente gab, in denen ihm eine Synthese zwischen adoleszenten Omnipotenz-Phantasien und staatsmännischer Amtsführung gelang: Helmut Kohl

> »freut sich, aus der Nähe betrachtet, mit fast knabenhafter Naivität über seine Wertschätzung im Ausland. [...] Nach zehn Jahren im Amt, seines Ranges in der Geschichte sicher, spielt Helmut Kohl seine Hauptrolle auf internationaler Bühne mit Überzeugung und Resonanz. Er ist der Duzfreund der Mächtigen, von George aus Washington bis zu François in Paris, vom Briten John bis zum russischen Boris. Alle suchen seinen Rat« (Leinemann 1992, S. 84).

Offenbar gelang es Kohl, sein adoleszentes Omnipotenz-Gefühl in seine Tätigkeit als Politiker auf internationaler Bühne zu integrieren. Er agierte nicht nur in seiner Rolle als Staatsmann, sondern blieb innerlich in Kontakt mit seiner adoleszenten Omnipotenz, die er mit in sein staatsmännisches Handeln einfließen ließ. Es wundert und freut sich hier ein etwas zu groß geratener Pfälzer Bub mit knabenhafter Naivität, dass er es so weit gebracht hat, dass die Großen der Welt auf seinen Rat Wert legen. Die individuelle Unsicherheit im Selbstwertgefühl des Helmut Kohl fand ihre Entsprechung auf der politischen Ebene in der Unsicherheit Deutschlands, was sein internationales Ansehen anbelangte. Auch in Deutschland konnte man sich ja wundern – und freuen – über die Wertschätzung, die Deutschland im Ausland wieder erreicht hatte. Der persönliche Wunsch Kohls, als Provinzler – und eben nicht nur als Kanzler der Wirtschaftsmacht Deutschland – in der großen weiten Welt Wertschätzung und Anerkennung zu erfahren, stellte die individuelle Triebkraft dar, die seinem Auftreten als politischer Repräsentant Deutschlands eine ganz persönliche und damit auch überzeugende Note verlieh. Indem er sich diese narzisstische Befriedigung verschaffte und mit knabenhafter Naivität genoss, diente er zugleich den politischen Interessen der Bundesrepublik Deutschland. Und umgekehrt galt auch: Indem er das Ansehen Deutschlands im Ausland mehrte, konnte er zugleich sein Selbstwertgefühl festigen. In diesem Fall fand eine geradezu ideale Ergänzung der politischen und der persönlichen Ebene statt. Grundsätzlich wäre aber auch denkbar gewesen, dass das Triumph-Gefühl Kohls über die erfahrene Anerkennung überhand genommen hätte und sich in Arroganz und Selbstgefälligkeit – Qualitäten der Selbstempfindung, die ihm so fremd nicht sind – Ausdruck verschafft hätte. Zum Nutzen Deutschlands hat es Kohl aber immer vermocht, seine Selbstgefälligkeit nur gegenüber den eigenen Landsleuten, nie aber im Ausland, zur Schau zu stellen. Dies wird auch in der folgenden Szene deutlich:

> »Als er im Juni [1992] in Rio eintrifft, haben bereits 50 bis 60 Staatsmänner um Gespräche mit dem deutschen Kanzler nachgesucht. Genießerisch fährt sich Helmut Kohl jedes Mal mit der Zunge über die Lippen, wenn er für die Fotografen einen neuen Staatsgast aufs Blümchensofa in seiner Hotelsuite komplimentiert« (Leinemann 1992, S. 85).

Die Selbstzufriedenheit, die Kohl in dieser Szene ausstrahlt, wirkt auf seine ausländischen Gäste keineswegs arrogant oder selbstgefällig. Ihnen gegenüber fühlt sich Kohl auch gar nicht überheblich, sondern freut sich knabenhaft naiv und ehrlich über die Anerkennung, die sie ihm schenken. Sein selbstgefälliger und triumphierender Blick richtet sich vielmehr in die Kameras und durch diese hindurch auf seine lieben Mitbürgerinnen und Mitbürger daheim, auf seine Konkurrenten, die ihn unterschätzt, und natürlich auf die Medien, die all die Jahre versucht haben, ihn der Lächerlichkeit preiszugeben. Lacht da noch einer? »Längst sind die ›Birne‹-Witze verstummt. Hat nicht die Geschichte persönlich alle Spötter dem Gespött preisgegeben?« (ebd.).

Doch gehen wir noch einmal einen Schritt zurück. Wie der ehemalige *FAZ*-Journalist Jürgen Busche (1998, S. 29) schreibt, »verkörpert Kohl mit seinem pfälzischen Dialekt die Provinzialität der Bundesrepublik«. Die große Anerkennung und Achtung, die Kohl von vielen Staatsmännern in der Welt augenscheinlich entgegengebracht wurde, hing auch mit seiner Biederkeit zusammen. Mit der »Schlichtheit seiner Gedanken« und der »Ungeformtheit seiner Sprache« (ebd.) beglaubigte er die Harmlosigkeit seiner Politik. Man nahm ihm ab, dass ihn die große wirtschaftliche Macht eines wiedervereinten Deutschlands nicht dazu verleiten würde, Großmachtsträumen nachzuhängen. Eben dies symbolisierten im Übrigen auch seine kulinarischen Vorlieben. Kohls Sprache offenbarte

> »ein Fehlen von intellektueller Selbstkontrolle bei der Formulierung der Sätze und Wahl der Bilder, wie es in der öffentlichen Rede bis dahin unvorstellbar gewesen

war. Das Muster, nach dem die Sprache hier entgleiste und Fehlleistungen produzierte, war den meisten Hörern dennoch nicht unvertraut. Sie mochten es nur als höchst ungewöhnlich empfinden, dass ein hochgestellter Politiker derart drauflos redete« (ebd., S. 149).

Kohl machte zudem erst gar nicht den ohnehin vergeblichen Versuch, den Medien zu gefallen und ihnen nach dem Munde zu reden. Kohl schwadronierte ungeniert drauflos. Und diese Ungeniertheit ließ gerade seine Schwächen als unverwechselbare Eigenschaften erscheinen, die ihn besonders auszeichneten und charakterisierten. Selbst seine mangelnde Fähigkeit Hochdeutsch zu sprechen, verstärkte nur seine Unverwechselbarkeit und wurde beinahe so zum Markenzeichen wie der bayrische Dialekt des Franz Josef Strauß. Auf Grund seiner Ungeniertheit, seiner Biederkeit und seiner betont anti-intellektuellen Attitüde wirkte Kohl authentisch – eine Eigenschaft, die man Politikern im Allgemeinen nicht zugute hält. Kohl machte auch nie einen Hehl daraus, »dass er Ansichten von Intellektuellen zur Politik, insonderheit zu seiner Politik, durchaus gering achtete« (ebd., S. 173). Manchmal konnte man sogar den Eindruck gewinnen, dass er es regelrecht genoss, wenn offenbar wurde, dass zwischen ihm und den (linken) Intellektuellen eine Kluft bestand, ein Unverständnis, eine Fremdheit, als kämen die Intellektuellen von einem anderen Stern, während er, Kohl, mit beiden Füßen auf dem Erdboden stand. Das mag in ihm ein Gefühl geweckt haben, er sei wie ein Fels in der Brandung, wie ein riesiger Bär, der die lästigen kleinen Pinscher – hier wüsste er sich mit einem seiner Vorgänger im Bundeskanzleramt, Ludwig Erhard, einig * – mit einer kleinen Bewegung seiner riesigen Pranken abschüttelte.

Viele Jahre lang verkörperte Helmut Kohl das »unzeitgemäß Altdeutsche« (Schneider 2000, S. 3). Er galt als die Inkarnation deutscher Spießbürgerlichkeit, derer man sich vor seinen ausländischen Freunden schämen musste, um dann allerdings mit einer gewissen Verwunderung festzustellen, dass diese Kohl oft ganz anders wahrnahmen. Zwei Ereignisse haben dieses Bild von Kohl aber auch in der deutschen Öffentlichkeit gründlich revidiert: zum einen die deutsche Vereinigung von 1989 und die staatsmännisch-entschlossene Art, mit der er sie herbeiführte, und zum anderen sein tiefer Sturz in die Niederungen dunkler Geldgeschäfte. Im ersten Fall erlebte ihn die Öffentlichkeit erstmalig als einen Staatsmann von Format und *fortune*, der »schnell, umsichtig und risikofreudig« (Leine-

* Ludwig Erhard hatte auf dem Höhepunkt der 68er-Bewegung Intellektuelle und linke Kritiker als Pinscher bezeichnet.

mann 1992, S. 92) handelt, »ein eiskalt kalkulierender Machthaber, der durch sein sicheres Gespür für Timing besticht« (ebd.). Im zweiten Fall präsentierte er sich als ein skrupelloser und eiskalter Abzocker, Schieber und Dealer, der durch die Brutalität, mit der er Schäuble und seine Partei dem Chaos preisgab, all diejenigen überraschte, die an seine altdeutsche Biederkeit geglaubt hatten.

Wie sind diese Differenzen zu erklären? War dieser Kanzler eigentlich ein ganz anderer, als die Öffentlichkeit immer dachte? »Was ist aus dem Zauderer Kohl geworden? Dem angeblichen Aussitzer, den sein Männerfreund Franz Josef Strauß nicht müde wurde zu verhöhnen?« (ebd.).

> »Gingen wir – wie möglicherweise Michail Gorbatschow auch – in die Fallstricke von Kohls Strickjackenpolitik? Wurden wir von der zwischen Grau und Beige oszillierenden Aura seiner Freizeitkleidung geblendet? Verbarg Kohls zu Weltruhm gelangtes lammwollenes, grobmaschiges Kleidungsstück, das Wahrzeichen seiner unerschöpflichen Wärmespeicher, seiner unbegrenzten Wärmespendebereitschaft, seiner globalen Hausväterlichkeit, verbarg dieses wie als Konfession des Biedersinns gewirkte Strickwerk vielleicht doch [...][nur] seinen machiavellistischen Dämon [...]?« (Schneider 2000, S. 3)

Oder hat Kohl im Laufe der Zeit mehr Wandlungen durchgemacht, als die Beobachter registrierten?

Kohl selbst gibt auf die letzte Frage die eindeutige Antwort, dass er sich nicht gewandelt habe: »›Ich habe mich ja nicht verändert‹, behauptet er, ›ich bin ja im Prinzip der gleiche geblieben.‹ Älter, das sicher, aber ›ob ich weiser geworden bin, da habe ich meine Zweifel‹« (Leinemann 1992, S. 92).

Tatsächlich haben gerade die machtpolitischen Verwerfungen, die zur Auflösung des Ostblocks führten, deutlich gemacht, wie fest gefügt und unerschütterlich Persönlichkeit und Weltsicht des Helmut Kohl sind: Nicht Helmut Kohl hat sich verändert, sondern »seine typischen Merkmale haben in radikal veränderter Situation lediglich einen anderen Stellenwert bekommen« (ebd.). Was bisher – vor allem in den Augen seiner Kritiker – als Schwäche galt, bekommt plötzlich unter den außergewöhnlichen Umständen des Endes der Ost-West-Konfrontation eine ganz andere Funktion:

> »Daß er phantasiearm ist, schützt den Kanzler jetzt vor Ängsten über den ungewissen Ausgang seines Tuns. Er läßt sich auch keine einreden: ›Wenn ich alle, die hätten gefragt werden wollen, gefragt hätte und alle Bedenkenträger, vor allem auch im Westen Deutschlands, gefragt hätte, dann wäre die Deutsche Einheit nicht zustande gekommen, dessen bin ich ganz sicher‹« (Leinemann 1992, S. 93).

Wurde Kohl nicht häufig als ein »Meister der Autosuggestion« (Leyendecker, Prantl, Stiller 2000, S. 203) kritisiert? Wurde ihm nicht stets die Fähigkeit vorgehalten, er bastele sich seine eigene Wirklichkeit zurecht, an deren jeweilige Wahrheit er dann fest glaube? Genau dies machte Kohl handlungsfähig in einer Situation, in der viele andere Politiker und Wirtschaftsfachleute düstere Warnungen aussprachen und für eine eher verhaltene Politik des Abwartens plädierten. Auch wenn Oskar Lafontaine Recht behalten hat mit seiner Warnung, dass eine zu schnelle Vereinigung zu gravierenden wirtschaftlichen Belastungen und Verwerfungen führen würde, so bleibt gleichwohl zu konstatieren, dass Kohls Politik, die von seinem Gefühl der Grandiosität getragen war, zum Erfolg führte. Kohl redete sich ein, binnen zehn Jahren entstünden im Osten Deutschlands wirtschaftlich »blühende Landschaften«. Und weil er selbst an diese Illusion fest glaubte, konnte er auch andere davon überzeugen und mitreißen. Diese Begeisterungsfähigkeit bildete einen Grundstein seines Erfolges.

Kohls Furchtlosigkeit, die mit seinem unerschütterlichen Glauben an die eigene Omnipotenz verbunden ist, und die ihn in anderen Situationen zu folgenschweren Fehleinschätzungen führte, war im Fall der Vereinigung eine hilfreiche Richtschnur. Gerade in Situationen, in denen nicht nur der politische Alltag zu verwalten ist, sondern folgenschwere Entscheidungen zu fällen sind und sich Hindernisse auftürmen, die schier unüberwindbar erscheinen, muss der Politiker auch über ein gewisses Maß an Omnipotenzgefühl im Sinne Erdheims (1998; 2001) verfügen – »ich oder wir werden erreichen, was kein Mensch vor uns geschafft hat« –, um sich dieser Aufgabe überhaupt stellen zu können. Die historisch einmalige Chance zur Vereinigung, die sich Deutschland im Jahre 1989 bot, stellt eine derartige politische Situation dar, in der die Kombination aus nüchterner Analyse und dem narzisstischen Wunsch, etwas Grandioses leisten zu wollen, eher zur richtigen Entscheidung führt als ein von Zaudern bestimmtes Handeln, das die Risiken, die Bedenken und die Ängste betont.

Die Geschichte von Kohls Erfolg ist die »unverhoffte Karriere [seines] biederen Mittelmaßes« (Schneider 2000, S. 3). In diesem Fall machte

> »nicht der Weltgeist [...] Weltgeschichte, sondern der Provinzler – auch deshalb, weil die Welt vor ihm keine Angst hatte. Mit seiner Gabe, die Macht harmlos erscheinen zu lassen, konnte Helmut Kohl wuchern, als es darauf ankam: als die DDR zusammenbrach, sich die Ereignisse überschlugen, als die Fata Morgana der deutschen Wiedervereinigung sich materialisierte – da hat er der Welt die Furcht davor genommen, dass Deutschland größenwahnsinnig werde. Ein Helmut Schmidt hätte den Nachbarn womöglich in den Wendejahren Angst eingejagt. Das neue Deutschland präsentierte keinen glatten Staatsmanager, keinen, der sich als Geschichtslenker gerierte, sondern einen Mann von leutseligem Aussehen, keinen Eiferer, sondern einen bodenständigen Pfälzer. Gerade die Biederkeit Kohls, welche die deutsche Öffentlichkeit oft zur Verzweiflung gebracht hatte, nahm der Welt die Angst vor einer neuen Großmacht. Das ist die große historische Leistung des Helmut Kohl« (Leyendecker, Prantl, Stiller 2000, S. 485f).

»Helmut Kohl hat das Gute gewollt, er wurde zu einem Riesen des guten Willens. Und jetzt begreift er nicht mehr, wie die kleinen Sünden gegen dieses Gebirge an guten Taten verrechnet werden können« (Schneider 2000, S.3).

Was im Kontakt mit dem Ausland gilt, hat in Deutschland selbst seine Überzeugungskraft weitgehend eingebüßt, wenn man von den zahlreichen eingefleischten Kohl-Anhängern einmal absieht. Den Biedermann nimmt man Kohl nicht mehr ab, seitdem er sich von dem Geruch der schwarzen Kassen, der unlauteren Geldschiebereien und gar der Korruption nicht wirklich befreien konnte und außerdem mit seiner Weigerung, die Namen der Spender zu nennen, den Gerüchten und Verdächtigungen immer wieder neue Nahrung gibt. Die Berufung auf ein Ehrenwort zur Verschwiegenheit, das er den Spendern angeblich gegeben hat, kann im Übrigen auch als Versuch verstanden werden, die Rolle des biederen Ehrenmannes noch einmal zu nutzen, um davonzukommen.

Es ist schon erstaunlich, dass es nach der Barschel-Affäre überhaupt noch ein Politiker wagt, sich in einer heiklen Situation durch ein Ehrenwort zu retten. *

Als Helmut Kohl seine »Ehrenwort-Erklärung« abgab, erinnerte sich gleichwohl kaum jemand daran, welch verhängnisvolle Rolle das Ehrenwort im Fall Barschel gespielt hatte. Gewiss – es bestehen erhebliche Unterschiede zwischen diesen beiden Politiker-Persönlichkeiten, und auch das Ehrenwort hat eine unterschiedliche Funktion. Gleichwohl dürfte es kein Zufall sein, dass in beiden Affären ein Ehrenwort eine zentrale Bedeutung einnimmt. Kohls Umgang mit der Ehre ist jedoch sehr viel geschickter als der Barschels. Während Barschel im Brustton der Überzeugung eine Ehrenwort-Erklärung abgab, die seine Unschuld behauptete und als Tatsachen-Behauptung grundsätzlich widerlegbar war, ließ Kohl sich nicht auf überprüfbare inhaltliche Aussagen festnageln, sondern verweigerte schlicht die Aussage unter Hinweis auf sein gegebenes Ehrenwort zur Verschwiegenheit.

Wie Ludgera Vogt in ihrer umfangreichen Studie *Zur Logik der Ehre in der Gegenwartsgesellschaft* (1997) ausführt, wird in der Mediengesellschaft der zivilrechtliche Ehrenschutz immer wichtiger, da Ehrenstreitigkeiten

* Allerdings versuchte etwa drei Jahre nach der Barschel-Affäre der ostdeutsche Politiker Schnur ebenfalls mit einer Ehrenwort-Erklärung, die gegen ihn erhobenen Vorwürfe einer Stasi-Mitarbeit – die sich später bestätigten – zu entkräften.

»als Instrument der politischen Auseinandersetzung oder auch als Moment eines kommerzialisierten Medienbetriebs relevant werden, wenn etwa der Persönlichkeitsschutz von ›Stars‹ betroffen ist. Kontrovers diskutiert wird vor allem der politische Ehrenschutz: die einen sehen alle Führungskräfte einer zunehmenden ›Rufmordpraxis‹ schutzlos ausgeliefert, die anderen sehen im Ehrenschutz ein Instrument staatlicher Repression« (ebd., S. 37).

Kohl versteht es geschickt, diese gesellschaftspolitische Kontroverse für seine Zwecke auszunutzen, indem er sich als unschuldiges Opfer einer üblen Rufmord-Kampagne seiner Widersacher darstellt, die ihn zwingen wollen, »ehrlos« zu handeln, indem er sein Ehrenwort breche.

Gleichwohl ist Kohls Berufung auf ein Ehrenwort ein riskantes Spiel mit hohem Einsatz, denn das Ehrenwort ist

»ein symbolischer Akt, der, einem Gewaltstreich gleich, die prekäre Definition der Situation völlig verändert, indem er die legitime Erwartung des anderen, endlich die Wahrheit zu erfahren, in ein und derselben Bewegung anerkennt und diskreditiert. Dementis gehören zum alltäglichen Repertoire der Schadensabwicklung. Ehrenworte nicht. Wer sein Ehrenwort gibt, dem steht das Wasser bis zum Halse, der sieht sich gezwungen, als Person hinter der Rolle hervorzutreten und seine Aufrichtigkeit unter Beweis zu stellen. Das Ehrenwort ist die sozial sanktionierte rituelle Praxis, Wahrhaftigkeit zu bestätigen, die vielleicht stärkste Form, einen moralischen Geltungsanspruch alltagspraktisch *durchzusetzen*. Es gebietet Glauben, wo Argumente nicht überzeugen, Schweigen, wo der Stachel der Zweifels tief sitzt« (Berking 1989, S. 360).

Die Erklärung eines Ehrenwortes oder die Berufung auf ein solches stellt einen extrem hohen persönlichen Einsatz dar – wie der Fall Barschel zeigt, kann er das eigene Leben kosten –, der nur dann gerechtfertigt erscheint, wenn das Gut, das es zu verteidigen gilt, so groß oder die Schande, die es geheimzuhalten gilt, so ungeheuerlich ist, dass sich dieses Risiko lohnt. Eigentlich können die Spender-Namen an sich nicht das ungeheuerliche Geheimnis darstellen, das Kohl unter allen Umständen der Öffentlichkeit vorenthalten muss. Was wäre so schlimm daran, wenn man erführe, dass Siemens, Leo Kirch, die Deutsche Bank oder ein anderes deutsches Unternehmen der CDU oder Kohl Geld gespendet hat? Weder Kohl noch die Spender fürchten, das Bekannt-Werden ihrer Namen an sich, sondern die dann unweigerlich einsetzenden Fragen nach den Motiven, Absichten und Einflussnahmen, die mit diesen Spenden verbunden waren. Skandalträchtig wäre beispielsweise die Information, dass ausländische Firmen der CDU und Kohl Geld zugesteckt haben, denn in diesem Fall müsste man annehmen, dass es sich um Schmiergelder handele und dass Kohl doch käuflich gewesen wäre.

Kohls beharrliche Weigerung, die Namen der Spender zu nennen, kann nur als deutliches Indiz dafür gewertet werden, dass er durch diese Spenden in illegale und kriminelle Machenschaften verstrickt ist, die weit über das hinausgehen, was bislang bekannt ist. Die Verstöße gegen das Parteiengesetz, die Kohl zugegeben hat, sind »peanuts« im Vergleich zu dem, was er der Öffentlichkeit weiterhin erfolgreich verheimlicht, denn sonst wäre der risikoreiche persönliche Einsatz nicht gerechtfertigt. Kohl muss »das Wasser bis zum Halse stehen« (ebd.), sonst sähe er sich nicht gezwungen, seine persönliche Ehre – »die vielleicht stärkste Form, einen moralischen Geltungsanspruch alltagspraktisch *durchzusetzen«(ebd.)* – ins Feld zu führen.

Kohls gesamte politische Praxis, symbolisch verdichtet in seinem Verhalten in der Spenden-Affäre, weist alle Merkmale illegalen Handelns auf:

> »Denn die Welt des illegalen Geschäfts präsentiert sich in jeder nur denkbaren Hinsicht als genaues Gegenbild zu bürokratischer Organisation und staatlichem Handeln. An die Stelle von Öffentlichkeit und Kontrolle treten das Geheimnis und die verdeckte Aktion, an die Stelle formalisierter Instanzenzüge und funktionaler Hierarchisierung persönliche Beziehungen. Bündnisse, Verträge und andere Rechtsakte können nur mündlich vereinbart, ihre Einhaltung muß normativ gesichert werden. Die mafiösen Kontexte nutzen daher Vertrauen, beziehungsweise all jene traditionalen Orientierungen – Ehrenhaftigkeit, Zuverlässigkeit, Abhängigkeit, Treue –, die Vertrauen rechtfertigen; und sie nutzen Gewalt: nach innen zur Verstärkung der moralischen Rechtsgrundlagen und nach außen als entscheidendes Machtmittel ihrer Interessenpolitik. Klientilismus und Patronage erzwingen ein weit verzweigtes, bis in die staatlichen Bürokratien reichendes Netz von Dankbarkeitspflichten und Freundschaften, die schließlich eine privatistische Nutzung des politischen Raumes ermöglichen. […] Persönliche Beziehungen, Freundschaften, Vertrauen, Ehre und Würde bieten die besten Garantien, um im Spiel um Anerkennung, Macht und Reichtum erfolgreich zu sein. Die Grauzone aber markiert das sozio-politische Feld, auf dem allein Ehrenmänner zu reüssieren vermögen. Wer Politik treibt, erstrebt Macht; wer Politik in der Grauzone treibt, versucht diese Macht zu versilbern. Dazu freilich bedarf es der exklusiven Interaktionsstrategie wechselseitiger Ehrunterstellung. Denn Bestechung ist ein schwieriges Geschäft. Sie fordert Fingerspitzengefühl [und] soziale Kompetenzen« (ebd., S. 369 f).

Über ein solches »Fingerspitzengefühl« und diese Formen der »sozialen Kompetenz« verfügt Kohl zweifellos. Er ist ein Virtuose im Einsatz von »persönliche[n] Beziehungen, Freundschaften, Vertrauen, Ehre und Würde […], um im Spiel um Anerkennung, Macht und Reichtum erfolgreich zu sein« (ebd.). Sein Politikstil ist gekennzeichnet durch ein »weit verzweigtes, bis in die staatlichen Bürokratien reichendes Netz von Dankbarkeitspflichten und Freundschaften, die schließlich eine privatistische Nutzung des politischen Raumes ermöglichen« (ebd.). Kohl gehört zu dem Typus des Politikers, von dem Hösle (1997, S. 485) schreibt, es bleibe beachtlich,

> »mit welcher Sicherheit Machtmenschen Falschheit, auch nur ein leichtes Nachlassen von Loyalität erkennen: Ihre hermeneutische Kompetenz ist in der Regel erstrangig. Ein falscher Ton, das Zucken eines Gesichtsmuskels, eine unbeachtete Geste, der Austausch eines Blickes mit einem Dritten können mehr verraten als lange Erklärungen. Eine übertriebene Höflichkeit, die Flucht zu Gemeinplätzen, eine zeremoniöse Steifheit unter Freunden sind ein Anzeichen dafür, daß die Herzlichkeit der Gesinnung nachgelassen hat.«

Das Kohl-Schäuble-Syndrom

> *»Schäuble war daran gewöhnt, von Kohl benutzt zu werden.«*
>
> **Ein »scharfer Beobachter« zitiert nach Der Spiegel 2000/38, S. 39**

Wir haben bereits im Fall Barschel die »narzisstische Kollusion« (zwischen Barschel und Pfeiffer) als das typische Beziehungsmuster des Narzissten kennen gelernt. Als von seiner Grandiosität überzeugter Narzisst gestaltet auch Helmut Kohl sowohl seine privaten als auch seine politischen Beziehungen nach dem Schema, welches Willi allgemein als typisch für den Narzissten formulierte: Er nimmt seinen Partner »nicht als eigenständiges Individuum wahr [...], sondern nur als ›narzißtisches Objekt‹, als eine Erweiterung des eigenen Selbst, als etwas, das [sein] Selbst auffüllt, ergänzt, schmückt, erhöht« (Willi 1975, S. 67). Wer sich diesem Muster widersetzte, eine abweichende Meinung vertrat, die absolute Gefolgschaft auch nur partiell verweigerte, konnte sich bei Kohl darauf verlassen, sein Wohlwollen verscherzt zu haben. Und das bekam er bei nächst passender Gelegenheit zu spüren. Wer nicht ganz mit ihm schwingen konnte oder wollte, war für den Narzissten Kohl eine Kränkung. Deshalb kam es mit den eigenständigen Geistern Biedenkopf, Süssmuth, Späth und Geissler früh zum Bruch. Allen Vieren gelang es, sich aus der narzisstisch-symbiotischen Umklammerung Kohls zu befreien und selbständig – mehr oder weniger erfolgreich – ihren eigenen Weg weiterzugehen.

Wolfgang Schäuble wiederum – zweifellos auch ein scharfer Denker – brachte das »Kunststück« fertig, über lange Jahre ein harmonisches, fast freundschaftliches Verhältnis zu Kohl aufrechtzuerhalten. Eine zentrale Voraussetzung dafür war Schäubles absolute Loyalität gegenüber Kohl. »Schäuble verlangte, verkörperte und vertrat unbedingte Loyalität zu Kohl« (*Der Spiegel* 2000/38, S. 37). Zwischen den beiden bestand ein eingeübtes

Titelblatt: Der Spiegel Nr. 38 vom 18.9.2000

Verhältnis: »Kohl der Kaiser, Schäuble der erste Diener« (Leyendecker, Prantl, Stiller 2000, S. 188). Und so nachtragend Kohl sein konnte, wenn er sich verraten fühlte, so sehr hat er »Loyalität immer honoriert« (*Der Spiegel* 2000/38, S. 36). Als CDU-Generalsekretär Heiner Geissler im Verbund mit Rita Süssmuth und dem badenwürttembergischen Ministerpräsidenten Lothar Späth Anfang 1989 offen auf Konfrontationskurs zu Kohl ging, ermutigte Schäuble seinen Chef zu einer scharfen Reaktion. Schäuble wurde für seine Treue mit dem Innenministerium belohnt, das er anstelle von Geissler übernahm. Schäuble hat Kohl den Rücken freigehalten und dessen Erfolge erst möglich gemacht. Der Badener hat auf vielen Posten im System des Pfälzers gedient: als Parlamentarischer Geschäftsführer, als Kanzleramtschef, als Bundesinnenminister. Schäuble war der wahre Architekt der deutschen Einheit, der Stratege, der die Abwicklung der DDR plante, und dann die unumstrittene Leitfigur der CDU/CSU-Fraktion war. Auch besaß er eine Empathie für Kohls enorme Kränkbarkeit, auf die er Rücksicht nahm, im Unterschied zum professoral-elitären Biedenkopf und zum intellektuell brillanten Geissler, die beide Kohl spüren ließen, dass sie sich ihm intellektuell überlegen fühlten. Und Schäuble beging nicht den »Fehler«, den sich Rita Süssmuth zu schulden kommen ließ, indem sie Kohl mit moralischen Bedenken nervte. Die langjährige »kalkulierte Zusammenarbeit« (*Der Spiegel* 2000/38, S. 36) der beiden so unterschiedlichen Männer beruhte auf ihrem gemeinsamen »Willen zur Macht«. »Der zwölf Jahre ältere Kohl, gefühlsgelenkt, von sich selbst überzeugt, provinziell und misstrauisch, nutzte die ›messerscharfen Analysen‹ des effizienten politischen Kampfsportlers Schäuble von Anfang an als Waffe. Wolfgang Schäuble war Vollstrecker, Schutzschild, und Ideengeber« (ebd.). Und Schäuble bediente sich einer Methode, die auch Komplementär-Narzisst Pfeiffer bei seinem Chef Barschel einsetzte: »Schäuble machte sich seinem Chef unentbehrlich« (*Der Spiegel* 2000/38, S. 37). Kohls getreuer Berater Eduard Zimmermann beschreibt das Verhältnis mit folgenden Worten: »Der wirkliche

Freunde Kohl und Schäuble (1997)

Überberater ist Schäuble. Der sitzt schon morgens, bevor die kleine Lage beginnt, bei Kohl, ist abends auch der Letzte und sieht ihn noch zwischendurch« (zit. nach ebd.).

Noch entscheidender für die lange Harmonie zwischen Kohl und Schäuble dürfte aber gewesen sein, dass sich beide in der gemeinsam gepflegten narzisstischen Phantasie, Schäuble solle Kohls Nachfolger im Amt des Bundeskanzlers werden, zusammenfanden. Für Kohl war mit dieser Vorstellung die Omnipotenz-Phantasie verbunden, seine eigene Regentschaft indirekt noch bis in die ferne Zukunft ausdehnen zu können. Schäuble seinerseits vermochte es nicht, sich aus der komplementär-narzisstischen Rolle zu befreien. Auch als er versuchte, sich von der erdrückenden Übermacht Kohls zu befreien, blieb er der »ewige zweite Mann, der Großknecht, der jetzt mal Herr spielen wollte« (ebd., S. 187), wie ein Kohl-Vertrauter unkte. Schäubles Versuch, seinem Herrn und Meister die Kanzler-Kandidatur streitig zu machen, scheiterte kläglich – auch wenn man im Nachhinein feststellen kann, dass Schäuble bei der Bundestagswahl 1998 wahrscheinlich die besseren Wahlchancen gehabt hätte.

Schäuble verharrte bis zum bitteren Ende in der masochistischen Position und blieb ein Gefangener seiner Idealisierung der Vaterfigur Kohl.

»*Donnerstag, 9. Januar 1997* Ein trautes Bild: Im Bonner Kanzleramt posieren Helmut Kohl und Wolfgang Schäuble fürs CDU-Familienalbum – Vater und Sohn, Kanzler und Kronprinz. Der Fotograf Konrad R. Müller wurde einbestellt, um Freundschaft und Eintracht zu illustrieren. Die beiden mächtigsten CDU-Politiker der Bonner Republik präsentieren sich dem Publikum als ein Herz und eine Seele. Schäuble hat sein Jackett abgestreift und einen Pullover mit V-Ausschnitt übergezogen. Auch Kohl legt sein Sakko ab und schlüpft in die Strickjacke.

Aber das Foto ist eine Lüge, das Bild des innigen Einvernehmens eine Farce. Wenige Stunden zuvor hat es Kohl zum ersten Mal schwarz auf weiß bekommen, dass der Weggefährte selbst die Nummer eins werden will. Vorsichtig, aber unmissverständlich hat der Mann im Rollstuhl via ›*Stern*‹ mitgeteilt, die Kanzlerschaft wäre eine ›Versuchung‹, der er wahrscheinlich nicht widerstehen würde. Er traue sich ›im Grunde jedes Amt zu‹« (*Der Spiegel* 2000/38, S. 40).

Aber Kohl konterte diese Attacke trocken.

Da er als narzisstisch gestörte Führungspersönlichkeit nicht nur auf die Unterwerfung seiner Mitarbeiter angewiesen war, sondern auch ihre Liebe und Bewunderung einforderte, versammelte er Mitarbeiter um sich, die bereit waren, im Kontakt mit ihm »Schmeicheleien und Speichelleckertum zu konstanten Merkmalen ihrer Kommunikation« (Kernberg 1998, S. 103) zu machen. Mit solch harten Worten muss man sogar Schäubles Verhalten charakterisieren, wenn man liest, dass er selbst noch zu einer Zeit, als er schon von den Machenschaften Kohls wusste und Kohl Druck auf ihn ausübte, »nicht den Staatsanwalt im eigenen Haus zu spielen« (Leyendecker, Prantl, Stiller 2000, S. 205), er den Ex-Regierungschef immer noch als einen »Mann, der ein sehr ausgeprägtes Empfinden für Würde, für demokratische Institutionen hat« (ebd.), anpries. Vielleicht glaubte Schäuble zu diesem Zeitpunkt noch, er müsse Kohl verteidigen, um die CDU zu retten, doch die Wahl der Formulierungen, Kohl habe »ein sehr ausgeprägtes Empfinden für Würde, für demokratische Institutionen« stellt nicht nur eine schlichte Unwahrheit dar, sondern ist heuchlerisch und eine Verhöhnung der Wahrheit. Das Maß an Selbstverleugnung, das Schäuble glaubte, für die Sache der CDU aufbringen zu müssen, kann man als masochistisch bezeichnen und war seiner ungelösten Bindung an seinen Über-Vater Kohl geschuldet. Kohl wiederum ist die Rolle des »väterlichen Beschützers« (*Der Spiegel* 2000/38, S. 37), in die er speziell nach dem Attentat auf Schäuble schlüpfte, wie auf dem Leib geschrieben: Sie entspricht der »Art von subtiler Abhängigkeit, in die Kohl alle versetzte, die er in seiner Nähe duldet« (ebd.). Die demonstrative Fürsorge, die Kohl seinem an den Rollstuhl gefesselten Adlatus angedeihen ließ, konnte dieser erst Jahre später so benennen, wie er sie schon damals empfunden hatte: als »Druck, wenn nicht gar Nötigung« (ebd., S. 38). In den Augen Schäubles ist Kohl »gern der Paterfamilias«, der »für die Seinen sorge«, was aber auch bedeute, »dass sie es alle so machen müssen, wie er es will« (zit. nach ebd.).

Das alles heißt im übrigen nicht, dass Schäuble ohne Einfluss auf Kohl und ihm an Intelligenz und politischer Kompetenz unterlegen gewesen wäre. Im Gegenteil. Zum einen liebt es der Narzisst durchaus, sich mit außergewöhnlich intelligenten, reichen, mächtigen, schönen oder sonstwie herausragenden Menschen zu umgeben, die ihn schmücken und die er für die Ausweitung seiner Macht und seines Ansehens nutzen kann, nur überflügeln oder in Frage stellen dürfen sie ihn nicht. Wenn zum anderen der Komplementär-Narzisst es versteht, seine eigenen Gedanken und Absichten so geschickt zu verkaufen, dass der Narzisst das Empfinden hat, das alles diene seinem Ansehen oder sei Ausdruck seiner Großartigkeit, so ist er fast grenzenlos manipulierbar. In der Manipulierbarkeit seiner narzisstischen Größenphantasien und seiner narzisstischen Kränkbarkeit liegt im Übrigen eine der gefährlichen Schwachstellen der narzisstisch gestörten Führerpersönlichkeit, wenn machthungrige Manipulatoren dies für ihre Zwecke zu nutzen wissen. Schäuble hat Kohl nicht für eigennützige Zwecke manipuliert, aber es dürfte ihm doch häufiger gelungen sein, durch geduldiges Abwarten auf den günstigsten Augenblick und durch einfühlsames Verhandlungsgeschick dem Alten einige politisch kluge und weitsichtige Gedanken unterzujubeln, von denen dieser dann annahm, sie seien auf seinem eigenen Mist gewachsen.

Der Komplementär-Narzisst ist also nicht machtlos dem Narzissten ausgeliefert, sondern kann sogar großen Einfluss auf ihn haben. Nur darf dies nicht allzu deutlich werden, und vor allem darf der Komplementär-Narzisst keine eigenen Ansprüche stellen, keine eigenen Pläne entwickeln, die denen des Narzissten zuwider laufen könnten. Als Schäuble Kohls absolute Machtstellung erstmalig in Frage zu stellen wagte und ihm von einer erneuten Kanzlerkandidatur abriet, reagierte Kohl gekränkt-abweisend und diese Missstimmung läutete den Anfang vom Ende der idealisiert-symbiotischen Einheit Kohl-Schäuble ein. Ohne Zögern und ohne Rücksicht auf Verluste richtete Kohl seine geballte Macht gegen seinen politischen Ziehsohn Schäuble, sobald er ihm lästig oder gar gefährlich zu werden drohte. Als es für Kohl darum ging, in der Partei-Spenden-Affäre seine eigene Haut zu retten, schüchterte er Schäuble, der als neuer CDU-Vorsitzender seine Aufgabe darin sah, die Partei-Spenden-Affäre aufzuklären, zunächst mit Drohungen ein. Als der nicht kapierte (Schäuble: »Ich war naiv, ich habe nicht begriffen, dass er einschüchtern wollte« [Leyendecker, Prantl, Stiller 2000, S. 18]), greift Kohl zur Waffe der Intrige. Es gelingt ihm mit Hilfe des per Haftbefehl gesuchten Waffenschiebers Schreiber, der sich nach Kanada abgesetzt hatte und dort scharenweise Journalisten empfing, und mit Hilfe einer eidesstattlichen Erklärung der CDU-Schatzmeisterin Baumeister, durch die Schäubles Aussagen bezüglich einer Spende eben jenes Waffenschiebers offensichtlich als Lüge entlarvt wurde, Schäuble in der Öffentlichkeit und vor der Partei als unglaubwürdig erscheinen zu lassen. Die Attacke Kohls endete mit dem Rücktritt Schäubles vom CDU-Parteivorsitz. Schäuble ist sich sicher, dass Kohl ihn politisch mundtot machen wollte: Da sei ein »Kampf zur Vernichtung meiner Person geführt« worden. »Ich hatte keine Chance« (zit. nach ebd., S. 20). Und zur Charakterisierung der Niederträchtigkeit der gegen ihn gerichteten Intrige fällt Schäuble nur der Vergleich »mit diesem unseligen Herrn Pfeiffer aus der Barschel-Engholm-Geschichte« ein (ebd.). Schäuble und Lüthje sind sich in der Einschätzung der Person des Ex-Kanzlers einig. »Kohl nehme weder auf Schäuble noch auf seine Partei Rücksicht, sondern denke nur an sich« (ebd., S. 196).

> »So direkt und kompromisslos der Narzißt in seinen Kritikäußerungen ist, er selbst reagiert überempfindlich auf jede Kritik oder Weigerung, ihn zu bewundern und zu idealisieren. Wenn eine Beziehungsperson ihn nicht vorbehaltlos unterstützt, so wird sie auf die schwarze Liste gesetzt und ist ausgestoßen. Es wird ihr jede Existenzberechtigung abgesprochen, sie ist nicht mehr, der Bruch ist radikal und endgültig. Sie leben nach der Devise: ›Wer nicht für mich ist, ist gegen mich.‹ Der Narzißt unternimmt nichts zur Versöhnung. Ein echter Streit unter Freunden ist ihm schwer vorstellbar« (Willi 1975, S. 68).

Nicht allen seinen Mitmenschen kann Kohl eine komplementär-narzisstische Rolle aufnötigen u. a. deshalb, weil nicht alle die psychische Bereitschaft dazu mitbringen. In solchen Fällen geht der Narzisst Kohl noch rabiater vor, um den anderen seinem Willen zu unterwerfen: Er ist Besitz ergreifend und verfügt autoritär über Entscheidungen und Lebensbereiche seiner Mitmenschen, indem er sie einfach überfährt. Als Kohl das erste Mal bei Freiherr Eberhard von Brauchitsch, geschäftsführender Gesellschafter im Flick-Konzern, zu Hause zu Besuch ist, »hängt er die Bilder um, weil er es anders besser findet. Die Kinder des Flick-Managers finden das nicht spaßig, aber ihr Vater hat Verständnis für den Gast, der nun mal sehr ›besitzergreifend‹ sei« (Leyendecker, Prantl, Stiller 2000, S. 115). Ähnlich übergriffig und Besitz ergreifend ist Kohl auch im familiären Bereich, wenn er beispielsweise bei einem Fototermin mit Familienidylle am Wolfgangsee einem seiner halbwüchsigen Söhne ans Kinn fasst, und ihn zwingt, sein Gesicht der Kamera zuzuwenden.

Helmut Kohl mit seiner Familie (1981)

»Als Kanzler und Parteichef liebt es Kohl, seinen ungenierten Zugriff auf Menschen hinter grobianischer Kumpelhaftigkeit zu verstecken. Laut und leutselig verbreitet er einen Frohsinn, der fast immer auf Kosten anderer geht. Sein behäbiger Dialekt soll die Schärfe seiner oft schroffen persönlichen Frotzeleien mildern, die er gern auch noch als Zeichen seines Wohlwollens betrachtet« (Leinemann 1992, S. 95).

Der Tod Hannelore Kohls als Medienereignis

»Ich bin nicht die einzige unabhängige Journalistin, die bei dem Versuch, eine tiefer gehende Betrachtung im Umfeld Helmut Kohls anzustellen, auf dieses beunruhigende Schweigen stößt. [...] Das Sprechverbot betraf keineswegs nur ihr Privatleben, [...] sondern auch ihr öffentliches Wirken – ich sollte nicht einmal mit ihrer Wohltätigkeitsorganisation sprechen dürfen.

Patricia Clough (2002): Hannelore Kohl. Zwei Leben. Stuttgart-München (Deutsche Verlags-Anstalt), S. 216

Der spektakuläre Tod von Hannelore Kohl, die sich am 5. 7. 2001 mit einer Überdosis Schmerz- und Schlaftabletten das Leben nahm, rief die Medien auf den Plan, die diese Frau, die immer hinter ihrem Mann zurücktrat, nun ins Rampenlicht der Presse und des Fernsehens rückten. Plötzlich war Hannelore Kohl, die Frau im Schatten des Riesen, wichtig geworden. *Spiegel* und *Stern* widmeten ihr eine Titelgeschichte und so viel Raum, wie keinem

»unpolitischen« Toten seit Lady Di. Was zunächst als eine Suche nach den Motiven für den Freitod begann, entwickelte sich schnell zu einem »Kulturkampf« (Patrik Schwarz in der *taz* vom 12.7.2001, S. 7), zu einer »Deutungsschlacht« (Harald Martenstein im *Tagesspiegel* vom 12.7.2001) um die Rolle ihres Mannes und seine mögliche Mitverantwortung und Mitschuld am Tod seiner Ehefrau. Dabei waren zwei Diskurse, wie Dirk Knipphals (in der *taz* 11.7.2001, S. 13) herausgearbeitet hat, miteinander verwoben: ein Helden- und ein Opferdiskurs.

Die Kohl-Freunde bemühten sich, einen Heldenmythos von der tapferen Kanzler-Gattin zu entwerfen, die bis zuletzt mit großer Selbstdisziplin ihre unheilbare und schmerzhafte Krankheit heroisch getragen habe, bis sie es schließlich nicht mehr ausgehalten habe. Helmut Markwort, Chefredakteur des *Focus*, argumentiert gar gegen die Verwendung des »falsche[n]« und »schreckliche[n] Wort[es] ›Selbstmörder‹« (*Focus* 2001/28, S. 3) im Zusammenhang mit Hannelore Kohls Tod:

> »Seitenbreit springt uns das Wort an: SELBSTMORD. Wir hören es stündlich: Hannelore Kohl hat Selbstmord begangen. Ich mag das Wort nicht. Es verwundet die aus dem Leben Geschiedene nach dem Tode noch einmal. Mord ist ein Verbrechen. Mörder sind Menschen, die ihren Opfern gegen deren Willen das Leben nehmen. [...] Hannelore Kohl hat den Freitod gewählt, die letzte Entscheidung, die ein Mensch in seinem Leben treffen kann. Die Nachwelt sollte diesen Schritt respektieren und ihr nicht das schreckliche Wort ›Selbstmörder‹ nachrufen« (ebd.).

Der Heldendiskurs deutete den Suizid von Hannelore Kohl als ihre »souveräne Entscheidung«: »Hannelore Kohl hat ihr Leben mit einer souveränen Entscheidung beendet. Sie war noch so stark, dass sie keine Sterbehilfe brauchte«, resümiert Peter Glotz diese Deutungsversion (in *Die Woche* vom 13. 7. 2001, S. 8). Diese Marschrichtung hatte bereits die offizielle Erklärung von Helmut Kohls Büro vorgegeben und damit zugleich eine unhinterfragbare Deutung ihres Todes zu etablieren versucht:

> »Leider hatten jahrelange intensive ärztliche Bemühungen im In- und Ausland keinen Erfolg, da ihr Fall von Lichtallergie äußerst selten und kaum medizinisch erforscht ist. Aufgrund der Hoffnungslosigkeit ihrer gesundheitlichen Lage entschloss sie sich, freiwillig aus dem Leben zu scheiden.«

Diesem Tenor folgte eine ganze Reihe von Kommentatoren, die das soziale Engagement von Hannelore Kohl und ihren tatkräftigen und unermüdlichen Einsatz für die von ihr gegründete Hannelore-Kohl-Stiftung zur Unterstützung von Menschen mit Schäden am Zentralen Nervensystem hervorhoben und ihren unerwarteten Selbstmord allein auf die unerträglichen Schmerzen zurückführten, die aus der »Lichtallergie« herrührten.

»Erzählt wird von den Medien zum einen die Vorgeschichte eines selbst bestimmten Sterbens, eines Freitodes, wie man so sagt, nebst dazugehörendem souveränem Leben. Dieser Heldendiskurs muss zentral auf das Motiv der Lichtallergie setzen, auch wenn die Krankheit etwas obskur sein mag. Denn nur von diesem Motiv aus lässt sich Hannelore Kohl als Subjekt ihres eigenen Lebens und Sterbens einsetzen; sie erscheint als jemand, der mit kaltem – fast ist man geneigt zu sagen: soldatischem – Blick Vor- und Nachteile des Weiterlebens abgewogen und sich dann für den Tod entschieden hat. Das Motiv vermag also Rationalität zu produzieren, nur fallen alle Emotionen, die doch eigentlich auch immer dazugehören, aus diesem Diskurs heraus« (Knipphals 2001).

Titelbild: Der Spiegel Nr. 28 vom 9.7.2001

Der Heldendiskurs zeichnet sich dadurch aus, dass er zunächst die Brisanz, die in jedem Selbstmord zwangsläufig enthalten ist, dadurch eingrenzen will, dass er ihn in einen gleichsam »natürlichen« Tod umzudeuten versucht. Die Selbsttötung aus unaushaltbaren Schmerzen und der Hoffnungslosigkeit auf Grund einer unheilbaren Krankheit sind quasi-natürliche Prozesse, die zu keinen weiteren Fragen nach dem Sinn des Selbstmordes Anlass geben. Die Schmerzen und die Trauer um den Verlust sollen nicht durch Fragen nach dem Sinn der Selbsttötung oder gar nach der Verantwortung und der Schuld gestört werden.

Doch der »diskursive Schutzschild vor dem Altkanzler« (ebd.), den der Heldendiskurs aufzubauen versucht, sollte nicht lange halten: Jeder unnatürliche, frühzeitige oder gar gewaltsame Tod wirft zwangsläufig die Frage nach dem »Warum?« und »Wozu?«, die Frage nach dem Sinn dieses Todes auf, wie das beispielsweise auch beim Unfalltod von Lady Diana, beim Selbstmord von Uwe Barschel und bei den Selbstmorden der RAF-Terroristen in Stammheim der Fall war. Als erster eröffnete der *Spiegel* am 9.7.2001 mit seiner Titelstory »Frau im Schatten. Die Tragödie der Hannelore Kohl« den Diskurs um Hannelore Kohl als Opfer der Kohl'schen Ehebeziehung, an den sich weitere Kohl-Gegner anschlossen – allen voran der *Stern* mit seiner um zwei Tage vorgezogenen Ausgabe vom 29.7.2001: »Das einsame Leben und Sterben der Hannelore Kohl. Was trieb sie wirklich in den Tod?«.

Der Spiegel analysiert über 12 Seiten die Rolle, die Hannelore Kohl in dem von ihm oft kritisierten »System Kohl« spielte. Dabei weitet er das Thema auf andere Kanzler-Frauen – Ruth Brandt, Hiltrud Schröder, Marianne Strauß – aus und beleuchtet, unter welchen psychischen Belastungen die Frauen von Spitzen-Politikern stehen. Die Einsamkeitsgefühle, unter denen Hannelore Kohl litt, werden neben ihrer Erkrankung als wesentlicher Grund für ihre depressive Verstimmung genannt, die schließlich zum Selbstmord geführt habe. Der *Stern* ist in seiner Analyse und seinen Schlussfolgerungen noch wesentlich schärfer als der *Spiegel*. Den Tenor gibt Chefredakteur Thomas Osterkorn bereits im Editorial vor:

> »Hannelore Kohl fand, dass sich ihr Leben im Schatten von Helmut Kohl nicht länger lohnt. Sie machte Schluss mit den Schmerzen, Schluss mit der Einsamkeit, Schluss mit den Lügen. [...] Der Suizid wirft auch Fragen an Helmut Kohl auf, der die Familie stets ins Zentrum seiner politischen Rhetorik gestellt hat. Warum hat er sich lieber in die Berliner Politik eingemischt, wo ihn keiner haben will, anstatt bei seiner schwer kranken Frau in Oggersheim zu sein, wo er dringend gebraucht worden wäre?« (Stern 2001/29, S. 3).

In Medienkreisen heißt es, der *Stern* habe unmittelbar nach dem Bekanntwerden der Nachricht für eine sechsstellige Summe sämtliche verfügbaren Hannelore-Kohl-Fotos aufgekauft, um seine Story »exklusiv« illustrieren zu können (vgl. *Tagesspiegel* vom 11.7.2001). Über acht Foto-Doppelseiten breitet der *Stern* Bilder aus, die Hannelore als Beiwerk zum physisch überpräsenten Kohl zeigen. Die Überschriften lauten: »Gute Miene zu Helmuts bösem Spiel«, »Meine Liebe, warte nicht, ich kann nicht kommen, eine wichtige Konferenz«, »Immer da – nie im Weg. Ganz wie der Mann es gerade braucht«. Der Freitod erscheint aus dieser Sicht nicht als letzte Flucht vor einer Lichtallergie, sondern als »emanzipatorischer Akt«, als »befreiende Tat einer Frau, die ihr eigenes Leben weitgehend aufgegeben hatte, damit ihr Mann das seine so gestalten konnte, wie es ihm passte« (*Stern* 2001/29, S. 34). Existierte die Krankheit überhaupt in der Weise wie sie dargestellt wurde? Die zwei Dermatologen und der Psychologe, die der *Stern* zu Wort kommen lässt, äußern ihre Zweifel. Insgesamt sagen die Kohl-Gegner, dass Hannelore Kohl an seiner Ignoranz, seinem Egomanentum gestorben sei, an ihrer Einsamkeit, weil er sein ganzes Leben Wichtigeres zu tun hatte, als sich mit ihr abzugeben.

Die Deutung von Hannelore Kohls Selbstmord als Folge einer Ehetragödie musste die Kohl-Freunde auf den Plan rufen und ihre harsche Antwort ließ auch nicht lange auf sich warten: Zuerst sprang die *Bild*-Zeitung Helmut Kohl zur Seite und schilderte ihn als den Mustergatten und trauernden Ehemann. CSU-Politiker Peter Gauweiler lieferte *Bild* die Argumente, indem er denjenigen die Schuld zuschob, die Helmut Kohl wegen der Spendenaffäre in die Enge getrieben hätten. »Rufmord« sei das gewesen, der die Krankheit »wie ein Hochwasser gesteigert« habe. Monsignore Erich Ramstetter, ein enger und langjähriger Freund der Familie Kohl, der auch die Trauerfeier im Dom zu Speyer zelebrierte, argumentierte in *Bild* ähnlich: »Es war eine psychosomatische Erkrankung, eine Krankheit der Seele.« Hannelore Kohl habe nicht nur an einer Lichtallergie, sondern auch unter den massiven Vorwürfen rund um die Spenden-Affäre der CDU gelitten, versicherte er dem *Mannheimer Morgen*. Der psychische Druck – sogar durch Anschuldigungen auf der Straße – sei so heftig gewesen, dass Hannelore es nicht mehr gewagt habe, einkaufen zu gehen.

Was als Heldenmythos begonnen hatte, kippte nun schlagartig um in einen Opfermythos, wobei die Schuldigen nicht in der nächsten Umgebung des Opfers, sondern in der »Rufmord-Kampagne« der Medien und der Kohl-Kritiker ausgemacht wurden. Die Polarisierung in Kohl-Freunde und Kohl-Feinde funktionierte also auch in dieser für Helmut Kohl so schweren Stunde. Selbst die Trauer-Zeremonie wurde von dieser Auseinandersetzung vergiftet. Kohl musste sich um die Polarisierung, die er immer gern gesucht hat, in diesem Fall nicht selbst kümmern. Das besorgten andere für ihn. In seiner Predigt war sich Monsignore Erich Ramstetter nicht zu schade, eine Mitschuld der Medien am Selbstmord von Hannelore Kohl zu suggerieren:

> »Zu jeder Zeit erleben wir nicht nur aufbauende und froh machende Lebenskräfte um uns und in uns, sondern wir sind auch mit den zerstörenden und auf Vernichtung zielenden Kräften konfrontiert. Was dies heißt, habt ihr, lieber Helmut, lieber Walter und Peter bis in diese Stunde in maßloser und extremer Weise erlebt und erlitten. Hannelore hat dieses schwere Schicksal in partnerschaftlicher Liebe und Treue geteilt und bis zuletzt zu Euch gehalten. Sie hat, wie sie einmal sagte, immer neben Dir und hinter Dir, lieber Helmut, gestanden. Alle Unterstellungen, Verleumdungen und Hasserfahrungen wurden zu eurem gemeinsamen bitteren Leid. Ich weiß nicht, ob es denen bewusst ist, was es bedeutet, einem Menschen die Ehre rauben zu wollen. Dies zielt immer auf Leben und Lebenskraft.«

Mit dieser Deutung, dass nämlich die Medien – und vielleicht auch der parlamentarische Untersuchungsausschuss zur Partei-Spenden-Affäre? – eine Mitschuld am Tod von Hannelore Kohl hätten, setzte sich Monsignore in Widerspruch zu seiner eigenen (und Helmut Kohls) Hauptargumentation, ursächlich sei einzig und allein die Lichtallergie: »Sie wusste welchen Schmerz sie Dir, Walter und Peter, bereitet, aber sie stand unter den Zwängen der Krankheit.« Offenbar stand sie doch nicht nur unter den »Zwängen der

Krankheit«, sondern zumindest auch unter denen einer kritischen Öffentlichkeit, die das Finanzgebaren ihres Mannes unter die Lupe nahm. Man kann sich fragen, ob Hannelore unter den Vorwürfen der Öffentlichkeit gegen ihren Mann gelitten hat, weil sie das Gefühl hatte, ihm werde mal wieder übel mitgespielt, oder weil sie nur zu genau wusste – oder doch ahnte –, dass diese Anschuldigen keinen Unschuldigen trafen. Diese Einsicht – oder Ahnung – könnte ihr den letzten Lebensmut geraubt haben. In einem Kommentar zur Trauerrede von Monsignore Ramstetter formulierte Harald Martenstein im Berliner *Tagesspiegel* vom 12.7.2001 vehement die folgende Kritik:

> »Warum hat sich bei dieser Trauerrede die Erde nicht aufgetan? Warum sind die Fenster des Speyerer Doms nicht zersprungen? Es war eine Rede für Helmut Kohl, den Mann, der immer Recht behalten muss. In seinem Interesse. Ihre Botschaft lautete: Die politischen Feinde und die Medien haben mit ihrer Hetzjagd auf ihn, den großen Staatsmann, seine Frau in den Freitod getrieben. Nicht sie hatte das schwere Schicksal, nein er. Nicht ihr Leid war bitter, nein, das gemeinsame. Sie haben Helmut Kohls Ehre angegriffen, die Feinde, und damit Hannelores Lebenskraft getroffen, denn sie und er sind eine untrennbare Einheit, sein Glück ist ihr Glück. Noch in ihrem Tod, in dieser letzten Stunde, hat Hannelore Kohl sich den Wünschen und Interessen ihres Mannes unterordnen müssen, seiner Dominanz. Er, so heißt es, ist das eigentliche Opfer. Nicht einmal das war ihr gegönnt, eine Beerdigung, in deren Mittelpunkt sie steht, sie allein, ihr Leben, ihr Unglück, nicht seins.«

Die Beerdigung und die Trauerfeier der Protestantin Hannelore Kohl nach katholischem Ritus folgte auch Helmut Kohls Wünschen ohne Rücksicht auf die Konfession der Verstorbenen.

Vergleicht man den Tod von Hannelore Kohl mit dem anderer prominenter Personen, die eines gewaltsamen Todes gestorben sind, so wird deutlich, dass ein solcher Tod regelmäßig ein explosives Gemisch der unterschiedlichsten und gegensätzlichsten Gefühle hervorruft: Betroffenheit, Schockreaktionen, Verwirrung, Verzweiflung, Trauer, Depression, Wut, Hass, Schuldgefühle usw. Wenn ein Mensch vor seiner Zeit mitten aus dem Leben gerissen wird, so stellt sich automatisch die Frage nach der Ursache, nach der Verantwortung bzw. nach der Schuld. Das wurde überdeutlich im Fall von Lady Diana, als man ein ganzes Arsenal an Schuldigen ausmachen konnte: *Die* Medien seien schuld, die Pressefreiheit, die Paparazzi, der ungezügelte Markt, das Publikum und sein Voyeurismus, das englische Königshaus, die Männer, und last but not least Diana selber (vgl. Thiele 1999, S. 223). Der Schuldvorwurf gipfelte in Fragen wie: »Wer hat Lady Di umgebracht?« Und: »Sind Journalisten Mörder?« (vgl. ebd.).

In den Fällen von Diana, Barschel und den Selbstmorden in Stammheim entwickelten sich darüber hinaus noch wahnähnliche Verschwörungstheorien, die nicht an Unfall oder Selbstmord glauben wollten, sondern heimtückische Mordanschläge meinten plausibel machen zu können. Im Fall von Barschel und der Toten in Stammheim wurden diese paranoiden Verschwörungstheorien von den Angehörigen (der Frau und dem Bruder Barschels) bzw. von den Sympathisanten in die Welt gesetzt, die unter keinen Umständen von ihrem idealisierten Bild der Selbstmörder ablassen wollten. Wenn es darum geht, die Vollkommenheit eines narzisstischen Ideals um jeden Preis aufrecht zu erhalten – und sei es um den Preis der Absurdität –, müssen zur Not auch die Fakten dran glauben. Im Fall von Diana wiederum entstand ein Mythos von einer ungeheuren, weltweiten Ausstrahlungskraft. Der Mythos Diana wurde Gemeineigentum, sodass sich jeder berechtigt fühlen konnte, sich dieses Mythos' zu bemächtigen und ihn für seine private Ideologie zu funktionalisieren.

Wie aus der psychotherapeutischen Arbeit mit den Hinterbliebenen von Selbstmördern bekannt ist, hinterlässt der Selbstmörder seine Angehörigen in einer emotional sehr schwierigen Situation, die durch ein Gemisch widersprüchlicher Gefühle gekennzeichnet ist – insbesondere die folgenden Gefühlsqualitäten treten regelmäßig auf:

1. Eine Schockreaktion verbunden mit einer tiefen emotionalen Erschütterung, die häufig gefolgt wird von der Suche nach einer rationalen Erklärung für das Unglück, um die starken Emotionen wieder zu neutralisieren. Dies war zunächst die allgemeine Reaktion, sowohl bei Helmut Kohl selbst als auch in der Öffentlichkeit und in den Medien. Einige Tage herrschte der Schock und die Pietät, dann wurde Hannelore Kohl als politische Figur entdeckt. Nach der Schockphase fängt der eigentliche Trauerprozess erst richtig an.

2a. Trauer und Depression über den Verlust des geliebten Menschen, wobei das eigene Los des Zurückgelassenseins im Mittelpunkt steht: Dies war in der Trauerpredigt von Monsignore Ramstetter der Fall, die sich vor allem um das Leiden Helmut Kohls und der Angehörigen drehte. Man bemitleidet sich selbst, aber nicht unbedingt den Verstorbenen. Das Leiden des Verstorbenen wird nicht unbedingt mitgefühlt, da man sich damit tröstet, er ruhe in Frieden, jetzt gehe es ihm gut, er habe es ja so gewollt, er sei jetzt erlöst von seinem Schmerzen usw.

2b. Trauer und Depression über die Leiden, die der geliebte Mensch vor seinem Tod durchgemacht hat und darüber, dass er nun sein Leben nicht mehr leben kann. Man konzentriert sich auf die Frage, was der Tote vor seinem Tod empfunden haben mag. Es geht um ein empathisches Einfühlen in die Situation des Toten als Opfer widriger Umstände aber auch in die Motive, die ihn zu seiner Entscheidung geführt haben.

3. Selbstvorwürfe und Schuldgefühle bei dem Gedanken: »Was habe ich falsch gemacht?«, »Wie hätte ich das Unglück verhindern können?«. Mit Hilfe rationaler Erklärungen (Lichtallergie) sollen Schuldgefühle besänftigt werden: Es gab einen objektiven, unbeeinflussbaren Grund, der zum Selbstmord führte. Wir können uns also entlastet fühlen von Selbstvorwürfen.

4. Ärger, Wut und Hass auf den Toten, der den Hinterbliebenen diese großen Schmerzen zugefügt hat: »Wie konntest du uns das antun? Haben wir das verdient? Warum hast du uns verlassen?« Auch solche Gedanken und Gefühle müssen zugelassen werden, sonst kann die Wut auf den Selbstmörder nicht in das Erleben integriert werden. Werden diese Gedanken hingegen verdrängt und abgespalten, so tauchen sowohl die Schuldgefühle, also die Aggression gegen das eigene Selbst der Hinterbliebenen, als auch die Wut gegen den Toten, also die Aggressionen gegen das verlorene Objekt, als Aggression gegen Dritte wieder auf, die nun beschuldigt werden, an dem Tod schuld zu sein. Als Abwehr gegen die genannten Gefühle setzt häufig die Suche nach einem Schuldigen ein, um sich vor den heftigen Gefühlen, vor Selbstvorwürfen und vor Vorwürfen gegen den Toten zu schützen.

Diese Gefühlsreaktionen und Gedanken sind unvermeidlich. Sie treten zwangsläufig auf, auch wenn nicht alle Aspekte manifest werden. Es ist sogar häufig so, dass nur ein Teil dieser Gefühle bewusst erlebt werden kann, während andere Teile abgewehrt werden müssen. Allerdings kann von einer gelungenen Trauerarbeit nur dann gesprochen werden, wenn alle genannten Gefühlsreaktionen bewusst durchlebt, wiederholt erinnert und durchgearbeitet werden. Dies ist immer ein Prozess, der viel Zeit braucht.

Wenn eine Person des öffentlichen Lebens einen unerwarteten oder gar gewaltsamen Tod erleidet, treten diese gefühlsmäßigen Reaktionen nicht nur bei den Angehörigen, sondern auch bei einer breiten Öffentlichkeit auf. Als Beispiele denke man an die Ermordung von John F. Kennedy oder an den Unfalltod von Lady Diana, deren Tod weltweit heftige emotionale Reaktionen auslöste (vgl. Berghahn, Koch-Baumgarten 1999). Die Gefühle treten spontan bei den Menschen auf, in deren seelischem Haushalt diese Person eine Rolle spielte, häufig ohne dass sie sich selbst darüber im Klaren waren, wie bedeutsam diese Person für sie war. Erst wenn sie tot ist, wird deutlich, wie stark diese öffentliche Person als libidinöses Objekt besetzt wurde.

Ich erinnere mich beispielsweise noch sehr gut daran, dass mich die Ermordung von John F. Kennedy am 22. 11. 1963 tief erschütterte. Offenbar bildet sich bereits bei einem 12-Jährigen die kollektive Identität, das Wir-Gefühl über die Identifikation mit und die Idealisierung von politischen Leitfiguren heraus. Die plötzliche Konfrontation mit der Tatsache, dass auch ein so mächtiger Mann wie Kennedy, gar der mächtigste Mann der Welt, von einer Sekunde zur nächsten aus dem Leben gerissen werden kann, erschüttert das ganze Weltbild und stellt die Selbstgewissheit in Frage, mit der wir jeden Tag annehmen, dass dies nicht unser letzter sei. Ohne diese Gewissheit, dass nach dem Heute noch ein Tag und dann noch unbestimmt viele Tage in unserem Leben kommen werden, wären wir kaum lebensfähig. Diesem Urvertrauen in die Existenz der Welt wird partiell der Boden entzogen, wenn eine solch bedeutende Person aus dem Leben geht. Erschwerend kommt hinzu, wenn es sich bei dem zu Tode Gekommenen nicht nur um einen mächtigen und bekannten, sondern auch noch um einen »guten« Menschen gehandelt hat, den wir als Ideal, Idol und Vorbild in unser eigenes Ich-Ideal aufgenommen haben. Das verinnerlichte Ideal bleibt uns zwar erhalten, ja vielleicht erfährt es durch den Tod des Idols sogar noch eine Verstärkung, und doch bedeutet der Verlust der äußeren Ideal-Figur auch eine Verletzung des inneren Ideals, da es durch die Konfrontation mit dem »Bösen« infrage gestellt wird – speziell wenn es sich um einen gewaltsamen Tod handelt.

Auch in der Mediengesellschaft treten solche Gefühle spontan auf. Gleichzeitig werden sie jedoch von den Medien bedient, und es findet ein Rückkoppelungsprozess statt zwischen den Stimmungen in der Bevölkerung und dem, was die Medien zum Thema beisteuern. Auch beim Selbstmord von Hannelore Kohl fühlten sich große Teile der Bevölkerung emotional berührt und die oben genannten Gefühlsreaktionen mussten durchlaufen werden und zwar nach unterschiedlichen Mustern, je nachdem, welchem »Diskurs« man sich anschloss. Vor allem ältere Frauen, die möglicherweise in einer Ehe leben, die dem Kohl'schen Ehe-Modell entspricht, konnten sich mit Hannelore Kohls Rolle als »bescheidene und stille Dulderin« (*FAZ* vom 17.7.2001, S. 50) und ihrer Bereitschaft zur Übernahme einer dienenden Rolle identifizieren, fühlten sich aber dem entsprechend nicht motiviert, Helmut Kohl zu kritisieren. Sie waren es vornehmlich, die in der Berliner CDU-Zentrale Schlange standen, um sich in das Kondolenz-Buch einzutragen. So wird im Berliner *Tagesspiegel* vom 11.7.2001 eine 60-Jährige zitiert, »die sich für den Anlass elegant gekleidet hat«:

> »Ich kann ihr gut nachfühlen, wie anstrengend es ist, jahrzehntelang nur als offizielle Person zu existieren, neben einem so dominanten Mann. Bei mir war es ähnlich, ich bewundere Frau Kohl dafür.«

Und eine 66-jährige Frau aus Schöneberg wird mit den Worten zitiert:

> »Es ist wie bei Christiane Herzog. Die Damen dieser Generation spielen ihre offizielle Rolle sehr gut, aber über sie persönlich erfährt man erst etwas, wenn sie tot sind. Sie nehmen sich zurück, stellen die Pflichterfüllung über alles« (ebd.).

Das sei bewundernswert, aber auch besonders tragisch.
Andere Gruppen reagierten auf Grund ihrer Disposition in anderer Weise. Jüngere Leute, die das Kohl'sche Familienmodell eher aus der Sicht des Kindes kennen gelernt haben, nahmen beispielsweise eher für Hannelore und gegen Helmut Kohl Partei und erkannten aus eigener Anschauung die Schwächen eines solchen Ehe- und Familien-Modells. Sie empfanden Hannelore Kohl als Opfer eines Familien-Systems, unter dem sie selbst leiden mussten und konnten deshalb Hannelores Selbstmord als Befreiungsschlag empfinden, weil das ihrem eigenen Protestbedürfnis entsprach.

Dass Hannelore Kohls Bedeutung für die Karriere ihres Mannes so klein und unbedeutend nicht gewesen sein kann, wie sie sie selbst einschätzte, dafür kann die große öffentliche Anteilnahme an ihrem Tod jedenfalls als Indiz gelten. Teile der Bevölkerung spürten intuitiv, dass hier ein Mann seinen Erfolg und seine Macht mit Hilfe und wohl auch auf Kosten seiner Frau aufgebaut hat.

Sicher spielte auch ein voyeuristisches Interesse eine Rolle, die Mächtigen einmal in einer Situation der Ohnmacht und Schwäche zu ertappen, um auf diese Weise einen Eindruck zu bekommen, wie sie »als einfache Menschen« reagieren und mit den Wechselfällen des Lebens fertig werden. Jörg Thomann spricht in der *FAZ* (vom 17. 7. 2001, S. 50) von einem »ganz natürlichen Voyeurismus eines Volkes, das seinen Mächtigen oft erst in deren Stunden der Ohnmacht nahe rückt«. Es bestehe eine Neugierde, »das brutale Ende einer jahrzehntelang der Öffentlichkeit entzogenen Ehe mitzuerleben und Helmut Kohl, der sich als Politiker stets noch zu helfen wusste, als hilflosen Privatmann zu sehen«.

Das Leben der Hannelore Kohl

»Wir haben den Krieg überlebt, wir werden auch das überleben.«

Hannelore Kohl im November 2000 zum Beginn der Spendenaffäre, zitiert nach: Patricia Clough (2002): Hannelore Kohl. Zwei Leben. Stuttgart-München (Deutsche Verlags-Anstalt), S. 25

Hannelore Kohl wurde am 7. März 1933 unter dem Mädchennamen Hannelore Renner als Tochter des Oberingenieurs Wilhelm Renner aus der Pfalz und seiner Frau Irene in Berlin geboren. 1935 war die Familie zunächst nach Leipzig gekommen, wo der Vater als Direktor eine Fabrik leitete. In der heutigen Trufanowstraße, lebte die Familie; gleich um die Ecke, in der Lumumbastraße, ging Hannelore zur Schule. Mehr als 50 Jahre später, 1997, kam sie zu einem Benefizkonzert wieder nach Leipzig. Hannelore Kohl: »Hier, in der Stadt, wo ich so meine schönen Jugendjahre verbrachte, jetzt, im wiedervereinigten Deutschland, ein Benefizkonzert zu machen, das ist einfach umwerfend!« Hannelore wuchs bis 1945 in Leipzig auf. Deshalb wurden Hannelore und Helmut Kohl in einer Werbekampagne zur inneren Einheit in den 90er-Jahren auch als gelungenes Beispiel für das Zusammenleben von Ost- und Westdeutschen präsentiert. Während des Krieges wurden Hannelore Renner und ihre Mutter nach Döbeln evakuiert. Dort leistet sie als 10-Jährige Kriegshilfsdienst: Tote bergen, Verletzten und Müttern helfen, deren Kinder erfroren waren. Im Kriegswinter 1944/45 ist sie mit ihrer Klasse zum Bahnhofsdienst eingeteilt und betreut die Flüchtlinge, die aus dem Osten kommen und auch die Verwundeten von der Ostfront. Sie versorgt die Flüchtlinge mit Getränken, wechselt die Verbände der Soldaten und geht den Sanitätskräften zur Hand. Hannelore Kohl in einem Interview: Sie habe in dieser Zeit viel erlebt, aber was sie hier an Elend gesehen habe, das werde sie wohl nie vergessen.

Zusammen mit ihrer Mutter flüchtet sie in den Westen, die Füße in »zurechtgeschnittenen Gummireifen« (Der *Stern* 2001/29, S. 32). Die Nächte verbringen sie in Straßengräben und Heuschobern. »Schließlich die russischen Soldaten. Frauen werden vergewaltigt, geschlagen, manche tot geprügelt, auch Hannelore kommt nicht davon, wird schwer am Rücken verletzt« (ebd.). Die Journalistin Patricia Clough (2002, S. 38) schreibt dazu in ihrer Biographie über Hannelore Kohl: »Dreimal erlebte sie den Alptraum, daß die Sowjetarmee sie einholte, riesige lärmende Panzer, Gewehre, Uniformierte. Fürchterliche Szenen voller Vergewaltigungen, Gewalt und Grausamkeit spielten sich ab. ›Ich bin einmal aus dem Fenster geworfen worden wie ein Zementsack. Ich hatte natürlich viele Brüche

Hannelore Kohl

Persönliche Daten:	
Name:	Kohl
Vorname:	Hannelore
Geburtsdatum:	7.3.1933
Geburtsort:	Berlin
Familienstand:	verh., (geb. Renner), 2 Kinder
Beruf:	Fremdsprachenkorrespondentin
Konfession:	protestantisch
Verstorben am:	5.7.2001
Ausbildung:	
1951:	Nach dem Abitur legt sie eine Kaufmännische Lehre als Fremdsprachenkorrespondentin in Germersheim ab
Weitere Lebensdaten:	
1960:	Heirat mit Helmut Kohl
1963:	Geburt von Sohn Walter
1965:	Geburt von Sohn Peter
1969:	Mit Kohls Wahl zum Ministerpräsidenten wird sie Landesmutter von Rheinland-Pfalz
1971:	Eintritt in die CDU; Übernahme der Schirmherrschaft der Walter-Poppelreuter-Klinik des Bundes Deutscher Hirnbeschädigter (BDH)
1982:	Helmut Kohl wird Kanzler, Hannelore Kohl steht mit ihrem Mann im Blickpunkt der Öffentlichkeit
1983:	Sie gründet das Kuratoriums ZNS für Unfallverletzte mit Schäden des Zentralen Nervensystems in Bonn; seitdem deren Präsidentin
1988:	Sie bekommt den Verdienstorden des Landes Rheinland-Pfalz
1993:	Gründung der Hannelore-Kohl-Stiftung für Unfallopfer zur Förderung der Rehabilitation Hirnverletzter
	Hannelore Kohl erkrankt als Folge einer Penicillin-Medikation an Lichtallergie
1995:	Verleihung der Ehrendoktorwürde der Universität Greifswald
1997:	Auszeichnung mit der Goldenen Ehrennadel der Deutschen Gesellschaft für Unfallchirurgie
1999:	Geschäftsführerin der Politik- und Strategie-Beratung P&S GmbH, Ludwigshafen, einer Firma ihres Mannes
	Verleihung des »Großen Verdienstkreuzes mit Stern des Verdienstordens der Bundesrepublik Deutschland«
5.7.2001:	Hannelore Kohl nimmt sich in ihrem Haus mit einer Überdosis Tabletten das Leben

und war verwundet.‹ Hannelore erlitt eine Wirbelsäulenverletzung.« Was der *Stern* und die Journalistin nur andeuten, spricht die Zeitschrift *Emma* deutlicher aus: Hannelore Kohl wurde mit zwölf Jahren »Opfer einer Gruppenvergewaltigung durch russische Soldaten, die sie nur knapp überlebte« (*Emma* 2001). In ihren öffentlichen Interviews hat sie über dieses traumatische Erlebnis nur in Andeutungen gesprochen, etwa wenn sie sagte: »Man hat mich später als Kriegsversehrte mit 5000 Mark entschädigt. Nicht gutzumachen waren die seelischen Belastungen« (zit. nach *Stern* 2001/29, S. 32).

Auf dem Hintergrund dieser traumatischen Erfahrungen wird die »peinliche Ordnungsliebe – von der Frisur bis zum akkurat gestutzten Rasen« (ebd.) verständlich – »und ihre Definition von Luxus: ein eigenes Badezimmer, das man abschließen kann« (ebd.). Auf den Presse-Fotos ist sie immer die lächelnde, stets perfekt frisierte und zeitlos altmodisch gekleidete Frau, meist bei offiziellen Anlässen, häufig neben ihrem Mann. Die »wie gemeißelt sitzende Blond-Frisur«, die ihre Herkunft aus den »fuffzigern« nicht verleugnen konnte, korrektes Kostüm, weiße Bluse, Lackschuhe. »Die kann man abwischen, wenn mal Straßenschmutz draufgeraten ist«, begründet sie ihre Vorliebe für's Praktische. Sie war die perfekte Politikergattin: In der Öffentlichkeit stets an der Seite ihres Mannes und doch fast unsichtbar.

> »Hannelore Kohl war ein Mensch, dessen öffentliche Bilder über die Jahrzehnte hinweg von fast perfekter Selbstbeherrschung und Disziplin zeugen. In ihrer Physiognomie, die Affekte nicht zeigte und stattdessen den Gefühlsausdruck, den die Situation jeweils von ihr verlangte, mit der Frisur, die wie festgebrannt wirkte, hinter der Maske des Make Ups und dem Lächeln, das sie der Öffentlichkeit schuldete, war die Person kaum zu erkennen, die das Land nichts angehen sollte.
> Wenn wir von Selbstbeherrschung reden, dann auch über ein Selbst, das beherrscht werden soll; wenn wir die Disziplin hervorheben, dann sprechen wir zugleich über die Seiten einer Person, die von der Strenge unter Kontrolle gebracht werden sollen, auf dass sie sich ungefragt nicht zu Wort melden. Diese Person musste Hannelore Kohl stärker und angestrengter in den Hintergrund drängen, als wir es von den Hillary Clintons und Cherie Blairs der Gegenwart kennen. Noch die sorgfältige Vorbereitung ihres Todes spricht die Sprache einer Frau, die bis zuletzt den Schrecken und den Schmerz durch Disziplin und Sorgsamkeit lindern - und die anderen nicht behelligen wollte. Die Aggression richtete sie gegen sich selbst« (von Thadden 2001).

Hannelore schlägt sich mit ihrer Mutter bis in die Heimat des Vaters nach Mutterstadt in der Pfalz durch. Dort treffen sie den schon tot geglaubten Vater wieder. Das Haus der Großeltern ist zerstört, aber sie können wenigstens in einer 12 qm großen Waschküche unterkommen. Nach dem Abitur 1951 in Ludwigshafen studierte Hannelore Kohl in Germersheim und Paris Sprachen (Englisch und Französisch) und arbeitete später beim Chemiekonzern BASF als Fremdsprachen-Korrespondentin. Hannelore Kohl war eine »Vatertochter« (*Emma* 2001), die eigentlich ganz wie der Vater Ingenieur werden wollte. Nach dem Tod ihres Vaters musste sie ihr Sprachenstudium abbrechen, begann eine kaufmännische Lehre und wurde Fremdsprachen-Korrespondentin. Das Nachkriegsjahr 1948 war düster, aber man ging doch schon wieder tanzen. Dort lernt sie Helmut Kohl kennen. Sie ist 15, er 18. Hannelore Kohl erinnert sich: »Ich war so glücklich, dass ich in dieser schrecklichen Zeit einen Menschen gefunden hatte, der so stark ist wie ein Berg, der mich beschützt. Helmut ist ein Mann zum Anlehnen.« 1960 heiratete sie Helmut Kohl. 1963 wird Sohn Walter, 1965 Sohn Peter geboren. Mit Kohls Wahl zum Ministerpräsidenten wird sie Landesmutter von Rheinland Pfalz. 1971 wird sie Mitglied der CDU. Zugleich übernimmt sie die Schirmherrschaft der Walter-Poppelreuter-Klinik des Bundes Deutscher Hirngeschädigter. Mit Beginn von Kohls Kanzlerschaft 1982 betritt Hannelore Kohl das Parkett der internationalen Politik. Die ersten Jahre der Kanzlerschaft Helmut Kohls waren nicht leicht für sie. »Hausfrau aus Oggersheim« war noch eine der eher moderaten Abwertungen, mit denen sie bedacht wurde. Das Dasein als Frau des Regierungschefs müsse man erst wie ein Handwerk lernen, resümierte sie später. Mit den Jahren wurde sie im Umgang mit den Medien aber immer souveräner. Im Laufe der politischen Karriere ihres Mannes setzte Hannelore Kohl ihre eigenen Zeichen und erfuhr für ihr soziales Engagement sehr viel Anerkennung. Über 31 Millionen Mark hat Hannelore Kohl mit ihren Organisationen und ihrer Stiftung zugunsten der Rehabilitation von Unfallverletzten mit Schäden am zentralen Nervensystem schon gesammelt und in Kliniken und für Forschungszwecke verteilt. Unter dem Titel *Kulinarische Reise durch deutsche Lande* gab sie 1996 ein Kochbuch mit Rezepten aus neun deutschen Regionen heraus, zu denen ihr Mann kleine Texte beisteuerte. Sechs Mark von jedem Buch, in dem natürlich das Rezept für Kohls Leibgericht Pfälzer Saumagen nicht fehlen durfte, gingen an die Hannelore-Kohl-Stiftung für hirnverletzte Unfallopfer. Ihr erstes Kochbuch unter dem beziehungsreichen Titel *Was Journalisten anrichten* hatte sie bereits 1985 herausgegeben. Wegen ihres Engagements für Hirnverletzte wurde sie 1995 mit der Ehrendoktorwürde der Universität Greifswald und 1997 mit der »Goldenen Ehrennadel« der Deutschen Gesellschaft für Unfallchirurgie ausgezeichnet.

Politisch hielt sie sich aber auch schon während der 16-jährigen Amtszeit ihres Mannes zurück und spielte die traditionelle Rolle an der Seite des Kanzlers. Zu politischen Fragen äußerte sich Hannelore Kohl selten öffentlich. »Ich stehe zu meinem Mann«, sagte sie in einem Interview im vergangenen Jahr auf dem Höhepunkt der CDU-Spendenaffäre, die eng mit dem Namen ihres Mannes verbunden ist. Seit der Niederlage ihres Mannes bei der Bundestagswahl 1998 hat sich Hannelore Kohl nur noch selten in der Öffentlichkeit gezeigt. Eine Lichtallergie habe ihren Bewegungskreis eingeschränkt. Selbst der Hochzeit ihres Sohnes Peter in der Türkei – we-

Hannelore Kohl vor dem Oggersheimer Bungalow (1973)

nige Monate vor ihrem Tod – blieb die 68-Jährige fern. Hannelore Kohl beging am 5. 7. 2001 Selbstmord.

> »In einer Ehe, die vier Jahrzehnte lang währt, sind beide Biografien fast bis zur Unkenntlichkeit ineinander verschlungen, und so lässt sich heute kaum sagen, wie die Spendenaffäre um Helmut Kohl in das Leben seiner Frau vorgedrungen und wie deren Einfluss beschaffen war« (von Thadden 2001).

Die Frage wird wohl immer offen bleiben, wie viel Hannelore von den unmoralischen und kriminellen Machenschaften ihres Mannes wusste, wie viel sie ahnte und inwiefern die Gewissheit, dass er mit ihr nicht weniger rücksichtslos verfuhr wie mit allen anderen Menschen, ihr letztlich den Lebensmut genommen hat.

Hannelore und Helmut Kohl – eine narzisstische Kollusion

»Er erzählt gerne, sie kann gut zuhören. So ergänzen sie sich.«

© 1998 BILD-Hamburg

»Man könnte sich einen Film vorstellen. Vielleicht einen Film von Ingmar Bergman. Auch Fassbinder hätte ihn drehen können. In diesem Film gibt es einen Mann, der das Licht der Öffentlichkeit sucht, nach oben drängt, wo die Sonne ist, mit aller Kraft, um fast jeden Preis, und eine Frau, die vom Licht verbrannt wird, deren Kraft vom Licht aufgesaugt wird, bis sie stirbt. Sie stirbt allein, in einem Haus, dessen Fenster verhängt sind.«

Harald Martenstein über den Tod von Hannelore Kohl im Tagesspiegel vom 7. 11. 2001

Die Ehebeziehung der Kohls ist vollständig geprägt von Helmut Kohls Karriere als Politiker. Hannelore hat ihrem Mann »den Rücken frei gehalten«, wie sie selbst in einem Interview formulierte, und ihr eigenes Leben nach seinem Lebens- und Karriereplan ausgerichtet. Sie »lebte aus Überzeugung die klassische Frauenrolle an seiner Seite, ein Leben ohne Eigenes, aber für andere«, während er ganz im Gegensatz zu seiner Frau »für das Eigene von anderen lebte, ein eisernes Machtsystem« (Jansen 2001, S. 73). »Wenn ich mich nicht so völlig auf meinen Mann eingestellt hätte, wäre unsere Ehe schief gelaufen«, beschrieb Hannelore Kohl die Grundlage ihrer Ehebeziehung.

Eine solche Form der Beziehung kann mit Heinz Kohut (1973) als »Selbstobjekt-Beziehung« beschrieben werden. Selbstobjekt-Beziehungen sind solche Beziehungen, in denen der Partner sozusagen in das Selbst des Subjekts hineingezogen wird. Das Subjekt wird gleichsam Teil des anderen und will in ihm aufgehen.

> »Schreibt das Subjekt alle Vollkommenheit und Macht einem anderen Objekt zu, so wird dieses damit zu einem ›allmächtigen Objekt‹. Das Subjekt ist als Teil dieses Objekts nun selbst vollkommen, sicher und geschützt, zum Beispiel vor dem Verlassenwerden und vor Kränkungen« (Kind 1992, S. 59).

Nach diesem Muster versuchte Hannelore Kohl die Beziehung zu ihrem Mann zu gestalten. Als Hannelore ihren späteren Mann kennen lernte, war sie »so glücklich, dass ich in dieser schrecklichen Zeit einen Menschen gefunden hatte, der so stark ist wie ein Berg, der mich beschützt« erinnert sie sich später an diese Zeit (zit. nach *Der Spiegel* 2001/28, S. 75). Zwölf Jahre später, nach der Hochzeit 1960 drehte sich das Verhältnis in dieser Hinsicht um: Sie wurde »sein Fels in der Brandung, war immer für ihn da, wenn er sie brauchte« (*Frau im Spiegel* 2001/29, S. 11). Es ist tragisch zu nennen, dass sie gerade den beiden Arten von Verletzungen, die sie offenbar am meisten fürchtete, nämlich »Verlassenwerden« und »Kränkungen« in ihrer Ehe mit Helmut Kohl chronisch ausgesetzt war. Im Grunde wurde sie ständig von ihrem Mann im Stich gelassen und war laufend Kränkungen ausgesetzt: »In Bonn war ich doch am Anfang das blonde Dummchen vom Lande« (ebd., S. 76), beschrieb sie den Spott und die Verachtung, die ihr dort entgegenschlugen. Für eine »Provinzkuh« (*Stern* 2001/29, S. 34) habe man sie gehalten, für »blond und blöd« (ebd.), gestand sie 1998 dem *Stern*. Und in der Umgebung ihres Mannes wurde sie oft »die Doofe«, »die Mutter« (*Der Spiegel* 2001/28, S. 75), »Barbie aus der Pfalz« (*Stern* 2001/29, S. 34) oder »Rauschgoldengel mit der Betonfrisur« (*Der Spiegel* 2002/9, S. 38) genannt.

Helmut Kohl hat einmal über seine Frau gesagt: »Glücklicherweise habe ich in meiner Frau eine Lebenspartnerin gefunden, die übersteigerten Ehrgeiz und den Hunger nach Anerkennung um jeden Preis nicht kennt« (zit. nach *Der Spiegel* 2001/28, S. 73). Mit dieser Aussage über seine Frau hat Helmut Kohl seine Partnerin charakterisieren wollen, unfreiwillig aber eine entlarvende Selbstcharakterisierung getroffen, so als wollte er sagen: »Was ein Glück, dass meine Frau so klein, bescheiden und pflegeleicht ist, schließlich reicht es ja gerade, wenn *einer* in unserer Ehe von übersteigertem Ehrgeiz und dem Hunger nach Anerkennung um jeden Preis getrieben ist.« Tatsächlich hatte Hannelore Kohl ihre Rolle schon 1973 mit den Worten beschrieben: »Mein Anteil ist so klein, dass ich ihn gar nicht erwähnen möchte« (zit. nach ebd., S. 71).

Beziehungsdynamisch betrachtet drängt es Kohl dazu, alle seine Beziehungen nach dem gleichen Muster zu strukturieren: dem einer narzisstischen Kollusion.*

Kohl nimmt immer die Rolle des grandiosen Narzissten und sein jeweiliger Partner die Rolle des Komplementär-Narzissten ein. Das war bei allen seinen Mitarbeitern so, führte allerdings bei den selbstbewussteren früher oder später zum Bruch, weil sie sich aus dieser Rolle befreien wollten. Nur Hannelore hielt es bis zum bitteren Ende in der Rolle aus, die ihr zu-

* Beziehungsdynamisch betrachtet haben die Eheleute Barschel und Kohl die gleiche Beziehungsstruktur: Es handelt sich in beiden Fällen um eine narzisstische Ehe, in der der Mann die Rolle des grandiosen Narzissten und die Ehefrau die Rolle des Komplementär-Narzissten inne hat.

Ehepaar Kohl in Oggersheim (1974)

gedacht war, die sie aber auch angenommen und sich aktiv ausgewählt hatte. Allenfalls ihr Selbstmord könnte als späte Aufkündigung dieses für sie unerträglich gewordenen Beziehungsmusters interpretiert werden. Hannelore hatte die psychologische Funktion, ihren Mann in seiner Einzigartigkeit, seiner Grandiosität und Macht zu bestärken. Hannelore Kohl füllte als Gattin des Bundeskanzlers diese »klassische Version der tapferen kleinen Politikerfrau« in nahezu perfekter Weise aus: »die unauffällige Gefährtin an der Seite des mächtigen Mannes, der verlässliche Pannenservice für den Chef, ansonsten zuständig für Heim und Herd und Kinderlachen« (ebd., S. 71). Dass sie dabei selbst immer mehr das Gefühl entwickeln musste, klein, unscheinbar und unbedeutend zu sein, sah sie als ihre naturgegebene Rolle an.

> »Die Tragik im Leben der Hannelore Kohl liegt darin, dass sie die Lebenslüge der heiligen Familie stets mitgemacht hat. Sie ließ sich auf Kohls Lebensziele verpflichten, als wären sie ihre eigenen. ›Es ist eines der wesentlichen Dinge im Leben, dass man weiß, wann man sich zurücknehmen muss.‹ Damit hat sie sich ihm ausgeliefert. Er wiederum hat ihr Leben rücksichtslos besetzt und benutzt für seine Karriere« (*Stern* 2001/29, S. 34).

Das Beziehungsmuster, das sich hier abzeichnet, ist das einer »narzisstischen Ehe«, wie sie von Willi (1975) beschrieben wurde. Dieses Grundmuster, menschliche Beziehungen zu gestalten, ist uns bereits als »narzisstische Kollusion« zwischen Barschel und Pfeiffer und auch zwischen Kohl und Schäuble begegnet. Ich werde im Folgenden versuchen, auf Grund meiner Erfahrungen in der Therapie mit narzisstisch gestörten Paaren, in enger Anlehnung an die Ausführungen von Willi und auf der Basis der Informationen über die Kohl'sche Ehe, die im Zusammenhang mit dem Selbstmord von Hannelore Kohl bekannt geworden sind, ein beziehungsdynamisch plausibles Bild zu entwerfen, wie sich die Beziehung zwischen Hannelore und Helmut Kohl abgespielt haben könnte. Um der Anschaulichkeit willen werde ich dabei auch spekulative Elemente einbeziehen. Ich male ein Bild der Kohl'schen Ehe, nicht wie sie gewesen ist, sondern wie ich mir vorstelle, wie sie gewesen sein könnte.

Wenn Hannelore sich so klein macht, plappert sie nicht etwa nach, was Helmut ihr eingeimpft hat. Vielmehr entspricht es ihrem eigenen Selbstbild, sich so klein und unbedeutend zu fühlen. Sie hat selbst den Anspruch auf die Entfaltung eines eigenen Lebens, eines eigenen Selbst aufgegeben, um all ihre Kraft darauf konzentrieren zu können, in ihrem Mann schwärmerisch aufzugehen. »Mit Helmut habe ich mich nie gelangweilt. Er hat eine ganz besondere Art, eine angespannte Situation durch einen kleinen Scherz aufzulösen oder eben durchzugreifen«, sagt sie in einem Interview. Sie projiziert ihre Idealvorstellungen auf Helmut und identifiziert sich dann mit ihm. Sie findet in ihm ein idealisiertes Ersatz-Selbst. Da Helmut sich auch ganz toll findet, ergänzen sich die beiden für lange Zeit wunderbar. Helmut erfährt durch die Idealisierung seiner Frau eine erhebliche Stützung seines Selbstwertgefühls und kann sich grandios fühlen, während Hannelore glücklich ist, sich mit dem idealisierten Helmut identifizieren und an seiner Großartigkeit teilhaben zu können. Helmut ist für sie »ein Mann zum Anlehnen«. Es entsteht ein »Interaktionszirkel« (Willi 1975, S. 81), bei dem Helmut zu Hannelore sinngemäß Folgendes sagen könnte:

> »Ich kann so grandios sein, weil du mich so idealisierst und mich so schwärmerisch verehrst. Ich bin deshalb so sicher, eine große politische Karriere vor mir zu haben, weil du an mich glaubst. Du bist die seelische Stütze für meine Karriere.«

Umgekehrt könnte Hannelore aus ihrer Sicht über die Beziehung etwa Folgendes sagen:

> »Ich kann dich so schwärmerisch verehren, weil du für mich so grandios bist. Und deine Großartigkeit gibt mir das Gefühl, auch etwas wert zu sein. Indem ich an deiner politischen Karriere indirekt beteiligt bin, kann ich mir meinen eigenen Traum, etwas Bedeutendes zu leisten, erfüllen. Durch die Verbindung mit dir fühle ich, dass auch ich etwas wert bin.«

Der Interaktionszirkel, der sich zunächst wie eine ideale Ergänzung mit sehr ungleicher Rollenverteilung anhören mag, birgt jedoch auch ein erhebliches Konfliktpotential: Indem Hannelore sich völlig für Helmut aufgab, und nur noch in ihm lebte, machte sie sich durch Identifikation das Selbst von Helmut zu Eigen und nagelte ihn fest auf das idealisierte Bild, das sie sich von ihm gemacht hatte. Und indem Helmut sich so sehr mit den ihn aufwertenden Idealisierungen, die ihm Hannelore entgegenbrachte, identifizierte, ließ er sich eine Zeit lang von dem ihm angetragenen Idealbild bestimmen. Ich stelle mir vor, dass Helmut sich mit der Zeit zunehmend weniger auf die Bewunderung seiner Frau angewiesen fühlte, da er politisch immer erfolgreicher wurde und auf diese Weise sein Selbstwertgefühl außerhalb von Ehe und Familie gestärkt wurde. Zudem empfand er sich mehr und mehr als Gefangener der Idealvorstellungen Hannelores. Ihre Schwärmereien gingen ihm zunehmend auf die Nerven und schließlich fühlte er sich nur noch davon belästigt. So suchte er nach Möglichkeiten, sich von zu Hause zu absentieren, was ihm bei seinen höchst bedeutsamen Verpflichtungen und seinem vollen Terminkalender nicht sonderlich schwer fiel.

»Früher, wenn du heimkamst, warst du da. Heute bist du anwesend, aber nicht unbedingt da«, beschwerte sie sich laut Stern (2000/29, S. 32) 1973 bei ihrem Mann. Wenn Hannelore bei ihm darüber klagte, dass er sich zu Hause so rar mache, versuchte er vermutlich, sich mit seinen Staatsgeschäften, die ihn vollständig in Beschlag nähmen, herauszureden. Meist verstummte Hannelore dann und zog sich still leidend auf ihre Mutter- und Hausfrauenrolle zurück. Kam es doch hin und wieder zu einer heftigeren Auseinandersetzung, so könnte er ihr etwa Folgendes entgegen gehalten haben:

> »Ich habe tatsächlich oft keine große Lust nach Hause zu kommen, weil du mich immer verpflichten und festlegen willst. Auch deine Leidensmiene und deine stummen Vorwürfe sind für mich unerträglich. Ich werde in Bonn und in der ganzen Welt dringend gebraucht und kann es mir nicht leisten, meine Kräfte hier im Streit mit dir zu vergeuden.«

Auf diesen Angriff könnte Hannelore etwa so entgegnet haben:

> »Ich versuche tatsächlich oft, dich zu verpflichten und dich festzuhalten. Ich kann auch verstehen, dass dich das einengt. Ich weiß auch, wie sehr du in der Welt gebraucht wirst, und bin ja auch bereit, dafür zurückzustehen. Aber bitte versteh du doch auch, dass ich mein Drängen als einzige Möglichkeit empfinde, überhaupt noch mit dir in Kontakt zu kommen. Wenn ich dich nicht drängen würde, kämst du doch überhaupt nicht mehr nach Hause.«

Allerdings ist eher nicht anzunehmen, dass dieser konstruierte Dialog in dieser Form je stattgefunden hat. Wahrscheinlicher ist, dass jeder der beiden Partner sein eigenes Statement nur phantasiert, aber nie offen ausgesprochen hat. Wenn aber beide stumm bleiben und jeder nur einen inneren Monolog führt, verhärteten sich die Fronten und beide finden sich damit ab, äußerlich noch leidlich als Kanzler-Paar zu funktionieren, sich auf emotionaler Ebene aber aus der Beziehung verabschiedet zu haben. Der offene Austausch hingegen hätte ein erster wichtiger Schritt zu einer gemeinsamen Verständigung und einer Veränderung des eingefahrenen Beziehungsmusters sein können.

Ich stelle mir vor, dass beide in dieser verfahrenen Situation echt verzweifelt sind: Hannelore hat sich ganz für die Beziehung aufgegeben. Wie viele Frauen ihrer Generation hat sie für Helmut und die Kinder darauf verzichtet, ihre Berufstätigkeit als Fremdsprachen-Korrespondentin auszuüben. Immerhin war sie früher stolz darauf, ihr fließendes Englisch und Französisch bei gelegentlichen Staatsbesuchen zum Einsatz bringen zu können, speziell wenn die ausländischen Staatsgäste ihre Ehefrauen mitbrachten. Vielleicht konnte sie sich manchmal eines heimlichen Triumphgefühls nicht ganz erwehren, wenn sie merkte, dass sie in punkto Sprachen ihrem Helmut haushoch überlegen war. In ihrer Vorstellung, nur für Helmut leben zu wollen, hat sie ihm total vertraut und fühlt sich jetzt in ihren tiefsten Hoffnungen und Vorstellungen betrogen. Am liebsten würde sie ihm ihre Gedanken, mit denen sie sich so quält, entgegen schleudern:

> »Ich habe dich immer so geliebt, wie kannst du mich da so enttäuschen. Ich habe mich immer so zurückgenommen für dich und deine Karriere, die mir ja auch so wichtig war. Ich habe in dir und in dem, was du erreicht hast, alles gesehen, was ich vom Leben erwarten konnte. Nichts hätte mir außer dir noch etwas bedeuten können, und jetzt entpuppst du dich als so gemein. Du lässt mich im Stich, wo ich so krank bin und es mir so schlecht geht. Ist vielleicht doch etwas dran an den Gerüchten über ein Verhältnis zwischen dir und der Weber. Ich hatte schlaflose Nächte deshalb, habe mich aber immer wieder selbst zur Vernunft gerufen und mir eingeredet, dass ich dir vertrauen kann – aber manchmal, wenn ich eine dunkle Stunde habe, kommen die quälenden Zweifel wieder hoch. Doch dann beruhige ich mich wieder in der Gewissheit, dass du schon weißt, was gut für uns ist.«

Psychoanalytisch betrachtet ist Hannelore existenziell darauf angewiesen, in Helmut die Verkörperung ihres idealen Selbst zu bewahren. In fast wahnhafter Weise klammert sie sich an dieses Ideal-Bild und lässt sich durch keine Enttäuschung davon abbringen, dieses infrage zu stellen. Unermüdlich versucht sie, Helmut wieder mit diesem Idealbild in Deckung zu bringen, und sie verfügt über keine Bereitschaft, ihn so zu sehen und so zu akzeptieren, wie er sich selbst fühlt und wie er nun einmal ist. Helmut wiederum ist innerlich durchaus noch sehr stark an Hannelore gebunden, doch fällt es ihm sehr viel leichter, die Beziehung zu ihr auszudünnen. Es genügt ihm, wenn er weiß, dass sie zu Hause auf ihn wartet und er jeder Zeit zu ihr kommen kann.

In den Nachrufen wird Hannelore Kohl mit den immer gleichen Formulierungen beschrieben: Sie habe sich aufopferungsvoll engagiert, habe selbstlos an der Seite ihres Mannes gestanden, habe sich selbst nicht so wichtig genommen. Bundespräsident Johannes Rau sagte: »Sie war auf souveräne Weise bescheiden« (zit. nach *Der Spiegel* 2001/28, S. 71). Doris Schröder-

Köpf, die Ehefrau von Kanzler Gerhard Schröder, sagte über Hannelore Kohl, diese habe sich nach dem Regierungswechsel »wie eine Mutter« (ebd.) um sie gekümmert. Sie sei eine »im wahren Sinne des Wortes liebenswürdige Frau, aufmerksam und mitfühlend, großzügig und großherzig. Sie wusste ja auch wie keine Zweite, was es bedeutet, die ›Kanzlergattin‹ zu sein und einen Partner mit dem Land zu teilen. 16 Jahre lang hat Hannelore Kohl ein Amt ausgeübt, das es offiziell gar nicht gibt. 16 Jahre, kostenlos und fehlerlos. Auch dafür bewundere ich sie« (zit. nach *Der Spiegel* 2001/28, S. 71). In der *FAZ* (vom 17. 7. 2001, S. 50) wird sie eine »bescheidene und stille Dulderin« genannt, der *Focus* (2001/28) spricht von einem »Leben als Dienerin« (ebd., S. 42) und vom »Freitod einer Dulderin« (ebd., S. 40). In sämtlichen Kommentaren wird keine Metapher für die Rolle von Hannelore Kohl so häufig benutzt wie die von der »Frau im Schatten« ihres großen Mannes. Betont werden also Eigenschaften, die für die komplementär-narzisstische Rolle kennzeichnend sind: die mütterlich-sorgende Rolle, die Bescheidenheit, der Altruismus, die Existenzweise »im Schatten«. Ihrem Mann kann man wohl – ohne ihm Unrecht zu tun – die komplementären Merkmale, nämlich einen durchsetzungsfähigen Egoismus und damit die Rolle des Narzissten zusprechen. Hannelore Kohl erfüllt mit diesen Merkmalen in geradezu idealer Weise die Bedingungen, um als Liebes- und Ehepartner von einem großen Narzissten auserwählt zu werden.

> »Bezeichnet man Narzissten in der Umgangssprache meist als egoistisch, so ihre typischen Partner als altruistisch. Sie sind von Minderwertigkeitsgefühlen durchdrungen, halten sich für wertlos, liebensunwert und haben ein schlechtes Selbstgefühl bis zu eigentlich selbstdestruktiven Tendenzen. Sie gelten als bescheiden, als Menschen, die kein Aufhebens von sich machen, nicht anspruchsvoll sind, sich widerstandslos einfügen und anpassen. Sie sind es meist von Kindheit an gewohnt, entwertet zu werden. Es wurde ihnen weniger ein falsches Selbst aufgedrängt, als vielmehr das Recht auf ein eigenes Selbst abgesprochen« (Willi 1975, S. 76f).

»Nach vier, fünf Stunden echten Wartens kann man nur noch von einem Hund verlangen, dass er nicht schimpft und sich immer noch freut«, bekannte Hannelore Kohl einmal. »Ich habe das von unserem Hund gelernt« (zit. nach *Stern* 2001/29, S. 28). Schäferhund Igo musste aber auch herhalten, wenn Hannelore Trost brauchte. Sie habe, so gestand sie in einem Interview, »in der Ehe gelernt, meine Tränen in einem Hundefell zu begraben« (ebd.). Hannelore Kohls Bekenntnis, sie habe aus Enttäuschungen in der Ehebeziehung (»in der Ehe gelernt«) Trost bei ihrem Hund gesucht, drückt aus, dass sie sich von diesem anhänglichen, treuen und geduldigen Tier besser verstanden und intensiver geliebt fühlte als von ihrem meist abwesenden und ich-bezogenen Ehemann. Der Hund fungierte – wie nicht selten – als Partnerersatz. Einen weiteren Aspekt in ihrem Verhältnis zu Igo spricht sie mit der Bemerkung an, sie habe das geduldige Warten von ihm gelernt. Offenbar identifizierte sie sich mit diesem Tier und sah ihre Rolle in der Ehe ähnlich der eines Hundes, wie das für die Rolle des Komplementär-Narzissten durchaus charakteristisch ist:

> »Oft wird die Partnerin etwa in der Funktion eines Hundes gewünscht: ganz auf seinen Herrn bezogen, ihm total ergeben, dankbar für alles, was er ihm gibt, freudig wedelnd, wenn er erscheint, traurig, wenn er weggeht, aber all das ohne Forderungen und eigene Ansprüche« (Willi 1975, S. 74).

Ihre häusliche Rolle beschrieb Hannelore Kohl mit den Worten: »Ich tue alles, was normalerweise eine Frau tun sollte. Und das was ein Mann tun sollte, noch dazu« (zit. nach *Stern* 2001/29, S. 28). Sie entsprach damit ganz den Vorstellungen ihres Mannes, der von ihr verlangte, dass sie ihm keinen Ärger bereiten sollte, wenn er nach Hause kam, denn Ärger hatte er im politischen Geschäft schon genug. Hannelore durfte keine persönlichen Schwierigkeiten bereiten, keine eigenen Ansprüche stellen, die nicht den Vorstellungen und Plänen von Helmut entsprachen. »Eine kranke Frau kann ich nicht gebrauchen«, könnte der Wahlspruch von Kohl gelautet haben. »Von Anfang an ist Hannelore Kohl ihrem Gatten eine funktionierende Dienerin« (ebd.). Als Hannelore, die für ihre preußische Selbstdisziplin und für ihr »Durchhaltevermögen, das [mir] in jungen Jahren antrainiert wurde« (zit. nach ebd., S. 32) bekannt war, dann tatsächlich an der Lichtallergie (und möglicherweise an einer reaktiven Depression) erkrankte, hatte Kohl auch nichts Eiligeres zu tun, als sich in seine Berliner Wohnung abzusetzen (vgl. ebd.).

Wenn man die Komlementär-Narzissten genauer kennen lernt, sieht man, dass sie nicht so bescheiden sind, sondern dass sie vielmehr Größenphantasien haben, derer sie sich schämen oder deretwegen sie schwere Schuldgefühle empfinden. Sie versuchen diese Größenphantasien abzuwehren, da sie glauben, keinen Anspruch darauf haben zu dürfen. Oft sind sie beruflich tüchtig, und doch haben sie immer das Gefühl, nicht sie selbst zu sein. In der Mehrzahl sind es Frauen, die sich nicht ein positives, frauliches Selbstbild machen können. Sie suchen sich einen Partner, den sie idealisieren, in den sie ihr Ideal-Selbst projizieren, um sich mit diesem zu identifizieren und sich so ein akzeptables Selbst zu entlehnen (projektive Identifikation mit dem Ideal-Selbst des Geliebten)« (Willi 1975, S. 76f). Insgeheim ist der Komplementär-Narzisst also auch narzisstisch strukturiert, denn er hat sich ja mit den narzisstischen Idealen seines Partners identifiziert. Bei Hannelore Kohl kommt dies beispielsweise in ihrem Stoizismus zum Ausdruck, den sie mit ihrem Mann gemeinsam hat: »Stoisch trug sie ihr Leiden, und stoisch war auch ihr Ende« (*Focus* 2001/28, S. 42). In der Leidensverachtung zeigt sich die narzisstische Lebensauffassung. Die Qualen ihrer Krankheit »spielte die gebürtige Berlinerin mit preußischer Selbstdisziplin herunter« (ebd., S. 41).

Peter Glotz kritisiert in *Die Woche* (vom 13. 6. 2001, S. 8) eine Argumentation des *Stern*, in der vom »falschen Leben an der Seite des Politikers Helmut Kohl« gesprochen wird, als »haltlos mutig« (Glotz 2001, S. 8), denn man frage sich, »mit welchem Recht die freie Entscheidung eines erwachsenen Menschen, 41 Jahre mit einem anderen zusammen zu leben, als ›falsch‹ bezeichnet werden kann« (ebd.). In der Tat geht die Argumentation des *Stern* davon aus, dass auch die freie Entscheidung eines erwachsenen Menschen »falsch« im Sinne von unecht, unwahrhaftig, nicht authentisch, kurz: vom »falschen Selbst« im Sinne Winnicotts bestimmt sein kann. Ob die *Stern*-Autoren ihre eigenen Argumente in diesem Sinne gemeint haben, muss bezweifelt werden, denn sie stellen dieses falsche Leben der Hannelore Kohl ihrem eigentlichen Leben entgegen, »das Leben, das sie liebte, in dem sie eigene Wege gehen durfte und sich bewähren konnte: Als Mutter und als Präsidentin des Kuratoriums für schwerst Hirnverletzte« (*Stern* 2001/29, S. 26). Die Problematik von Hannelore Kohl dürfte eher darin bestanden haben, dass auch dieses Leben als »Botschafterin des Guten« – zu der sie von den Medien stilisiert und damit in die Nähe von Lady Di gerückt wurde – noch zu sehr Teil des Rollen-Klischees von der perfekten Kanzler-Gattin, von der immer strahlenden aber stummen Dienerin war. Als Präsidentin des Kuratoriums hatte sie zwar etwas zu sagen, aber letztlich musste sie auch hier strahlen und vor allem durfte sie auch hier nicht eigentlich von sich selbst sprechen, sondern musste wieder für andere funktionieren, wie sie das auch in ihrer Ehe gewöhnt war. Als pflichtbewußte Protestantin, sehr preußisch, sehr diszipliniert, »eine Perfektionistin mit einem Faible für untadeliges Auftreten« (*Focus* 2001/28, S. 42) war »Aufgeben [...] das Letzte, was man sich erlauben darf«, sagte sie in ihrem letzten veröffentlichten Gespräch Anfang April 2001. Diese preußische Disziplin verbunden mit der unbedingten Verpflichtung, anderen zu helfen, sich selbst nicht so wichtig zu nehmen, sich selbst letztlich nicht zu achten und für wert zu halten, geachtet zu werden, fesselte sie bis zuletzt an die komplementär-narzisstische Rolle. Die Helfer-Rolle, die Wolfgang Schmidbauer (1977) als »Helfer-Syndrom« analysiert hat, kennzeichnet Hannelore Kohls Position.

Wenn hier ausgeführt wird, dass der Komplementär-Narzisst eine dienende Rolle hat, sich selbst nicht so wichtig nimmt, partiell auch ein schlechtes Selbstwertgefühl hat, so heißt das alles nicht, dass diese Person tatsächlich dumm und töricht sei. Hannelore Kohl war durchaus eine intelligente Frau. Sie hatte Fremdsprachen studiert und sprach fließend Englisch und Französisch. In einem längeren Fernseh-Interview, das sie 1976 gab, präsentierte sie sich als eine selbstbewusste Frau, die nicht auf den Mund gefallen ist. Mit professioneller Routine bezieht sie Stellung, grenzt sich ab gegen Fragen, die ihr Familienleben betreffen und äußert eine fortschrittskritische Meinung zur Überbewertung der naturwissenschaftlich-technischen Fächer gegenüber den »Musen« im Schulunterricht: »Die Technokratie überrollt uns sowieso.« Als der Interviewer, sich anbiedernd, eine andere Interpretation vorschlägt, bleibt Hannelore Kohl konziliant aber bestimmt bei ihrer Sicht der Dinge. Sie ist sich bewusst, was sie sich (und ihrem Mann) als Kanzler-Gattin schuldig ist: eine selbstbewusste, aktive Frau zu sein, die ihre eigene Meinung vertritt. Auch vom Interview-Stil ihres Mannes hat sie sich ein paar kleine Tricks abgeschaut, etwa die Benutzung von Kohls Lieblingsfloskel: »Wissen Sie, …«, die bei Kohl allerdings oft noch eine Steigerung zum: »Ach, wissen Sie, das ist doch ganz einfach …«, erfuhr, mit dem er den Frager zunächst einmal eine Stufe tiefer setzte, um dann von erhöhter Position aus seinem Gegenüber auf die Sprünge zu helfen. Ein wenig von dieser Überheblichkeit und Selbstgerechtigkeit ist auch bei Hannelore Kohl zu spüren, wenn sie die antiautoritäre Erziehung als »Verbrechen« abkanzelt und ihre »eisernen Erziehungsprinzipien« dagegen stellt. Ihren eigenen Erziehungsstil verdeutlicht sie mit dem Gleichnis vom Baum, der beim Wachsen eine Stütze brauche und eine Schnur, die freilich im Laufe der Jahre immer länger werden könne.

Als Hannelore und Helmut Kohl sich kennen lernten, war sie 15 und er 18 Jahre alt, und »sie bekam Genickstarre, wenn sie zu ihm aufschaute. Zwölf Jahre später heirateten sie. Die Genickstarre, gewissermaßen, blieb und der Schatten den er warf und in dem sie lebte, wurde immer größer« (*Focus* 2001/28, S. 42). Die Ehe der Kohls ist nach dem traditionellen Ehemodell strukturiert. Dieses beruht auf einer klaren Arbeitsteilung: Er geht seinem Beruf und seiner Karriere nach und verdient das Geld, sie ist für Kinder, Familie und Haus zuständig. Aber es herrscht keine Gleichberechtigung, kein Gleichgewicht der Kräfte. Seine Tätigkeit ist das, was zählt. Mit einer Disziplin, die »schon fast übermenschlich« (*Gala* 29/2001, S. 25) wirkte, verkörperte Hannelore Kohl ein Frauenbild, das bereits »zu Beginn von Kohls Kanzlerschaft 1982 bestenfalls noch in Waschmittelreklamen propagiert wurde« (ebd.). Das Ehemodell, das diesem Frauenbild entspricht, ist bereits Mitte der siebziger Jahre in die Krise geraten, und heute gilt es allgemein nicht mehr als Idealbild einer guten Beziehung. Damit ist nicht gesagt, heute herrsche Gleichberechtigung in den meisten Paarbeziehungen. Die ist auch heute noch selten, doch die traditionellen Geschlechtsrollen sind zumindest aufgeweicht und die Patriarchen haben ein schlechtes Gewissen – mit Ausnahme der Spitzenpolitiker und Topmanager. Ganz oben, an den Spitzen der Gesellschaft, ist das Patriarchentum noch beinahe ungebrochen. Die Art und Weise, wie das Ehepaar Kohl seine Beziehung gestaltete, ist symptomatisch für seine gesellschafts- und kulturpolitischen Einstellungen. Sie charakterisieren seinen Konservatismus, seine Biederkeit, seine Selbstgerechtigkeit, die für viele Menschen so unerträglich war und ihm so viele Anfeindungen und so viel Verachtung bescherte. »Schade, dass die heile Welt so verlacht wird, dass man sie mit Spießbürgerlichkeit in einen Zusammenhang bringt«, äußerte Hannelore Kohl (zit. nach *Der Spiegel* 2001/28, S. 75). Sie bildete also in dieser Hinsicht keinen »heilsamen Gegenpol« zu ihrem Mann, wie das durchaus in Politiker-Ehen der Fall sein kann, sondern war ihm mit ihren »eisernen Erziehungsprinzipien« eine treue und kritiklose Bundesgenossin. Zwar klagte sie einmal sogar im Beisein ihres Gatten, er habe »allmählich den Zugang zu den Problemen seiner Familie verloren« (*Focus* 2001/28, S. 43), doch trat Helmut Kohl den immer wieder zirkulierenden Gerüchten, sie hätten sich voneinander entfremdet, entschieden entgegen. Kohl empörte sich über die »Verleumder« (ebd.).

Ein Selbstmord aus Resignation

> *»Ihr einsamer stiller Tod war der lauteste Schrei ihres Lebens.«*
>
> **Emma 2001**

Der Freitod von Hannelore Kohl wurde von Kohls Büro offiziell mit der »Lichtallergie« begründet, an der sie seit einigen Jahren litt und die es ihr in den letzten 15 Monaten zunehmend weniger erlaubt hätte, überhaupt noch das Haus zu verlassen. Der Gießener Professor für psychosomatische Dermatologie, Uwe Gieler, meldete Zweifel an dieser Version an. Man müsse vielmehr fragen, »warum Hannelore Kohl gerade zu diesem Zeitpunkt einen so unerträglichen Krankheitsschub bekommen habe«, wird Gieler in einem Zeitungsbericht (Maywald 2001, S. 9) zitiert. Als »Experte für den psychischen Anteil«, der bei jeder Hauterkrankung in der Genese und bei der Krankheitsverarbeitung eine Rolle spielt, sieht Gieler Zusammenhänge zu der massiven familiären Belastung, die seit dem Ausbruch des Partei-Spenden-Skandals im Hause Kohl geherrscht hat.

> »In der psychosomatischen Dermatologie ist hinreichend bekannt, dass immunologische Veränderungen in Spannungs- und Konfliktsituationen des Lebens entstehen, die durch eine anlagebedingte Bereitschaft des Körpers schließlich zu Krankheiten führen. Im Jahr 2000 konnte eine japanische Arbeitsgruppe zum Beispiel zeigen, dass Menschen, die das dramatische Erdbeben von Kobe überstanden haben und schon vorher eine Neurodermitis hatten, wesentlich häufiger einen Krankheitsschub entwickelten als eine Kontrollgruppe, die nicht vom Erdbeben betroffen war« (Gieler 2001, S. 231).

Zweifellos litt Hannelore Kohl unter den Angriffen, denen ihr Mann in der Öffentlichkeit ausgesetzt war. »Ihr Körper scheint insofern psychologisch folgerichtig gehandelt zu haben, indem er ein Signal setzte ›keine Lichtexposition – keine Öffentlichkeit mehr!‹« (ebd.). Der Krankheitsgewinn ihrer Lichtallergie bestand darin, dass ihr die Erkrankung dazu verhalf, die ungeliebte und mit kränkenden Erfahrungen verbundene Medienöffentlichkeit zu meiden. Zwar untermauern verschiedene experimentelle Stressuntersuchungen der letzten Jahre die These, »dass Nervenbotenstoffe, sogenannte Neuropeptide, die Entzündungsreaktionen in der Haut auslösen oder zumindest beeinflussen«, doch ist

> »bei solchen seltenen Lichtreaktionen [...] keine Suizidalität aus der Fachliteratur bekannt. [...] Es muss also bei Hannelore Kohl noch etwas hinzugekommen sein, eine Komorbidität, wie der Mediziner sagt, sich entwickelt haben, die zu der tödlichen Verzweiflung geführt hat. Diese Komorbidität ist vermutlich eine Depression oder eine Sozialphobie gewesen, die begleitend nicht selten durch eine schlechte und negative Krankheitsverarbeitung entsteht« (ebd.).

Gerade dies hätte aber durch eine geeignete psychotherapeutische und psychosomatische Behandlung verhindert werden können.

Gieler verweist in diesem Zusammenhang auf das grundsätzliche Problem, dass die Medizin in letzter Zeit immer mehr Patienten erlebt,

> »die anscheinend durch körperliche Reaktionen auf die ›feindliche‹ Umwelt, hier das Licht und die Öffentlichkeit, reagieren. Dieses Phänomen ist in der Psychosomatischen Medizin immer dann zu erkennen, wenn die bewusste Einstellung, dass man im Falle Hannelore Kohls sich unterordnet, nicht aufbegehrt und alle Verletzungen versucht aufzufangen, um dem Ehemann nicht zu schaden, dazu führt, dass der Ärger, die Aggression oder die persönliche Verletzung psychisch nicht mehr zu kompensieren ist. In dieser Situation ›somatisiert‹ der Patient, er erleidet eine medizinisch nicht erklärbare und scheinbar auch nicht behandelbare Erkrankung. Schlimmer noch, der Patient verdrängt gerade die zugrunde liegenden psychischen Konflikte, bekämpft sie geradezu als Unmöglichkeit, die keinen Einfluss haben darf. Dies trifft auch zu, wenn die psychosozialen Prozesse, die zu der Erkrankung geführt haben, nicht aufgedeckt werden und für den Betroffenen verständlich und damit

> veränderbar gemacht werden. Hannelore Kohl hatte vermutlich eine somatoforme Umwelterkrankung, die unter dem Bild einer Lichtallergie die schwere Depression, ihre Phobie vor der Öffentlichkeit und den Medien, kaschiert hat!« (ebd.). Etwa 20–25 % aller Patienten in der Praxis des Allgemeinarztes leiden unter solchen »Somatoformen Störungen«.

Auffallend ist auch, dass der Name der seltenen Lichtallergie der Haut, an der Hannelore Kohl litt, von der Presse nicht genannt wurde. Der *Spiegel* (2001/28, S. 71) fand, es sei »natürlich [...] im Nachhinein immer müßig zu spekulieren, was zuerst kommt: die physische Erkrankung oder die psychische, was also Ursache und was Resultat ist.« Diesem Krankheitsverständnis widerspricht Gieler (2001, S. 231) ausdrücklich:

> »Sollte der Selbstmord von Hannelore Kohl nicht gerade durch seine Tragik darauf aufmerksam machen, dass wir es in allen westlichen Ländern der Erde mit neuen und zunehmenden Krankheiten zu tun haben, die viele Ärzte nicht verstehen, weil die Hintergründe unbewusst bleiben sollen und müssen? [...] Der Suizid von Dr. h. c. Hannelore Kohl sollte uns doch daran erinnern, dass es eine Notwendigkeit ist, gerade Patienten mit schmerzhaften Krankheiten und solchen, die leicht zur Verzweiflung führen, durch psychische Maßnahmen zu stützen und zu stabilisieren. Es ist für den psychosomatisch denkenden Hautarzt völlig unverständlich, dass es trotz bekannter Therapiemaßnahmen keine Möglichkeiten gegeben haben soll, Hannelore Kohl zu retten. Wenn wir vor diesem Tod die Augen verschließen und so tun, als wenn es eine zwangsläufige Folge einer nicht erklärbaren Reaktion des Körpers gewesen ist, so denken wir hier zu kurz.«

Alles drehte sich immer nur um Helmut, während Hannelore versuchte, eine gute Marionette zu sein, die auf alle Eigenbewegungen, die nicht mit ihm abgestimmt waren, verzichtete. »Anpassung ist für mich kein schlechtes Wort« (*Focus* 2001/28, S. 42), erklärte sie. Solange ihr dies gelang und sie damit die Voraussetzungen zu einer harmonischen Gemeinschaft mit ihrem Mann schuf, fühlte sie sich in dieser Selbst-Objekt-Beziehung wohl. Das Dilemma von Hannelore Kohl bestand darin, dass sie ihr eigenes Ich an das Ich ihres omnipotenten Partners abgetreten hatte. Sie fühlte sich ohne dieses lebensspendende allmächtige Objekt nicht lebensfähig, aber sie verbrachte die meiste Zeit ihres Lebens in den letzten Jahrzehnten damit, auf dieses Objekt zu warten. »Zwei Schlüsselwörter prägen die wenigen Gespräche, in denen sie überhaupt etwas Privates preisgab. Das eine ist Warten. Das andere ist Einsamkeit« (*Stern* 2000/29, S. 28).

Wie viele Narzissten war Kohl zu einer intensiven Ehebeziehung nicht fähig. Vor seiner Familie war er ständig auf der Flucht und hielt sich lieber in seinen politischen Gruppen auf. »Viele Narzissten sind von einer stabilen Zweierbeziehung überfordert, während sie in Gruppen gut funktionieren. Viele bleiben ledig, sind oft nicht ›ehefähig‹ und scheitern, wenn trotzdem eine Ehe eingegangen wird« (Willi 1975, S. 73).

»›Mutterseelenallein‹, war ein Wort, das sie schon früh gebraucht hat, wenn sie, was nicht oft vorkam, über ihr Leben mit Helmut Kohl redete. Manchmal habe sie vor Wut in ihr Kissen gebissen, bekannte sie einmal in einem Fernsehinterview. Dass ihre Lichtallergie auch psychische Ursachen hatte, darüber hat sie selbst keinen Zweifel gehabt« (*Der Spiegel* 2001/28, S. 72).

Als ihr Mann 1998 die Wahl zum Bundeskanzler verloren hatte, stand Hannelore Kohl an einem Wendepunkt in ihrem Leben, und sie hegte wahrscheinlich die Hoffnung, dass ihr Mann nach dem Verlust der Regierungsmacht mehr Zeit für sie haben und nun das letzte Drittel ihres Leben wirklich mit ihr gemeinsam verbringen würde. Doch diese Hoffnung wurde durch den Partei-Spenden-Skandal herb enttäuscht. Kohl stand wieder im Rampenlicht der Öffentlichkeit, musste wieder kämpfen. Auch weiterhin bekam sie ihren Mann die meiste Zeit »allenfalls im Fernsehen zu Gesicht« (*Focus* 2001/28, S. 44).

»Der öffentliche Niedergang ihres Mannes hatte Hannelore Kohl weitaus stärker getroffen als ihn selbst. Nach der Wahlniederlage 1998 hatte sie noch Pläne für die neue Zeit gemacht: ›An der frischen Luft‹ wollte sie sein, ›eben fröhlich sein‹. Dann wurde die Spendenaffäre der CDU aufgedeckt, und Kohl wurde wieder der alte Kämpfer, schlug seine letzte große Schlacht. Sie aber fühlte sich zunehmend hilflos. Immer stärker kapselte sie sich ab, selbst telefonieren wollte sie kaum noch« (*Der Spiegel* 2001/28, S. 72).

Helmut Kohls Weigerung, sich in irgendeiner Hinsicht von anderen festlegen zu lassen, die im Grunde eine Unfähigkeit darstellt, sich selbst festzulegen und sich zu entscheiden, stellte nicht nur für seine politischen Freunde ein Problem dar, sondern bedeutete auch für seine Frau eine nur schwer erträgliche Belastung. Immer ließ er alles im Ungewissen und schob die Entscheidungen so lange wie möglich auf: ob und wann er nach Hause kommen würde, ob er sich ein letztes Mal zur Wahl stellen würde oder nicht. Sein Lieblingssatz: »Ich mache, was ich für richtig halte«, hätte eigentlich ergänzt werden müssen um den Satz: »aber was ich für richtig halte, verrate ich dir nicht.« Das ewige Warten, die ewige Ungewissheit zermürbten Hannelore Kohl. Sie war in einem Dilemma, denn wie selbstverständlich erwartete er, dass sie daheim war, wenn er denn mal geruhte zu kommen. Erwartungen, Ansprüche, gar Forderungen an ihn zu stellen, hätte er schroff zurückgewiesen. Also riss sie sich wieder zusammen und versuchte, die Situation auszuhalten, allerdings ohne Rücksicht auf Verluste am eigenen Seelenheil. In dieser Hinsicht gleichen sich also die Ehepartner Kohl, allerdings mit dem Unterschied, dass Helmut gegenüber anderen keinerlei Rücksicht walten lässt, während Hannelore die Rücksichtslosigkeit gegen sich selbst praktiziert. Narzisst und Komplementär-Narzisst verhalten sich eben komplementär zueinander und ergänzen sich auf diese Weise.

> »Der Partner fühlt sich nicht als eigenständiger Mensch vom Narzissten gesehen, sondern muss sich nach dessen Idealbild verhalten. Die Beziehung ist so zerbrechlich, dass keinerlei Erwartungen und Ansprüche gestellt werden dürfen. Durch diese Art, eine Beziehung nur im Andeutungshaften zu halten, wird sie oftmals so verdünnt, dass sie steril werden kann und der Partner zuletzt kaum mehr weiß, ob überhaupt noch eine Beziehung besteht« (Willi 1975, S. 70).

Verschiedene Spekulationen ranken sich um Juliane Weber, die »seit Jahrzehnten engste Mitarbeiterin und Vertraute des Altkanzlers« (*Stern* 2001/29, S. 28). Hartnäckige Gerüchte, unter denen Hannelore Kohl sehr litt, wollen von einer Liebesbeziehung zwischen den beiden wissen. Als Kohl von Rheinland-Pfalz nach Bonn ging, lebte er zusammen mit seinem Fahrer Eckhard Seeber und seiner Sekretärin und Vertrauten Juliane Weber in einer Art Wohngemeinschaft im Bonner Vorort Pech. Und obwohl Hannelore Kohl selbst demonstrativ mit Juliane Weber in den Urlaub fuhr, hielten sich in Bonn die Gerüchte; Kohls Freunde befürchteten, dass sie nicht mehr lange aus den Schlagzeilen zu halten sein würden. Hanns-Martin Schleyer, Präsident der Arbeitgeberverbände, wurde deutlich: »›Helmut, du musst das Zigeunerlager auflösen, samt der Marketenderin.‹ Kohl hat ihm das nie verziehen« (*Der Spiegel* 2001/28, S. 76).

Da Kohl alle seine Beziehungen zu anderen Menschen nach dem Muster einer narzisstischen Kollusion strukturiert, dürfte dies auch im Verhältnis zu Juliane Weber der Fall sein, zumal die soziale Rolle der Sekretärin geradezu prädestiniert ist für die psychologische Funktion des Komplementär-Narzissten. Willi (1975, S. 77) schreibt dazu:

> »Manche Chefsekretärinnen können da als Beispiel dienen. Sie sind ganz identifiziert mit ihrem Chef den sie verehren und dessen Ruhm und Glanz sie überhöhen. Sie stellen sich ganz in seinen Dienst, fühlen sich in ihn ein und kommen jedem seiner Wünsche zuvor. Sie bilden gleichsam die Infrastruktur ihres Chefs, erledigen seine Telefonate, vereinbaren seine Termine, ordnen seine Akten, bereiten ihm Kaffee, und wenn sie einige Jahre in dieser Stellung gestanden haben, sind sie diejenigen, die alles wissen und alles kontrollieren, während ihr Chef sich ohne sie gar nicht mehr zurechtfindet. Der Chef ist zwar weiterhin der Große, aber ohne seine Sekretärin ist er nicht mehr funktionsfähig. Sie bildet nicht nur seine rechte Hand, sondern den Boden, auf dem er steht und wächst. Sie wird für ihn – gerade wegen ihrer scheinbaren Anspruchslosigkeit und Dienstbarkeit – absolut unentbehrlich. Er

> ist schließlich mehr auf sie angewiesen, als sie auf ihn. Sie füllt ihn aus und lenkt sein Tun und Denken. Er ist zu einem Teil von ihr geworden und sie zu einem Teil von ihm. Oft ist sie es, die den Chef erst richtig zum Chef hochstilisiert. Im Vorzimmer sitzend, hütet sie den Zutritt zu ihm wie ein Cerberus und überhöht so die Distanz zu seinen Untergebenen. Der Besucher, der bei ihr die Zulassung zu dem heiligen Gemach erwartet, wird von Ehrfurcht ergriffen und von Herzklopfen befallen, bei all der Geschäftigkeit, die die Sekretärin vor seinen Augen entwickelt und mit der sie die Bedeutung des Chefs unterstreicht. Keiner soll sich unterstehen, es ihrem Chef gegenüber an Respekt mangeln zu lassen.
> Ganz analog verhält es sich in der Liebe. Solche Frauen sind bereit, sich für ihren schwärmerisch verehrten und idealsierten Mann aufzugeben, ohne Ansprüche für sich selbst zu stellen. Sie leben für ihn und in ihm. Sie sind scheinbar dem Partner hörig und zeigen die Bereitschaft, ihn kritiklos und bedingungslos zu idealisieren nach der Devise: ›Liebe ist, wenn es für mich nur noch Dich gibt.‹«

Es muss Hannelore Kohl tief getroffen haben, dass sie Ende Mai 2001 wegen ihrer Lichtallergie nicht zur Hochzeit ihres Sohnes Peter mit Elif Sözen in die sonnige Türkei reisen konnte. Während Helmut nach Istanbul flog, »im Tross auch seine langjährige Vertraute Juliane Weber« (*Stern* 2001/29, S. 26), saß Hannelore hinter den Betonmauern des Oggersheimer Bungalows im Dunkeln und ließ sich von ihrem Sohn Walter per Handy über das Hochzeitsfest berichten. »Ein furchtbarer Schlag«, urteilte Monsignore Erich Ramstetter (zit. nach ebd.). »An diesem Tag«, so kommentierte ein langjähriger Bekannter von Familie Kohl, »hat sie wieder ein Stück Lebensmut verloren« (zit. nach ebd., S. 27).

Hannelore Kohls Suizid erfolgte aus Resignation. Sie hatte die Hoffnung aufgegeben, von ihrem Mann noch die Aufmerksamkeit zu bekommen, die sie für ihr Selbstwertgefühl so dringend benötigte. Sie konnte das, was sie bedurfte, nicht mehr von ihm fordern. Sie hatte es nie von ihm fordern können, aber früher hatte sie immer noch die Hoffnung gehabt, es doch eines Tages zu bekommen. Aber diese Hoffnung hatte sich erschöpft. Sie war nicht einmal mehr in der Lage, Hilfsappelle auszusenden. »Wir wollen es so sagen: Es ist immer schön, nicht im Wege zu sein«, hatte sie ihre Rolle im Leben ihres Mannes schon 1973 beschrieben. Dieser Wunsch, ihrem Mann nicht mehr im Wege sein zu wollen, hat sie sich mit ihrem Tod erfüllt. Jürgen Kind, der als Psychotherapeut mit suizidalen Patienten arbeitet, hat den Typus der »resignativen Suizidalität« so beschrieben:

> »Erschöpfen sich aufgrund ihrer Vergeblichkeit die Versuche, auf manipulative Weise das Objekt an sich zu binden und es zu ändern, kann ein Zustand der Resignation eintreten. Von der Suizidalität in der [...] dramatischen Form ist dann unter Umständen kaum noch etwas zu spüren – was nicht heißt, dass sie nicht mehr vorhanden

> wäre. Im Gegenteil, der Patient, der seine manipulativen Versuche der Objektsicherung und der Objektänderung aufgegeben hat, kann in außerordentlich starkem Maße weiterhin von Suizidalität bedroht sein; jetzt nicht mehr, um auf diese Weise in den Besitz eines Objekts zu gelangen, sondern aus dem Gefühl heraus, dass es eigentlich gleichgültig ist, ob man lebt oder nicht. Eine Patientin [...] sagte sinngemäß: ›Für mich geht es nicht so sehr darum, ob ich leben will oder nicht. [...] Es ist so, dass ich nicht mehr zu leben *brauche*‹« (Kind 1992, S. 104).

Auch Hannelore Kohl *brauchte* nicht mehr zu leben. Sie hatte ihre Pflicht und Schuldigkeit getan – sie konnte gehen. Die Phase, in der sie aus Wut in ihre Kissen gebissen hatte, war lange vorbei. Das Stadium der Resignation, das sie inzwischen erreicht hatte, geht noch über das »Wut-Rache-Stadium« hinaus. Die Resignation ist die Folge der Erfahrung, »dass nicht einmal Wut und Rachegefühle Aussicht auf eine Antwort des Objekts haben« (ebd., S. 111). Dies führte bei Hannelore Kohl zu einem äußeren Rückzug von der Welt, einem sich Einschließen in die abgedunkelten Zimmer ihres Oggersheimer Bungalows. Und dieser äußere Rückzug war begleitet von einer weitestgehenden Ablösung der inneren Objektbesetzungen.

Die 68er-Generation und die Macht

»Was an Ihrer Aktion interessant ist: sie setzt die Phantasie an die Macht. Auch Ihre Phantasie hat gewiß Grenzen, aber Sie haben viel mehr Ideen, als ihre Väter hatten [...] Es ist etwas von euch ausgegangen, was erstaunen lässt, etwas Umwerfendes, etwas das alles leugnet, was unsere Gesellschaft zu dem hat werden lassen, was sie heute ist. Dies möchte ich Ausdehnung des Feldes der Möglichkeiten nennen. Weicht hier nicht zurück!«

**Jean-Paul Sartre im Gespräch mit Daniel Cohn-Bendit.
In: Le Nouvel Observateur vom 20. Mai 1968, dt. Übersetzung zit. nach:
Die Phantasie an die Macht – Jean-Paul Sartre: Ein Gespräch mit Daniel Cohn-Bendit.
In: Die Zeit vom 31. Mai 1969, 23. Jhg., Nr. 22, S. 4.
Zit. nach: Wolfgang Kraushaar (2001): Fischer in Frankfurt.
Hamburg (Hamburger Edition), S. 92**

Die »Fischer-Debatte«

»Regieren geht über Studieren«

**Titel des Tagebuchs von Joschka Fischer während seiner Amtszeit
als erster grüner Umweltminister in Hessen 1985–1987:
Joschka Fischer (1987): Regieren geht über Studieren.
Ein politisches Tagebuch. Frankfurt a. M. (athenäum)**

Mit dem Machtwechsel von Helmut Kohl zur rot/grünen Bundesregierung im Jahre 1998 ist die 68er-Generation zur staatstragenden politischen Generation geworden, die gegenwärtig die politische Hauptverantwortung inne hat. Beim »langen Marsch durch die Institutionen« ist die Generation der 68er inzwischen im Bundeskanzleramt und im Außenministerium angekommen. Man mag darüber streiten, was von den damaligen Überzeugungen, Zielen und Wertvorstellungen noch übrig geblieben ist. Offensichtlich ist jedoch, dass von den Ideen und Impulsen der 68er-Bewegung für konservative Kreise auch mehr als 30 Jahre später noch immer eine so große Beunruhigung ausgeht, dass diese nun versuchen, die Revolte von 68 im Nachhinein als eine Bewegung von Terroristen, Kriminellen und politischen Wirrköpfen zu diffamieren.

Die Diskussion um Joschka Fischers Vergangenheit als Frankfurter »Sponti« und militanter Straßenkämpfer weitete sich schnell aus zu einer Debatte über die Legitimität der 68er-Bewegung. Den Konservativen ging es um eine späte Abrechnung mit der Bewegung von 68, der sie nie verzeihen konnten, dass diese im wahrsten Sinne des Wortes aufbrach, um die verkrusteten Strukturen der Gesellschaft aufzubrechen und das kollektive

CDU-Generalsekretär Laurenz Meyer präsentiert das CDU-Wahlplakat vom Februar 2001

Schweigen über die Zeit des Nationalsozialismus aufzukündigen. Das CDU-Wahlplakat vom Februar 2001, das Gerhard Schröder im Stil eines Fahndungs-Plakats als Verbrecher – müsste man nicht sagen als Terroristen? – darstellt, zeigt, dass tatsächlich die gesamte Generation von 68 diskreditiert werden soll. Ziel der konservativen Kreise ist – ähnlich wie beim Historiker-Streit – eine Neuinterpretation der Geschichte. Der konservative Historiker Michael Stürmer (1986, S. 1) hat die Funktion der politischen Rhetorik für die politische Auseinandersetzung unverhohlen ausgesprochen: »In einem geschichtslosen Land [gewinnt derjenige] die Zukunft, der die Erinnerung füllt, die Begriffe prägt und die Vergangenheit deutet.« Alle mit 68 verbundenen Symbole, Worte, Theorien, Phantasien, Ideen, Utopien, die über das bestehende System hinausweisen, sollen mit dem Makel des Realitätsfernen, des Unmoralischen, des Gewaltsamen belegt werden (vgl. Negt 1995, S. 45). Es geht beispielsweise um folgende Fragen: War und ist in Deutschland eine erfolgreiche Bewegung von unten möglich? Sind die Ideen von 68 gesellschaftsfähig? Darf überhaupt eine gelungene oder »halbwegs passable Revolte« (Theweleit 2001) in Deutschland im Bereich des Möglichen erscheinen?

Die witzig-kreative Parole von 68, die durchaus programmatisch gemeint war: *Geschichte ist machbar – Frau Nachbar,* soll endgültig widerlegt werden: Geschichte und Politik seien eben nicht von der Frau und dem Mann auf der Straße zu machen, sondern das solle man doch gefälligst den Politikern der etablierten Parteien überlassen – so oder so ähnlich soll nach dem Willen der Konservativen die Quintessenz aus der 68er-Debatte lauten. Die Konservativen polemisierten so heftig gegen 68, »damit künftige Generationen nicht auf dumme Gedanken kommen«, formuliert Klaus Theweleit (2001) kurz und bündig.

Die Revolution von 1989, die zum Fall der Mauer führte, wird zwar allgemein als Verdienst des Volkes betrachtet, doch wird die Legitimität dieser Bewegung »von unten« allein darin gesehen, dass es sich bei der DDR um einen totalitären Staat handelte. In einer Demokratie hingegen sei der Volkswille bereits im Parlament repräsentiert und deshalb bedürfe es keiner Bewegungen von unten. Dabei kann man in gewisser Weise sogar sagen, dass die Revolution in der DDR von 1989 die antiautoritäre Revolte von 1968 nachgeholt hat. Nicht nur in Habitus und Outfit erinnern die Aktivisten der Bürgerrechtsbewegung an die Zeit der antiautoritären Proteste und der Hippies, sondern auch bei manchen Aktionsformen und gesellschaftspolitischen Ideen ist der späte Einfluss der 68er nicht zu verkennen.* Allerdings ging die Bürgerrechtsbewegung in der DDR mit manchen Problemen – insbesondere mit dem der Gewalt – sehr viel besonnener um, und war deshalb ungleich erfolgreicher als die 68er.

Die Diskussion um die militante Vergangenheit von Außenminister Joschka Fischer und um das Gewalt-Problem der 68er-Bewegung ist in mindestens zweifacher Hinsicht ergänzungsbedürftig: Auf der einen Seite wurden in der »Fischer-Debatte« ganz einseitig die Teile der 68er-Bewegung hervorgehoben, die sich in Gewalt verstrickten. Diese Bewegung trat aber ausdrücklich mit dem Ziel an, die Gesellschaft humaner, friedlicher und gewaltfreier machen zu wollen. Und tatsächlich waren die siebziger Jahre nicht nur ein Jahrzehnt, das durch den Terrorismus der RAF geprägt wurde, sondern auch eines, in dem die Alternativ-, die Ökologie- und die Frauenbewegung entstanden und in dem die eher unspektakuläre Bewegung der Initiativ- und Selbsthilfegruppen ihren Höhepunkt hatte, die sich in unzähligen lokalen Initiativen, Kinderläden, Stadtteilzeitungen, Kriti-

* Im Übrigen spielten in der 68er Bewegung DDR-Flüchtlinge als »Grenzgänger« zwischen Ost und West eine »Schlüsselrolle« (Stillke 2001) – allen voran Rudi Dutschke, »der nach dem Mauerbau dem Westen den Vorzug gegeben hatte« (Kraushaar 2001, S. 21).

Titelbild: Der Spiegel Nr. 2 vom 8.1.2001

schen Universitäten, Republikanischen Clubs und Bürgerinitiativen organisierte. Diese »Neuen Sozialen Bewegungen« haben in der Tradition von 68 mit friedlichen Mitteln eine tiefgreifendere Veränderung der Gesellschaft bewirkt, als den meisten Menschen bewusst ist, und sie haben neue Formen des Denkens, des Fühlens und des sozialen Handelns entwickelt, die bis heute in vielen Bereichen wegweisend geblieben sind.

Auf der anderen Seite hat sich die in ihrem Kern emanzipatorische Freiheitsbewegung von 68 auch in Sackgassen verrannt, ist zahlreiche Irrwege gegangen und hat sich in Dogmatismus und Gewalt verstrickt. Um einen der folgenreichsten und tragischsten Irrwege, den des Terrorismus und den der Militanz, geht es in diesem Kapitel. Die persönliche und politische Biographie von Mitgliedern der RAF kann in mancherlei Hinsicht als exemplarisch nicht nur für die Terroristen, sondern für die gesamte Protest-Generation gelten. Am Beispiel von Gudrun Ensslin und Birgit Hogefeld lässt sich zeigen, dass die Gewalt, der moralische Rigorismus, die übersteigerte Ideologisierung der 68er-Bewegung als eine unbewusste Antwort auf die Verleugnung der nationalsozialistischen Vergangenheit verstanden werden kann (vgl. Wirth 2001c; 2001d). Ein in England publiziertes Buch von Jillian Becker bezeichnete die RAF als *Hitler's Children* und wollte damit ausdrücken, dass sich der Terror der RAF unmittelbar aus der Gewaltherrschaft der Nationalsozialisten herleiten lasse. Diese Argumentation wurde von konservativer Seite begeistert aufgegriffen. Tatsächlich sind die RAF-Terroristen »Hitler's Children«, allerdings »nicht im Sinne einer ideologischen Kontinuität, wie es die Argumentation der Konservativen unterstellte, sondern im Sinne einer überkompensierenden Reaktionsbildung auf die unterbliebene Auseinandersetzung der Gründergeneration der Bundesrepublik mit dem Nationalsozialismus« (Dubiel 1999, S. 149).

Auch wenn es sich bei den Angriffen der CDU/CSU und der FDP auf Joschka Fischers politische Vergangenheit als militanter Straßenkämpfer um ein durchsichtiges Manöver zur Ablenkung von den eigenen Skandalen handelte, darf nicht verkannt werden, dass die Generation der 68er auch unabhängig davon einen Bedarf hat, die dunklen Seiten ihrer eigenen Geschichte aufzuarbeiten. Was den Irrweg des Dogmatismus, der insbesondere, aber nicht nur in den K-Gruppen seinen Ausdruck fand, und was den Irrweg der Gewalt, die auch ein Bestandteil der 68er-Bewegung und ihrer Folge-Erscheinungen war, angeht, hat ein solcher Aufarbeitungsprozess erst in gewissem Umfang stattgefunden. Offenbar besteht hier noch die Notwendigkeit, die eigene Geschichte besser zu verstehen. Es geht dabei weder um eine nachträgliche Heroisierung der damaligen Zeit, noch um Nostalgie noch darum, die alten Schlachten noch einmal zu schlagen. Allerdings soll die 68er-Bewegung auch nicht pauschal nur nach ihren Fehlern beurteilt werden. Vielmehr muss jede politische Kraft, jede politische Idee, jede politische Generation sich ihrer historischen Ursprünge bewusst sein, wenn sie ihr gegenwärtiges So-geworden-Sein angemessen verstehen will. Der Blick zurück soll das Bewusstsein sowohl für die Stärken als auch für die Schwächen und Fehler der eigenen politischen Positionen schärfen. Die demokratische Selbstvergewisserung bedarf der stetigen Rückbesinnung auf die eigene historische Entwicklung, um die Perspektiven für die Gegenwart und die Zukunft zu öffnen.

Dieses Kapitel unterscheidet sich von den anderen Kapiteln dieses Buches, in denen es um eine Politiker-Persönlichkeit geht, insofern, als ich der gleichen Generation angehöre wie Joschka Fischer. Es fällt mir sicherlich bei Fischer sehr viel schwerer, die notwendige Distanz zu gewinnen, die für eine ausgewogene Betrachtung notwendig ist. Hinzu kommt der Umstand, dass die anderen behandelten Politiker ihre politische Karriere bereits abgeschlossen haben, während sich die von Fischer zur Zeit der Niederschrift dieses Buches auf ihrem Zenit befindet. Ich werde deshalb die biographische Entwicklung Joschka Fischers sehr viel zurückhaltender interpretieren, als ich das bei den anderen Politikern getan habe. Stattdessen werde ich Joschka Fischer vornehmlich als Repräsentanten der 68er-Generation betrachten und mein Augenmerk auf das Zusammenspiel von Macht und kollektivem Narzissmus in der Auseinandersetzung der Generationen richten.

Die »Vertiefung des demokratischen Engagements« durch die 68er-Bewegung

»Wer sich nicht wehrt, lebt verkehrt«

Motto der Neuen Sozialen Bewegungen der siebziger Jahre

Der »lange Marsch durch die Institutionen«, den einst Rudi Dutschke der Studentenbewegung als langfristige Strategie auf die Fahnen schrieb, hat in den vergangenen 30 Jahren stattgefunden – nicht nur im Bundeskanzleramt und im Bundesaußenministerium, sondern in nahezu allen Bereichen der Gesellschaft. Die Geschichte der Jugend- und Studentenbewegung ist eng verknüpft mit der Geschichte der Bundesrepublik. Die Revolte von 68 hat die Bundesrepublik »durchlüftet« (Schmid 2001, S. I) und die »formierte« Gesellschaft der fünfziger Jahre in eine »offene« verwandelt. Die

Studentenproteste an der Hamburger Universität (1967)

Studentenführer Rudi Dutschke (1967)

Rebellion von 68 war der zweite nachholende Gründungsakt der Bundesrepublik, der aus der von den Siegermächten verordneten bzw. geschenkten Demokratie ein wirklich demokratisches Gemeinwesen machte. Ohne die Bewegung von 68 hätte die Bundesrepublik heute ein anderes Gesicht. Zu dieser Bewegung sind allerdings nicht nur die politisch aktiven Studenten im Umfeld des SDS zu zählen, sondern eine Vielzahl recht unterschiedlicher Gruppierungen, deren Gemeinsamkeit darin bestand, die verknöcherte Gesellschaft der fünfziger Jahre zum Tanzen bringen zu wollen:

- Der weiche Protest der Hippies ermöglichte ein unverkrampfteres Verhältnis zur Sexualität, zum eigenen Körper, zu seelischen Empfindungen;
- die Selbsthilfe- und Initiativgruppen-Bewegung entdeckte in den psychisch Kranken, den Heimzöglingen, den sozial Ausgestoßenen in den Randgruppen der Gesellschaft die verleugneten und abgespaltenen Anteile des eigenen Selbst;
- die Alternativ- und die Frauenbewegung veränderten das Verhältnis zwischen Kindern und Eltern, zwischen Männern und Frauen, zwischen Vorgesetzten und Untergebenen;
- die Anti-Atomkraft-, die Ökologie- und die Friedensbewegung, die unmittelbar aus der 68er-Bewegung hervorgingen, haben das öffentliche

Bewusstsein von der Verantwortung des Menschen für das gesellschaftliche Zusammenleben, für die Natur und für die Existenz des Menschen auf diesem Globus geschärft;

- die antiautoritäre Studentenbewegung hat dem politischen System der Bundesrepublik einen Demokratisierungsschub beschert, insbesondere durch die Thematisierung der nationalsozialistischen Vergangenheit Deutschlands.

Die 68er-Bewegung darf sich zugute halten, als eine Art experimentelles Laboratorium für die »Fundamentalliberalisierung der Gesellschaft« (Habermas), für die Erprobung neuer Formen des Zusammenlebens, für die Entwicklung eines »Neuen Denkens und Fühlens« in der nachindustriellen Gesellschaft die ersten Gehversuche unternommen zu haben. Kein geringerer als Bundespräsident Richard von Weizsäcker formulierte beim Staatsakt am 3. Oktober 1990 die Verdienste der 68er-Generation in aller Deutlichkeit:

> »Die Menschen haben im Laufe der Jahre Zuneigung zu ihrem Gemeinwesen entwickelt, frei von gekünstelten Gefühlen und nationalistischem Pathos. Gewiss, in der vierzigjährigen Geschichte der Bundesrepublik gab es manche tiefgreifenden Konflikte zwischen Generationen, sozialen Gruppen und politischen Richtungen. Sie wurden oft mit Schärfe ausgetragen, aber ohne den Hang zum Destruktiven, der die Weimarer Republik allzusehr belastete. Die Jugendrevolte am Ende der sechziger Jahre trug allen Verwundungen zum Trotz zu einer Vertiefung des demokratischen Engagements in der Gesellschaft bei« (zit. nach Bude 1995, S. 20f).

Von all den sozialen Konflikten in der vierzigjährigen Geschichte der Bundesrepublik nennt der Bundespräsident ausschließlich die 68er-Bewegung und bescheinigt ihr, zur Demokratisierung der Gesellschaft einen wesentlichen Beitrag geleistet zu haben. Er ist offenbar der Ansicht, dass die Bundesrepublik im Grunde erst mit und durch diese Bewegung zu einem wirklich demokratischen Gemeinwesen geworden ist (vgl. ebd., S. 21). Die 68er-Generation hat in der Konfrontation mit der Elterngeneration, die die Bundesrepublik wirtschaftlich aufgebaut hat, diesen Staat genötigt, sich mit seiner nationalsozialistischen Vergangenheit auseinanderzusetzen. Dieses Verdienst würdigte auch Bundespräsident Johannes Rau im Zusammenhang mit der »Fischer-Debatte« ausdrücklich.

Was ist überhaupt eine Generation?

Claus Leggewie (1995) und Heinz Bude (1995) haben darauf aufmerksam gemacht, dass das soziologische Konzept der Generation, das von Karl Mannheim (1928) entwickelt wurde, zum Verständnis der Studentenbewegung und auch anderer kollektiver Phänomene nützliche Dienste leisten kann. Eine Generation meint die Bildung einer kollektiven Identität von Angehörigen einer bestimmten Altersspanne. »Die im Laufe des Lebens gesammelten Erlebnisse summieren sich nicht einfach, sondern organisieren sich immer wieder neu in Bezug auf einen tief verankerten biographischen Ausgangspunkt« (Bude 1995, S. 35). Spätere gesellschaftliche Ereignisse werden aus der »Perspektive früherer Erfahrungen« (ebd.) wahrgenommen und interpretiert und eben dadurch konstituiert sich eine Vielzahl von Individuen, die in benachbarten historischen Zeiten aufgewachsen sind, als Generation, die auch über den Lauf der Zeit ein kontinuierliches Selbstverständnis und charakteristisches Lebensgefühl beibehält. Dazu bedarf es »bestimmter Schlüsselereignisse« und einer bewussten Auseinandersetzung mit den politischen Leitideen und Werten (Leggewie 1995, S. 257f). Findet in der politisch sensiblen Phase der Adoleszenz eine solche Auseinandersetzung statt, die die Generationszugehörigen »zu einer langfristig stabilen Neuorientierung ihrer politischen Grundhaltungen« (ebd.) bewegt, bildet sich eine politische Generation heraus. So trug die »Flakhelfer-Generation« (Bude 1987) den wirtschaftlichen Wiederaufbau der Bundesrepublik auf ihren Schultern und die 68er-Generation bewirkte als »Laboratorium der nachindustriellen Gesellschaft« (Leggewie 1995, S. 315) die kulturelle Erneuerung der Bundesrepublik.

Nicht jede Alterskohorte hat die Chance (und Last), identitätsstiftende »Wir-Gefühle« zu entwickeln (ebd., S. 302). Nicht jede Alterskohorte konstituiert sich als politische Generationseinheit. Eine solche kollektive Identität ist aber die Voraussetzung dafür, dass eine jugendlichet Protestbewegung entstehen kann. Die besondere Chance, die ein Adoleszenter hat, der zu einer deutlich identifizierbaren Generation gehört, besteht zum einen darin, dass er seine Adoleszenzkonflikte besonders intensiv durchlebt, denn der Prozess der Neubildung seiner eigenen Persönlichkeit läuft parallel zum gesellschaftlichen Erneuerungsprozess. Zudem findet der Adoleszente, der zu einer Generation gehört, eine beachtliche Rückenstärkung durch die Tatsache, dass er seine individuellen Probleme, Konfliktlagen, Wünsche, Bedürfnisse und Kritiken auf dem Hintergrund der generationsübergreifenden Prozesse verstehen und vertreten kann. Ein individueller Konflikt eines Jugendlichen erfährt einen enormen Bedeutungszuwachs, wenn er im Rahmen einer kulturellen und politischen Generationsauseinandersetzung stattfindet. So konnte in der 68er-Generation die Auseinandersetzung eines Jugendlichen mit seinen Eltern über Haarlänge und Kleidungsfragen eine geradezu »kulturrevolutionäre« Bedeutung erlangen. Das steigerte natürlich auch die narzisstischen Größenphantasien der Adoleszenten enorm, denn sie konnten sich in der Auseinandersetzung mit Eltern, Lehrern und anderen Autoritäten der Unterstützung einer ganzen Generation sicher sein. Zudem konnten sie auf Argumente zurückgreifen, die ihnen die »kritischen Theoretiker« der Kultur vorformuliert hatten.

Diese Zusammenhänge machen verständlich, warum für viele der heute 50- bis 60-Jährigen die Protestbewegung der sechziger und siebziger Jahre ein so bedeutsames Bezugssystem für ihr Denken und Fühlen darstellt. Auch die Tatsache, dass Joschka Fischer während seiner (ersten) Amtszeit als Außenminister der beliebteste Politiker war, hängt damit zusammen, dass er als Repräsentant dieser Generation etwas von dem Lebensgefühl, den Werten, Hoffnungen und Zielen der damaligen Zeit und der durch sie geprägten Generation ausdrückt. Allerdings repräsentiert Fischer nicht nur die idealisierte »Revoluzzer-Vergangenheit«, sondern auch die – wie auch immer gerechtfertigte – Integration ins einst verhasste »System«. Deshalb polarisiert Fischer auch innerhalb des rot/grünen Spektrums auf besondere Weise: Für die einen ist er ein rotes Tuch, sie hassen ihn, schimpfen ihn einen Verräter und behaupten sarkastisch, bei ihm herrsche eine biographische Kontinuität der Gewaltbereitschaft von seiner Zeit als militanter Straßenkämpfer bis hin zur Befürwortung des Nato-Einsatzes im Kosovo und den Militärschlägen gegen den Terrorismus. Die anderen erkennen in ihm den Weg wieder, den sie selbst gegangen sind: Von der kompromisslosen Absolutheit des Denkens, Handelns und moralischen Argumentierens in den sechziger und siebziger Jahren hin zu einer weniger rigorosen Moral, der Fähigkeit zum Kompromiss, der Anerkennung der Realität, der Relativierung der eigenen Größen- und Allmachtsphantasien. Ob Joschka Fischer auf seinem Weg vom Frankfurter Häuserkampf zum Außenministerium seine persönliche moralisch-politische Integrität verloren hat oder ob er sie bewahren konnte, ist deshalb eine so heiß diskutierte Frage, weil jeder Angehörige der 68er-Generation diese Frage auch an sich selbst richten muss.

Joschka Fischers »langer Lauf« an die Macht

> *»Ich bin ein Mensch, der alles was er macht, exzessiv macht.«*
>
> **Joschka Fischer, zit. nach: Herlinde Koelbl (1999): Spuren der Macht. Die Verwandlung des Menschen durch das Amt. Eine Langzeitstudie. München (Knesebeck), S. 19.**

Die Fotografin Herlinde Koelbl (1999) hat in ihrer »Langzeitstudie« *Spuren der Macht* zwölf Politiker acht Jahre lang begleitet und jährlich einmal besucht, um Fotos und ein Interview zu machen. Die Ausstellung und der Katalog zeigen *Die Verwandlung des Menschen durch das Amt.* An Hand der Fotos und Interviews kann man nachvollziehen, wie sich die Menschen, die politisch machtvolle Stellungen errungen haben, in diesen Jahren verändert haben. Die Fotografin interessierte sich dafür, wie sich Menschen, die ein hohes Amt oder eine führende Position übernommen haben unter dem »Druck der Verantwortung und der vollen öffentlichen Aufmerksamkeit« (ebd., S. 7) verändern: »Wie verwandelt sich ihre Körpersprache, wie verkraften sie die Verengung ihres persönlichen Daseins? Was haben sie mit dem Amt vor, und was macht das Amt aus ihnen? Welche Spuren hinterläßt die gewohnheitsmäßige Ausübung der Macht? Welche der Auf- und Abstieg?« (ebd.).

Bei Joschka Fischer sind die rein äußerlichen Veränderungen besonders eklatant: Er wandelt sich in den Jahren seiner politischen Karriere vom smarten schlanken Jüngling zum feisten Schweinsgesicht, dessen Physiognomie an die von Franz Josef Strauß erinnert und dann wieder zurück

zum superschlanken, geradezu ausgemergelt wirkenden, zähen Marathonläufer. Fischer (1999) hat über diese Entwicklung in seinem Buch *Mein langer Lauf zu mir selbst* Zeugnis abgelegt: »Und so begann ich zu futtern und zu mampfen und legte mir für Körper und Seele im wahrsten Sinne des Wortes einen regelrechten Panzer in Gestalt eines sich immer mächtiger wölbenden Bauches zu« (ebd., S. 35). Die zweite Teilstrecke seines langen Laufes beschreibt er so: »Aus dem barocken

Joschka Fischer

Name:	Fischer
Vorname:	Joschka
Geburtsdatum:	12.4.1948
Geburtsort:	Gerabronn/Baden-Württemberg
Familienstand:	seit 1999 verheiratet in 3. Ehe; aus der 2. Ehe sind zwei Kinder hervorgegangen
Beruf:	Politiker
Schulbildung:	
1965:	verlässt kurz vor Abschluss des zehnten Schuljahres das Gymnasium
Reisen:	
1966:	London, Frankreich, Spanien, Italien, Griechenland, Türkei, Kuwait
Berufliche Entwicklung:	
1966–1968:	bricht Lehre als Fotograf ab, verschiedene Gelegenheitsarbeiten
1968–1981:	Fischer besucht Vorlesungen von Theodor W. Adorno, Jürgen Habermas und Oskar Negt, er studiert ausführlich die Schriften von Karl Marx, Mao Tse-tung und Georg Wilhelm Friedrich Hegel Mitglied der militanten Gruppe »Revolutionärer Kampf« (RK), Beteiligung an Demonstrationen und Straßenschlachten, wird dabei angeklagt und zweimal zu drei Tagen Haft verurteilt verschiedene Gelegenheitsarbeiten unter anderem als Taxifahrer Arbeiter bei der Opel AG in Rüsselsheim im Rahmen »revolutionärer Betriebsarbeit«
Partei- und Staatspolitische Laufbahn:	
1982:	Eintritt in die Partei der Grünen
1983–1985:	Mitglied des Deutschen Bundestages
1985–1987:	Staatsminister für Umwelt und Energie des Landes Hessen und stellvertretendes Mitglied des Bundesrates
1987–1991:	Vorsitzender der Fraktion der Grünen im Hessischen Landtag
1987–1991:	Mitglied des Hessischen Landtages
1991–1994:	Staatsminister für Umwelt, Energie und Bundesangelegenheiten des Landes Hessen
1994–1998:	Sprecher der Fraktion Bündnis 90/Die Grünen im Deutschen Bundestag
ab 1998:	Bundesminister des Auswärtigen

Dickbauch war ein asketisch wirkender Langläufer geworden« (ebd., S. 105).

Seine enorme Gewichtszunahme war ein Tribut an das Leben als Berufs-Politiker. Jahre zuvor hatte er noch Kohl als »Gesamtkunstwerk« verspottet und damit nicht nur dessen Körperfülle aufs Korn genommen, sondern in ironischer Weise auch einen Charakterzug Kohls diagnostiziert, den man später mit dem weniger blumigen Begriff »System Kohl« bezeichnen sollte. Kohls Unabgegrenztheit, seine Neigung, sich seine ganze Umgebung einzuverleiben, in sein System zu integrieren, für sich einzuspannen und alle Untergebenen zu einem Teil des von ihm entworfenen

»Gesamtkunstwerks« zu funktionalisieren, wurde von Fischer aufs Korn genommen. In der Bilderfolge wird deutlich, dass auch Joschka Fischer eine Tendenz zur Maßlosigkeit hat, »eine Art Extremismus im persönlichen Lebensstil« – wie er selbst formuliert (ebd., S. 43). Doch auf welchem familiären, kulturellen und sozialen Hintergrund hat sich Fischer zu dem Politiker entwickelt, der er heute ist?

Joschka Fischers Eltern waren Ungarn-Deutsche, die nach dem Zweiten Weltkrieg nach Baden-Württemberg flohen. Das Elternhaus war streng katholisch, Vater und Mutter ihr Leben lang CDU-Wähler (Fischer 1987, S. 60). Die Beziehung zu seinem Vater, einem Metzger, der in »mühseliger« Arbeit »ein karges Salär für eine fünfköpfige Familie« (Fischer zit. nach Koelbl 1999, S. 21) erwirtschaftete, schildert Fischer mit den Worten:

> »Er war präsent als Institution und doch nie präsent. [...] Auch wenn er da war, hielt er sich meist abseits. Saß in der Küche, rauchte, las seine Krimis und Groschenromane, trank seinen Kalterer See, marschierte auf und ab und roch streng nach Tabak. Seine Einsiedlerexistenz in der Küche hatte sicher auch mit dem Sauberkeitsfimmel meiner Mutter zu tun, im Wohnzimmer durfte nämlich nicht geraucht werden. Er war aber kein Pantoffelheld, eher ein Bär, dem der dauernde Streit, ob er rauchen darf, einfach zu lästig war« (ebd.).

Sein Vater starb, als Fischer »von zu Hause abrückte« (ebd.): »Ich habe ihn eigentlich nie gekannt.« Trotz seines distanzierten Verhältnisses zu seinem Vater bedeutete dessen Tod einen tiefen Einschnitt in Fischers Leben. Da die jüngere der Schwestern fast zeitgleich mit dem Vater an Nierenversagen starb und die älteste Schwester wegzog, sei die Familie »innerhalb einer Woche« zerbrochen, was Fischer als »sehr deprimierend« empfand.

Fischer wächst »hauptsächlich« mit seiner Mutter und seinen Schwestern auf. Die Beziehung zu seiner Mutter habe ihn »in hohem Maße geprägt«:

> »Sie war die immer präsente Hausfrau, der Fürsorgebezugspunkt, zu dem man flüchten konnte, wenn man Angst hatte oder Geborgenheit wollte. Meine Eltern hatten entschieden, dass die Mutter nicht arbeiten geht, und so hatten wir eine schöne Kindheit. Arm aber glücklich. Sie war eine sehr starke, durchsetzungsfähige Frau. [...] Wahrscheinlich hat sie mich unbewusst auch in meinem Rebellentum geprägt, denn sie erzählte schon sehr früh Geschichten über meine kindlichen Ausbruchsversuche, dass ich mich etwa, kaum war ich geboren, vom Wickeltisch stürzen wollte. Anekdoten, die es in jeder Kindheitsbiographie gibt, aber in dieser Reihung musste mich das schon nachdenklich machen: Warum erzählt meine brave, biedere, ordnungsliebende, christdemokratisch wählende Mutter dauernd solche Geschichten über mich?« (ebd.).

Fischer bleibt unbewusst an die Mutter gebunden. Erst als sich seine Frau Claudia 1996 von ihm trennt und ihn damit in eine tiefe Lebenskrise stürzt, sei

> »die Nabelschnur zu meiner Mutter endgültig durchschnitten worden. Ich bin von meiner Mutter zu meiner ersten Frau, von meiner ersten zu meiner zweiten, von meiner zweiten zu meiner dritten. Ich habe mich als ausgewachsener Mann immer noch wie ein Klammeräffchen verhalten, obwohl ich schon längst nicht mehr klein und niedlich war« (ebd., S. 32).

In der Adoleszenz löste sich Fischer früh von seiner Familie – die er als »kleinbürgerlich« bezeichnet (zit. nach Gatter 1987, S. 93) ab: »Als ich 16 war, habe ich mich dann selbst geprägt«, sagt Fischer (zit. nach Koelbl 1999, S. 21) nicht ohne Selbstbewusstsein. Er bricht sowohl den Besuch des Gymnasiums als auch eine Fotografenlehre ab und zieht Mitte der sechziger Jahre als Tramp durch Europa. Er kann rückblickend aber auch erkennen, dass seine Loslösung von der Mutter nicht konfliktlos vonstatten ging, sondern kontraphobische Züge trug, wenn er – psychoanalytische Termini benutzend – über seine Mutterbeziehung ausführt:

> »Ich hatte [...] auch noch als Erwachsener ein fast neurotisches Verhältnis der Abwehr ihr gegenüber, weil sie mich immer noch wie einen kleinen Jungen behandelte. Vieles von dem, was ich gemacht habe, habe ich sozusagen gegen sie getan: Die Schule und die Lehre abgebrochen, all das waren, wenn man es psychologisch sieht, im hohen Maße Konflikte mit ihr« (ebd.).

Auch in dieser Hinsicht ist Joschka Fischer Repräsentant seiner Generation. In der Nachkriegszeit war das Zusammenleben in vielen Familien geprägt von dem Versuch der Elterngeneration, die gesellschaftliche und persönliche Verunsicherung durch einen Rückzug ins Private und die besondere Betonung scheinbar »unbelasteter« Sekundärtugenden wie Sauberkeit, Ordnungsliebe, Biederkeit und Bravheit zu überwinden, nachdem viele der »höheren Werte« wie Vaterlandsliebe, Ehre, Treue, Glauben so nachhaltig desavouiert worden waren. Der Putzfimmel zahlloser Hausfrauen in den fünfziger und sechziger Jahren kann verstanden werden als das verdinglichte Bemühen, sich selbst und die Seinen von der Schande der nationalsozialistischen Vergangenheit zu säubern. Die massenhafte Verbreitung angstneurotischer Familienstrukturen, die Richter (1970, S. 63) für die fünfziger und sechziger Jahre konstatiert, lässt sich nach Überlegungen von Tilman Moser (1995, S. 34) auf die »Schweigegebote« über die »Schrecken der Vergangenheit« zurückführen. Um sich nicht mit der nationalsozialistischen Vergangenheit konfrontieren zu müssen, klammerten sich viele Familien »mit Hilfe von Vermeidungs- und Verleugnungstaktiken an die Illusion einer friedlichen, guten, geordneten Welt« (Richter 1970, S. 63) und organisierten ihr familiäres Zusammenleben nach dem Vorbild eines harmonischen und konfliktfreien Sanatoriums. Für das Verhältnis der Eltern zu ihren Kindern hatte dies zur Folge, dass diese ängstlich überbehütet und phobisch gebunden wurden. Die Jugend- und Protestbewegung der sechziger Jahre kann als ein Aufstand gegen diese überfürsorgliche und als einengend empfundene Bevormundung sowie als Thematisierung der Ursachen dieser angstneurotischen Realitätsverleugnung verstanden werden.

Vereidigung als hessischer Umweltminister durch Holger Börner

Auch Fischers abrupte Lösung vom Elternhaus geschah »in einer Mischung von Auseinandersetzung mit der Einstellung der Eltern zu Auschwitz und spät-pubertärem Aufbegehren« (Fischer, zit. nach Gatter 1987, S. 93). Das Verhältnis zu den Eltern, zur Generation der Eltern, d.h. zu den Erwachsenen und zu den gesellschaftlichen Autoritäten und Institutionen war für die 68er-Generation überschattet von der nationalsozialistischen Vergangenheit und geprägt von dem kulturellen Bruch zwischen den Generationen, den die Jüngeren provozierten, um sich aus der Pseudoharmonie der Nachkriegsgesellschaft zu befreien. Die folgenden Sätze Fischers könnten von jedem x-beliebigen Angehörigen der 68er-Generation mit den gleichen Worten formuliert worden sein:

> »Es war eigentlich immer ein Kampf gegen die Autoritäten. Ich habe Institutionen immer als Behinderung empfunden, ob das die Familie war, der Kindergarten, die Schule, die Kirche oder gesellschaftliche Normen. In meiner Schullaufbahn gab es vielleicht drei Lehrer, an die ich mich gerne erinnere. Da war ich plötzlich mit roten Ohren zur Leistung bereit. Alles andere waren Widerwärtigkeiten, Beengungen und Hemmnisse. Ich hatte immer das Gefühl, ich muß mich zur Wehr setzen, mich durchboxen, meinen eigenen Weg gehen« (Fischer zit. nach Koelbl 1999, S. 19).

Fischer begreift sein politisches Engagement als einen Akt, den er stellvertretend für seine Generation ausführt. Über den Bundestagswahlkampf 1994, bei dem die Grünen den Wiedereinzug ins Bonner Parlament schaffen wollten und mussten, sagt Fischer: »Das war der entscheidende Existenzkampf für meine Generation. Wenn wir diesmal den Sprung ins Parlament nicht geschafft hätten, wäre es vorbei gewesen« (ebd., S. 27).

Fischers politische Ansichten wandeln und entwickeln sich im Laufe der Jahre, doch bleibt sein politisches Engagement durch die frühen familiären Erfahrungen geprägt. Anlässlich eines Jahresempfangs der Industrie- und Handelskammer 1986 in Frankfurt am Main notiert der damalige grüne Umweltminister Hessens in sein »politisches Tagebuch«:

> »Kohl kommt mit Verspätung, löst eine mächtige Bewegung in der dichtgedrängten, noblen Menge aus. Beifall, laute Bravorufe. Hier kommt, hier spricht Kohl zu den Seinen, ihr Kanzler, und mit dröhnender Zufriedenheit in der Stimme rechnet er den versammelten Bilanzen vor, wie erfolgreich doch seine Politik für sie gewesen ist und bleibt. Tosender Beifall dankt es ihm.
> Ich denke an meinen verstorbenen Vater. Seit ich mich erinnern kann, hat er geschuftet wie ein Ochse. Nicht einmal zum Sterben hat er sich Zeit genommen, denn auch dieses Letzte geschah während der Arbeit. Er gehörte zu jenen, bei denen sich Leistung nie gelohnt hat. Aber CDU hat er gewählt, ein Leben lang, meine Mutter ebenso« (Fischer 1987, S. 60).

Trotz aller Kritik an den »väterlichen Autoritäten« ist bei Fischer durchaus eine teilweise Identifikation mit den Eigenschaften und Haltungen seines Vaters und auch der »Vaterfigur« Kohl zu verzeichnen. Jedenfalls fällt ihm bei Kohl sein Vater ein. Auf die Frage von Koelbl (1999, S. 19), ob er den Machtinstinkt von Kanzler Kohl bewundere, antwortet Fischer:

> »Machtinstinkt hat er zweifellos. Und Durchsetzungsvermögen. Aber er gehört auch zu dem Politikertyp, der sehr viel einsteckt und trotzdem durchhält. Gewinnen ist nicht einfach, aber die eigentlichen Probleme beginnen erst danach. Niederlagen verkraften und oben bleiben ist viel schwerer. Wie schwer es ist, zeigt das Beispiel Oskar Lafontaine. Und auch ich musste in meinem langen politischen Leben schon einiges verdauen. An einer Niederlage habe ich schwer zu schlucken. Nach außen wird das dicke Fell demonstriert, aber in Wirklichkeit trifft sie mich voll.«

Fischer charakterisiert seine hervorstechendsten Eigenschaften als Politiker durch die Trias »vorsichtig sein, einstecken können und durchhalten« (ebd.), also genau die gleichen Eigenschaften, die auch Kohl auszeichnen.

Auch die Ähnlichkeit mit seinem Vater taucht gerade in einem Punkt auf, an dem Fischer seinen Vater kritisierte: seine Arbeitswut, die so weit ging, dass er sich nicht einmal Zeit zum Sterben ließ. 1996, als er von seiner Frau Claudia verlassen wird und in eine schwere Lebenskrise gerät, sagt er über sich selbst: »Ich war ein Gefangener meiner selbst und der Politik. Wie ein Hamster im Tretrad. Allerdings ein sehr erfolgreicher Hamster« (ebd., S. 30), im Unterschied zum erfolglosen, kastrierten väterlichen »Ochsen«, der sich für nichts und wieder nichts todschuftete. An anderer Stelle bezeichnet sich Fischer als »workaholicmäßig« (ebd., S. 25).

Fischer bei seiner Erwiderung auf die Regierungserklärung von Bundeskanzler Kohl (23.11.1994)

Aber Fischer hat die Grenzen seiner eigenen körperlichen und seelischen Belastbarkeit noch rechtzeitig erkannt. Er hatte die innere Entschlossenheit, den Willen, aber auch die innere Distanz zu sich selbst, die Reflexionsfähigkeit, um seinem Leben noch eine entscheidende Richtungsänderung zu geben. Ich vermute, dass die Abmagerungskur, die Joschka Fischer sich selbst verordnete, mit der Erkenntnis zusammenhing, dass er dabei war, sich nicht nur äußerlich in einen konturlosen Fleischkloß zu verwandeln, sondern auch innerlich in der Gefahr stand, seine Identität zu verlieren, sein »wahres Selbst« dem politischen Apparat zu opfern. Indem er abnahm, grenzte er sich auch psychisch gegen die totale Vereinnahmung durch den Machtapparat ab und bewies sich selbst, dass er den Werten und Idealen, die er in seiner Adoleszenz und Spätadoleszenz ausgebildet hatte – und dazu gehörten auch die Ideale Sportlichkeit, Jugendlichkeit und das Ideal, die eigene Persönlichkeit, das eigne Leben autonom zu gestalten und nicht einem Machtapparat zu opfern –, noch immer treu geblieben war. Fischers radikale Umstellung seiner Lebensweise wurde ausgelöst durch die Trennungsängste, Trennungsschmerzen und Verlassenheitsgefühle, die ihm durch »Claudias Abfuhr« (Schwelien 2000, S. 164) zugefügt worden waren und die zugleich tief sitzende Trennungsängste von seiner Mutter reaktivierten. Diese existenzielle Krise machte ihn empfänglich für die körperlichen Gefahren, denen er sich durch sein Übergewicht und seinen ruinösen Lebensstil aussetzte. Die Sorge um seine Gesundheit begann ihn ernsthaft zu beschäftigen: »Stiche in der Brust weckten mich Nachts auf, oder ich spürte sie beim Einschlafen, und die Angst vor einem Herzinfarkt war fortan immer präsent« (Fischer zit. nach Schwelien 2000, S. 164).

»Nur wer sich ändert, bleibt sich treu«

> *»Die Verwandlung des Amtes durch den Menschen dauert etwas länger als die Verwandlung des Menschen durch das Amt.«*
>
> **Joschka Fischer (1998), zit. nach: Herlinde Koelbl (1999): Spuren der Macht. Die Verwandlung des Menschen durch das Amt. Eine Langzeitstudie. München (Knesebeck), S. 6.**

Der Satz von Wolf Biermann hat sowohl unter soziologischen als auch unter psychologischen Gesichtspunkten seine Gültigkeit: Nur wer sich ändert, bewahrt seine Identität. Wie der Psychoanalytiker Erik Erikson (1959), auf den der Begriff der Identität zurückgeht, ausgeführt hat, meint Identität sowohl die Selbstwahrnehmung von »Gleichheit und Kontinuität in der Zeit«, als auch »die damit verbundene Wahrnehmung, daß auch andere diese Gleichheit und Kontinuität erkennen«. Ein weiteres konstituierendes Merkmal von Identität ist die Fähigkeit, trotz der Wahrung der Kontinuität eine Synthese von Widersprüchen in der Persönlichkeit zu ermöglichen und Veränderungen so zu gestalten, dass trotz aller Wandlungsfähigkeit die persönlichen und kulturellen Wurzeln erkennbar bleiben (vgl. de Levita 1965).

Die individuelle Ich-Identität bestimmt sich zudem durch die Gruppen-Identität der sozialen Bewegung und die realen gesellschaftlichen Prozesse, die durch diese Bewegung ausgelöst werden, d. h. sie steht in einem komplexen Spannungsfeld zwischen Wunsch und Wirklichkeit. Denn »es gehört zum Wesen des geschichtlichen Prozesses, daß zwischen den Motiven und den Konsequenzen des Handelns keine lineare Verbindung besteht« (Bude 1995, S. 17). Vielmehr klafft häufig zwischen den Motiven, die ein politischer Akteur – handele es sich nun um einen einzelnen Aktivisten oder um eine soziale Bewegung – dem eigenen Handeln zugrunde legt, und der realen historischen Wirkung eine tiefe Kluft. Was sich aus der Sicht der Aktivisten als Scheitern darstellen mag, kann im Kontext des historischen Prozesses als Erfolg gewertet werden, »wobei allerdings die früheren Absichten mit den späteren Wirkungen oft wenig zu tun haben« (ebd.). Das »Pathos sozialer Bewegungen«, die »Ideologie der Akteure« (ebd.), ihr Beharren auf dem, was sie selbst als ihre »politische

Joschka Fischer im Bundestag (1984)

Identität« bezeichnen, verstellt ihnen häufig den Blick auf die Veränderungen der gesellschaftlichen Verhältnisse, die sich teils ohne, teils aber durchaus auch mit ihrem Zutun abgespielt haben.

Es ist schon eine erstaunliche Karriere, die der Schulabbrecher mit der abgebrochenen Fotografenlehre, der ehemalige Taxifahrer, Buchhändler und militante Straßenkämpfer aus der Frankfurter Sponti-Szene gemacht hat. Dass sie möglich war – und momentan noch möglich ist – spricht unter psychologischen Gesichtspunkten für die Lern- und Wandlungsfähigkeit von Joschka Fischer und der politisch engagierten 68er-Generation, die er repräsentiert. Unter politikwissenschaftlichen Aspekten kann diese Karriere aber auch als ein Kompliment an die Durchlässigkeit, Offenheit, Wandlungsfähigkeit und Integrationskraft des demokratischen Systems der Bundesrepublik Deutschland angesehen werden. Nach der Integration der nationalsozialistischen Mitläufer stellt die Integration der antiautoritären Bewegung eine der großen historischen Leistungen der noch jungen Demokratie dar. Es gelang ihr, die Spirale der Gewalt wieder zurückzudrehen, die Spaltung der Gesellschaft zu überwinden und die radikalisierten Minderheiten wieder in das demokratische System zu integrieren. »Die Erfolgsstory der Grünen besteht darin, den Bruch überwunden zu haben«, sagte

Joschka Fischer bei einem Teach-In an der Frankfurter Universität zum »Häuserkampf« im Frankfurter Westend (Oktober 1973)

Daniel Cohn-Bendit in einem Spiegel-Interview. Die Biographie von Joschka Fischer steht symbolisch für diesen langwierigen und schmerzhaften Prozess. Aber nicht nur Joschka Fischer, die Grünen und die 68er haben sich gewandelt, sondern auch in der Bundesrepublik hat sich ein grundlegender Mentalitätswandel vollzogen, zu dem die Bewegung von 68 einen nicht unerheblichen Beitrag geleistet hat. Gerhard Schröder und Joschka Fischer, die beiden am Beginn des neuen Jahrtausends führenden Politiker der Bundesrepublik, sind typische Vertreter der 68er-Generation. Damals gehörten sie unterschiedlichen, teilweise verfeindeten Fraktionen der Protestbewegung an: Auf der einen Seite der »reformistische« Juso-Chef Schröder, auf der anderen der »revolutionäre Sponti« Fischer. Beide kamen aus eher bescheidenen Verhältnissen und sind soziale Aufsteiger par excellence. Schröder, der schon immer offen machthungrig war, rüttelte bereits als Jungsozialist buchstäblich an den Gitterstäben, die das Bundeskanzleramt einzäunten. Fischer stellte als spontaneistisch-anarchistischer Straßenkämpfer die Legitimität staatlicher Machtstrukturen prinzipiell in Frage. Er genoss und nutzte den emotionalen Aufruhr der Adoleszenz bis ins post-adoleszente Alter von 29 Jahren in vollen Zügen, bis er im »deutschen Herbst« des Jahres 1977 eine Wandlung erfuhr. Fischer, der ja bekannt ist für seine Sprachgewalt, seine rhetorische Begabung und sein moralisches Pathos, brauchte recht lange, um sich vom revolutionären Pathos der Studenten- und speziell der Sponti-Bewegung zu verabschieden. Erst im Jahre 1976, nach dem Selbstmord von Ulrike Meinhoff in Stammheim, konnte er sich zu einer Distanzierung von der RAF durchringen, auch wenn er sogar zu diesem Zeitpunkt noch mit verklärendem Pathos von den »Genossen der Stadtguerilla« sprach: »Wir können uns aber auch nicht einfach von den Genossen der Stadtguerilla distanzieren, weil wir uns dann von uns selbst distanzieren müßten, weil wir unter dem selben Widerspruch leiden, zwischen Hoffnungslosigkeit und blindem Aktionismus hin- und herschwenken,« sagte Fischer in seiner Rede auf dem vom »Sozialistischen Büro« veranstalteten Pfingstkongress 1976. In seinem Hin- und Herschwanken zwischen Distanzierungen von der RAF und Solidaritätsbekundungen mit ihr wird deutlich, wie zwiespältig und unentschlossen Fischers Haltung war. Noch in seiner abschließenden Aufforderung an die RAF, die Waffen niederzulegen, zeigt sich diese Ambivalenz:

Außenminister Fischer vor dem Weißen Haus (Oktober 1998)

> »Gerade weil unsere Solidarität den Genossen im Untergrund gehört, weil wir uns mit ihnen so eng verbunden fühlen, fordern wir sie von hier aus auf, Schluß zu machen mit diesem Todestrip, runter zu kommen von ihrer ›bewaffneten Selbstisolation‹, die Bomben wegzulegen und die Steine, mit einem Widerstand, der ein anderes Leben meint, wiederaufzunehmen« (Fischer, zit. nach Negt 1995, S. 265f).

Es verdient allerdings festgehalten zu werden, dass Fischers öffentliche Distanzierung vom Terrorismus bereits vor dem »Deutschen Herbst« des Jahres 1977* stattfand. Doch lange genug hatte die romantische Verklärung von Revolution und Illegalität die längst überfällige Abgrenzung von der RAF erschwert. Die abenteuerlich-heroische Figur des »streetfighting man«, dem die Rolling Stones in ihrem Song 1968 ein Denkmal setzten, gehörte zu den romantischen Mythen dieser Bewegung, dem auch Fischer verfallen war. Diese Mythen und das Pathos sowie die damit verknüpften Größen- und Allmachtsphantasien hatten sich tief in der Psyche der 68er-Generation – nicht nur bei der kleinen Gruppe der Aktivisten, sondern auch in den Wertvorstellungen und im Zeitgeist einer ganzen Epoche – verwurzelt. Die Trennung davon war ein politisch zwar längst notwendiger, aber individuell und kollektiv äußerst schwieriger Schritt. Man kann Fischer allerdings zu Gute halten, dass er sich schließlich nicht nur von dem Liebäugeln mit der Gewalt trennte, sondern seine Fehler und die der Bewegung zum zentralen Angelpunkt seines weiteren politischen Lebensweges machte und nun auch in dieser Hinsicht stellvertretend für seine Generation eine Aufgabe wahrnahm, die in diesem Fall aus dem Abschied von Illusionen und der Anerkennung der Realität bestand. Aus dem fundamentalistischen Saulus wurde ein realistischer Paulus. Entsprechend heftig waren die Anfeindungen, denen sich Fischer während seiner anschließenden parteipolitischen Karriere bei den Grünen durchgehend ausgesetzt sah. Im oft hasserfüllten Streit zwischen »Fundis« und »Realos« spielte mehr oder weniger untergründig die Frage der Legitimität von Gewalt immer noch eine Rolle. Fischer war innerhalb der Grünen aufgrund seiner militanten Vergangenheit eine glaubwürdige und letztlich überzeugende Identifikationsfigur, die den Grünen half, ihre ambivalente Haltung zur Frage der Gewalt, des Parlamentarismus und der Fundamentalopposition in realistischere Einstellungen zu wandeln. Notwendigerweise wurde er in diesem Prozess auch zur Zielscheibe für den Hass und die Verachtung, die von einem überhöhten, unnachgiebigen, sich revolutionär gerierenden »linken« Ich-Ideal ausgeübt wurde. Diese Kritik galt im Grunde dem eigenen Selbst der Militanz-Befürworter. In Fischer fanden einerseits die opportunistischen Selbstanteile seiner Feinde eine willkommene Projektionsfläche und andererseits einen Sündenbock, den sie wegen des scheinbaren Verrats der revolutionären Ideale in die Wüste schicken wollten. Dass dies bislang nicht gelungen ist, verdankt Fischer dem eher »schweigenden«, besonnenen Teil der 68er-Generation, der ihm bis heute die hohen Sympathiewerte bei Umfragen beschert.

Der Historiker und Politologe Wolfgang Kraushaar, der 1974/75 AStA-Vorsitzender der Frankfurter Universität war, und Fischer aus diesen Jahren persönlich kannte, schreibt über ihn:

---

* Im Jahr 1977 steigerte sich der Terror der RAF zu immer wahnwitzigeren Aktionen: zur Ermordung von Generalbundesanwalt Siegfried Buback, zur Ermordung des Vorstandssprechers der Deutschen Bank Jürgen Ponto, zur Entführung und Ermordung von Arbeitgeberpräsident Hanns-Martin Schleyer. Der Terror dieses Jahres gipfelte schließlich in der Entführung der Lufthansa-Maschine »Landshut« durch palästinensische Terroristen, die hofften, mit dieser Aktion RAF-Gefangene freipressen zu können. Am 18. Oktober 1977 stürmte eine Einheit der GSG 9 die gekaperte Lufthansa-Maschine und befreite die Geiseln. Noch am gleichen Tag wurden Andreas Bader, Gudrun Ensslin und Jan-Carl Raspe in ihren Zellen in Stuttgart-Stammheim tot aufgefunden. Einen Tag später fand man die Leiche von Hanns-Martin Schleyer.

»Er personifiziert zwei ganz unterschiedliche Seiten der bundesdeutschen Geschichte: auf der einen Seite den Bruch mit der NS-Generation, den Angriff auf den Staat, und die Ablehnung des Parlamentarismus, auf der anderen Seite die Vitalität des parlamentarischen Systems, die Integrationsfähigkeit des Parteienstaates und die Relegitimierung des Verfassungsstaates. Dazwischen liegen rund dreißig Jahre, Jahre der Abrechnung, Kämpfe und Konflikte, aber auch solche der Veränderung, Aussöhnung und Entdramatisierung. Fischer fokussiert diese beiden Tendenzen in ihrer jeweiligen Extremheit wie kaum ein zweiter. Er ist die Person gewordene Versöhnung und Teilhabe. Gerade das macht ihn bei einem Teil seiner ehemaligen Weggefährten so verhasst. All jene, die auf Desintegration, Antistaatlichkeit und Konfrontation setzen, die eifernde Jutta Ditfurth an der Spitze, versuchen ihn zu entlarven, vorzuführen und auszumanövrieren« (Kraushaar 2001, S. 34f).

Aber nicht nur vom eigenen Lager muss sich Fischer Kritik, Polemik und oft auch hasserfüllte Ablehnung gefallen lassen, sondern auch von der entgegengesetzten Seite des politischen Spektrums. Die Frage von CDU-Generalsekretär Laurenz Meyer, wie einer, der vor 30 Jahren einen Polizisten verprügelt hat, heute als Repräsentant des deutschen Staates gewalttätigen jugendlichen Skinheads glaubwürdig den Verzicht auf Gewalt abverlangen könne, lässt sich aus psychotherapeutischer Perspektive indessen leicht beantworten: In der Alkohol- und Drogentherapie, aber gerade auch in der sozialtherapeutischen Arbeit mit Gewalttätern sind es sehr häufig die »Ehemaligen«, die geläuterten Gewalttäter, die der Gewalt abgeschworen haben, die trockenen Alkoholiker, die keinen Tropfen mehr anrühren, die den besten Kontakt zu den Problem-Jugendlichen finden und sie am überzeugendsten von ihrem zerstörerischen und selbstzerstörerischen Weg abbringen können. Die Jugendlichen haben bei einem Ehemaligen das Gefühl, dass dieser weiß, wovon er spricht, dass er sich einfühlen kann in ihre verzweifelte Situation, die den subjektiven motivationalen Hintergrund für das destruktive Handeln geliefert hat. Zudem ist der trocken gewordene Alkoholiker, der clean gewordene Drogenabhängige oder der zum staatstragenden Demokraten avancierte ehemalige militante Straßenkämpfer ein gutes Vorbild für Jugendliche, die in Gefahr sind, in Gewalt und Kriminalität abzurutschen. Dieser Vergleich mit der sozialtherapeutischen Arbeit im Drogen- und Gewaltmilieu stellt mehr als eine Analogie dar, denn die Funktion, die vor allem Daniel Cohn-Bendit, aber auch Joschka Fischer für die militante Szene der siebziger und achtziger Jahre innehatten, betraf exakt diesen Punkt. Die beiden militanten Spontis besaßen in der linken Szene Glaubwürdigkeit, wobei Daniel Cohn-Bendit aufgrund seiner tragenden Rolle im Pariser Mai 68 in der Frankfurter Alternativ-Szene großes Ansehen genoss. Der argumentative Kampf von Cohn-Bendit und Fischer gegen die Parolen und die Gewalt-Ideologie der RAF hat sicherlich einige – vielleicht sogar viele – Militante davon abgehalten, in den terroristischen Untergrund abzutauchen.

In der Bundesrepublik existiert heute kein nennenswertes Gewaltpotential in der linken Szene und erst recht keine intellektuell und politisch ernst zu nehmende Gruppierung mehr, die Gewalt in der politischen Auseinandersetzung innerhalb einer parlamentarischen Demokratie befürworten würde. Dies ist das Ergebnis eines langen und oft schmerzlichen Lernprozesses, den die Linke durchmachen musste. Cohn-Bendit und Fischer haben wesentlich zur inneren Befriedung der Bundesrepublik beigetragen und Cohn-Bendit ermöglichte einzelnen RAF-Sympathisanten den Ausstieg aus der Terror-Szene.

Die Vergangenheit ist gegenwärtig

> *»Erinnern hilft vorbeugen«*
>
> **Slogan der Friedensbewegung**

Die deutsche Vergangenheit wirft bis heute ihre Schatten auf das Leben in der Bundesrepublik. Die Versuche, den Faschismus zu verdrängen, konnten seine unbewusste und bewusste Virulenz nicht ausschalten. Vielmehr prägten die Mechanismen der Abwehr einerseits und die Wiederkehr der verdrängten Vergangenheit andererseits das gesellschaftliche Leben und hatten insbesondere auf das Verhältnis von Jungen und Alten einen starken Einfluss. »Je hartnäckiger die Eltern geschwiegen hatten, um so mehr mußte die Jugend ahnen, daß in sie selbst etwas Unbegriffenes überging, das um so gefährlicher und bedrückender erschien, als die Eltern eben nicht wagten, sich damit anzuvertrauen« (Richter 1985, S. 152). Die Beziehung der Generationen lud sich auf mit der emotionalen Spannung, die sich aus den abgewehrten Erinnerungen an die Nazi-Zeit speiste. Die sich verändernden Generationskonflikte der letzten fünf Jahrzehnte sind ein Spiegel für die Nachwirkungen des Nationalsozialismus auf die unbewussten kollektiven Prozesse in der Nachkriegsgesellschaft der Bundesrepublik (vgl. Wirth 1986; 1988; 1997). Norbert Elias (1992, S. 340f) weist darauf hin, dass »auch in anderen europäischen Industrienationen die Vergangenheit einen Schatten auf das politische Handeln und Denken« warf, da mit dem Zweiten Weltkrieg die Vormachtstellung der großen Imperialländer zerfiel. Das Ende der kolonialen Vormachtstellung Europas in der Welt »hat auch hier bei den jeweils jüngeren Generationen zu Haltungen und Einstellungen geführt, die als eine Art von Distanzierungs- und Reinigungsritual in bezug auf die Sünden der Väter gelten können« (ebd., S. 341). Diese Tendenz und »der Schuldkomplex der jüngeren Generation wegen der Untaten der Väter« (ebd., S. 341) seien allerdings in Deutschland besonders ausgeprägt.

Im Laufe der sechziger Jahre kam es mit der Studentenbewegung zu einer Politisierung des jugendlichen Protestes, der mit einer zunehmend kritischeren Einstellung der Jugend zu der bislang idealisierten westlichen Welt einherging. Am Krieg in Vietnam, dessen Problematik die Flakhelfer-Generation nicht wahrzunehmen bereit war, weil sie mit dem Retter und ehemaligen Feind Amerika überidentifiziert war, wurde deutlich, dass zwischen den demokratischen und freiheitlichen Idealen der westlichen Welt und der politischen Wirklichkeit eine Diskrepanz klaffte (vgl. Richter 1985). Am Vietnam-Krieg entzündete sich eine tief greifende Auseinandersetzung der Jugend mit großen Teilen der älteren Generation, »die sich dadurch in ihrem mühsam wieder aufgebauten Selbstwertgefühl zentral angegriffen fühlte. Je starrer die Abwehrhaltung gegen die Durcharbeitung der Vergangenheit ist, umso leichter ist dann das auf Verleugnung aufgebaute neue Selbstwertgefühl zu lädieren« (Mitscherlich-Nielsen 1979, S. 21 f).

Die Kritik der Studenten löste erstmals eine öffentliche, kontroverse und emotional bedeutsame Auseinandersetzung mit der deutschen Vergangenheit aus. Die studentische Protestbewegung attackierte die nationalsozialistische Vergangenheit vieler Politiker und Repräsentanten des öffentlichen und wirtschaftlichen Lebens – wie Kiesinger, Flick, Carstens, Filbinger u. a. – scharf. Den protestierenden Studenten erschien die Tatsache, dass viele dieser Repräsentanten ihre politische oder wirtschaftliche Karriere, die sie unter den Nazis begonnen hatten, jetzt bruchlos in der »BRD« fortsetzen konnten, als Beweis dafür, dass die Bundesrepublik ein faschistischer, zumindest ein »faschistoider« Staat sei. Die Weigerung des »Establishments«, zum Krieg der Amerikaner in Vietnam kritisch Stellung zu nehmen, und die massiven Überreaktionen des Staates auf die Proteste der Studenten schienen diese Einschätzung zu bestätigen.

Im Protest gegen den Vietnam-Krieg der Amerikaner klagte die junge Generation unbewusst auch die Nazi-Vergangenheit der Elterngeneration an (vgl. Richter 1985). Nur so lässt sich die Schärfe der Auseinandersetzungen über den Krieg in Vietnam, die außerhalb Amerikas nur in Deutschland einen solch unversöhnlichen Charakter annahmen, erklären. Die Studenten fühlten eine moralische Verpflichtung, gerade als Bürger Deutschlands, das den Zweiten Weltkrieg verschuldet und unter dem Banner des Anti-Kommunismus Russland überfallen hatte, nun gegen einen neuen antikommunistischen Kreuzzug Stellung zu beziehen. Der Loyalitätskonflikt, in dem sich die Deutschen gegenüber ihrem Befreier Amerika befanden, wurde aufgelöst durch eine Spaltung der Ambivalenz auf die beiden Generationen. Die ältere Generation hatte ihr lädiertes Selbstbewusstsein durch eine Überidentifikation mit Amerika gestärkt und erlaubte sich deshalb keine Kritik an dem Krieg der Amerikaner, zumal sie auf diese Weise den alten Anti-Kommunismus weiter pflegen konnte. Die junge Generation übernahm hingegen die andere Seite der Ambivalenz, nämlich die moralische Lehre aus der nationalsozialistischen Katastrophe zu ziehen und einen Angriffskrieg im Zeichen des Anti-Kommunismus abzulehnen.

Die Studenten fühlten sich moralisch im Recht, versuchten sie doch nur, die moralische Aufforderung ihrer geistigen Väter, der so genannten »kritischen Autoritäten« wie Theodor W. Adorno, Herbert Marcuse und Alexander Mitscherlich zur Vergangenheitsbewältigung ins Praktische zu wenden, indem sie die Elterngeneration nach ihrer Haltung im Nationalsozialismus befragten. Allerdings kam kein wirklich offenes Gespräch zwischen den Generationen zustande. Die ältere Generation fühlte sich angegriffen, in ihrer neu aufgebauten Identität verunsichert und reagierte mit einer defensiven und aggressiven Abwehrhaltung. Die Protestgeneration ihrerseits kam über ein aggressives Attackieren und moralisches Anklagen nicht hinaus. Ihre Kritik blieb distanziert, moralisierend, scharf und über weite Strecken selbstgerecht und verhinderte damit ein offenes Gespräch. Anstatt daß sich ein »gemeinsamer Verarbeitungsprozeß im Dialog unter mehreren Generationen« (ebd., S. 294) entwickelt hätte, kam es bei den Etablierten zu einer Paranoia gegenüber allen, die sich als Verfassungsfeinde, Terroristen, Sympathisanten und Alternative verdächtig machten, und aufseiten mancher Protestler zu einem blindwütigen Kampf gegen die ältere Generation und gegen die etablierte Gesellschaft.

Der jungen Generation erschien das moralische Versagen der Eltern so fundamental zu sein, dass sie glaubte »alles, aber auch alles neu machen zu müssen« (Simon 2000, S. 60). Insbesondere die satte Selbstzufriedenheit in den Jahren des Wirtschaftswunders stand für die Jungen in einem unerträglichen Gegensatz zu dem von Deutschland verschuldeten Elend. Die »Fresswelle«, die »Bekleidungswelle« und die generelle Konsumorientierung, die aus Deutschland einen »großen Konsumverein« machte (Glaser 1986, S. 96), ekelte sie regelrecht an und begründete ihre radikale Kritik an der Konsumgesellschaft. Die Konsumverweigerung, der Hang zur Askese, deren Einfluss sich in allen Teilen der zugleich hedonistischen Protestbewegung finden lässt, ist als Gegenreaktion auf die Flucht in den Konsum zu verstehen, den die Mehrheit der Nachkriegsgesellschaft antrat. Auch neigte die junge Nachkriegsgeneration dazu, »im Gegenschlag zu den Herrschaftsattitüden der Vätergeneration, die sich selbst [...] als menschlich bessere und wertvollere Gruppen erlebten, [...] nun gerade die unterdrückten Gruppen als die menschlich besseren und wertvolleren anzusehen« (Elias 1992, S. 341) und sich mit den »Verdammten dieser Erde« zu solidarisieren und zu identifizieren. Die Scham über die Untaten der Elterngeneration unter dem Nationalsozialismus steigerte ihre Sensibilität »für die Schlechtigkeit der Welt überhaupt« (ebd., S. 343). Die Verantwortung, die diese Generation auf ihren Schultern spürte, war so übergroß, dass sie entweder erdrückend wirkte und zu Rückzug, Verweigerung, Depression und Selbstdestruktion führte oder aber zu einem gewaltsamen Befreiungsschlag. Beide Verarbeitungsmuster sind in der 68er-Generation weit verbreitet.

Wie Christian Schneider, Annette Simon, Herbert Steinert und Christiane Stillke (2002) in ihren Interviews mit Angehörigen der 68er-Generation festgestellt haben, waren viele von einer Grundhaltung geprägt, die Simon (2000) als »Nichts-Werden-Wollen« bezeichnet hat. Sie führt diese Einstellung auf »eine Verweigerungshaltung gegenüber den Aufstiegsphantasien« zurück, »die die Eltern in der Nachkriegszeit für diese Kinder entworfen hatten« (ebd.). Und doch war die Rebellion der 68er-Generation nicht eigentlich gegen die Eltern gerichtet, sondern ist als Wiedergutmachung zu verstehen, die einen wirklichen Neubeginn nach 1945 ermöglichen sollte. »Es war eine stellvertretende Rebellion, die im Grunde von einem schützenden Impuls gegenüber den Eltern beherrscht war, die ihre eigene Geschichte nicht mehr tragen konnten« (Bude 1995, S. 35). Die 68er-Generation nahm hingegen die schwere Last auf sich, die in dem früh eingepflanzten Lebensgefühl des »Schuldig-Geborenseins« (Sichrovsky 1987) bestand. Um die Schuld der Väter wieder gutzumachen, fühlte die 68er-Generation »Herzklopfen für das Wohl der Menschheit« (Hegel, zit. nach Elias 1992, S. 343) und überforderte sich heillos mit dem Anspruch gegen alle Übel der Welt ankämpfen zu müssen.

Der unterlassene Widerstand der Eltern und der übersteigerte Widerstand der RAF

»Ich weiß gar nicht, ob die RAF eine politische Gruppe war. Sie war eher so etwas wie die Selbstanmaßung einer ganzen Generation.«

Ehemaliges RAF-Mitglied Astrid Proll, zitiert nach Der Spiegel 2002/9, S. 204

In radikal zugespitzter Weise stellt sich diese Problematik bei den Mitgliedern der RAF dar. Bei ihnen ist unverkennbar, dass sie im unbewussten Auftrag ihrer Eltern handelten, als sie die aus ihrer Sicht »faschistische BRD« mit terroristischer Gewalt bekämpften. Auf einer unbewussten Ebene holten die Terroristen der RAF das nach, was ihre Eltern seinerzeit zu tun versäumt hatten: Widerstand zu leisten. Diese familiendynamischen Zusammenhänge sind beispielsweise in den Biographien von Birgit Hogefeld (vgl. Richter 2001) und Gudrun Ensslin (vgl. Aust 1986) deutlich zu erkennen. In beiden Fällen zeigen die Eltern ihre Sympathie mit den terroristischen Gewalttaten ihrer Töchter und rechtfertigten diese teilweise mit dem Verweis auf den unterlassenen Widerstand ihrer eigenen Generation während der Nazi-Herrschaft. So sagte Pfarrer Helmut Ensslin, der Vater von Gudrun Ensslin, nachdem seine Tochter wegen der Brandstiftung in einem Frankfurter Kaufhaus verurteilt worden war, gegenüber einem Reporter:

> »Was sie sagen wollte, ist doch dies: eine Generation, die am eigenen Volk und im Namen des Volkes erlebt hat, wie Konzentrationslager gebaut wurden, Judenhaß, Völkermord, darf die Restauration nicht zulassen. Darf nicht zulassen, daß die Hoffnungen auf einen Neuanfang, Reformation, Neugeburt verschlissen werden. Das sind junge Menschen, die nicht gewillt sind, diese Frustration dauernd zu schlucken und dadurch korrumpiert zu werden. Für mich ist erstaunlich gewesen, daß Gudrun, die immer sehr rational und klug überlegt hat, fast den Zustand einer euphorischen Selbstverwirklichung erlebte, einer ganz heiligen Selbstverwirklichung, so wie geredet wird vom heiligen Menschentum. Das ist für mich das größere Fanal als die Brandlegung selbst, daß ein Menschenkind, um zu einer Selbstverwirklichung zu kommen, über solche Taten hinweggeht« (zit. nach Aust 1986, S. 73 f).

Vater Ensslin distanziert sich zwar an anderen Stellen des Interviews ausdrücklich von den Taten seiner Tochter, doch zeigen seine »einfühlsamen« Interpretationen, dass er eine große Nähe zum Gefühlsleben und der Gedankenwelt seiner Tochter empfindet. Der Vater fühlt sich offenbar angesprochen, wenn seine Tochter seiner eigenen Generation, die »erlebt hat, wie Konzentrationslager gebaut wurden«, vorwirft, sie lasse die Restaura-

Kaufhausbrandstifter Andreas Baader und Gudrun Ensslin

tion zu. Die »jungen Menschen« sind frustriert – so Pfarrer Ensslin – weil die ältere Generation sich hat korrumpieren lassen und nicht klar Stellung bezieht zu Judenhass und Völkermord in der deutschen Vergangenheit und zur »Restauration« in der deutschen Gegenwart. Aber die jungen Menschen sind nicht mehr gewillt, »diese Frustration dauernd zu schlucken« und sich durch ihr Stillhalten selbst auch zu korrumpieren. Die junge Generation übernimmt – so könnte man Helmut Ensslins weitere Ausführungen interpretieren – stellvertretend für die Elterngeneration die »heilige« Aufgabe, in einem Kreuzzug gegen den faschistischen Staat sich selbst und das deutsche Volk von dem Fluch des Nationalsozialismus zu reinigen. Wie die mehrfache Verwendung des Wortes »heilig« vermuten lässt, spürt Helmut Ensslin sehr feinfühlig das Sendungsbewusstsein, den religiös anmutenden Eifer, den Fanatismus, die Erlösungshoffnungen, die seine Tochter zu ihren Taten antreiben. Die RAF-Terroristen sind »unbewusste Delegierte« (Stierlin 1980) ihrer Eltern, daher ihr »heiliger« Eifer. Sie handeln im unbewussten Auftrag der Elterngeneration an der »Bewältigung der deutschen Vergangenheit«, d. h. an der Vergangenheit ihrer Eltern. Aber diese Vergangenheit ist so gewaltig, so monströs, dass jeder Versuch, sie im Handstreich zu »bewältigen«, nicht nur scheitern muss, sondern selbst wieder neue Gewalt hervorbringt. Der Protestant Ensslin * verrät seine unbewusste Identifikation mit dem »Protest« seiner Tochter, wenn er die Brandstiftung mit der Reformation und dem »heiligen Menschentum« assoziiert und sie als ein »Fanal« bezeichnet. Er ist fasziniert von der extremen Risikobereitschaft, der Märtyrer-Mentalität und der Radikalität seiner Tochter sich selbst und anderen gegenüber. Er übernimmt die Selbstglorifizierung der RAF, ja, in gewisser Weise steigert er sie sogar noch, wenn er »das größere Fanal als die Brandlegung selbst« in der »heiligen Selbstverwirklichung« dieses »Menschenkindes« sieht, das, »um zu einer Selbstverwirklichung zu kommen, über solche Taten hinweggeht«. Helmut Ensslin meint mit dem letzten Satz wohl, Gudrun gehe, »um zu einer Selbstverwirklichung zu kommen«, über die Folgen, die ihre Tat für andere aber auch für sie selbst hat, hinweg. Um ihrer »heiligen« Mission willen ist Gudrun bereit, andere, vor allem aber sich selbst zu opfern. Der eigene Märtyrer-Tod wird geradezu gesucht, einerseits als Beweis für die Bösartigkeit des »Systems« und andererseits als Opfer, das die Schuld der Elterngeneration wieder gutmachen soll.

Man muss bei diesen Ausführungen eingedenk bleiben, dass die RAF zu diesem Zeitpunkt noch nicht existierte, dass noch kein Mensch von linken Terroristen ermordet worden war. Es ging »nur« um die Brandstiftung in einem Kaufhaus, also um »Gewalt gegen Sachen«, es ging um einen symbolischen Akt. Umso bemerkenswerter ist die unbewusste »Sensibilität« von Helmut Ensslin, der die Dramatik, die latente Destruktivität und Selbstdestruktivität bereits zu diesem Zeitpunkt erahnt, die erst in der Zukunft manifest werden sollten. Seine Beziehung zu seiner Tochter ist von einer tiefen Ambivalenz geprägt: Er kann sich so gut in sie einfühlen, weil sie einen Teil von ihm repräsentiert, weil sie etwas auslebt, was ursprünglich sein eigenes Bedürfnis war. Vater Ensslin hat sein eigenes narzisstisch überhöhtes Ich-Ideal, ein antifaschistischer Widerstandskämpfer sein zu wollen, auf seine Tochter projiziert, und sie hat diese Rolle angenommen und ausgeführt. In diesem Fall ist der Vater in der Rolle des Komplementär-Narzissten, der seine Tochter in der narzisstischen

* Gerhard Schmidtchen (1981, S. 31 f) hat in seiner soziologischen Analyse über »Terroristische Karrieren« (vgl. Jäger u. a. 1981) herausgefunden, dass überdurchschnittlich viele Links-Terroristen (68%) »im evangelischen Milieu aufgewachsen sind«. Charakteristisch sei »ein protestantischer Familienhintergrund bei minimaler religiöser Sozialisation«. »Die mystische Komponente des deutschen Protestantismus macht sich in der säkularen Erziehung durch die Betonung der Autonomie der eigenen Überzeugungen bemerkbar. Es kommt darauf an, daß man von irgendwas überzeugt ist. Dies verleiht dem Handeln letzte Evidenz und Legitimation. [...] Alles wird richtig, wenn nur die Überzeugungen richtig sind; und diese sind richtig, wenn man von ihnen ergriffen ist. Soziale Konsequenzen, und das heißt auch menschliche Opfer, sind dann sekundär.«

Rolle der grandiosen Freiheitskämpferin und Märtyrerin glorifiziert.

Auch Ilse Ensslin, die Mutter von Gudrun Ensslin, bekennt sich in einem Interview nach dem Kaufhausbrand-Prozess zur Tat ihrer Tochter:

Minister Fischer in seinem Amtszimmer (2001)

> »Ich spüre, daß sie mit ihrer Tat auch etwas Freies bewirkt hat, sogar in der Familie. Plötzlich, seit ich sie vor zwei Tagen in der Haft gesehen habe, bin ich selbst befreit von einer Enge und auch Angst, die – vielleicht zu Recht oder Unrecht – mein Leben hatte. Vielleicht auch kirchliche Konvention. Das alles hat Gudrun immer sprengen wollen, und ich habe es verhindern wollen. Daß es Menschen gibt, die weitergetrieben werden, aus der Konvention heraus, zu Taten, die ich nicht übersehen kann, vielleicht aber in zehn Jahren als berechtigt anerkennen muß. Das wäre mir vor einem Jahr oder vielleicht noch vor einer Woche unmöglich gewesen zu sagen. Aber sie hat mir eine Angst genommen, und sie hat mir den Glauben an sie nicht genommen« (zit. nach Aust 1986, S. 73 f).

Ilse Ensslin hat das Gefühl, dass durch die kriminelle Tat ihrer Tochter »etwas Freies« in ihr bewirkt worden sei. Sie fühlt sich befreit von Angst und einem Gefühl der Beklommenheit. Die Tochter hat das getan, was sich die Mutter nie zu tun gewagt hat: die Konvention zu brechen. Die Kaufhausbrandstiftung moralisch zu verurteilen oder auch nur unsinnig zu finden, kann sich die Mutter nicht entschließen, so sehr ist sie fasziniert und entlastet von dem Befreiungsschlag der Tochter, mit dem sie sich unbewusst identifiziert. Die Tat moralisch gutzuheißen würde ihrem Gewissen allerdings widersprechen, doch kann sie sich immerhin vorstellen, dass man die Tat vielleicht in zehn Jahren als berechtigt anerkennen muss. Und zum Schluss bekräftigt die Mutter nochmals ihre Auffassung, dass sie an ihre Tochter glaube und dass die Tochter ihr mit dieser Tat die Angst genommen habe. Offenbar fühlt sich Ilse Ensslin psychisch entlastet, weil die Tochter ihren eigenen unbewussten Konflikt stellvertretend für sie ausagiert. Gudrun Ensslin handelt aufgrund eines unbewussten Rollenauftrages ihrer Mutter.

Richter (2001, S. 79) hat die gleichen unbewussten Verstrickungen zwischen Birgit Hogefeld und ihrem Vater herausgearbeitet:

> »Ihre unbewusste Mission als rächende Erlöserin des Vaters, der Märtyrer-Mythos des Holger Meins und die Identifizierung mit einer Gruppe, die sich mit jeder Niederlage nur noch entschlossener in der Festung ihres Menschheitsbefreiungswahns verbarrikadierte, das waren die Antriebe, die sie am Ende zum willfährigen Teil einer destruktiven Gruppenpsychose machten. Wie die anderen an ihrer Seite vollzog sie die von Freud beschriebene Reaktion der Wahnbildung, nämlich die versagende Realität aufzugeben und durch eine paranoische Wunschwelt zu ersetzen, nämlich durch den unbeirrbaren Glauben an die siegreiche Revolution, von dem sich die Massen der 1968 mobilisierten Linken schon resigniert verabschiedet hatten.«

In diese unbewusste Dynamik verstrickt, schufen sich die Terroristen eine phantasierte gesellschaftliche Realität, die ihrem unbewussten elterlichen Rollenauftrag entsprach und diesen rechtfertigte. In einer »Self-fulfilling-prophecy« forderten sie die Staatsmacht gewalttätig heraus, bis diese schließlich ihre »autoritär-kapitalistische Fratze« zeigte. Diese Dynamik springt im Falle der Terroristinnen Ensslin und Hogefeld geradezu ins Auge, ist aber in abgeschwächter Form charakteristisch für das Generationenverhältnis insgesamt.

Von Willy Brandt und den Sozialdemokraten erwartete die 68er-Generation eine kompromisslose Auseinandersetzung mit der Gewaltherrschaft des Hitler-Regimes. Doch die große Koalition, die sich sogleich die Verabschiedung der Notstandsgesetze vornahm, machte diese Hoffnungen zunichte. Als dann Willy Brandts sozial-liberale Koalition mit dem Programm antrat, »mehr Demokratie zu wagen«, keimten neue Hoffnungen auf. Im Grunde war die Wahl Willy Brandts zum Bundeskanzler erst durch den kulturellen Klimawandel ermöglicht worden, den die Jugendbewegung der sechziger Jahre in Gang gesetzt hatte. Der ganz überwiegende Teil der 68er-Generation nahm Willy Brandts Einladung »mehr Demokratie zu wagen« an und machte sich auf den »langen Marsch durch die Institutionen« oder gründete eigene Institutionen, die sich auf den langen Weg einer friedlichen Veränderung der Gesellschaft machten.

Die Frauen-, die Alternativ-, die Öko- und die Friedensbewegung, aber natürlich auch die Partei der Grünen und die zahlreichen namenlosen Initiativ- und Selbsthilfegruppen im Bereich der Psychiatrie, der psychosozialen Versorgung von Randgruppen, zur Erprobung neuer Formen der Erziehung sind aus diesen Bemühungen hervorgegangen. Für einen relativ kleinen aber lautstarken Teil der 68er-Generation kam die Einladung Willy Brandts gleichsam zu spät. Dieser Teil hatte sich – frustriert von den Beharrungskräften und der Ignoranz der »formierten Gesellschaft«, die sich im Übrigen mit der Wahl von Willy Brandt nicht über Nacht verwandelte, sondern sich durch Berufs-, Denk- und Publikationsverbote, durch Sympathisantenhetze und den Ausbau des Polizeiapparates profilierte – schon in die verschiedensten Subkulturen abgesetzt. Mit dem Zerfall der studentischen Protestbewegung bildeten sich auf der einen Seite Gruppierungen, die sich in eine innere Emigration zurückzogen (religiöse Sekten, Drogen-Szene, Psycho-Boom) und auf der anderen Seite entstanden Gruppen, die sich in dogmatischen Kommunismus, in Stalinismus und in anarchistischen Terrorismus flüchteten. Entgegen den geweckten Hoffnungen auf eine friedlichere und demokratischere Gesellschaft kam es im Verlauf der siebziger Jahre zu einer Welle terroristischer Anschläge der RAF, die zu »bürgerkriegsähnlichen Stimmungen« (Dubiel 1999, S. 146) und zu dem weit verbreiteten Gefühl in der Öffentlichkeit, Staat und Demokratie der Bundesrepublik seien existenziell herausgefordert, führten.

Zwar lehnte die Studentenbewegung in ihrer überwiegenden Mehrheit die Strategie des bewaffneten Kampfes zur Veränderung der gesellschaftlichen Verhältnisse grundsätzlich ab, aber gleichwohl teilte die gesamte 68er-Generation in gewissen Grundzügen den moralischen Rigorismus und »das vom Antifaschismus geprägte Feind- und Weltbild der RAF-Terroristen« (ebd., S. 147). Wie Richter (2001, S. 75) schreibt, war die RAF eben nicht »von vornherein ein Außenseiter-Phänomen, sondern nur eine Extrem-Variante einer Bewegung, die ausgezogen war, der Hitler-Generation die heuchlerische Anpassungsmaske vom Gesicht zu reißen, weswegen die Kerngruppe sich auch noch längere Zeit auf ein beträchtliches linkes Sympathisanten-Gefolge stützen konnte«. Über den Zusammenhang zwischen der nationalsozialistischen Vergangenheit und dem anarchistischen Terrorismus der RAF führte Norbert Elias anlässlich der Verleihung des Theodor W. Adorno-Preises an ihn im Jahre 1977 aus:

> »Für viele Menschen der jüngeren Generation bedeutete das Bekenntnis zum Marxismus und in extremen Fällen zum terroristischen Anarchismus im Grunde auch einen Versuch, sich und Deutschland von dem Fluch des Nationalsozialismus zu reinigen. Sie spürten den Fluch. Es half nichts, wenn sie sagten: Aber wir waren ja noch nicht einmal geboren, wir hatten nie etwas mit der Hitlerei zu tun. Ob jung oder alt, das wunde Wir-Bild deutscher Menschen blieb belastet durch die Erinnerung. Die Ereignisse von 1968 in Deutschland lassen sich gewiß nicht auf den Nenner einer einzelnen Erklärung bringen. Ein ganzer Komplex von Faktoren spielte hier eine Rolle. Aber die Hingabe an den Marxismus hatte für manche Studenten unter anderem auch die Funktion eines Schutzmittels; sie half jungen Menschen, sich vor sich selbst und vor der ganzen Welt von dem Stigma der Gaskammern zu reinigen, mit

> dem der Name der Deutschen belastet war. Es wäre nicht undenkbar, daß dieses Bemühen um Reinigung von dem Fluch, an dem viele junge Menschen nicht ganz zu Unrecht ihren Vätern, dem deutschen Bürgertum, Schuld geben, auch bei der gegenwärtigen Welle der Gewalt eine Rolle spielt. Dieser Hang zum Extrem, die Verachtung der Kompromisse, die ja tief in der deutschen Tradition verankert ist, hat – wie wir alle sehen – auch heute ihre Wirksamkeit noch nicht verloren« (Elias, Lepenies 1977, S. 61 f).

Die Terroristen der RAF führten der Nazi-Generation demonstrativ vor, wie man einen rigorosen, bis zum Letzten, zur Selbstaufopferung gehenden Widerstand gegen ein Terror-System leistet. Dass sie die politische Realität der Bundesrepublik fälschlicherweise mit der des nationalsozialistischen Staates gleichsetzten und als »offenen Faschismus« bezeichneten, macht eine ihrer Realitätsverkennungen aus. Indem sie gegen die bestehende kapitalistische Gesellschaftsordnung ankämpften, wollten sie auf der bewussten Ebene die Arbeiterklasse und die unterdrückten Völker befreien, unbewusst waren sie aber auch von dem Verlangen bestimmt, sich selbst von der unerträglichen moralischen Last der nationalsozialistischen Vergangenheit der Elterngeneration zu befreien. Dies führte zu einem übersteigerten moralischen Anspruch, sich nicht korrumpieren zu lassen, sich mit dem »Schweine-System« in keiner Weise einzulassen. Der Wunsch, nicht infiziert und integriert zu werden, schuf einen »generationsspezifische[n] militante[n] Antifaschismus« (Dubiel 1999, S. 147) und bewirkte demonstrative Abgrenzungsversuche, die bis zum Terrorismus gehen konnten. Die Aufteilung der Welt in gut und böse, die denunziatorische Bestialisierung des politischen Gegners als »Schwein«, das bedenkenlos getötet werden kann, und die Erlösungsfunktion sowohl der Gewalttat gegen andere als auch der Selbstopferung verband die geistig-emotionale Haltung der RAF mit der des Nationalsozialismus (vgl. Vondung 1988, S. 478 ff). Auf tragische Weise bildete der terroristische Kampf der RAF eine Wiederkehr der verdrängten nationalsozialistischen Vergangenheit, während der die Staatsraison den Terror ausübte. Da die Terroristen gleichsam nicht aus freien Stücken, sondern als unbewusste Delegierte im Auftrag der Elterngeneration handelten, blieben sie unbewusst gebunden an die unverarbeitete nationalsozialistische Vergangenheit, und sie waren gezwungen, diese zu wiederholen – gerade auch da, wo sie gegen diese ankämpften. Ihr Kampf gegen das, was sie als »offenen Faschismus« bezeichneten, nahm selbst faschistische Züge an.

Und schließlich gaben die Terroristen der gesamten deutschen Öffentlichkeit die Möglichkeit, sich voll moralischer Empörung und Entrüstung an der uneingeschränkten Verfolgung und Verurteilung jedes einzelnen

Terroristen zu beteiligen und dabei von der gewaltsamen Vergangenheit der Deutschen abzulenken. Margarete Mitscherlich-Nielsen (1979, S. 22) schreibt dazu:

> »Die gesamte deutsche Öffentlichkeit beteiligte sich mit starkem Affekt an der Verurteilung der Terroristen, wobei deren sinnlose und grausame Morde hier gewiß nicht verharmlost werden sollen. Dennoch, verglichen mit den schwachen Reaktionen auf Massenmorde unvorstellbar grausamer Natur fallen die oft an Hysterie grenzenden Reaktionen auf die Handlungen einiger weniger ins Abseits geratener Aktivisten besonders ins Auge. Ganz anders als über diejenigen, die sich an Hitlers Untaten beteiligt hatten oder gar auch seine Mitläufer, erregte man sich jetzt über die sogenannten ›Sympathisanten‹. Wer nur zu verstehen oder zu erklären versuchte, was die Terroristen zu ihrem Verhalten oder zu ihren unsinnigen Taten trieb, galt als verfolgungswürdig, und mancher, der die bestehenden Wertvorstellungen und die ihnen entsprechenden politischen Handlungsweisen einer Kritik zu unterziehen gewagt hatte, wurde als geistiger Urheber der ›Terrorszene‹ angesehen« (Mitscherlich-Nielsen 1979, S. 21f).

Prominente Opfer dieser Symphatisantenjagd waren unter anderen Heinrich Böll, Kurt Scharff, Heinrich Albertz und Peter Brückner. Der ideologisch übersteigerte Antifaschismus der 68er-Generation, der auf der unbewusst vermittelten Delegation der Elterngeneration beruhte, den antifaschistischen Widerstand nachzuholen, den die Eltern »aus Feigheit oder purer Komplizenschaft unterlassen hatten« (Dubiel 1999, S. 147), führte zu einer Identitätsdiffusion, die sich in der Ambivalenz zur Frage der Gewalt symptomatisch ausdrückte.

Psychodynamisch entspringt der Konflikt einem als unerträglich empfundenen Ohnmachtsgefühl, angesichts des in der Vergangenheit von der Elterngeneration begangenen Unrechts und der Tatsache, am gegenwärtigen Unheil in der Welt nichts ausrichten zu können. Alle mit enthusiastischem Engagement begonnenen Initiativen scheinen an der Arroganz der Macht zu scheitern. Die narzisstische Kränkung, die aus der erfahrenen Hilflosigkeit und Ohnmacht resultiert, wandelt sich um in narzisstische Wut, die sich im terroristischen Gewaltakt Befriedigung verschafft. Auch wenn die RAF-Terroristen keine Selbstmord-Attentate ausführten, waren sie doch bereit, ihr eigenes Leben nicht nur aufs Spiel zu setzen, sondern auch als Fanal gezielt einzusetzen. Insofern gilt Enzensbergers im Hinblick auf die Attentäter vom 11. September 2001 in New York geäußerte Vermutung, hier sei ein »Stolz auf den eigenen Untergang« (FAZ vom 18. 9. 2001) am Werk, auch für die RAF. Die Selbstvernichtung ist verbunden mit der grandiosen Vorstellung von der eigenen Größe und Bedeutung. Die Welt soll endlich anerkennen, wie korrupt und schlecht die kritisierte Gesellschaft ist, wie bedeutend die eigenen politischen Vorstellungen sind und wie aufopferungsbereit die eigene Terrorgruppe ist. In der narzisstischen Phantasie, die ganze Welt beachte den eigenen Tod, werden die Selbstzweifel, narzisstischen Kränkungen und Minderwertigkeitsgefühle der Terroristen kompensiert. Der Terror der RAF lässt sich weder aus den triebhaften Tiefen eines inneren Todestriebes der Terroristen noch aus dem Außen der gesellschaftlichen Reaktionen auf den Protest der 68er-Generation erklären, sondern nur aus dem Zusammenspiel zwischen den Generationen (vgl. Altmeyer 2001, S. 15). Der Mangel an wechselseitiger Anerkennung zwischen den Generationen schuf narzisstische Kränkungen, die sich in gewaltsamen Demonstrationen destruktiver Macht zum Ausdruck brachten.

»Klammheimliche Freude« und Sympathisantenjagd

Im April 1977 verfasste ein Göttinger Student unter dem Pseudonym »Mescalero« einen Nachruf auf den von der RAF ermordeten Generalbundesanwalt Buback. Der Mescalero verurteilte zwar diesen Mord, bekannte sich aber auch zu seiner »klammheimlichen Freude«. Dieser Nachruf, der in einer Göttinger Studentenzeitung erschienen war, erregte infolge einer Anzeige des RCDS bundesweite Aufmerksamkeit. Einigen Wissenschaftlern, die den vollständigen Text des Mescalero als Dokument veröffentlicht hatten, wurde eine Distanzierungserklärung abverlangt (vgl. Brückner 1977).

Natürlich ist die klammheimliche Freude an der Ermordung eines Menschen unmoralisch, sadistisch und geschmacklos. Aber könnte das Bekenntnis des Mescalero nicht auch als ein Zeichen einer radikalen Ehrlichkeit gegenüber den eigenen Empfindungen verstanden werden, die den Keim der Selbstkritik schon in sich trägt? Im Zusammenhang mit den Verbrechen der Nazi-Zeit hätte man sich den ein oder anderen Beteiligten geradezu gewünscht, der sich zu seiner sadistischen Lust oder eben zumindest zu seiner klammheimlichen Freude über die Ermordung der Juden bekannt hätte, denn solche Menschen musste es ja gegeben haben. Um das Monströse an Auschwitz verstehen und bearbeiten zu können, hätte die Gesellschaft Menschen benötigt, die sich mit reflektierender Distanz zu ihrer damaligen Beteiligung und inneren Verflechtung mit dem Nazi-Regime bekannt hätten. Stattdessen traf die junge Generation bei ihren Fragen nach der Beteiligung der Eltern am Nationalsozialismus nur auf eisiges Schweigen, auf die alte Nazi-Mentalität und die Beteuerung, man habe von den schlimmen Verbrechen des Nazi-Regimes nichts gewusst und erst recht nichts damit zu tun gehabt.

Aus heutiger Sicht lässt sich der Mescalero-Nachruf auch als Versuch verstehen, die historisch-gesellschaftliche Mitverantwortung der Protest-Generation am Terrorismus zu thematisieren und zu problematisieren. Wie Peter Brückner (1977) gezeigt hat, stand der Mescalero der RAF durchaus kritisch gegenüber. Die Formulierung »klammheimliche Freude« kann ja bereits als Zeichen einer »reflektierten Selbstironie« (Dubiel 1999, S. 147) betrachtet werden, denn das »klammheimlich« verweist darauf, dass die Freude gebrochen ist und sich vor der eigenen Moral verstecken muss. Das offene Eingeständnis des Mescalero hätte eine Ausgangsbasis sein können, die psychohistorischen Voraussetzungen des Terrorismus zu analysieren. Erst auf der Grundlage einer Art von Mitverantwortung, die der Mescalero mit diesem Bekenntnis auf sich nahm, wäre eine solidarische Kritik – eine Kritik aus dem Gefühl der Betroffenheit und der Mitverantwortung heraus, nicht nur eine moralische Verurteilung von außen – möglich gewesen.

Ich war immer wieder verzweifelt und traurig über die Tatsache, dass die Terroristen der RAF aus der studentischen Protestbewegung hervorgingen, der auch ich mich zugehörig fühlte. Obwohl ich nie mit terroristischen Zielen und mit Gewalt sympathisierte, fühlte ich eine Art Mitverantwortung dafür, dass Menschen meiner Generation, Menschen, die ursprünglich mit den gleichen humanistischen Absichten angetreten waren wie ich, sich in terroristische Gewalt verstrickten. Der Gedanke ließ sich nicht ganz von der Hand weisen, dass ich nur aufgrund glücklicher Umstände, die es mir ermöglichten, Frustrationen in der politischen Arbeit länger auszuhalten und kleine Erfolge schon als hoffnungsträchtige Hinweise auf zukünftige Entwicklungen zu interpretieren, nicht in der Nähe terroristischer Gruppierungen gelandet war. Ich will damit zweierlei sagen: Zum einen lässt sich der Terrorismus nicht auf die Psychopathologie Einzelner reduzieren, sondern einzelne haben stellvertretend für ihre eigene Generation und für die der Eltern etwas ausagiert. Die späteren Terroristen hatten einst als uneigennützige Idealisten begonnen, sich politisch zu engagieren, verhärteten sich aber während der eskalierenden Auseinandersetzungen mit dem Staats- und Polizeiapparat zunehmend, der seinerseits zu immer härteren und schärferen Maßnahmen griff (vgl. Elias 1992, S. 343). Zum anderen zeigt sich beispielsweise an der Gegenüberstellung von Außenminister Fischer und dem Ex-Terroristen Hans-Joachim Klein, wie schmal der Grat ist, auf dem wir alle wandeln. Eigentlich käme es darauf an, dass wir erkennen würden, wie leicht sich jeder von uns in

Unrecht verstricken kann. Das konnte man während der Nazi-Zeit ebenso beobachten wie in der DDR und eben im Rahmen der 68er-Protestbewegung, auch wenn das begangene Unrecht sehr unterschiedlich zu bewerten ist. Entscheidend wäre, sich mit den dunklen Seiten der eigenen Vergangenheit offen auseinanderzusetzen.

Im Terrorismus der RAF hat sich die 68er-Generation in Gewalt verstrickt, eine Gewalt, die auf die Schrecken der Nazi-Vergangenheit zurückverweist. Die Generation der 68er trägt eine Art moralischer und politischer Mitverantwortung für die Gewalt der RAF, weil das ideologische Freund-Feind-Denken in gewissem Umfang das Denken dieser ganzen Generation infiziert hatte. Der Göttinger Mescalero thematisiert dieses Phänomen. Der Einzelne kann nicht ohne weiteres aus einem solchen Zeitgeist aussteigen. Er wird mitschuldig, auch wenn er nie einen Stein geworfen hat. Der kleinste Anflug von klammheimlicher Freude angesichts des Todes von Schleyer und Buback macht es schon aus, dass man sich als Teil dieser Generation innerlich von den Verirrungen dieser Bewegung nicht hinreichend distanziert hat. Insofern trägt man Mitverantwortung für die Fehler, die die Generation beging, der man angehört. Das ist Teil der Last, die der Einzelne tragen und ertragen muss, sobald er zu einer Generation im oben definierten Sinne gehört. Nur wenn man diese Verantwortung annimmt, kann man sich wirklich von den Irrtümern distanzieren. Die moralische Distanzierung von Gewalt ist leicht ausgesprochen. Wenn sie nicht bloßes Lippenbekenntnis bleiben soll, setzt sie notwendig einen inneren Verarbeitungsprozess, der u. a. mit Trauer über die begangenen Irrtümer verbunden ist, voraus. Die bloße Zuschreibung der Verantwortung an den politischen Gegner leistet keinen Beitrag zur gesellschaftlichen Bearbeitung des Gewalt-Problems.

Mit der Gleichsetzung von rechter und linker Gewalt will sich die CDU aus der Verantwortung stehlen für die Gewalt, die sie selbst mit zu verantworten hätte. Die Kampagne gegen Asylbewerber, der CDU-Wahlslogan »Kinder statt Inder« und die Warnungen von CSU-Chef und Kanzler-Kandidat Edmund Stoiber vor einer »Durchrassung der Gesellschaft« liefern den ideologischen Hintergrund und schaffen das emotional-psychologische Klima, in dem rechte Gewalt gedeiht. In einem moralischen, in einem politischen und in einem psychologischen Sinn haftet die jeweilige Gruppe, die den Gewalttätern sozial, ideologisch, traditionell oder psychokulturell am nächsten steht, mit für die Taten, die sie zumindest nicht verhindert, häufig aber psychologisch unterstützt hat. Die Deutschen haften mit oder ohne »Gnade der späten Geburt« für die Nazis, so wie die 68er für die RAF und die CDU für die Neonazis haften. Nur wenn man diese innere Mitverantwortung, die natürlich keine juristische ist, anerkennt, wird die Gewalt bearbeitbar. Ich glaube, es ist wichtig, dies zu sehen, wenn der Wiederholungszwang, der immer neue Gewalt hervorbringt, durchbrochen werden soll. Ob es zukünftig zu einer etwas besseren Bearbeitung der Vergangenheit kommt als bislang, wird wesentlich davon abhängen, ob es gelingt, dass alle Generationen – trotz ihrer unterschiedlichen Ausgangslage – sich daran als Betroffene beteiligen.

Der Krieg im Kosovo – Massenpsychologie und Ich-Analyse

> *»Serbien ist müde von sich selbst, [...] von seiner provinziellen Selbstzerstörung. [...] Es handelt sich [...] um unwiederbringliche Selbstzerstörung, Selbstvernichtung durch die panische Angst vor dem Anderen und den anderen. Es handelt sich um die Selbstvernichtung durch die Angst vor den Unterschieden und den Haß auf alles Neue. Es handelt sich um die Selbstzerstörung durch die Selbsteinschließung in die verzauberten Kreise der eigenen Fiktionen.«*
>
> **Bogdan Bogdanovic, von 1982 bis 1986 Bürgermeister von Belgrad und bis 1988 Mitglied des Zentralkomitees der Kommunistischen Partei Serbiens in einem offenen Brief 1987 an Milosevic, der zu seiner Verfolgung und schließlichen Emigration nach Wien führte**

Slobodan Milosevic: Frühes Trauma und frühe »Reife«

Slobodan Milosevic wurde am 20. August 1941 unter der Besatzung der Nationalsozialisten, mitten im Bürgerkrieg, der zwischen Titos Partisanen, kroatischen Ustascha-Faschisten und serbischen Königstreuen tobte, als zweiter Sohn eines orthodoxen katholischen Priesters geboren. Sein Vater Svetozar, ein überzeugter Antikommunist, muss ein »gescheiter, von großer innerer Unruhe getriebener Mann« (Rüb 2001) gewesen sein. Nach dem Krieg verließ er seine Frau Stanislava und seine Familie, kehrte in seine Heimat Montenegro zurück und setzte dort sein »unstetes und einsames Leben« (ebd.) fort, ehe er sich 1962 durch Erschießen das Leben nahm. Slobodan wuchs bei der Mutter auf, einer Lehrerin und kommunistischen Aktivistin. Sie galt als »hart, despotisch und unduldsam«. Obwohl sie bei der Versorgung ihrer Kinder auf sich gestellt war, erfüllte sie in den entbehrungsreichen Nachkriegsjahren neben ihrer Tätigkeit als Lehrerin ihre Pflichten gegenüber der Partei mit geradezu fanatischem Eifer. Insbesondere nach dem Bruch zwischen Tito und Stalin 1948 musste sie – wie alle Lehrer – als Staatsbeamtin »ihre Rechtgläubigkeit in jeder Hinsicht und auf jedem Schritt beweisen, vom Atheismus bis zur Ergebenheit gegenüber der Partei und Tito« (Djuric 1995, S. 7).

Als »Slobo« – wie ihn seine Anhänger liebevoll nannten – sieben Jahre alt war, nahm sich sein Lieblingsonkel, ein Geheimdienstgeneral, durch einen Schuss in den Kopf das Leben. Als er 21 Jahre alt war, tat sein Vater

Slobodan Milosevic

Persönliche Daten:	
Name:	Milosevic
Vorname:	Slobodan
Geburtsdatum:	29.8.1941
Geburtsort:	Pozarevac, Serbien
Familienstand:	verh., 2 Kinder
Beruf:	Ex-Präsident von Jugoslawien, Jurist
Konfession:	serbisch orthodox
Studium:	
1964:	Studium der Rechtswissenschaft in Belgrad
Berufliche Entwicklung:	
1968-78:	Leitende Stellung in der staatseigenen Gas-Gesellschaft
1978-82:	Bankpräsident der United Bank of Belgrade
Politische Laufbahn:	
1984:	wird zum Leiter der Kommunistischen Partei ernannt
1987:	Leiter der Kommunistischen Partei Serbiens
1989:	wird zum Präsidenten der jugoslawischen Teilrepublik Serbien gewählt
1991:	Milosevic beginnt Krieg gegen Slowenien und Kroatien
1992:	auf die Unabhänigkeitserklärung von Bosien-Herzegowina reagiert Milosevic mit Krieg
1997:	wird Präsident von Jugoslawien
1998:	Auf Milosevics Befehl beginnt die Vertreibung der Albaner im Kosovo
1999:	Nato beginnt mit einem Luftkrieg gegen Jugoslawien
2000:	Milosevic wird durch die demokratische Partei gestürzt
1.4.2001:	Milosevic wird wegen Kriegsverbrechen verhaftet
28.6.2001:	wird an das UNO-Kriegsverbrechertribunal in Den Haag ausgeliefert

das Gleiche. Die Umstände seines Suizids blieben mysteriös. Gerüchte besagten, der Geheimdienst habe seine Hände im Spiel gehabt. Slobodan Milosevic befand sich auf einer Exkursion in Russland und erfuhr erst bei seiner Rückkehr vom Selbstmord seines Vaters. Am Begräbnis konnte er nicht teilnehmen. In seinen Selbstdarstellungen pflegte Milosevic seinen Vater mit keinem Wort zu erwähnen. Dieses »schwarze Loch in Milosevics Biographie« (Djuric 1995, S. 7) legt die Vermutung nahe, dass jener den Selbstmord des Vaters als Schande erlebt und seelisch nur ungenügend verkraftet hat, denn nach serbischer Tradition ist »der Vater ein ›Heiligtum‹ für seine Kinder, vor allem für die Söhne« (ebd.). Slobos Abwesenheit beim Begräbnis des Vaters mag dazu beigetragen haben, dass er nicht um den Verlust des Vaters trauern konnte. Als Slobodan 31 Jahre alt war, folgte der nächste Schicksalsschlag: Seine Mutter erhängte sich 1972 an der Schlafzimmerlampe. Laut Zeugen traf der Selbstmord seiner Mutter Slobodan tief.

Slobodan Milosevic (April 1999)

Die Lebensgeschichte des Slobodan Milosevic ist durch einschneidende Verlusterlebnisse und ein hohes Maß an Destruktivität gekennzeichnet. Milosevic ist offenbar ein seelisch schwer traumatisierter Mensch. Da ein Suizid in aller Regel nicht aus heiterem Himmel kommt, sondern eine lange Vorgeschichte hat und auf eine gestörte Persönlichkeit und auf ein defizitäres Familienleben zurückzuführen ist, muss man davon ausgehen, dass seine Eltern unter gravierenden psychopathologischen Konflikten litten. Die Beziehung zwischen Milosevic und seinen Eltern war demnach von früher Kindheit an von erheblichen Spannungen belastet, und er wuchs in einer funktionsgestörten und psychopathologischen Familie auf. Sein persönlicher und familiärer Lebensweg wurde von Kindheit an durch extreme Formen der Destruktivität in Verbindung mit extremer Selbstdestruktivität geprägt. Personen, die so schwerwiegende Verluste erfahren haben, wie das bei Milosevic der Fall war, sind häufig in einem »komplizierten Trauerprozeß« (Volkan 2000, S. 33) gefangen und fühlen sich unbewusst dazu getrieben, einerseits die verlorenen Bezugspersonen »wieder zum Leben zu erwecken« und andererseits den gewaltsamen Tod eben dieser Objekte (oder ihrer Ersatzbildungen) zu wiederholen. »Der libidinöse Wunsch, das Bild des Verlustes zu reparieren, und der aggressive Wunsch, es zu ›töten‹, scheinen dazu verdammt zu sein, einander immer wieder abzuwechseln« (ebd.). Slobodan Milosevic ist sein ganzes Leben lang nie aus dem Schatten seiner destruktiven Elternfiguren herausgetreten.

Aus der psychotherapeutischen Arbeit mit Suizid-Patienten und ihren Familien ist bekannt, dass die psychisch kranken und suizidalen Mütter ihre Kinder häufig dazu benutzen, ihr eigenes inneres Gleichgewicht zu stabilisieren. Vieles spricht dafür, dass Slobodans Mutter nicht nur »hart, despotisch und unduldsam« und zudem »Besitz ergreifend«, sondern auch psychisch überlastet war. Nachdem der Vater die Familie im Stich gelassen hatte, musste sie mit ihren beiden Söhnen allein zurechtkommen.

Slobodan wurde von seiner Mutter unbewusst die Aufgabe zugewiesen, sie zu trösten, sie zu stützen und ihrem Leben einen Sinn zu geben. Ob Slobo für die Mutter eher die »Rolle eines Partnerersatzes« (Richter 1963) oder eher die Rolle eines versorgenden Elternteils einnahm, kann nicht verlässlich geklärt werden. Jedenfalls scheint er frühzeitig Erwachsenenfunktionen übernommen zu haben und von der Mutter zum Retter der Familie verklärt worden zu sein.

Milosevic als ein nationalistischer Kommunist mit einem Schild, der den Slogan der serbischen Nationalisten – die vier cyrillischen »C's« (Lateinisch »S's«) symbolisiert: »Samo Sloga Srbina Spasava« (»Nur Einheit rettet die Serben«)

Solche Deprivationserfahrungen, traumatischen Verlusterlebnisse und unbewussten Rollenerwartungen der Mutter an das Kind, wie sie Slobodan erleiden musste, führen dazu, dass Teile der Persönlichkeit eine seelische Frühreife erfahren, die mit einer Flucht aus der symbiotischen Verbindung mit der Mutter in eine Pseudoautonomie verbunden sind. Andere Teile der Persönlichkeit bleiben wiederum in einer archaischen Abhängigkeit fixiert, in der die seelische Verschmelzung mit der Mutter gesucht wird, und erfahren so keine normale Entwicklung.

Die Entwicklung einer Pseudoautonomie und einer »seelischen Frühreife« zeigte sich bei Slobodan schon in der Kindheit und Jugend:

> »Mitschüler und Lehrer erinnern sich an Milosevic als ›zugeknöpft‹ oder ›ordentlich und zurückhaltend‹. Er trug schon als Grundschüler dunkle Anzüge mit weißen Hemden und Krawatten. Diese Art, sich zu kleiden, behielt er auch als Gymnasiast, Student und erwachsener Mann bei, und er bezeichnete sie als ›Beispiel anständigen Benehmens‹. Seine Mitarbeiter, die sich legerer kleideten, kritisierte er offen als ›ungehörig‹. Ein Schulkamerad: ›Wenn ich mich an Slobodan aus der Gymnasiumszeit erinnere, so konnte ich ihn mir als künftigen Chef eines Bahnhofs oder als pedantischen Beamten vorstellen‹« (Djuric 1995, S. 7).

In einem Fernsehinterview bezeichnet ihn eine frühere Mitschülerin als »gut aussehend«, »gepflegt« und »adrett angezogen«.

Slobo entspricht dem Bild eines überangepassten, frühreifen, im Grunde aber tief verängstigten und kontaktgestörten Jungen, der nie Kind sein durfte, weil er von seiner Mutter als Pseudo-Erwachsener seelisch gebraucht und ausgenutzt wurde. *

»Als Junge vermied Milosevic sportliche Aktivitäten und Schulausflüge und zeigte größeres Interesse an der Politik« (ebd.). Von Gleichaltrigen hielt er sich eher fern und suchte stattdessen Kontakt zur Welt der Erwachsenen. Seine Lehrer bescheinigen ihm eine »gute Auffassungsgabe, fleißige Mitarbeit im Jugendverband, Hilfsbereitschaft« (Gruber u. a. 1999).

Von dem späteren Kriegsherrn heißt es: »Er hat sich nie geprügelt« (ebd.). Der »strebsame Jungkommunist« war »immer Klassenbester« (Olschewski 1998, S. 398).

Allerdings fiel er auch schon als Schüler durch seine Identifikation mit der stalinistischen Variante des Kommunismus auf. Bogdan Bogdanovic, von 1982 bis 1986 Bürgermeister von Belgrad und bis 1988 Mitglied des Zentralkomitees der Kommunistischen Partei Serbiens, schreibt über Milosevic:

> »Noch in der Mittelschule war Milosevic sehr stolz auf seinen Spitznamen ›Bolschewik‹. Unter balkanischen Verhältnissen sagen diese Namen sehr viel über den Charakter und die Vorstellung ihres Trägers aus. Damit will ich sagen, daß dieses kleine jungkommunistische Monstrum mit den gesträubten Haaren schon in seiner politischen Jugend klare Vorstellungen von den Säuberungen hatte und auch von der Art und Weise, wie man sie durchführt« (Bogdanovic 1997, S. 258).

* Insofern weist seine Biographie erstaunliche Ähnlichkeiten mit der von Uwe Barschel auf.

Ein Einzelgänger macht Karriere

Als Student an der juristischen Fakultät beschreiben ihn Studienkollegen als »Menschen mit zugeknöpftem Ernst, fester Überzeugung und Parteidisziplin« (Djuric 1995, S. 7). Er galt als »Organisationstalent, das sich in straff organisierten Institutionen wie der Partei zu Hause fühlte« (Rüb 1999, S. 333). Vor seiner politischen Karriere leitet er eine Fabrik (1970–1978) und eine Bank (1978–1982). Während er die Beogradska Banka, eine der führenden Banken Serbiens, leitete, reiste er auch verschiedentlich geschäftlich in die USA. Er sprach leidlich Englisch. 1982 übernahm Milosevic eine hauptamtliche Position in der Kommunistischen Partei und wurde 1984 Nachfolger seines Partei-Freundes Ivan Stambolic als Leiter der Belgrader Partei-Filiale. Zwei Jahre später, 1986, wurde er auf Vorschlag seines gemäßigten Freundes Ivan Stambolic, der dieses Amt turnusmäßig abgeben musste, Präsident der Kommunistischen Partei Serbiens. Dies brachte ihn in eine sehr machtvolle Position, denn nun hatte er Kontrolle über den Parteiapparat und seine Mitglieder.

Milosevics rasanter Aufstieg zum politischen Führer, der in der serbischen Bevölkerung hohe Popularität genoss, begann ein Jahr nachdem die »Serbische Akademie der Wissenschaften und Künste« am 26. September 1986 ihr berühmt-berüchtigtes Memorandum veröffentlicht hatte. Auf 75 Seiten formulierten einige der führenden chauvinistischen Intellektuellen Serbiens eine großserbische Ideologie, die sie mit einer gegen die Serben gerichteten Verschwörung begründeten und mit der Forderung nach einer Vereinigung aller Serben in einem Staat abrundeten. Dieses Memorandum, das im Westen nur unzureichend bekannt ist und meist nur in Halbsätzen zitiert wird, bezeichnete der ARD-Korrespondent für Südost-Europa, Detlef Kleinert, bereits 1993 als

> »das sicherlich wichtigste Dokument im zerfallenden Jugoslawien, denn es beschreibt die Lage der Serben aus extrem nationalistischer Sicht, es dokumentiert die Ängste der chauvinistischen Intellektuellen – die diese Ängste inzwischen zum Allgemeingut gemacht haben –, und läßt die Aggressivität erkennen, mit der die Serben politische Ansprüche durchzusetzen bereit sind« (Kleinert 1993, S. 78).

Diese Ansprüche zielten ganz offensichtlich darauf, »führende Macht auf dem Balkan zu sein, alles darunter wäre – nach serbischer Selbsteinschätzung – ihrer historischen Leistung, ihrer kulturellen Bedeutung und ihrer politischen Größe nicht angemessen« (ebd.).

Als Milosevic 1987 von Stambolic in das Kosovo geschickt wurde, weil unter den dort ansässigen Serben große Unzufriedenheit über die zahlenmäßige Übermacht der Albaner herrschte, wollte er sich zunächst vor dieser unangenehmen Aufgabe drücken. Seine Frau Mira riet ihm sogar ab, in das Kosovo zu fahren, da sie Angst vor einem Attentat der Albaner hatte. Doch Milosevic nahm den schwierigen Auftrag an, vielleicht weil »der politische Emporkömmling Milosevic, ausgestattet mit einem feinen Gespür für Macht« (Kleinert 1993, S. 80) ahnte, dass im Kosovo der Schlüssel zu seinem weiteren politischen Aufstieg zu finden war. Zunächst versuchte er mit den üblichen kommunistischen Formeln von der notwendigen Solidarität, die Gemüter zu beruhigen. Aber vor dem Versammlungssaal hatten sich hunderte Serben versammelt, die ihrem Unmut lautstark Ausdruck verliehen. Milosevic ging schließlich nach draußen, um mit den Leuten zu reden. Er war unsicher, wusste nicht was er sagen sollte. Ein alter Mann erzählte ihm, er sei von albanischen Polizisten geschlagen worden. Darauf sagte Milosevic den folgenschweren Satz: »Niemand soll euch je wieder schlagen.« Diese Worte hatten eine unerhörte Wirkung auf die serbischen Massen, die »ihren Slobo« über Nacht zum serbischen Nationalhelden auserwählten. Die Medien, die später ganz unter Milosevics Kontrolle gerieten und die bei der massenpsychologischen Verbreitung der extremen nationalistischen Ideologie, des serbischen Ethnozentrismus und der Kriegsbegeisterung der Serben eine zentrale Rolle spielten, waren auch schon beim Aufstieg Milosevics zum Nationalhelden von größter Bedeutung. Wieder und wieder wurde die Szene im Fernsehen gespielt, in der Milosevic der serbischen Menge versprach, dass niemand sie je wieder schlagen dürfe. Unter massenpsychologischen Aspekten ist es interessant zu beobachten, wie in dieser Szene der Funke von der aufgebrachten Menge – die im ersten Moment ihre Wut durchaus auch gegen den Repräsentanten der fernen Belgrader Administration hätte richten können – auf ihren späteren Führer überspringt. Milosevic fand den richtigen Ton, um die wütende Menge in eine enthusiastische Masse (im Sinne der Massenpsychologie) zu verwandeln. Die wohl auch für Milosevic unerwartete Welle der Begeisterung, die ihn umbrandete, verwandelte den »üblicherweise leidenschaftslosen kommunistischen Bürokraten« (Rogel 1998, S. 95) in ein begeisterungsfähiges Idol, das es verstand, mit seinen Reden die Massen mitzureißen. In den biographischen Darstellungen von Milosevic wird immer wieder jene Situation beschrieben, die das Verhältnis zwischen ihm und den serbischen Massen charakterisiert und die zudem einen Wendepunkt in seiner politischen Karriere markiert. Diese Szene kann als die psychosoziale Geburt des nationalistischen Heroen Slobodan Milosevic bezeichnet werden.

Slobodan Milosevic in Siegerpose (1997)

Wenn man die psychoanalytischen Theorien über die Bedeutung der Geburt zu Rate zieht, wird die enorme unbewusste Bedeutung dieser Szene für das narzisstische Befinden von Milosevic verständlich. Milosevic ist unter traumatischen historischen und familiären Bedingungen geboren worden. Seine Kindheit ist von schweren Verlusterlebnissen, von Gewalt und Destruktion geprägt. Inneren Halt hat er in der symbiotischen Beziehung zu seiner Frau gefunden, einer Beziehung, die jedoch auch von starken Ambivalenzen geprägt ist, da Mira selbst eine unsichere, instabile und zu unkontrollierten Affektausbrüchen neigende Persönlichkeit ist. In der affektiv aufgeladenen Beziehung zu den serbischen Massen stellt sich ein »ozeanisches Gefühl« (Freud 1930, S. 422) ein, eine narzisstische Symbiose, die Milosevic das Gefühl verleiht, geliebt und anerkannt zu sein und auch selbst Liebe und Anerkennung schenken zu können. Die Botschaft Milosevics an die serbischen Massen, »Niemand soll euch je wieder schlagen!«, hat einen nahezu mütterlich-beschützenden Ton, so als wolle er ein weinendes Kind beruhigen. Im Hintergrund dieser beruhigenden Aussage schwebt zwar schon drohend die von aggressiven Projektionen aufgeladene Drohung gegen die bösen Feinde, die es zu vernichten gilt, doch der Aspekt der Beruhigung steht noch im Vordergrund.

Zunächst dominierte noch die narzisstische Orientierung der ersten Regressionsebene, wie sie Kernberg (2002, S. 302) beschreibt: »Die eitle, selbstzufriedene, schmeichlerische Haltung der narzißtischen Persönlich-

»Slobo« als Held der serbischen Massen

keit weckt ein Gefühl des sentimentalen und befriedigten Behagens«. Die Ausführungen Milosevics über die Bedeutung der serbischen Kultur schmeicheln dem lädierten Selbstbewusstsein der Serben. Dann aber findet ein Stimmungsumschwung vom narzisstischen Pol der Gruppenemotion zum paranoiden Pol statt. Kernberg spricht hier von einer »zweiten Regressionsebene«. Häufig tritt in solchen Situationen ein Hin- und Herschwanken zwischen narzisstischer und paranoider Orientierung auf, die so gelöst werden kann, »eine primitive Führung extrem narzißtischen und paranoiden Charakters miteinander zu kombinieren; indem diese Führung primitiven Narzißmus und primitive Aggression in sich verdichtet, reproduziert sie die Psychopathologie«, die Kernberg (2002, S. 304) als »malignen Narzißmus« bezeichnet hat.

Im November 1988 sprach Milosevic zu einer Menge von 100.000 streikenden Arbeitern, die sich vor dem Belgrader Parlamentsgebäude versammelt hatten und überredete sie, an ihre Arbeitsplätze zurückzukehren. Zu dieser Zeit war er bereits ein Held der Massen, die ihn liebevoll »Slobo« nannten und seine Bilder auf ihren Demonstrationen mit sich führten (vgl. Rogel 1998, S. 95). Milosevic gelang es, die Bereitschaft der Massen zum Personenkult, die mit Titos Tod zwar zum Stillstand gekommen, aber nicht abgebaut worden war, zu neuem Leben zu erwecken und auf sich umzupolen (vgl. Olschewski 1998, S. 400).

Am 28. Juni 1989 kehrte Milosevic in das Kosovo zurück. Anlass war der 600. Jahrestag der mythenumwobenen Schlacht, bei der die Serben von den Türken besiegt worden waren. In einer präzise geplanten Show inszenierte Milosevic »die serbische Sache« – und natürlich sich selbst. Schätzungen sprachen von einer Million Menschen, die an diesem Spektakel teilnahmen und die endgültige Inthronisation des serbischen Nationalhelden Milosevic miterlebten. Auf die psychologische Bedeutung dieses Ereignisses werde ich nochmals zurückkommen.

Festredner Milosevic am 600. Jahrestag der Schlacht auf dem Amselfeld.

Während Milosevic die serbischen Massen mit seiner nationalistischen Ideologie aufputschte, begann der Rest Jugoslawiens sich Sorgen zu machen. Im Jahr 1989, in dem ganz Ost-Europa aus einem langen Winterschlaf aufwachte und begann, die Fesseln der kommunistischen Herrschaft abzuwerfen, machte sich Jugoslawien auf einen langen selbstzerstörerischen Weg in die Vergangenheit, auf dem längst überwunden geglaubte Feindschaften, Hassgefühle, Rachegelüste und Bestialitäten zu neuem Leben erweckt wurden.

Später wurde Milosevic von Leuten, die ihn gut kannten – wie etwa der ehemalige deutsche Botschafter in Jugoslawien, Horst Grabert, oder der Bosnien-Unterhändler Holbrooke – als distanziert, humorlos, egozentrisch und als Einzelgänger beschrieben. Bei diplomatischen Verhandlungen setze er ein Pokerface auf und wartete ab, bis seine Gesprächspartner aus der Reserve kommen, um erst dann seine Trümpfe auszuspielen. Er sei abwechselnd wütend und depressiv gewesen. Auch sei er sehr misstrauisch und habe selbst innerhalb des Kreises seiner politischen Anhänger keine Freunde gehabt. Vielmehr sei er auch mit seiner politischen Gefolgschaft sehr berechnend umgegangen, habe einzelne protegiert, wenn es ihm nützlich erschien, habe sie aber genauso schnell wieder fallen gelassen, wenn sie ihm in die Quere zu kommen drohten oder ihm nicht mehr nützlich erschienen. »Er hat viele Menschen benutzt. Noch mehr haben sich ihm zur Benutzung angeboten«, schreibt der Journalist und Balkan-Experte Malte Olschewski (1998, S. 399f). Auch sein Freund und Förderer,

A. Paul Weber: Melancholie, 1970

Ivan Stambolic, der im Mai 1986 in das Amt des formalen serbischen Staatsoberhauptes übergewechselt war, musste dies erleben, als ihn Milosevic »in brutaler Weise aus Amt und Würden« (Meier 1999, S. 73) fegte. Während eines Parteitages, der von einem »nationalistischen Fieber« (Bogdanovic 1997, S. 256) geprägt war, »richtete Milosevic durch seine Parteiautorität den Zorn der Teilnehmer auf Stambolic und beschuldigte ihn, die endgültige Abrechnung mit den Albanern im Kosovogebiet« zu verzögern und »mit der neuen aggressiven nationalistischen Politik der serbischen Parteispitze nicht einverstanden zu sein« (ebd.). Stambolic wurde im August 2000 aus Belgrad entführt und wahrscheinlich ermordet – vermutlich beides auf Geheiß von Milosevic (vgl. Rüb 2000). So wie er ohne zu zögern seine Freunde verriet oder gar umbringen ließ, wenn sie ihm hinderlich wurden, so scheute sich Milosevic auf internationalem Parkett nicht, die von ihm unterschriebenen Verträge skrupellos zu brechen, so dass man sicher sein kann, er habe niemals die Absicht gehegt, sie einzuhalten, sobald sie ihm nicht mehr in sein Konzept passten.

Ivan Stambolic und
Slobodan Milosevic (1980)

Der maligne Narzissmus des Slobodan Milosevic

Insgesamt gewinnt man aus Milosevics Karriereweg und aus den Beschreibungen seiner Weggefährten und Beobachter den Eindruck, dass es sich bei ihm um einen Menschen mit ausgeprägt narzisstischen Zügen handelt. Er wird dargestellt als ein kühl berechnender Machtmensch, der alles, was er tut, unter dem narzisstischen Aspekt der Machterweiterung betrachtet. Dafür ist er bereit, jedes Opfer einzugehen. Politische, religiöse oder sonstige Überzeugungen bedeuten ihm nichts. Er wechselt sie nach Gutdünken aus und setzt sie funktional für seine jeweiligen Zwecke ein. Für diese Charakterbeschreibungen lassen sich recht unterschiedliche Zeugen finden. So meint Jerold Post, Direktor der CIA-Abteilung Politische Psychologie: »Er ist ein Mann ohne jedes Gewissen und allein von der Macht getrieben. Er wird in Bedrängnis nicht nur ohne jede Rücksicht alles tun, um selbst zu überleben, sondern er will dabei auch noch seine eigene Macht steigern« (zit. nach Gruber u. a. 1999). »Ideologien wechselt er wie ein T-Shirt«, urteilt der Politologe Milos Vasic. Wenn es um den Erhalt seiner Macht geht, wandelt er sich chamäleonartig vom geschmeidigen Opportunisten über den geschickten Taktiker bis hin zum ideologisch verbohrten Fanatiker oder zum skrupellosen Befehlshaber von Mörderbanden.

»Sowohl aus sekundären Quellen als auch aus persönlichen Interviews mit Leuten, die Milosevic selbst kennengelernt haben«, zieht Vamik Volkan (2000, S. 33) den Schluss, dass Milosevic »Charakteristika einer schizoiden, zwanghaften und narzißtischen Persönlichkeit aufweist. Er ist reserviert, kalkulierend und egozentrisch, und er scheint besessen davon zu sein, geradezu um jeden Preis die ›Nummer eins‹ zu bleiben, selbst wenn er dafür andere zerstören muß. Insofern handelt es sich bei ihm um einen eher malignen Narzißmus.«

Die narzisstisch gestörte Persönlichkeit zeichnet sich durch eine »ausgeprägte Selbstzentriertheit«, »Grandiosität«, »Rücksichtslosigkeit« und »übersteigerten Ehrgeiz« aus.

> »Im Hinblick auf die pathologischen Objektbeziehungen zeigen die Patienten als vorrangige Symptome unmäßigen Neid (sowohl bewußt als auch unbewußt), als Abwehr gegen diesen Neid eine Entwertung anderer; die Neigung zur Ausbeutung, die sich z. B. in Gier, der Aneignung der Ideen oder des Eigentums anderer Menschen und in einer hohen Anspruchshaltung zeigt; die Unfähigkeit, sich wirklich von anderen in einer auf Gegenseitigkeit beruhenden Beziehung abhängig zu

machen; schließlich ein auffälliges Fehlen der Fähigkeit zur Empathie und Verbindlichkeit gegenüber anderen. [...] Hinzu kommt, daß all diese Patienten ein gewisses Maß an Über-Ich-Pathologie an den Tag legen« (Kernberg 1996, S. 58f).

Es ist typisch für narzisstische Persönlichkeiten, dass sie sich »an die moralischen Maßstäbe ihrer Umwelt konformistisch anpassen, und zwar hauptsächlich aus der Angst vor den Angriffen, denen sie sich sonst aussetzen müßten, aber auch weil sie dieses Maß an Unterwerfung gerne leisten, wenn ihnen dafür Ruhm und Anerkennung winken« (Kernberg 1975, S. 267).

Narzisstisch gestörte Persönlichkeiten werden dadurch charakterisiert, »daß sie ihre Beziehungen zu anderen häufig als reines Ausnutzungsverhältnis erleben« (ebd., S.268). Die Einstellung des Narzissten zu anderen Menschen ist entweder von Verachtung geprägt (er hat die anderen ausgenutzt und ausgequetscht wie eine Zitrone, und jetzt sind sie ihm nur noch lästig, und er wirft sie verächtlich weg) – oder aber von Angst und Misstrauen durchsetzt (er wähnt sich immer in der Gefahr, die anderen könnten ihn angreifen, ausnutzen und ihn mit Gewalt von sich abhängig machen). Wenn dieser misstrauisch-paranoide Zug besonders ausgeprägt ist, spricht man von einer »paranoiden Persönlichkeitsstörung«. Diese liegt dann vor, wenn es zu

»einer nahezu reinen Identifizierung mit dem verfolgenden Anteil des primitiven Erlebens [kommt]. Die Patienten weisen heftige aggressive Tendenzen auf und induzieren diese Aggression, die sie sich selbst nicht eingestehen können, in anderen. Außerdem sind sie übermäßig auf der Hut vor – und empfindlich gegenüber – Kritik oder gegenüber feindseligen Gesten anderer. Sie zeigen ein charakteristisches Misstrauen, übermäßige Selbstbezogenheit sowie eine Neigung dazu, andere mit ›berechtigter Entrüstung‹ anzugreifen, sofern die eigene Aggression durch den Patienten so rationalisiert werden kann, daß diese nur als eine Konsequenz darauf erscheint, von dem anderen gereizt worden zu sein. Während narzißtische Persönlichkeiten von den primitiven Abwehrmechanismen der Selbstidealisierung, Entwertung und Omnipotenz beherrscht werden, findet sich bei paranoiden Persönlichkeiten das gesamte Spektrum an Spaltungsmechanismen mit der Einteilung anderer in Freunde und Feinde. Dazu existiert die primitive Projektion – also eine projektive Identifizierung, die hier nicht nur dadurch gekennzeichnet ist, daß die Personen anderen jene Aggressionen zuschreiben, die sie bei sich selbst nicht tolerieren können, sondern auch gekennzeichnet ist durch die Kombination der unbewußten Induktion dieser Aggression in anderen mit dem Versuch, zur Abwehr dieser projizierten Aggression die anderen omnipotent zu kontrollieren. Hierbei empfinden sie gleichzeitig immer noch eine gewisse Empathie für diese projizierte Aggression, da diese ja ihrem tieferen Selbsterleben deutlich näher steht« (Kernberg 2002, S. 131).

Kernbergs klinische Darstellung der »malignen Persönlichkeitsstörung« liest sich wie der Steckbrief des Slobodan Milosevic:

»Der schlimmste Fall eines pathologischen Anführers findet sich im Falle einer pathologischen Vermengung narzißtischer und paranoider Eigenschaften beim Syndrom des malignen Narzißmus. Wie wir bereits gesehen haben, handelt es sich hierbei um eine besonders schwere Form einer Persönlichkeitsstörung, die sich [...] recht häufig bei diktatorischen und vor allem totalitären Anführern findet« (ebd., S. 153).

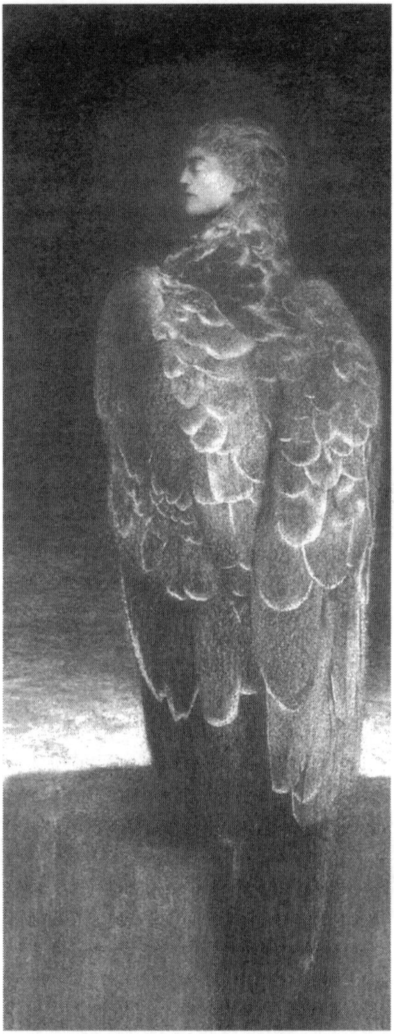

Ferdinand Khnopff (1858–1921): Schlafende Medusa (1896)

Das Syndrom des malignen Narzissmus ist gekennzeichnet durch eine

»Kombination von einer narzißtischen Persönlichkeit, schwerer Ich-syntoner Aggression, ausgeprägten paranoiden Eigenschaften und antisozialen Verhaltensweisen. Die ihm zugrundeliegende zentrale Dynamik besteht in einem von Aggression durchsetzten pathologischen grandiosen Selbst, der Grundüberzeugung, daß nur Macht und sadistische Grausamkeit die Sicherheit des grandiosen Selbst garantieren können, paranoiden Ängsten dahingehend, daß all jene, die nicht kontrolliert und manipuliert werden können, sich mit den gleichen bösartigen Absichten gegen dieses Individuum richten werden, und einer schweren Zerrüttung des gesamten Über-Ich-Systems, das im wesentlichen von den frühsten, verfolgenden Schichten der Über-Ich-Internalisierung beherrscht wird, die sich aus einer Projektion paranoider Ängste herleiten.

Ein Anführer, der von einem malignen Narzißmus geprägt ist, erlebt und bekundet eine unangemessene Grandiosität, benötigt Liebe und Bewunderung ebenso wie gleichzeitig Furcht und Unterwerfung, kann die Unterordnung anderer nur dann akzeptieren, wenn diese begleitet ist von einer ausgeprägten, idealisierenden Unterwerfung und dem Verzicht auf jedes eigenständige Urteil. Zudem erlebt er jede Art von

> Widerspruch zu seinen Wünschen als sadistischen, absichtlichen und massiven Angriff gegen sich. Ein solcher Anführer wird notwendigerweise ein Terrorregime errichten und sich mit einer Anhängerschaft umgeben, die sich aus vollkommen unterwürfigen, ihren Anführer sklavisch bewundernden Subjekten zusammensetzt, oder aus vollkommen korrupten, rücksichtslosen antisozialen Charakteren, deren gespielte Liebe und totale Unterwerfung unter ihren Anführer ihnen durch die Teilhabe an seiner Macht einen parasitären Vorteil bringt. Verbindet ein solcher Anführer seinen Persönlichkeitsstil mit einer paranoiden Ideologie, so wird die Welt nicht nur in Freund und Feind aufgespalten, ohne daß dazwischen etwas anderes existiert, sondern darüber hinaus rechtfertigen der extreme Haß auf die Feinde und die phantasierte Bedrohung, die sich aus den Projektionen des Anführers auf diese herleitet, deren vollständige Zerstörung. So kommt es zur Rationalisierung von sozialer Gewalt massivsten Ausmaßes, wie sie für totalitäre Regimes typisch ist. Hannah Ahrendts Unterscheidung zwischen gewöhnlichen Diktaturen und totalitären Systemen (Furet 1995) gewinnt hier ihre ganze Bedeutung, indem sie die soziale Pathologie mit der individuellen Pathologie eines Anführers in Zusammenhang bringt. Als typische Beispiele für Führungspersönlichkeiten mit einem malignen Narzißmus nehmen Hitler und Stalin eine geradezu paradigmatische Stellung ein« (Kernberg 2002, S. 153).

Als ich Milosevic in den Tagen des Kosovo-Krieges mit der immer gleichen unbewegten Mimik und seiner starren Körperhaltung vor die Kameras treten sah, fragte ich mich, was sich wohl hinter diesem »ausdruckslosen Babyface« * (Olschewski 1998, S. 400), hinter der glatten Fassade seiner formelhaften Statements emotional abspielen mochte: War er traurig und verzweifelt darüber, dass sein Land von Tag zu Tag mehr und mehr in Schutt und Asche gelegt wurde? Bedauerte er seine Entscheidung, den Vertrag von Rambouillet nicht doch unterzeichnet zu haben, angesichts des Elends und der Zerstörung, die nun über sein »geliebtes Serbien« hereingebrochen war? Hatte er Angst vor der militärischen Übermacht der Nato? Von solchen Gefühlen war auf seinem Gesicht nichts zu erkennen. Oder hatte er die situationsangemessenen Gefühle von Angst, Verzweiflung und auch Wut gewissermaßen abgeschaltet und sonnte sich nun in dem narzisstischen Überlegenheitsgefühl, im Mittelpunkt weltweiter Aufmerksamkeit zu stehen? Genoss er das Gefühl gleichsam grenzenloser Macht? Unbewusst mag er es so empfunden haben, als befehlige er nicht nur die serbischen Truppen im Kosovo, sondern auch die Nato-Bomber, hatte *er* doch

* Auch Uwe Barschel wurde als »baby-face« tituliert. Diese Übereinstimmung könnte damit zusammenhängen, dass sich phallisch-narzisstische Persönlichkeiten dadurch auszeichnen, dass ihre abgespaltenen weichen und kindlichen Persönlichkeitsanteile, die sie hinter ihrer Kälte und Unnahbarkeit verstecken, in ihrem »Milchgesicht« (Reich 1933, S. 226) zum Ausdruck kommt (vgl auch S. 42 in diesem Buch).

die Angriffe provoziert, und lag es doch zu jeder Zeit des Kosovo-Krieges in *seiner* Macht, die Bombardements sofort zu beenden.

Die Psychodynamik, die sich hier andeutet, lässt sich auch unter dem Aspekt des Sadomasochismus beschreiben. »In der masochistischen Perversion erreicht der Masochist einen subjektiven Zustand [...] ›kompletter Kontrolle‹ über seine Bestrafung und seinen sadistischen Partner« (Keiser 1975, zit. nach Wurmser 1993, S. 423). Der Masochist empfindet den masochistischen Akt nur so lange als befriedigend, wie er vortäuschen kann, dass der andere stärker ist als er, gleichzeitig aber das Gefühl hat, die Situation vollständig zu beherrschen. »Es handelt sich also um ein ganz prekäres Gleichgewicht zwischen zwei nahezu gleich starken Teilen, welche [...] nebeneinander in einer merkwürdigen Spaltung [...] koexistieren: die Illusion totaler Macht/die Illusion masochistischer Unterwerfung« (ebd., S. 416). Sobald der sadistische Partner wirklich Kontrolle über die Situation erlangt, bricht beim Masochisten die lustvolle Stimmung abrupt zusammen.

Titelbild: Der Spiegel Nr. 16 vom 19.4.1999

Nehmen wir einmal an, die Interaktion zwischen Milosevic und der Nato sei nach diesem Muster verlaufen. In diesem Fall hätte Milosevic die Angriffe der Nato mit der »bittersüßen Lust« genossen, »gleichzeitig sowohl vollständig hilflos als auch total Meister über sich selbst« (ebd., S. 417) und die Situation zu sein. Lustvoll wären für Milosevic nicht die Nato-Angriffe an sich, sondern die Phantasie, dass er die Macht besitze, die Nato zu zwingen, ihn zu bestrafen. Diese masochistisch lustvolle Situation konnte für Milosevic nur solange Bestand haben, wie er die Illusion aufrechterhalten konnte, die Nato meine es nicht wirklich ernst, das ganze sei nur ein sadomasochistisches Spiel, dessen Regeln letztlich er bestimme. Erst als er realisieren musste, dass es die Nato doch ernst meinte, brach seine sadomasochistische Lust zusammen.

Im Verhältnis zur Nato kommt der masochistische Anteil von Milosevics Persönlichkeit zum Tragen. Sadismus und Masochismus gehören aber immer zusammen. Der sadistische Anteil von Milosevic kommt in seinen

Handlungen gegenüber den Kosovo-Albanern zum Ausdruck. Es ist durchaus vorstellbar, dass Milosevic an einer ausgeprägten sadomasochistischen Perversion leidet. Vielleicht ließ er sich täglich detaillierte Berichte (warum nicht auch als Video?) vorlegen über die Folterungen, die Vergewaltigungen und die Massaker, die mit seinem Wissen, auf seine Anordnung und nach dem von ihm erdachten Plan seit Jahren verübt wurden. Vielleicht benötigte er eine tägliche Dosis sadistischer Grausamkeiten, um seine latente Selbstdestruktivität in Schach zu halten. Er wehrt seinen Masochismus und seine Suizidalität durch Verkehrung ins Gegenteil, d. h. durch Sadismus, ab (vgl. Wurmser 1993).

> »Eine solche Umorganisation der psychischen Strukturen unter dem Einfluss eines vorherrschenden Hasses – dem Prototyp der Opfer-Täter-Beziehung – macht das Individuum anfällig dafür, eben diese dominierende internalisierte Beziehung zu einem späteren Zeitpunkt in vertauschten Rollen in Handlungen umzusetzen in der unbewussten Annahme, dass die gesamte Welt durch Beziehungen zwischen Opfern und Tätern geprägt sei, und daß es daher besser sei, ein Täter als ein Opfer zu sein. Die Forschungsergebnisse zu den Ursachen für die Entstehung schwerer Persönlichkeitsstörungen weisen darauf hin, daß es bei den Borderline-Persönlichkeitsstörungen eine hohe Prävalenz von körperlicher Mißhandlung und sexuellem Mißbrauch in der Vorgeschichte gibt und daß bei den schweren Persönlichkeitsstörungen insgesamt häufig eine traumatisierende Aggression erlebt oder auch eine schwere Aggression als Zeuge miterlebt wurde« (Kernberg 2002, S. 127).

Indem Milosevic die Albaner im Kosovo ermorden und vertreiben ließ und mit seiner Politik hunderttausende Menschen schwersten Traumatisierungen aussetzte, fügte er anderen aktiv das Leid und die Traumata zu, die er in seiner Kindheit selbst passiv erleiden musste. »Er verwendet seine aggressiven und destruktiven ›Triumphe‹ dazu, seine Selbstachtung aufrechtzuerhalten« (Volkan 2000, S. 34).

So wie Milosevic sein ganz persönliches Trauma in seiner Politik ausagiert, so agieren auch seine Anhänger und große Teile des serbischen Volkes psychische Traumata aus, die sich in ihrer Kindheit massenhaft zugetragen haben. Wie der Ethnopsychoanalytiker Paul Parin, der selbst aus Slowenien stammt, in einer Analyse der Sozialisations- und Erziehungspraktiken aufzeigt, ist die serbische Mentalität durch einen Hang zum Sadomasochismus gekennzeichnet. Die kindliche und die frühkindliche Sozialisation sind durch ein extremes Maß an Brutalität gegenüber den Kindern gekennzeichnet. Die häufig bereits seit der frühen Kindheit erlittenen schweren Traumatisierungen in Form von Prügel, Kränkungen durch die verachtende Haltung der Erwachsenen bis hin zu schweren Misshandlungen und sexuellem Missbrauch (vgl. Puhar 2000) bilden den Hintergrund für den serbischen Heroismus, der für die vielen Entbehrungen und Verletzungen entschädigen soll.

Herrscher Milosevic mit Enkel Marko (1999)

Die Destruktivität und Selbstdestruktivität, von der Milosevics Kindheit und Jugend geprägt waren, haben auch seinem weiteren Lebensweg ihren Stempel aufgedrückt und spiegeln sich in seiner Politik wider: Seine Destruktivität wird deutlich in den vier Kriegen – 1989 Krieg in Slowenien, 1991 Krieg in Kroatien, 1992 Krieg in Bosnien, 1998 Beginn der »ethnischen Säuberungen« im Kosovo –, die er in den 13 Jahren seiner Herrschaft (1987–2000) angezettelt hat, in den »ethnischen Säuberungen«, den Massakern, den Vertreibungen, die er angeordnet hat, und in der Rücksichtslosigkeit, mit der er seine politischen Ziele verfolgt. Seine Selbstdestruktivität zeigt sich darin, dass er die Kriege verliert, sein Staatsgebiet schrumpft und er sich mit einem militärisch übermächtigen Gegner, der Nato, anlegt und so in Kauf nimmt, dass sein Land durch die Nato-Bomben zerstört wird. Die häufig von Journalisten geäußerte Phantasie, Milosevic werde dereinst eines gewaltsamen Todes sterben, entweder durch die eigene Hand oder durch die des von ihm verführten und betrogenen Volkes – wie Ceausescu –, weist in die gleiche Richtung. Wie Kernberg schreibt, kann »bei paranoiden Gruppenbildungen sadistisches Sexualverhalten ich-synton werden; es wird rationalisiert [...]. Bei Großgruppenbildungen und politischen Massen sind auf dieser Regressionsebene gewalttätige Destruktivität und Mord möglich« (ebd., S. 304).

Aber ist Milosevic tatsächlich ein potentieller Selbstmörder? Ist er nicht viel zu berechnend und zu egoistisch, um sich selbst zu töten? Der Selbstmörder ist ein Mensch, in dem sich Hass auf andere und Selbsthass verbinden. Indem der Selbstmörder sich selbst umbringt, will er eigentlich und ursprünglich den anderen, häufig den nächsten Angehörigen, treffen, und er ist bereit, für diesen Triumph einen sehr hohen Preis, nämlich den des eigenen Lebens, zu bezahlen. Beim Mörder – und in dieser Position befindet sich Milosevic sowohl psychisch als auch real – ist es umgekehrt: Er wehrt seine latente Suizidalität ab, indem er seine Selbstdestruktivität nach außen gegen andere richtet. Indem Milosevic andere massakriert oder massakrieren lässt, versucht er seinen verdrängten Hass auf seine Eltern und seinen verdrängten Selbsthass unter Kontrolle zu halten. Sollte er seiner Macht und damit seiner Möglichkeit, andere stellvertretend für sich leiden zu lassen, eines Tages beraubt sein, fiele seine Destruktivität auf ihn zurück – er wäre suizidgefährdet. »Auch die Ausübung von Gewalt schließt in ihren schwersten und dramatischsten Manifestationsformen eine gewalttätige Tendenz zur Selbstzerstörung mit ein, die einem letzten Fluchtweg vor der furchterregenden, von dem haßerfüllten und gehaßten inneren Objekt ausgehenden Zerstörung entspricht« (Kernberg 2002, S. 121). Tatsächlich befindet sich Milosevic in seiner Haft in Den Haag unter ständiger Überwachung, da man befürchtet, er könne sich das Leben nehmen.

Hat Slobodan Milosevic eine Borderline-Persönlichkeits-Störung?

Genau genommen, handelt es sich bei der psychischen Störung Milosevics um eine Borderline-Störung. Menschen mit einer Borderline-Persönlichkeits-Störung spalten sowohl ihre innere Gefühlswelt als auch die Wahrnehmung ihrer Mitmenschen in absolut »gute« und absolut »böse« auf. Ihr Denken ist von Misstrauen, Aggressivität und Schwarz-Weiß-Schemata beherrscht. Sie sind narzisstisch, leicht kränkbar und neigen zu intensiven Wutausbrüchen. Ihren Mitmenschen begegnen sie mit einer rücksichtslos fordernden Haltung und entwertenden Angriffen. Macht und Kontrolle über andere ist ihr bevorzugtes Mittel, um mit ihrer Angst vor Nähe, ihrer schizoiden Kontaktunsicherheit und ihrem mangelnden Vertrauen und Selbstvertrauen umzugehen. In ausgeprägtem Maße zeigen sie eine mangelhafte Angsttoleranz und durchgehend eine sehr geringe Impulskontrolle. Häufig tritt die Neigung zu selbstschädigenden Aktivitäten und zur Suizidalität auf. Das Sexualleben ist regelmäßig durch sexuelle Perversionen gekennzeichnet. Alle diese Merkmale finden sich – mehr oder weniger ausgeprägt – im Charakter Milosevics.

Nach psychoanalytischen Erfahrungen entsteht eine Borderline-Persönlichkeits-Störung dann, wenn das Kind von den Eltern, insbesondere der Mutter, kalt und unfürsorglich behandelt wurde, emotional hungrig geblieben ist und schwerwiegenden Traumatisierungen infolge von sexuellem oder narzisstischem Missbrauch, tief greifenden Verlusterlebnissen oder körperlicher und seelischer Gewalt ausgesetzt war. Ein weiterer Faktor besteht regelmäßig darin, dass die Mutter (und in manchen Fällen auch der Vater) nicht nur gefühlskalt war, sondern dem Kind zugleich vermittelt hat, es sei etwas besonderes, es sei schöner, klüger, begabter als seine Geschwister und es habe die Ehre, als Retter der Familie oder gar als Rächer der beschädigten Familienehre auserkoren zu sein. Das Kind bekommt unbewusst die Aufgabe zugewiesen, das verloren gegangene Glück der Eltern stellvertretend wiederherzustellen. Aufgrund dieser unbewussten Erwartungen der Eltern entwickelt das Kind eine Größenphantasie von sich selbst. Um seiner seelischen Einsamkeit, seiner Gier nach Zuwendung, seinen narzisstischen Kränkungen und seinem Selbsthass zu entkommen, flüchtet sich das Kind in grandiose Phantasien über die eigene Größe, Macht, Vollkommenheit und Unabhängigkeit. Diese Größenphantasien können dann entweder dazu führen, dass der Betreffende wirklich außergewöhnliche Leistungen vollbringt – wobei er nie wirklich glücklich wird mit den Leistungen, die er erreicht –, oder er muss immer noch mehr Macht anhäufen, um nun seine Umwelt so zu manipulieren, dass sie seinen Größenphantasien Unterstützung leistet. Es kann aber auch dazu kommen, dass die Größenphantasien so sehr in Widerspruch zur Realität des eigenen Lebens geraten, dass als Ausweg der Selbstmord gewählt wird, weil dieser als letzte Möglichkeit erscheint, die Größenphantasie von sich selbst als einem idealen und entrückten Wesen aufrechtzuerhalten. Seine Lebensumstände, sein Machtinstinkt, seine Intelligenz – und nicht zuletzt der Ehrgeiz seiner Frau Mira – erlaubten es Milosevic lange Zeit, den ersten Weg zu gehen, nämlich so viel Macht anzuhäufen, dass er seine narzisstischen Größenphantasien in der Realität ausagieren konnte, ohne (persönlich) bestraft zu werden. Er konnte extrem destruktiv sein, da die dabei gleichzeitig entstehende Selbstdestruktivität nicht ihn persönlich, sondern »nur« sein eigenes Volk traf. Im Grunde verachtete er sein eigenes Volk und zeigte damit ein typisches Verhalten, das auch anderen Tyrannen eigen ist. »Die Serben haben ihm nie wirklich etwas bedeutet. Auch wenn sie getötet und aus den Ländern vertrieben wurden, in denen sie über Jahrhunderte gelebt haben, ließ ihn dies kalt« (Simic 2000, S. 65).

In unserem Zusammenhang ist eine bestimmte »Kombinationen aus narzißtischer und paranoider Persönlichkeitsstörung« von Bedeutung, die Kernberg als »Syndrom des malignen Narzißmus« bezeichnet:

A. Paul Weber:
Spekulant auf Heldentot (1932)

»Dieses Syndrom ist durch ein pathologisches grandioses Selbst (wie es für die narzißtische Persönlichkeitsstörung typisch ist) charakterisiert, das hier aber von Aggression durchsetzt ist: Das Grandiositäts- und Überlegenheitsgefühl ist verknüpft mit einem Machtgefühl und wird häufig begleitet von ich-syntonem Sadismus sowie einer Tendenz, andere zu quälen. Die Furcht, die diese Patienten in anderen auslösen können, gibt ihnen ein Gefühl von Macht und Überlegenheit. Mit anderen Worten: Hier hat die primitive Aggression, die bei der narzißtischen Persönlichkeit im wesentlichen mit Hilfe des grandiosen Selbst abgewehrt wird, das grandiose Selbst so infiltriert, daß diese Aggression als Teil der Selbstidealisierung toleriert wird. Bei diesen Patienten findet sich somit nicht nur eine Kombination aus schweren paranoiden und narzißtischen Eigenschaften, sondern auch eine Neigung zu ich-syntonem aggressivem Verhalten, das sowohl gegen andere als auch gegen sich selbst (in Form chronischer schwerer suizidaler oder para-suizidaler Verhaltensweisen) gerichtet werden kann. Darüber hinaus fehlen bei diesen Patienten sowohl die idealisierenden als auch die verbietenden Objektrepräsentanzen der frühen Über-Ich-Entwicklung, da sie die idealisierten Anteile bedeutsamer Bezugspersonen ihrem pathologischen grandiosen Selbst einverleibt haben (so daß sie sich selbst als über den moralischen Anforderungen und Erwartungen anderer stehend erleben). Sie fehlen außerdem, da sie ihre Aggression projizieren, so daß alle Verbote aus den frühen elterlichen Bemühungen, ein moralisches Wertsystem zu vermitteln, als Angriff erlebt und zurückgewiesen werden. Als Folge hieraus besteht bei diesen Patienten eine Neigung zu antisozialen Verhaltensweisen als Ausdruck dessen, daß ihr moralisches Gewissen versagt. Aufgrund des vollkommenen Zusammenbruchs einer jeden Fähigkeit zur Identifizierung mit ethischen Werten entwickelt sich unter extremen Bedingungen hieraus eine antisoziale Persönlichkeitsstörung im eigentlichen Sinn, also die extremste Variante des Syndroms des malignen Narzißmus« (Kernberg 2002, S. 133 f.).

Slobo und Mira: Ein narzisstisches Paar

Slobodan Milosevic und Mirjana Markovic (Mira) stammen beide aus Pozarevac, einer Industriestadt mit 50.000 Einwohnern etwa 80 Kilometer südöstlich von Belgrad. Die beiden lernten sich schon in der Schule kennen. Mit 16 Jahren traten beide in die Jugendorganisation der Partei ein. Das Paar war bald so unzertrennlich, dass es von den Mitschülern nur spöttisch »Romeo und Julia« genannt wurde, die bekanntlich kollektiv Selbstmord begingen. Auch die Eltern von Milosevic brachten sich beide um, wenn auch nicht gemeinsam. Das Motiv des Doppelselbstmordes, der kollektiven Selbstdestruktivität, taucht also sowohl in der familiären Biographie von Milosevic als auch in den Phantasien der Mitschüler über den Charakter seiner Beziehung zu Mira auf.

Auch Mira hat eine hochdramatische, ja traumatische Familiengeschichte. 1942 geboren wurde sie »in einer Art Adelsfamilie der kommunistischen Bewegung« (Rüb 1999, S. 334) groß, die unerschütterlich dem Kommunismus verbunden blieb. Miras Vater Moma Marcovic diente als Kriegskommissar, der unter Tito zu einem der einflussreichsten Funktionäre aufstieg. Miras Tante Davorjanka Paunovic arbeitete als Sekretärin Titos – und war seine Geliebte. Als Kind verbrachte Mira ihre Ferien im Sommerhaus Titos. Anders als Slobo hatte Mira einen »reinrassigen kommunistischen Stammbaum« (Gruber u. a. 1999) aufzuweisen. Schon bald nach ihrer Geburt wurde Mira zu einer Verwandten gegeben, da sich ihre Mutter im Kampf gegen die deutschen Besatzer und die nationalistischen Tschetniks auf die Seite von Titos Partisanen geschlagen hatte. Miras Mutter Vera Miletic wäre – so der amerikanische Schriftsteller Norman Mailer (1999, S. 49) – »als Protagonistin einer griechischen Tragödie durchaus geeignet gewesen«. Die Nazis nahmen sie als Partisanin gefangen, folterten sie, bis sie die Namen ihrer Genossen preisgab, und ließen sie dann laufen. Sie galt fortan als Verräterin. »Als Folge dieser Verhöre sind im Raum Belgrad Dutzende Parteimitglieder verhaftet und großteils exekutiert worden« (Olschewski 1999, S. 399). Der Anführer ihrer Partisanengruppe, der im Übrigen auch ihr Vater war (vgl. Mailer 1999) exekutierte sie im März 1943. Mira, die beim gewaltsamen Tod ihrer Mutter noch kein Jahr alt war, lernte ihre Mutter nie kennen. Sie wuchs bei der Großmutter auf. Ihren Vater Moma machte sie Zeit ihres Lebens für den gewaltsamen Tod ihrer verehrten Mutter verantwortlich und brach den Kontakt zu ihm später vollständig ab (vgl. Rüb 2001).

Mirjana Markovic mit ihrem Markenzeichen, einer Rose im Haar, eingehüllt in ihr ideologisches Idol Karl Marx.

Auch in Miras Familie finden wir ein hohes Maß an innerfamiliärer Destruktivität und Selbstdestruktivität, wobei die familiären Dramen aufs Engste verwoben sind mit politischen Prozessen. Das Thema des Verrats haftete der Familie Marcovic als ewiger Schandfleck an. Mira versuchte mit ihren politischen Ambitionen, den Makel des Verrats abzuwaschen, indem sie eine überhöhte Treue-Ideologie vertrat. Sie betonte immer wieder, sie werde das Schicksal ihrer Mutter nie vergessen und dem »ehrlichen Kommunismus«, für den die Mutter gestorben sei, immer treu bleiben. Unter familiendynamischen Gesichtspunkten kann man vermuten, dass Mira ihre heroische revolutionäre Familientradition als unbewusste Verpflichtung empfunden hat, die gescheiterten kommunistischen Träume ihrer Mutter stellvertretend zu erfüllen (vgl. Rogel 1998, S. 93) und die Schande des Verrats wieder gut zu machen.

Mira und Slobo studierten beide an der Universität in Belgrad – er Jura, sie Soziologie. Sie promovierte in Soziologie und vertrat eine militante marxistische Philosophie. 1994 gründete Mira eine neue Partei, die Jugoslawische Linke (YUL), weil ihr Slobodans Sozialisten nicht linienkonform genug waren (vgl. Gruber u. a. 1999). Tatsächlich blieb Miras Partei bei

Wahlen der große Erfolg versagt, doch konnte die YUL dank der Protektion durch die Staatsspitze wichtige Positionen in Verwaltung und Gesellschaft besetzen. »In Universitäten und den Staatsmedien saßen Vertraute von Marcovic an den Schalthebeln« (Israel 2001, S. 2). Ihre Partei wurde von den Reichen des Landes als eine Organisation genutzt, die dabei behilflich war, ungeniert und skrupellos den Staat für die eigenen Interessen und Vorteile auszuplündern.

Mirjana Markovic in der Villa ihrer Partei

»Beobachter halten Marcovic für eine gespaltene Persönlichkeit. Als YUL-Chefin schwärmte sie vom alten Tito-Jugoslawien und plädierte für die Liebe zwischen den Völkern. Sie schrieb dicke Wälzer, deren Übersetzung in Weltsprachen regimenahe Geschäftsleute finanzieren mussten. Sie pilgerte regelmäßig nach China, wo sie das System ihrer Träume verwirklicht sah. Dabei betonte sie stets ihre Eigenständigkeit: ›Ich bin Universitätsprofessorin und nicht Präsidentengattin von Beruf‹« (ebd.).

Häufig trug Mira eine Seidenrose, die sie auf einem Foto ihrer Mutter entdeckt hatte, in ihrem Haar. Das sollte ein Symbol des Sozialismus sein und an ihre Mutter erinnern. Mit der Seidenrose im schwarz gefärbten Haar und ihren geblümten Röcken, die ihr Markenzeichen wurden, ließ sich Mira – in zarte Pastelltöne getaucht – wiederholt auf ihren Büchern und in Zeitschriften ablichten – teils alleine, teils an der Seite ihres Ehemannes. Damit inszeniert sie nun selbst das süßliche Bild von Romeo und Julia, in dem Kitsch und Tod eine Verbindung eingehen. Sie erzeugt eine merkwürdige Atmosphäre voller Mysterien, Mythen und Pseudospiritualität, wie sie auch für den Kitsch des Nationalsozialismus kennzeichnend ist (vgl. Friedländer 1982). Nur verbrämt als Kitsch kann Mira Gefühle und Erinnerungen an den gewaltsamen Tod ihrer Mutter zulassen. Die Motive Verrat, Treue, Rache, Ungerechtigkeit, Tod, Verzweiflung und Trauer werden im verkitschten Bild mit der Seidenrose symbolisch verdichtet, rituell verklärt und ästhetisiert. Mira selbst stilisiert sich zur Heldin, die dem Schicksal ihrer Mutter, das auch ihr eigenes ist, treu bleibt, auch wenn es nur Tod und Vernichtung bringt. Indem der Tod mythisch verklärt, stilisiert und ästhetisiert wird, wird sowohl der wahre Tod, den Mira in ihrer eigenen Familie erschreckend erfahren musste, als auch der wahre Tod, den die serbische Politik der ethnischen Säuberungen in Jugoslawien anrichtete, in seinem alltäglichen Schrecken und seiner Banalität entwirklicht und damit für Mira erträglich gemacht.

Wie Mitschülerinnen und Mitschüler schilderten, seien Mira und Slobo sobald sie sich kennen gelernt hatten – Slobo war 17, Mira 16 Jahre alt – immer zusammen aufgetreten. Mira wird oft als die treibende Kraft angesehen, die hinter dem Serbenführer stehe. Nach den Berichten von politischen Wegbegleitern telefonierte Slobo acht mal täglich ausführlich mit Mira, wenn er sich zu politischen Verhandlungen im Ausland aufhielt. Meist sei es dann so gewesen, dass Slobo fast nichts sage und Mira intensiv auf ihn einrede. Seit über 40 Jahren werden Mira und Slobo als »symbiotisches Paar« dargestellt und gelten als »verschworene Schicksalsgemeinschaft« (Israel 2001, S. 2).

> »Im Macholand Serbien war Mira Marcovic immer mehr als die Frau an der Seite des mächtigen Mannes. Sie wurde mit Vorliebe als die treibende Kraft hinter den Kulissen dargestellt. Die heute 59-Jährige wird wenig schmeichelhaft als ›rote Hexe‹ oder Serbiens ›Lady Macbeth‹ tituliert. Mira Marcovic hat einiges beigetragen, um ihren Ruf zu pflegen« (ebd.).

Ehepaar Milosevic

Als wichtigste Vertraute und Ratgeberin ihres Mannes hatte sie einen prägenden Einfluss auf die Politik. Viele Journalisten lasen in der Zeitschrift *Duga* die religiös angehauchten zweiwöchigen Kolumnen Miras. Diese galten nicht nur als Barometer für das politische Klima im Reich Milosevics, sondern man konnte dort auch konkrete Hinweise über die nächsten Schritte von Milosevic finden. Tatsächlich kündigte sich 1993 in Miras Kolumne der Sturz des Jugoslawischen Präsidenten Dabrica Cosic an und ihre kritischen Äußerungen über Radovan Karadzic bereiteten ihre Leser darauf vor, dass Milosevic sich in naher Zukunft von dem Führer der Bosnischen Serben distanzieren würde (vgl. Rogel 1998, S. 93).

> »Wer von der ›First Lady‹ mit spitzer Feder negativ erwähnt wurde, mußte mit negativen Konsequenzen rechnen. Dabei stand möglicherweise nicht nur Macht und Einfluss auf dem Spiel. Mira Marcovic wurde in Medienberichten auch mit den politischen Morden in Verbindung gebracht, die vor allem die Endphase des Regimes ihres Mannes prägten« (Israel 2001, S. 2).

In einer folie à deux haben sich Slobo und Mira schon in der Schulzeit zu einer symbiotischen Einheit verschworen. Sie waren sich darin einig, sich wechselseitig nicht als eigenständige Individuen wahrzunehmen, sondern nur als »narzisstische Objekte«, das heißt als Erweiterung des eigenen Selbst, als etwas, das für ihr je eigenes Selbst eine bestimmte Funktion hatte, ihr Selbst auffüllte, ergänzte, schmückte und erhöhte (vgl. Willi 1975, S.67). Für Slobo war dieses Beziehungsmuster des narzisstisch Missbraucht-Werdens bereits durch die Beziehung zu seiner Mutter Teil seiner Persönlichkeit geworden. In Mira suchte und fand er eine Frau, mit der er dieses Beziehungsmuster einer »narzißtischen Kollusion« (ebd.) fortsetzen konnte.

Der narzisstischen Kollusion liegt in diesem Fall aber nicht die Rollenaufteilung in Narzisst und Komplementär-Narzisst zugrunde, sondern sie funktioniert nach dem Prinzip, dass sich beide Partner wechselseitig idealisieren. Jeder der beiden nimmt den jeweils anderen als Ersatz für sein eigenes Ich-Ideal. Während bei den narzisstischen Kollusionen, die wir zwischen Barschel und Pfeiffer, zwischen Kohl und Schäuble, zwischen Helmut und Hannelore Kohl kennen gelernt haben, jeweils der Narzisst seine schwache, negative Identität auf den Komplementär-Narzissten projiziert und dieser sein Ich-Ideal im narzisstischen Partner verwirklicht sieht, ist es im Fall von Slobo und Mira so, dass sie beide ihr Ich-Ideal auf den Partner projizieren. Es sind also beide Partner in der Rolle des Narzissten. Die komplementär-narzisstische Position ist nicht besetzt. Dies impliziert die Notwendigkeit, zur Stabilisierung der Paarbeziehung dritte Personen einzubeziehen, auf die das Paar die als bedrohlich erlebten schwachen sowie die verfolgenden und bösen Selbstanteile projizieren kann. Die schwachen und die bösen Selbst- und Objekt-Repräsentanzen können gleichsam nicht in der Beziehung gehalten werden, sondern müssen durch Spaltung, Projektion und projektive Identifizierung nach außen verlagert und dort bekämpft werden. Die Notwendigkeit der Einbeziehung der Umwelt in den Paarkonflikt macht verständlich, warum Mira selbst auch politisch aktiv wurde und sie nicht die Rolle der kleinen Politiker-Gattin an der Seite des großen Staatsmanns spielen wollte. Man kann die Beziehung zwischen Mira und Slobo als narzisstische bezeichnen, insofern eine Projektion von Selbstanteilen auf den Partner vorgenommen wird, also im Sinne von Freuds zwei Typen der Objektwahl der Partner nach dem narzisstischen Typus gewählt wird. Im Sinne von Kernbergs diagnostisch orientierter Terminologie müsste man aber die differentialdiagnostische Einordnung als paranoide Paarbeziehung treffen, weil ein äußerer Feind gebraucht wird, um die Destruktivität des Paares abführen zu können.*

Mira fand in Slobo einen Bundesgenossen, den sie für ihre eigenen ehrgeizigen politischen Ziele funktionalisieren konnte. Mit ihrem eigenen politischen Ehrgeiz trieb Mira Slobo schon früh in die politische Laufbahn. Dereinst, so verkündete sie schon während ihrer Studienzeit, werde das Konterfei Slobodans die Portraits von Tito in den öffentlichen Gebäuden ersetzen (vgl. Fahrni 1999). »Sie plante seine politische Karriere, stachelte seinen Ehrgeiz an«, schreibt der Biograph von Milosevic (Djuric 1995). »Ohne sie gäbe es keinen serbischen Führer Milosevic« (ebd.). Sie benutzte Slobo, um ihre eigene unbewältigte familiäre Vergangenheit, den unehrenhaften Tod ihrer Mutter, wieder gut zu machen. Er benutzt sie, um sein grandioses Selbst vorbehaltlos und ohne Unterlass bestätigen zu lassen. »Milosevic und Mira Marcovic verband und verbindet ein symbiotisches Verhältnis, und das unbedingte Streben nach Macht und Einfluß. Vielfach überliefert ist der Satz der Gymnasiastin, ihr ›Slobo‹ werde einmal so bedeutend und berühmt sein wie Tito« (Rüb 1999, S. 334). Mira sollte Recht behalten. Zwanzig Jahre später wurde Slobo als Führer des serbischen Volkes »fast wie ein Heiliger verehrt« (Rüb 2001). Vom September 1987 an stand er mehr als 13 Jahre lang zusammen mit seiner Frau an der Spitzes des Staates. Gemeinsam stürzten sie schließlich am 5. Oktober 2000.

* Eine ähnliche Form der paranoiden Paarbeziehung findet sich bei dem Herrscherpaar Ceauseçu (vgl. Kunze 2000).

Die beiden waren unzertrennlich, bildeten eine narzisstische Einheit. Er stützte seine folgenreichen politischen Entscheidungen auf Polizeiberichte und die Ratschläge seiner Frau. Mira wiederum »glaubt an übernatürliche Kräfte und liest die politische Zukunft auch aus Horoskopen« (Gruber 1999). Es ist grotesk und nur schwer zu glauben, wie unmittelbar die ganz individuellen Persönlichkeitszüge, Marotten, einseitigen und überwertigen Ideen und Eigentümlichkeiten der Ehebeziehung des Paares Milosevic sich in folgenreiche Politik umsetzten. In seinem ironischen Kommentar zum Sturz des Diktators vergleicht Charles Simic (2000, S. 65) Serbien mit einem Irrenhaus und das Paar Milosevic mit der Anstaltsleitung:

Gustav Adolf Mossa (1883 – 1971): La sirène repue, 1905

»Vier Tage vor seinem Sturz warnte Milosevic die Anstaltsinsassen in einem ungewöhnlichen Fernsehauftritt vor den Gefahren, die jenseits der Mauern der Irrenanstalt auf sie lauern würden. Er sprach nicht in eigener Sache, sondern wollte nur aufklären und die Patienten schützen, denn sein Gewissen gebot ihm, zu verkünden, daß der gesamte Planet sich gegen das Irrenhaus Serbien verschworen hatte. Alle, die ihm immer noch nicht glauben wollten und gegen ihn stimmten, konnten nur von den Feinden Serbiens bestochen sein. Falls die Anstalt jemals zerstört werden sollte, stünden schreckliche Zeiten bevor: Das Volk der Serben werde ausgelöscht, die serbische Sprache und Literatur vernichtet werden. Diese Drohungen kamen zwar aus Milosevics Mund, aber sie waren tatsächlich ein Kompendium der Lieblingsideen seiner Frau. Glaubte Milosevic selbst an diesen Unsinn oder wollte er nur seiner Frau gefallen? Vor Jahren hatte er ihr schon eine eigene Partei geschenkt. Wo hat es so etwas Nettes schon einmal gegeben: eine Partei für den Diktator und eine für seine Gattin? Seine Partei nannte sich sozialistisch und bestand aus Vampiren der ehemaligen Kommunistischen Partei. Ihre gab sich als ›Vereinigte Jugoslawische Linke‹ aus und beherbergte Opportunisten aller Couleur, deren Hauptaufgabe darin bestand, das Loblied der Parteichefin zu singen. [...]
In Serbien konnten wir die Liebe des Jahrhunderts mitansehen. In jener denkwürdigen Fernsehansprache hätte Milosevic ebensogut ein Kleid und hochhackige Schuhe tragen können: Es war unheimlich, wie deutlich ihre Stimme aus ihm sprach. Er forderte tatsächlich Neuwahlen, obwohl einige Patienten seiner Anstalt bereits seit Wochen demonstrierten und forderten, Slobo solle sich umbringen und dadurch Serbien retten.«

Demonstration gegen Milosevic

Die Eheleute Milosevic schaffen sich die Illusion guten Einvernehmens, indem beide ihre Beziehungskonflikte und ihre Selbstzweifel externalisieren. Sie benutzen das Volk der Serben als Adressaten für ihre Vorwürfe und den Rest der Welt als Projektionsfläche für ihren Hass, welcher sich eigentlich gegeneinander und ursprünglich gegen das eigene Selbst richtete. Als narzisstisch schwer gestörte Persönlichkeiten teilen Slobo und Mira eine paranoide und zynische Weltsicht. Sie sind zutiefst misstrauisch und spalten alle echten Gefühle ab, da diese nur die Gefahr erneuter Verletzungen in sich bergen. Mögliche Spannungen und Konflikte innerhalb ihrer Beziehung, die auch aus der zu großen Nähe, aus der narzisstischen Verschmelzung mit dem Partner herrühren können, werden nach außen abgeführt.

»Zwischen beiden besteht anscheinend eine enge Verbindung, sie scheinen gegenseitig ihre psychischen Wunden auszugleichen und eine besondere Beziehung zu führen, in der sie gemeinsam in einer ›Glaskugel‹ leben. Aber anderen Menschen in seiner Umgebung vertraut Milosevic nicht, ebenso wie er auch kaum andere enge Beziehungen zu haben scheint. In Belgrad gibt es ein Sprichwort, das etwa so lautet: ›Mitleid mit demjenigen, den Milosevic als Freund bezeichnet!‹« (Volkan 2000, S. 33).

Als engste Beraterin ihres Mannes stützte Mira diesen auch bei seinem aggressiven und letztlich selbstzerstörerischen Konfrontationskurs gegen die Nato.

»Vor dem Beginn der Nato-Luftangriffe auf Jugoslawien habe sich Slobodan Milosevic zuerst sieben Stunden lang von seinen Sicherheitsexperten über die Chancen der Konfrontation mit dem mächtigen Militärbündnis ins Bild setzen lassen, wollen die Insider wissen. Die eigenen Militärs sollen Jugoslawiens damaligen Präsidenten von der Konfrontation abgeraten haben. Mira Marcovic habe die Bedenken allerdings schnell zur Seite gewischt. China werde die Bombardierung Jugoslawiens nicht zulassen« (Israel 2001, S. 2).

Mit Horst-Eberhard Richters familiendynamischem Modell könnte man von einer »paranoiden Festungs-Ehe« sprechen, die sich bemüht, »unerträgliche wechselseitige feindselige Impulse nach außen gegen einzelne Personen, Gruppen oder Weltanschauungen abzuleiten« (Richter 1972, S. 91). Die Festungs-Beziehung bleibt trotz ihres hohen Aggressions- und Konfliktpotentials stabil, weil alles Böse nur draußen gesehen und dort bekämpft wird. Politische Spannungen und Kämpfe sind geradezu eine willkommene Gelegenheit, um die eigenen feindseligen Impulse kanalisieren zu können.

> »Meistens fungiert ein Teil des Ehepaares als Kristallisationskern des wahnartigen Systems. In der Regel ist dies der sthenischere, reizbarere, fanatischere Teil. Hat dieser erst einmal seine paranoide Position bezogen, geht von ihm ein großer Druck auf den Ehepartner [...] aus, sich entweder zu solidarisieren oder sich selbst feindlich zu polarisieren. Das Freund-Feind-Denken des wahnhaften Fanatikers läßt eigentlich immer nur die Wahl zwischen bedingungsloser Bundesgenossenschaft oder Feindschaft zu« (ebd., 91).

Es sieht so aus, als sei Mira dieser fanatischere Teil der Ehebeziehung, der die ideologische Rechtfertigung für den gemeinsamen paranoiden Außenkampf liefert.

Wie Richter weiter ausführt, kann das Freund-Feind-Denken des paranoiden Fanatikers auch über die Familie hinaus ansteckend wirken.

> »Zweifellos ist es die einzigartige Unheimlichkeit und Penetranz, die von einer paranoiden Persönlichkeit ausgeht, welche über alle intellektuelle Kritik hinweg induzierend wirkt. Nur so kann man sich die epidemieartigen Verbreitungen abnormer überwertiger Ideen in Zeiten scharfer Gruppenpolarisierungen erklären. Wer nicht über eine sehr fundierte persönliche Identität verfügt, ist anscheinend unter gewissen Umständen auch gegen besseres Wissen bereit, dem suggestiven Sog eines paranoiden Denksystems zu erliegen, das blitzableiterartig eine Abfuhr aller bedrohlichen intraindividuellen beziehungsweise gruppeninternen Spannungen verheißt« (ebd.).

Auch die beiden Kinder des Ehepaares Milosevic können als typische Sprösslinge einer solchen pathologischen Verbindung gelten: Der 1974 geborene Sohn Marko besaß die luxuriöseste Disco Serbiens und wirkte vom Auftreten her wie ein Zuhälter. Vom Kriegsdienst wurde er verschont. Dafür liebte er schnelle Sportwagen, die er reihenweise zu Schrott fuhr. Junior Marko Milosevic war in dubiose Unterweltgeschäfte verwickelt. Unter anderem bereicherte er sich ungeniert im Belgrader Mafia-Milieu, indem er ein Schwarzmarktmonopol unterhielt. Marko baute sein mafioses Wirtschaftsimperium von Pozarevac, der Geburtsstadt seiner Eltern aus, auf. Er herrschte zuletzt in der Stadt »wie in einem Königtum« (Rüb 2001). In enger Zusammenarbeit mit dem Chef des Zollamtes kontrollierte er den Schmuggel mit Zigaretten, Benzin und Alkohol sowie die größte Duty-free-Kette des Landes. Nach dem Sturz seines Vaters ergriff er Hals über Kopf die Flucht nach Moskau, da er Racheakte aus dem Belgrader kriminellen Milieu und seine Verhaftung wegen mehrerer Gewaltverbrechen fürchtete. Tochter Marjina war nicht ganz so »geschäftstüchtig« wie ihr Bruder, brachte es aber immerhin zu einem Nachtclub und außerdem zu einem Radio- und Fernsehsender namens Kosava (Wind) und zu guten Beziehungen in der gleichgeschalteten Medienwelt Serbiens.

Großgruppen-Identität der Serben

Natürlich kann die Politik der jugoslawischen Regierung nicht allein aus der Persönlichkeitsstruktur, den seelischen Problemen, der Psychopathologie der Familie und der Ehe ihres Führers erklärt werden. Diese Faktoren stellen die persönlichen unbewussten Beweggründe der Führerfigur dar, die nur dann zur Entfaltung kommen können, wenn sie in das psychokulturelle Klima der Großgruppe passen. Meine These ist, dass sich die Problematik von Milosevic, die mit den Stichworten Traumatisierung, Unfähigkeit zu trauern, Destruktivität, Selbstdestruktivität und maligner Narzissmus charakterisiert werden kann, in einigen zentralen Aspekten der serbischen Großgruppen-Identität widerspiegelt. Dabei ist zu berücksichtigen, dass es sicherlich eine Vereinfachung und Verfälschung darstellt, von *den* Serben zu sprechen. Es soll während des Kosovo-Krieges 50.000 Deserteure und junge Männer, die untergetaucht waren, um sich dem Wehrdienst in der serbischen Armee zu entziehen, gegeben haben. Auch machte die breite Oppositionsbewegung, die am 5. und 6. Oktober 2000 schließlich den Sturz von Milosevic herbeiführte, während seiner ganzen Regentschaft von sich reden. Und überhaupt ist es in jeder differenzierten Gesellschaft problematisch, von *den* Serben, *den* Deutschen, *den* Amerikanern zu sprechen. Gleichwohl kann man nicht leugnen, dass sich die Angehörigen einer Nation oder einer Volksgruppe auch in psychologischer Hinsicht ähnlich sind. Insofern kann man zu Recht davon sprechen, dass eine Nation oder Ethnie gemeinsame psychosoziale Merkmale aufweist, die Volkan mit dem Begriff der »Großgruppen-Identität« und Erich Fromm mit dem des »Gesellschafts-Charakters« zu erfassen versucht haben. In seinem Buch *Das Versagen der Diplomatie. Zur Psychoanalyse nationaler, ethnischer und reli-*

giöser Konflikte (1999) hat der amerikanische Psychoanalytiker und Konfliktforscher Vamik D. Volkan dargelegt, dass Großgruppen und Nationen eine gemeinsame Identität dadurch erlangen wollen, dass sie sich auf einen gemeinsamen Ursprung beziehen. Dieser Ursprung ist häufig ein gemeinsam geteiltes Erfolgserlebnis, mit dem sich Triumphgefühle verbinden. Volkan spricht von »gewählten Ruhmesblättern«, deren in jährlich wiederkehrenden Feierlichkeiten gedacht wird und durch die ein generationsübergreifender Traditionszusammenhang hergestellt wird. Mit der Überlieferung der Ruhmesblätter wird zugleich die Großgruppen-Identität von einer Generation an die nächste weitergegeben. Solche nationalen Feiertage beziehen sich häufig auf die Befreiung von einer Vorherrschaft oder die Konstituierung als nationale Gruppe. In Krisen- oder gar Kriegszeiten werden die gewählten Ruhmesblätter aktiviert, um das Selbstwertgefühl der Gruppe zu stärken. Diese Vorgänge sind leicht nachvollziehbar und in allen Nationen zu beobachten.

Etwas schwerer verständlich und in seinen psychologischen Auswirkungen häufig sehr weitreichend und destruktiv ist ein anderer Vorgang, den Volkan als »gewähltes Trauma« bezeichnet. Hier wählt die Gruppe nicht ein siegreiches triumphales Ereignis als gemeinsamen Bezugspunkt ihrer Gruppen-Identität, sondern eine Situation, in der die Gruppe schwere Verluste oder demütigende Verletzungen hinnehmen musste und sich als Opfer fühlt. Wenn die vorangegangenen Generationen unfähig waren, die erlittenen Verletzungen und Traumata zu verarbeiten, geben sie diese Erfahrungen an die nächste Generation weiter, und zwar mit dem Auftrag, dass die nächsten Generationen die erlittenen narzisstischen Verletzungen des Selbstwertgefühls und die Demütigungen wiedergutmachen oder auch rächen sollen. Ähnlich wie das aus familientherapeutischen Behandlungen bekannt ist, dass nämlich die Eltern ihre eigenen ungelöst gebliebenen Konflikte, die Verletzungen, über die sie nicht trauern konnten, an ihre Kinder weitergeben und diesen die Bürde aufladen, stellvertretend die Konflikte der Eltern auszuagieren, kann man sich das auch auf einer kollektiven Ebene vorstellen: Die ältere Generation gibt an die nächste die selbst erlebten Traumata weiter mit der unbewussten Rollenerwartung, dass die nachfolgenden Generationen die früheren traumatischen Erlebnisse und Erfahrungen rückgängig machen oder sie gar in ihr Gegenteil verkehren sollen. Psychologisch betrachtet, ist das eine große Last für die nachfolgenden Generationen. Dieses Vermächtnis führt in der Regel zur Perpetuierung der alten Konflikte.

Im Falle der Serben kann man die Schlacht auf dem zu deutsch als »Amselfeld« bezeichneten »Kosovo Polje«, bei der die Serben 600 Jahre zu-

Adam Stefanovic: Die Schlacht am Amselfeld 1389 (1871)

vor – am 28. Juni 1389 – gegen die Türken eine militärische Niederlage erlitten, als ein solches kollektives Trauma bezeichnen. Diese Schlacht markiert den Untergang des mittelalterlichen serbischen Feudalstaates und leitete die 500-jährige Herrschaft der Türken über Serbien ein. Das Ereignis ist historisch nicht ganz eindeutig rekonstruiert. Vielmehr wird es von Mythen und Legenden umrankt. In seiner serbischen Fassung beinhaltet dieser Mythos die Vorstellung, das serbische Volk habe zwar im Kampf auf dem Amselfeld sowohl seinen Anführer Lazar als auch die Schlacht verloren, mit diesem Opfer aber das christliche Abendland vor der Eroberung durch den Islam in Gestalt der Türken gerettet.

Die Tatsache, dass im Jahre 1389 bei der Schlacht auf dem Amselfeld nicht nur der serbische Fürst Lazar, sondern auch der siegreiche Türken-Führer Murad den Tod gefunden hatte, veranlasste die siegreichen Türken, den geschlagenen Feind nicht sofort zu verfolgen, sondern sich nach Adrianopel zurückzuziehen. »So verbreitete sich – Zweideutigkeit auch hier –

zunächst in den christlichen Ländern die Kunde von einem Sieg der vereinigten Serben und Bosnier« (ebd., S. 140). Doch ließ sich der Sieg der Osmanen und der Untergang Serbiens und des ganzen mittelalterlichen Balkans nicht lange verheimlichen. Die Volksdichtung allerdings gestaltete den Hergang frei und phantasievoll aus und interpretierte die reale Niederlage der Serben in einen heroischen Sieg um. In verschiedenen Volksliedern wird der Serben-Fürst Lazar von der Mutter Gottes vor die Alternative gestellt, das Himmelreich oder das irdische Reich zu wählen: Wenn er die Türken besiege, dann habe er das irdische Reich gewählt. Verliere er hingegen die Schlacht, so habe er sich für das Himmelreich entschieden. Aus diesem mythischen dialektischen Paradox geht Lazar allemal als Sieger hervor, entweder als himmlischer oder als irdischer.

Der serbische Fürst Lazar Hrebeljanovic (1371 – 1389, geb. 1329). Führer des serbischen Heeres gegen die Osmanen auf dem Kosovo poljie (Amselfeld) 1389. – Die Darstellung aus dem 17. Jhd. zeigt ihn als Märtyrer. Von der serbisch-orthodoxen Kirche wird er als Seliger verehrt.

> »Daß er zum himmlischen Sieger wurde, wird in den Liedern mit dem (nicht erwiesenen) Verrat seines Schwiegersohnes [...] motiviert. Man sieht: Der Untergang auf dem Amselfeld wird deutlich in Parallele zu Christi Opfertod gesetzt. [...] Der mythische Gedanke, daß die Serben für das Himmelreich streiten und sterben, ist, soviel in der aktuellen Wirklichkeit auch dagegen spricht, bis auf den heutigen Tag immer wieder zu hören. Ins Politische gewendet besagt dieses Ideologem, daß dem Opfertod von Lazars Gefolgschaft und dem Untergang des Serbenreiches eine Auferstehung folgen werde« (Lauer 1995, S. 141 f).

Die Serben betrachteten sich seither als Märtyrer und als »himmlisches Volk«, als »nebeski narod«, und die Schlacht auf dem Amselfeld als »Serbiens Golgatha« (vgl. Weithmann 1997, S. 123). Hans Bosse (2001) hat das serbische Volkslied, das die Schlacht auf dem Amselfeld besingt, einer ethnohermeneutischen Interpretation unterzogen und kommt zu dem Ergebnis, dass »der Entschluss des mythischen Helden zur freiwilligen Niederlage, die alle anderen Heeresgruppen oder Heere mit in die Niederlage

Ermordung Sultan Murads I. nach der Schlacht auf dem Kosovo poljie 1389. Türkisches Historienbild des 19. Jhd. – Die Tat des legendären Milos Obilic sollte den Untergang des serbischen Heeres nachträglich mit dem Glanzlicht des Heroischen versehen.

reißen muss, als Verrat an seinen eigenen Pflichten und an den kollektiven Interessen sowohl der Krieger wie auch der anderen Heerführer erscheinen« (ebd., S. 120) muss. Auf der Ebene der intersubjektiven Geltung des Mythos lautet die latente Botschaft,

> »dass die serbische Gemeinschaft nur überleben kann, wenn sie ihrem Führer blind und bedingungslos gehorcht und vertraut und seinen Betrug am Volk (im Feudalzeitalter am Ritterheer) willig hinnimmt, weil einzig ihr Führer die Wahrheit kennt und zum Besten des Volkes nach ihr handelt. Der Mythos selber heiligt so den Betrug des Führers an seiner Gefolgschaft und den totalen und bedingungslosen Gehorsam. Er erlangt nur Geltung, indem er jeden Einwand und jede Ablehnung von vornherein erstickt. Der vom Lied unbeweinte Verlust der Schlacht, der Heere, der Führer und schließlich des Reiches führt statt zu einer Ablösung zu ihrer dauerhaften Idealisierung. Deren Kehrseite, die Entwertung, richtet sich gegen die Gemeinschaft selber. [...] Die psychoanalytische Rekonstruktion des Mythos hat die merkwürdige Gleichgültigkeit und Gefühllosigkeit – weder Schmerz, weder aufwallende Liebe, noch Aggression gegen das Verlorene – aufgeklärt als Signal der melancholischen Variante von Verlustbearbeitung. Sie könnte zum Verständnis der Bereitwilligkeit einer Zuhörer- und Mittäterschaft beitragen, die die Niederlagen billigend in Kauf nahm. Die Melancholie zersetzt gleichzeitig unbewusst den Selbstrespekt und gibt das Verlorene nicht frei. Die Selbstaggression speist sich aus der Vermeidung der endgültigen Lösung vom verlorenen Gut und tendiert deshalb ebenfalls zur Dauerhaftigkeit« (ebd., S. 121).

Die Vorstellung, dass der Tag des Untergangs, der Vidovdan (Veitstag), den Ausgangspunkt für eine grandiose Wiederkehr des serbischen Reiches bilde, ist in der serbischen Volksdichtung in unzähligen Liedern, Dichtungen, Epen und Erzählungen beschworen worden. »Immer wenn Serben in den Krieg ziehen – in den Aufständen von 1804 und 1814, in den Balkankriegen 1912/13, im Ersten Weltkrieg, im Zweiten Weltkrieg« und auch in den Kriegen, die Milosevic gegen die bosnischen Muslime und die Albaner geführt hat, – »wird der Kosovo-Mythos revitalisiert. [...] Der serbische Kosovo-Mythos wird von der Idee der blutigen Rache ›an allem, was türkisch, oder überhaupt was muslimisch ist‹, getragen« (Weithmann 1997, S. 123). Im serbischen Kriegsepos wie in der Propaganda von Milosevic

> »begegnen wir der nationalistischen Version eines feudalen Mythos des Helden und seiner Ehre, der nur bedingungslose Gefolgschaftstreue und keinen demokratischen Widerspruch kennt. In dieser Tradition – in der Propaganda wie im Liede – gibt es auch kein Volk, dessen politischer Wille zu respektieren wäre (Prinz Lazar wurde 1371 von den Feudalherren gewählt). Diese feudalnationalistische Tradition reaktivierte die serbische Führung, inbegriffen der Rechtfertigung des wissentlichen Betrugs am eigenen Volk und seiner Abschlachtung und Opferung, die es um des eigenen und des Reichsheils hinzunehmen gilt. In der Gegenwart re-inszeniert, wie Milosevic es 1989 anstellte, fordert der Mythos die Zuhörerschaft geradezu auf, sich vom Führer, der allein den Weg und die Wahrheit kennt, betrügen und in den Tod schicken zu lassen. So hatte es im Mythos der Heilige Lazar mit seinem Heer und dem seiner Feudalherren und Verbündeten vorgemacht« (Bosse 2001, S. 122).

In den Köpfen der Serben markierte die Schlacht auf dem Kosovo-Polje einerseits »das Ende ihrer glorreichsten Epoche, den Tod eines ihrer heiligsten Anführer und den Beginn ihrer Unterwerfung und beschwor daher in ihnen Bilder von ihrer Niederlage und Unterwerfung herauf« (Volkan 2000, S. 32). Andererseits wurde diese Niederlage in der Phantasie in eine zukünftige grandiose Auferstehung des serbischen Reiches uminterpretiert. Für Serbien ist die Schlacht auf dem Amselfeld »bis heute das wichtigste historische Datum seiner Geschichte geblieben. Und merkwürdig: Die Niederlage wird gefeiert wie ein Sieg« (Weithmann 1997, S. 121). Psychodynamisch muss dieses Phantasma als ein sadomasochistisches bezeichnet werden, bei dem aus der Erniedrigung masochistische Lust geschöpft wird, die sich mit der süßen Lust auf sadistische Rache verbindet. Rache für Kosovo ist ein Leitmotiv, das sich bis heute durch die serbische Politik zieht.

> »Milosevic ›erfand‹ nicht die Gefühle der Serben zu diesem historischen Ereignis – diese waren jahrhundertelang in den Volksliedern, der Kunst, der Kirche und dem Schulunterricht der Serben lebendig geblieben – aber er ermutigte mit Hilfe der Ser-

> bisch Orthodoxen Kirche und bestimmter serbischer Intellektueller aktiv ihr Wiedererwachen und ihre Erweckung im individuellen und im kollektiven Bewußtsein der Serben« (Volkan 2000, S. 32).

Der 28. Juni spielte noch verschiedentlich eine Rolle in der Geschichte Jugoslawiens. Am 28. Juni 1914 erschoss Gavrilo Princip, ein junger Terrorist des serbischen Geheimbundes »Schwarze Hand«, den österreichischen Thronfolger Franz Ferdinand und dessen Frau und löste damit den Ersten Weltkrieg aus. Der Attentäter handelte »in buchstäblicher Umsetzung« (Lauer 1995, S. 144) des Mythos vom Sultansmörder Milos Obilic.

Die Ermordung des österreichischen Thronfolgers Franz Ferdinand in Sarajevo, 28. Juni 1914

Wie der Mythos erzählt, ließ sich der serbische Ritter Milos Obilic, Schwiegersohn von Lazar – und von diesem in den Ruch des Verrats gebracht –, vor den Sultan führen und ermordete ihn, worauf er selbst getötet wurde. »Ungeachtet der moralischen Zweideutigkeit, die sich aus seiner Rolle als Meuchelmörder und Held ergab, ist Milos Obilic der nationale Held der Serben schlechthin« (ebd., S. 143). Nach diesem Vorbild ermordete am »magischen Datum« (ebd., S. 144) des Veitstages 1914 Princip den österreichischen Thronfolger.

Als am 28. Juni 1921 der drei Jahre zuvor gegründete gemeinsame Staat der Serben, Kroaten und Slowenen feierlich seine Verfassung proklamierte, traf das Parlament mit diesem makabren Datum keine glückliche Wahl, da es »mit Untergang und Mordgeruch behaftet (war), kaum geeignet, dem Grundgesetz des neuen Staates eine Aura von Ordnung und Stabilität zu verleihen« (Libal 1991, S. 20). »Am gleichen Tage wurden übrigens die sterblichen Überreste des Mörders Princip aus Theresienstadt nach Sarajevo zur Beisetzung überführt« (Lauer 1995, S. 144). »Die balkanische Tradition der Attentate und politischen Morde« (Libal 1991, S. 22) setzte sich auch in dem neuen südslawischen Staat fort, »sollte dort noch perfektioniert werden, um dann während des Zweiten Weltkrieges in grausame Massaker zwischen den verschiedenen Nationalitäten auszuarten« (ebd.).

Es dürfte sich auch kaum um einen Zufall handeln, dass die jugoslawische Volksarmee gerade am 28. Juni 1991 ihren Hauptangriff gegen Slowenien ausführte (vgl. Lehfeldt 1995, S. 8). Und schließlich wurde der zuvor verhaftete Slobodan Milosevic am 28. Juni 2001 an das Kriegsverbrecher-Tribunal in Den Haag ausgeliefert.

Unter Tito kam es zu einer vorübergehenden Befriedung zwischen den verschiedenen Nationalitäten, Ethnien und Religionsgemeinschaften – zumindest an der Oberfläche. Auch der Mythos vom Amselfeld war in Titos Jugoslawien viele Jahre lang ebenso still gestellt wie die Konflikte zwischen den Nationen. Offenbar war aber beides nicht aus dem kollektiven Gedächtnis verschwunden. Milosevic verstand es geschickt, diesen alten Opfermythos zu reaktivieren und für seine Zwecke nutzbar zu machen. Dies ist ein Glanzstück der Manipulation und Funktionalisierung nationaler Mythen für politische Zwecke. Milosevic ahnte, mit welchen Themen er die Serben packen konnte. Er ließ die mumifizierten Überreste des damaligen Serbenführers Lazar, die in der Nähe von Belgrad lagen, in einen Sarg legen und durch ganz Serbien transportieren. Diese Prozession mit dem 600 Jahre alten Leichnam führte von Dorf zu Dorf, von Stadt zu Stadt und endete zum 600. Gedenktag an die Schlacht – also am 28. Juni 1989 – mit einer großen Feierlichkeit auf dem Amselfeld. Überall wo der Leichnam hinkam, weinten die Leute, klagten und hielten Reden, in denen sie beteuerten, dass sich eine solche Niederlage nie mehr wiederholen dürfe. Auf einer psychologischen Ebene war es so, als hätte die Niederlage im Kosovo erst gestern stattgefunden.

> »Diese Gedenkfeiern führten zu einer Atmosphäre eines ›Zusammenbruchs der Zeitebene‹: Die gemeinsamen Phantasien und Gefühle im Zusammenhang mit den geistigen Repräsentanzen der Vergangenheit verwoben sich mit den gemeinsamen Empfindungen und Ängsten in Bezug auf die aktuellen sozialen und politischen Bedingungen. Der Zusammenbruch der Zeitebene erlaubte dann, eine weiter gefaßte politische Ideologie eines Anspruchs auf Rache einzubringen. Da Lazar von den ottomanischen Türken umgebracht worden war, begannen die heutigen Serben als Großgruppe das Gefühl zu entwickeln, sie hätten ein Recht darauf, an den bosnischen Moslems Rache zu nehmen und diese umzubringen, da sie diese als Nachfahren der ottomanischen Türken ansahen und auch so bezeichneten. [...] Gemeinsam mit dieser Anspruchsideologie kam auch eine Reinheitsdoktrin auf, der zufolge die Serben sich von den ungewollten Bosniern zu reinigen wünschten. Eine besonders bösartige Form dieser Reinigung, die sogenannten ethnischen Säuberungen, wurden daraufhin durchgeführt und später in ähnlicher Form im Kosovo wiederholt« (Volkan 2000, S. 33).

Auf dem Amselfeld, auf einem Hügel, der das Schlachtfeld überragt, wurde 1953 das turmartige serbische National-Monument erbauten, aus rotem

Stein, der Blut symbolisieren soll. Dies ist der Schauplatz der jährlichen Gedenkfeiern zum 28. Juni. Die 600. Wiederkehr der Niederlage ließ sich Milosevic nicht entgehen. Am 28. Juni 1989 fand auf dieser historischen Stätte eine gigantische Versammlung statt, die von einer Million Serben als »Rückkehr« ins Kosovo gefeiert wurde.

> »5000 Sonderbusse, Dutzende von Sonderzügen und Tausende von privaten PKW hatten sie hergebracht. Aus ganz Serbien waren sie angereist, auch aus den USA, Kanada, Australien und Westeuropa. [...] Kommunistische Parteifunktionäre, nationalistische Schriftsteller und orthodoxe Kirchenleute hielten Ansprachen und Brandreden. Großserbische Parolen ertönten, serbische Kampflieder wurden angestimmt« (Weithmann 1997, S. 121).

Dies war zugleich eine »eindeutige Frontstellung« (Meier 1999, S. 51), ja eine »Kriegserklärung« (Olschewski 1998, S. 407) gegen die Albaner. Auch Milosevic hatte seinen großen Auftritt. Die Schlüsselsätze seiner Rede lauteten:

> »Die Kosovo Schlacht enthält noch ein anderes großes Symbol. Das ist das Symbol des Heroismus. Diesem Symbol wurden Gedichte, Tänze, Literatur und Romane gewidmet. Über sechs Jahrhunderte hat der Kosovo Heroismus unsere Kreativität inspiriert, den Stolz genährt, hat uns davor bewahrt zu vergessen, dass wir einst eine große und tapfere Armee waren und stolz auch in der Niederlage unbesiegbar zu sein. Sechs Jahrhunderte später, heute befinden wir uns wieder in Kriegen und werden mit neuen Schlachten konfrontiert. Dies sind keine bewaffneten Schlachten, obwohl diese nicht ausgeschlossen werden können. Aber unabhängig von der Art der Schlacht, können Schlachten nicht gewonnen werden ohne Entscheidungskraft, Tapferkeit und Selbstaufopferung, ohne diese Qualitäten, die im Kosovo so lange vorher schon gegenwärtig waren. Unser heutiger wichtigster Kampf erstreckt sich auf wirtschaftliche, politische, kulturelle und allgemeinen sozialen Wohlstand. Für die schnelle und erfolgreiche Realisation der Zivilisation in welcher die Menschen im 21. Jahrhundert leben werden, benötigen wir für diesen Kampf besonders Heroismus. Es erübrigt sich zu sagen, dass die Tapferkeit, ohne die nichts Ernsthaftes und Großes in der Welt erreicht werden kann, unverändert bleibt, ewig notwendig bleibt. Vor sechs Jahrhunderten hat Serbien sich hier auf dem Kosovo selbst verteidigt. Aber es hat auch Europa verteidigt. Dann fand es sich auf dem Wall, der die Europäische Kultur, Religion sowie die Europäische Gesellschaft als Ganzes schützte.«

Milosevic hebt den Heroismus, die Tapferkeit und den Stolz der Serben hervor und appelliert an ihre Opferbereitschaft. Die Feinde des serbischen Volkes werden noch nicht namentlich genannt, man kann aber ahnen, an wen Milosevic in erster Linie denkt, wenn er die dunkle Ahnung ausspricht, man könne bewaffnete Kämpfe nicht ausschließen. »Von den Albanern, die beinahe 90% der Bevölkerung des Kosovo ausmachen, nimmt

Milosevic mit keinem Wort Notiz, obwohl auch ein albanisches Kontingent im Heer des Zaren Lazar gekämpft hat« (Libal 1991, S. 132).

Das alte Trauma von der Niederlage auf dem Amselfeld wurde reaktiviert, und gleichzeitig schürte Milosevic nationalistische Gefühle. In der folgenden Zeit wurde der 600 Jahre alte Hass auf die Türken verschoben auf die Muslime im eigenen Land. Nach und nach setzte sich immer mehr die kollektive Wahnidee durch, dass man die Muslime ausmerzen müsse, um die eigene Schande wieder gut zu machen. Den Muslimen sollte das angetan werden, was den Serben von den osmanischen Türken seinerzeit angetan worden war. Die historische Tatsache, dass die Albaner seinerzeit gar nicht zu den Gegnern der Serben gehörten, sondern im Gegenteil mindestens zwei albanische Feldherren auf der Seite der Serben gekämpft hatten (vgl. Meier 1999, S. 51), spielte dabei keine Rolle.

Das Kollektiv der Serben folgte einem psychosozialen Muster, das typisch ist für die von Bion (1961) beschriebene paranoide Regression der »Kampf-Flucht-Gruppe«: Wenn eine Gruppe das Gefühl entwickelt, sie sei einer Gefahr ausgesetzt, der gegenüber sie eine aggressive Abwehr aufbauen müsse, reagiert sie überempfindlich und angespannt.

> »Die Gruppe wählt daraufhin einen Anführer mit einem ausgeprägt paranoiden Potential – eine überempfindliche, mißtrauische, aggressive und dominante Persönlichkeit, die leicht einen Affront oder eine Gefahr aufspürt, gegen die der Anführer und die ihm folgende Gruppe sich schützen und die sie bekämpfen müssen. Die Mitglieder dieser Gruppe neigen ihrerseits dazu, sich aufzuteilen in eine ›innere Gruppe‹, die sich um den Anführer der Gruppe schart, und in eine ›äußere Gruppe‹, die verdächtig ist und gegen die angegangen werden muß. Die gegenseitigen Beschuldigungen und Kämpfe zwischen der inneren und äußeren Gruppe versetzen die gesamte Gruppe in eine feindselige und paranoide Stimmung und können entweder zu einer Spaltung der Gruppe mit der Ausbildung zweier paranoider Splittergruppen führen oder aber zu einem unbewußten Bemühen, einen äußeren Feind zu finden, gegen den sich die gesamte Gruppe vereinen und um ihren Anführer scharen kann. In diesem Falle kommt es zu einem Kampf zwischen der paranoiden Gruppe und der sie umgebenden äußeren Umwelt« (Kernberg 2002, S. 136).

Zu den vorherrschenden Abwehrmechanismen der »Kampf-Flucht-Gruppe« gehören projektive Identifizierung, Spaltung und das Ausagieren der rationalisierten Aggression.

> »Wenn die Anführer der Arbeitsgruppen die jeweiligen in sie gestellten Erwartungen der narzißtisch oder paranoid regredierten Gruppe nicht erfüllen, wird die Gruppe sich einen alternativen Anführer suchen, der ihren Erwartungen besser entspricht, und hierbei mit nahezu unfehlbarer Treffsicherheit entsprechend ihrem emotionalen Bedürfnis das am stärksten narzißtische oder paranoide Individuum der Gruppe auswählen« (Kernberg 2002, S. 136).

Im Fall von Milosevic hatten sich die Serben einen Führer gewählt, dessen individuelle Psychopathologie hervorragend zur paranoiden Grundstimmung in der Bevölkerung passte. Die persönliche Problematik des Menschen Milosevic – sein maligner Narzissmus und seine Fixierung an den gewaltsamen Tod beider Eltern – findet in der nationalen Identitäts-Problematik des serbischen Volkes ein genaues Ebenbild: einerseits in der Unfähigkeit der Serben, sich mit den Verlusten abzufinden, die durch die ottomanische Herrschaft des Balkans bedingt waren und ihren symbolischen Ausdruck im Verlust ihres einstigen Anführers Lazar fanden und andererseits in ihrem »gemeinsamen Gefühl einer masochistischen Omnipotenz« (Volkan 2000, S. 34), die sie aus der Opferrolle heraus entwickelten. Die Großgruppen-Identität der Serben zeichnet sich durch eine Opfermentalität aus, die teils fatalistische, teils kämpferisch-paranoide Züge annimmt. Die Einnahme eines Opferstatus impliziert eine sadomasochistische Grundhaltung zum Leben. Der sadistische Anteil dieser Grundorientierung kommt in den Gräueltaten zum Ausdruck, die von den Serben ausgeübt wurden, der masochistische Anteil zeigt sich darin, wie sehr Serbien bereit ist, zu leiden. Offensichtlich hatte die Nato die Leidensfähigkeit von Milosevic und auch die des serbischen Volkes in ihrem Ausmaß und in ihrer psychischen Bedeutung für den einzelnen und in ihrer psychokulturellen Bedeutung für die Großgruppen-Identität der Serben unterschätzt. Durch die Wiederbelebung von Lazar versuchte Milosevic, einen Prozess »sowohl individueller als auch kollektiver Trauer in Gang zu bringen und sowohl seine eigene Opferrolle als auch diejenige der Serben ins Gegenteil zu kehren« (Volkan 2000, S. 34). Da aber keine wirkliche Aneignung der Geschichte und keine kritische Auseinandersetzung mit ihr stattfand, konnte sich auch kein echter Trauerprozess entwickeln, der eine bloße Wiederholung der frühen nationalen Traumata hätte verhindern können. Vielmehr förderte Milosevic mit seinem malignen Narzissmus die destruktiven Kräfte des serbischen Nationalismus und schürte die Ressentiments, die schließlich in den ethnischen Säuberungen ihre letzte Konsequenz fanden. Die serbische Mentalität zeichnet sich aus durch »kollektives Selbstmitleid gepaart mit unbändiger Aggressivität« (Kleinert 1993, S. 55). Milosevic und die serbischen Nationalisten gefielen sich darin, Serbien in der Rolle des unschuldigen Opferlamms und ihre jeweiligen Feinde in der Rolle der Schlächter zu sehen. So warnte Milosevic 1993 persönlich in der Moskauer *Prawda*: »Hinter aller Zerstörung steht Deutschland. Die Zerstörung unseres und Ihres Landes ist im Interesse der deutsch-katholischen Allianz. [...] Nach der Vereinigung hat Deutschland begonnen, die Sieger im zweiten Weltkrieg zu bestrafen. Jugoslawien war das erste Opfer des deutschen Revanchismus« (zit. nach Kleinert 1993, S. 55).

Der Patriarch der Serbisch Orthodoxen Kirche: auch er sympathisiert mit dem selbstzerstörerischen serbischen Nationalismus

Noch dramatischer spitzt sich die Situation in der paranoid regredierten Großgruppe zu. Regrediert die Gruppe auf ein

> »paranoides Funktionsniveau, wird ein Anführer mit unzweideutig paranoiden Eigenschaften ausgewählt, der bereits in seinen Kundgebungen die Basis schafft für den Kampf gegen ein von ihm definiertes gemeinsames Feindbild und die Großgruppe zeitweilig in einen mehr oder weniger konstant aktiven ›Mob‹ verwandelt. Jetzt ist die Gruppe wieder vereint in der gemeinsamen Idealisierung ihres paranoiden Anführers, der ihnen dabei hilft, die gesamte Aggression auf eine äußere Gruppe zu projizieren, und die Aggression innerhalb der Gruppe wird durch die gemeinsame Identifizierung aller Mitglieder mit ihrem Anführer in eine starke Loyalität gegenüber der eigenen Gruppe umgewandelt. Somit erhält die Gruppe eine Kernstruktur, die sich in einem größeren Rahmen, unter den Bedingungen einer dauerhafteren Organisation und bei Ausbildung einer speziellen paranoiden Ideologie zu einer politischen Massenbewegung entwickeln kann.
> Die Zusammensetzung der Großgruppe, das soziokulturelle Umfeld ihrer Aktivitäten und das Ausmaß, in dem die einzelnen Mitglieder der Gruppe realen externalen Belastungen oder Nöten in Bezug auf ihr ökonomisches, soziales oder politisches Wohlergehen ausgesetzt sind, beeinflussen den Umschwung der unstrukturierten Großgruppe in eine narzisstische oder paranoide Richtung. In welche dieser beiden Richtungen sich die Großgruppe entwickeln wird, hängt wesentlich von den in den Interaktionen des potentiellen Anführers zum Ausdruck gebrachten Eigenschaften ab, aber auch von den speziellen in der Gruppe vorherrschenden Ideologien. Diese üben einen Einfluß auf alle Mitglieder aus, indem sie entweder ein stabiles, selbstbewußtes, traditionsbewußtes und konfliktarmes politisches Umfeld schaffen, oder aber im Gegenteil ein soziopolitisches Umfeld, in dem soziale Unruhen oder rasche soziale Wandlungen begleitet sind von mächtigen Ideologien mit ausgeprägten paranoiden Anteilen« (Kernberg 2002, S. 139 f.).

Das Motto »Viel Feind, viel Ehr!« entspricht offenbar einer Mentalität des serbischen Nationalismus. Dazu gehört auch die Größenphantasie, die in dem Ruf nach »Serbien in seiner historischen Größe« zum Ausdruck kommt. Diese ist jedoch meist gepaart mit einer resignativ-trotzigen Haltung, wie sie sich in dem serbischen Sprichwort »Wenn Serbien keine Freunde in der Welt hat, so bedeutet dies, dass es mit Gott und der Wahrheit allein ist!« ausdrückt. Wenn der Historiker Weithmann (1997, S. 222) in diesem Zusammenhang von einer »sentimentalen Leidensmystik, die jedoch durchaus gepaart sein kann mit (selbst-)zerstörerischer Aggressivität«, spricht, so können wir den psychodynamischen Anteil dieses Vorgangs als Sadomasochismus, der auf einer schwerwiegenden Traumatisierung beruht, diagnostizieren.

Patrilinearität, Machismo und die Sozialisation zur Gewalt

Bei der Herausbildung der sadomasochistisch eingefärbten Großgruppen-Identität der Serben spielt neben der geschichtlichen Dimension auch die »ausgesprochen patriarchal-autoritär ausgerichtete« Familienstruktur (Parin 1998, S. 34), »die in den kulturellen Varianten eines ›mediteranen‹ Machismo in weiten Teilen Serbiens, Montenegros und auch Kroatiens noch heute besteht« (ebd.), eine zentrale Rolle. »Die Rolle des Vaters – und damit auch die der Söhne – [ist] durch unduldsame und aggressive ›männliche‹ Haltungen definiert« (ebd.). Die Erziehung der Söhne steht in der »Tradition eines männlich-aggressiven, kämpferischen Volkes« (Parin 1998, S. 112) und hat zum Ziel, aus den Knaben »mutige Krieger« zu formen, deren »Clan-Gewissen« (Parin, Parin-Matthèy 1978) durch die Auffassung charakterisiert ist, nur ein Soldat sei ein richtiger Mann (vgl. Parin 1998, S. 113). »Dem Mann kam die Aufgabe zu, Hüter der Ehre zu sein; er wachte über seine eigene Ehre und die seiner Familie« (Schubert 1996, S. 155), besonders aber über die Ehre seiner Frau. In diesem Zusammenhang wurde »die Waffe zum Symbol der Mannesehre« (ebd.) und darüber hinaus sogar zur Repräsentation einer heroischen Lebensauffassung. Mannesehre und Heldentum bilden die Grundpfeiler des Normen- und Wertesystems bei den Kulturen des Balkans.

Wie Alenka Puhar (1985; 1993; 1994) in ihren psychohistorischen Studien über die Geschichte der Kindheit in Jugoslawien belegt, ist die Kindererziehung fast vollständig in der Hand der Frauen, während gleichzeitig insbesondere die Jungen von den Männern aufgestachelt werden, die Frauen zu verachten. Historisch geht der extreme Macho-Kult der jugoslawischen Gesellschaft auf die teilweise bis ins 20. Jahrhundert hinein vorherrschende Großfamilien-Struktur der »Zadrugas« und das Prinzip der Patrilinearität zurück. »Patrilinearität bedeutet, daß nur die männliche Abstammungslinie relevant für die Reproduktion der Gesellschaft und den sozialen Status des Einzelnen war. Die weibliche Linie war völlig ausgeblendet« (Kaser 1996, S. 126). Dieses Prinzip war eine »wesentliche Wurzel von Gewalt« (ebd.), da die männliche Abstammungslinie um jeden Preis abgesichert werden musste.

> »Dies hatte etwa zur Folge, daß sowohl für die Mutter, die ein außereheliches Kind zur Welt brachte, als auch für das Kind selbst drastische Sanktionen vorgesehen waren – nämlich die Tötung. Außereheliche Kinder brachten die sorgsam gehütete pa-

trilineare Ordnung in Gefahr. Die Wichtigkeit der Abstammungslinie zeigt sich auch in der kultischen Verehrung der männlichen Ahnenreihe. [...] Eine drastische Folge dieser Ideologie des Ahnenkults war die Blutrache. Ein Mord an einem Mann, ein Verbrechen gegen einen Familienangehörigen verletzte nicht nur die Ehre der Familie, sondern die aller Ahnen. Die Ahnen konnten in der Logik der patriarchalen Welt erst wieder besänftigt werden, wenn der Mord bzw. das Verbrechen blutig gesühnt war. Historisch betrachtet wurde dieses aggressive Potential des balkanischen Patriarchats immer dann aktiviert, wenn politische und soziale Systeme ins Kippen gerieten, wenn Staaten untergingen, feindliche Regime errichtet wurden« (Kaser 1996, S. 126f).

In diesen ganz auf die Väter- und Brüder-Gemeinschaft zentrierten Gemeinschafts-Familien der »Zadrugas« lebten und arbeiteten mehrere biologische Familien zusammen, »wobei die Männer niemals ihre Elternhäuser verliessen« (Puhar 2000, S. 143). Eine Loslösung von der elterlichen Autorität, die Gewinnung von Unabhängigkeit, einer eigenen Wohnstätte, eines eigenen Lebensstils waren in diesem Familienmodell nicht vorgesehen. Für die Männer blieben zeitlebens die Gemeinschaft der Brüder und die Autorität des Vaters bzw. des Familienoberhauptes die zentralen Bezugspunkte. Die Rolle der Frauen hingegen definierte sich fast ausschließlich über ihre Unterordnung unter die Männer. »Die männliche Ehre wurde etabliert und lebendig gehalten durch ständige Akte der Unterdrückung und Erniedrigung von Frauen« (Puhar 2000, S. 122). Wie zahlreiche serbokroatische Volksüberlieferungen, Redensarten und Flüche erkennen lassen, zeichnete sich die häusliche Atmosphäre in diesen Familien durch ein hohes Maß an Brutalität gegenüber Frauen und Kindern aus. »Im traditionellen Zadruga-Leben wurde ein Mann einfach nicht als richtiger Mann betrachtet, wenn er sich gewalttätigen Verhaltens enthielt« (Puhar 2000, S. 147). Das noch heute »bei weitem häufigste Schimpfwort in serbokroatischer Sprache« (ebd., S. 127) lautet: »Ich ficke deine Mutter.«

Dass Frauenverachtung einhergeht mit einer tiefen unbewussten Angst vor der Weiblichkeit, ist ein bekanntes Phänomen, das sich bei vielen Männerbünden – insbesondere militärischen – beobachten lässt. In der serbischen Gesellschaft sind frauenverachtende Auffassungen jedoch nicht auf einzelne Männerbünde beschränkt, sondern integraler Bestandteil der dominanten Kultur. In den systematisch durchgeführten und von militärischen Vorgesetzten angeordneten Massenvergewaltigungen, die ein strategischer Teil der serbischen Politik der ethnischen Säuberungen war, bricht sich der Frauenhass bahn. Mit der Vergewaltigung einer Frau rächt sich der Mann für die als Kind erlittene und als demütigend erlebte Abhängigkeit von seiner selbst misshandelten und damit depressiven Mutter. Als einen weiteren Grund für die besondere Brutalität und die auffallend sadistische Färbung der von Serben verübten Aggressionen führt Puhar die hohe Rate von Inzest, direktem sexuellen Missbrauch von Kindern und die weite Verbreitung von Gewalt gegen Kinder (und Frauen) in Serbien an, die in verschiedenen Studien festgestellt wurden (vgl. Puhar 1994, S. 151 f). Wie Lloyd deMause (2000) ausführt, können Kriege als eine Reinszenierung frühkindlicher traumatisierender Gewalterfahrungen verstanden werden: Der Krieger fügt seinen oft wehrlosen Opfern die Gewalt zu, die er als Kind einst selbst ohnmächtig erleiden musste. Die extrem traumatischen Kindheitserfahrungen vom Moment der Geburt an bilden den seelischen Hintergrund für eine heroische Lebensauffassung, die allein im Kampf und in der Vernichtung von Feinden einerseits und in der Selbstopferung und im Ruhm andererseits einen Sinn findet.

Der Hajduken-Mythos und der Mythos vom Königssohn Marko

Neben der individuellen Psychopathologie der politischen Führer, den kulturell geformten Sozialisationsbedingungen und der aktuellen massenpsychologischen Befindlichkeit der Bevölkerung ist ein weiteres psychokulturelles Moment für den politischen Prozess von herausragender Bedeutung: Die nationalen Mythen, die ein Bestandteil des vielschichtigen Gebäudes sind, aus dem sich die nationale Identität zusammensetzt.

Unter Mythos versteht man zum einen eine besondere Form des emotionalen, mystischen und primitiven Denkens, zum anderen eine Tradierung von Inhalten und Traditionen, die dieser Denkform unterzogen werden. »Die Struktur des Mythos«, so schreibt Ernst Cassirer (1949, S. 23), »mag uns fremdartig und paradox erscheinen; aber niemals ermangelt es eines bestimmten logischen Aufbaus. Selbst der unzivilisierteste Mensch kann nicht in der Welt leben ohne beständige Bemühung, diese Welt zu verstehen.« Im Mythos verleihen die Menschen ihrem eigenen Leben und dem ihrer Großgruppe einen tieferen Sinn, indem sie es in größere Zusammenhänge, die Tradition ihrer Sippe, ihres Volkes, ihrer Nation einordnen.

> »Tradiert werden uralte, aus archaischen Zeiten stammende Erfahrungen, Vorstellungen, Ereignisse, die als Handlungen bestimmter Figuren oder Handlungsträger formuliert werden. Abstrakte Verhältnisse, Ideen, Vorstellungen vom Kosmos und dem Menschen im Kosmos, bestimmte Menschenbilder [...] werden im Mythos in Handlungen herausragender Persönlichkeiten (Götter, Halbgötter, Herrscher und Helden) ausgedrückt. Man kann den Mythos deshalb als ›in Handlung ausgedrückte Philosophie oder Ideologie‹ definieren« (Lauer 1995, S. 109).

Die Heldendichtungen und die mythologischen Traditionen der einzelnen Völker können Auskunft geben über das kollektive Unbewusste, über die Triebkräfte, die unbewussten Phantasien und Konflikte, die die Großgruppen-Identität bestimmen. Die psychologische und kulturwissenschaftliche Analyse von Mythen vertieft also unser Verständnis der psychokulturellen Befindlichkeit einer kulturellen Gruppe. Die unmittelbare Indienstnahme von Mythen für politische Zwecke führt jedoch in aller Regel zu einer Simplifizierung der komplexen gesellschaftlichen und politischen Prozesse und zum Ausagieren primitiver Rachegelüste, Ressentiments und Grausamkeiten. Es stellt sich also nicht nur die Aufgabe der Mythen-Interpretation, sondern auch die der Mythen-Kritik. »Das Wort ist die Mutter der Tat«, schrieb der kroatische Dichter und Mythenkritiker Miroslav Krleza (zit. nach Lauer 1995, S. 110). Politiker, die Mythen wörtlich in die Tat umsetzen, werden in aller Regel zu Brandstiftern.

Auf dem Balkan besteht eine lange mythologische Tradition, die noch heute eine erstaunliche Lebendigkeit aufweist. Die Mythenüberlieferungen der Serben, der Bulgaren, der Kroaten und Slowenen, ja selbst der Griechen, Albaner und Türken überlappen sich teilweise, doch werde ich mich im Folgenden auf die serbischen Hauptmythen konzentrieren:

- den Hajdukenmythos,
- den Mythos vom Königssohn Marko (Kraljevic, Marko)

Nach serbischem Verständnis waren die Hajduken Freiheitskämpfer, die gegen die Türken kämpften und denen dabei jedes Mittel recht war. In der serbischen Heldengestalt des Hajduken verbinden sich Tapferkeit und Räuberei, Heldentum und Verbrechen, Edelmut und Rache, Hilfsbereitschaft und Grausamkeit, Opfermut und zynische Menschenverachtung. Insofern enthält diese Heldengestalt eine »eklatante Doppelbödigkeit« (ebd., S. 119), die einer »doppelten Moral« (ebd., S. 120) entspringt. Die Taten dieses Helden beginnen mit dem Freiheitskampf und enden in verbrecherischen Untaten. Von dem Hajdukenhauptmann Stanislav Socivica berichtet ein Volkslied:

> »Aber es war ihm nicht genug, daß er ihn getötet hatte, sondern er zerschnitt ihn in Stücke und begann, wie ein tollwütiger Hund das Fleisch des Leichnams anzufressen, denn er konnte, rachedurstig und voller Haß gegen die Türken, niemals genug seinen Mut kühlen« (zit. nach Lauer 1995, S. 127).

In einer Monographie über die Volkslieder der Kroaten und Serben wird auf die Grausamkeit der Handlungen hingewiesen:

> »Es ist dem südslawischen Volkslied in besonders hohem Maße eigen, daß die Tötung, die Ermordung eines Menschen, sich vollzieht unter Ausübung der größten Brutalitäten an dem wehrlosen Feind. Mit vollendetem Naturalismus werden die dem Schlachtopfer auferlegten Martern beschrieben. Mit sichtlicher Lust bekundet der Mörder unmenschliche Wildheit; der Sänger berichtet sie ohne ein Zeichen der Mißbilligung, es scheint ihm geradezu als etwas Selbstverständliches, daß der Mörder seiner blinden Rachsucht, seiner ungezügelten Rohheit in der Ausführung entsetzlicher Qualen Ausdruck gibt. Dieses Schwelgen der Darstellung in Brutalitäten steht in scharfem Gegensatz zu der sonst das slawische Volkslied durchziehenden Innigkeit des Empfindens und der Weichheit des Gemüts« (von Goetz 1936/37, zit. nach Lauer 1995, S. 128).

Ein Überblick über das Motivinventar des Hajdukenliedes demonstriert die verbrecherische, bestialische Seite dieser Heldengestalt (zit. nach Lauer 1995, S. 128f):

- Die Hajduken stehlen und plündern.
- Die Hajduken rauben Frauen und Mädchen.
- Der Hajduke vergewaltigt ein Mädchen.
- Der Hajduke sucht einen Schatz und gräbt ein Grab.
- Die mit dem Hajduken verheiratete Frau wäscht ständig blutige Kleider. Einmal bringt ihr der Mann eine Hand. Am Ring erkennt sie, dass es die Hand ihres Bruders ist.
- Der Hajduke tötet ein Mädchen.
- Die Hajduken töten die Hochzeitsgäste.
- Der Hajduke begegnet im Gebirge einem Bräutigam mit Braut; er bindet den Bräutigam an einen, die Braut an einen anderen Baum und läßt sie sterben.
- Die Hajduken zünden eine Kirche an, so dass alle Menschen darin verbrennen.
- Die Hajduken braten einen Menschen.
- Der Hajduke raubt den Eltern das Kind und zwingt den Vater, das Kind zu braten, die Schwester, dazu zu singen, die Mutter, es zu essen.
- Die Hajduken geloben sich, den ersten besten, dem sie begegnen, zu schlachten und mit seinem Blut und Fleisch das Abendmahl zu empfangen.
- Der Hajduke schneidet einem lebenden Menschen Fleisch aus dem Leib und gibt es dessen Frau zu essen. Am Ende wirft er beide ins Feuer.

In den mythischen Überlieferungen anderer Völker und Kulturen existieren durchaus Schilderungen, die den hier zitierten an Grausamkeit in nichts nachstehen, man denke nur an den Simplizissimus, die Nibelungen oder die heldisch-aggressive Kriegsideologie der Nationalsozialisten. Erschreckend ist jedoch, wie nahe dieser Motivkatalog dem kommt, was man während der 13-jährigen Herrschaft von Milosevic als Realität nahezu täglich aus den Medien zur Kenntnis nehmen musste. Zu den grausigsten Nachrichten, die man von den Kriegsschauplätzen in Kroatien, Bosnien und im Kosovo zu hören bekam, zählen die bezeugten Verstümmelungen der Leichen von Ermordeten: abgehackte Köpfe, mir Motorsägen abgetrennte Gliedmaßen, abgeschnittene Nasen, Ohren, Brüste, Genitalien.

Der Hajduke Stanislav Socivica

»Ein blutrünstiges, rituelles Sich-Austoben am getöteten Feind bricht aus atavistischen Tiefen hervor, das aber natürlich nichts anderes ist als die Vernichtung des letzten Restes von Humanität im Schänder selbst. Über solche Helden und solche Taten sang das Volk seine Lieder« (ebd.).

Der Mythos vom Königssohn Marko bezieht sich auf die historische Gestalt des Kraljevic Marko, einem »eher kleinrangigen Feudalherren« ebd., S. 130), der nach der Niederlage der Serben auf dem Amselfeld 1389 ein Vasall des Großsultans geworden war, in Wirklichkeit also »keine sehr rühmliche Rolle spielte« (Schubert 1996, S. 151). Die mythische Überlieferung machte jedoch aus Marko einen

»Überhelden von unüberwindlicher physischer Kraft, von unvergleichlichem Mut und zündenden Heldentaten. [...] Die Serben lassen sich in der Hypostasierung ihres Kraljevic Marko nicht übertreffen: Er ist ihnen nicht nur Hoffnungsträger und Beschützer, sondern [...] ›eine Lichtgottheit, ähnlich den Lichtgottheiten in anderen Mythologien‹. Er ist ihnen Herkules und Roland, Odysseus. In neuerer Zeit verschmilzt er sogar mit Nietzsches Übermenschen« (ebd., S. 131).

»Seine Popularität hat nicht nur die Zeiten überdauert; seine Gestalt hat sich auch tief in das Bewußtsein« – und, so möchte ich ergänzen, in das Unbewusste – »der Menschen eingeprägt« (Schubert 1996, S. 151).

Wie die Hajduken stellt auch Marko eine doppelbödige Heldengestalt dar. Bei genauer Betrachtung sind seine Heldentaten »blutrünstige Untaten, die er im Wissen um seine gewaltige Körperkraft zusätzlich mit Verhöhnung und Verspottung seiner Opfer garniert« (ebd., S. 137). Marko hält sich grundsätzlich an keine Gebote oder Gesetze, ja er legt es geradezu darauf an, diese nicht nur zu übertreten, um seine schändlichen Ziele zu erreichen, sondern auch um die Gesetze an sich und ihre Vertreter zu verhöhnen und zu erniedrigen.

> »Einem Mädchen, das ihn an einen Hajduken verraten hat, sticht er die schwarzen Augen aus und verläßt sie in den Bergen. Am übelsten geht er mit der Tochter des Mohrenkönigs um, der ihn ›fern im Mohrenlande‹ eingekerkert hat. Hier kommt bereits auch ein latenter Rassismus ins Spiel. Das Mohrenmädchen hat sich in Marko verliebt, er schwört ihr einen falschen Liebesschwur, sie rettet ihn aus dem Kerker und flieht mit ihm« (ebd., S. 135).

Marko dankt ihr ihren Liebesbeweis, indem sein »Säbel sie entzwei gespalten« – wie es in dem Vers heißt.

Übrigens rezipierten auch die deutschen Dichter und Denker die serbische Volksmythologie und speziell auch den Mythos vom Königssohn Marko – meist mit heller Begeisterung. Den Brüdern Grimm, Herder, Therese von Jakob, Ranke und Goethe hatte es die »Ursprünglichkeit und natürliche Poesie« (ebd., S. 136) der Heldendichtung angetan. Allein bei Goethe kam es »schon bald zu einer Abkühlung der Begeisterung« und er kritisierte deutlich die Verherrlichung höhnenden Undanks in der grausigen Geschichte von der unglücklichen Mohrenprinzessin. Goethe läßt seinem Unmut über den undankbaren und zynischen Königssohn Marko freien Lauf und nennt ihn »einen absoluten monströsen Helden, kurz gebunden, wie irgendeiner, der uns, sosehr wir ihn auch anstaunen, keineswegs anmuten mag« (zit. nach Lauer 1995, S. 137).

Die Überhöhung des Helden Marko zur gottähnlichen Lichtgestalt, der zugleich ein Bote der Finsternis ist, entspringt der Situation vollständiger Ohnmacht, in der sich die christlich-serbische Bevölkerung unter der 500jährigen Herrschaft der Osmanen befand. Die Verherrlichung des ambivalenten Helden, der den verhassten Türken das Fürchten lehrte, dabei aber seine Menschlichkeit verliert, kann als Überlebensphantasie der unterjochten Völker verstanden werden. Die ins Unermessliche gesteigerte sadistische Brutalität, Unmenschlichkeit und Monströsität des Helden ist nur die Kehrseite des depressiven Fatalismus und der masochistisch getönten Resignation, mit der sich das serbische Volk in sein Schicksal des ewigen Verlierers gefügt hat. Gleichwohl bleibt festzuhalten, dass die serbischen Mythen, die hier zur Diskussion stehen, »Potentiale der Unmenschlichkeit« (ebd., S. 139) in sich bergen, die, »wie die heutige Erfahrung zeigt, unmittelbar ins Leben treten können« (ebd.).

Nur als Anekdote sei angemerkt, dass Slobodan und Mira Milosevic ihren einzigen Sohn Marko genannt haben.

Nun zur Interpretation der beiden Heldengestalten: Beide Heldenfiguren zeichnen sich dadurch aus, dass sie nicht nur die Feinde und Unterdrücker ihres Volkes unnachsichtig bekämpfen – dies gehört sozusagen zu den natürlichen Funktionen eines jeden Freiheitskämpfers –, sondern dass ihr Hass grenzenlos wird und sich schließlich auch gegen die kulturübergreifenden Werte der menschlichen Gemeinschaft schlechthin richtet: Liebe, Treue, Vertrauen, Schönheit, Wahrheit. Nicht nur, dass die Hajduken und Marko im Laufe ihrer Kämpfe gegen diese Werte und Ideale gleichgültig und abgestumpft würden. Sie sind nicht eigentlich unempfänglich und blind gegen diese Werte und Ideale der Humanität. Vielmehr empfinden sie ihre höchste Befriedigung gerade darin, den Kern dessen, was Menschsein ausmacht, beim anderen zu erniedrigen, in den Dreck zu ziehen und zu vernichten. Sie sind getrieben von einem glühenden Hass gegen alles Unschuldige, Reine, Schöne und Gute. Es ist gerade die Liebe der Menschen zueinander, die menschliche Fähigkeit, Vertrauen, Vergebung und Liebe rückhaltlos zu schenken, die bei diesen unmenschlichen Heldenfiguren auf Verachtung, Abscheu und Hass stößt. Gerade die Liebe des Mohrenmädchens, ihr naives Vertrauen in Markos Güte, ihre emotionale und auch körperliche Nähe sind es, die ihn irritieren. Mit seinem Säbelstreich entledigt er sich nicht nur des Mädchens, sondern vor allem seiner eigenen Gefühle. Diese Dynamik charakterisiert auch die islamistischen Terroristen, die sogar ihr eigenes Leben opfern, um ihren perversen Idealen zu huldigen.

Die Pervertierung aller menschlichen Beziehungen, die Pervertierung des Gewissens und des Ich-Ideals rühren letztlich daher, dass das »wahre Selbst« im Sinne Winnicotts »nicht gesehen, nicht anerkannt, nicht geliebt« worden ist. Sowohl das Gewissen als auch die Ideale leiten sich letztlich vom Lieben und Geliebtwerden ab. »Wo diese durch Verachtung und Wut ersetzt worden sind, da müssen die meisten Ideale, nämlich alle außer denen, die mit Macht und Unverletzlichkeit zu tun haben, verspottet werden, und das Gewissen wird dann zum erbarmungslosen und mächtigen Schwert der Verurteilung« (ebd., S. 154).

Infolge der Tatsache, dass das eigene »wahre Selbst« verfehlt wurde, die eigene Individualität verleugnet werden musste, entwickelt sich eine durchdringende Scham, die auf zweifache Weise abgewehrt werden kann: einerseits mittels der weitgehenden Übernahme der Rollenzuweisungen der Mächtigen – seien es nun im familiären Zusammenhang die Eltern, die ihrem Kind die negative Rolle des Sündenbocks zuteilen oder im gesellschaftlichen Verhältnis die politischen Unterdrücker, die den Unterworfenen die entwertete Identität des Unterjochten aufzwingen. In beiden Fällen enthüllt sich

> »die traurige Wahrheit, daß in jedem auf Unterdrückung, Ausstoßung und Ausbeutung beruhenden System der Unterdrückte, Ausgestoßene und Ausgebeutete unbewußt an das negative Leitbild glaubt, das zu verkörpern er von der herrschenden Gruppe gezwungen wird« (Erikson 1959, S. 2).

Diese negative Identität stellt insofern ein »falsches Selbst« im Sinne von Winnicott dar, als es sich nicht um eine selbst gewählte, vielmehr um eine aufoktroyierte Identität handelt.

Stich von N. Pantic: Kraljevic Marko (1827)

Die zweite Form, mit der Scham über die Verfehlung des »wahren Selbst« fertig zu werden, besteht darin, ein narzisstisch übersteigertes Selbstbild zu entwickeln, so als wollte man sagen:

> »Ich bin etwas ganz Besonderes, Ungewöhnliches, Einzigartiges. Ich bin eine Lichtgestalt, ein Erlöser. Ich bin mit einer unermesslichen Machtfülle ausgestattet. Die Menschen sollen mich nicht lieben, sondern bewundern oder noch besser mich fürchten. Ich gebe mir keine Blöße, ich zeige keinerlei Gefühl noch Schwäche. Deshalb bin ich auf niemanden angewiesen. Ich habe alles unter Kontrolle und vertraue auf nichts und niemanden außer auf meine eigene Macht.«

Auch diese Selbstdefinition stellt ein »falsches Selbst« dar, da es vor allem dazu dient, die peinigende Scham und die Sehnsucht nach dem »wahren Selbst«, das mit Liebe, Vertrautheit, Angenommensein und Annerkennung verbunden ist, abzuwehren.

All diese Ausführungen können sich sowohl auf die individuelle Biographie eines einzelnen Menschen als auch auf die kollektive Identitätsentwicklung einer kulturellen Großgruppe beziehen. Die virtuelle Biographie eines mythischen Helden dient den Individuen gleichsam als identitätsstiftende Musterbiographie, die ihnen bei der Orientierung behilflich ist. Zugleich gelingt es ihnen durch die Identifikation mit solchen kulturell vorgegebenen Heldengestalten, den notwendigen Anschluss ihrer persönlichen an die soziale und kulturelle Identität zu vollziehen. Dies gilt auch unter dem Aspekt, dass in einer Gemeinschaft gehäuft individuelle sowie kollektive Traumatisierungen zu verarbeiten sind. In einer Gesellschaft wie der serbischen, die seit Jahrhunderten kollektiv unterjocht, gedemütigt und traumatisiert wurde, besteht für das persönlich traumatisierte Individuum die Möglichkeit, sein Trauma nicht in einer individuellen Psychopathologie auszudrücken, sondern seine psychopathologischen Impulse in die kollektiv vorgegebenen Ausdrucksweisen und Handlungsmuster einfließen zu lassen. So mag sich beispielsweise die Energie der kollektiv ausagierten Destruktivität im Rahmen »ethnischer Säuberungen« auch aus den in früher Kindheit erlittenen Traumatisierungen der beteiligten Individuen speisen. Die mythischen Heldenfiguren dienen dabei als Vermittler und legitime Leitbilder; sie bilden »die historische Basis der Wahlmöglichkeiten« (Erikson 1959, S. 28), die das Ich des Individuums zur Verfügung hat. Insofern stellt die kritische Analyse solcher Mythen eine wichtige aufklärerische Maßnahme zur Gewaltprävention dar.

Die idiosynkratische Störung von Milosevic und die ethnische Störung der Serben

Von dem Ethnopsychoanalytiker Georges Devereux (1974) stammt die Unterscheidung zwischen einer idiosynkratischen und einer ethnischen psychischen Störung. Die idiosynkratische Störung entsteht aufgrund ganz spezifischer Lebensumstände bei einem Individuum. Unter einer ethnischen Störung versteht Devereux demgegenüber eine psychische Störung, an der nicht nur Individuen, sondern eine große Zahl der Mitglieder eines Kollektivs leiden.

Die idiosynkratische Störung von Slobodan Milosevic, seine Borderline-Persönlichkeits-Störung, sein Sadomasochismus, seine verleugnete Depression, seine latente Suizidalität und seine Unfähigkeit, sich mit seinem persönlichen Leidensweg innerlich auseinanderzusetzen, passen zu der ethnischen Störung der Serben wie der Schlüssel zum Schloss. Milosevic hatte ein »intuitives Verständnis für die verletzten Gefühle seines Volkes« (Paasch 1996), weil er in seiner eigenen Biographie ein ähnliches Gemisch aus traumatischen Verlusten, Kränkungen des Selbstwertgefühls und grandiosen Wunschvorstellungen von der eigenen Größe hatte wie das Kollektiv der Serben. »Das Gespür für den richtigen Augenblick, die Fähigkeit, Stimmungen in der Bevölkerung zu erfühlen und für die eigenen Interessen zu kanalisieren, sind Milosevics größte Begabungen« (Rüb 1999, S.

334). Er verdankt seine Überzeugungskraft dem geschickten Spiel mit den weit verbreiteten Ressentiments, Hass- und Ohnmachtsgefühlen der serbischen Bevölkerung. Sein eigenes, oft kaum verhülltes Ressentiment wird zum Resonanzboden für den unausgesprochenen Groll des Volkes, dem er Ausdruck und Gestalt verleiht.

Die massenpsychologische Bedeutung, die Milosevic als Führerfigur für die Serben einnahm, funktioniert ganz nach dem Modell, das Freud (1921) in *Massenpsychologie und Ich-Analyse* entwickelt hat: Die Projektion des Ich-Ideals auf den Führer und die libidinöse Bindung an ihn ersetzt die Bindung, die das Individuum an das eigene Ich-Ideal und an das eigene Über-Ich hat. Insofern wird die Stützung der Identität durch das Gefühl des Aufgehobenseins in der Masse und den Schutz des Führers erkauft durch eine Minderung reifer Ich-Leistungen. Die Mitglieder des Kollektivs projizieren ihr individuelles Ich-Ideal auf die Führerfigur und schaffen damit die Grundlage für eine wechselseitige Identifikation miteinander, während gleichzeitig im Sinne von Bions »Kampf-Flucht-Gruppe« (Bion 1961) die gruppeninternen Feindseligkeiten verleugnet und auf den Außenfeind projiziert werden. Die vorherrschenden Abwehrmechanismen sind Spaltung, Projektion der Aggression und projektive Identifizierung. Die Konflikte drehen sich um aggressive Kontrolle, Misstrauen und der Furcht vor Vernichtung (vgl. Kernberg 1999, S. 100).

Milosevic als der idealisierte Führer repräsentiert den »mythischen Helden« (Kernberg 1999, S. 99) der Serben, den tragischen Feldherrn Lazar. Und dieser wiederum symbolisiert den Urvater, den Anführer der »Urhorde«, von dem Freud (1912) in *Totem und Tabu* annimmt, dass er von seinen Söhnen getötet wurde. In der Unterwerfung unter die Führerfigur Milosevic setzt sich der kollektive Wiederholungszwang der Serben fort, der eine passiv-masochistische Bindung an eine übermächtige, gefährliche und zugleich verehrte und vergöttlichte Führerfigur zum Inhalt hat. Historisch betrachtet fühlt sich das Kollektiv der Serben unbewusst schuldig am Tod und an der Niederlage seines Feldherrn Lazar und wiederholt zwanghaft die über Generationen tradierte masochistische Gefolgschaft an Führerfiguren, die nationale Größe und Macht versprechen, in Wahrheit aber Niederlagen, Zerstörung und Tod erwirken.

Die Notwendigkeit kollektiver Trauer- und Versöhnungsarbeit zwischen den Ethnien

Durch die Jahrhunderte dauernde Fremdherrschaft, die alle Ethnien auf dem Balkan erleiden mussten, bildete sich bei ihnen eine Sonderform des Nationalismus heraus, den die Politikwissenschaft als »Ethno-Nationalismus« bezeichnet. Wie der Balkan-Experte Michael W. Weithmann (1997, S. 232) ausführt, zeichnet sich der Ethno-Nationalismus durch »ein Nationalgefühl der verlorenen Ehre, des Nicht-Verstanden-Werdens, kurz, des traumatischen Nationalismus (aus), der reziprok dazu die Überhöhung imaginärer historischer Erinnerungen zur Folge hat«. Je frustrierender und erniedrigender die gegenwärtigen politischen und gesellschaftlichen Verhältnisse für die einzelnen Ethnien waren oder empfunden wurden, umso mehr suchten sie ihr illusionäres Heil in der ideologischen Rückwendung zur vermeintlich heroischen Vergangenheit. Der Rückgriff auf die weit zurückliegende, heroisch verklärte Geschichte, in der das eigene Volk einst eine bedeutende Rolle gespielt habe, soll Forderungen untermauern, die die Gegenwart betreffen. Betont wird die »Ureinwohnerschaft« und die »Alteingesessenheit« (ebd.) und auch die Religion als ein Unterscheidungsmerkmal, das die eigene Identität stärkt.

Titos Konzept einer föderativen Republik zielte darauf, das friedliche Zusammenleben der verschiedenen Ethnien zu fördern. Das Konzept der föderativen Volksrepublik war etwas wirklich Neues, nämlich erstens die Abkehr von der großserbischen Staatsidee und zweitens die Abkehr vom (kommunistischen) Zentralismus nach Moskauer Vorbild. Dieses Ziel konnte Tito nur erreichen, indem er Serbien auf eine föderal-verträgliche Größe zurechtstutzte: Mazedonien und Montenegro wurden als selbständige Republiken aus Serbien herausgelöst, der Kosovo und die Vojvodina erhielten einen Status als autonome Gebiete. Um Jugoslawien stark zu machen, musste Tito Serbien schwächen (Weithmann 1997, S. 453). Doch woran scheiterte Titos Versuch, die Balkan-Völker in einem gemeinsamen Staat zusammenzufassen, letztlich?

Zunächst muss man betonen, dass Titos Jugoslawien immerhin fast 40 Jahre lang leidlich funktionierte. Die Gründung erfolgte 1945, nach Titos Tod im Jahr 1980 setzten ab 1981 die Auflösungserscheinungen ein. Titos zeitweiliger Erfolg beruhte darauf, dass die Nationalitätenfrage »in der gesamten Tito-Ära mit einem rigoros überwachten öffentlich-rechtlichen Tabu belegt« war (ebd., S. 451). In der Öffentlichkeit durfte darüber nicht gesprochen werden. Wer es trotzdem tat, setzte sich als Serbe dem Vorwurf

Josip Broz Tito

aus, großserbischen Zielen anzuhängen, während er als Kroate sofort im Verdacht stand, ein Anhänger der Ustascha-Faschisten zu sein (vgl. Libal 1991, S. 79). Zugleich blieb Tito in der nationalen Frage von einer »erstaunlich doktrinären Blindheit geschlagen« (Weithmann 1996, S. 451). Er handelte getreu dem marxistischen Motto, bei psychologischen, kulturellen, ethnischen, religiösen und nationalen Fragen handle es sich um reine Überbau-Phänomene, sie seien also nur von nachgeordneter Bedeutung. Maßgeblich war die illusionäre Hoffnung, mit der sozialistischen Umgestaltung der ökonomischen Basis und der Produktionsverhältnisse fänden auch die jahrhundertealten Konflikte zwischen den Ethnien eine endgültige Lösung. Dies war jedenfalls die offizielle Ideologie.

> »In Wirklichkeit waren sich, wie wir heute wissen, Tito und seine engeren Mitarbeiter der durch den ›Aufbau des Sozialismus‹ keineswegs geschwundenen nationalistischen Explosivkraft durchaus bewußt, versuchten aber durch Ignorieren das Problem totschweigen zu können« (ebd., S. 452).

Besonders verhängnisvoll wirkte sich aus, dass der Hass zwischen den ethnischen Gruppen, der sich in der Zeit der nationalsozialistischen Besatzung aufgebaut hatte, auf einer psychologischen Ebene in keiner Weise bearbeitet wurde. So lieferte das Totschweigen der Gräueltaten der faschistischen Ustascha, einer kroatischen Organisation, die mit der SS kollaborierte und hunderttausende Serben ermordete (vgl. Bulajic 1992), dem Hass der Serben immer wieder neue Nahrung. Die wechselseitigen Ressentiments zwischen den verschiedenen ethnischen Gruppierungen auf dem Balkan wurden unter Titos Herrschaft nur unterdrückt, tabuisiert und oberflächlich harmonisiert. Es besteht kein Zweifel, dass Titos Entscheidung, die Verbrechen, die von beiden Seiten, der kroatischen Ustascha und den serbischen Tschetniks, begangen wurden, unter den Teppich zu kehren, ein schwerer Fehler war, der sich grausam rächen sollte. Titos Verleugnungsstrategie dürfte aber auch damit zusammenhängen, dass die Gräueltaten der Tito-Partisanen an den Kroatischen Soldaten dem Vergessen anheim gegeben werden sollten. Als das kommunistische Jugoslawien zerfiel, brachen die alten Wunden wieder auf, und die Ressentiments gegen die Kroaten und die Muslime wurden eine wichtige Waffe im Arsenal des serbischen Nationalismus (vgl. Wachtel 1998, S. 204). Dieser bezichtigte die kroatische Nation insgesamt einer Kollektivschuld und brandmarkte das kroatische Nationalgefühl als »faschistoid«. Diese Tendenzen kamen auch »im Hinaufsteigern der Zahl der Todesopfer während des Zweiten Weltkrieges im Ustase-Konzentrationslager Jasenovac« (Meier 1999, S. 39) zum Ausdruck. Während in der Nachkriegszeit die amtlichen Angaben bei 50 bis 70.000 Opfern lagen, steigerte sich diese Zahl im Laufe der Zeit immer mehr, bis ein serbischer General schließlich von einer Million Opfer sprach, während die offizielle Zahl der im Zweiten Weltkrieg in Jugoslawien umgekommenen Menschen nach wie vor mit 1,7 Millionen angegeben wurde. Historiker, die sich der Geschichtsfälschung widersetzten, wurden gemaßregelt (ebd.).

Eine offene und kritische Aufarbeitung der während der nationalsozialistischen Besatzung begangenen Massaker und Verfolgungen fand hingegen nicht statt. Eine Trauerarbeit, wie sie Alexander und Margarete Mitscherlich (1967) für Deutschland forderten und die gegen viele Widerstände in der Bundesrepublik Deutschland tatsächlich teilweise stattfand und noch immer stattfindet (vgl. Wirth 1997), wurde in Jugoslawien nicht versucht. Vielmehr brachen nach dem Ende des Ostblocks und dem politischen Zerfall Jugoslawiens die lange Jahre verdrängten und mit Macht unterdrückten Ressentiments zwischen den ethnischen Gruppen in ihrer ganzen archaischen Gewalt wieder auf. Hier bestätigt sich wieder einmal die Notwendigkeit einer Trauerarbeit auf kollektiver Ebene, wenn kollektive Traumata konstruktiv verarbeitet werden sollen.

Nicht nur der gewählte Präsident Milosevic, sondern auch das serbische Volk hat Schuld auf sich geladen. Der Belgrader Bürgermeister Bogdan Bogdanowic (1997, S. 256) schreibt über den Beginn von Milosevics Machtergreifung:

> »Nicht nur die korrumpierten und beschränkten Apparatschiks, auch die Parteiaktivisten in den Fabriken und Betrieben, die Karrieristen und notorischen Bürokraten wetteiferten geradezu miteinander, durch Metaphern ihren patriotischen kriegerischen Rausch auszudrücken. Der Krieg war in ihre harten Schädel eingestampft, und man wußte, wie üblich, auf wessen Seite der gerechte Zorn der Götter und die launische Siegesgöttin stand.«

Milosevic verwandelte »mit Hilfe des Fernsehens ganz Serbien in ein Institut für Gehirnwäsche« (ebd., S. 268).

Demonstranten stürmen den Regierungssitz und erzwingen den Rücktritt von Milosevic (5.10.2000)

Parallel mit der Regression zur Barbarei wurde in Serbien »eine alternative serbische Wirklichkeit des Aberglaubens, der bunten Lügen und der Selbstzerstörung inthronisiert« – kurz: »eine Zivilisation der Lüge« (Bogdanowic 1997, S. 267).

Das Ende der blutigen Herrschaft des Slobodan Milosevic vollzog sich in zwei dramatischen Akten: Am 5. Oktober 2000 wurde der Diktator durch einen unblutigen Aufstand des eigenen Volkes zum Rücktritt gezwungen. Ein halbes Jahr verbrachte er unter Hausarrest stehend in seiner Villa. In den frühen Morgenstunden des 1. April 2001 wurde er aus seiner Residenz abgeholt, ins Belgrader Zentralgefängnis gebracht und von dort an das Kriegsverbrecher-Tribunal in Den Haag überstellt.

Unmittelbar vor seiner Verhaftung hatte er noch großspurig verkündet, er werde sich nicht lebend ins Gefängnis bringen lassen. Tatsächlich verlief der Schlussakt der Verhaftung relativ unspektakulär. Die 35 Jahre alte Tochter von Slobo und Mira, Marija, schoss das Magazin ihrer Pistole leer, jedoch ohne jemanden zu verletzen. Die schwer bewaffneten Leibwächter von Milosevic, seine »eiserne Garde« (Rüb 2001) leisteten keinen Widerstand mehr. Auch Milosevic selbst soll sich nicht gewehrt haben, als man ihn abführte.

Die Auseinandersetzung mit der blutigen Vergangenheit kommt in Serbien nur sehr schleppend in Gang. Nach Umfragen begrüßen es zwar zwei Drittel der Menschen in Serbien, dass ihr ehemaliger Präsident im Gefängnis sitzt, doch der Grund könnte auch darin zu suchen sein, dass man hofft, auf diese Weise auch die eigene »Mitverantwortung für die Katastrophen des zurückliegenden Jahrzehnts vorerst wegschließen« zu können (ebd.). Nach der Auslieferung von Milosevic an das UN-Kriegsverbrechertribunal in Den Haag besuchte ihn Mira vier Wochen später im Untersuchungsgefängnis. Wie eingeweihte Kreise in Belgrad wissen wollten, leide er »vor allem unter der Trennung von seiner Lebensgefährtin« (Israel 2001, S. 2).

Nach dem tiefen und überraschenden Fall von Milosevic steht das serbische Volk vor einem Scherbenhaufen: vier verschuldete und verlorene Kriege, ein wirtschaftlich ruiniertes und politisch isoliertes Land, unzählige tote, ermordete, verschleppte, vertriebene, verstümmelte und schwer traumatisierte Menschen, ein diskreditiertes und tief verunsichertes Volk. Das serbische Volk versucht momentan die Rückkehr in die Normalität, indem es die zurückliegende Vergangenheit emotional abspaltet, verdrängt und derealisiert. Die Serben betrachten sich selbst als Opfer und schieben die Schuld auf den Verbrecher Milosevic. Die Auseinandersetzung mit der Vergangenheit folgt damit einem Muster, das uns Deutschen aus unserem Umgang mit der Nazi-Vergangenheit bekannt sein dürfte. Aus unserer fünfzigjährigen Erfahrung mit den Nachwehen des Nationalsozialismus kann man der serbischen Gesellschaft prognostizieren, dass sie noch einen sehr langen Weg der Aufarbeitung und Auseinandersetzung vor sich hat. Die westliche Staatengemeinschaft sollte dem Balkan nicht nur in wirtschaftlicher Hinsicht zur Seite stehen, sondern auch psychosoziale und psychotherapeutische Hilfestellungen anbieten. Eine Befriedung dieser Region wird sich nur erreichen lassen, wenn die Frage der kollektiven sowie der persönlichen Verantwortung nicht auf wenige Einzelne verschoben wird, sondern sich das ganze Volk seiner historischen Verantwortung stellt.

Psychoanalyse und Politik

»So mächtig auch die Affekte und Interessen der Menschen sein mögen, das Intellektuelle ist doch auch eine Macht. [...] Die unerwünschten Wahrheiten, die wir Psychoanalytiker der Welt zu sagen haben, werden dasselbe Schicksal finden. Nur wird es nicht sehr rasch gehen; wir müssen warten können.«

Sigmund Freud (1910): Die zukünftigen Chancen der psychoanalytischen Therapie. In: GW VIII, S. 111.

Macht und Ohnmacht in der Politik

Dieses Buch beschäftigt sich vor allem mit den destruktiven Seiten von Narzissmus und Macht. Gleichwohl ist es mir wichtig, am Ende nochmals zu betonen, worauf ich schon zu Beginn hingewiesen habe: Weder Macht noch Narzissmus sind an sich »gut« oder »böse«. Es ist unumgänglich, dass jeder von uns in seinem Leben ständig Macht ausübt, so wie auch jeder von uns ständig auf narzisstische Selbstbestätigung angewiesen ist, die von der Anerkennung durch andere abhängt. Wer einseitig nur die Mächtigen geißelt, verkennt die »Macht der Ohnmächtigen« und den instrumentalisierten Einsatz von Ohnmacht, um beispielsweise moralischen Druck und damit Macht auszuüben. Wer hingegen in verantwortungsvoller Weise über Macht verfügen will, muss Ohnmacht aushalten können, sonst wird er innerlich zum Gefangenen der Macht und muss diese suchtartig immer weiter steigern und ausdehnen. Macht und Ohnmacht stehen in einem dialektischen Verhältnis zueinander in dem Sinne, dass die Steigerung von Macht unter einem bestimmten Aspekt immer begleitet wird von der Ausdehnung von Ohnmacht und Abhängigkeit unter einem anderen Aspekt. »Wissen ist Macht«, heißt es. Doch wer sein Wissen immer mehr steigert, weiß auch immer besser, was er alles nicht weiß. Dem Machtzuwachs, der in dem höheren Grad an Wissen begründet ist, steht stets ein Zuwachs an Ohnmacht und Ausgeliefertsein an das Nicht-Wissen gegenüber.

Wer Macht sucht, ohne über die Fähigkeit und den Willen zu verfügen, Ohnmacht und Abhängigkeit aushalten zu können, benutzt Macht kompensatorisch, um seine narzisstische Störung auszugleichen. Diese psychoanalytische Einsicht gilt nicht nur für den innerpsychischen Prozess, sondern lässt sich auch auf reale Macht in politischen Verhältnissen übertragen: Der Politiker, der immer mehr Macht über andere Menschen aufbaut, vergrößert gleichzeitig sein Angewiesensein auf diese Menschen, mit deren Loyalität er rechnet und auf deren Pflichtbewusstsein er vertraut. Wer sein Angewiesensein auf andere nicht aushalten und akzeptieren kann, ist genötigt, die Gefühle von Ohnmacht zu verleugnen, indem er in eine narzisstische Selbstüberschätzung flüchtet. Nur in dem Gefühl, der Größte, Schnellste, Beste, Klügste und Mächtigste zu sein, kann er sich einreden, nicht auf die Hilfe, Unterstützung, Achtung und Anerkennung Anderer angewiesen zu sein. Dies aber macht eine stetige Steigerung seiner Macht und Kontrolle unausweichlich und erklärt, warum viele Mächtige suchtartig der »Droge Macht« verfallen sind. In diesem Fall wird die Einsicht in die eigene Abhängigkeit von anderen durch eine Omnipotenzphantasie abgewehrt, die man so formulieren könnte: »Ich bin so mächtig, dass ich mir die soziale Wertschätzung, die ich zur Stärkung meines Selbstwertgefühls nötig habe, durch Macht erzwingen kann.« Erfolgreich ausgeübte Macht soll zum Beweis der eigenen Stärke, Größe und Potenz werden. Sie soll alle nagenden Selbstzweifel beschwichtigen sowie als Aphrodisiakum und als Aufputschmittel gegen Depressionen wirken. Und wenn dies alles noch nicht ausreicht, verfügt der Mächtige über Mittel und Wege, sich Respekt zu verschaffen, sich huldigen, loben und schmeicheln zu lassen. Zugleich dienen die Strategien der Macht auch dazu, die weniger Mächtigen, die Untergebenen, die Unterlegenen, die Machtlosen narzisstisch zu kränken und in ihrer unterlegenen Position zu fixieren. Sie sollen ihm, dem Mächtigen, beflissen Beifall zollen, den Staub von seinen Füßen küssen, ihm liebedienerisch nach dem Munde reden.

Auch wenn er die falsche Freundlichkeit der Speichellecker durchschaut, zieht der Narzisst eine sadistische Lust aus solcher Untertänigkeit, denn er genießt es, dass nicht er, sondern die anderen sich verachtet, herabgewürdigt und verletzt fühlen. Der Mächtige gibt seine eigenen narzisstischen Verwundungen an diejenigen weiter, die seinem Machteinfluss unterworfen sind. Der Mächtige zwingt die Ohnmächtigen seine eigene verleugnete negative Identität, die durch Gefühle der Minderwertigkeit, der Schmach, der Missachtung und der Erniedrigung gekennzeichnet ist, stellvertretend auszuleben.

Eine andere pathologische Strategie des Narzissmus besteht in der Verschmelzungsphantasie, in der die eigene Macht verleugnet und ein perfektes Einssein mit dem Objekt angestrebt wird. Das schmerzhafte und kränkende Erlebnis der eigenen Bedeutungslosigkeit wird verleugnet durch das totale Einssein mit dem mächtigen Objekt. Die begleitende Phantasie könnte etwa lauten: »Ich bin mit meinem mächtigen und bedeutenden Partner so eng verschmolzen, dass ich mich nicht deklassiert und armselig fühlen muss. Ich lege gar keinen Wert darauf, die erste Geige zu spielen, da

Alfred Kubin: Adoration (um 1900)

ich kein eigenständiges Wesen bin, sondern an der Macht und dem Glanz meines verehrten Partners partizipiere.« Diesen Abwehrtypus haben wir als »komplementär-narzisstische Abwehr«, bei der eine Flucht in die Ohnmacht bei gleichzeitiger heimlicher und manipulativer Teilhabe an der Macht des Partners vorliegt, kennen gelernt.

Im Unterschied zu diesen beiden Formen eines pathologischen Umgangs mit Narzissmus und Macht beruht ein »gesundes« Verhältnis zwischen narzisstischen Strebungen und Macht auf folgenden psychosozialen Entwicklungsprozessen: Die Individuation, die Entwicklung einer eigenständigen Identität, die Bildung einer narzisstisch ausgeglichenen Persönlichkeit vollzieht sich in einem ähnlich paradoxen Prozess wie die Entwicklung des Machtgefühls und ist zudem mit diesem eng verwoben. Jeder Mensch steht vor der lebenslangen Aufgabe, ein einzigartiges, unverwechselbares und unabhängiges Individuum zu werden und bleibt doch zugleich immer auf die anderen angewiesen, die ihm durch ihre Liebe, ihre Sorge, ihre Antworten und ihre Anerkennung die Rückmeldungen geben, die er benötigt, um den Blick auf das eigene Selbst richten und damit sein Selbstwertgefühl regulieren zu können. Auch der völlig in sich ruhende, narzisstisch ausgeglichene Mensch hat sein stabiles Selbstwertgefühl nicht alleine und ganz aus sich heraus aufgebaut, sondern verdankt es der langen, intensiven und angemessen dosierten Anerkennung, die er im Laufe seines Lebens schon genossen und die ihm erlaubt hat, die Anderen als gute Objekte zu internalisieren, was ihm jetzt eine gewisse – wenn auch nur sehr begrenzte – Unabhängigkeit von aktuellen Bestätigungen gestatten mag. Wenn in der psychosozialen Entwicklung des Individuums, aber auch in dem kommunikativen Klima der aktuellen Gruppe, eine Basis gelegt ist, die sowohl einem gesunden Narzissmus als auch einer gesunden Entfaltung von Aktivität und Bemächtigung der inneren und äußeren Welt, insbesondere der Objektbeziehungen, förderlich ist, so kann sich ein Verhältnis von Narzissmus und Macht herausbilden, das sich in Anlehnung an Gedanken und Formulierungen von Altmeyer (vgl. 2000a, S. 165) so beschreiben lässt:

> »Ich bin zwar so mächtig, dass ich Selbstbestätigung und Anerkennung durch andere im Überfluss bekomme, doch fühle ich in meinem Inneren auch das Bedürfnis, nicht um meiner machtvollen Position und meiner Leistungen willen geliebt und anerkannt zu werden, sondern einfach weil ich so bin, wie ich bin. Deshalb suche ich die Nähe zu Menschen, denen meine Macht nicht imponiert, die sich für mich als Mensch hinter der machtvollen Rolle interessieren, weil ich nur von ihnen eine ›echte‹ und ›wahre‹ Anerkennung erfahre, der ich Glauben schenken kann. Insofern bleibe ich trotz meiner Macht von anderen Menschen, die mich lieben und als unverwechselbares Wesen achten, abhängig. Aber die mir zur Verfügung stehende Macht gibt mir eine zweifache Möglichkeit: Ich kann auf Grund meiner Macht-Ressourcen mich selbst verwirklichen, mit meinen ureigensten Ideen die Welt verändern, kurz: ich kann meine Vorstellungen, Wünsche und Ideale realisieren und damit narzisstische Befriedigung erlangen. Meine machtvollen Handlungen bringen mich aber auch mit den anderen in Kontakt, die mich für mein Tun anerkennen, mir jedoch auch Widerstand entgegensetzen und auf ihrem eigenen Willen beharren. Meine eigene Macht, mein eigener Narzissmus und die Macht der anderen, der Narzissmus der anderen und die Anerkennung und Kritik, die sie mir entgegenbringen, sind keine absoluten Gegensätze, sondern signalisieren eine Spannung zwischen Gleichheit und Verschiedenheit, zwischen Macht und Hilflosigkeit, zwischen Miteinander-Sein und Getrennt-Sein, in der ich mich frei bewegen kann.«

Nur ein Politiker, der sich seiner eigenen Ohnmacht und seiner Macht – als Mensch und als Politiker – bewusst ist und sich zugleich sein Bedürfnis nach narzisstischer Selbstverwirklichung und nach sozialer Anerkennung eingestehen kann, ist in der Lage, zu einem ausgewogenen Umgang mit

Narzissmus und Macht zu gelangen. Der Wunsch eines Politikers, als ein erfolgreicher, weit blickender, verantwortungsvoller und mutiger Staatsmann in die Geschichtsbücher einzugehen, kann für sich genommen durchaus als Zeichen eines gesunden Narzissmus angesehen werden. Ein Politiker, der die Welt nicht verändern will, der nicht nach Macht strebt, um seine Ansichten umsetzen zu können, hat seinen Beruf verfehlt. Der Lohn für solch jahrelangen Einsatz besteht zum größten Teil nicht aus materiellen Gütern, auch nicht aus der Befriedigung sexueller oder aggressiver, sondern vornehmlich aus der Befriedigung narzisstischer Bedürfnisse: Die Möglichkeit, seine Ideale und Vorstellungen unter schwierigen Bedingungen teilweise in die Wirklichkeit umsetzen zu können und dafür die Aufmerksamkeit, Dankbarkeit und Achtung von anderen Menschen zu erhalten, schafft ein tiefes Gefühl der narzisstischen Befriedigung.

Wie sich beim einzelnen Politiker das Verhältnis zwischen den gesunden und den pathologischen Anteilen seines Narzissmus einerseits und den Motiven, die ihn zur Übernahme von politischen Machtpositionen getrieben haben, andererseits gestaltet, ist schwer zu beurteilen. Der gestörte Narzissmus wird in seiner ganzen Tragweite häufig erst im Fall von Krisen, Skandalen und Entgleisungen des Narzissmus deutlich. Solange Politiker erfolgreich sind, kann man meist nur schwer unterscheiden, ob die gesunden oder die gestörten narzisstischen Anteile die Oberhand in ihrem psychischen Leben haben.

Die Tragik der Politik besteht darin, dass man in ihrem Rahmen nicht erfolgreich handeln kann, wenn man sich ausschließlich an Kriterien der Moral und der Wahrheit orientiert. Ohne den Willen zur Macht, allein den Blick auf Moral und Wahrheit gerichtet, kommt man in der Politik nicht weit. So betrachtet ist Politik tatsächlich ein »schmutziges Geschäft«. Dies meine ich nicht als moralisierende Abwertung des Politischen und der dort engagierten Menschen, sondern als eine soziologische Tatsachenbeschreibung. Die Definition, Politik sei die Kunst, Kompromisse zu schließen, klingt zwar schöner, drückt aber den gleichen Sachverhalt aus. Um des Kompromisses willen muss man »die fünf mal gerade sein lassen« können. Das wäre beispielsweise im Bereich der Wissenschaft nicht möglich. Die Wahrheit ist nicht kompromissfähig. Aber nicht nur in der Wissenschaft, die durch das Kriterium der Wahrheit eine sehr klare Orientierungsvorgabe hat, sondern auch in vielen anderen Bereichen der Gesellschaft existieren relativ klare und eindeutige Regeln, Normen und Kriterien, was als gut, kompetent, zuverlässig und »standardgemäß« gilt. In einer Gesellschaft, in der mehr und mehr Lebensbereiche verrechtlicht werden, erhält der Einzelne sogar die Möglichkeit, sein Recht auf Schadensersatz einzuklagen, wenn er beispielsweise ein fehlerhaftes Produkt erworben hat. Im Bereich der Politik gibt es hingegen kaum allgemein anerkannte Kriterien, welche Politik als »fehlerhaft« anzusehen sei und welche nicht. Politiker werden auch nur selten für ihre Fehlentscheidungen zur Rechenschaft gezogen, solange sie sich nur »political correct« verhalten. Die Politik ist notwendigerweise so tief in die Widersprüche und Interessensgegensätze der Gesellschaft verstrickt, dass der einzelne Politiker in aller Regel nur die Wahl zwischen mehreren fehlerhaften Entscheidungen hat. In der Politik müssen die verschiedensten Interessensgruppen, der Erhalt und die Gewinnung der eigenen Macht, der eigene Erfolg, die Macht und der Einfluss der Gegner sowie auch der Verbündeten als Einflussgrößen von zentraler Bedeutung mit berücksichtigt werden. Wer sich in der Politik nur strikt an das hält, was moralisch geboten erscheint, wird scheitern. Politik ist die Kunst der Diplomatie, der Kompromisse, des Taktierens. Dies gilt allerdings nicht in gleichem Maße für die Opposition, gar für außerparlamentarische Bewegungen. Da sie (noch) nicht (so eng) mit der Macht liiert sind, können sie sich die »Naivität«, Eindeutigkeit und Klarheit einer rückhaltlosen moralischen Aufrichtigkeit (noch eher) leisten. Dies ist eine der zentralen Funktionen der Opposition in der Demokratie. Und die belebende Funktion neuer sozialer Bewegungen erklärt sich unter anderem aus ihrer relativen Unabhängigkeit von Fragen der Macht und der Opportunität. Spontane Bewegungen von »unten« müssen keinerlei taktische Rücksichten nehmen und können deshalb viel offener, direkter, kompromissloser und konsequenter ihre politischen Ansichten vertreten. In politischen Basisbewegungen kann durchaus viel »politische Weitsicht« – wie Horst-Eberhard Richter einmal formuliert hat – stecken, die auf die etablierte Machtpolitik einen anregenden und heilsamen Einfluss ausüben kann. Kommt die Basisbewegung oder die sie repräsentierende Partei aber selbst an die Macht, wird sie mit den dort herrschenden Zwängen konfrontiert, denen sie sich mehr oder minder anpassen muss. Die Grünen haben dies in ihrer Karriere zur Regierungsmacht sehr schmerzhaft erfahren müssen. Moralischer Hochmut oder Häme gegenüber den Grünen sind aber gänzlich unangebracht. Ein »guter« Politiker muss einerseits so flexibel sein, dass er kompromissfähig ist und sich nicht ängstlich an kleinkarrierte Prinzipien klammert, jedoch darf er andererseits kein prinzipienloser Opportunist sein, denn in entscheidenden Augenblicken sollte er verantwortungsbewusst und moralisch integer handeln und entscheiden können.

All diese Überlegungen gelten im Übrigen nicht nur für die hohe Politik, sondern auch für die »Politik«, die auf lokaler Ebene in Berufsverbänden und Vereinen, Gewerkschaften und Arbeitgeberverbänden, Schulen und Universitäten, ökologisch engagierten Gruppen und Sportvereinen, d.h. überall da, wo Politik gemacht wird, wo sich Menschen zusammenschließen, um ihre kulturellen, politischen, gesellschaftlichen und sonstigen Interessen zu organisieren.

Vom möglichen Nutzen der Psychoanalyse für die Politik

Politisches Handeln wird nicht ausschließlich durch wirtschaftliche Interessen und militärische Absichten, sondern auch durch bewusste und unbewusste psychologische Motive von einzelnen und von Groß-Gruppen gesteuert. Die praktische Politik ist ebenso wie die Theorien über politische Prozesse häufig von der Vorstellung geprägt, dass politische Entscheidungen ausschließlich von einer realistischen Abwägung von Alternativen und von dem Bestreben, die eigenen, sorgfältig definierten Interessen zu maximieren, bestimmt ist. Politische Prozesse und Entscheidungen folgen jedoch keineswegs ausschließlich einem rationalen Kosten-Nutzen-Kalkül, sondern werden unter anderem auch von unbewussten psychischen Faktoren beeinflusst. Der ägyptische Präsident Anwar al-Sadat behauptete 1977 in seiner berühmten Rede vor der israelischen Knesset sogar, etwa 70% des israelisch-ägyptischen Konfliktes seien psychologischer Natur (vgl. Volkan 1999). Gleichwohl wurden die Erkenntnisse und Möglichkeiten der politischen Psychologie – speziell auf psychoanalytischer Grundlage – sowohl in Politik und Diplomatie als auch in der öffentlichen Diskussion bislang weitgehend vernachlässigt oder aber man bezog sich auf eine implizite, unreflektierte Alltagspsychologie. Die psychoanalytische Diagnose der psychischen Situation eines Führers, einer Regierung oder eines ganzen Volkes könnte dazu beitragen, den subjektiven und psychologischen Teil der politischen Wirklichkeit realitätsangemessener wahrzunehmen.

Allein schon die Anerkennung der Tatsache, dass in der großen wie in der kleinen Politik seelische Störungen der beteiligten Politiker und unbewusste Gruppenprozesse eine zentrale Rolle spielen, könnte unser Verhältnis zur Sphäre der Politik grundlegend verändern. Sodann könnte die Einbeziehung individual-, familien-, gruppen- und kulturpsychologischer Faktoren bei der politischen Entscheidungsfindung und bei diplomatischen Initiativen wesentlich dazu beitragen, dass unbewusste und irrationale Einflüsse erkannt und berücksichtigt werden. Psychoanalytisch geschulte Beobachter könnten den Sprengstoff, der in religiösen, ethnischen und nationalen Konflikten enthalten ist, so frühzeitig erkennen, dass er noch entschärft werden kann. Als Beispiel für solche Alarmsignale nennt Volkan (1999) das vermehrte Auftauchen von Formulierungen wie »die Reinheit des Blutes« in den Medien. Auch mit der von Lloyd deMause (2000) entwickelten Methode der psychohistorischen Interpretation von Karikaturen, Schlagzeilen, Zeitungsartikeln etc. im Hinblick auf eine sich aggressiv zuspitzende Stimmung in der Bevölkerung ließe sich eine Art Frühwarnsystem für kollektive Krisen entwickeln. Die psychoanalytische Mythenanalyse und Mythenkritik (vgl. Lauer 1995, S. 146ff), wie sie beispielsweise Hans Bosse (2001) für den serbischen Mythos von der Schlacht auf dem Amselfeld geleistet hat, könnte das psychohistorische Hintergrundwissen über die psychokulturelle Situation eines Volkes liefern. Aber auch Initiativen, die das wechselseitige Verständnis zwischen verfeindeten Völkern fördern, können durch psychologische und therapeutische Verständigungshilfen unterstützt werden (vgl. Richter 1990; Wirth, Schürhoff 1991). Der israelische Psychoanalytiker Ofer Grosbard (2001) hat in seinem Buch *Israel auf der Couch* eine psychoanalytische Interpretation des Nahostkonfliktes vorgelegt, die auch zahlreiche praktische Vorschläge enthält, was zur Unterstützung und Neu-Initiierung des Friedensprozesses unternommen werden sollte und könnte.

Da sich in der Psyche der Führerpersönlichkeit häufig die Psychodynamik, die auch das kollektive Unbewusste prägt, verdichtet, wird häufig die Erwartung artikuliert, die Psychoanalyse könne auch insofern einen Beitrag zur vollständigeren Analyse politischer und gesellschaftlicher Prozesse leisten, als sie die Führerpersönlichkeiten genauer untersucht. Bereits seit alters her stellt sich die Frage, ob und wie eine Gesellschaft die Besten ihres Landes auswählen kann, denen ein hohes Maß an Macht übertragen werden soll. Kann die Psychoanalyse bei der Auswahl geeigneter Führungspersönlichkeiten hilfreich sein? Hier ist Skepsis angebracht, speziell im Bereich der Politik. Die Prognosen sind zu ungewiss, die Gefahr des Missbrauchs psychoanalytischer Argumente zu groß. Wie wir bereits gesehen haben, hat die Psychoanalyse ihre diagnostische und erklärende Stärke eher in der rückschauenden Betrachtung. Sie beschäftigt sich mit fehlgelaufenen Entwicklungsprozessen und kann im Nachhinein verständlich machen, warum diese destruktive Ergebnisse hatten. Die Psychoanalyse kann also Erklärungen liefern, wenn das Kind schon in den Brunnen gefallen ist, tut sich aber mit Prognosen sehr viel schwerer. Wie Kurt Eissler (1975, S. 111f) schreibt, ist noch

»keine Technik erfunden worden, die die Wahl der höchst qualifizierten Persönlichkeit garantieren oder deren Wahl wahrscheinlich machen würde. Mit geradezu verblüffender Monotonie trifft man in führenden Positionen überraschend oft auf Personen, die – sei es in einer wissenschaftlichen Gesellschaft, sei es in einer Behörde, in einer Stadt oder einer ganzen Nation – zwar tüchtiger als der Durchschnitt, und mit praktischer Klugheit wohl versehen, jedoch nicht von tiefer Intelligenz sind, Personen, die skrupelloser als ihre Umgebung sind und die Gabe besitzen, andere zu manipulieren. Sie sehen ihre Aufgabe weniger in der Förderung des Wohlergehens der Gruppe, für die sie verantwortlich sind, als vielmehr in der narzisstischen Selbstvergötterung. Es erweist sich, daß die meisten Menschen – meist unbewußt – starke narzißtische Wünsche dieser Art hegen, an deren Verwirklichung sie gehindert werden und die sie statt dessen durch Identifizierung mit einer Person diesen Typs befriedigen«.

Eissler hält die Auswahl geeigneter Personen für die Übernahme besonders wichtiger Machtpositionen offenbar für ein im Prinzip wünschenswertes aber doch schwieriges Unterfangen.*

Die technokratische und letztlich autoritäre Idee, man könne beispielsweise geeignete Persönlichkeitstests entwickeln und Persönlichkeiten mit einem pathologischen Narzissmus von Führungspositionen ausschließen, geht im Grunde von der autoritären Vorstellung vom guten Diktator aus.

Sie verkennt die Tatsache, dass es sich um ein spezielles Dilemma handelt, das für die Politik in modernen Gesellschaften typisch ist: In traditionellen Gesellschaften mit autokratischer Struktur existiert sowohl der ungehemmte – also zustimmungsunabhängige – Cäsarenwahn (den dann nur noch das Schicksal bremsen kann) sowie die Hoffnung auf den »guten Monarchen«, der das Schicksal zum Positiven wenden kann. Moderne Gesellschaften müssen hingegen damit rechnen, dass auch die führenden

* Interessant ist in diesem Zusammenhang, dass der Psychoanalytiker Kurt Eissler, der Leiter des »Sigmund Freud Archivs« in New York war, bei der Auswahl der Führungspersönlichkeit, die er zu seinem Nachfolger als Leiter des Archivs auserkoren hatte, keine glückliche Hand bewies. Er beging genau den Fehler, den er im obigen Zitat angeprangert hatte: Er ließ sich blenden vom eloquenten und gewandten Auftreten eines narzisstischen Blenders, von dem er sich schließlich hintergangen fühlte und von dem er sich in einem Eklat trennte (vgl. Malcom 1983). Im Übrigen war auch Freud bekannter Maßen ein schlechter Menschenkenner. Offenbar besteht eine Differenz zwischen analytischer Kompetenz und Alltagskompetenz. Dies bedeutet auch, dass nicht jeder Psychoanalytiker sich zum Poltik-Berater eignet. Um im komplexen Feld der Politik und der kollektiven Konflikte beratend und sozialtherapeutisch tätig zu werden, muss die psychoanalytische Kompetenz ergänzt werden beispielsweise durch gruppendynamische und organisationssoziologische Kenntnisse und Kompetenzen.

Politiker Menschen mit durchschnittlichen menschlichen Eigenschaften sind – also weder Götter noch Dämonen. In modernen Gesellschaften geht es deshalb darum, in der jeweiligen Gruppe, Partei oder Organisation eine Diskussions- und Kommunikationskultur zu entwickeln, die auf der einen Seite den Einzelnen ermutigt und unterstützt, Verantwortung und Führungsaufgaben zu übernehmen und ihn andererseits davor bewahrt, die Machtposition narzisstisch zu missbrauchen. Dies versteht sich nicht von selbst, denn zweifellos ist Eisslers Hinweis zutreffend, dass auch diejenigen, die einen Narzissten in eine Führungsposition wählen, in der Regel von seiner Grandiosität unbewusst fasziniert sind.

Auch der Vorschlag, den Jürg Kollbrunner (2001, S. 349f) in seinem sonst sehr lesenswerten Buch *Der kranke Freud* für den diagnostischen Einsatz der »Tiefenpsychologie« in der Politik macht, erscheint mir allzu naiv:

> »Mit Hilfe der Tiefenpsychologie könnte vor politischen Wahlen besser erkannt werden, welche Politiker die von ihnen verbal deklarierten Werte tatsächlich vertreten (oder nur zu Werbezwecken mißbrauchen) und welche langfristigen Auswirkungen die Ausrichtung nach diesen Werten haben kann. Dazu müßten die Wahlberechtigten allerdings darauf bestehen, daß sich die Kandidaten für politische Ämter nicht nur mit ihrem beruflichen und politischen Lebenslauf, ihrer Mitgliedschaft in Vereinen und Organisationen und ihren Freizeitbeschäftigungen, sondern auch mit ihrer Individuationsgeschichte vorstellen. Sie müßten über ihre Kindheit berichten und darstellen, wie ihre Auseinandersetzung mit frühen Bezugspersonen verlaufen ist, das heißt, auf welche Art sie zu eigenständigen Positionen gefunden haben.«

Kollbrunner räumt zwar ein, dass dies »die Preisgabe eines Teils der Privatsphäre der Politiker« (ebd., S. 350) erfordern würde, hält aber dagegen, dass sich auf diese Weise »ihre Glaubwürdigkeit und Eigenverantwortlichkeit« besser abschätzen ließe. Kollbrunner macht weder Aussagen darüber, wie denn Politiker veranlasst werden könnten, über ihre »Auseinandersetzung mit frühen Bezugspersonen« zu berichten noch kann er uns sagen, wie man den Wahrheitsgehalt überprüfen könnte, wenn sie denn solche Aussagen machten, und schließlich macht er sich auch keine Gedanken darüber, was es für psychosoziale Folgen hätte, wenn man die Politiker zu intimen Auskünften über ihre frühe Kindheit, ihre sexuellen Vorlieben und andere für die tiefenpsychologische Diagnostik wesentliche Informationen über ihre Intimsphäre veranlassen würde. Kollbrunner lässt die Lehren, die man beispielsweise aus der Clinton-Lewinsky-Affäre ziehen muss, völlig unberücksichtigt: Der Schutz der Privatsphäre vor dem Zugriff der Öffentlichkeit stellt eine zentrale »psychohygienische« Bedingung dafür dar, dass Politiker ihre seelische Gesundheit auch unter den Belastungen ihres Amtes bewahren können. Auch wenn in diesem Buch Informationen über das private Leben von Politikern in die Analyse einbezogen werden, geht es mir keineswegs darum, möglichst viele intime Informationen über Politiker zu erlangen. Auch deshalb habe ich nur die öffentlich zugänglichen Informationen benutzt, aber selbst keine eigenen Nachforschungen angestellt. Wenn Interpretationsversuche, wie die hier von mir vorgelegten, im alltäglichen Wettstreit der politischen Meinungen und Argumente benutzt werden, verlieren sie ihren Charakter als Anleitung zur kritischen Reflexion und Selbstreflexion. Auch psychoanalytische Deutungen lassen sich als Waffe in der Auseinandersetzung trefflich benutzen, verfehlen damit aber ihren eigentlichen Sinn der Aufklärung und Selbstaufklärung über unbewusste Motive und Hintergründe menschlichen Handelns.

Kernberg (2002) geht zunächst einen Schritt weiter zurück und versucht zu klären, welche Kriterien – unter psychoanalytischen Gesichtspunkten – an eine Führerpersönlichkeit überhaupt zu stellen sind. Er vertritt die Ansicht, »daß ein theoretisch konzipierter idealer Anführer folgende Eigenschaften in sich vereinen sollte:

- Eine hohe Intelligenz, die es ihm erlaubt, die Erfordernisse seiner Aufgabe ebenso wie deren Hindernisse zu erkennen, zu formulieren, mitzuteilen und in Handlungen umzusetzen – hierbei geleitet von einem langfristig orientierten, strategischen Denken.
- Eine ausreichende emotionale Reife und menschliche Tiefe, um die Persönlichkeit anderer einschätzen zu können und sich auf diese Weise einen Kreis von untergeordneten Führungskräften auswählen und Teile seiner Autorität an diese delegieren zu können.
- Eine stabile und tiefe moralische Integrität, die ihn vor den unvermeidlichen Versuchungen, korrumpiert zu werden, schützt; mit ihnen wird er in der Ausübung seiner Macht und durch den korrumpierenden Druck aus seiner Umgebung unweigerlich konfrontiert werden.
- Ausreichend starke narzisstische Eigenschaften, um sein Selbstbewusstsein auch dann aufrechterhalten zu können, wenn es zu unvermeidbarer Kritik und zu Angriffen aus dem Lager seiner Anhänger kommt, und um zu vermeiden, dass er sich seinen Anhängern gegenüber zu sehr in Abhängigkeit begibt.
- Ausreichend paranoide Anteile – als Gegensatz zu Naivität –, um frühzeitig unvermeidbare ambivalente und feindselige Strömungen in seiner Organisation wahrnehmen zu können, die Ausdruck einer gegen ihn gerichteten von Ärger, Rebellion und Neid geprägten Aggression sind« (ebd., S. 151).

Kernberg meint, dass »das fundamentale Paradoxon der Führungsrolle« darin begründet sei, dass der Führer über ein gewisses Maß an narzisstischen und paranoiden Eigenschaften verfügen müsse, dies also »unverzichtbare Eigenschaften einer Führungspersönlichkeit« seien, aber genau diese Eigenschaften »im Falle einer pathologischen und übertriebenen Intensität ursächlich daran beteiligt sind, eine lösungsorientierte pragmatische Vorgehensweise in die zuvor beschriebene narzisstische oder paranoide Regression abgleiten zu lassen« (ebd.).

Er kommt damit einer Position sehr nahe, die Erdheim (1982, S. 409) einnimmt, wenn er die Auffassung vertritt, dass es »die Macht selbst ist, die beim Individuum den Narzissmus aufbläht« und dass es insofern »nicht mehr so verwunderlich [sei], narzisstische Persönlichkeiten in Machtpositionen vorzufinden«. Man könne zwar – wie Eissler – annehmen, dass sich vorwiegend narzisstisch gestörte Individuen um Machtpositionen bemühten, aber damit werde »das eigentliche Dilemma der Herrschaft nicht erfasst« (ebd., S. 410). Erdheim fährt fort: »Auch wenn man etwa mittels ausgeklügelter Tests Narzißten am Zugang zur Macht hinderte, würden die an der Macht beteiligten Individuen früher oder später solche Charaktereigenschaften entwickeln« (ebd., S. 410f). Denn: Es ist »die Herrschaft selbst [...], die beim Individuum den Narzißmus auf die Spitze treibt« (ebd., S. 411). Wie Kernberg konstatiert auch Erdheim ein Paradox bzw. ein Dilemma, das in der Macht begründet liegt:

> »Das Dilemma der Herrschaft besteht darin, daß sie zwar die Voraussetzungen schafft, um mittels einer besseren Beherrschung der Natur die Entfaltung des Menschen zu fördern, gleichzeitig aber durch die Entfesselung des Narzißmus die gesellschaftliche Aneignung dieser Voraussetzungen verhindert und die Zerstörung der Kultur, zu deren Aufbau sie beitrug, vorantreibt« (ebd.).

Die Alternativ-Bewegung und die Grünen haben bereits in den siebziger und achtziger Jahren die Dynamik von Narzissmus und Macht erkannt und mit ihrer basisdemokratischen Orientierung, die u. a. in den Prinzipien der Ämter-Rotation und der Trennung von (Partei-)Amt und (Parlaments-)Mandat ihren Ausdruck fand, versucht, den negativen Auswirkungen der Macht entgegenzuwirken. Teilweise entwickelte sich bei den Grünen jedoch ein übertriebenes Misstrauen gegenüber Macht. Die Grünen dämonisierten die Macht und den Narzissmus (ohne ihn so zu benennen) und verkannten dabei, dass Politik nicht nur von Gruppen, Parteien, Bewegungen und Organisationen gemacht wird, sondern auch von Personen. Herausragende Politiker-Persönlichkeiten, die nicht allein über Sach- und Führungskompetenz verfügen, sondern auch über eine Eigenschaft, die Max Weber (1919) als »Charisma« bezeichnet hat, sind rar und bedürfen eines Spielraumes, um ihre charismatischen Eigenschaften entfalten zu können. Die Führungsqualität »Charisma« ist durchaus auch in demokratischen Gesellschaften notwendig, um innovativen Ideen zum Durchbruch zu verhelfen. Zudem führt die zunehmende Medialisierung des politischen Lebens zu einer stärkeren Personalisierung der Politik, so dass die Persönlichkeit einzelner Politiker gegenüber den politischen Organisationen und Parteien an Gewicht mehr und mehr zunimmt.

Die Politiker-Persönlichkeit mit ihren individuellen (narzisstischen) Zielen, Idealen und Wertvorstellungen steht in einem Spannungs- und Ergänzungsverhältnis zu den sozialen, politischen, kulturellen, religiösen, ethnischen, klassenspezifischen und sonstigen gesellschaftlichen Bedingungen des Umfeldes. Eine kritische Analyse muss beide Seiten in ihrem Wechselverhältnis in den Blick nehmen. Die Anwendung psychoanalytischer Erkenntnisse auf dem Feld der Politik darf sich also nicht primär der Diagnose einzelner Politiker-Persönlichkeiten widmen, sondern hat ein besseres Verständnis von Gruppenprozessen, Beziehungsmustern, Denk- und Gefühlsstrukturen, für die der Politiker nur Stellvertreter-Funktion hat, zum Ziel. Wenn wir beispielsweise die Persönlichkeit von Milosevic betrachten, so ist auch sein Eingebettetsein in die serbische Kultur, die wechselvolle Geschichte Jugoslawiens und die regionalen Konflikte auf dem Balkan einzubeziehen. Auch die Interaktion mit den Nato-Staaten bedürfte einer genauen Analyse. Zudem ist zu berücksichtigen, dass der Beobachter und die Gruppe, der er angehört, immer Teil des zu beschreibenden Prozesses ist. In der Psychoanalyse ist in diesem Zusammenhang der Begriff der »Gegenübertragung« von zentraler Bedeutung.

Unter Gegenübertragung versteht man in der Psychoanalyse die »Gesamtheit der unbewußten Reaktionen des Analytikers auf die Person des Analysanden« (Laplanche, Pontalis 1967, S. 164). Indem der Analytiker seine Gegenübertragung einer Analyse unterzieht, gewinnt er wichtige Einsichten über die unbewussten Konflikte seines Gegenübers. Dieses Konzept lässt sich auch auf Situationen außerhalb des therapeutischen Settings anwenden. So kann die Reflexion all der gefühlsmäßigen Reaktionen auf ein politisches Ereignis und die daran beteiligten Politiker, die sich beim Beobachter einstellen, dazu beitragen, dass sowohl die Einschätzung des politischen Gegenübers als auch die Beurteilung der eigenen Haltungen und Handlungen realitätsangemessener werden. Einerseits sollte man Gefühlsreaktionen durchaus als ein wichtiges Element des politischen Prozesses anerkennen, sich aber andererseits nicht seinen spontanen Gefühlsreaktionen unkritisch ausliefern. Psychoanalytiker sind Spezialisten im Umgang mit heftigen Gefühlen – sowohl ihren eigenen als auch denen ihrer Patienten – und könnten insofern Hilfestellungen bei der »Auswertung« von emotionsgeladenen Reaktionen auf politische Prozesse geben.

Es kann jedoch auch zu »Gegenübertragungs-Komplikationen« (Kernberg 1975, S. 81) kommen, wenn »die neurotische Charakterstruktur des

Analytikers, die er im großen und ganzen eigentlich schon überwunden hatte, im Umgang mit bestimmten Patienten erneut in starkem Maße reaktiviert« wird. Dies äußert sich häufig darin, dass »die spezielle Pathologie des Analytikers in der therapeutischen Beziehung zum Patienten derart umgemodelt wird, daß sie dessen Persönlichkeitsstruktur ähnelt oder sie so treffend ergänzt, daß Patient und Therapeut schließlich in ihrer Pathologie genau ›zusammenzupassen‹ scheinen« (ebd.). Um mit Willi (1975) zu sprechen: Sie bilden eine »Kollusion«. Solche kollusiven Gegenübertragungs-Verstrickungen entwickeln sich besonders in den Fällen, in denen sich der Analytiker durch die Schwere der Störung des Patienten stark verunsichert und geängstigt fühlt und ihm der Rückgriff auf seine neurotische Charakterabwehr als der sicherste Weg erscheint, mit seinen archaischen Ängsten zurecht zu kommen.

Kernberg (1975, S. 81 ff) hat typische »Gegenübertragungs-Fixierungen« beschrieben, deren Beachtung er speziell im Umgang mit solchen Patienten empfiehlt, deren Konflikte im Zusammenhang mit »schwerer archaischer Aggression« stehen. In diesen Fällen spürt »der Therapeut an seiner eigenen emotionalen Reaktion [...], daß er es [...] mit einem jener typischen Patienten zu tun hat, die immer wieder nach der Hand, die sie füttern will, beißen müssen« (ebd., S. 81). Zu kollusiven Verwicklungen unter dem Zeichen »schwerer archaischer Aggression« kann es nicht nur zwischen Therapeut und Patient kommen, sondern sie sind auch auf dem Feld der Politik für all jene relevant, die mit Diktatoren und Gewalt-Herrschern zu tun haben. Im Kontakt mit Menschen, deren Denken und Handeln von prägenitaler Aggression bestimmt ist, wird man fast unweigerlich vom Denken und Fühlen des so Gestörten affiziert und greift infolgedessen zu Abwehrmaßnahmen, die die eigene Realitätswahrnehmung beeinträchtigen. Dies gilt generell für Situationen, in denen wir uns mit archaischer Aggression und Destruktivität konfrontiert sehen und von archaischen Ängsten und Gefühlen der Ohnmacht überschwemmt werden, wie dies beispielsweise nach den Terror-Angriffen vom 11. September 2001 bei den meisten Menschen der Fall gewesen sein dürfte. Das psychische Erleben und das Denken werden überflutet von Gefühlen der Ohnmacht, Hilflosigkeit, Angst, Wut und paranoiden Phantasien, die so übermächtig sind, dass die übliche Abwehrstruktur außer Kraft gesetzt wird und eine Regression auf primitive Abwehrformen stattfindet. Nach Kernberg (1975) lassen sich die folgenden drei »Gegenübertragungs-Stereotypien«, die Abwehr-Charakter haben, unterscheiden:

1. Eine Form der Abwehr besteht im narzisstischen Rückzug, also darin, sich innerlich von der ängstigenden Situation und von dem aggressiven

Interaktions-Partner zu distanzieren. Dies hat einen Empathie- und damit Verständnisverlust zur Folge. Es kommt zur Ritualisierung des Gesprächs und schließlich zum Kontaktabbruch. Je mehr man sich innerlich von seinem Gegenüber zurückzieht, umso mehr ist man seinen eigenen aggressiv-sadistischen Gegenübertragungsaffekten ausgeliefert. Ist man schließlich entsprechend distanziert und frustriert, neigt man dazu, mit Sadismus »draufzuhauen«, und kann dies immer mit der offensichtlichen Destruktivität seines Gegenübers rechtfertigen. In dieser Gefahr standen beispielsweise die Befürworter der Nato-Angriffe auf Jugoslawien, aber auch diejenigen, die die Bestrafung und Vernichtung Osama bin Ladens und den Krieg gegen das Taliban-Regime befürworteten. In gewisser Weise setzt sich auch meine Studie über Milosevic dem Verdacht aus, zu unempathisch, distanziert-diagnostisch zu argumentieren, um die eigenen Ohnmachtgefühle und die Wut auf den serbischen Kriegsherrn zu rationalisieren.

2. Im Umgang mit Personen, die ihre archaischen Aggressionen nicht in ihre psychische Struktur integriert haben, kommt es regelmäßig zu einer Vermischung von Aggression und Autoaggression. Die Mischung dieser beiden Elemente findet sich dann auch in den emotionalen Reaktionen ihrer Interaktions-Partner wieder. Man muss also darauf gefasst sein, dass man auf solche Menschen nicht nur mit Gegenaggressionen reagiert, sondern auch dazu verführt wird, sich masochistisch ihren Forderungen zu unterwerfen. In solchen Phasen geschieht es leicht, dass man sich mit den Aggressionen, den paranoiden Projektionen und den (meist abgespaltenen) Schuldgefühlen des aggressiven Gegenübers identifiziert und dessen destruktives Potenzial unterschätzt. Häufig entwickelt man dann auch »unverhältnismäßige Zweifel an seinen [eigenen] Fähigkeiten und übertriebene Furcht vor Kritik seitens Dritter« (ebd., S. 82), da die Aggressionen des Gegenübers in die Über-Ich-Funktion eingehen und paranoide Ängste oder depressive Schuldgefühle auslösen (vgl. ebd.). Möglicherweise befanden sich speziell die Kritiker der Nato-Angriffe auf Milosevic oder auch die Kritiker des Anti-Terror-Krieges der Amerikaner in Afghanistan in der Gefahr, dass ihre Realitätswahrnehmung in dieser Weise beeinträchtigt wurde. Auch der übertrieben »tolerante« Umgang mit islamistischen Fundamentalisten, wie beispielsweise dem »Kalifen von Köln« und seinen Anhängern, die in Deutschland Asyl genießen und diese Situation ausnutzen, um terroristische Aktionen zu planen und offen zum »heiligen Krieg« aufzurufen, könnte von einer solchen masochistischen Unterwerfungshaltung bestimmt sein. Diese falsch verstandene Toleranz, die in Deutschland besonders ausgeprägt zu sein scheint, hängt vermutlich mit dem historischen Schuldgefühl der Deutschen zusammen, für das Menschheits-

verbrechen des Holocaust und für den Zweiten Weltkrieg verantwortlich zu sein und deshalb eine besondere Verantwortung zu haben, politisch Verfolgten Schutz zu gewähren. So angemessen dieses deutsche Schuldgefühl als Teil der Trauerarbeit und der Aufarbeitung der nationalsozialistischen Vergangenheit auch ist, so schließt dies nicht aus, dass eine Ritualisierung und Ideologisierung dieses Schuldgefühls zu Wahrnehmungsverzerrungen, realitätsunangemessenen politischen Einschätzungen und zu einer masochistischen Passivität gegenüber gewaltbereiten Ausländern führen kann.

3. »Eine weitere, vielleicht noch pathologischere Abwehrform in der Gegenübertragung« (ebd., S. 83) besteht darin, dass man sich narzisstisch von der Realität zurückzieht, indem man die »ganz unrealistische Gewissheit« entwickelt, mit seinem Verhandlungspartner auf jeden Fall eine Übereinkunft erzielen zu können. Man entwickelt »eine archaische Omnipotenzphantasie« (ebd.), dem anderen auf jeden Fall helfen zu können, von seinen destruktiven Impulsen Anstand zu nehmen. Dies führt dann dazu, dass man sich mit dem Aggressor gleichsam auf einer einsamen Insel einrichtet und gemeinsam alle destruktiven Impulse auf »böse« Objekte außerhalb richtet und damit die Beziehung relativ konfliktfrei hält. Man glaubt verzweifelt an das Gute in seinem Verhandlungspartner, obwohl er in seinem politischen Handeln keinerlei Anhaltspunkte dafür liefert. Dazu kann auch die Bereitschaft gehören, die Aggression des Gegenübers in einer »masochistischen Unterwerfung« (ebd.) in sich aufzunehmen – eine Haltung die oft als »totaler Einsatz« und »bedingungslose Toleranz« rationalisiert wird und mit einer gewissen narzisstischen Befriedigung verknüpft ist, die darin besteht, dem eigenen hohen Ich-Ideal gerecht geworden zu sein. Lange Jahre dürfte die Haltung des Westens zu Milosevic von einer solch illusionären Einstellung bestimmt gewesen sein. Auch die Vorstellung, man könne mit einem Terroristen wie Osama bin Laden oder mit einem Fanatiker wie Kaplan, dem selbst ernannten »Kalifen von Köln«, wie mit einem Staatsoberhaupt in klärende Verhandlungen treten, zeugt von einer solchen »Heilsbringer-Haltung« (ebd., S. 83), die mit einer echten verantwortungsvollen Sorge um den Frieden und das Wohl der betroffenen Völker nichts zu tun hat, denn diese Sorge muss stets auch die Realität mit einschließen (vgl. ebd.). Menschen, die ihren archaischen Aggressionen ausgeliefert sind, lassen sich – speziell wenn sie Ihre Aggressionen durch eine fanatisch vertretene Ideologie untermauert haben – von tolerantem Entgegenkommen nicht beeindrucken, sondern legen dieses als Schwäche aus.

Unreflektierte Gegenaggression, narzisstischer Rückzug vom aggressiven Gegenüber in Form von passiver Gleichgültigkeit und innerer Distanzierung sowie der narzisstische Rückzug von der Realität und deren idealisierende Verkennung sind Gefahrenmomente, mit denen man insbesondere bei Politikern rechnen muss, die ihren eigenen Narzissmus nicht hinreichend in ihre Persönlichkeit integriert und sublimiert haben. Denn solche Politiker »fallen besonders leicht auf ihre narzisstische Charakterabwehr zurück, [...] weil gerade diese charakterlichen Abwehrformen so häufig gegen prägenitale Konflikte im Zusammenhang mit früher Aggression aufgebaut worden sind. Unter solchen Umständen wird die Gegenübertragungs-Regression besonders bedrohlich« (ebd.).

Die hier beispielhaft dargestellte »Gegenübertragungs-Analyse« kann zwar keine zwingenden Begründungen für oder gegen eine bestimmte politische Strategie – z. B. für oder gegen ein militärisches Eingreifen – liefern, denn strategisch-politische Entscheidungen müssen immer eine ganze Reihe von Gesichtspunkten – ethisch-moralische, ökonomische, militärische, psychologische usw. – berücksichtigen. Doch ist der besondere Beitrag dieser psychoanalytischen Perspektive darin zu sehen, die unbewussten und irrationalen Hintergründe für politische Prozesse – sowohl was die Gegenseite als auch was die eigene Seite anbelangt – zu erhellen, um damit zu reflektierteren Argumentationen für oder auch gegen bestimmte politische Entscheidungen verhelfen zu können. Insbesondere wenn sich zwei Seiten in einem chronischen Konflikt ineinander verbissen haben und diese destruktiv-selbstdestruktive Kollusion zum Schaden beider Interaktionspartner jahrzehntelang nicht enden will oder auch wenn Verhandlungen ins Stocken geraten, liegt es nahe, mit Hilfe der Gegenübertragungs-Analyse eine Klärung der unbewussten Motive zu versuchen, um so den sachlichen Dialog wieder in Gang zu setzen.

Wenn man die Weltöffentlichkeit – die allerdings noch wenig Struktur und organisierten Ausdruckswillen hat – und die UNO als Keimzelle einer utopischen Weltregierung ansieht, könnte man den Gedanken wagen, dass es angemessen wäre, wenn diese Weltregierung auf ihrem Gewaltmonopol bestünde und gleichsam Eltern-Funktionen wahrnähme, indem sie beispielsweise beim israelisch-palästinensischen Konflikt mit großer Konsequenz eine Beendigung dieses zerstörerischen und selbstzerstörerischen Konfliktes verlangen und auch durchsetzen würde. Wie bei streitenden Kindern, die sich in ohnmächtiger Wut ineinander verbissen haben und ohne elterliche Hilfe aus diesem erbarmungslosen Streit keinen Ausweg mehr finden, müsste die UNO auf die Beendigung dieser Kriege, unter denen nicht nur die Beteiligten selbst leiden, sondern die auch die Zeugen, die geographischen und die religiös-kulturellen Nachbarn in Mitleidenschaft ziehen, drängen. Dieser Ansicht ist auch Grosbard (2002, S. 121): »Wir brauchen die Intervention internationaler Kräfte. Beide Seiten sind nicht stark genug, sich selbst zu helfen. Sie brauchen jemanden, der ihnen klar und deutlich sagt: Stopp, hier ist die Grenze.« Auch der Anti-Amerikanismus, der in der islamischen Welt weit verbreitet ist, findet in dem nicht enden wollenden Konflikt zwischen Israel und den Palästinensern immer wieder neue Nahrung.

Darüber hinaus hebt eine psychoanalytische Betrachtungsweise die zentrale Bedeutung psychosozialer und psychokultureller Faktoren, die allen politischen und gesellschaftlichen Prozessen eigen ist, häufig aber von den politischen Akteuren vernachlässigt wird, hervor. Beispielsweise wird im Kosovo und auf dem gesamten Balkan Frieden dauerhaft nur dann eintreten, wenn er nicht nur durch die militärische Präsenz der Nato erzwungen wird, sondern wenn auch auf psychologischer und kultureller Ebene Trauerprozesse und Versöhnungsarbeit zwischen den verfeindeten ethnischen Gruppen initiiert werden. Die Menschen im Kosovo benötigen nicht nur militärischen Schutz, nicht nur wirtschaftliche Wiederaufbau-Hilfen, sondern auch psychologische Anleitung zur Bewältigung ihrer erlittenen Traumata und zur Aussöhnung mit ihren ehemaligen Peinigern. Hierbei könnte man sicherlich von den Erfahrungen der Wahrheitskommissionen in Südafrika (vgl. Richter 2001) profitieren. Doch auch psychoanalytische Erfahrungen und psychoanalytisch und gruppendynamisch geschulte Multiplikatoren könnten mithelfen, solche konstruktiven Prozesse der Trauerarbeit und der Versöhnung auf individueller, vor allem aber auf kollektiver Ebene zu initiieren und zu unterstützen.

Notwendig ist, die Wiederaufbauhilfe für die Balkan-Länder um eine psychosoziale Dimension zu erweitern. Auch ein noch so großer Einsatz auf wirtschaftlichem und organisatorischem Gebiet kann der Balkan-Region keinen dauerhaften Frieden bringen, solange der fatale Kreislauf von Gewalt und Gegengewalt, Hass und Unversöhnlichkeit und die transgenerationale Weitergabe der erlittenen Traumata nicht durchbrochen wird. Aus der psychotherapeutischen Arbeit mit Folteropfern wissen wir, dass sich das Folteropfer unbewusst sowohl mit dem Opfer-Status als auch mit dem Täter identifiziert und diese beiden Teil-Identitäten durch Spaltung voneinander isoliert. Nur durch

> »einen Trauerprozess kann die Spaltung zwischen diesen beiden Repräsentanzen überwunden werden und dadurch zu einer Auflösung dieser Identifizierungen führen, ebenso wie zu Bestrebungen, den durch das Trauma entstandenen Schaden sublimatorisch zu überwinden und hierdurch potentiell eine Versöhnung mit dem früheren Feind zu erreichen« (Kernberg 2002, S. 158).

Was über traumatisierte Individuen bekannt ist, gilt in analoger Weise auch für »traumatisierte Nationen« (ebd., S. 157). Mitscherlich und Mitscherlich-Nielsen (1967), Richter (1993), Volkan (1999) und Kernberg (2002) »haben auf die pathologische Situation hingewiesen, die dann vorliegt, wenn es nicht durch einen Trauerprozess zu einer Lösung einer früheren historischen traumatischen Erfahrung kommt, und auf die daraus erwachsende Gefahr, dass bei einem Ausbleiben eines gesellschaftlich verankerten Trauerprozesses sich dieses Trauma auf einer gesellschaftlichen Ebene wiederholen kann« (Kernberg 2002, S. 158). Richter (1993) hat das auf die Formel gebracht: »Wer nicht leiden will muß hassen«. Riedesser hat vorgeschlagen, in Deutschland mit Studierenden aus dem ehemaligen Jugoslawien »Balkan-Versöhnungsgruppen« zu bilden, in denen unter Leitung von Psychoanalytikern und Gruppenanalytikern modellhaft erprobt werden kann, wie ein Dialog, wie Trauerprozesse, wie Versöhnungsarbeit zwischen den verfeindeten ethnischen Gruppen in Gang gesetzt werden können.

> »Ein Trauerprozess, der ein Eingeständnis der Aggression bewirkt, bildet ein Gegengewicht zu historischen Traumata und kann eine heilende Wirkung auf vorgegebene Spaltungen zwischen gesellschaftlichen Gruppen ausüben, wird sich jedoch immer jener Versuchung gegenüber sehen, die von den Dynamiken paranoider, fundamentalistischer und totalitärer Ideologien ausgeht« (Kernberg 2002, S. 161).

Entsprechendes gilt im Übrigen auch für den Konflikt zwischen den Israelis und den Palästinensern.

Krieg führt bei allen Beteiligten zum Verlust von Zivilisiertheit. Jeder Krieg geht mit einer Entmenschlichung und einem Abbau kultureller Werte und Standards einher und führt zu einer Auflösung bzw. Pervertierung von Moral. Soldaten werden darauf getrimmt, zu gehorchen, sich unterzuordnen, hart gegen sich selbst und andere zu sein. Es wird ihnen durch Drill der eigene Wille gebrochen. Vor allem aber wird ihr Gewissen außer Kraft gesetzt und stattdessen werden sie aufgefordert, ihr eigenes individuelles Gewissen auszutauschen gegen das Gewissen und die Anordnungen ihres Befehlshabers. Das Gewissen als die seelische Instanz, die die Moral vertritt, verliert seine unabhängige steuernde Funktion und wird in den Dienst der Kriegsziele und der Ideologie, die diese Kriegsziele untermauert, gestellt. Wie das bekannte Milgram-Experiment gezeigt hat, sind zufällig ausgewählte »Menschen von der Straße« unter den Bedingungen einer Autoritätsbeziehung sehr leicht dazu zu bringen, ihre moralischen und humanitären Bedenken hintan zu stellen und andere Menschen systematisch zu quälen oder gar »ihren Tod billigend in Kauf zu nehmen«, wenn sie von einer Person, die sie

Alfred Kubin: Der Krieg (1903)

als legitime »Autorität« ansehen, dazu aufgefordert werden (vgl. Milgram 1970). So ist es zu erklären, dass Menschen, die einen Großteil ihres Lebens ein ganz normales und zivilisiertes Leben geführt haben und offenbar ein individuelles Gewissen hatten, in Zeiten des Krieges ihr Gewissen sozusagen in eine Uniform kleiden (vgl. Redl 1982) und nun vollständig formbar werden durch die Anweisungen des Führers und die Ideologie der befehlshabenden Gruppe. Deswegen haben Kriegsverbrecher, die man später nach ihren Untaten fragt oder vor Gericht stellt, häufig subjektiv keinerlei Unrechtsempfinden. Psychologisch gesehen haben sie in gewisser Weise Recht, wenn sie sagen, sie hätten bei ihren Untaten kein schlechtes Gewissen gehabt, da sie ja nur den Befehlen ihrer Vorgesetzten gefolgt seien (vgl. Richter 1974). Doch kein Mensch ist völlig determiniert von den Verhältnissen unter denen er lebt und aufgewachsen ist. Das dem Menschen eigene Freiheitspotenzial impliziert die Möglichkeit – aber eben auch die Notwendigkeit – für das eigene Handeln – trotz aller Abhängigkeit von der gesellschaftlichen Umwelt – persönlich verantwortlich zu sein. Die Nürnberger Prozesse postulierten eine neue Art des Verbrechens, das »Verbrechen gegen die Menschlichkeit« genannt wurde und setzten dabei voraus, dass es »jenseits von Staatstreue eine persönliche Verantwortung für begangene Verbrechen gibt« (Sznaider 2001, S. 24).

Zeitgemässes über Terrorismus, Krieg und Tod

»Die Schicksalsfrage der Menschenart scheint mir zu sein, ob und in welchem Maße es ihrer Kulturentwicklung gelingen wird, der Störung des Zusammenlebens durch den menschlichen Aggressions- und Selbstvernichtungstrieb Herr zu werden. […] Die Menschen haben es jetzt in der Beherrschung der Naturkräfte so weit gebracht, daß sie es mit deren Hilfe leicht haben, einander bis auf den letzten Mann auszurotten. Sie wissen das, daher ein gut Stück ihrer gegenwärtigen Unruhe, ihres Unglücks, ihrer Angststimmung.«

Sigmund Freud (1930):
Das Unbehagen in der Kultur.
In: GW, Bd. XIV. S. 419–506.

»Der Narzißt muß ohne Unterlaß mit dem Göttlichen leben.«

Béla Grunberger, Pierre Dessuant, (1997):
Narzißmus, Christentum, Antisemitismus.
Eine psychoanalytische Untersuchung.
Stuttgart 2000 (Klett-Cotta), S. 379.

Der monströse Anschlag vom 11. September 2001 auf das World-Trade-Center in New York und das Pentagon in Washington hat – so könnte man mit Freud (1930) formulieren – der ganzen Welt wieder einmal vor Augen geführt, wie schwer es »der Menschenart« fällt, dem »menschlichen Aggressions- und Selbstvernichtungstrieb Herr zu werden« (ebd., S. 506). Freuds Hypothese vom Aggressions-, Selbstvernichtungs- und/oder Todestrieb darf allerdings nicht verkürzt als monokausale Interpretation destruktiven Handelns verstanden werden, so als wäre der Terrorakt auf das World-Trade-Center mit dem Hinweis auf die aggressiv-destruktive Triebnatur des Menschen schon »auf den Begriff gebracht«, erklärt oder verstanden. Vielmehr besteht die theoretische Leistung von Freuds Todestrieb-Hypothese allein darin, darauf zu insistieren, dass die Möglichkeit zur Destruktivität in jedem von uns vorhanden ist. Der Terrorakt vom 11. September 2001 ist keineswegs von »unvorstellbarer« Grausamkeit, wie es in den Kommentaren oft hieß. Vielmehr haben sich zahlreiche kreative Köpfe aus Hollywoods Filmindustrie ein solches Szenario bereits vor Jahren in allen Einzelheiten ausgemalt, und ein Millionen-Publikum hat sich davon unterhalten, faszinieren und erschaudern lassen. Das destruktive Potenzial des Menschen ist ubiquitär: Grundsätzlich ist der Mensch zu jeder Grausamkeit fähig, die sich die menschliche Phantasie ausmalen kann. Wie weit der Einzelne von solchen destruktiven Impulsen bedrängt wird und ob destruktive Phantasien in die Tat umgesetzt werden oder im Reich der Phantasie bleiben, hängt allerdings von vielen weiteren, komplex miteinander verwobenen Bedingungen ab, die unter anderem mit den Begriffen maligner Narzissmus, Größenphantasien, Ohnmachtsgefühle, individuelle und kollektive Traumatisierungen, Fanatismus, Fundamentalismus und paranoide Weltbilder angesprochen sind.

Max Klinger (1857–1919): Dritte Zukunft (1880)

Ereignisse wie der Terroranschlag vom 11. September 2001 sind auch nicht »bestialisch« im ursprünglichen Sinn des Wortes »Bestie« (= wildes Tier, Unmensch), sondern kennzeichnen im Gegenteil die Spezies Mensch. Tiere verfügen über eine instinktgesteuerte Tötungshemmung gegenüber Artgenossen – von wenigen Ausnahmen, die der Arterhaltung dienen, abgesehen. Tiere sind deshalb gar nicht in der Lage, unter ihren Artgenossen ein Massaker anzurichten. Dies bleibt dem Menschen vorbehalten. Die Möglichkeit zum monströsen Verbrechen stellt einen fundamentalen Bestandteil der Conditio humana dar. Die relative Freiheit von instinktgesteuertem Verhalten bringt auf der einen Seite die Möglichkeit zur Freiheit, zur Kreativität, zur freien Willensentscheidung hervor, während die andere Seite der Medaille in der Freiheit besteht, sich auch für das Böse entscheiden zu können. Wenn diese Freiheit zum Bösen nicht bestünde, wäre der Mensch nicht frei. Wir können das eine nicht haben, ohne das andere in Kauf zu nehmen. »Das Böse ist darum das Risiko und der Preis der Freiheit« (Safranski 1997, S. 193). Das bedeutet keine Kapitulation vor dem Bösen. Vielmehr steht der Mensch vor der schwierigen Aufgabe, dem Bösen entgegen zu arbeiten, ohne es jedoch je endgültig aus dem menschlichen Leben verbannen zu können, denn alle Versuche, dies zu tun, bringen unweigerlich selbst wieder Böses hervor, weil sie die Freiheit zerstören.

Freuds pessimistisches Menschenbild, das in seiner Todestriebhypothese zum Ausdruck kommt, verweist auf die Gefahr, dass auch die Opfer destruktiver Gewalt – am 11. September 2001 waren es die Amerikaner – nicht davor gefeit sind, mit ihrer Gegenwehr nun ihrerseits zu einer der »Mächte der Finsternis« (Freud) zu werden. Die Tragik besteht darin, dass der Kampf gegen das Böse selbst wieder Böses gebiert.

Die Spaltung der Welt in »gut« und »böse« gehört zu den zentralen psychologischen Bedingungen des Terrorismus. Die Terroristen können ihr Über-Ich nur ausschalten, indem sie ihren Gegner dehumanisieren und mit dem absolut Bösen gleichsetzen. Wenn umgekehrt der amerikanische Präsident George W. Bush zum »Kampf des Guten gegen das Böse«, gar zu einem »Kreuzzug gegen das Böse«, aufruft, dann folgt er der gleichen psychischen Spaltung, die zu den Ursachen des Problems gehört – nicht zu seiner Lösung. Denn »in Wirklichkeit«, so schrieb Freud (1915, S. 331f) in *Zeitgemäßes über Krieg und Tod,*

> »gibt es keine ›Ausrottung‹ des Bösen. Die psychologische – im strengen Sinne die psychoanalytische – Untersuchung zeigt vielmehr, daß das tiefste Wesen des Menschen in Triebregungen besteht, die elementarer Natur, bei allen Menschen gleichartig sind und auf Befriedigung gewisser ursprünglicher Bedürfnisse zielen. Diese Triebregungen sind an sich weder gut noch böse. [...] Der Mensch ist selten im ganzen gut oder böse, meist ›gut‹ in dieser Relation, ›böse‹ in einer anderen oder ›gut‹ unter solchen äußeren Bedingungen, unter anderen entschieden ›böse‹.«

Tatsächlich ist das Böse – gegenwärtig verkörpert im Terrorismus – eine Hydra: Schlägt man ihr einen Kopf ab, wachsen zehn neue Köpfe nach (vgl. Nitzschke 2001). Entsprechendes gilt auch für die Gegenwehr Amerikas. Greift die legitime und notwendige Gegenwehr selbst zu terroristischen Mitteln und erfolgt sie im Rahmen einer Kreuzzugs-Ideologie, dann wird sie sich selbst die Feinde stetig neu erschaffen, die sie zu bekämpfen vorgibt. Eine effektive Strategie gegen den Terrorismus muss auch an den schreienden Ungerechtigkeiten zwischen der Ersten, der Zweiten und der Dritten Welt anknüpfen, will sie langfristig erfolgreich sein.

Das Fanatismus-Syndrom

»Der Fanatismus ist die einzige ›Willensstärke‹, zu der auch die Schwachen und Unsichern gebracht werden können.«

Friedrich Nietzsche (1882): Die fröhliche Wissenschaft.

»Was als Sinn des Lebens bezeichnet wird, gibt auch einen vortrefflichen Grund zum Sterben ab.«

Albert Camus

Terroristen, speziell Selbstmordattentäter, sind Fanatiker. Auch wenn der Fanatismus als individuelle und kollektive Erscheinung dem historischen Wandel unterliegt und ein überaus komplexes Phänomen ist (vgl. Hole 1995, S. 36), soll hier eine kurze Begriffsbestimmung versucht werden: Günter Hole (1995) hebt in seinem Buch *Fanatismus* die »Leidenschaftlichkeit« und den »blinden Eifer« des Fanatikers hervor, mithilfe derer jener »kompromisslos« und »starr« seine »überwertige Idee« (ebd., S. 37) vertritt:

> »Fanatismus ist eine durch die Persönlichkeitsstruktur mitbedingte, auf einengende Inhalte und Werte bezogene persönliche Überzeugung von hohem Identifizierungsgrad, die mit stärkster Intensität, Nachhaltigkeit und Konsequenz festgehalten oder verfolgt wird, wobei Dialog- und Kompromißunfähigkeit mit anderen Systemen und Menschen besteht, die als Außenfeinde auch unter Einsatz aller Mittel und in Konformität mit dem eigenen Gewissen bekämpft werden können« (ebd., S. 39).

Wurmser (1989, S. 167) hat – Haynal und Puymège zitierend – die Merkmale des Fanatismus wie folgt zusammengefasst:

> »Glauben, ein Übermaß an Eifer, Exklusivität, automatische Reinheit, völlige, bis zum Selbstmord und Verbrechen getriebene Involvierung [in eine überwertige Ideologie], die Gewißheit, *die* Wahrheit zu besitzen, die ›Kenntnis‹ von gut und böse, die als absolut angesehen werden, ein dichotomisierendes und vereinheitlichendes Denken, eine Aversion gegen alles, was sich dieser Wahrheit entgegenstellt oder diese in Frage stellt, ein absoluter Glaube, der gewisse Ideale als heilig ansieht und Vervollkommnung und Harmonie im Diesseits oder Jenseits verspricht, die Vernichtung dessen, was fremd sei oder sich ihm widersetze.«

Erich Fromm (1961, S. 61) betont ausdrücklich, man dürfe nicht jeden Menschen, der einen »tiefen Glauben« besitze oder sich einer »geistigen oder wissenschaftlichen Überzeugung« verpflichtet fühle, gleich als Fanatiker klassifizieren. Tatsächlich erkenne man den Fanatiker »leichter an

Fang Lijun (1992)

gewissen Eigenschaften seiner Persönlichkeit als am Inhalt seiner Überzeugungen« (ebd.). Der Fanatiker habe alle Gefühle für andere Menschen in sich abgetötet und diese auf die Partei oder die Gruppe, deren Ideologie ihm nahe steht, projiziert. Er vergöttert das Kollektiv und die gemeinsame Ideologie, denen er sich selber als Sklave ausgeliefert hat. Die völlige Unterwerfung unter diesen Götzen lässt in ihm eine Leidenschaft entstehen, deren emotionale Qualität Fromm als »kaltes Feuer«, als »brennendes Eis«, als »Leidenschaftlichkeit, die ohne Wärme ist« (ebd.), charakterisiert. Der Fanatiker »handelt, denkt und fühlt im Namen seines Idols« (ebd.) und ist dafür bereit, alles, was ihm sonst noch im Leben wertvoll ist, zu opfern. Beispielsweise bekennt der Palästinenser Nizzar Iyan in einem Zeit-Interview (vgl. Schirra 2001), er sehe die höchste Erfüllung darin, dass seine Söhne sich als Selbstmordattentäter im Kampf gegen die Israelis opferten. Als sein 17-jähriger Sohn Ibrahim, den er »zum Töten abgerichtet hat, zum heiligen Killer im Namen Gottes« (ebd., S. 15) tatsächlich bei einem Selbstmord-Attentat ums Leben kommt, sagt der Vater: »Mein Sohn Ibrahim ist tot. Nie war ich glücklicher als in dem Moment, als sie kamen und mir sagten: ›Die Juden haben deinen Sohn getötet‹.« Und auf die Frage des Interviewers: »Aber Sie sind doch sein Vater, es muss Ihnen doch wehtun«, antwortet der Vater ungerührt: »Ich bin ganz ehrlich, ich sage das aus Überzeugung, ich empfinde keine Trauer, ich empfinde Freude, wirkliche Freude, dass das, was wir geglaubt haben, mein Sohn ein Stück weit realisiert hat. Das Leben hat keinen Geschmack, wenn man seine Träume, seine Ziele nicht realisieren kann« (ebd., S. 16).

Für diesen palästinensischen Vater gilt das, was Hole (1995) über den Fanatiker schreibt: Typische Fanatiker »lieben Ideen mehr als Menschen, die Hingabe an Ideen ist abnorm stark, die Hingabe an Menschen jedoch eigenartig blockiert oder gebrochen« (ebd., S. 93). Dem Fanatiker fehlt »die Fähigkeit zur Empathie«, zur »Einfühlung«, zur »Sympathie«, die »prinzipiell Liebesfähigkeit, Offenheit, ein An-Sich-Heranlassen anderer Menschen« (ebd., S. 94) voraussetzt. Der Fanatiker hat seine innere Leere, Depression und Verzweiflung »in einer völligen Unterwerfung unter das Idol und in der gleichzeitigen Vergottung seines eigenen Ichs ertränkt, das er zu einem Bestandteil des Idols gemacht hat. [...] Theoretisch gesprochen ist der Fanatiker eine stark narzißtische Persönlichkeit« (Fromm 1961, S. 61).

Mit der Abtötung seiner Empathie, seiner mitmenschlichen Sympathie und seiner libidinösen Bindungen an seine nächsten Angehörigen hat der Fanatiker sich vor allem seiner eigenen Gefühle, die er als die bedrohlichste aller Gefahren fürchtet, entledigt. Der Fanatiker empfindet eine panische Angst vor allen Gefühlen, vor den »unangenehmen« Gefühlen der Reue, der Schuld, der Scham ebenso wie vor den »angenehmen« Gefühlen der Liebe, der Dankbarkeit, des Berührt- und des Gerührtseins, des Zusammengehörigkeitsgefühls. Es handelt sich um eine grundlegende Angst vor der eigenen emotionalen Innenwelt, vor der Tiefe des Gefühlslebens. Sich dieser Welt zu öffnen, bedeutet, sich eine Blöße geben, sich berührbar und damit verwundbar zu machen. Wie wir schon am Beispiel des Königsohns Marko gesehen haben (vgl S. 327 f) ist insbesondere die Liebe überaus gefährlich, da sie immer mit einer Art Selbstverlust, einer Selbstpreisgabe an den anderen, einer Selbsthingabe, einer Auflockerung der Ich-Grenzen, einem Aufgeben von Machtansprüchen und mit emotionaler Abhängigkeit vom geliebten Objekt einhergeht. »Der Fanatismus ist stets das Resultat der Unfähigkeit zu echter Bezogenheit« (ebd.). Die Abhängigkeit vom anderen und das Ausgeliefertsein an die Eigendynamik der Gefühle wird als die Gefahr schlechthin empfunden. Du sollst keine Gefühle zeigen! Du sollst keine Gefühle haben! Du darfst dich nicht berühren lassen! Du darfst dich keinen Liebesgefühlen hingeben! Du darfst einzig und allein auf die reine Lehre, deine eigene Macht und die Macht deines Führers und deiner Organisation bauen! Du darfst nur den Führer und die heilige Lehre lieben! – so könnte das Motto des Fanatikers lauten.

Dies wird auch nicht durch die Tatsache widerlegt, dass einige der Terroristen in Deutschland als unauffällige Studenten lebten und zumindest der Terrorist Mohamed Atta eine Freundin hatte, die ihn bei der Polizei als vermisst meldete. Es ist bezeichnend für seine personale Bindungslosigkeit, dass er bereit war, seine Freundin ohne ein Wort des Abschieds zu verlassen und zu seiner tödlichen Mission aufzubrechen, von der er wusste, dass sie mit seinem eigenen Tod enden würde. Die Bindung des Fanatikers richtet sich nicht auf Personen, sondern auf Ideen. Es kennzeichnet Fanatiker vom Schlage Attas, dass sie nicht nachempfinden können, »wie andere Menschen unter ihrem Verhalten und dessen Folgen leiden. Ungerührt ist es ihnen so möglich Leid und Schmerz zuzufügen oder in Kauf zu nehmen, ethisch gerechtfertigt und geboten durch die Beglückungsideologie des fanatischen Systems« (ebd., S. 94).

Am Tag der Anschläge auf das World-Trade-Center wurde am Bostoner Flughafen das nicht rechtzeitig umgeladene Gepäck des Terrorpiloten Mohamed Atta gefunden (vgl. Der *Spiegel* 2001/40, S. 32–33). Es enthielt u. a. das Testament des Selbstmordattentäters, ein psychologisch aufschlussreiches Dokument, das Attas innere Welt offenbart. Von den 18 Punkten seines Testaments beschäftigen sich allein drei mit seiner Angst vor der Unreinheit der Frauen:

> »5. Weder schwangere Frauen noch unreine Personen sollen von mir Abschied nehmen – das lehne ich ab.
> 6. Frauen sollen nicht für meinen Tod Abbitte leisten. [...]
> 11. Frauen sollen weder bei der Beerdigung zugegen sein noch irgendwann später sich an meinem Grab einfinden« (ebd.).

Die Angst vor der Frau – speziell der emanzipierten, der selbstbewussten, der sexuell aktiven Frau – ist nicht nur ein individuelles Merkmal von Atta, sondern ein in der islamischen Welt weit verbreitetes Phänomen. Der Narzissmus der islamischen Männer erfuhr in der traditionell patriarchalisch orientierten Kultur des Islam eine enorme Aufblähung durch die Überhöhung der Männer und die Abwertung der Frauen. Unter dem Einfluss des Westens und seiner egalitären Orientierung fühlen sich viele männliche Muslime in ihrem Selbstwertgefühl gekränkt und suchen Halt im islamistischen Fundamentalismus, der ihnen Selbstbestätigung durch die Erhebung über die Frau und deren Erniedrigung verspricht, so wie dies im System der Taliban besonders drastisch deutlich wurde.

Lloyd deMause (2002) hat die These aufgestellt, dass die extreme soziale Isolation, Unterdrückung, Erniedrigung und körperliche Misshandlung der Frauen, die in vielen islamischen Ländern die gesellschaftliche Norm darstellt, als indirekte psychische Ursache des Terrorismus anzusehen ist.

Die durch die Klitoris-Beschneidungen, Vergewaltigungen, Schläge und andere körperliche Misshandlungen traumatisierten Frauen geben ihr eigenes Trauma an ihre Kinder weiter. Sie leiden selbst unter Depressionen, selbstverletzendem Verhalten und anderen posttraumatischen Belastungsstörungen und fügen nun ihren Kindern – nicht nur, aber gerade auch den Jungen – die Erniedrigungen zu und versetzen sie in die panischen Ängste, unter denen sie selbst gelitten haben. Die auf diese Weise traumatisierten und mit (sexuellen) Ängsten befrachteten Jungen entwickeln ein von Verschmelzungsangst und Verschmelzungssehnsucht, von Verachtung und Hass geprägtes Frauenbild und flüchten – sobald sie alt genug sind – in die Welt der Männer, die von der der Frauen streng getrennt ist. Der Kreis schließt sich, wenn die Männer – um ihre eigene Identität zu stabilisieren – ihre Frauen entwerten und demütigen, so wie sie von ihren traumatisierten Müt-

Deutsches Plakat gegen Ende des zweiten Weltkriegs, das zur Verdunklung bei Bombenangriffen aufrief (Ausschnitt)

tern entwertet und gedemütigt worden sind. Aus Angst vor der als sadistisch phantasierten Frau (= Mutter) werden kleine Jungen häufig von erwachsenen Männern sexuell missbraucht, um den sexuellen Kontakt mit den gefürchteten und zugleich verachteten Frauen zu vermeiden (ebd., S. 42).

Wie sich auch in der Biographie von Osama bin Laden zeigen lässt, wurden die sexuellen Freiheiten, die mit den Öl-Dollars und der westlichen Kultur in einige der arabischen Länder schwappte, von der Mehrheit fundamentalistischer Männern zunächst als große Versuchung begrüßt. In einem zweiten Schritt reagierten viele aber mit Schuldgefühlen und einer panischen Angst vor der Rache der verinnerlichten bösen Mutter-Imago. Die westliche Zivilisation wurde zum Repräsentanten für das eigene »böse Selbst« und musste mit allen Mitteln bekämpft werden (vgl. ebd., S. 43). Es ist kein Zufall, dass in den Rechtfertigungen und Anschuldigungen der Terroristen die sexuellen Freizügigkeiten des Westens regelmäßig eine hervorragende Rolle spielen.

Die Angst vor der Verschmelzung mit der Frau und die »Entstehung des Panzers gegen die Frau« hat Klaus Theweleit (1977; 1978) für den Typus des »soldatischen Mannes« eindringlich beschrieben. In seiner psychoanalytisch-psychohistorischen Analyse zeigt er auf, welche psychische und psychosomatische Funktion der militärische Kampf für das Ich und für den

A. Paul Weber:
Die Bombe des Damokles (1972)

Körper des soldatischen Mannes hat: Einerseits führt der militärische Drill zur Erzeugung eines »stählernen Leibes«, einer »Körpermaschine«, einer Ernst Jünger'schen »Stahlgestalt« (Theweleit 1978, S. 185), andererseits wird »der Moment der Sprengung des Körperpanzers, des Verschwindens des starren Körper-Ichs [...] ja ersehnt« (ebd., S. 208):

»›Kaltes Metall‹ sein, keine Gefühle haben und doch zuckend in die Leiber einschlagen – Machtrausch, Grenzüberschreitung. [...] Mit allen Mitteln suchen die angreifenden soldatischen Männer den Übergang, den Ausbruch aus sich selbst. Am intensivsten ist die Erwartung der Sensation, wenn sie schließlich selbst die Bewegung der Kugel übernehmen und als Geschosse aus der Militärmaschine auf die gesuchten Leiber zurasen. Die Beschwörung der eigenen Geschwindigkeit, die nirgends fehlt, ist notwendig, um die Ausbrüche, die Durchbrüche, das Ankommen beim Körper des Feindes, das Einschlagen in diesen plausibel zu machen. [...] Der Durchbruch erfolgt nicht zu einem Zustand intensiver Lust, sondern zu einem Zustand intensiver Selbstbeobachtung. Vor allem dazu brauchen sie ihr ›eisklares‹ Hirn: daß ihm nicht entgeht, was am eigenen Leib geschieht. Und geschehen darf an diesem Leib nur etwas, wenn er tötet oder wenn er stirbt. Eiskaltes Denken – Wahrnehmung des eigenen Leibes in der Erwartung des Tötungsaktes oder des eigenen Todes. (Ich töte, also bin ich. Ich sterbe, also war ich.)« (ebd., S. 209-223).

Theweleits Ausführungen lassen sich auch lesen als mögliche Interpretation der psychischen Vorgänge, die sich bei den Terrorpiloten abgespielt haben könnten, allerdings mit der Einschränkung, dass wir über das, was diese Menschen während ihres Todesfluges empfunden haben, kaum etwas sicher wissen. Die Analogie mit Theweleits »soldatischen Männern« bleibt gleichwohl frappierend. Wie Hole (1995) schreibt, zeichnet sich der Fanatiker durch eine »Erstarrung und Rigidität im affektiven Bereich« (ebd., S. 93) aus, die durch »eine gestörte Beziehung zum eigenen Körper« – ja eine »ausgeprägte Körperfeindlichkeit« (ebd.) – ergänzt wird. Körperfeindlichkeit, Reinheitsideale, das Streben nach vollständiger Vergeistigung, die Entwertung der realen Existenz, die überwertige Idee vom Jenseits, der Wunsch, das eigene

Leben vollständig einer illusionären Idee zu weihen und schließlich sogar zu opfern, bilden ein Syndrom, das Fanatismen aller Couleur eigen ist.

Alfred Kubin: Macht (1903)

Auch in dieser Hinsicht weist Attas Testament Übereinstimmungen mit dem von Theweleit beschriebenen Typus des soldatischen Mannes auf: Der Reinheitskult der Nationalsozialisten, die die »Reinheit der arischen Rasse« und die »Reinheit des Blutes« auf ihre Fahnen schrieben, findet seine Entsprechung im Reinheitsideal der islamistischen Fanatiker. Atta schreibt unter Punkt neun seines Testaments:

> »9. Derjenige, der meinen Körper rund um meine Genitalien wäscht, sollte Handschuhe tragen, damit ich dort nicht berührt werde« (*Der Spiegel* 2001/40, S. 32).

Und in dem Leitfaden für das Verhalten von Selbstmordattentätern »am Abend bevor du deine Tat verübst« (*Der Spiegel* 2001/40, S. 38), der ebenfalls in Attas Gepäck gefunden wurde, heißt es:

> »Du sollst rezitieren, dass du für Gott stirbst. Rasiere das gesamte überflüssige Haar von deinem Körper, parfümiere deinen Körper und wasche deinen Körper. [...] Reinige dein Herz von allen schlechten Gefühlen, die du hast, und vergiss alles über dein weltliches Leben« (ebd., S. 38).

Die Angst vor dem Tod, die Angst vor der Ungeheuerlichkeit des geplanten Verbrechens wird auf die Angst vor dem eigenen Körper verschoben und dort durch Reinlichkeits-Rituale gebannt. Mit Hilfe der rituellen Handlungen wird nicht nur die gesamte Sphäre der Körperlichkeit, sondern auch das gesamte »weltliche Leben« entwirklicht. Mit der peniblen Reinigung des Körpers soll auch das »Herz von allen schlechten Gefühlen«, d.h. von Liebesgefühlen, Mitleid, mitmenschlicher Sympathie,

Schuldgefühlen, Gewissensängsten, Todesängsten, Schamgefühlen usw. gereinigt und die Monstrosität des geplanten Massenmordes derealisiert werden. Was schlechterdings unvorstellbar erscheint, wird durch die emotionale Derealisation und Entwirklichung zu einem minuziös planbaren Unternehmen.

Grunberger (1984) hat die Reinheit als ein narzisstisches Ideal beschrieben, das durch die Verleugnung von Triebhaftigkeit, ja die Aufhebung von Körperlichkeit schlechthin, den Zustand narzisstischer Vollkommenheit zu erlangen sucht. Grunberger definiert Reinheit als ein »narzisstisches Ideal von Allmacht und absoluter Souveränität [...], aus dem die Triebdimension völlig ausgeschlossen wird« (ebd., S. 114). Reinheit ist »jedes fleischlichen Elementes entkleidet« (ebd., S. 116); sie ist »triebleer«, gefühlsleer, sogar »materieleer« (ebd.). Indem der Fanatiker die Reinheit zum Ideal erhebt, entfernt er sich von der realen Welt, zu der immer auch der Schmutz, das Unreine, die Exkremente als Teil des Lebens gehören und weiht sein Dasein einer illusionären reinen Heiligkeit. Um sein Reinheitsideal zu verwirklichen, findet eine Projektion der »nicht in das Selbst integrierten Analität« (Grunberger, Dessuant 1997, S. 272) auf die als unrein phantasierten Außenfeinde statt. In Kriegen, speziell denen, die als »heilige Kriege« (»Dschihad«) bezeichnet werden, sollen das absolut Schmutzige, das Böse, die Ungläubigen vernichtet und im Namen eines »Narzißmus der Reinheit« (ebd.) aus der Welt verbannt werden. Das »Doppelgespann Terror und Reinheit« (Grunberger 1984, S. 119) findet sich bei Robespierre ebenso wie bei den Christen der Kreuzzüge, in Hitlers Rassenlehre und seinem Antisemitismus und schließlich auch bei den islamistischen Fanatikern.

Konsequenterweise verfügte der Terrorist Atta unter Punkt drei seines Testamentes das Verbot, über seinen Tod zu trauern:

> »Niemand soll meinetwegen weinen, schreien oder gar seine Kleider zerreißen und sein Gesicht schlagen – das sind törichte Gesten« (*Der Spiegel* 2001/40, S. 38).

Das Trauerverbot gilt nicht nur für ihn selbst, sondern soll auch für alle anderen gelten. Es liegt hier eine Panzerung gegen die eigene Gefühlswelt vor und gegen die Gefühle anderer Menschen, sowohl gegen diejenigen, die ihm nahe stehen und erst recht gegen seine Opfer. Diese seelische Verfassung basiert auf einer kühlen Fassade der Unempfindlichkeit, der Ablehnung, des Hasses und der Verachtung durch die Errichtung der narzisstischen Gegenideale der Macht, der Kontrolle, der Reinheit, der Gefühllosigkeit (vgl. Wurmser 1989). Angebetet wird die Macht als ein Wert an sich. Der Selbstmordattentäter lässt sich instrumentalisieren – er instrumentalisiert sich aber auch selbst. Er opfert sich und wird zugleich Opfer seiner Überzeugungen und denen seiner Gruppe (vgl. Kahre 2001). Der Terrorist unterwirft sich der absoluten Macht seiner Gemeinschaft und erlebt dadurch, dass die Terror-Organisation ihn für einen Selbstmord-Anschlag auswählt, eine narzisstische Gratifikation, eine ungeheure Erhöhung seines Grandiositätsgefühls. Das grandiose Selbst des Terroristen, der für die Aufgabe auserwählt wird, die Rolle des heiligen Kriegers zu übernehmen, empfindet dies wie eine Seligsprechung. Es kommt zu einer Verschmelzung von Ich und Ich-Ideal, zu einem Aufgehen des Selbst im grandiosen Selbst, das als unsterblich phantasiert wird, weshalb der eigene reale Tod nicht als Bedrohung, sondern sogar als Erlösung erlebt werden kann. Das mit Hass erfüllte Ressentiment gegen den Feind bildet das psychische Gerüst der paranoid-narzisstischen Charakter-Abwehr, die sich gegen humanitäre Ideale, gegen libidinöse Regungen, gegen Gefühle der Trauer und gegen die Wahrnehmung des Seelenlebens an sich richtet.

Selbstmord-Attentäter stellen sich zur Verfügung. Sie geben sich selber auf und werden zum willenlosen Instrument der Gruppe, für die sie kämpfen. Als solches sind sie sogar bereit, ihr eigenes Leben zu opfern. Gleichwohl sind sie nicht gewissenlos, sondern haben ein starres, übermächtiges, ein fanatisches Gewissen. Sie haben von sich die Auffassung, für eine gute und gerechte Sache zu kämpfen. Ihr Gewissen gibt ihnen den Auftrag, für ihren fanatischen Glauben zu sterben (vgl. Hilgers 2001a; 2001b). Wie der Soziologe Emile Durkheim (1973) in seinem epochalen Werk über den Selbstmord ausgeführt hat, tendiert der »altruistische Selbstmörder«, der immer bereit ist, sein eigenes Leben aufzuopfern, meist auch dazu, das Leben anderer Menschen ebenso bedenkenlos zu opfern (vgl. Wedler 2001, S. 99).

> »Den anderen mag die von einem solchen Ideal bestimmte Persönlichkeit ›gewissenlos‹ erscheinen. In Wirklichkeit handelt es sich aber um eine Art rücksichtsloser innerer Autorität, eine innere Henkerfigur, die ausschließlich nach dem Maßstab von Macht und Ohnmacht, Reinheit und Unreinheit, Willensbehauptung und Schwäche urteilt, und zwar das eigene Selbst wie alle anderen. Es ist ein grausames kategorisches Gewissen – ein anal-sadistisches, prä-ödipales Über-Ich –, in dem gleichsam die ganze Traumatisierung einer bösen Vergangenheit haust und weiterwirkt« (Wurmser 1989, S. 157f).

Aber vor allem werden Fanatiker von ihrem Ich-Ideal gesteuert. Ihr Ich-Ideal ist vollständig bestimmt von der fundamentalistischen Ideologie, der sie ihr Leben geweiht haben. So wähnen Islamisten im Gesetz des Koran das absolut Gute und im Lebensstil der westlichen Kultur das absolut Böse verkörpert, das es mit allen Mitteln zu bekämpfen gilt. Ziel ist es, dem Feind möglichst viel Schaden zuzufügen und ihn symbolisch zu verletzen, zu beschädigen, zu erniedrigen. Gelingt dies, erfüllt sich das Ziel der Gruppe. Das eigene Ideal und das Gruppen-Ideal sind in diesem Moment in höchster Übereinstimmung. Und als Lohn für seine Selbstaufopferung winkt dem Attentäter, der sein eigenes Leben opfert, ein Platz im Jenseits.

> »Es ist das Ideal vom Menschen, der völlig für die Macht lebt, von jemandem, der niemals von Gefühlen berührt werden kann, sich nie eine Schwäche gibt und sich aller anderen Menschen lediglich als Mittel zum Zweck seiner eigenen Machtbehauptung bedient, ein Mann der Kälte und der berufsmäßig ausgeübten Grausamkeit, der weder Treue noch Liebe zeigt. Es ist der Typus des Berufskriegers und Massenmörders. [...] In der psychoanalytischen Terminologie ist es ein rein narzißtisches Ideal – eine Idealgestalt, die eben sowohl der Liebe wie jeder anderen Form der ›Schwäche‹ diametral entgegengesetzt sein will« (Wurmser 1989, S. 157).

Der Fanatiker entwickelt ein narzisstisch übersteigertes Selbstbild, so als wollte er sagen: Ich bin etwas ganz Besonderes, Ungewöhnliches, Einzigartiges. Ich bin eine Lichtgestalt, ein Erlöser. Ich bin mit einer unermesslichen Machtfülle ausgestattet. Die Menschen sollen mich nicht lieben, sondern bewundern oder noch besser mich fürchten. Ich gebe mir keine Blöße, ich zeige keinerlei Gefühl noch Schwäche. Deshalb bin ich auf niemanden angewiesen. Ich habe alles unter Kontrolle und vertraue auf nichts und niemanden außer auf die allein selig machende Idee, der ich mich mit Haut und Haaren verpflichtet habe. Auch wenn ich selbst ein Nichts bin, so bin ich doch Teil einer größeren, göttlichen Macht und kann mich somit auch grandios fühlen.

Kohut (1973, S. 533) verweist darauf, dass »die menschliche Aggression [...] dann am gefährlichsten [ist], wenn sie an die zwei großen absolutistischen psychologischen Konstellationen geknüpft ist: das grandiose Selbst und das archaische allmächtige Objekt.« Wenn das grandiose Selbst in seinem Größenwahn und Fanatismus noch durch die Zustimmung eines archaischen allmächtigen Objektes abgesichert und unterstützt wird, geht jeder Selbstzweifel endgültig verloren. Deshalb begegnet man

> »der grauenhaftesten Zerstörungsgewalt des Menschen [...] nicht in der Form wilden regressiven und primitiven Verhaltens, sondern in Form ordnungsgemäßer organisierter Handlungen, bei denen die zerstörerische Aggression des Täters mit der absolutistischen Überzeugung von seiner Hingabe an archaische allmächtige Figuren verschmolzen ist« (ebd.).

Die narzisstische Wut zeichnet sich von anderen Formen der Aggression dadurch aus, dass bei ihr die Rachsucht, der unerbittliche innere Zwang, ein erlittenes Unrecht, das als narzisstische Kränkung und Scham erfahren wurde, eine hervorragende Rolle spielt. Es besteht ein »grenzenloser Wunsch nach Abrechnung mit dem Beleidiger« (ebd., S. 536f) und die Denkfunktion gerät »völlig unter die Herrschaft [...] des überwertigen Dranges« (ebd., S. 537).

In der islamischen Welt hat sich in den letzten Jahrzehnten das Gefühl aufgebaut, vom Westen, speziell von Amerika, erniedrigt und gedemütigt worden zu sein. Ursächliche Bedeutung hat die rücksichtslose Großmachtpolitik der USA, die sich gegenüber anderen Staaten als Hüter der Menschenrechte aufspielen, sich aber gleichwohl nicht scheuen, diktatorische Herrscher und korrupte Regime zu unterstützen, wenn es ihren eigenen Interessen dient. Gleichzeitig musste die islamische Welt erfahren, dass ihre Gesellschaften und ihre Kultur im Rahmen der Globalisierung nicht nur der ökonomisch-militärischen Übermacht der Amerikaner ausgeliefert sind, sondern noch viel mehr der wirtschaftlich-kulturellen Hegemonie des amerikanischen Way of life, der die überlieferten islamischen Traditionen und Wertvorstellungen untergräbt. Für die Islamisten stellt der Fundamentalismus ein ideologisches Bollwerk gegen die kulturellen Einflüsse der weltweiten Amerikanisierung dar. Er richtet sich gegen den Westen, aber auch gegen die prowestlichen Gruppen und Regierungen in den islamischen Ländern selbst. Jedoch hat die islamische Welt zum schier uneinholbaren Entwicklungsvorsprung Amerikas ein zwiespältiges Verhältnis entwickelt, insofern die ökonomische, technologische und militärische Übermacht Amerikas nicht nur als narzisstische Kränkung erlebt, sondern auch heimlich bewundert wird (vgl. Habermas 2002, S. 170). »Die westliche Welt dient insgesamt als Sündenbock für die eigenen, höchst realen Verlusterfahrungen, die eine aus ihren kulturellen Traditionen herausgerissene Bevölkerung im Laufe radikal beschleunigter Modernisierungsprozesse erleidet« (ebd.).

Bei den Gruppierungen innerhalb der islamischen Welt, die diese narzisstische Kränkung besonders intensiv erleben, haben die Demütigungen eine kollektive narzisstische Wut entfacht, die in ihrer extremen Ausprägung sogar eine Form annehmen kann, die Hans Magnus Enzensberger (in der FAZ vom 18. 9. 2001) als »Stolz auf den eigenen Untergang« bezeichnet hat. Wie Altmeyer (2001, S. 13) betont, hat Enzensberger damit auf die narzisstischen Wurzeln dieser mörderischen und selbstmörderischen Destruktivität verwiesen:

> »Vor der Selbstvernichtung steht die expansive Vorstellung von der eigenen Größe: Die Welt soll endlich anerkennen, wie großartig die eigene Ideologie, die eigene Religion, die eigene Kultur, die eigene Rasse ist, wie grandios das individuelle oder Kollektivselbst ist – wehe, wenn sie das nicht tut. Und sie soll die narzisstisch aufgeblähte Grandiosität umso dringender würdigen, je mehr eigene Zweifel daran sich bereits gebildet haben. [...] Aus dieser verhängnisvollen Mischung aus Selbstzweifel, Kränkung und kompensatorischem Größenwahn ergibt sich nicht bloß die obsessive Vision vom Gottesstaat. Sie speist auch jene fatale Entwicklung, die in den mörderischen und selbstmörderischen Terrorismus führt. Es ist so etwas wie eine in gigantische Dimensionen gesteigerte kollektive narzisstische Wut, die wir in den terroristischen Manifestationen des Bösen erleben.«

Menschen, deren gesamtes Leben durch den Einfluss von Gewalt und Hass geprägt wurde, neigen zu der Annahme, dass die gesamte Welt nach dem Muster der Opfer-Täter-Beziehung strukturiert ist und dass es daher vorteilhafter sei, lieber ein Täter als ein Opfer zu sein. Wie aus den Biographien von Kriminellen, die wegen Gewaltverbrechen verurteilt wurden, bekannt ist, waren diese in ihrer Kindheit und Jugend häufig selbst Opfer von körperlichen Misshandlungen und sexuellem Missbrauch. Wir wissen einiges über die Selbstmordattentäter unter den Palästinensern. Vor allem die Jugendlichen, die sich für die Selbstmordattentate zur Verfügung stellen, sind von Kindesbeinen an einer permanenten Traumatisierung ausgesetzt. Sie erfahren ihr ganzes Leben lang extreme Formen von Gewalt, Ohnmacht, Hilflosigkeit und Hoffnungslosigkeit. Das hat sie abstumpfen lassen. Da nicht nur viele Einzelne traumatisiert sind, sondern die kollektive Identität der Gruppe eine kollektive Traumatisierung erfahren hat, verfällt nicht nur der Einzelne dem Fanatismus, sondern der Fanatismus prägt auch die kollektive Identitätsentwicklung der kulturellen Großgruppe. Wenn die späteren Fanatiker nicht schon als Kinder in die terroristische Sekte aufgenommen wurden, bildet die Phase der Adoleszenz besonders gute Voraussetzungen, um eine solche terroristische »Karriere« (Büttner 2001, S. 59) zu beginnen, da der Jugendliche sich aus den familiären Bindungen lösen muss und bei seiner Suche nach neuen kulturellen Idealen und Werten besonders empfänglich ist für die Orientierungsangebote, die ihm radikalisierte Gruppierungen machen. Die virtuelle Biographie eines Fanatikers, den die Großgruppe als ihren mythischen Helden feiert, dient den Adoleszenten als identitätsstiftende Musterbiographie, die ihnen bei der Orientierung behilflich ist. Zugleich gelingt es ihnen durch die Identifikation mit solchen kulturell vorgegebenen Heldengestalten, den notwendigen Anschluss ihrer persönlichen an die soziale und kulturelle Identität zu vollziehen.

Ihnen wird eine Gruppenidentität vermittelt, die den Fanatismus zu einem zentralen Element macht. Dass sie selbst, ihre Familien und ihre Lei-

Die Idealisierung der Märtyrer-Figur

densgenossen unablässig Opfer und Zeugen von Gewalt werden, können sie nicht verhindern. Aber sie können die Gefühle von Ohnmacht, Hilflosigkeit und Hoffnungslosigkeit abwehren durch Gegengewalt, durch Fanatismus und durch den festen Glauben an ein ewiges Leben im Jenseits und an den narzisstischen Ruhm, sich für das Kollektiv geopfert zu haben. Der Fanatismus erscheint ihnen in dieser Situation als letzter Rettungsanker. Wie armselig, elend und aussichtslos das eigene Leben auch immer sein mag, die unbedingte Identifikation mit den Idealen der Gruppe entschädigt den Einzelnen für seine Schmach. Der »Gruppennarzißmus« (Fromm 1964, S. 199–223) stellt eine wichtige Stütze für das Selbstwertgefühl des Individuums dar und kann im Falle kollektiver Kränkungen zur Quelle von Aggression und Fanatismus werden.

Einige der heutigen islamistischen Terroristen und Al Qaida-Kämpfer sind möglicherweise bereits als Kinder in Flüchtlingslagern traumatisiert und dort von verschiedenen Geheimdiensten rekrutiert und in speziellen Koranschulen und Ausbildungscamps großgezogen und ausgebildet worden. Andere werden erst als Jugendliche »zwischen 18 und 28 Jahren, ledig, keine Kinder, ohne familiäre Verpflichtungen« (Hirschmann 2001, S. 12) von den Terror-Organisationen angeworben und in Ausbildungscamps geschult und indoktriniert. »Es ist ein offenes Geheimnis«, dass es sogar »in Gaza und im Westjordanland Orte gibt, an denen junge Palästinenser von Lehrern in der Disziplin des Selbstmordattentats unterrichtet werden« (Schirra 2001, S. 15). In der klösterlichen Abgeschiedenheit solcher Camps bietet sich die Gemeinschaft als Familienersatz und ihre fanatischen Führer als Eltern-Ersatz-Figuren an, so dass die Kinder und Jugendlichen eine intensive emotionale und intellektuelle Abhängigkeit entwickeln, die sie empfänglich macht für den Fanatismus. Diese Kindersoldaten werden mit einer fundamentalistisch reduzierten Form des Islam geimpft und auf ihre Mission programmiert. Mit Hilfe methodischer Indoktrination werden Fanatiker herangezogen, die Teil einer Sekte sind, aus der sie weder aussteigen wollen noch können. Auf der einen Seite wirkt die Ehre, für die heilige Mission des Opfertodes auserwählt zu sein, als eine ungeheure narzisstische Gratifikation, auf der anderen Seite droht jedem Aspiranten, den Zweifel und Ängste befallen, die Schmach und Verachtung der Gruppe und des Führers – oder Schlimmeres. Alle der meist jugendlichen palästinensischen Selbstmordattentäter (»Schahid«), die sich selbst in die Luft gesprengt haben, werden verehrt als »Gefallene Gottes« (ebd., S. 16). »Das palästinensische Fernsehen sendet Werbespots, über ›unsere toten Helden‹, und die Zeitungen bejubeln den ›Befreiungskampf für Palästina‹. Die Bilder der Toten, blutrot, beinahe kitschig, sie werden zusammengefügt zu einer Galerie des Todes« (ebd.). Die Selbstmordattentate werden ästhetisch kultiviert und verklärt und in Palästina schwärmen beispielsweise 15% der Kinder im Alter zwischen zehn und elf Jahren davon, später »Märtyrer« zu werden (vgl. Kahre 2001, S. 91). Während dem heiligen Krieger, der sein Leben für die Sekten-Ideologie opfert, versprochen wird, er komme sofort in den Himmel, werden Verräter mit dem unehrenhaften Tod bedroht. Im Laufe des Rekrutierungsprozesses werden die künftigen Selbstmord-Attentäter systematisch extremen psychischen und körperlichen Belastungen ausgesetzt, die an Methoden der Gehirnwäsche, der Folter und der »künstlichen« Traumatisierung erinnern. So berichtet der Palästinenser Eyad Saradsch, der in Gaza ein psychiatrisches Zentrum leitet, die Kandidaten »müssten tagelang schweigend und völlig isoliert in einem Raum sitzen oder 48 Stunden unter der Erde, in einem Grab, neben einer Leiche verbringen« (zit. n. Luczak 2001, S. 89). Unter solchen Extrembelastungen kommt es zu einer Traumatisierung bzw. Retraumatisierung, die mit intensiven Gefühlen der Angst, der Scham, der narzisstischen Entwertung, der Hilflosigkeit und Ohnmacht verbunden ist. Als Ausweg bietet sich nun die vorbehaltlose Identifikation mit der Gruppe, dem Führer und der Gruppen-Ideologie an. Ergebnis ist ein fanatischer Anhänger, ein heiliger Krieger, der alles

»Gute« ausschließlich in der Sekten-Ideologie findet und alles »Böse« und Hassenswerte auf den Feind abgespalten hat.

Diese Dynamik gilt besonders für die Menschen, die bereits seit mehreren Generationen unter erbärmlichen Umständen in Flüchtlingslagern leben und durch die tagtägliche Präsenz von Gewalt traumatisiert sind. Doch die Attentäter von New York und Washington waren keine Palästinenser, sondern gut ausgebildete Studenten, u.a. aus den Vereinigten Arabischen Emiraten. Osama bin Laden stammt aus Saudi Arabien, einem der reichsten Länder der Welt.

Wie Kernberg (2002) ausdrücklich betont, wirkt nicht nur die Gewalt, die man am eigenen Leibe erlebt, traumatisierend, sondern auch die Gewaltakte, deren Zeuge man wird. Wird jemand gezwungen, hilf- und tatenlos zuzuschauen, wie einem anderen nahe stehenden Menschen Gewalt, Unrecht und Erniedrigung angetan wird, so kann dies ebenfalls als Trauma erfahren werden. Solche Formen des Terrors wurden beispielsweise während der ethnischen Säuberungsaktionen der Serben im Kosovo bekannt, wenn Männer zusehen mussten, wie ihre Frauen vor ihren Augen vergewaltigt wurden oder Frauen gezwungen wurden zuzuschauen, wie ihre Männer ermordet wurden. Analoge Prozesse spielen sich seit Jahrzehnten im nahen Osten in Bezug auf die Palästinenser ab. Die Araber und die Muslime in den arabischen Ländern fühlen sich durch ihre kollektive Identität mit dem Leiden des palästinensischen Volkes verbunden. Sie sympathisieren (= mitleiden) mit den Palästinensern und haben einen kollektiven Hass auf Israel und Amerika und z. T. auch auf die westliche Welt insgesamt entwickelt. Aufgrund ihrer ausgeprägten kollektiven Identität empfinden sich viele Muslime »als Gesamtheit traumatisiert – selbst wenn sie aus gutbürgerlichen Kreisen des relativ gemäßigten Ägypten stammen, wie Mohamed Atta« (Luczak 2001, S. 86). Einzelne Individuen können gerade aufgrund ihrer privilegierten Stellung eine besonders intensive Verpflichtung empfinden, die Palästinenser in ihrem Kampf gegen Israel und seinen großen Beschützer Amerika zu unterstützen. Es ist sogar denkbar, dass die terroristische Laufbahn im Einzelfall mit einem echten menschlichen Verantwortungs- und Verbundenheitsgefühl beginnt und sich erst im Laufe der Jahre zu einem fanatischen Hass entwickelt. Auch die deutschen Terroristen der RAF waren moralisch hoch motivierte Menschen, die sich vor ihren gewalttätigen Aktionen in verschiedenen Projekten sozial engagierten. Wie ich schon ausgeführt habe, waren die RAF-Terroristen »unbewusste Delegierte« (Stierlin 1980) ihrer Eltern und der Eltern-Generation. In gewisser Weise handelten sie nicht aus freien Stücken, sondern im unbewussten Auftrag der Eltern, sie waren eingebunden in einen transgenerationalen Konflikt. Sie holten – allerdings am falschen Objekt zur falschen Zeit und mit der »falschen« Motivation – den Widerstand gegen ein Terror-Regime nach, den die Elterngeneration in der Zeit des Nationalsozialismus versäumt hatte.

Die islamistischen Terroristen, die in den heiligen Krieg ziehen, sind häufig in einen ähnlichen Generationszusammenhang eingebunden, der darin besteht, dass die privilegierten und wohlhabenden arabischen Familien einerseits in einem kaum vorstellbaren Öl-Reichtum leben und den Luxus der westlichen Industriegesellschaft genießen, andererseits aber mit dem Islam als Ideologie identifiziert sind, den Hass auf den Westen propagieren und die Solidarität mit dem palästinensischen Volk beschwören. Diese Doppel-Moral stellt einen schwerwiegenden Konflikt in der Auseinandersetzung zwischen den Generationen dar, der so aufgelöst wird, dass die Söhne aus wirtschaftlich privilegierten Familien teils im bewussten, teils im unbewussten Auftrag der Väter in den heiligen Krieg ziehen, von dem die Väter nur reden und träumen. Tatsächlich sind nach dem 11. September viele Hinweise bekannt geworden, dass die Terrorgruppen, »Dschihadisten«, d.h. »religiös argumentierende Berufsfanatiker« (Hirschmann 2001, S. 14) von zahlreichen islamischen Geschäftsleuten finanziell unterstützt werden, die in Europa und in Amerika erfolgreich ihren Geschäften nachgehen und die sich durch diese Spenden ein reines islamisches Gewissen verschaffen. Auch und gerade in Saudi Arabien unterstützt die herrschende königliche Groß-Familie zahlreiche islamistische Terror-Organisationen mit erheblichen finanziellen Mitteln, um sich auf diese Weise teils moralisch, teils politisch frei zu kaufen. Die Terroristen-Suizide sind Ausdruck einer kollektiven narzisstischen Kränkung, die von fanatisierten Einzeltätern ausgeübt werden, die jedoch im Auftrag des Kollektivs handeln.

Der 11. September 2001 als kollektives Trauma

Neben der Psychologie der Terroristen ist auch die psychische Situation der Amerikaner, die am 11. September einer kollektiven Traumatisierung ausgesetzt waren, von weitreichender weltpolitischer Bedeutung. Ein Trauma ist ein Erlebnis, das von solcher Intensität ist, dass es die seelischen Verarbeitungsmöglichkeiten überschreitet. Mit dem Trauma gehen Gefühle von extremer Angst, häufig Todesangst, Schrecken, Ohnmacht und totaler Hilflosigkeit einher. Dies führt zu einem Zusammenbruch zentraler Ich-Funktionen und zu einer basalen Erschütterung der gesamten Persönlichkeit. Wenn dies gleichzeitig einer großen Gruppe von Menschen widerfährt, spricht man von einem kollektiven Trauma. Ohne Zweifel stellt die Zerstörung des World-Trade-Centers in New York und die teilweise Zerstörung des Pentagons eine kollektive Traumatisierung der amerikanischen Nation dar, die das kollektive Identitätsgefühl der Amerikaner und ihren Gruppennarzissmus zutiefst erschüttert hat. Dies betrifft nicht nur die Menschen, die Angehörige, Freunde und Bekannte verloren haben, sondern das Kollektiv in seiner Gesamtheit.

Die Weltmacht Amerika wurde durch den terroristischen Angriff auf ihre Metropole und auf das Symbol ihrer wirtschaftlichen und technischen Überlegenheit mit der Erfahrung der Verwundbarkeit, der Endlichkeit des Lebens, der Hilflosigkeit angesichts des »Bösen« konfrontiert. Was so gar nicht ins Weltbild und ins Selbstverständnis Amerikas passt, wurde zur erschreckenden aber unabweisbaren Realität: Auch die Supermacht Amerika ist verletzbar. Weder die mit modernsten Computern ausgerüsteten Geheimdienste FBI und CIA noch die atomaren Waffen konnten Amerika vor diesem Angriff schützen – vom atomaren Schutzschild ganz zu schweigen. Sollte den Amerikanern eine kollektive psychische Verarbeitung des erlittenen Traumas nicht gelingen, besteht die Gefahr, dass sich ein post-traumatisches Belastungs-Syndrom entwickelt, das sich als ständiges Wiedererleben des traumatischen Ereignisses, als gedankliche Fixierung auf das Trauma, als unkontrollierte Panikattacken und als ebenso heftige und abrupte Aggressions-Ausbrüche gegen andere ausdrücken könnte. Die amerikanische Gesellschaft geriete in die Versuchung, das erlittene kollektive Trauma dadurch abzuwehren, dass sie sich auf das Trauma fixiert und es zum zentralen Bezugspunkt ihrer nationalen Identität macht. Als »gewähltes Trauma« (Volkan 1999) wäre es laufend präsent und würde eine ständige Rechtfertigung für die eigenen paranoidaggressiven Haltungen liefern. Amerika wäre genötigt, unablässig den Beweis seiner militärischen Überlegenheit anzutreten, indem es – mehr oder weniger wahllos – Feinde definiert, aufspürt, verfolgt und vernichtet. Schließlich käme es zur Ausbildung einer nationalistischen Ideologie, die Verfolgungs-, Rache- und Größenphantasien zum Inhalt hat. Diese haben die Funktion, die erlittenen narzisstischen Verletzungen des Selbstwertgefühls wiedergutmachen und die Demütigungen durch Rache auszugleichen. Beauftragt die Gesellschaft einen Führer damit, einen Rachefeldzug zu organisieren, so genießt derjenige Politiker das größte Ansehen, der am fanatischsten die paranoide Ideologie vertritt und am heftigsten verspricht, dass er Rache als ausgleichende Gerechtigkeit üben werde, um das erschütterte grandiose Selbstbild wieder zu festigen.

Solche psychodynamischen Zusammenhänge hatte wohl auch Arundhati Roy, eine der angesehensten und erfolgreichsten Schriftstellerinen Indiens, im Auge, als sie in ihrem Kommentar *Terrorismus ist ein Symptom, nicht die Krankheit* Osama bin Laden und George W. Bush miteinander verglich. Ihr Artikel erregte weltweit Aufsehen – in den westlichen Ländern meist Empörung – und führte in Deutschland beinahe zum Rücktritt von Tagesthemen-Moderator Ulrich Wickert, weil dieser die Gedanken von Roy in einem Zeitschriften-Beitrag zustimmend zitiert hatte.

Zunächst ist interessant, dass Roy (2001) zu einer psychologisch-medizinischen Metapher greift, wenn sie »Symptom« und »Krankheit« unterscheidet. Und dann argumentiert sie sogar explizit »familiendynamisch«:

> »Was ist Osama bin Laden? Er ist das amerikanische Familiengeheimnis. Er ist der dunkle Doppelgänger des amerikanischen Präsidenten. Der brutale Zwilling alles angeblich Schönen und Zivilisierten. Er ist aus der Rippe einer Welt gemacht, die durch die amerikanische Außenpolitik verwüstet wurde, durch ihre Kanonenboot-Diplomatie, ihr Atomwaffenarsenal, ihre unbekümmerte Politik der unumschränkten Vorherrschaft. [...] Nun, da das Familiengeheimnis gelüftet ist, werden die Zwillinge allmählich eins und sogar austauschbar. [...] Inzwischen werden sich die beiden auch in der Sprache immer ähnlicher. Jeder bezeichnet den anderen als ›Kopf einer Schlange‹. Beide berufen sich auf Gott und greifen gern auf die Erlösungsrhetorik von Gut und Böse zurück.«

Henryk M. Broder hat im *Spiegel* (2001/38) vom 15. 9. 2001, also nur vier Tage nach dem 11. September und noch vor der Veröffentlichung von Roys Artikel, eine polemische Attacke gegen eine Argumentation publiziert, die er als »Verharmlosung des islamischen Terrorismus« und der »Lust am Morden« ansieht. Seine Ausführungen lesen sich wie eine vorweggenommene Kritik an Roy. Broder meint, viele »europäische Intellektuelle« (ebd.,

S. 169) neigten dazu, den »Terror schönzureden«. Dies sei Ausdruck einer »post-liberalen und pre-suizidalen Haltung« (ebd.):

> »Wir Abendländer haben keine Probleme, den Fanatismus von Christen und Juden zu verdammen, nur bei fanatischen Moslems neigen wir zu einer Haltung, wie man sie normalerweise gegenüber kleinen Kindern und erwachsenen Autisten annimmt: Sie wissen nicht was sie tun, aber sie meinen es irgendwie gut« (ebd.).

Broder ist offenbar der Ansicht, es sei nicht notwendig und auch nicht statthaft, sich in die Psyche der Attentäter einzufühlen oder gar nach handgreiflichen Ursachen, Motiven und Hintergründen des Terrorismus zu suchen:

> »Samuel Huntington hatte Recht, es findet ein Kampf der Kulturen statt. Es geht nicht um globale Gerechtigkeit, nicht um die legitimen Rechte der Palästinenser oder eines anderen unterdrückten Volkes, es geht um die reine Lust am Morden, die inzwischen nicht einmal einen Vorwand braucht« (ebd.).

Abgesehen davon, dass die »Lust am Morden« auch ein psychologisches Motiv darstellt – das, psychoanalytisch gesprochen, einem triebpsychologischen Persönlichkeitsmodell entstammt –, kann man Broder entgegenhalten, dass er die Bemühung um psychologisches Verständnis für die seelische Verfassung der Täter allzu kurzschlüssig mit einer heimlichen Sympathie für ihre Taten gleichsetzt.

Doch auch Roy scheint sich nicht über alle Implikationen ihrer beziehungsdynamischen Argumentation im Klaren zu sein. Auch wenn man im Rahmen der von Roy benutzten familiendynamischen Metapher bleibt, kann man gegen ihre Argumentation einwenden, dass manche Symptome und manche Symptomträger so gefährlich sind, dass man sie mit radikalen Methoden bekämpfen muss. Eine beziehungs- und familiendynamische Betrachtungsweise schließt freiheitseinschränkende Behandlungsmethoden nicht notwendig aus. Selbst wenn man familiendynamisch herleiten kann, warum ein jugendlicher Mörder zum Mörder wurde – und infolge der beziehungsdynamischen Logik gewissermaßen werden »musste« –, schließt dies nicht aus, dass *er* es ist, der als Täter zur Verantwortung gezogen und hinter Schloss und Riegel gebracht werden muss und nicht seine Eltern, auch wenn deren unbewusste Konflikte maßgeblich dazu beigetragen haben, dass aus ihm ein Mörder wurde. Zudem zielt ein großer Teil der Medizin und auch der Psychotherapie primär auf die Symptome und erst in zweiter Linie auf die Prävention zukünftiger Erkrankungen. Speziell bei lebensbedrohlichen Symptomen konzentriert der Arzt und Therapeut all seine Kräfte zunächst auf deren Behandlung, Begrenzung und Bekämpfung, und erst wenn er diese eingedämmt hat, richtet er seine Aufmerksamkeit auf die Ursachenbehandlung und auf präventive Maßnahmen. So kann auch eine familiendynamische Betrachtungsweise durchaus dazu führen, dass man einzelne Familienmitglieder mit unterschiedlichen Methoden und in unterschiedlichen Settings getrennt behandelt. Häufig ist bei besonders schweren Familienpathologien zunächst eine stationäre Behandlung eines einzelnen Familienmitgliedes – etwa einer magersüchtigen Tochter – induziert und erst wenn eine Rückbildung der Symptomatik und eine gewisse Beruhigung der innerfamiliären Konflikte eingetreten ist, kann als Ursachen-Behandlung und Prävention ein im engeren Sinne familientherapeutischer Dialog beginnen.

Wie also soll man mit Fanatikern und Terroristen um-, wie gegen sie vorgehen?

Der Terrorismus stellt primär eine »kommunikative Strategie« (Waldmann 1998, S. 13) dar, deren Ziel die »Provokation der Macht« (ebd.) ist. Terrorismus ist die Macht der Ohnmächtigen. Terroristen sind Fanatiker, die zwar selbst eine kommunikative Strategie im Umgang mit ihren Gegnern und mit der Öffentlichkeit verfolgen, und im Fall des 11. September »die ganze Welt als Resonanzraum« (Waldmann 2001, S. 4) benutzten, die sich selbst jedoch nicht oder nur höchst begrenzt kommunikativ beeinflussen lassen. Ihr Fanatismus und ihre paranoide »Festungsmentalität« schirmt sie ab gegen Versuche der Einflussnahme. So wie sich die »paranoide Festungsfamilie« in Richters familienneurotischem Modell häufig als »therapieresistent« (Richter 1970, S. 224) erweist, so stoßen diplomatische Initiativen bei fanatischen und paranoiden politischen und religiösen Gruppen meist an unüberwindbare Grenzen. Mit Fanatikern kann man nicht oder nur höchst begrenzt verhandeln. Wenn man sie bekämpft, steigert das ihre narzisstische Wut ebenso, wie wenn man ihnen entgegenkommt oder versucht, ihre Positionen in Verhandlungen aufzuweichen. Ihre Unfähigkeit zum Kompromiss macht sie politikunfähig.

Im Kontakt mit Terroristen gilt es vor allem, die Gegenübertragungsfallen zu vermeiden, die ich unter Bezugnahme auf Kernberg schon ausgeführt habe. Man darf sich weder verleiten lassen, rachsüchtig und wutentbrannt zu reagieren, noch darf man die Bösartigkeit der Terroristen unterschätzen. Auf keinen Fall sollte man sich die Logik des eigenen Handelns von den Terroristen aufzwingen lassen, indem man unbewusst ihr paranoides Weltbild übernimmt und ihr aggressiv-ressentimentgeladenes Interaktionsmuster mitagiert. Auch müssen sich die Opfer der Gewalt davor hüten, sich mit dem Angreifer zu identifizieren. Nähmen die Amerikaner eine solche Identifikation mit dem Aggressor vor, glichen sie sich dem

Fanatismus der Terroristen an und würden ebenfalls partiell zu fanatischen Hassern, die ohne Rücksicht auf Verluste in einen Kampf gegen das Böse ziehen. Auch der amerikanischen Regierung könnte es passieren, dass sie sich in dieser Weise mit den Terroristen identifiziert und auf der gleichen Ebene mit den gleichen Mitteln zurückschlägt. Die militärischen Maßnahmen würden dann im Grunde nicht mehr einer militärischen Logik folgen, sondern die Funktion einer psychischen Stabilisierung übernehmen. Man schlüge zurück, nicht um den »richtigen« Gegner zu treffen, sondern um das narzisstische Gefühl der Unverwundbarkeit wiederherzustellen. Die sachlich-militärische Funktion der militärischen Maßnahmen träte hinter der psychologischen Bedeutung, die narzisstische Kränkung auszugleichen, zurück.

Welche Antwort Amerika auf den Terrorismus findet, hängt davon ab, wie die Amerikaner mit dem erlittenen Trauma umgehen. George W. Bush nahm die Nachricht von der Katastrophe mit unbewegter Miene auf und ließ keinerlei Irritation erkennen, ganz im Unterschied zu Bill Clinton, der in einem Fernsehinterview direkt nach den Angriffen regelrecht erschüttert wirkte. Die totale Abspaltung bzw. Unterdrückung der spontanen Gefühle ist nun gerade kein Kennzeichen einer gelingenden Trauma-Verarbeitung. Im Gegenteil: Soll ein Trauma überwunden werden, ist es notwendig, dass die Phase der Depression und Trauer durchlebt wird. Sie muss zugelassen, sie darf nicht unterdrückt werden. Die Amerikaner müssen versuchen, die Geschehnisse psychisch zu integrieren. Es wird ein längerer Prozess der Verarbeitung notwendig sein, der Amerika – aber auch die Weltöffentlichkeit – Wochen, Monate, wahrscheinlich Jahre beschäftigen wird. Es muss – auch öffentlich – über die Trauer, Verzweiflung, Wut und diffuse Ohnmacht gesprochen werden. Bei Bush besteht die Gefahr, dass er durch einen Bestrafungs- und Rachefeldzug versuchen könnte, das Trauma abzuwehren.

Das World-Trade-Center steht symbolisch für die wirtschaftlich-technische Überlegenheit Amerikas, das Pentagon für die militärische Macht und Camp David, das ja offenbar Ziel des vierten abgestürzten Flugzeuges war, steht als Symbol für den Friedensprozess – offenbar das dritte symbolträchtige Hauptziel der Terroristen. Ein Flugzeug sollte auf Camp David stürzen. Camp David sollte als Symbol des Friedensprozesses zerstört werden, ebenso wie das Pentagon als politisch-militärisches und die Twin-Towers als wirtschaftliches Symbol. Bei Camp David ist das nicht gelungen. Die Amerikaner könnten die Tatsache, dass Camp David von dem geplanten Terror-Anschlag verschont geblieben ist, als Zeichen dafür interpretieren, dass der Friedens-Prozess auch durch diesen Terror-Anschlag nicht zerstört werden kann. Dies wäre allerdings auch eine Selbstverpflichtung Amerikas, sich als letzte verbliebene Weltmacht mit allen zur Verfügung stehenden Mitteln für den Frieden einzusetzen. Dies betrifft auch die Spirale der Gewalt zwischen Israel und den Palästinensern. Während Clinton sich am Ende seiner Amtszeit persönlich bemühte, eine Einigung zu erreichen, ihm aber als scheidendem Präsidenten wohl die Macht und Überzeugungskraft fehlte, verkündete Bush großspurig, er werde sich mehr um die Interessen Amerikas kümmern und zog sich aus der Vermittler-Position zurück.

In gewisser Weise ist nicht nur New York und nicht nur Amerika von den Terrorangriffen getroffen worden, sondern die ganze Welt. In den Kommentaren war von einem »Angriff auf die Zivilisation« die Rede und es wurde postuliert, nach dem 11. September sei »nichts mehr wie vorher«. Stellt der 11. September tatsächlich eine weltpolitisch bedeutsame Zäsur dar? Oder folgten diese Reden nur einer Rhetorik der Solidarität und einer Strategie der Dramatisierung, um die Verbündeten Amerikas auf Linie zu bringen und dem militärischen Vorgehen Amerikas die Unterstützung der »Anti-Terror-Koalition« zu sichern?

In der Tat hat sich die amerikanische Regierung Zeit genommen, ihren militärischen Feldzug gegen das terroristische Al-Qaida Netzwerk und das Taliban-Regime in Afghanistan strategisch und vor allem diplomatisch vorzubereiten. Jedenfalls blieb der unmittelbare übereilte Militärschlag, den viele erwartet und befürchtet hatten und der ein Zeichen einer unkontrollierten narzisstischen Wutreaktion gewesen wäre, aus. Dies gab den Amerikanern, aber auch der Weltöffentlichkeit die Gelegenheit, den Terroranschlag in seiner gigantischen Dimension emotional auf sich wirken zu lassen.

Aus den Reaktionen meiner Patienten meine ich ablesen zu können, dass die emotionale Erschütterung sehr tiefgehend war und die allermeisten Menschen stärker beeindruckte, verunsicherte und erschütterte als jede andere Katastrophe der letzten Jahrzehnte. Es kommt im Rahmen einer Psychotherapie nur relativ selten vor, dass politische Ereignisse so breiten Raum einnehmen. Wenn Patienten während der Therapiestunde über aktuelle politische Ereignisse sprechen, tun sie das in der Regel nur, wenn dieses Ereignis für sie persönlich sehr bedeutsam ist. Doch es passiert nur äußerst selten, dass ein bestimmtes politisches oder gesellschaftliches Ereignis gleichzeitig in vielen Therapien thematisiert wird. Diese Tatsache hängt mit dem »Reizschutz« zusammen, den die psychotherapeutische Situation bietet und der verhindert, dass aktuelle äußere Einflüsse die Konzentration des Patienten auf seine innere Welt beeinträchtigen. Im Anschluss an die Reaktor-Katastrophe von Tschernobyl gab es zwar zahlreiche Menschen, bei denen so starke Ängste ausgelöst wurden, dass sie psychotherapeutische Hilfe suchten (vgl. Wirth 1986), aber gleichwohl tauchte das Thema nur in einigen der laufenden Therapien auf. Gleiches gilt auch für den Golf-Krieg (vgl. Wirth 1991b). Bei den Terror-Angriffen vom 11. September wurde hingegen der Reizschutz der therapeutischen Situation bei zahlreichen Patienten durchbrochen. Dies gilt natürlich in besonderem Maße für die Menschen, die in unmittelbarer Nähe der Katastrophe lebten. Die New Yorker Psychoanalytikerin Irene Cairo-Chiarandini (2001, S. 36) berichtet, dass sie die Katastrophe von einer ihrer Patientinnen erfuhr:

»Es war meine dritte Stunde. Die Patientin, deren Körpersprache im Wartezimmer mir schon sagte, dass etwas Schreckliches passiert war, kam herein, stand in der Mitte des Büros und sagte erschüttert: ›Ich wusste nicht, ob Sie wollen, dass ich komme.‹ Mein verdutztes Gesicht – ich registrierte langsam, dass, was immer sie bekümmerte, mich einschloss – und meine leichte Handbewegung zur Couch, als ich sie fragte: ›Warum sollte ich das nicht?‹, schockierte sie, da ihr bewusst wurde, dass ich es nicht wusste und sie es mir sagen müsste. Diese sonst redegewandte, intensive Frau stotterte und fand keine Worte, besonders nicht die Worte für Türme. Sie sagte, überraschend grotesk, in einer Art funktionaler Aphasie: ›Terroristen in Flugzeugen griffen sie an, die, die, wie heißen sie denn!!! Die ... großen Gebäude!‹. Ich stand ihr durch die Stunde bei.

Erst in der nächsten Sitzung hatte ich die innere Stärke, das Offensichtliche anzusprechen, die Umkehrung der Rollen, ihr Wunsch, mich zu beschützen, ihre Panik, dass sie nicht wusste, ob ich fähig sein würde, ihr zu helfen.«

Wahrscheinlich hatte die Patientin nicht nur panische Angst davor, dass die Analytikerin nicht fähig sein könnte, ihr zu helfen, sondern war vor allem von dem Gedanken beunruhigt, wie die Analytikerin reagieren würde: ob die Analytikerin die Fassung verlieren würde, ob sie – die Patientin – die Analytikerin würde stützen müssen, ob die ganze analytische Situation sich unter dem Ansturm der äußeren Realität auflösen würde.

Eine gleichsam umgekehrte Situation erlebte ich mit einer meiner Patientinnen. Ich hatte in der Pause zwischen zwei Therapie-Stunden von den Ereignissen erfahren. Als die Patientin hereinkam, bemerkte ich nichts Ungewöhnliches an ihr und ich war mir sofort sicher, dass sie noch nichts von dem Ereignis wusste. Ich überlegte, es ihr zu sagen, entschied mich dann aber dafür, dies nicht zu tun. Rückblickend betrachtet, fühle ich mich bei dem Gedanken wohler, ich hätte es ihr mitgeteilt und wir hätten darüber sprechen können. Aber ich fühlte mich zu diesem Zeitpunkt noch so von dem Ereignis überrollt und so unfähig, seine möglichen Auswirkungen intellektuell einzuordnen und emotional zu verarbeiten, dass ich mich entschied, die Ereignisse nicht zu thematisieren. In der nächsten

Stunde war es dann möglich, über die Terror-Angriffe und ihre Auswirkungen zu sprechen.

Ich will noch kurz einige weitere typische Reaktionen beschreiben, die ich bei meinen Patienten beobachten konnte:

Eine Patientin, die am Abend des 11. September in die Therapiestunde kommt, berichtet, sie habe sofort heftige Magenschmerzen bekommen, als sie diese Nachrichten vernommen habe.

Ein Patient am nächsten Tag erzählt, er habe »am ganzen Körper gezittert«, als er von der Katastrophe erfahren habe.

In den nächsten Tagen werden die Reaktionen noch vielgestaltiger: Ein Patient muss sich zunächst einen Ruck geben, um die Ansicht zu äußern, in gewisser Weise bekämen die Amerikaner jetzt »die Quittung für ihre arrogante Politik«. Es handelt sich um einen masochistischen und aggressionsgehemmten Patienten, dem es sonst sehr schwer fällt, seine Aggressionen zu äußern. Unter dem Eindruck der Terroranschläge werden seine sonst verdrängten sadistischen Impulse so stark stimuliert, dass sie sich in dieser Meinungsäußerung Ausdruck verschaffen, und er sich offenbar teilweise mit der sadistischen Position der Terroristen identifiziert.

Ein 51-jähriger Patient, der von Beruf Pilot ist, zeigt sich von der Katastrophe emotional fast gänzlich unberührt. Er spielt die Bedeutung herunter und hält die militärische Antwort Amerikas und das weltweite Medien-Echo für »übertrieben«. Der Patient, dessen Vater Selbstmord beging, als er zehn Jahre alt war, fühlt sich von der Destruktivität des Terrors, die ihn an die Destruktivität in seinem eigenen Leben erinnert, in seiner narzisstischen Charakterabwehr so bedroht, dass er die Dramatik der Ereignisse verharmlosen muss. Hinzu kommt, dass seine berufliche Tätigkeit als Pilot der einzige Lebensbereich ist, in dem er sich wirklich sicher und kompetent fühlt und den er nun mit einer narzisstischen Verleugnung zu schützen versucht.

Ein 43-jähriger Patient spricht eine ganze Therapiestunde über Amerika. Er erinnert sich daran, wie er als Jugendlicher Amerika bewunderte und idealisierte. Als er sich Jahre später den Wunsch erfüllte, die »Stones« live in New York zu hören, sei er einerseits ernüchtert und abgestoßen worden durch die umfangreichen polizeilichen Kontrollen beim Besuch dieses Konzertes, andererseits habe er sich in Manhattan schnell zu Hause gefühlt. Zu den beiden Türmen des World-Trade-Centers habe er »eine persönliche Beziehung« entwickelt, und so habe es ihn »regelrecht verwundet«, als er deren Zerstörung am Bildschirm miterleben musste.

Eine 38jährige Patientin wiederum empfand »bei aller Betroffenheit auch ein Stück Genugtuung« beim Anblick der einstürzenden Türme.

Dass die hypertechnisierte Welt und speziell Amerika an seine Grenzen stoße, bzw. in seine Grenzen verwiesen werde, empfinde sie wie eine Bestätigung für ihre Aversion gegen die technisierte Welt. Dass diese Patientin kein Einzelfall ist, sondern die geheime Lust an der Zerstörung zivilisatorischer Errungenschaften ein weit verbreitetes Phänomen ist, beweisen nicht nur die zahllosen Filme, die eben dies zum Inhalt haben, sondern auch ein Punk-Rock-Gruppe, die den Namen »Einstürzende Neubauten« trägt.

Etwa bei der Hälfte meiner Patienten tauchten die Ereignisse vom 11. September in den Therapiesitzungen als Thema auf. Dies habe ich bislang noch nie erlebt, auch nicht bei Tschernobyl, beim Golfkrieg oder bei einem Regierungswechsel. Das enorm breite Spektrum an emotionalen Reaktionen, das bei diesen wenigen Patienten deutlich wurde, zeigt an, dass offenbar für viele Menschen »der Anblick der einstürzenden Türme ein Eingriff in die eigene Welt« (Sznaider 2001, S. 25) darstellte. Doch trotz der hohen emotionalen »Betroffenheit« ließen sich diese Menschen nicht dazu verpflichten, ausschließlich mit moralischer Empörung zu reagieren, sondern gestatteten sich durchaus auch spontane Empfindungen, die nicht als »political correct« gelten. Die heimliche Sympathie mit den Terroristen, die in manchen Äußerungen durchschimmert, erinnert an die »klammheimliche Freude« des Mescalero. Ich glaube, es handelt sich dabei nicht um eine Sympathie mit den Methoden des Terrors, sondern um die mehr gefühlte als klar formulierte Erkenntnis, dass die »heimliche Macht des Ohnmächtigen und die verdrängte Macht des Mächtigen (Richter 2002, S. 16) in einer »undurchschaute[n] wechselseitige[n] Abhängigkeit« (ebd.) voneinander stehen. Die Formulierung von Arundhati Roy, George W. Bush und Osama bin Laden glichen einander wie Zwillinge, zielte genau auf diesen Sachverhalt. Erst wenn die »Gemeinsamkeit des Leides, das sich beide gegenseitig zufügen« (ebd.) erkannt würde, könnten sie das kollusive Miteinander-Verflochten-Sein erkennen – und auflösen.

Natan Sznaider (2001) hat die gesellschaftliche Thematisierung der Terrorangriffe mit der Erinnerungskultur an den Holocaust verglichen: »Der Holocaust steht für den Bruch der Zivilisation in der Moderne und die trennende Linie zur Barbarei« (ebd., S. 28). Die gleiche Funktion könnte auch den Terrorangriffen zukommen. Beides birgt eine zivilisatorische Chance: So wie sich der größte Teil der Menschheit darin einig ist, den Holocaust als einen »Zivilisationsbruch«, als das Menschheits-Verbrechen anzusehen, so könnte die Weltöffentlichkeit auch hinsichtlich der Beurteilung des in New York verübten Verbrechens darin Übereinstimmung erzielen, den 11. September zum Symbol für die Notwendigkeit einer globalen

Ethik zu nehmen. Diese würde alle Völker, Nationen und Staaten verpflichten, ein neues kulturübergreifendes Selbstverständnis zu entwickeln, um die Zukunft der gesamten Menschheit zu sichern. Konkret würde das beispielsweise heißen, dass die Einsetzung eines internationalen Gerichtshofs rasch vorangetrieben werden sollte.

Momentan sind es allen voran die Amerikaner, die lernen müssen zu begreifen, wie verwundbar sie sind – auch und gerade als Weltmacht. Die USA, die größte ökonomische und militärische Macht, die je in der Geschichte der Menschheit existiert hat, erliegt einer kollektiven narzisstischen Grandiositätsphantasie, wenn sie annimmt, sie sei unsterblich, unverwundbar und nicht auf andere Nationen angewiesen. Tatsächlich ist auch die mächtigste Macht der Welt von anderen Nationen und Staaten abhängig und muss sich darauf einstellen, mit den Unterlegenen am Rande der Welt als Partner zu kommunizieren und zusammenzuarbeiten. So wie das Individuum seine eigene Sterblichkeit akzeptieren muss, stellt sich auch dem Kollektiv die Aufgabe, seine Endlichkeit und Verletzlichkeit anzuerkennen, um eine realistische Weltsicht zu erlangen. Narzisstische Kränkungen sind belastend, schwer akzeptabel, gar traumatisierend, aber sie enthalten immer auch Chancen, etwas über uns selbst und unser Verhältnis zur Welt zu erfahren. Amerika könnte aus den schrecklichen Ereignissen vom 11. September die Einsicht gewinnen, dass es auf seine Selbstvergottung verzichten muss. Die ungeheure ökonomische, militärische, politische und kulturelle Macht, über die Amerika verfügt, steht in einem dialektischen Verhältnis zur Ohnmacht: Je fortgeschrittener die wissenschaftlich-technische Entwicklung vorangeschritten ist, je grandioser sich die Erfolge in der Beherrschung der Natur und des Menschen ausnehmen, um so komplexer – und damit auch anfälliger und verletzbarer – sind auch die gesellschaftlichen Prozesse, die damit einhergehen. Die zunehmende gesellschaftliche Komplexität führt einerseits zu einen Zuwachs an Macht, andererseits aber auch zu einer immer größer werdenden Abhängigkeit der Menschen und der Völker untereinander.

Paul Klees Held mit dem Flügel symbolisiert dieses dialektische Verhältnis von Allmacht und Ohnmacht, welches das menschliche Schicksal auszeichnet. »Im Gegensatz zu göttlichen Wesen« ist Klees Held »mit nur einem Engelsflügel geboren« (Klee 1905, zitiert nach Friedel 1995, S. 280). Er »macht unentwegt Flugversuche. Dabei bricht er Arm und Bein, hält aber trotzdem unter dem Banner seiner Idee aus« (ebd.). Dieser zweifelsohne männliche Held verkörpert den narzisstischen »Allmachts-Ohnmachts-Komplex« (Richter 1979), aus dem er keinen Ausweg findet. Ins Auge sticht der Kontrast zwischen »seiner monumental-feierlichen Haltung« und dem »bereits ruinösen Zustand« (Klee 1905, zitiert nach Friedel 1995, S. 280), in dem er sich in Wirklichkeit befindet. Diese Figur steht als Sinnbild für eine Welt, die sich selbst ihre Lebensgrundlagen entzieht und ihre Selbstzerstörung in dem illusionären Glauben an die eigene Grandiosität und Macht vollendet.

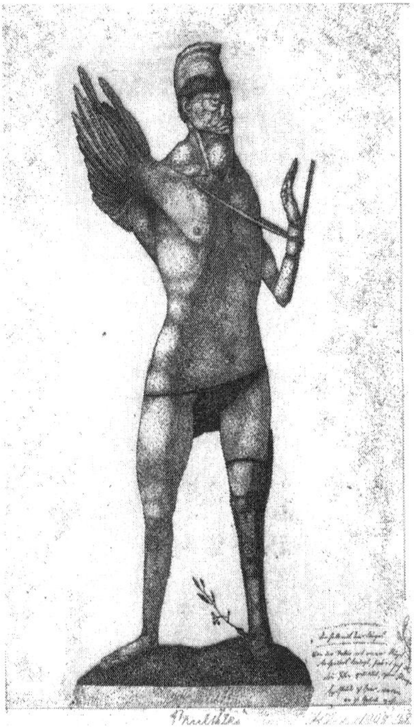

Paul Klee (1879–1940): Der Held mit dem Flügel (1905)

Wir leben in der historischen Phase der Globalisierung, in der alle Teile der Welt miteinander verknüpft sind. Überall auf der Welt regt sich Widerstand von den Teilen der Weltbevölkerung, die sich benachteiligt und unterdrückt fühlen. Die terroristischen Akte sind geboren aus der Ohnmacht, jedoch verknüpft mit mächtigen Gefühlen des Triumphes und der Grandiosität. Im Terrorismus und in seiner Bekämpfung verbindet sich der narzisstische Größenwahn der Ohnmächtigen mit dem selbstgefälligen grandiosen Selbstbild der Mächtigen zu einer unheilvollen Kollusion. Da nicht nur Amerika, sondern die ganze Welt von den Terror-Angriffen getroffen wurde, gilt dies nicht nur für die Regierung der USA, sondern alle Gesellschaften müssen sich eingestehen, dass unsere moderne Zivilisation in ihrer Komplexität enorm verletzbar sind. Die ökonomisch und militärisch mächtigen Gesellschaften sollten deshalb ein großes Interesse an dem entwickeln, was in der Psyche der Abhängigen, der Schwachen, der Armen, der Benachteiligten und der Unterdrückten vor sich geht. Die Mächtigen und Privilegierten der Welt sollten die Solidarität und das Mitgefühl, das Amerika nach den Terror-Anschlägen aus allen Teilen der Welt entgegengebracht wird, als Chance nutzen, um zu zeigen, dass sie wirklich an einer gerechteren Welt interessiert sind. Der 11. September könnte ein Anlass sein, die Globalisierung der Weltmärkte zu ergänzen durch eine Globalisierung der Ethik und des menschlichen Mitgefühls.

BILDNACHWEISE

S. 7: Ingres, Dominique: Napoleon als thronender Jupiter, 1806, Musée de l'Armeé, Paris

S. 7: Caylus, Anne-Claude-Philppe Comte de: Gemme mit der Darstellung des thronenden Jupiters, 1752–1776, Bibliothèque Nationale de France, Paris

S. 11: Aus: Asterix als Legionär, EHAPA Verlag GmbH Stuttgart, S. 20, Zeichnungen: Uderzo, ©EHAPA Verlag GmbH Stuttgart

S. 16: Illustration von Tullio Pericoli

S. 20: © Predrag Koraksic

S. 24: Titelblatt: Der Spiegel, Nr. 11 vom 12.03.2001

S. 25: Michelangelo da Caravaggio (1573–1610): Narciso, Galleria Nazionale d'Arte Antica. Palazzo Barberini, Rom

S. 30: Guy Billout: Der Garten des Einsamen (1984)

S. 33: Max Klinger (1857–1920): Narzissus und Echo, Staatliche Museen zu Berlin. Kupferstichkabinett, Berlin

S. 34: Max Klinger (1857–1919) : Evas Sündenfall, 1874/77, Museum der bildenden Künste, Leipzig

S. 36: Werkstatt des Jasper de Isaac (gest. 1654): Narcisse, Société des Amis de la Bibliothèque Forney, Paris

S. 39: Kaiser Calligula (12–41)

S.41: Rudolf Schlichter: Blinde Macht (1938)

S. 43: Max Slevogt (1868–1932): Frau Aventuire (1894), © VG Bild-Kunst

S. 47: Salvador Dali (1904–1982): Metamorphosis of Narcissus, © VG Bild-Kunst

S. 48: Jürgen Möllemann, aus: Der Spiegel 11/2001, S. 112, © F. Ossenbrink

S. 51: Félicien Rops (1833–1898): La Sphinx (um 1874), Bibliothèque Nationale, Paris

S. 53: Pablo Picasso (1881–1973): Narcissus, © VG Bild-Kunst

S. 56: Massenidol Hitler beim Erntedankfest1937, Bayerische Staatsbibliothek

S. 57: Gustave Moreau (1826–1898): Ödipus der Wanderer oder die Gleichheit vor dem Tod (um 1888), La Cour d'Or, Musées Metz

S. 63: © Uwe Rausch

S. 68: A. Paul Weber: An den Rockschößen des Genies (1949), © VG Bild-Kunst

S. 70: Tresckow: Kreativität und Scheitern (2001), © Tresckow

S. 73: Paul Klee: Zwei Männer, einander in höherer Stellung vermutend, begegnen sich (1903), © VG Bild-Kunst

S. 78: Die zwei Gesichter eines Schreibtischtäters Ceausescu, aus: Frankfurter Allgemeine Zeitung, vom 27.07.2000, Nr. 172; S. 14, © Foto: Sven Simon

S. 82: Sigmund Freud und seine engsten Mitarbeiter

S. 89: Salvador Dalí (1904–1982): Geopolitisches Kind beobachtet die Geburt des neuen Menschen, © VG Bild-Kunst

S. 93: Honoré Daumier (1808–1879): Le Beau Narcisse

S. 100: Foto für die Taz, © Foto: Peter Hebler

S. 114: Carl Spitzweg: Zollbeamter bei der Visitation (um 1860), Nationalgalerie Berlin

S. 121: Foto der Familie Barschel

S. 133: Pfeiffer vor dem Untersuchungsausschuß, aus: Der Spiegel, 44/1987, S. 22
S. 141: Barschel-Sekräterin Brigitte Eichler vor dem Untersuchungsausschuss, aus: Der Spiegel, 42/1987, S. 23
S. 153: Uwe Barschel, © H. Dietrich Habbe
S. 154: Uwe Barschel, © H. Dietrich Habbe
S. 155: Ministerpräsident Uwe Barschel am 18. September 1987 auf seiner »Ehrenwort-Pressekonferenz«, © dpa
S. 155: Uwe Barschel
S. 156: A. Paul Weber: Rückrat raus! (1960), © VG Bild-Kunst
S. 160: Titelbild: Der Spiegel, Nr. 42, 12. Oktober 1987
S. 162: Uwe Barschel, © dpa
S. 164: Barschel mit eidesstattlicher Versicherung bei seiner »Ehrenwort-Konferenz« am 18. September, aus: Der Spiegel, 42/1987, S. 22
S. 166: Oskar Lafontaine, © AFP/DPA
S. 171: Titelbild Stern Nr. 44/22. Oktober 1987
S. 171: Titelblatt Stern Nr. 43/13. Oktober 1987
S. 172: © Foto: Marily Stroux
S. 173: Barschel tot in der Badewanne, aus: Stern Nr. 44/22. Oktober 1987, S. 27
S. 173: Max Klinger (1857–1919): Untergang (1884), Leipzig, Museum der bildenden Künste
S. 174: Aimé-Gustave Blaise (1877 –?): La mort de Narcisse
S. 178: Schäuble und Kohl (1998), © dpa
S. 208: Titelblatt: Der Spiegel, Nr. 38 vom 18. 9. 2000
S. 209: Kohl und Schäuble (1997), © K. R. Müller/Agentur Focus
S. 213: Kohl mit seiner Familie (1981), Heinz Eiesseler/dpa
S. 215: Titelblatt: Der Spiegel. Nr. 28 vom 9.7.2001
S. 227: Hannelore Kohl vor dem Oggersheimer Bungalow (1973), aus: Der Spiegel, Nr. 28 vom 9.7.2001, S. 73, © J. H. Drachinger
S. 230: Ehepaar Kohl in Oggersheim (1974), aus: Der Spiegel, Nr. 28 vom 9.7.2001, S. 72, © Sven Simon
S. 246: Laurent Meyer; aus: Der Spiegel, Nr. 2 vom 8.01.2001
S. 248: Titelblatt: Der Spiegel, Nr. 2 vom 8.01.2001
S. 250: Hamburger Studentenprotest (1967), © dpa
S. 251: Studentenführer Dutschke (1967), © M.Ruetz/Agentur Focus
S. 255: © Sentopress, Bielefeld
S. 259: Joschka Fischers Vereidigung als hessischer Umweltminister durch Holger Börner, © Heinz Wieseler
S. 261: Joschka Fischer bei seiner Erwiderung auf die Regierungserklärung von Bundeskanzler Kohl (23.11.1994), © J. H. Darchinger
S. 263: Joschka Fischer im Bundestag (1984), © Poly-Press
S. 264: Joschka Fischer bei einem Teach-In an der Frankfurter Universität (Oktober 1973), © Bildarchiv Preußischer Kulturbesitz
S. 265: Joschka Fischer vor dem Weißen Haus (Oktober 1998), © Gamma News
S. 273: Kaufhausbrandstifter Andreas Baader und Gudrun Ensslin, aus: Der Spiegel, Nr. 13/1999, S. 182, © ullstein bild
S. 275: Außenminister Fischer in seinem Amtszimmer, aus: Der Spiegel, Nr. 2/2001, S. 38, © M. Drachinger
S. 286: Slobodan Milosevic (1999), © Reuters/Emil Vas/Archive Photos

S. 287: © Predrag Koraksic
S. 291: Slobodan Milosevic, after assuming the presidency of the truncated Yugoslavia in 1997; his wife, Mira is in the background, © Reuters/Peter Kujundzik/Archive Photos
S. 292: Slobodan Milosevic; photo credit: © AFP/CORBIS
S. 293: Festredner Slobodan Milosevic (1989), © GAMMA/Studio X
S. 294: Ivan Stambolic and Slobodan Milosevic, (1980), Balkan Historical Archive
S. 297: Ferdinand Khnopff (1858–1921): Sleeping Medusa (1896)
S. 299: Titelblatt: Der Spiegel, Nr. 16 vom 19.4.1999
S. 301: Slobodan Milosevic mit Enkel Marko (1999), © Vreme
S. 302: A. Paul Weber: Melancholie (1970), © VG Bild-Kunst
S. 304: A. Paul Weber: Spekulant auf Heldentod (1932), © VG Bild-Kunst
S. 306: © Predrag Koraksic
S. 307: Mira Marcovic, aus: Stern, Nr. 36/2001, S. 54
S. 308: Ehepaar Milosevic, Balkan Historical Archive
S. 311 Gustav Adolf Mossa (1883–1971): La sirène repue (1905), © VG Bild-Kunst
S. 312: Demonstration gegen Milosevic, aus: Spiegel Reporter 11/2000, S. 69
S. 316: Adam Stefanovic: Die Schlacht am Amselfeld (1871), Belgrader Nationalmuseum sowie Museum der Stadt Belgrad
S. 317: Der serbische Fürst Lazar, Darstellung aus dem 17. Jahrhundert
S. 318: Die Ermordung Sultan Murads I, Türkisches Historienbild aus dem 19. Jahrhundert
S. 320: Die Ermordung des österreichischen Thronfolgers Franz Ferdinand in Sarajevo, 28. Juni 1914, zeitgenössische Darstellung
S. 325: © Predrag Koraksic
S. 331: Der Hadjduke Stanislav Socivica, Quelle: Bileske o puto po Dalmaciji opata Alberta Fortisa i zivot Stanislava Socivice, Zagreb 1948,
S. 334: Stich von N. Pantic: Kraljevic Marko (1827), Belgrader Nationalmuseum, sowie Museum der Stadt Belgrad
S. 338: Josip Broz Tito, © Viennareport
S. 340: Demonstranten in Belgrad (5.10.2000), Balkan Historical Archive
S. 344: Alfred Kubin: Adoration (um 1900), © VG Bild-Kunst
S. 361: Alfred Kubin: Der Krieg (1903), © VG Bild-Kunst
S. 363: Max Klinger (1857–1920): Dritte Zukunft (1880), Leipzig, Museum der bildenden Künste
S. 366: © Fang Lijun (1992), Serie 2 Nr. 2
S. 369: Deutsches Plakat, aus: Theweleit 1978, S. 208
S. 370: A. Paul Weber: Die Bombe des Damokles (1972), © VG Bild-Kunst
S. 371: Alfred Kubin: Macht (1903), © VG Bild-Kunst
S. 377: beide Bilder aus: Geo Epoche, Nr. 7/2001, S. 89, © Daher/Gamma
S. 388: Paul Klee (1879–1940): Der Held mit dem Flügel (1905), © VG Bild-Kunst

Literaturnachweise

Abraham, K. (1925): Die Geschichte eines Hochstaplers im Lichte psychoanalytischer Erkenntnis. In: Abraham 1971, S. 69 – 83.

Abraham, K. (1971): Psychoanalytische Studien I. Gießen 1998 (Psychosozial-Verlag).

Adler, A. (1920): Praxis und Theorie der Individualpsychologie. München (Reinhardt).

Altmeyer, M. (2000 a): Narzissmus und Objekt. Ein intersubjektives Verständnis der Selbstbezogenheit. Göttingen (Vandenhoeck & Ruprecht).

Altmeyer, M. (2000 b): Den Betrachter insgeheim betrachten. Das Selbst im Spiegel des Anderen – eine Neuinterpretation des Narzissmus. In: Frankfurter Rundschau, Nr. 283 vom 5.12.2000, S. 22.

Altmeyer, M. (2000 c): Narzißmus, Intersubjektivität und Anerkennung. In: Psyche, 54. Jhg., S. 143 – 171.

Altmeyer, M. (2001): Nach dem Terror, vor dem Kreuzzug. Spekulationen über das Böse und seine Quellen. In: Kommune, 19. Jhg., Nr. 10/01, S. 11 – 15.

Anders, G. (1956): Die Antiquiertheit des Menschen. 1. Band. Über die Seele im Zeitalter der zweiten industriellen Revolution. München, 5. Auflage, 1980 (Beck).

Arendt, H. (1970): Macht und Gewalt. München 1998 (Piper).

Arendt, H. (1958): Vita activa oder Vom tätigen Leben. München 1999 (Piper).

Argelander, H. (1972): Der Flieger. Eine charakteranalytische Fallstudie. Frankfurt a. M. (Suhrkamp).

Arnold, H. L. (Hg.), (1972): Vom Verlust der Scham und dem allmählichen Verschwinden der Demokratie. Göttingen (Steidl).

Arnold, W., Eysenck, H. J., Meili, R. (Hg.), (1980): Lexikon der Psychologie. Freiburg 1987 (Herder).

Auchter, T. (1978): Die Suche nach dem Vorgestern – Trauer und Kreativität. In: Psyche 32, S. 52 – 77.

Augstein, R. (1987): Der Fall Barschel und die Rolle des Spiegel. In: Bölsche, J. (1987), S. 7 – 12.

Aust, S. (1986): Der Baader-Meinhof-Komplex. Hamburg (Hoffmann & Campe).

Bahners, P. (1998): Im Mantel der Geschichte. Helmut Kohl oder Die Unersetzlichkeit. Berlin (Siedler).

Balint, M. (1937): Die Urformen der Liebe und die Technik der Psychoanalyse. Stuttgart 1969 (Klett-Cotta).

Balint, M. (1959): Angstlust und Regression. Beitrag zur psychologischen Typenlehre. Reinbek 1972 (Rowohlt).

Balint, M. (1968): Therapeutische Aspekte der Regression. Stuttgart (Klett).

Becker, J. (1977): Hitler's Children: The Story of the Baader-Meinhof Terrorist Gang. London (Joseph).

Benjamin, J. (1988): Die Fesseln der Liebe. Psychoanalyse, Feminismus und das Problem der Macht. Frankfurt a. M. 1996 (Fischer).

Berghahn, S., Koch-Baumgarten, S. (1999), (Hg.): Mythos Diana. Von der Princess of Wales zur Queen of Hearts. Gießen (Psychosozial-Verlag).

Berking, H. (1989): Das Ehrenwort. In: Ebbighausen, Neckel 1989, S. 355-373.

Bion, W. R. (1961): Erfahrungen in Gruppen und andere Schriften. Frankfurt a. M. 1990 (Fischer).
Bogdanovic, B. (1997): Der verdammte Baumeister. Erinnerungen. Wien (Szolnay).
Bohleber, W. (1993): Seelische Integrationsprozesse in der Spätadoleszenz. In: Leuzinger-Bohleber, M., Mahler, E. (Hg.), (1993): Phantasie und Realität in der Spätadoleszenz. Gesellschaftliche Veränderungen und Entwicklungsprozesse bei Studierenden. Opladen (Westdeutscher Verlag), S. 49-63.
Böhme, H., Böhme, G. (1996): Das Andere der Vernunft. Zur Entwicklung von Rationalitätsstrukturen am Beispiel Kants. Frankfurt (Suhrkamp).
Bölling, K. (1987): Unfähig zur Trauer. In: Bölsche, J. (1987), S. 21-24.
Bölsche, J. (Hg.), (1987): Waterkantgate. Die Kieler Affäre. Oder: Wie viele Skandale verträgt die Demokratie? Eine Spiegel-Dokumentation. Göttingen (Steidl).
Bosse, H. (2001): Erlösungsmythen im Kosovo-Krieg – Zur Wiederkehr der Religion in der Politik. In: psychosozial 84, 24. Jhg., Heft II, S. 97-123.
Breloer, H. (1989a): Die Staatskanzlei ein Arbeitsbericht. In: Schmidt-Ospach, M. (1989), S. 107-133.
Breloer, H. (1989b): Drehbuch des Films »Die Staatskanzlei«. In: Schmidt-Ospach, M. (1989), S. 135-235.
Broder, H. M. (2001): Nur nicht provozieren! In: Der Spiegel 2001/38, S. 169-170.
Brückner, P. (1977): Die Mescalero-Affäre. Hannover (Internationalismus).
Bruder-Bezzel, A., Bruder, K.-J. (2001): Auf einem Auge blind: Die Verleugnung der Macht in der Psychoanalyse. In: Zeitschrift für Individualpsychologie, 26. Jhg., S. 24-31.
Brunner, J. (1995): Psyche und Macht. Freud politisch lesen. Stuttgart 2001 (Klett-Cotta).
Bude, H. (1987): Deutsche Karrieren. Lebenskonstruktion sozialer Aufsteiger aus der Flakhelfer-Generation. Frankfurt a. M. (Suhrkamp).
Bude, H. (1989): Typen von Skandalpolitikern. In: Ebbighausen, R., Neckel, S. (1989), S. 396-414.
Bude, H. (1995): Das Altern einer Generation. Frankfurt a. M. (Suhrkamp).
Bulajic, M. (1992): Ustasha Crimes of Genocid; Tudjaman's »Jasenovac Mith«. Belgrad.
Burckhardt, J. (1868): Weltgeschichtlichen Betrachtungen. In: Gesamtausgabe, Bd. VII, Basel 1929 (Schwabe), S. 1-208.
Busche, J. (1998): Helmut Kohl. Anatomie eines Erfolgs. Berlin (Berlin).
Büttner, C. (2001): Mit Gewalt ins Paradies. Psychologische Anmerkungen zu Terror und Terrorismus. In: HSFK Standpunkte Nr. 6/2001.
Cairo-Chiarandini, I. (2001): Eine Sicht aus New York. In: Newsletter IPA, 10. Jhg., Heft 2, 2001, S. 36.
Camus, A. (1942): Caligula. Schauspiel in vier Akten.
Canetti, E. (1960): Masse und Macht. Frankfurt a. M. (Fischer).
Canzler, P. (1990): Das Kreuz mit dem Rücken – Zur Psychosomatik der Körperhaltung. In: Psychoanalyse im Widerspruch, 2. Jhg., Heft 3, 1990, S. 6-20.
Caruso, I. (1968): Die Trennung der Liebenden. Eine Phänomenologie des Todes. Bern (Huber).
Cassirer, E. (1949): Vom Mythos des Staates. Zürich.
Chasseguet-Smirgel, J. (1975): Das Ich-Ideal. Psychoanalytischer Essay über die »Krankheit der Idealität«. Frankfurt a. M. 1981 (Suhrkamp).

Clough, P. (2002): Hannelore Kohl. Zwei Leben. München (Deutsche Verlags-Anstalt).
Cohn-Bendit, D. (2001): »Ein Segen für dieses Land«. In: Der Spiegel 2001/5, S. 86–92.
Cremerius, J. (1979): Die psychoanalytische Behandlung der Reichen und Mächtigen. In: Cremerius, J., Hoffmann, S. O., Trimborn, W. (1979): Psychoanalyse, Über-Ich und soziale Schicht. München (Kindler), S. 11–54.
De Levita, D. (1965): Der Begriff der Identität. Neuauflage Gießen 2002 (Psychosozial-Verlag).
DeMause, L. (2000): Was ist Psychohistorie? Eine Grundlegung. Überarbeitete und neu übersetzte Ausgabe, herausgegeben von R. Boelderl und L. Janus. Gießen (Psychosozial-Verlag).
DeMause, L. (2002): The Emotional Life of Nations. London/ New York (Karnac/Other Press).
Der Kieler Untersuchungsausschuß (1988 a): Die Fragen und die Antworten. Oktober 1987–Januar 1988. Kiel (Schmidt & Klaunig).
Der Kieler Untersuchungsausschuß (1988 b): Die Plenardebatten. 16. Februar 1988. Kiel (Schmidt & Klaunig).
Der Spiegel (1987/41): Barschels Tod. Sterben nach Plan.
Der Spiegel (1987/42): Das Ehrenwort. Gefängnis für Dr. Uwe Barschel?
Der Spiegel (1999/16): Krieg ohne Sieg. Nato gegen Milosevic.
Der Spiegel (2000/38): Der Bruch. Kohl/Schäuble, Protokoll eines politischen Scheidungsdramas.
Der Spiegel (2001/11): Droge Macht. Die Psychologie von Herrschaft und Unterwerfung.
Der Spiegel (2001/2): Joschkas wilde Jahre. Wie gewalttätig war der Außenminister?
Der Spiegel (2001/28): Frau im Schatten. Die Tragödie der Hannelore Kohl.
Devereux, G. (1974): Normal und Anormal. Frankfurt a. M. (Suhrkamp).
Dische, I. (1989): Fromme Lügen. Sieben Geschichten. Frankfurt a. M. (Eichborn).
Djuric, R. (1995): Serbiens Machthaber. Slobodan Milosevic und seine »politische Philosophie«. In: Lettre international III/95, S. 7–14.
Dornes, M. (1993): Der kompetente Säugling. Die präverbale Entwicklung des Menschen. Frankfurt a. M. (Fischer).
Dornes, M. (1997): Die frühe Kindheit. Entwicklungspsychologie der ersten Lebensjahre. Frankfurt a. M. (Fischer).
Dornes, M. (2000): Die emotionale Welt des Kindes. Frankfurt a. M. (Fischer).
Dubiel, H. (1999): Niemand ist frei von der Geschichte. Die nationalsozialistische Herrschaft in den Debatten des Deutschen Bundestages. München (Hanser).
Eagle, M. N. (1988): Neuere Entwicklungen in der Psychoanalyse. Eine kritische Würdigung. München–Wien (Verlag Internationale Psychoanalyse).
Ebbighausen, R., Neckel, S. (Hg.), (1989): Anatomie des politischen Skandals. Frankfurt a. M. (Suhrkamp).
Eckstaedt, A. (1989): Nationalsozialismus in der »zweiten Generation«. Psychoanalyse von Hörigkeitsverhältnissen. Frankfurt a. M. (Suhrkamp).
Eicke-Spengler, M. (1977): Zur Entwicklung der psychoanalytischen Theorie der Depression. In: Psyche, 31. Jhg., S. 1079 –1125.
Eissler, K. R. (1958): Bemerkungen zur Technik der psychoanalytischen Behandlung Pubertierender nebst einigen Überlegungen zum Problem der Perversion. In: Psyche, 20 Jhg., 1966, S. 837-872.
Eissler, K.R. (1975): Todestrieb, Ambivalenz und Narzißmus. München (Kindler).
Elias, N. (1939): Über den Prozeß der Zivilisation. Soziogenetische und psychogenetische

Untersuchungen. 2 Bände. Frankfurt a. M. 1978 (Suhrkamp).
Elias, N. (1969): Die höfische Gesellschaft. Frankfurt a. M. 1983 (Suhrkamp).
Elias, N. (1992): Studien über die Deutschen. Machtkämpfe und Habitusentwicklungen im 19. und 20. Jahrhundert. Frankfurt a. M. (Suhrkamp).
Elias, N. und Lepenies, W. (1977): Zwei Reden anläßlich der Verleihung des Theodor W. Adorno-Preises 1977. Frankfurt a. M. (Suhrkamp).
Enzensberger, H. M. (1985): Politische Brosamen. Frankfurt a. M. (Suhrkamp).
Enzensberger, H. M. (2001): Die Wiederkehr des Menschenopfers. Der Angriff kam nicht von außen und nicht aus dem Islam. In: Frankfurter Allgemeine Zeitung vom 18. 9. 2001, Nr. 217, S. 49.
Erdheim, M. (1982): Die gesellschaftliche Produktion von Unbewußtheit. Eine Einführung in den ethnopsychoanalytischen Prozeß. Frankfurt a. M. (Suhrkamp).
Erdheim, M. (2001): Omnipotenz als Möglichkeitssinn. In: Freie Assoziation, 4. Jhg., Heft 1, S. 7–22.
Erdheim, M., Blaser, A. (1998): Paranoide Verleugnung und institutionelle Macht. In: Freie Assoziation, 1. Jhg., Heft 1/2, S. 101–112.
Erikson, E. H. (1950): Kindheit und Gesellschaft. Stuttgart 1971 (Klett).
Erikson, E. H. (1958): Der junge Mann Luther. Eine psychoanalytische und historische Studie. Frankfurt a. M. 1975 (Suhrkamp).
Erikson, E. H. (1959): Identität und Lebenszyklus. 3 Aufsätze. Frankfurt a. M. 1966 (Suhrkamp).
Erikson, E. H. (1974): Dimensionen einer neuen Identität. Frankfurt a. M. 1975 (Suhrkamp).
Erikson, E. H. (1978): Gandhis Wahrheit. Über die Ursprünge der militanten Gewaltlosigkeit. Frankfurt a. M. (Suhrkamp).
Fahrni, O. (1999): Slobodan Milosevic. Der melancholische Schlächter. In: Weltwoche vom 25. 3. 1999.
Ferenczi, S. (1913): Entwicklungsstufen des Wirklichkeitssinnes. In: Ferenczi, S. (1927): Bausteine zur Psychoanalyse. Leipzig, Wien, Zürich 1925 (Internationaler Psychoanalytischer Verlag), S. 62–83.
Filmer, W., Schwan, H. (1985): Helmut Kohl. Düsseldorf (Econ).
Fischer, J. (1987): Regieren geht über studieren. Ein politisches Tagebuch. Frankfurt a. M. (Athenäum).
Fischer, J. (1999): Mein langer Lauf zu mir selbst. Köln (Kiepenheuer & Witsch).
Foucault, M. (1978): Dispositive der Macht. Über Sexualität, Wissen und Wahrheit. Berlin (Merve).
Freud, A. (1936): Das Ich und die Abwehrmechanismen. In: Die Schriften der Anna Freud. Bd. I. München 1980 (Kindler), S. 193–355.
Freud, S. (1900): Die Traumdeutung. In: Sigmund Freud Gesammelte Werke (GW), Bd. II.
Freud, S. (1907): Der Wahn und die Träume in W. Jensens »Gradiva«. In: GW, Bd. VII, S. 31–128.
Freud, S. (1910): Eine Kindheitserinnerung des Leonardo da Vinci. In: GW, Bd. VIII, S. 127–212.
Freud, S. (1910): Die zukünftigen Chancen der psychoanalytischen Therapie. In: GW, Bd. VIII, S. 103–115.
Freud, S. (1912): Totem und Tabu. In: GW, Bd. IX.
Freud, S. (1914 a): Zur Einführung des Narzißmus. In: GW, Bd. X, S. 137–170.
Freud, S. (1914 b): Der Moses des Michelangelo. In: GW, Bd. X, S. 171–201.

Freud, S. (1914c): Zur Geschichte der psychoanalytischen Bewegung. In: GW, Bd. X, S. 43-113.
Freud, S. (1915) Zeitgemäßes über Krieg und Tod. In: GW, Bd. X, S. 323-355.
Freud, S. (1917): Eine Kindheitserinnerung aus Dichtung und Wahrheit. In: GW, Bd. XII, S. 13-26.
Freud, S. (1921): Massenpsychologie und Ich-Analyse. In: GW, Bd. XIII, S. 71-101.
Freud, S. (1926): Hemmung, Symptom und Angst In: GW, Bd. XIV, S. 111-205.
Freud, S. (1927): Nachwort zur »Frage der Laienanalyse«. In: GW, Bd. XIV, S. 287-296.
Freud, S. (1930): Das Unbehagen in der Kultur. In: GW, Bd. XIV. S. 419-506.
Freud, S. (1933): Neue Folge der Vorlesungen zur Einführung in die Psychoanalyse. In: GW, Bd. XV.
Freud, S., Bullitt, W. C. (1967): Thomas Woodrow Wilson. Twenty-eight President of the United States. A Psychological Study. London (Weidenfeld & Nicolson).
Friedel, H. (Hg.), (1995): Der Kampf der Geschlechter. Der neue Mythos in der Kunst 1850-1930. Köln (DuMont).
Friedländer, S. (1982): Kitsch und Tod. Der Widerschein des Nazismus. München 1986 (dtv).
Fromm E. (1947): Psychoanalyse und Ethik. Bausteine zu einer humanistischen Charakterologie. In: Erich Fromm Gesamtausgabe (GA), herausgegeben von Rainer Funk. München 1999 (dtv), Bd. II, S. 1-157.
Fromm E. (1964): Die Seele des Menschen. Ihre Fähigkeit zum Guten und zum Bösen. In: GA, Bd. II, S. 159-268.
Fromm, E. (1961): Den Vorrang hat der Mensch! Ein sozialistisches Manifest und Programm. In: GA, Bd. V, S. 19-197.
Fromm, E. (1963): Der Ungehorsam als ein psychologisches und ethisches Problem. In: GA, Bd. IX, S. 367-373.
Fromm, E. (1964): Die Seele des Menschen. Ihre Fähigkeit zum Guten und zum Bösen. In: GA, Bd. II, S. 159-268.
Fromm, E. (1983): Über die Ursprünge der Aggression. In: GA, Bd. XI, S. 349-364.
Fromm, E. (1998): Analytische Charaktertheorie. In: GA, Bd. II.
Galbraith, J. K. (1987): Anatomie der Macht. München (Heyne).
Galtung, J. (1975): Strukturelle Gewalt. Reinbek (Rowohlt).
Gast, L. (1992): Libido und Narzissmus. Vom Verlust des Sexuellen im psychoanalytischen Diskurs. Eine Spurensicherung. Tübingen (edition dikord).
Gatter, P. (1987): Die Aufsteiger. Ein politisches Porträt der Grünen. Hamburg (Hoffmann & Campe).
Gay, P. (1989): Sigmund Freud. Eine Biographie für unsere Zeit. Frankfurt a. M. (Fischer).
Geertz, C. (1973): Dichte Beschreibung. Beiträge zum Verstehen kultureller Systeme. Frankfurt a. M. 1983 (Suhrkamp).
Gehlen, A. (1963): Studien zur Anthropologie und Soziologie. Neuwied (Luchterhand).
Geissler, P. (2001): Mythos Regression. Gießen (Psychosozial-Verlag).
Giddens, A. (1984): Interpretative Soziologie. Eine kritische Einführung. Frankfurt a. M. (Campus).
Giddens, A. (1988): Die Konstitution der Gesellschaft. Grundzüge einer Theorie der Strukturierung. Frankfurt a. M. (Campus).
Gieler, U. (2001): Warum musste Hannelore Kohl sterben und was hat eine Lichtallergie mit Psychosomatik zu tun? In: Umweltmed. Forsch. Prax., 6 (4), S. 231-234.

Glaser, H. (1986): Kulturgeschichte der Bundesrepublik Deutschland. Zwischen Grundgesetz und Großer Koalition. München–Wien (Hanser).

Glotz, P. (2001): Eine souveräne Entscheidung. In: Die Woche vom 13. 6. 2001, S. 8.

Goffman, E. (1977): Asyle. Über sie soziale Situation psychiatrischer Patienten und anderer Insassen. Frankfurt a. M. (Suhrkamp).

Götzinger, E. (1885): Reallexicon der Deutschen Altertümer. Ein Hand- und Nachschlagebuch der Kulturgeschichte des deutschen Volkes. Gütersloh 1982 (Prisma).

Grosbard, O. (2001): Israel auf der Couch. Zur Psychologie des Nahostkonflikts Düsseldorf (Patmos).

Grosbard, O. (2002): »Paranoia und Größenwahn«. In: Der Spiegel 2002/1, S. 120–121.

Großkopff, R. (1994): Der Zorn des Kanzlers. Gefühle in der Politik. Bonn (Dietz).

Gruber, P. u. a. (1999): Slobodan Milosevic. Der Zerstörer. Psyche eines Despoten. In: Focus vom 12. 4. 1999.

Grunberger, B. (1971): Vom Narzissmus zum Objekt. Neuausgabe Gießen 2001 (Psychosozial-Verlag).

Grunberger, B. (1984): Von der Reinheit. In: Grunberger, B. (1984): Narziß und Anubis. Die Psychoanalyse jenseits der Triebpsychologie. Bd. 2. München–Wien 1988 (Verlag Internationale Psychoanalyse), S. 111–131.

Grunberger, B., Dessuant, P. (1997): Narzissmus, Christentum, Antisemitismus. Eine psychoanalytische Untersuchung. Stuttgart 2000 (Klett-Cotta).

Guttandin, F. (1989): Auf Leben und Tod. Skizzen zum paradoxen Schicksal der Ehre. In: Scheer, K.D. (Hg.), (1989): Aspekte des sozialen Todes. Frankfurt a. M. (Lang), S. 61–79.

Habermas, J. (2002): Fundamentalismus und Terror. Antworten auf Fragen zum 11. September 2001. In Blätter für deutsche und internationale Politik, 47. Jhg., Heft 2, S. 165–178.

Hacker, F. (1981): Sozialpsychologische Bedingungen der Korruption. In: Korruption und Kontrolle. S. 137–150.

Hafner, G., Jakobi, E. (Hg.), (1989): Die Skandale der Republik. Frankfurt a. M. (Büchergilde Gutenberg).

Haland-Wirth, T., Wirth, H.-J. (1999): Der Kosovo-Krieg im Spiegel von Gesprächen und Kinderbildern. In: psychosozial 76, 22. Jhg., Heft II, S. 117–121.

Hardten, E., Stanisavljevic, A., Tsakiris, D. (Hg.), (1996): Der Balkan in Europa. Frankfurt a. M. (Lang).

Henseler, H. (1998): Überlegungen zur psychischen Entwicklung von Religiosität. In: Rohde-Dachser, C. (Hg.), (1998): Verknüpfungen. Psychoanalyse im interdisziplinären Dialog. Göttingen (Vandenhoeck & Ruprecht), S. 37–68.

Hilgers, M. (2001 a): Kranke Hirne. In: psychosozial 85, 24. Jhg., Heft III, S. 107–108.

Hilgers, M. (2001 b): Nationale Scham und ihre Folgen. In: psychosozial 85, 24. Jhg., Heft III, S. 109–111.

Hirsch, M. (Hg.), (1989): Der eigene Körper als Objekt. Zur Psychodynamik selbstdestruktiven Körperagierens. Neuauflage Gießen 1998 (Psychosozial-Verlag).

Hirschmann, K. (2001): Terrorismus in neuen Dimensionen. Hintergründe und Schlussfolgerungen. In: Aus Politik und Zeitgeschichte, B 51/2001, S. 7–15.

Hoffmann, S. O. (1984): Charakter und Neurose. Ansätze zu einer psychoanalytischen Charakterologie. Frankfurt a. M. (Suhrkamp).

Hole, G. (1995): Fanatismus. Der Drang zum Extrem und seine psychologischen Wurzeln. Freiburg (Herder).

Hösle, V. (1997): Moral und Politik. Grundlagen einer politischen Ethik für das 21. Jahrhundert. München (Beck).

Israel (2001): Zeitungsartikel.

Jacobsen, E. (1964): Das Selbst und die Welt der Objekte. Frankfurt a. M. 1978 (Suhrkamp).

Jäger, H., Schmidtchen, G., Süllwold, L. (1981): Analysen zum Terrorismus 2. Lebenslaufanalysen. Opladen (Westdeutscher Verlag).

Janus, L. (1998): Psychobiologische Voraussetzungen der menschlichen Verletzbarkeit. In: Schlösser, A.-M., Höhfeld, K. (1999), S. 61–76.

Janus, L. (2000): Die Psychoanalyse der vorgeburtlichen Lebenszeit und der Geburt. Gießen (Psychosozial-Verlag).

Janus, L., Kurth, W. (Hg.), (2000): Psychohistorie, Gruppenphantasien und Krieg. Heidelberg (Mattes).

Janus, L., Wirth, H.-J. (2000): Einleitung zu: Otto Rank (1932): Kunst und Künstler. Gießen 2000 (Psychosozial-Verlag), S. 13–23.

Jens, W. (Hg.), (1996): Kindlers Neues Literatur-Lexikon. München. (Kindler).

Jones E. (1971): Zur Psychoanalyse der christlichen Religion. Frankfurt a. M. (Suhrkamp).

Jones, E. (1957): Das Leben und Werk von Sigmund Freud. 3 Bände. Bern 1960 (Huber).

Jüdisches Lexikon (1927), Frankfurt a. M. 1982 (Jüdischer Verlag/Athenäum).

Jung, C. G. (1943): Über die Psychologie des Unbewussten. Zürich 1974 (Rascher), S. 1–130.

Kahre, O., (2001): Der vergessene Suizid – Anmerkungen zu Selbstmordattentaten. In: : Suizidprophylaxe – Theorie und Praxis, 28. Jhg., Heft 3, S. 90–92.

Kaser, K. (1996): Zum Problem der Erhaltung von Gewaltvorstellungen. Am Beispiel der ehemaligen österreichischen Militärgrenze. In: Hardten, E., Stanisavljevic, A., Tsakiris, D. (1996), S. 123–134.

Kernberg, O. F. (1975): Borderline-Störungen und pathologischer Narzißmus. Frankfurt a. M. 1980 (Suhrkamp).

Kernberg, O. F. (1985a): Innere Welt und äußere Realität. Anwendungen der Objektbeziehungstheorie. München 1988 (Internationale Psychoanalyse).

Kernberg, O. F. (1985b): Schwere Persönlichkeitsstörungen. Theorie, Diagnose und Behandlungsstrategie. Stuttgart (Klett-Cotta).

Kernberg, O. F. (1996): Die narzißtische Persönlichkeitsstörung und ihre differentialdiagnostische Abgrenzung zum antisozialen Verhalten. In: Kernberg, O. F. (Hg.), (1996): Narzißtische Persönlichkeitsstörungen. Stuttgart (Schattauer), S. 52–70.

Kernberg, O. F. (1998) Ideologie, Konflikt und Führung. Psychoanalyse von Gruppenprozessen und Persönlichkeitsstruktur. Stuttgart 2000 (Klett-Cotta).

Kernberg, O. F. (1999): Massenpsychologie durch die analytische Linse. In: psychosozial 78, 22. Jhg., Heft IV, S. 95–110.

Kernberg, O. F. (2002): Affekt, Objekt und Übertragung. Aktuelle Entwicklungen der psychoanalytischen Theorie und Technik. Giessen (Psychosozial-Verlag).

Kind, J. (1992): Suizidal. Die Psychoökonomie einer Suche. Göttingen (Vandenhoeck & Ruprecht).

Kleinert, D. (1993): Inside Balkan. Opfer und Täter. Wien–München (Amalthea).

Koelbl, H. (1999): Spuren der Macht. Die Verwandlung des Menschen durch das Amt. Eine Langzeitstudie. München (Knesebeck).

Kohl, Hannelore (1985): Was Journalisten anrichten. BErgisch Gladbach (Lübbe)

Kohl, Hannelore (1996): Kulinarische Reise durch deutsche Lande. München (Zabert Sandmann)

Köhler, L. (1978): Über einige Aspekte der Behandlung narzißtischer Persönlichkeitsstörungen im Lichte der historischen Entwicklung psychoanalytischer Theoriebildung. In: Psyche, 32. Jhg., S. 1001–1058.

Kohut, H. (1965): Formen und Umformungen des Narzissmus. In: Heinz Kohut (1975): Die Zukunft der Psychoanalyse. Frankfurt a. M. (Suhrkamp), S. 149

Kohut, H. (1971): Narzißmus. Eine Theorie der psychoanalytischen Behandlung narzißtischer Persönlichkeitsstörungen. Frankfurt a. M. 1973 (Suhrkamp).

Kohut, H. (1973): Überlegungen zum Narzißmus und zur narzisstischen Wut. In: Psyche, 27, S. 513–554.

Kohut, H. (1977): Die Heilung des Selbst. Frankfurt a. M. 1981 (Suhrkamp).

Kollbrunner, J. (2001): Der kranke Freud. Stuttgart (Klett-Cotta).

König, H. (1985): »Die allezeit und immer wieder unterschätzte Gewalt der Triebnatur«. Alexander Mitscherlichs Ideen zur Sozialpsychologie. In: Barenther, H., Busch, H.-J., Ohlmeier, D., Plänkers, T. (Hg.), (1989): Forschen und Heilen. Auf dem Weg zu einer psychoanalytischen Hochschule. Beiträge aus Anlaß des 25jährigen Bestehens des Sigmund-Freud-Institutes. Frankfurt a. M. (Suhrkamp), S. 210–233.

Kraushaar, W. (2001): Fischer in Frankfurt. Karriere eines Außenseiters. Hamburg (Hamburger Edition).

Kris, E. (1952): Die ästhetische Illusion. Phänomene der Kunst in der Sicht der Psychoanalyse. Frankfurt a. M. 1977 (Suhrkamp).

Krüll, M. (1979): Freud und sein Vater. Die Entstehung der Psychoanalyse und Freuds ungelöste Vaterbindung. Frankfurt a. M. 1992 (Fischer).

Kunze, T. (2000): Nicolae Ceausescu. Eine Biographie. Berlin (Links).

Landweer, H. (1999): Scham und Macht. Phänomenologische Untersuchungen zur Sozialität eines Gefühls. Tübingen (Mohr).

Laplanche, J., Pontalis, J.-B. (1967): Das Vokabular der Psychoanalyse. Frankfurt a. M. (Suhrkamp).

Lasch, C. (1979): Das Zeitalter des Narzissmus. München 1982 (dtv).

Lau, J. (2001): Auf der Suche nach der verlorenen Identität. Helmut Kohl und Hans Magnus Enzensberger als Generationsgenossen. In: Mittelweg 36, 10. Jhg., Heft 4, S. 71–88.

Lauer, R. (1995): Das Wüten der Mythen. Kritische Anmerkungen zur serbischen heroischen Dichtung. In: Lauer, R., Lehfeldt, W. (1995), S. 107–148.

Lauer, R., Lehfeldt, W. (Hg.), (1995): Das jugoslawische Desaster. Historische, sprachliche und ideologische Hintergründe. Wiesbaden (Harrassowitz).

Leggewie, C. (1995): Die 89er. Portrait einer Generation. Hamburg (Hoffmann & Campe).

Lehfeldt, W. (1995): Zum historischen Hintergrund des Krieges in Kroatien und in Bosnien-Hercegovina. In : Lauer, R., Lehfeldt, W. (1995), S. 3–22.

Leinemann, J. (1992): »Der letzte Dinosaurier«. Über Helmut Kohls zehnjährige Kanzlerschaft. In : Leinemann, J. (1995), S. 84–102.

Leinemann, J. (1995): Gespaltene Gefühle. Konstanz (Ölschläger).

Leinemann, J. (1998): Helmut Kohl. Die Inszenierung einer Karriere, Berlin (Aufbau).

Leinemann, J. (2001): Die Droge Politik. In: Der Spiegel 2001/11, S. 107–113.

Levi-Strauß, C. (1955): Traurige Tropen. Frankfurt a. M. 1978 (Suhrkamp).

Leyendecker, H., Prantl, H., Stiller, M. (2000): Helmut Kohl, die Macht und das Geld. Göttingen (Steidl).

Libal, W. (1991): Das Ende Jugoslawiens. Chronik einer Selbstzerstörung. Wien–Zürich (Europaverlag).

Lincke, H. (1970): Das Überich – eine gefährliche Krankheit? In: Psyche, 24. Jhg., S. 375–402.
Lohmann, H.-M. (1990): Laienanalytiker, Künstler, Bonvivant. Hanns Sachs und sein »Bubi Caligula«. Nachwort zu: Sachs, H. (1932), S. 153–165.
Luczak, H. (2001): Die Macht, die aus der Ohmmacht kommt. In: Geo Epoche. Das Magazin für Geschichte. Schwerpunktthema: Der 11. September 2001, Nr. 7, S. 86–91.
Luhmann, N. (1975): Macht. Stuttgart (Enke).
Luhmann, N. (2000): Die Politik der Gesellschaft. Frankfurt a. M. (Suhrkamp).
Maaz, H-J. (1987): Ist Kohl noch normal? In: Stern vom 2. Oktober 1987.
Machiavelli, N. (1513): Politische Schriften. Herausgegeben von H. Münkler. Frankfurt a. M. 1990 (Fischer).
Mailer, N. (1999): Das kalte, weite Herz. Der Krieg gegen Serbien ist eine Katastrophe für unsere Moral. In: Frankfurter Allgemeine Zeitung vom 28. 5. 1999, S. 49.
Malcom, J. (1983): Vater lieber Vater... Aus dem Sigmund-Freud-Archiv. Frankfurt a. M.–Berlin 1986 (Ullstein).
Mann, H. (1916): Der Untertan. Frankfurt a. M. (Fischer).
Mannheim, K. (1928): Das Problem der Generationen. In: Mannheim, K. (1970): Wissenssoziologie. Auswahl aus dem Werk. Neuwied (Luchterhand), S. 509–565.
Marquard, O. (2000): Philosophie des Stattdessen. Stuttgart (Reclam).
Martenstein, H. (2001): Kohl-Trauerfeier. Sein Maß und ihre Messe. In: Berliner Tagesspiegel vom 12. 7. 2001.
Maurer, C., u. a. (2001): Muss unser Verständnis von Suizidalität erweitert werden?. In: Suizidprophylaxe – Theorie und Praxis, 28. Jhg., Heft 3, S. 87–89.
Maywald, F. (2001): Es gibt 40 Arten von Lichtallergie. Professor Gieler: Psychosomatische Behandlung hätte möglicherweise Freitod Hannelore Kohls verhindern können. In: Giessener Anzeiger vom 10. 7. 2001.
Mead, G. H. (1934): Geist, Identität und Gesellschaft. Frankfurt a. M. 1973 (Suhrkamp).
Meier, V. (1999): Wie Jugoslawien verspielt wurde. 3. durchgesehene und aktualisierte Ausgabe. München (Beck).
Mentzos, S. (1976): Interpersonale und institutionalisierte Abwehr. Frankfurt a. M. (Suhrkamp).
Mentzos, S. (1993): Der Krieg und seine psychosozialen Funktionen. Frankfurt a. M. (Fischer).
Mergen, A. (1988): Tod in Genf. Ermittlungsfehler im Fall Barschel: Mordthese vernachlässigt? Heidelberg (Kriminalistik Verlag).
Mertens, W., Waldvogel, B. (Hg.), (2000): Handbuch psychoanalytischer Grundbegriffe. Stuttgart (Kohlhammer).
Michel, K. M. (1988): Das Duell von Kiel. Unzeitgemäßes über die Ehre. In: Michel, K. M. (1988): Von Eulen, Engeln und Sirenen. Frankfurt a. M. (Athenäum), S. 11–21.
Milgram, S. (1970): Das Milgram-Experiment. Reinbek (Rowohlt).
Miller, A. (1979): Das Drama des begabten Kindes und die Suche nach dem wahren Selbst. Frankfurt a. M. (Suhrkamp).
Mitscherlich, A., Mitscherlich-Nielsen, M. (1967): Die Unfähigkeit zu trauern. Grundlagen kollektiven Verhaltens. München (Piper).
Mitscherlich-Nielsen, M. (1979): Die Notwendigkeit zu trauern. In: Psyche, 33. Jhg., S. 981–990.
Moeller, M. L. (1979): Zwei Personen – eine Sekte. In: Kursbuch 55, S. 1–37.
Möhring, P. (1985): »Die Schicksalshaut«. Eine Studie zu Sigmund Freuds Krankheiten.

In: Psycho-Analyse 2 und 3 (Bonz), S. 123-152.
Moser, T. (1995): Politik, Familie und seelischer Untergrund. In: psychosozial 59, 18. Jhg., Heft I, S. 31–41.
Neckel, S. (1991): Status und Scham. Zur symbolischen Reproduktion sozialer Ungleichheit. Frankfurt a. M. (Campus).
Negt, O. (1995): Achtundsechzig. Politische Intellektuelle und die Macht. Göttingen (Steidl).
Niederland, W. G. (1980): Folgen der Verfolgung. Das Überlebenden-Syndrom. Seelenmord. Frankfurt a. M. (Suhrkamp).
Nietzsche, F. (1878): Menschliches, Allzumenschliches. Ein Buch für freie Geister. Kritische Studienausgabe, Bd. 2, München (dtv).
Nietzsche, F. (1881): Morgenröte. Kritische Studienausgabe, Bd. 3, München (dtv).
Nietzsche, F. (1882): Die fröhliche Wissenschaft. Kritische Studienausgabe, Bd. 3, München (dtv).
Nietzsche, F. (1883): Also sprach Zarathustra. Kritische Studienausgabe, Bd. 4, München (dtv).
Nietzsche, F. (1911): Der Wille zur Macht. In: Nietzsches Werke, 2. Abteilung, Bd. XV und XVI, Leipzig (Kröner).
Nitzschke, B. (2001): »Warum hat keiner von all den Frommen die Psychoanalyse geschaffen...?« Sigmund Freuds transkulturelles Erbe. In: http//www.psychosozial-verlag.de.
Olschewski, M. (1998): Der serbische Mythos. Die verspätete Nation. München (Herbig).
Parin, P. (1977): Das Ich und die Anpassungsmechanismen. In: Psyche, 31. Jhg., S. 481–515.
Parin, P. (1978): Warum die Psychoanalytiker so ungern zu brennenden Zeitproblemen Stellung nehmen. In: Psyche, 32. Jhg., S. 385–399. Auch in: Parin P., Parin-Matthèy G. (1986), S. 9–17.
Parin, P. (1983): Das Bluten aufgerissener Wunden. Überlegungen zu den Kriegen im ehemaligen Jugoslawien. In: Ethnopsychoanalyse 3. Frankfurt a. M. (Brandes und Apsel), S. 7–38.
Parin, P. (1998): Ethnisierung der Politik – Ex-Jugoslawien: Vom National-Kommunismus zum »National-Sozialismus«. In: Modena, E. (Hg.), (1998): Das Faschismus-Syndrom. Zur Psychoanalyse der Neuen Rechten in Europa. Gießen (Psychosozial-Verlag), S. 100–118.
Parin, P. (2000): Die Machtlosigkeit der Psychoanalyse und das Versagen der Diplomatie: Von Harold Dwight Lasswell bis zu Vamik D. Volkan. In: Frankfurter Rundschau vom 22. 1. 2000, Nr. 18, S. ZB 3. Auch in: Parin, P., Parin-Matthèy, G. (1986).
Parin, P., Parin-Matthèy, G. (1978): Der Widerspruch im Subjekt. Hamburg (Syndikat).
Parin, P., Parin-Matthèy, G. (1986): Subjekt im Widerspruch. Erweiterte Neuausgabe, Giessen 2001 (Psychosozial-Verlag).
Person, E. S. (2000): Über das Versäumnis, das Machtkonzept in die Theorie zu integrieren: Ziel und Konflikt in der psychoanalytischen Bewegung. In: Schlösser, A.-M., Höhfeld, K. (2000), S. 73–98.
Plessner, H. (1928): Die Stufen des Organischen und der Mensch. In: Gesammelte Schriften IV, Frankfurt a. M. (Suhrkamp).
Portmann, A. (1969): Biologische Fragmente zu einer Lehre vom Menschen. Basel (Schwabe).
Pötzl, N. F. (1988): Der Fall Barschel. Anatomie einer deutschen Karriere. War es Mord?

Reinbek 1989 (Rowohlt).
Puhar, A. (1985): Childhood in Nineteenth-Century Slovenia. In: The Journal of Psychohistory, 12 (3), S. 291–312.
Puhar, A. (1993): On Childhood origins of Violence in Yugoslawia: II. The Zadruga. In: The Journal of Psychohistory, 21 (2), S. 171–197.
Puhar, A. (1994): Childhood Nightmares and Dreams of Revenge. In: The Journal of Psychohistory, 22 (2), S. 131–170.
Puhar, A. (2000): Die Kindheits-Ursprünge des Krieges in Jugoslawien. Teil II: Die Zadruga. In: Janus, L., Kurth, W. (2000), S. 115–140.
Pulver, S. E. (1972): Narzißmus: Begriff und metapsychologische Konzeption. In: Psyche, 26. Jhg., S. 34–57.
Quidde, L. (1894): Caligula. Schriften über Militarismus und Pazifismus. Frankfurt a. M. 1977 (Syndikat).
Rank, O. (1924): Das Trauma der Geburt und seine Bedeutung für die Psychoanalyse. Neuausgabe mit einem Vorwort von J. Lieberman und einem Vorwort von L. Janus, Gießen 1998 (Psychosozial-Verlag).
Rank, O. (1928): Wahrheit und Wirklichkeit. Entwurf einer Philosophie des Seelischen. Leipzig und Wien (Deuticke).
Rank, O. (1929): Technik der Psychoanalyse II. Die analytische Reaktion in ihren konstruktiven Elementen. Leipzig und Wien (Deuticke).
Rank, O. (2000): Kunst und Künstler. Erstpublikation des Urmanuskriptes von 1932 mit einer Einleitung von L. Janus und H.-J. Wirth, herausgegeben von H.-J. Wirth, Gießen 2000 (Psychosozial-Verlag).
Redl, F. (1982): Das Über-Ich in Uniform. In: psychosozial 15, 5. Jhg., S. 43–51.
Reich, W. (1922): Zwei narzisstische Typen. In: Reich, W. (1977): Frühe Schriften I. Aus den Jahren 1920 bis 1925. Frankfurt a. M. (Fischer), S. 144–152.
Reich, W. (1933): Charakteranalyse. Technik und Grundlagen für Studierende und praktizierende Analytiker. Wien (Psychoanalytischer Verlag).
Richter, H.E. (1962): Zur Psychopathologie des Verräters. In: Der Nervenarzt, 33. Jhg., Heft 12, S. 532–535.
Richter, H.-E. (1963): Eltern, Kind und Neurose. Psychoanalyse der kindlichen Rolle. Reinbek 1969 (Rowohlt).
Richter, H.-E. (1970): Patient Familie. Entstehung, Struktur und Therapie von Konflikten in Ehe und Familie. Reinbek (Rowohlt).
Richter, H.-E. (1972): Die Gruppe. Hoffnung auf einen neuen Weg, sich selbst und andere zu befreien. Psychoanalyse in Kooperation mit Gruppeninitiativen. Neuausgabe 23 Jahre später. Gießen 1995 (Psychosozial-Verlag).
Richter, H.-E. (1974 a): Lernziel Solidarität. Mit einem Vorwort des Autors zur Neuausgabe, Gießen 1998 (Psychosozial-Verlag).
Richter, H.-E. (1974 b): Willy Brandt und die SPD. Sozialpsychologische Aspekte einer politischen Krise. In: Richter, H.-E. (1978), S. 285–306.
Richter, H.-E. (1976): Flüchten oder Standhalten. Neuausgabe Gießen 1996 (Psychosozial-Verlag).
Richter, H.-E. (1978): Engagierte Analysen. Über den Umgang des Menschen mit dem Menschen. Neuausgabe Gießen 1995 (Psychosozial-Verlag).
Richter, H.-E. (1979): Der Gotteskomplex. Die Geburt und die Krise des Glaubens an die Allmacht des Menschen. Reinbek (Rowohlt).
Richter, H.-E. (1979): Wir und Strauß. Die Zeit vom 23. 11. 1979, Nr. 48.

Richter, H.-E. (1981): Alle redeten vom Frieden. Versuch einer paradoxen Intervention. Reinbek (Rowohlt).
Richter, H.-E. (1982): Zur Psychologie des Friedens. Neuausgabe, Gießen 1998 (Psychosozial-Verlag).
Richter, H.-E. (1985): Bedenken gegen Anpassung. Hamburg (Hoffmann & Campe).
Richter, H.-E. (1986): Die Chance des Gewissens. Erinnerungen und Assoziationen. Hamburg (Hoffmann & Campe).
Richter, H.-E. (1987): Leben statt Machen. Einwände gegen das Verzagen. Hamburg (Hoffmann und Campe).
Richter, H.-E. (1989): Die hohe Kunst der Korruption. Erkenntnisse eines Politik-Beraters. Hamburg (Hoffmann & Campe).
Richter, H.-E. (Hg.), (1990): Russen und Deutsche. Alte Feindbilder weichen neuen Hoffnungen. Hamburg (Hoffmann & Campe).
Richter, H.-E. (1993): Wer nicht leiden will muß hassen. Zur Epidemie der Gewalt. Hamburg (Hoffmann & Campe).
Richter, H.-E. (2001 a): Was mich mit einer gewandelten RAF-Gefangenen und ihrem Vater verbindet. In: Wirth, H-J. (2001 d), S. 73 – 80.
Richter, H.-E. (Hg.), (2001 b): Kultur des Friedens. Gießen (Psychosozial-Verlag).
Richter, H.-E. (2002): Das Ende der Egomanie. Die Krise des westlichen Bewusstseins. Köln (Kiepenheuer & Witsch).
Richter, H.-E., Beckmann, D. (1969): Herzneurose. Stuttgart (Thieme).
Riesman, D. (1950): Die einsame Masse. Reinbek (Rowohlt).
Rogel, C. (1998): The Breakup of Yugoslavia and the War in Bosnia. Westport, Connecticut (Greenwood Press).
Roy, A. (2001): Wut ist der Schlüssel. Ein Kontinent brennt – Warum der Terrorismus nur ein Symptom ist. In: Frankfurter Allgemeine Zeitung vom 28. 9. 2001, Nr. 226, S. 49.
Rüb, M. (2001): Verschiedene Artikel in der Frankfurter Allgemeinen Zeitung.
Rüb, M. (1999): Jugoslawien unter Milosevic. In: Melcic´, D. (Hg.), (1999): Der Jugoslawien-Krieg. Handbuch zu Vorgeschichte, Verlauf und Konsequenzen. Opladen (Westdeutscher Verlag), S. 332 – 344.
Russel, B. (1947): Macht. Hamburg–Wien 2001 (Europa).
Rutschky, K. (1977): Schwarze Pädagogik. München (dtv).
Sachs, H. (1932): Bubi Caligula. Weinheim 1991 (Internationale Psychoanalyse).
Safranski, R. (1994): Ein Meister aus Deutschland. Heidegger und seine Zeit. München (Hanser).
Safranski, R. (1997): Das Böse oder Das Drama der Freiheit. München (Hanser).
Scheler, M. (1915): Vom Umsturz der Werte. Gesammelte Schriften, Bd. 3. Bern (Francke).
Scheler, M. (1926): Der Mensch als der sorgenvolle Protestant. In: Scheler, M. (1994): Schriften zur Anthropologie. Stuttgart (Reclam), S. 114-121.
Schirra, B. (2001): Die Schüler des Terrors. In: Die Zeit Nr. 51 vom 13. 12. 2001, S. 15 – 18.
Schlösser, A.-M., Gerlach, A. (Hg.), (2001): Kreativität und Scheitern. Gießen (Psychosozial-Verlag).
Schlösser, A.-M., Gerlach, A. (Hg.), (2002): Gewalt und Zivilisation. Gießen (Psychosozial-Verlag).
Schlösser, A.-M., Höhfeld, K. (1999), (Hg.): Trauma und Konflikt. Gießen (Psychosozial-Verlag).

Schlösser, A.-M., Höhfeld, K. (Hg.), (2000): Psychoanalyse als Beruf. Gießen (Psychosozial-Verlag).
Schmid, T. (2001): Ein deutsches Wunder. Wie die Bürgergesellschaft laufen lernte und was die Staatsfeinde von ehedem damit zu tun haben. In: Frankfurter Allgemeine Zeitung, Bilder und Zeiten vom 3. 2. 2001, Nr. 29 I, S. I–II.
Schmid, Th. (Hg.) (1999): Krieg im Kosovo. Reinbek (Rowohlt).
Schmidbauer, W. (1977): Hilflose Helfer. Reinbek (Rowohlt).
Schmidbauer, W. (1981): Die Ohnmacht des Helden. Unser alltäglicher Narzißmus. Reinbek (Rowohlt).
Schmidtchen, G. (1981): Terroristische Karrieren. Soziologische Analyse anhand von Fahndungsunterlagen und Prozeßakten. In: Jäger, H., Schmidtchen, G.,
Süllwold, L. (1981), S. 14–79.
Schmidt-Ospach, M. (Hg.), (1989): Tatort Staatskanzlei. Der Fall Barschel zwei Jahre danach. Wuppertal (Hammer).
Schneider, C., Simon, A., Steinert, H., Stillke, C., (2002): Identität und Macht. Gießen (Psychosozial-Verlag), Publikation in Vorbereitung.
Schneider, M. (2000): Strickjacke und andere Verstrickungen. In: Frankfurter Rundschau vom 8. 1. 2000.
Schnibben, C., Skierka, V. (1988): Macht und Machenschaften. Die Wahrheitsfindung in der Barschel-Affäre – Ein Lehrstück. München 1989 (Knaur).
Schopenhauer, A. (1852): Parerga und Paralipomena: kleine philosophische Schriften. Aphorismen zur Lebensweisheit. Zürich 1977 (Diogenes).
Schubert, G. (1996): Auf den Spuren von Königssohn Marko. In: Hardten, E.,
Stanisavljevic, A., Tsakiris, D. (1996), S. 151–164.
Schwelien, M. (2000): Joschka Fischer. Eine Karriere. Hamburg (Hoffmann & Campe).
Sennet, R. (1977): Verfall und Ende des öffentlichen Lebens. Die Tyrannei der Intimität. Frankfurt a. M. 1983 (Fischer).
Sichrovsky, P. (1987): Schuldig geboren. Kinder aus Nazi-Familien. Köln (Kiepenheuer & Witsch).
Siegerist, J. (1988): Das Testament des Uwe Barschel und andere faszinierende Reportagen. Hamburg (Deter).
Simic, C. (2000): Der serbische Liebhaber. Milosevic, Tyrann aus Treue und Leidenschaft. In: Frankfurter Allgemeine Zeitung vom 18. 10. 2000, Nr. 242, S.65.
Simmel, G. (1892): Einleitung in die Moralwissenschaft. Eine Kritik der ethischen Grundbegriffe. I. Band. Frankfurt a. M. 1989 (Suhrkamp).
Simmel, G. (1901): Zur Psychologie der Scham. In: Simmel, G. (1983b), S. 140–150.
Simmel, G. (1906): Psychologie der Diskretion. In: Simmel, G. (1983b), S. 151–158.
Simmel, G. (1923): Die Mode. In: Simmel, G. (1983a), S. 26–51.
Simmel, G. (1983a): Philosophische Kultur. Über das Abenteuer, die Geschlechter und die Krise der Moderne. Gesammelte Essais. Berlin (Wagenbach).
Simmel, G. (1983b): Schriften zur Soziologie. Eine Auswahl. Frankfurt a. M. (Suhrkamp).
Simon, A. (2000): »Wir wollen immer artig sein« – Generationskonflikte in Ost und West. In: Beziehungsdynamik 1, 1. Jhg., Heft I, S. 55–74.
Skierka, V. (1989): Die Affäre Barschel. In: Hafner, G., Jakobi, E. (1989), S. 331–346.
Stern (1987/43): Der Tod eines Politikers. Die letzten Fotos aus Genf. Das tragische Ende des Dr. Uwe Barschel.
Stern (1987/44): Tod in Genf. Die geheimnisvollen Notizen des Uwe Barschel.

Stern (1987/50): Barschels Vertraute überführt. Die Lügner von Kiel. Nur CDU-Landeschef Stoltenberg wußte von nichts ...

Stern (2001/29): Das einsame Leben und Sterben der Hannelore Kohl.

Stierlin, H. (1978): Delegation und Familie. Beiträge zum Heidelberger Familiendynamischen Konzept. Frankfurt a. M. (Suhrkamp).

Stierlin, H. (1980): Eltern und Kinder. Das Drama von Trennung und Versöhnung im Jugendalter. Frankfurt a. M. (Suhrkamp).

Stierlin, H. (1989): Individuation und Familie. Frankfurt a. M. (Suhrkamp).

Stillke, C. (2001): Grenzgänger. Die »Ost-Westler« als Schüsselgruppe der Rebellion. In: Mittelweg 36, 10. Jhg., Heft 2, S. 30–48.

Strotzka, H. (1985): Macht. Ein psychoanalytischer Essay. Wien (Szolnay).

Stürmer, M. (1986): Suche nach der verlorenen Erinnerung. In: Das Parlament, vom 24. 5. 1986, Nr. 17.

Sznaider, N. (2001): Holocausterinnerung und Terror im globalen Zeitalter. In: Aus Politik und Zeitgeschichte, B 52–53, S. 23–28.

Thadden, v. E. (2001): Im Schatten des Riesen, Zum Tod von Hannelore Kohl. In: Die Zeit 29.

Theweleit, K. (1977): Männerphantasien. 1. Band. Frauen, Fluten, Körper, Geschichte. Frankfurt a. M. (Roter Stern).

Theweleit, K. (1978): Männerphantasien. 2. Band. Männerkörper. Zur Psychoanalyse des weißen Terrors. Frankfurt a. M. (Roter Stern).

Theweleit, K. (2001): ... damit künftige Generationen nicht auf dumme Gedanken kommen. In: Freitag vom 23. 2. 2001, Nr. 9.

Thiele, M. (1999): Der medienethische Diskurs: Die Suche nach Schuldigen. In : Berghahn, Koch-Baumgarten 1999, S. 223–214.

Vogt, L. (1997): Zur Logik der Ehre in der Gegenwartsgesellschaft. Frankfurt a. M. (Suhrkamp).

Volkan, V. D. (1997): Nixon R.: A Psychobiography. New York (Columbia University Press).

Volkan, V. D. (1999): Das Versagen der Diplomatie. Zur Psychoanalyse nationaler, ethnischer und religiöser Konflikte. Gießen (Psychosozial-Verlag).

Volkan, V. D. (2000): Die Persönlichkeit von Anführern und soziopolitische Prozesse. In: Persönlichkeitsstörungen. Theorie und Therapie, 4. Jhg.

Volkan, V. D., Ast, G. (1994): Spektrum des Narzißmus. Göttingen (Vandenhoeck & Ruprecht).

Vondung, K. (1988): Die Apokalypse in Deutschland. München (dtv).

Wachtel, A. B. (1998): Making a Nation, Breaking a Nation. Literature and Cultural Politics in Yugoslavia. Stanford (Stanford University Press).

Waldmann, P. (1998): Terrorismus. Provokation der Macht. München (Gerling Akademie).

Waldmann, P. (2001): »Das spricht für sich«. Die neue Dimension des Terrorismus: Die Täter benutzen die ganze Welt als Resonanzraum. In: die tageszeitung vom 27. 12. 2001, S. 4.

Walser, M. (1979): Seelenarbeit. Roman. Frankfurt a. M. (Suhrkamp).

Weber, M. (1919): Politik als Beruf. Tübingen 1994 (Mohr).

Weber, M. (1921): Wirtschaft und Gesellschaft. Grundriss der verstehenden Soziologie. Tübingen 1980 (Mohr).

Wedler, H., (2001): Über den Terroristen-Suizid. In: : Suizidprophylaxe – Theorie und

Praxis, 28. Jhg., Heft 3, S. 98–102.

Weithmann, M. W. (1997): Balkan Chronik. 2000 Jahre zwischen Orient und Okzident. Regensburg (Pustet/Styria).

Wessels, H. (1988): Ein politischer Fall. Uwe Barschel – Die Hintergründe der Affäre. Weinheim (Deutscher Studien Verlag).

Westernhagen, D. (1989): Raus aus dem Elend um jeden Preis. Uwe Barschel – ein Nachkriegsschicksal. In: Schmidt-Ospach, M. (1989), S. 7–21.

Willi, J. (1975): Die Zweierbeziehung. Spannungsursachen – Störungsmuster – Klärungsprozesse – Lösungsmodelle. Analye des unbewußten Zusammenspiels in Partnerwahl und Paarkonflikt: Das Kollusions-Konzept. Reinbek (Rowohlt).

Winnicott, D. W. (1965): Reifungsprozesse und fördernde Umwelt. Gießen 2002 (Psychosozial-Verlag).

Winnicott, D. W. (1976): Von der Kinderheilkunde zur Psychoanalyse. Frankfurt a. M. (Fischer).

Wirth, H.-J. (1979): Motive sozialen Engagements. Über Selbstbild, Einstellung und Arbeitsweise sozialpolitisch handelnder Gruppen am Beispiel der Initiativgruppe Eulenkopf. Gießen 1996 (Psychosozial-Verlag).

Wirth, H.-J. (1984): Die Schärfung der Sinne. Jugendprotest als persönliche und kulturelle Chance. Frankfurt a. M. (Syndikat).

Wirth, H.-J. (1986): Deutsche Dumpfheit – deutsche Sensibilität. Über den besonderen Umgang der Deutschen mit existentiellen Bedrohungen. In: psychosozial 29, 9. Jg., S. 48–56.

Wirth, H.-J. (1988): Der Fall Jenninger und unsere Schwierigkeiten mit der deutschen Vergangenheit. In: psychosozial 36, 11. Jhg., Heft IV, S. 55–61.

Wirth, H.-J. (1990): Zur Psychopathologie eines Politikers. Aufstieg und Fall des Uwe Barschel im Lichte psychoanalytischer Erkenntnisse. In: Fragmente, Heft 32/3A, S. 195-217.

Wirth, H.-J. (1991 a): Das Barschel-Pfeiffer-Syndrom. Psychoanalytische Aspekte einer narzißtischen Kollusion. In: psychosozial 47, 14. Jhg., Heft III, S. 86-98.

Wirth, H.-J. (1991 b): Deutsche Feigheit oder Mut zur Angst? Sozialpsychologische Betrachtungen zum Krieg am Golf. In: Vorgänge 110, 30. Jhg., Heft II, S. 614.

Wirth, H.-J. (1991 c): Zur Familiendynamik der AIDS-Phobie. Eine Fallstudie. In: Möhring, P., Neraal, N. (Hg.), (1991): Psychoanalytisch orientierte Familien- und Sozialtherapie. Das Giessener Konzept in der Praxis. Neuauflage, Gießen 1986 (Psychosozial-Verlag), S. 249–364.

Wirth, H.-J. (Hg.), (1995): Ossis und Wessis: Psychogramm deutscher Befindlichkeiten. Schwerpunktthema von: psychosozial 59, 18. Jhg., Heft I.

Wirth, H.-J. (Hg.), (1997): Geschichte ist ein Teil von uns. Geschichtsbewußtsein und politische Identität. Schwerpunktthema von psychosozial 67, 20. Jhg., Heft I.

Wirth, H.-J. (1999): Hat Slobodan Milosevic eine Borderline-Persönlichkeitsstörung? In: psychosozial 76, 22. Jhg., Heft II, S. 103–116.

Wirth, H.-J. (2000 a): Wege aus der Ohnmacht: Stationen und Hintergründe ökologischen und friedenspolitischen Engagements. In: Kah, R. (Hg.), (2000): Seiltänze. Beiträge zur Idee, Geschichte und Praxis der »Alternativen Bewegung« am Beispiel Gießens. Gießen (Psychosozial-Verlag), S. 175-220.

Wirth, H.-J. (2000 b): Spaltungsprozesse in der psychoanalytischen Bewegung und ihre Bedeutung für die Theoriebildung. In: Schlösser, A.-M., Höhfeld, K. (2000), S. 177-192.

Wirth, H.-J. (2001 a): Das Menschenbild der Psychoanalyse: Kreativer Schöpfer des eigenen Lebens oder Spielball dunkler Triebnatur? In: Schlösser A.-M., Gerlach, A. (2001), S. 13–40.

Wirth, H.-J. (2001 b): Die Wirkung der frühen Erfahrung auf Kreativität und Scheitern. In: Milch, W., Wirth, H.-J. (Hg.), (2001): Psychosomatik und Kleinkindforschung. Gießen (Psychosozial-Verlag), S. 249–282.

Wirth, H.-J. (2001 c): Versuch, den Umbruch von 68 und das Problem der Gewalt zu verstehen. In: Wirth, H.-J. (2001 d), S. 13–44.

Wirth, H.-J. (Hg.), (2001 d): Hitlers Enkel – oder Kinder der Demokratie? Die 68 er-Generation, die RAF und die Fischer-Debatte. Gießen (Psychosozial-Verlag).

Wirth, H.-J. (2001 e): Helmut Kohl und die Macht. Ein psychoanalytischer Deutungsversuch. In: psychosozial 85, 23. Jhg., Heft III, S. 17–42.

Wirth, H.-J. (2001 f): Helmut und Hannelore Kohl. Eine narzisstische Kollusion. In: Psychoanalytische Familientherapie. Zeitschrift für Paar-, Familien- und Sozialtherapie 3, 2. Jhg., Heft II, S. 71–98.

Wirth, H.-J. (2001g): Fremdenhaß und Gewalt als psychosoziale Krankheit. In: Psyche, 55. Jhg., S. 1217–1244.

Wirth, H.-J., Schürhoff, R. (1991): Können sich Deutsche und Russen aussöhnen? Ergebnisse einer vergleichenden sozialpsychologischen Studie. In: psychosozial 45, 14. Jhg., Heft I, S. 129-136.

Wurmser, L. (1981): Das Problem der Scham. In: Jahrbuch der Psychoanalyse, Bd. 13, 1981, S. 11–36.

Wurmser, L. (1987): Die Flucht vor dem Gewissen. Analyse von Über- Ich und Abwehr bei schweren Neurosen. Berlin (Springer).

Wurmser, L. (1989): Die zerbrochene Wirklichkeit. Psychoanalyse als das Studium von Konflikt und Komplementarität. Berlin (Springer).

Wurmser, L. (1990): Die Maske der Scham. Die Psychoanalyse von Schamaffekten und Schamkonflikten. Berlin (Springer).

Wurmser, L. (1993): Das Rätsel des Masochismus. Psychoanalytische Untersuchungen von Gewissenszwang und Leidenssucht. Berlin (Springer).

Wurmser, L., Gidion, H. (1999): Die eigenen verborgensten Dunkelgänge. Narrative, psychische und historische Wahrheit in der Weltliteratur. Göttingen (Vandenhoeck & Ruprecht).

Zepf, S. (1999): Allgemeine psychoanalytische Neurosenlehre, Psychosomatik und Sozialpsychologie. Gießen (Psychosozial-Verlag).

Ziehe, T. (1975): Pubertät und Narzissmus. Frankfurt a. M. (EVA).

Zweig, S. (1942): Schachnovelle. Frankfurt a. M. 1981 (Fischer).

Personenregister

Sachregister

Erich Fromm

Sigmund Freuds Psychoanalyse

2006 · 185 Seiten · Broschur
ISBN 978-3-89806-497-2

Fromm weist die seiner Meinung nach wichtigsten Entdeckungen Freuds im Einzelnen auf. Er zeigt, wo und in welcher Weise das für Freud charakteristische bürgerliche Denken seine Entdeckungen eingeschränkt und manchmal wieder verdeckt hat. Diese wissenschaftstheoretisch brisante Auseinandersetzung Fromms mit Freud zeigt die Tragweite der psychoanalytischen Entdeckungen und würdigt gerade darin die Psychoanalyse. Zugleich ist sie eine hervorragende Einführung in Fromms eigenes psychoanalytisches Denken.

Sandra Buechler

Psychotherapeutische Tugenden

2009 · 228 Seiten · Broschur
ISBN 978-3-89806-814-7

Sandra Buechler beschreibt elementare Emotionen und Werte, an denen sich die Therapie orientieren sollte. Dies ist unverzichtbar in der heutigen Welt, in der unser Wissen und unser Stellenwert grundsätzlich hinterfragt werden. Ausgehend von diesen Tugenden kann alles, was Analytikerinnen und Analytiker als Menschen erlebt haben – jedes Buch und jede Theateraufführung, jede persönliche Krise und Freude –, in den Therapiesitzungen zur Anwendung kommen. Buechlers erfrischend offenes und ehrliches Buch ist an erfahrene und zukünftige Therapeutinnen und Therapeuten gerichtet.

Psychosozial-Verlag

Julia Kristeva

Das weibliche Genie – Melanie Klein

Das Leben, der Wahn, die Wörter

2008 · 274 Seiten · Gebunden
ISBN 978-3-89806-837-6

»Erschaffe dein Denken und erschaffe es stets aufs Neue, indem du mit dem Weiblichen in dir in Berührung bleibst!«

Während Freud den Ödipuskomplex und die Rolle des Vaters ins Zentrum des psychischen Lebens rückte, entdeckte Melanie Klein die »Mutter« inmitten des seelischen Lebens des Subjekts. Damit gelang ihr die Vertiefung der Psychoanalyse, die die Psychose, die Objektbeziehungen und das Verstehen »vorsprachlicher« Mitteilungen nicht nur in der Kinderanalyse betraf.

Kristeva erzählt anschaulich und ausführlich Melanie Kleins Fallgeschichten nach und stellt die theoretischen Entwicklungen Melanie Kleins und deren Einfluss auf die Psychoanalyse dar.

Julia Kristeva

Die neuen Leiden der Seele

2007 · 266 Seiten · Broschur
ISBN 978-3-89806-839-0

In ihrer Praxis als Analytikerin ist Julia Kristeva auf einen neuen Patienten-Typ gestoßen: Beschädigter Narzissmus, psychosomatische Beschwerden und wiederkehrende Depressionen sind heute die häufigsten Erscheinungsformen von Neurosen, Hysterien und Obsessionen. Politisch-gesellschaftliche Veränderungen, der Wandel von Familie und Sexualität und der Einfluss der Massenmedien haben maßgeblich zu diesen neuen Leiden der Seele beigetragen.

»Julia Kristeva ändert die Ordnung: Ständig zerstört sie die aktuelle vorgefasste Meinung – die, von der wir glaubten, sie könne uns trösten; die, auf die wir stolz sein konnten. Was sie verdrängt, ist das bereits Gesagte […]; was sie untergräbt, ist die Autorität der monologischen Wissenschaft und der Filiation.«

Roland Barthes

Walltorstr. 10 · 35390 Gießen · Tel. 0641-969978-18 · Fax 0641-969978-19
bestellung@psychosozial-verlag.de · www.psychosozial-verlag.de

Psychosozial-Verlag

Horst Kächele, Friedemann Pfäfflin (Hg.)

Behandlungsberichte und *Therapiegeschichten*

Wie Therapeuten und Patienten über Psychotherapie schreiben

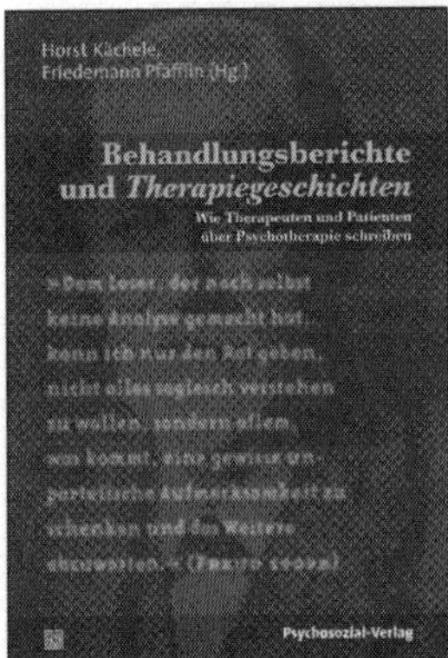

2009 · 344 Seiten · Broschur
ISBN 978-3-8379-2016-1

Seit jeher in der Geschichte der Psychoanalyse und Psychotherapie sind Fallberichte für die Entwicklung der Theorie und therapeutischen Technik von zentraler Bedeutung, angefangen bei Sigmund Freuds berühmten literarischen Texten und fortgeführt in Transkripten tonbandprotokollierter Aufzeichnungen einzelner Sitzungen und vollständiger Therapieverläufe. Auch Patienten beschreiben ihre Therapien und beziehen kritisch oder zustimmend dazu Stellung, was sie in ihrer Therapie erlebt haben, wie ihnen die Behandlung geholfen oder geschadet hat. Erst über die Polarität beider Perspektiven lassen sich Authentizität und Wahrheit therapeutischer Prozesse erfassen.

Michael B. Buchholz

Psycho-News IV

Aktuelle Briefe zur empirischen Bereicherung der Psychoanalyse

2009 · 456 Seiten · Broschur
ISBN 978-3-8379-2020-8

Ziel dieser Sammlung von »Psycho-News-Lettern« ist der Nachweis, dass die Psychoanalyse in der empirischen Forschung viel besser dasteht als gemeinhin angenommen. Michael B. Buchholz berichtet darin im Auftrag des DGPT-Vorstands monatlich über den aktuellen Forschungsstand.

Er informiert darüber, ob die »Methode« oder der »Therapeut« hilft, was es Neues zur Gewaltforschung gibt, wie Psychoanalyse und Religion zueinander stehen, und präsentiert etwa Forschungen zur Frequenzfrage oder informiert über besondere Realitätsaspekte wie die Intrige in menschlichen Beziehungen. Mehrfach greift er Forschungen über die geheimen Beziehungen zur Musik auf und zeigt, wie höchst skeptisch innerhalb der Empirie bestimmte Studiendesigns gesehen werden.

Walltorstr. 10 · 35390 Gießen · Tel. 0641-969978-18 · Fax 0641-969978-19
bestellung@psychosozial-verlag.de · www.psychosozial-verlag.de